El Renacimiento Italiano

ACTAS DEL II CONGRESO NACIONAL DE ITALIANISTAS

Murcia, 1984

ACTA SALMANTICENSIA
IVSSV SENATVS VNIVERSITATIS EDITA

FILOSOFÍA Y LETRAS

Nº 178

El Renacimiento Italiano

ACTAS DEL II CONGRESO NACIONAL DE ITALIANISTAS

Murcia, 1984

EDICIONES UNIVERSIDAD DE SALAMANCA

1.986

© EDICIONES UNIVERSIDAD DE SALAMANCA
Apartado de Correos 325
37008 SALAMANCA (España)

ISBN: 84-7481-398-0
Depósito Legal: S-268-1986

Fotocomposición: Secretariado de Publicaciones de la
          Universidad de Salamanca
Impresión y encuadernación: Imprenta Calatrava
Políg. El Montalvo. Salamanca.

INTRODUCCIÓN

El presente volumen recoge los textos de las comunicaciones presentadas en el II Congreso de Italianistas Españoles, celebrado en Murcia en noviembre de 1984. A diferencia de lo ocurrido en el anterior, se había fijado para éste un tema único: el Renacimiento, tanto en sus aspectos literario y lingüístico como en el más genérico ámbito cultural e histórico.

La riqueza y amplitud del período elegido explican la gran variedad temática que abarca el conjunto de las comunicaciones, debida tanto a la vastedad del campo objeto de estudio como a los diferentes intereses científicos de sus autores. Ello no puede redundar más que en el enriquecimiento de la perspectiva general.

Si el éxito organizativo del Congreso se debió a la excelente labor de José Antonio Trigueros y el equipo del que supo rodearse, los frutos científicos nacieron, lógicamente, del trabajo y la excelente preparación de quienes intervinieron en el mismo, y a los que la Junta Directiva de la Asociación de Italianistas agradece desde aquí su generosa y cualificada participación.

Si bien la celebración de nuestros congresos es bianual, el esfuerzo organizativo que supone resulta permanente, al comprender tanto la necesaria planificación previa como la anterior publicación del volumen de actas. La salida a la luz de éste que el lector tiene en sus manos debe no poco al trabajo y las gestiones personales de Vicente González, a quien expresamos también nuestro agradecimiento.

MANUEL CARRERA

UNA VISIÓN PICTÓRICA RENACENTISTA DE UNA NOVELA MEDIEVAL

ANGELES ARCE
Universidad de Madrid

Son varias las ocasiones en las que un artista plástico trata de basarse en un tema literario y los resultados no son siempre del todo satisfactorios. Pero éste no será el caso de los dos artistas aquí presentados —Boccaccio y Botticelli—, por la absoluta fidelidad con la que las imágenes reflejan el texto escrito.

Junto con la novela de Griselda, la última del *Decamerón* (X, 10), la historia de Nastagio degli Onesti (V, 8) inspiró a muchos artistas plásticos del «Quattrocento» [1]. Aparece en la escultura [2] y, sobre todo, en la pintura de la época como motivo de «cassoni di sposa» o para decorar alcobas nupciales.

La novela, recordada literariamente en el siglo XV por Francesco Malecarni, aparece representada en tres ocasiones distintas: una por un pintor anónimo de la escuela florentina, discípulo de Ghirlandaio; otra atribuida a Antonio Solario, llamado «Lo Zingaro», y, por último, la más perfecta y conocida, atribuida a Sandro Botticelli que es la que pretendo estudiar en este momento.

Consta esta versión iconográfica de cuatro tablas [3] de las que sólo se conservan en el museo del Prado las tres primeras que, sin embargo, recogen en su totalidad todos los episodios narrados por Boccaccio. La cuarta tabla conservada en una colección privada londinense [4], muestra el banquete de bodas de Nastagio con la hija de Paolo Traversari, dato que en la novela boccaccesca ocupa escasamente dos líneas.

Esta hermosa serie de pinturas está catalogada en el museo madrileño como de Botticelli, aunque algunos críticos la atribuyen a otros pintores de su taller como Jacopo del Sellaio o Bartolomeo di Giovanni. Esto, no obstante, tampoco nos importa demasiado, ya que lo auténticamente significativo es la elección de un tema de esas características para decorar precisamente una alcoba nupcial o un arcón para el ajuar de una novia. A simple vista, desde luego, el motivo no parece el más adecuado, pero la historia de Nastagio impactó de manera especial a Botticelli que, de nuevo pintó y repitió como tema de tres bajorrelieves que decoran la arquitectura de *La calunnia*.

Ya he comentado como en estas cuatro tablas, y más concretamente en las tres que regaló al museo del Prado don Francisco Cambó, está representada toda la narración que Boccaccio pone en boca de Filomena. Para ello Botticelli utiliza la técnica de repetir varias veces un mismo personaje dando así la impresión al espectador que está presenciando escenas distintas aunque en un mismo escenario: un maravilloso pinar a las afueras de Ravenna con un apacible mar al fondo.

En la primera de las tablas el joven Nastagio degli Onesti ha abandonado la ciudad, lleno de desesperación, por no ser correspondido el amor que profesa hacia la bella hija del Messer Paolo Traversari. Sitúa sus tiendas de campaña cerca del mar y del pinar de Chiassi o Classi y, buscando la soledad, se aleja de los suyos ensimismado en sus pensamientos. De pronto, oye unos terribles lamentos y queda horrorizado por lo que ve: una bellísima joven desnuda corre acosada por dos enormes y fieros mastines mientras un caballero la persigue con una espada en la mano haciendo caso omiso de la petición de piedad que la desconsolada mujer le solicita. Así, en el centro de la escena, el rostro de Nastagio se ha convertido en desafiante y trata de defender a la mujer con una rama. Pero nada puede hacer porque el caballero le explica que todo está así decidido por la Providencia divina: por haber sido rechazado, él, Guido degli Anastagi, se había suicidado y fue, por ello, condenado a las penas infernales; como su despiadada enamorada, en vez de conmoverse, se burló e su trágico fin, cuando le llegó su hora fue condenada a ser perseguida en una cacería tremenda.

En la tabla segunda el escenario es prácticamente el mismo; el fondo luminoso del mar es más amplio que en la pintura anterior mientras los troncos de los pinos, altos como columnas de una arquitectura renacentista, se abren para dejar destacar con mayor claridad los dos episodios que el pintor sitúa en este escenario. En este caso Nastagio huye aterrado al ver como el caballero, que ha alcanzado a la joven, le arranca el corazón y se lo da a los perros que, con fiereza, lo devoran en primer plano. Más al fondo, se repite la caza infernal ya que la «dolorosa fugga», como nos dice Boccaccio, tiene lugar tantos años como meses la dama le negó su amor. Hay un juego de paralelismos tanto horizontales como verticales, rotos por el escorzo del hermoso caballo que contempla sereno la escena.

En la tercera tabla el pintor nos sigue mostrando el pinar pero los árboles están al fondo porque Nastagio, que ha pensado en sacar provecho a esta visión que ocurre todos los viernes a mediodía, prepara su plan: invita a comer a parientes y amigos colocando a las damas en la cabecera de la mesa. Cuando tiene lugar, al final, nuevamente la escena, Nastagio se convierte en tranquilo narrador de la visión ante los gestos de espanto de todos los presentes. El pintor quiere demostrar que todo ha salido según los planes previstos y coloca en un segundo plano el final de la historia: Nastagio, a quién se le reconoce por el mismo atuendo, recibe en sus pabellones de campaña la visita de la fiel camarera de su dama que le comunica que ésta está dispuesta a complacerle en todos sus deseos.

Boccaccio concluye su novela alejándose en cierto sentido, de las normas de amor cortés y, más cerca de un mundo caballeresco, hace que el protagonista acepte el amor de su dama sólo si ésta accede a ser su esposa. Basándose en esta parte del relato se pinta la cuarta tabla, no presente en el Prado. La escena ha cambiado de lugar y si antes he mencionado que los pinos parecían fustes de columnas, ahora nos encontramos con un auténtico bosque de columnas corintias que enmarcan la mesa donde se celebra el banquete de bodas.

En relación con la fecha y las causas que motivaron la ejecución de las pinturas, circularon también opiniones contradictorias pero ambas cosas han quedado aclaradas al estudiar los escudos que aparecen en la tabla tercera y se repiten en la cuarta. En efecto, sobre los árboles que enmarcan la mesa del pinar, aparecen tres escudos: a la izquierda el de los Pucci[6]; en el centro, y sobre la presidencia de la mesa el conocido de los Medici; y, por fin, a la derecha, un blasón partido que une el de los Pucci con el de los Bini[7]. La colección, por tanto, pudo ser encargada por Lorenzo de Medici[8] con motivo del matrimonio del Giannozzo Pucci con Lucrezia Bini en 1483, cuando Botticelli vuelve a Roma como pintor famoso e instala en Florencia su taller de pintura.

Sabemos, pues, la fecha y el motivo de las pinturas, pero me interesa destacar la curiosa simbiosis entre Botticelli y Boccaccio, ya que aunque la historia boccaccesca tiene, como veremos posteriormente, varios antecedentes en las literaturas románicas anteriores, es evidente que el pintor toma la historia directamente del *Decameron* por la absoluta fidelidad con la que los pinceles ilustran el texto escrito. A este respecto la crítica, por separado, coincide en considerar la narración de Nastagio como una de las más renacentistas del novelista por la forma en la que es presentada y tratada; al mismo tiempo, muchas de las pinturas de Botticelli, llenas de elementos alegóricos o religiosos, se acercan más al mundo de la Edad Media que a los elementos que caracterizarán la pintura del Renacimiento.

Aparte de este hecho, hay otro factor que objetivamente les relaciona: la unión entre literatura y pintura. Es frecuente decir que Boccaccio describe tan bien sus historias que éstas parecen más que escritas, pintadas; y al mismo tiempo, de Botticelli dice un crítico de arte que «Sandro no era un gran pintor, en el sentido en que podemos decir que lo era Andrea Mantegna. Era, en cambio, un verdadero poeta, cuya poesía se hallaba circunscrita a una determinada esfera. Su paralelo ha de buscarse más bien, entre los versificadores que entre los artistas plásticos de sus días»[9]. vemos así que ni la cronología ni sus actitudes individuales frente a la obra de arte los sitúa en polos tan opuestos.

Para entender la fuente boccaccesca de las tablas que ahora presento, hay que tener en cuenta la gran cantidad de obras de Botticelli que tienen su origen en

11

la literatura anterior o en el Renacimiento italiano [10]. Pueden servir de ejemplo títulos como *La nascita di Venere* [11], *La primavera* [12] o la tabla de *Venere e Marte* [13] sin olvidar que, considerado Botticelli como «uno de los maestros universales del retrato» [14], se llega a decir que sus retratos masculinos representan «en lo físico y en lo exterior» lo que autores como Guicciardini, Macchiavelli o Castiglione reflejaban en sus obras políticas o históricas.

Volvamos de nuevo a la novela de Nastagio y, en este caso, a las fuentes literarias en las que Boccaccio se basa y que después transforma. Antecedentes de la «caccia infernale» son abundantísimos en toda la narrativa medieval; como fuente más lejana pueden estar los *Flores* de Elinando —cronista religioso de finales del siglo XII— que, a su vez, es recordado y tenido en cuenta por Jacopo Passavanti, predicador y autor del *Specchio della vera penitenza* que incluye una historia similar conocida como *La novella del carbonaio* [15].

Para la parte de la historia en la que aparece la ironía velada de Nastagio que apenas repuesto del susto por la macabra visión, piensa en sacarle un provecho personal, es el profesor Branca el que encuentra un paralelo similar en una de las narraciones de origen oriental recogidas y ordenadas en la *Disciplina clericalis* [16] de Pedro Alfonso y en el *Speculum morale* de Vicente Beauvais.

Ligado precisamente al problema de las fuentes, quisiera mencionar lo que esta visión del mundo de ultratumba tiene en Boccaccio de menos medieval. En efecto, hay una representación fantástica pero el ambiente en el que tiene lugar —el pinar de Chiassi a las afueras de Ravenna,— lugar recordado también por Dante e incluso por Petrarca— es de lo más real y humano y no da la sensación en ningún momento de paisaje infernal ni terrorífico. Este punto está perfectamente captado por el pincel de Botticelli que consigue un paisaje lleno de lirismo y de realidad. No faltan imágenes bucólicas de cervatillos bebiendo o comiendo plácidamente en un segundo plano, ajenos a la dramática escena de la muerte de la joven o de los mastines despedazando su corazón.

Alejándose de las fuentes, Boccaccio se aleja, consciente o inconscientemente de ese mundo medieval que con él se va debilitando. En Passavanti o en Elinando lo que se considera pecado es el amor y, sorprendentemente, la mujer y su amante son condenados simplemente en el purgatorio después de haber dado muerte al esposo. Boccaccio es más duro que estos predicadores y condena a ambos al infierno: a Guido por suicida y a ella por haber sido fría e insensible a los favores de su amante [17].

El final de las novelas —la de Nastagio y la del «carbonaio» también es bastante diferente: en el *Specchio* se juega con el terror que despierta entre los oyentes la visión infernal y la historia concluye enfocada hacia la penitencia. La narración boccaccesca termina con un discreto tono malicioso e irónico ya anticipado cuando Nastagio imaginó que podría sacar algún provecho de la visión. En efecto, ante ella no sólo logra la entrega sin condiciones de su amada, sino que consigue también que todas las mujeres de Ravenna, fueran, a partir de ese momento, mucho más complacientes en el amor con los hombres que las cortejan. No hay que confundir, sin embargo, esta «ligera malicia» que aflora al final de la novela, con que Boccaccio pretendiera burlarse de la visión infernal. Tampoco hay que pensar que quisiera parodiar el mundo de ultratumba. Una postura de parodia en el novelista florentino seria totalmente anacrónica porque como dice un crítico, «Boccaccio non è uno scettico, crede veramente all'oltretomba e alle pene dell'inferno» [18].

Que Boccaccio no trata de burlarse descaradamente de la aparición se deduce por la forma serena y tranquila con la que describe los hechos: el realismo de los detalles convierte en creíble y humana la escena sobrenatural que punturalmente se repite cada viertes a mediodía. La descripción de la «bellissima giovane ignuda, scapigliata e tutta graffiata» es tan perfecta que ayuda a Botticelli, o a cualquiera que hubiera sido su pintor, a dibujarla como si tuviera delante el modelo. La mujer que vemos repetida en las tres primeras tablas tapa su desnudez con su larga y dorada cabellera y con una tela blanca y sútil que rodea su cuerpo.

En este ambiente que Boccaccio pretende no esté demasiado ligado al mundo medieval, hay una aparente contradicción: es la novela en la que se respiran mayores ecos dantescos pero más que en el estilo, en episodios concretos o en situaciones semejantes como puede ser lo que recuerda la ley del «contrapasso» [19] o la indisoluble unión de perseguidor y perseguida durante su condena como Paolo y Francesca o Ruggeri y Ugolino [20].

En una parte de esta exposición he insistido en la absoluta fidelidad con la que las imágenes ilustran el texto escrito. Sin embargo, aunque no sean demasiado significativas, hay pequeñas discrepancias, como las que presentan los mastines, el caballero y el caballo. Bocaccio nos dice que mientras la muchacha corría despavorida el desconcertado y asustado Nastagio «le vide ai fianchi due grandi e fieri mastini...; e dietro a lei vide venire sopra un corsiere nero un cavalier bruno, forte nel viso crucciato, con uno stocco in mano» [21]. Analicémoslos por separado.

Los perros es un elemento que, sin duda, Boccaccio toma de Dante [22] ya que en las otras fuentes literarias no se mencionan. En la selva de los suicidas el poeta habla de «nere cagne, bramose e correnti» que en la novela no tiene color. En las tres pinturas del Prado, sin embargo, los dos perros aparecen perfectamente plasmados con toda su fiereza, pero dibujados uno blanco, como el día, y otro negro, como la noche. [23].

El «cavalier bruno, forte nel viso crucciato», aparece en todas las ocasiones magníficamente retratado en lo interior ya que su rostro refleja, a la vez, ira y tormento, pero en lo exterior el caballero de Botticelli, aunque de tez ligeramente más oscura, es rubio como la dama que persigue. Aún interpretando el adjetivo «bruno» como «vestido de negro» o «con divisa negra» tampoco está así interpretado por el pintor porque su caballero tiene una rica armadura dorada y una hermosa capa roja.

Si el color de los perros no estaba mencionado en la novela, sí que en ella se alude claramente al «corsier nero», repetido automáticamente en las fuentes [24]. En las pinturas, sin embargo se transforma en un magnífico caballo blanco, similar a los de Paolo Uccello, lleno de belleza y majestuosidad que no da en ningún momento la sensación de ser el vehículo infernal que lleva la muerte. Ya Boccaccio había quitado el marco truculento de la acción y su caballo, sin explicar la alegoría de Passavanti, no parece nada demoníaco. Mientras el predicador parece querer añadir sangre sobre sangre, buscando la moraleja positiva de la historia dentro de su espíritu enteramente medieval, Boccaccio transporta el más allá de un paisaje conocido y cercano y el inferno que presenta es un infierno humano sin caballos que echen fuego por la boca y por los ojos [25].

Y queda sólo mencionar una pequeña discrepancia en la tabla tercera. Tal y como está presentada la pintura es Nastagio, el que, a modo de narrador, cuenta a los presentes la dramática historia de Guido degli Anastagi y por tanto, el origen de esa macabra visión. En el texto se dice claramente que, ante los invitados que querían ayudar a la joven perseguida es el caballero el que vuelve a contar su misma historia [26].

Para terminar, insistir en lo ya dicho al analizar detenidamente las pinturas y la novela. El pincel de Botticelli es tan fiel y refleja tan maravillosamente el texto en prosa, que alguien que conozca ambas cosas no podrá dejar de imaginarse las pinturas cuando lea la novela, o éstas le parecerán que están realizadas para ilustrar lo escrito por Boccaccio.

NOTAS

1. Aunque de difícil localización se puede ver el artículo de Arduino Colasanti, «Due novelle nuziali del Boccaccio nella pittura del Quattrocento» en *Emporium (Rivista mensile illustrata ...)*, XIX, Bergamo, 1904, pp. 200-215.

2. Aparece este motivo en uno de los laterales de la puerta principal de la basílica de San Zeno de Verona.

3. Las cuatro pinturas al temple son prácticamente del mismo tamaño (83 × 138; 82 × 138; 84 × 142 y 83 × 142), lo que hizo pensar que fueran hechas para decorar un arcón pero, precisamente las que están hechas para ese fin, son mucho más alargadas.

4. Se trata de la colección Oliver Watney en Charlbury (Londres). Según un crítico «es la composición más bella y espectacular. El escenario es un espléndido fondo arquitectónico inspirado por ese ansia del espacio típico del cuatrocento que crea los famosos Desposorios de Perugino y de Rafael» (Diego Angulo Iñiguez, *Museo del Prado. Pintura italiana anterior a 1600*, Madrid, Gredos, 1979, p. 46).
Puede verse también Elías Tormo «Estudio de los 'Botticellis' de España» en *Boletín de la Sociedad Española de Excursiones*, XLVI, Madrid, 1942, pp. 1-53 y E. Lafuente Ferrari «Los Botticelli del Prado» en *El Prado. Escuelas italiana y francesa*, Madrid, Aguilar, 1970, pp. 65-73.

5. Boccaccio nos dice exclusivamente: «... e la domenica seguente Nastagio sposatala e fatte le sue nozze, con lei più tempo lietamente visse». (Utilizo para todas las citas la edición del *Decameron* de Vittore Branca, Firenze, Le Monnier, 1965, p. 667).

6. En campo de plata, aparece una cabeza de negro, de perfil, con cinta en el pelo.

7. Aunque la parte derecha de este escudo quede oculta por la espada del jinete, ha podido reconstruirse gracias a la tabla londinense del Banquete de bodas en la que se repiten los tres blasones sobre las columnas. Para más datos sobre este tema puede consultarse el Marqués de Montesa, *Heráldica en el Museo del Prado,* Madrid, Arte Español, 1963-1967.

8. Según Gombrich este Lorenzo de Medici del que Botticelli recibió encargos y protección no es «el Magnífico», como siempre se especuló, sino un primo suyo, del mismo nombre, que pertenecía a la rama menos importante de la gran familia florentina.

9. John Addington Symonds, *El Renacimiento en Italia*, México, F.C.E., I, 1957, p. 791.

10. Muchos de sus cuadros son utilizados en las historias de la literatura o en ediciones críticas de Poliziano o Boiardo para ilustrar sus versos.

11. Además de fuentes clásicas homéricas y latinas (Ovidio, *Metamorfosis*, II, 27 y *Fasti*, V, 217), el cuadro parece estar minuciosamente descrito en las *Stanze per la giostra* de Poliziano (99-107).

12. Esta pintura, una de las más bellamente poéticas, recuerda la descripción de Apuleyo en el *Asno de Oro* y un pasaje de Lucrecio (*De Rerum Natura*, libro V, 737), así como algunas lecturas humanistas de Leon Battista Alberti y ciertos pasajes de Poliziano.

13. En este caso se pueden citar como fuentes literarias a Lucrecio, el *Inno a Marte e Venere* de Lorenzo il Magnifico y algunas estrofas de las *Stanze* de Poliziano (122-124). Puede verse también el episodio de Rinaldo castigado por Amor del *Orlando Innamorato* de Boiardo (libro II, canto XV, 43) o el cuento de Silvanella y Narciso (libro II, canto XVII, 49).

14. Juan de la Encina, *La pintura italiana del Renacimiento*, México-Buenos Aires, F.C.E., 1949, p. 82.

15. Publicándose esta obra casi simultáneamente a la del *Decameron* hace pensar que Boccaccio, en caso de basarse en ella, pudo haberla oído, con anterioridad, en alguno de los sermones que Passavanti había pronunciado en Santa María Novella.

16. Conocida con el título de *La perrilla que lloraba*.

17. Dice Luigi Russo que lo que encontramos en Boccaccio «è una maliziosa crudeltà di poeta erotico che non dà armistizio ai nolenti d'amore» (*Letture critiche del Decameron*, Bari, Laterza, 1956, p. 198).

18. Idem, ob. cit., p. 199.

19. La caza infernal durará tantos años cuantos meses la dama despreció su amor y la visión sucederá en los mismos lugares en los que, en vida, el amante fue rechazado.

20. También Botticelli tuvo una especial predilección por Dante realizando ochenta y ocho dibujos a pluma que ilustrarían la *Divina Commedia*. De estas ilustraciones dice un famoso crítico de arte que el pintor florentino «aveva illustrato la *Divina Commedia* con tanta sapienza che le sue tavole erano piuttosto commento che illustrazione del testo» (G.C. Argan, *Storia dell'arte italiana*, Firenze, Sansoni, 1978, vol. I, p. 245).

21. *Decameron*, ed. cit. p. 661.

22. Dante Alighieri, *Inferno*, XIII, vv. 111 y ss.

23. Sobre la simbología puede verse J. Eduardo Cirlot, *Diccionario de símbolos*, Barcelona, Nueva Colección Labor, 1979.

24. En Vicente de Beauvais se habla de un «equo nigro» y en Passavanti de «uno cavallo nero correndo» (*Specchio della vera penitenza*, III Distinzione, cap. 2°).

25. La descripción de Passavanti quiere ser tan terrorífica que apenas da miedo por su ingenuidad: «... della bocca e degli occhi e del naso del cavaliere e del cavallo uscia fiamma di fuoco ardente».

26. «... il cavaliere, parlando loro come a Nastagio aveva parlato, non solamente gli fece indietro tirare, ma tutti gli spaventò e riempiè di maraviglia» (ed. cit. p. 666).

NOTAS AL MARGEN DE UN APÓLOGO ARIOSTESCO

CRISTINA BARBOLANI
Universidad Complutense de Madrid

Como observa magistralmente Segre en su *Premessa* a la reciente edición de las *Satire* de Ariosto, las fábulas insertas en estas constituyen momentos privilegiados en que la comunicación se desliza hacia la representación, en una especie de *dimostrazioni sceneggiate* a veces de un gran lirismo [1].

Aquí vamos a considerar una de estas fábulas, la que llamaremos del peral y la calabaza. Observemos, ante todo, que se encuentra en la primera parte de la sátira VIIª, versos 70-87 (la sátira tiene en total 81 versos). Esta colocación no es la habitual de los *exempla* de las sátiras, que Ariosto suele situar al final de las composiciones, por así decirlo, como broche narrativo [2].

Para un mínimo de contextualidad, debemos recordar que la sátira VIIª es la contestación a una carta del Canciller Bonaventura Pistofilo, quien le había ofrecido al poeta un cargo de embajador del duque estense en Roma, en la corte del papa Clemente VIIº. Los primeros 18 versos de la sátira exponen, como un extenso subtítulo, el resumen del asunto; les sigue la respuesta a tal proposición, que aparece dividida netamente en dos partes:

1) la negativa del poeta (96 versos);
2) las matizaciones a tal negativa (66 versos).

Estas dos partes se presentan como muy diferentes entre ellas bajo todos los aspectos. La segunda es, con mucho, la más emotiva y —tal vez justamente— la más conocida, configurando el acostumbrado autorretrato literario del autor (amor por Alessandra Benucci, doctos amigos, etc.). Puede decirse que la imagen de Ariosto asoma tras estos versos con su sonriente humanidad hecha de complejas contradicciones.

Todo es bastante diferente en la parte primera o de la «negativa tajante» en la que aparece nuestro apólogo. Es la parte más extensa, ciertamente fría y algo amarga, y en ella la ironía ariostesca se vierte en unos tercetos de andadura estilísticamente desigual, salpicados de recuerdos dantescos.

Notamos, ante todo, cierta rigidez en la estricta argumentación utilizada para el rechazo del cargo. Ariosto no espera sacar honor ni riquezas. «Quanto all'onor, ne ho tutto / quello ch'io voglio»; en cuanto a las riquezas, sinónimo de libertad, no abriga esperanzas y lo declara con un giro de sabor dantesco: «rimaso / son sempre in servitute e in povertate» (v. 42). La *speranza* o *speme*, aludida o citada 5 veces a lo largo de pocas decenas de versos [3], protagoniza esta parte, en la que Dante es, una vez más, el punto de referencia, esta vez para un *capovolgimento* una inversión total e irónica de la situación. La *speranza* dantesca, virtud teologal de la que Dante se declara lleno hasta rebosar, objeto de máximo enaltecimiento en el *Paradiso*, canto XXV, en estos tercetos de Ariosto alcanza, en cambio, el mayor grado de desmitificación burlesca. Huelga precisar que la ironía de Ariosto no alude a la eperanza en Dios, sino a la versión pagana de Hesíodo (Op. 96-99), en que la esperanza es lo que quedó en la tinaja de los males de Pandora: una fuerza ambigua, del mismo tipo que la Fortuna, que se divierte en mofarse cruelmente de los mortales. Ariosto nos explica además que se trata de la *sciocca speme* que le llevó a confiar en los posibles favores de un Médicis, quien, recién elegido papa León X, había llegado hasta a darle un apretón de mano y un beso a él, al poeta.

Es en este contexto de desmitificación de la esperanza donde se inserta el apólogo que nos ocupa, que podemos leer por su brevedad:

Fu già una zucca che montò sublime
in pochi giorni tanto, che coperse
a un pero suo vicin l'ultime cime.

Il pero una matina gli occhi aperse,
ch'avea dormito un lungo sonno, e visti
li novi frutti sul capo sederse,

le disse: —Che sei tu? Come salisti
qua su? dove eri dianzi, quando lasso
al sonno abandonai questi occhi tristi?

Ella gli disse il nome, e dove al basso
fu piantata mostrolli, e che in tre mesi
quivi era giunta accelerando il passo.

— Et io —l'arbor soggiunse— a pena ascesi
a questa altezza, poi che al caldo e al gielo
con tutti i venti trenta anni contesi.

Ma tu, che a un volger d'occhi arrivi in cielo,
rendite certa che, non meno in fretta
che sia cresciuto, mancherà il tuo stelo.

Ariosto utiliza este *exemplum* con un doble sentido. Ante todo, referido a su propia experiencia en los versos inmediatamente precedentes y siguientes al apólogo: como a la calabaza, así le ocurrió a su esperanza en los favores del papa

Médicis. Pero a continuación, franqueando en cierto modo el cerco autobiográfico, el poeta aplica el pesimismo de la fábula a cuantos personajes recibieron tales favores, quienes, en el momento de redactarse la sátira, a pocos años de distancia, todos han muerto. Sin solución de continuidad se pasa a la enumeración de nueve ilustres fallecidos de la familia Médicis, quienes habían sido beneficiados todos con algún privilegio por León X, sin contar —añade Ariosto— que el pontificado del mismo ha durado menos de 8 años. Estamos ante un Ariosto insólito, menos conocido: esta reseña de ilustres muertos parece el *ub isunt* amargo e inevitable de un escéptico, en donde no cabe la ironía; y después de esta enumeración de 16 versos el autor insiste en que el símil de la calabaza, adecuado sin duda para expresar su propia frustración, podría aplicarse aun más propiamente al triste desenlace de las vidas de estos personajes:

> Questa similitudine fia indutta
> *più propria* a voi, che come vostra gioia
> tosto montò, tosto sarà distrutta:
> tutti morrete, ed è fatal che moia
> Leone appresso ....

Esta especie de digresión se corta bruscamente en el verso 109, con una de las habituales fórmulas de reticencia:

> Ma per non far, se non bisognan, molte
> parole ....

acabando así la que hemos llamado primera parte de la sátira, en la cual, pues, el apólogo se presenta, según observábamos, como ejemplar en dos dimensiones, es decir representativo por una parte de la esperanza frustrada del poeta, y por otra de la esperanza frustrada en general. El segundo aspecto se ha presentado como digresión que ha atraído la incómoda idea de la muerte, pronto seguida de un «parliamo d'altro» o «lasciamo perdere». Es obvio que Ariosto no quiere insistir en esta dimensión universal que tendría que acabar con una reflexión sobre el *vanitas vanitatum*. La intención del poeta ciertamente no era llegar tan lejos.

¿Quiere esto decir que la dimensión personal es la que debe servirnos especialmente para acercarnos a esta fábula? Creemos sinceramente que sí; pero no tanto y no sólo por lo que el poeta nos indica sobre la frustración de las esperanzas que abrigó un día, sino por las referencias implícitas en el apólogo mismo, menos evidentes pero me atrevería a decir que mucho más importantes.

Tales aspectos aparecerán claros si entramos en la fábula proponiéndonos tener en cuenta, paralelamente a las particularidades estilísticas, otras cosas que sabemos del poeta, cuestiones previas a la lectura e integradoras de las observaciones textuales; todo el pre-texto del que, en nuestra opinión, no puede prescindirse en absoluto.

Ante todo, no nos ha parecido inútil plantearnos la cuestión, hoy un tanto olvidada por la crítica, de las fuentes. Nuestra fábula no figura, al parecer, en ningún repertorio clásico ni medieval [4]. En cambio aparece —y creemos ser los primeros en observarlo— con algunas modificaciones en el Emblema CXXIV de Alciato, al que luego tendremos que referirnos detenidamente. Se dan, pues, dos versiones contemporáneas de la fábula; si la primera edición de los *Emblemata* es, como se cree, la *princeps* de Augsburgo (1531), Ariosto sería fuente de Alciato; en cambio, admitiendo la hipótesis de que haya existido una edición anterior milanesa de Alciato (¿1522?), la sátira VII (hacia 1524) recogería una fábula ya conocida. No tomamos partido en la cuestión, limitándonos a señalarla. No está a nuestro alcance resolverla aquí y ahora.

El hecho es que a Ariosto —conociendo o no la versión de Alciato— le interesó sacar de la imagen de la planta trepadora (tradicionalmente considerada como símbolo de fidelidad y apego) una connotación burlesca moderna, la que hoy en día conserva el italiano en el verbo *arrampicarsi*: hacer méritos de modo rápido apoyándose en un tronco firme y arraigado [5].

Ya con el primer verso Ariosto nos introduce en la dimensión narrativa, a través de la fórmula «Fu già una zucca» o érase una vez; es éste un *incipit* convencional en los cuentos. Con el primer terceto ha contado ya el antefacto, ha introducido una situación puntual de confrontación entre las dos plantas; en el segundo viene la precisación temporal (*una matina*) y la humanización del árbol (*gli occhi, dormire, vedere, sul capo*). Sigue una conversación vivaz y rápida que alterna el discurso directo del peral con el discurso indirecto de la calabaza. A continuación comenta el peral el trabajo que le ha costado crecer:

> — Et io —l'arbor soggiunse— a pena ascesi
> a questa altezza, poi che al caldo e al gielo
> con tutti i vènti trenta anni contesi.

de modo que el trasfondo moral de sabiduría que desprende la fábula no consiste tanto en la amenazadora advertencia final (último terceto), sino, más bien, en la presentación de las dos plantas dialogantes personificadas (*sederse, sul capo* etc.) y sobre todo en la condición intrínseca a la no-trepadora, el peral que lleva 30 años aguantando a los vientos adversos, al calor y al frío, en contraste con lo fácil que ha sido para la calabaza alcanzar la misma altura en poco tiempo. Obviamente en el texto hay varios contrastes evidentes:

30 años / 3 meses

largo sueño fruto del cansancio   rápida carrera
(«lasso / al sonno abandonai questi   («accellerando il passo»)
occhi tristi»)

Pero hay otro contraste, podríamos decir no tan especificado, que el lector puede captar enteramente si traduce el texto a imagen (no olvidando que el figurativismo sigue siendo la «dominante» en la literatura renacentista) y llega así a la comparación de los dos frutos («li novi frutti...»). Quiero decir que en el ejercicio de la poesía como *ars combinatoria* (si se me consiente usar esta expresión tan tradicional) Ariosto escogió: entre las plantas trepadoras rechazó, por ejemplo, la yedra (mucho más clásica), como asimismo entre los árboles rechazó el álamo, el pino o cualquier otro, eligiendo las plantas adecuadas precisamente en función de inducir al lector a la comparación entre una pera jugosa y exquisita y una calabaza hueca, pretenciosa y además sosísima. La ironía de este contraste resulta mucho más rica de matices para el lector conocedor de la vida y de la obra de Ariosto: implica nada menos que el concepto de la obra bien hecha como *fruto* de larga paciencia y sufrida elaboración, de la poesía como monumento estable y duradero, *aere perennius* en términos horacianos.

El lector comprende que Ariosto se siente peral y que el pudor y la *sprezzatura* le impiden declararlo. Por decirlo una vez más con palabras de Segre, «l'autobiografia si sporge verso la favola» y «con i personaggi delle sue fiabe, l'Ariosto non prende contatto diretto». Este distanciamiento, este despego significan precisamente el haber conseguido superar la anécdota autobiográfica en la esfera de la creación artística, a través de la ironía.

Veamos ahora cómo la dimensión que hemos llamado «universal» del apólogo resulta bastante diferente (dijimos antes que menos «ariostesca»). Esta dimensión desplaza el centro de interés desde el diálogo entre las plantas y su confrontación (fundamental en Ariosto) hacia la advertencia del terceto final:

> Ma tu che a un volger d'occhi arrivi in cielo,
> rendite certa che, non meno in fretta
> che sia cresciuto, mancherà il tuo stelo.

El triste fin que se le predice a la calabaza implica, casi obligadamente, una reflexión moral sobre la caducidad de los favores recibidos sin merecerlos. Como antes observamos, la sátira VII[a] alcanza aquí el colmo de la amargura y la evocación de los nueve personajes muertos, cada uno mencionado por su nombre o aludido con un término inequívoco, ensombrece la atmósfera sobrepasando con mucho el planteamiento inicial. Ya vimos cómo Ariosto cortó bruscamente, como innecesaria, esta digresión sobre el terceto final del apólogo («non bisognan molte / parole»), casi indicando que la dimensión moral se extralimitaba del contexto y del registro adecuado a la sátira.

Este segundo aspecto, esta mayor carga de moralismo es lo que aparece, en cambio, en primer plano en el emblema CXXIV de Alciato al que antes nos hemos referido. Repetimos que nos interesa, más que el quién es quién en la relación imitador-imitado, señalar las profundas diferencias de planteamiento de la misma fábula en la versión de ambos. La de Alciato se titula *In momentaneam felicitatem*:

> Aerea propter crevisse cucurbita pinum
> Dicitur, et grandi luxuriasse coma:
> Cum ramos complexa, ipsumque egressa cacumen,
> Se praestare aliis credidit arboribus.
> Cui pinus, Nimium brevis est haec gloria: nam te
> Protinus adveniet, quae male perdet, hiems.

He aquí la traducción española en endecasílabos de Bernardino Daza Pinciano [6]:

Que la bienaventuranza de esta vida no dura más de un momento:

> Creció una calabaza a tanta altura,
> Que se encimó a la cumbre de un gran pino,
> Y de ver su verdor, tan gran locura
> Y vanagloria a su pesar la vino
> Que pensó ser la principal criatura.
> Mas esta gloria no será contino
> (Díxola el pino), que verná el invierno
> Que seque tu verdor caduco y tierno.

Obviamente la sustancia moral es la misma, resumida en el título y en la sentencia «brevis est haec gloria». Pero falta precisamente lo que señalamos como lo más importante en Ariosto. Analicemos brevemente estas modificaciones.

El cambio más vistoso es el del árbol protagonista, que en Alciato es el pino. Es verdad que podríamos pensar en un error de transcripción, ya que una sola consonante es lo que diferencia en latín el *pirus* del *pinus*. Pero el grabado del emblema [7] nos muestra claramente las agujas características de las coníferas. No podemos dudar de que el pino protagoniza el emblema, representando, con intervención de un error de copia o sin ella, una banalización. El pino es el árbol alto por definición, virgiliano y clásico. Peral y calabaza pueden coincidir en un huerto; pino y calabaza, muy difícilmente. El menor grado de verosimilitud, que podría extrañarnos en Ariosto, es perfectamente admisible y casi más adecuado para la Emblemática. Sabemos que los emblemas conllevan una carga de pseudo-esoterismo que los acerca a lo absurdo: surgieron, en efecto, como consecuencia de la errada interpretación de la escritura jeroglífica, verdadero sarampión cultural de gran parte del siglo XVI. En la Emblemática la absurda apariencia de una imagen esconde una verdad que el texto que explica el grabado se encarga de aclarar.

Como dijimos, no es este cambio hacia lo absurdo lo más importante. Si observamos el texto del emblema, veremos que faltan los elementos que hemos considerado como fundamentales en Ariosto: la sorpresa del árbol al verse alcanzado, la reflexión del peral sobre los largos años de resistencia a todos los vientos y sobre su altura alcanzada con paciencia, esfuerzos y sacrificios. Al no existir ya la pera, ya no es posible la implícita comparación de los frutos que tenía especial relevancia para el lector de Ariosto.

En Alciato, el árbol toma la palabra sólo para advertir sobre la brevedad de la gloria. El apólogo carece de la resonancia peculiar que adquiere en el contexto ariostesco, que debía su gracia especialmente a la dimensión narrativa. En Alciato estamos ante una fábula esquematizada y en tal modo susceptible de circular a lo largo de los siglos aplicándose a miles de casos, como los productos del folklore o los proverbios.

Si Ariosto, como parece probable, es el creador del apólogo —y en esto el campo queda abierto a los investigadores de fuentes— no se trataría, pues, esta vez de un *exemplum* del repertorio tradicional elevado a dignidad literaria, sino del fenómeno opuesto: una invención de la vena narrativa de Ariosto que en virtud de su fuerza icástica pasaría muy temprano al repertorio de los *Emblemata*, es decir a la tópica de la moral y del comportamiento.

Si en cambio, como también es posible, el poeta hubiera aprovechado este esquema puesto en circulación por Alciato o por una tradición anterior, los elementos formales y temáticos que estructuran *su* fábula son tan diferentes que nos parece igualmente lícito, dentro de los cánones renacentistas de la imitación, considerarla como invención de Ariosto.

En cualquier caso creemos que al leerla en el contexto de la sátira VII[a] habrá que tener en máxima cuenta que refleja, aunque sea un cuento (es decir, narración), un *discurso* propio del autor y sólo de él, arraigado en sus propias vivencias y es más, en su propio concepto de la poesía. Nos gusta, pues, que la lectura atenta y analítica de los tercetos en que lo expresó no pierda nunca de vista el autor y el valor horaciano y clásico que él da a su propia obra, es decir la autoconciencia artística de un gran poeta-narrador. Y aquí no resistimos la tentación de citar a Montale, quien, aunque no a propósito de Ariosto, ha afirmado que

> un verso che sia «anche» prosa è il sogno di tutti i poeti moderni... è il sogno che torni ad essere possibile quell'integrità di stile che fa di Dante e di Shakespeare i più nuovi e i più attuali poeti [8].

NOTAS

1. En *Tutte le opere* di Ludovico Ariosto, vol. III, «Satire» a cura di C. Segre, Milano, Mondadori 1984, p. 9. Véase la recensión de F. Marri, en *Studi e problemi di critica testuale*, n° 29, ott. 1984, pp. 197-200. La edición de Segre sigue criterios ecdóticos diferentes de la de L. Capra, poco anterior, que aún no he podido ver: L. Ariosto, *Le satire* secondo il codice ferrarese a cura di L. Capra, Ferrara, Quaderni del Giornale Filologico ferrarese, 1983. Véase también del mismo Segre «Storia testuale e linguistica delle 'Satire'» en AA.VV. *Ludovico Ariosto: lingua, stile e tradizione*, Milano, Feltrinelli, 1976, pp. 315-330.

2. Las únicas excepciones de colocación en la primera parte se dan en la sátira III^a (fábula de los hombres que querían alcanzar la luna) y en la que ahora consideramos. La coincidencia puede ser significativa teniendo en cuenta que ambas sátiras, la III^a y la VII^a, tienen algo más en común: el ser «respuestas» en que el poeta habla como interpelado y no como interpelador. Tal vez mercería estudiarse a fondo tal coincidencia.

3. Versos: 39; 43 sgg.; 55 sgg.; 64 sgg.; 88 sgg.

4. Ningún estudioso señala sus fuentes. Por nuestra parte hemos consultado personalmente a un gran especialista en fábulas, profesor de la Universidad Complutense.

5. El único diccionario que registra este sentido figurado del verbo es el de Migliorini: «Arrampicarsi ... Fig. *Certuni, a forza di bassezze e d'adulazioni, han saputo arrampicarsi benino*». Los demás diccionarios (Devoto-OLi, Diz. Garzanti etc.) registran este sentido no en el verbo, sino en el sustantivo *arrampicatore sociale* considerándolo un anglicismo («social climber»).

6. Puede leerse y verse en A. Alciato, *Emblemas*, traducción de B. Daza «Pinciano», ed. facsímil de la de Lyon, 1548, Editora Nacional, 1975, p. 127.

7. Véase nota n° 6.

8. E. Montale, «Saggio introduttivo» a G. Gozzano, *Le poesie*, Milano, Garzanti 1960, p. 11.

ESTUDIO SEMIOLÓGICO DE ALGUNAS FÁBULAS Y LEYENDAS DE LEONARDO DA VINCI

Mª DEL CARMEN BARRADO
Universidad Complutense de Madrid

Solo unas breves notas biográficas para centrar a nuestro autor. Nació el 15 de abril de 1452, en la ciudad de Vinci, próxima a Firenze. Era hijo natural de un notario y una campesina. Fue educado en la familia del padre. Murió en la residencia que Francisco I le había asignado en Cloux, junto al castillo de Amboise, el 2 de mayo de 1519.

Edoardo Schuré [1], p. 84, cita la descripción que Vasari hace de la presentación de Leonardo antre Il Duca (Ludovico Il Moro): «Il pittore fiorentino dai capelli d'oro, bello come un giovane dio, seducente como Orfeo, fece risuonare il soave strumento e con voce fascinatrice cantò alcune strofe in onore del Duca. Tutti gli spettatori ne forono soggiogati: i suoi stessi rivali dimenticarono tutte le animosità ed ammirarono colui che li avanzava tutti».

Como señala Silvia Alberti de Mazzeri [2], p. 87: «Egli imparò a conquistarsi la simpatia dei potenti: sapeva conversare, raccontare favole, indovinelli e mettere in scena allegorie, che schizzava prima a penna o ad acquarello». Más adelante, p. 120, en la misma obra leemos: «I biografi del tempo sostengono che Leonardo, durante le feste, suonava «divinamente» la lira e improvvisava rime. I suoi rebus, le profezie, le favole sono registrati nei manoscritti, non rimane invece traccia della sua abilità di musico».

En el Codice Atlante (66v.b) figura un dato que podría parecer un apunte para una fábula o una leyenda del tipo de las que a lo largo del Codice aparecen pero tal como está narrado y descrito podemos pensar que sea un primer recuerdo maravilloso y misterioso de un sueño casi premonitorio, dice: «Ne la prima ricordazone della mia infanzia mi parea che essendo io in culla, che un nibbio venisse a me, e mi aprissi la bocca colla sua coda, e molte volte mi percotessi con tal coda dentro alle labbra». ¿Origen y causa de esa facilidad de palabra? ¿Reflejo

25

de su amor por la naturaleza, por los animales?. Porque, ciertamente, Leonardo se sentía atraido por la Naturaleza.

Con las fábulas y las leyendas Leonardo ejercitaba su capacidad de expresión, pero, además, ponía de manifiesto su íntima concepción de la vida: «Gli uomini, le bestie, le cose ubbidiscono senza rendersene conto alle leggi eterne della natura, che a sua volta è guidata dalla mente del «primo motore» cioè Dio». (cfr. nota 2, p. 89). De este hombre amante de la libertad y de mantener el equilibrio de las leyes naturales nos dice Vasari que: «Passando dai luoghi dove si vendevano uccelli, di sua mano cavandoli di gabbia, e pagato a chi li vendeva il prezzo che n'era chiesto, li lanciava in aria a volo, restituendoli la perduta libertà». Detalles como este asombran a sus contemporáneos.

Las vicisitudes de los escritos de Leonardo son tantas que, solo me ocuparé de los dos codices en los que están incluidas las cuatro fábulas y leyendas que vamos a analizar. La titulada *El Águila*, está en el *Codice Atlante*. Formaba parte del grupo de manuscritos, 11 en total, de Leonardo que en 1658 ± poseía un coleccionista, el Conde Galeazzo Arconati. Este los donó a la Biblioteca Ambrosiana en su testamento. Junto con otros manuscritos y obras de arte de la Ambrosiana fue llevado a Francia cuando las guerras napoleónicas y, de todos los manuscritos, solo el Codice Atlante retornó a Milán en 1815. Las otras tres fábulas: *Il falcone e l'aquila*, H. 11, r; *Liberalità*, H. 7. v; *El testamento del águila*, H. 12. v, forman parte del Codice Leicester adquirido en Roma en el Settecento y que hoy es conocido por el nombre de su reciente comprador, como *Codice Hammer*. En él están los escritos de Leonardo desde 1506 en adelante.

De la lectura de estas fábulas en los manuscritos, según Bruno Nardini, puede deducirse que, a pesar de los mal pensados, salvo algunas excepciones eran todas de su invención y, para recordarlas, Leonardo había tomado la costumbre de anotarlas de forma casi telegráfica, concisa, y con su característica escritura invertida.

Los textos que vamos a analizar están tomados de dos publicaciones realizadas por Bruno Nardini. El primero y el cuarto están en castellano, forman parte de *«Fábulas y leyendas de Leonardo»* ed. Nauta, Barcelona, 1973, traducción realizada por Rafael Alberti, de la misma obra italiana publicada por Nardini en Firenze, 1972. Los textos segudo y tercero están en italiano para formar parte del volúmen «*Animali fantastici*» de Giunti-Nardini, Firenze, 1ª ed. 1974; 5ª 1981 [3].

Los personajes como en casi todas las fábulas de Leonardo, son animales. En las cuatro aparece repetido uno: el águila, que comparte la acción con sus hijos, fábulas III y IV, o con otras aves, fábulas I y II. Es quizá significativo que Leonardo haya hecho aparecer como protagonista o co-protagonista a este animal tan cargado de simbología.

Cirlot [4], pp. 57-58, dice del águila «Es símbolo de la altura; del espíritu identificado con el sol, del principio espiritual. Es ave cuya vida transcurre a pleno sol, por lo que se considera como esencialmente luminosa y participa de los elementos aire y fuego. Se caracteriza además por su vuelo intrépido, su rapidez. Posee, pues, el rítmo de la nobleza heróica. Se consideró como el ave que vuela más alto y, en consecuencia, la que mejor expresaba la idea de la majestad divina. El poder de volar y fulminar, de elevarse para dominar y destruir lo inferior es, con seguridad, la idea esencial de todo el simbolismo del águila».

Su opuesto es la lechuza con la que forma el par de contrarios de definición que el arte simbólico establece en la categoría de animales naturales. «La lechuza, según Cirlot, p. 270, en el sistema jeroglífico egipcio, simboliza la muerte, la noche, el frío y la pasividad».

Pasando al análisis de las fábulas, estableceremos tres niveles o etapas:
— estudio de la relación signo-signo (nivel morfosintáctico) [5]
— estudio de las relaciones signo-objeto (nivel semántico)
— estudio de las relaciones signo-sujeto (nivel retórico o pragmático)

En el primer nivel las relaciones se manifiestan a través de tres aspectos característicos, presentes en todo discurso narrativo:
1.— las secuencias 2.— las funciones; 3.— las acciones.

Las secuencias.— Se entiende por secuencia la unidad narrativa funcional evidenciable a nivel de contenido. Como es sabido, existen secuencias complejas que resultan de combinación de secuencias elementales, que pueden encadenarse de acuerdo a tres tipos de encadenamiento: por continuidad; por enclave; por enlace.

En la *Fábula I* la organización secuencial es: S_1 preponderancia y crueldad ante el debil. S_2: castigo del fuerte y victoria del debil.

En la S_1 hay: actor individual (águila) *versus* actor individual (búho).

En la S_2 hay enfrentamiento entre tres actores: águila (fuerza agresora) [*versus* campesino (fuerza liberadora-opresora)] *versus* búho (oprimido-liberado).

Existe un proceso cruzado en el que, por la «aparición nominada» y la «acción planeada» del campesino, actor puente, el agresor pasa a agredido.

El encadenamiento de las dos secuencias es por enlace (un mismo acontecimiento es considerado desde la optica de dos personajes. Lo que para uno es ayuda, para otro es daño).

Las secuencias de la *Fábula II* son: S_1: insociabilidad y soberbia; S_2: ataque y enfrentamiento de fuerzas semejantes sin victoria de una sobre otra.

En la S_1 tenemos: halcón (actor individual) *versus* otras aves de rapiña (actor colectivo). En la S_2, enfrentamiento de dos actores-actantes, aquí, pues, representan dos niveles de organización y de reparto de acciones en la naturaleza, es decir: halcón *versus* águila.

Las dos secuencias se relacionan entre sí mediante encadenamiento por continuidad (una misma acción: salida del nivel del halcón hacia el águila realiza dos funciones: aislamiento y elevación (función final de S_1) que pasa a choque de fuerzas halcón/ águila (función inicial) de S_2).

La *Fábula III* está estructurada en tres secuencias:

S_1: curiosidad infantil satisfecha; S_2: inquietud por lo anómalo; S_3: justificación de comportamientos según esquema superior (estrategia y orden establecido en la naturaleza).

En la S_1 tenemos: el co-personaje aguilucho es informado por el águila acerca de elementos circundantes: águila-aguilucho *versus* otros pájaros, súbditos y amigos.

En la S_2 se rompe el esquema desde el punto de vista del aguilucho, los amigos pasan a enemigos = roban; tenemos: águila-aguilucho *versus* amigos → enemigos.

En la S_3, justificación, tenemos: águila-aguilucho (especie) *versus* otros pájaros (especies inferiores) amigos, cortesanos.

Las tres secuencias se relacionan entre sí mediante los encadenamientos siguientes y que gráficamente vemos en el esquema a continuación:

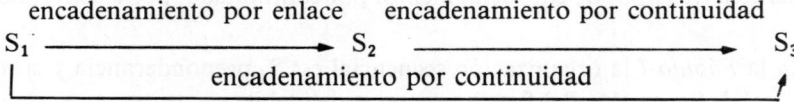

En la *Fábula IV* tenemos dos secuencias: S_1: despedida de la protagonista y últimos consejos; S_2: cumplimiento fiel del orden establecido por la naturaleza.

La S_1 ofrece: comportamiento y obligaciones: águila (colectividad = águila vieja + águilas hijos) *versus* colectividad resto de los animales.

La S_2: modo de cumplir el destino establecido: águila (especie) *versus* naturaleza (sistema).

Las dos secuencias se relacionan mediante encadenamiento por enclave (un proceso, la vejez y proximidad de la muerte, incluye otro proceso, la convocatoria, reunión que sirve de medio, a través del recuerdo de hechos pasados, para alcanzar el fin propuesto: llegar a la meta establecida (majestuosa y solemne, como había vivido va hacia la muerte).

En el texto narrativo las secuencias están articuladas y formadas por unidades mínimas o átomos narrativos que realizan una serie de funciones a través de las cuales se definen, clasificadas de este modo [6]:

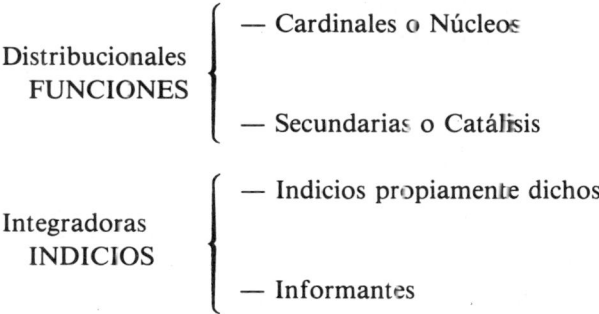

Distribucionales FUNCIONES
— Cardinales o Núcleos
— Secundarias o Catálisis

Integradoras INDICIOS
— Indicios propiamente dichos
— Informantes

Pasando al análisis de *las funciones* en las cuatro fábulas objeto de estudio, dado que los núcleos o funciones cardinales, cambian según la óptica de los personajes, las analizaremos en cada caso por separado.

El orden en la relación tiempo-lógica de las funciones que vamos a considerar es el orden lógico de la sucesión mental y temporal de la narración, es decir, una conjunción de las propuestas de Propp (orden cronológico) junto a las propuestas de Lévi-Strauss, Greimas, Bremond, Todorov y, ya en la Antigüedad Aristóteles (orden lógico sobre orden cronológico). en nuestro texto, las cuatro fábulas) creo que la conjunción: orden lógico + orden cronológico es viable.

Así tenemos en la *Fábula I: Núcleos: Aguila*: -curiosidad; medios de saciarla; manifestación de burla y superioridad.

Búho: -respuesta de identificación; medios de defensa (ocultación); aceptación de las ofensas.

Las *catálisis* en este caso pueden ser: monólogo del águila, forma de emprender la acción, ceremonial en la expresión y manifestación de su opinión desfavorable sobre el aspecto del búho.

Los *informantes* (datos o elementos de relleno, para situar en el espacio y en el tiempo los hechos, que proporcionan un conocimiento elaborado y tienen en general un alto valor significativo), son: -el águila mira desde su altísimo nido (superioridad); -siente curiosidad, desciende, aborda al búho con dos preguntas claves, existenciales: ¿Quién eres?, ¿cómo te llamas?; -el temblor del búho y la búsqueda de escondite afirman al águila en su superioridad y, en respuesta, acrecienta con risas y burlas, palabras y acciones, los sentimientos de temor e inferioridad del búho.

Es clave la información que lleva a la S_2: entre las ramas (lugar de acoso del búho) hay una trampa.

Los *indicios* son fundamentalmente, en este texto de tipo descripción de caracteres y sentimientos: -curiosidad, burla (águila); -temor, precaución (búho).

En la S_2 de esta misma Fábula tenemos: *Núcleos: Águila:* -pérdida de la libertad; medios para liberarse; resultado fallido.

Campesino: -disposición de la trampa; éxito del procedimiento; resolución posterior pendiente.

Búho: -búsqueda de alejamiento del peligro; obtención de la libertad; recriminación al águila.

Las *catálisis* son: en primer lugar, las costumbres de tender trampas, la descripción rellena el espacio entre las secuencias primera y segunda y cobra importancia, casi de núcleo, por ser elemento decisivo en el desenlace.

Informantes: el águila se ve, de improviso, atrapada, usa sus fuerzas infructuosamente. Es amonestada por el búho que le describe los riesgos que le esperan.

Indicios: capacidad de raciocinio por parte del búho frente a la impulsividad del águila; velada venganza del búho (debil), ante el fuerte caido.

En la *Fábula II* tenemos: S_1: *Funciones núcleos: Halcón*: -altivez y deseo de dominio; medios para conseguir elevación de nivel y alejamiento de su status; encuentro con otro ser de nivel superior.

Lechuza (narrador) y las otras aves (auditorio): -constatación del caracter del halcón; conocimiento del comportamiento habitual del águila; planteamiento lógico del desenlace.

Las *catálisis* son muy escasas, básicamente quedan reducidas a la repetición con palabras semejantes, del enunciado de altivez y soberbia del halcón.

Informantes. Descripción del carácter del halcón, sus relaciones habituales con otras aves de rapiña (dominar y mandar).

Indicios. Situación de enfrentamiento y enemistad que el halcón busca resolver alejándose y elevándose. Falta de previsión y medida de los límites establecidos, que da lugar al encuentro, no deseado, de águila y halcón.

La S_2 de la Fábula II ofrece: *Núcleos: Halcón*: -deseo de dominio, hasta del águila; medios para conseguirlo (lucha); final igualado.

Aguila: -defensa de sus dominios; medios empleados (lucha); final igualado (coincide con el tercer dato del halcón).

Las *catálisis* quedan reducidas al diálogo narrador (lechuza) + auditorio (aves oyentes).

Informantes. Son funciones reiterativas de la descripción del carácter del halcón y de su afán de dominio.

Indicios. Básicamente son las plumas que tras el combate aparecen. (Por significar la lucha y la igualdad de resultados son indicios pero, las plumas desempeñan también una función informativa).

La *Fábula III* en este punto ofrece:
En la S_1:
Nucleos:

Aguilucho: -deseo de conocer el mundo exterior; medios para conseguirlo; satisfacción de su curiosidad.

Aguila: -función educadora; exposición clara de la situación establecida; definición de obligaciones.

Las secuencias S_2 y S_3 de esta fábula ofrecen esta misma triada de funciones nucleo.

Las *catálisis*: En la S_1: formulación de la pregunta, seres y objetos circundantes. En la S_2: petición de aclaración de actuaciones entendidas como inadecuadas. En la S_3 no existen.

Informantes. En las tres secuencias son escasas y quedan reducidas a la situación espacial del aguilucho, a su insaciable curiosidad y a la paciencia y claridad del águila en sus respuestas.

Indicios. En las tres secuencias son: educación encaminada a la aceptación y cumplimiento del orden establecido; equilibrio y convivencia en la naturaleza; intercambio de prestaciones entre los distintos miembros de una comunidad.

En la *Fábula IV* podemos ver:
Núcleos:

Aguila (individuo): -presentimiento y aceptación del fín de la existencia; despedida y consejos de la madre (individuo) con la experiencia acumulada (especie); exposición de normas establecidas.

Otros animales (en expresión y exposición del águila): -sumisión y garantías de integridad física; obtención de beneficios.

Para la secuencia segunda se da una coincidencia relativa de estas dos triadas, quedando de este modo: *Núcleos*:

Aguila (especie): -despedida; modo de cumplir lo establecido; cumplimiento.

Oponente: sistema: naturaleza: -normas de equilibrio; modo de cumplirlas cada especie; consecución del plan establecido.

Considerando ambas secuencias de forma conjunta tenemos las otras funciones formadas de este modo:

Catálisis: No existen elementos de este apartado.

Informantes: Son de tipo descripción física del personaje protagonista (águila vieja), de sus costumbre (vivía hacía muchos años solitaria) de modos de vida de la especie (ella vivía en una altísima peña, sus hijos sobre rocas próximas). En cuanto al caracter sabemos que alimentó, crió y educó a sus hijos y los mira, a su llegada uno a uno y hasta el final sigue instruyéndolos.

Indicios: Reflejan el orden y equilibrio del sistema-naturaleza aceptado como bueno y cumplido por el águila personaje-especie.

Pasando ahora a analizar *las acciones* tenemos que, como señala Todorov en el análisis de un contexto narrativo existen un conjunto de personajes sujetos u objetos de unas acciones (son en sentido estricto agentes), tienen determinadas cualidades y se encuentran en determinadas situaciones y estados que desempeñan un papel importante.

Existen los *actores* que son reconocidos generalmente por el nombre específico y concreto con que aparecen en un texto determinado y los *actantes* que son reconocidos por su funcionalidad y que, como señala Greimas [7] pueden agruparse en tres *categorías actanciales* caracterizadas por unos *predicados de base*. Así tenemos:

1º.— Sujeto-objeto: se dan en todo discurso normal. Predicado de base: deseo = *querer*.

2º.— Remitente - destinatario. Predicado de base: *saber*.

3º.— Circunstantes: ayudante-oponente (según terminología de Souriau); donante auxiliar-agresor (según Propp). Predicado de base: *poder*.

Entre las tres categorías actanciales existe además una doble relación sintagmática como vemos en el siguiente esquema:

```
REMITENTE ——▶ OBJETO ——▶ DESTINATARIO
                 ↑
AYUDANTE ——▶ SUJETO ◀—— OPONENTE
```

Las etapas de análisis de esta tercera fase son:
1º.— *Cuantificación* de los actores que intervienen en el texto. Tenemos:
Fábula I: Ag. = águila; B = búho; C = campesino.

Fábula II: H = halcón; L = lechuza; A.o. = aves oyentes; Ag = águila.
Fábula III: a. = aguilucho; Ag. = águila; P.s. = pájaros súbditos.
Fábula IV: Ag. = águila (real); h.Ag. = hijos del águila; An. = animales en general; S. = sol; ag. = agua.

En esta cuantificación, como vemos, están incluidos como actores tanto los animales protagonistas, como el único hombre, como el agua y el sol, por ser su intervención en el desarrollo de las narraciones elemento determinante.

2º.— *Indicación* de los actores que intervienen en cada una de las secuencias. En esquema tenemos:

$$
\begin{array}{lll}
 & S_1 & S_2 \\
 & \downarrow & \downarrow \\
\text{Fábula I:} & \{Ag, B, C, \}; & \{C, Ag, B\} \\
 & S_1 & S_2 \\
 & \downarrow & \downarrow \\
\text{Fábula II:} & \{H, L, A.o, Ag\}; & \{H, Ag, L, A.o\} \\
 & S_1, S_2, S_3 & \\
 & \downarrow & \\
\text{Fábula III:} & \{a, P.s., Ag\} & \\
 & S_1 & S_2 \\
 & \downarrow & \downarrow \\
\text{Fábula IV:} & \{Ag, h. Ag, An\}; & \{Ag, h. Ag, S, ag.\}
\end{array}
$$

3º *Establecimiento* de los actantes:

Fábula I:

Sujeto: águila/campesino/búho
Objeto: ataque/apresamiento/censura
Remitente: instintos (naturaleza)
Destinatario: el búho del ataque del águila; el águila de la trampa del campesino y de la censura del búho.
Ayudante: el campesino para el búho, y, de forma indirecta el búho para el campesino
Oponente: el campesino y el búho para el águila

Fábula II:

Sujeto: halcón-águila
Objeto: posesión/defensa de un espacio; afán moralizador
Remitente: lechuza (narrador): reglas establecidas
Destinatario: aves oyentes
Ayudante: soberbia para el halcón; superioridad establecida para el águila
Oponente: halcón-águila

Fábula III:

Sujeto: águila
Objeto: transmisión del sistema y orden establecido
Remitente: águila (voz de la naturaleza)
Destinatario: aguilucho
Ayudante: curiosidad insaciable del aguilucho
Oponente: para el aguilucho la conducta inadecuada de las otras aves

Fábula IV:

Sujeto: águila
Objeto: transmisión del sistema y orden establecido
Remitente: águila (voz de la naturaleza)
Destinatario: hijos del águila
Ayudante: animales subordinados; sol y agua
Oponente: animales no sometidos a las normas

4º.— *Cuantificación* de los acontecimientos en que intervienen los actores-actantes y por tanto de las *acciones* más significativas. Tenemos:

Fábula I: A_1 = curiosidad del águila; A_2 = descubrimiento del búho; A_3 = burlas y acoso del águila al búho; A_4 = temor y ocultación del búho; A_5 = acción del campesino; A_6 = apresamiento del águila; A_7 = recriminación de la conducta del águila.

Fábula II: A_1 = descripción de los hechos por parte de la lechuza; A_2 = rasgos y comportamiento del halcón (a través de la descripción de la lechuza); A_3 = decisión de huida del halcón; A_4 = encuentro y ataque del águila; A_5 = lucha mutua igualada.

Fábula III: A_1 = el aguilucho contempla el mundo circundante; A_2 = curiosidad manifestada en preguntas; A_3 = respuestas educativas y pacientes del águila; A_4 = satisfacción del aguilucho; A_5 = pregunta-acusación-reproche del aguilucho; A_6 = aclaración y exposición de comportamiento a seguir

Fábula IV: A_1 = el águila presiente su fin; A_2 = convoca a sus hijos; A_3 = presencia controlada y revisada de los hijos; A_4 = recuerdo-enumeración del águila de obligaciones cumplidas; A_5 = consejos sobre comportamiento futuro adecuado; A_6 = descripción del modo de cumplir el último acto de la vida; A_7 = cumplimiento del águila del esquema establecido y previsto por el sistema: naturaleza.

5º.— *Determinación* de los acontecimientos en que participa cada uno de los personajes. Representado gráficamente tenemos:

$$\text{Fábula I:} \quad \underset{\downarrow}{Ag} \{A_1, A_2, A_3, A_4, A_6, A_7\}; \quad \underset{\downarrow}{B} \{A_2, A_3, A_4, A_6, A_7\}; \quad \underset{\downarrow}{C} \{A_5, A_6, A_7\}$$

$$\text{Fábula II:} \quad \underset{\downarrow}{L} \{A_1, A_2, A_3, A_4, A_5\}; \quad \underset{\downarrow}{H} \{A_1, A_2, A_3, A_4, A_5\}; \quad \underset{\downarrow}{A.o} \{A_1, A_2, A_3, A_4, A_5\}; \quad \underset{\downarrow}{Ag.} \{A_4, A_5\}$$

$$\text{Fábula III:} \quad \underset{\downarrow}{a} \{A_1, A_2, A_3, A_4, A_5, A_6\}; \quad \underset{\downarrow}{Ag.} \{A_2, A_3, A_5, A_6\}; \quad \underset{\downarrow}{P.s} \{A_1, A_2, A_3, A_5, A_6\}$$

$$\text{Fábula IV:} \quad \underset{\downarrow}{Ag.} \{A_1, A_2, A_3, A_4, A_5, A_6, A_7\}; \quad \underset{\downarrow}{h.Ag} \{A_2, A_3, A_4, A_5, A_6, A_7\}; \quad \underset{\downarrow}{An.} \{A_5\}; \quad \underset{\downarrow}{S} \{A_6, A_7\}; \quad \underset{\downarrow}{ag.} \{A_6, (A_7)\}$$

6º.— *Valoración de los predicados de base* que determinan la función actancial. Considerando las cuatro fábulas en conjunto nos muestran lo siguiente:

El águila: quiere mostrar su superioridad al búho (F.I) y al halcón ante su ataque (F.II); demostrar el porqué de esa superioridad (F.III y F.IV). *Sabe*: humillar al búho (F.I), igualar al halcón (F.II), educar a sus hijos (F.III y IV), proteger a sus súbditos (F.IV). *Puede*: ser víctima de la trampa del campesino (por romper el equilibrio) (F.I), enfrentarse al invasor (F.II), transmitir los conocimientos acumulados por la tradición y la experiencia (F.III y IV).

El búho: (F.I): *quiere* salir con vida; *sabe* que es inferior; *puede*, gracias al campesino, liberarse y después enfrentarse y censurar la conducta del águila.

El halcón: (F.II): *quiere* huir de lo que le rodea y mostrar que es superior. *Puede* llegar volando a alturas superiores y por su desmesurado orgullo y soberbia *sabe* enfrentarse al águila y no salir vencido.

El campesino: (F.I): *quiere* atrapar una presa (águila) para dominarla y vengar los agravios y daños recibidos de ella; *sabe* cómo y dónde disponer la trampa; *puede* quizá, gracias al búho (colaborador involuntario), llevar a buen término su propósito.

La lechuza: (F.II): *quiere* (con un caso concreto. la actuación del halcón) destacar los excesos a los que lleva la soberbia y la insociabilidad; *puede* desarrollar su misión narrativo-docente pues dispone de un auditorio atento al que, además, *sabe* cómo atraerse e implicar con la «captatio benevolentia», en la narración.

El aguilucho: (F.III): *quiere* saber y conocer lo que le rodea; *sabe* cómo y a quién acudir con sus preguntas; *puede* por medio de las explicaciones recibidas adquirir el esquema y pauta de comportamiento.

Los hijos del águila: (F.IV): *quieren* atender la llamada de la madre y recibir sus consejos y despedida; *saben* por la enumeración de hechos pasados y anuncio de hechos futuros, además de por la experiencia, el destino y misión que la naturaleza y sus leyes les confía y *pueden* cumplirlo.

Pasando ahora al apartado de *análisis semántico* estableceremos las claves significativas que el texto, las cuatro fábulas, como un todo o texto único nos ofrecen de forma explícita o implícita. Podemos distinguir los siguientes conjuntos:

1.— Conjuntos *aves*; 2.— Conjunto *animales en general*; 3.— *Hombre* (campesino); 4.— *Elementos*.

El primer conjunto es el que está formado por una mayor variedad y riqueza de componentes-personajes-actores-actantes. Tenemos:

A): águila (águila real) = (F.I; II; III; IV); aguilucho = (F.III); hijos del águila = (F. IV).
B): halcón (F.I); C): búho (F.I); D): lechuza (F. II); E): otras aves: pájaros súbditos (F.III), aves oyentes (F.II).

Si definimos zoológicamente las categorías A, B, C y D (de la E, por su imprecisión no es posible tal definición) tenemos:

	ÁGUILA	HALCÓN	BÚHO	LECHUZA
I Familia	Falcónidas	Falcónidas	Estrígidas	Estrígidas
II Orden	Falconiformes	Falconiformes	Estrigiformes	Estrigiformes
III Tipo	Rapaz	Rapaz	Rapaz	Rapaz
IV Hábitos	Diurna	Diurna	Nocturna	Nocturna
V Descripción	- gran tamaño - muy fuerte - vuelo rápido	-40cm ± largo - muy audaz - la más rápida de todas las aves. - usada en cetrería - domesticable - enemiga encarnizada de las otras aves.	-40cm ± alto - ojos grandes en la parte anterior de la cabeza. - pico corvo - plumas sobre la cabeza que simulan orejas	-35cm ± alto - ojos grandes y brillantes de color amarillo. - pico corto y encorvado en la punta. - cara circular

Examinando el esquema en sentido horizontal vemos que existe un rasgo distintivo común: todas son del *tipo rapaces*.

Atendiendo a familia y orden, se agrupan de dos en dos: águila, halcón/búho, lechuza. Esta misma agrupación surge comparando los hábitos y la descripción, aunque, en este apartado, como vemos, existen mayores diferencias de matices e intensidades en las cualidades poseídas por cada una de las cuatro aves.

37

En la fábula II hemos visto que se da enfrentamiento entre miembros de la misma familia, orden, tipo y hábitos; la base puede estar en la posesión de cualidades en distintos grados, así:
1.— *Tamaño*: mayor el águila; 2.— *Fuerza*: mayor el águila/el halcón la suple con la audacia; 3.— *Rapidez*: más el halcón, el águila la suple con la vista más perspicaz.

El dato más transcendental y quizá la clave del enfrentamiento y la ejemplificación buscada por Leonardo es la búsqueda de la libertad que el águila posee, pero el halcón puede no poseer ya que es susceptible de ser domesticado por el hombre, que lo emplea en cacerías.

Otro dato clave es el aportado por las costumbres o hábitos. Vemos que hay dos bloques formados cada uno por dos elementos y que suponen la antítesis noche/día, que puede favorecer la oposición entre los componentes de estos dos bloques.

Además, como veíamos al principio, existe una oposición de definición simbólica, águila, (halcón)/búho < lechuza.

En el segundo conjunto: animales en general, podrían considerarse junto con los pájaros súbditos, formando parte del sistema, pero subordinados y sometidos al orden superior, en este caso, el águila, para no ir más allá de donde deben, ni hacer nada no permitido y conservar así su existencia.

En el tercer conjunto encontramos al campesino (personificación del ser pensante: hombre) capaz de disponer y fabricar medios artificiales para obtener sus propósitos y dominar al águila representante del orden superior dentro de los animales, como habíamos visto.

El cuarto conjunto formado por los elementos podríamos subdividirlo en dos categorías atendiendo al *modo de participación*:

— accesoria-descriptiva
$$\begin{cases} \text{cielo (F.I, F.II)} \\ \text{tierra (F.II)} \\ \text{rocas-peñas (F.III, F.IV)} \end{cases}$$

— imprescindible-activa
$$\begin{cases} \text{árbol} \begin{cases} \text{escondite para el búho} \\ \text{trampa para el águila} \end{cases} \text{(F.I)} \\ \text{rayos del sol: quemar (purificar las alas del águila); (F.IV)} \\ \text{agua: limpiar, rejuvenecer y renacer del águila (F.IV)} \end{cases}$$

Finalmente en el apartado del *análisis retórico* en las cuatro Fábulas objeto de análisis tenemos:

Categoría tiempo: a): se da en las cuatro una cronología con un *orden o dirección* en el que alternan en general las retrospecciones (vueltas atrás) y prospecciones (anticipaciones) fundamentalmente en la I, II y IV; la III ofrece un orden básicamente lineal; b): la *distancia o duración* de los tiempos de las narraciones que analizamos, por tratarse de fábulas (y leyendas), estarían en la clase que Todorov define como propia de las narraciones de mitos y leyendas es decir: la falta de relación entre las dos temporalidades (la de la acción y la de la lectura o narración que la evoca) por el alejamiento máximo de uno de los tiempos. En general el tiempo del discurso es más largo que el tiempo que se refleja, es decir son del tiempo *resumen*. La Fábula III es la única que podría, atendiendo a la duración, considerarse del tipo *coincidencia perfecta o escena* (ambos tiempos coinciden); c): *la cantidad o frecuencia*, si consideramos las cuatro Fábulas como un único texto en el que el acontecimiento o hecho general narrado es *el equilibrio y orden establecido en la naturaleza* expresado por diferentes procedimientos, estaríamos ante un relato de tipo *relato competitivo* (un personaje que retoma la acción y otros personajes con «papeles» complementarios). Consideradas de forma aislada la F.I sería del tipo *relato iterativo* (un único discurso evoca una pluralidad de acontecimientos semejantes). La F.II, F.III y la F.IV son del tipo *relato singulativo* (un discurso único evoca un acontecimiento único).

Analizando ahora los *aspectos del relato* tenemos que en las Fábulas I, III y IV se da la relación narrador > personajes (visión por detrás, el yo del creador aparece proyectado en sus personajes, sabe más que ellos); en la F.II se da una relación narrador < personajes (vision desde fuera, el narrador-autor conoce la historia por la narración de uno de los personajes: la lechuza, en nuestra fábula).

El último punto de este tercer apartado o nivel de análisis atiende a los *modos del relato* vemos que domina la narración intercalada con diálogos que dan viveza y realismo a las narraciones. El estilo es sencillo, con un lenguaje preciso, ambos elementos favorecen la comprensión y seguimiento, por parte del auditorio, de la narración.

En la F.IV la forma aparente es narración-diálogo pero, realmente podría considerarse que se trata más de un tipo de comunicación unidireccional, dado que los interlocutores, los hijos del águila, están presentes, pero sólo como oyentes.

Consideraciones finales: el narrador, la narración y la sociedad son tres universos que se complementan y necesitan respectivamente.

La obra literaria, el texto, como signo, se convierte en intermediario comunicativo entre el narrador y el lector (u oyente). El narrador, el autor utiliza todas las técnicas y recursos del lenguaje para que el mensaje sea captado en su integridad. Y, como señaló Jakobson, lo *qué* se dice y el *cómo* se dice forman una unidad indestructible.

NOTAS

1. Schuré, Edoardo, *I profeti del Rinascimento. Dante, Leonardo, Raffaelo, Michelangiolo, Correggio.* Ed. laterza, 1946; rist. anast. 1983, Bari.
2. Alberti de Mazzeri, Silvia, *Leonardo. L'uomo e il suo tempo.* Ed. Rusconi, Milano, 1983.
3. *Vid.* textos en el apéndice adjunto.
4. Cirlot, Juan Eduardo, *Diccionario de símbolos.* Ed. Labor, Barcelona, 1981.
5. Romera Castillo, José, *Teoría y técnica del análisis narrativo*, en: A.A.V.V. *Elementos para una semiótica del texto artístico.* Ed. Cátedra, Madrid, 1980.
6. Propp, W., *Morfología del cuento.* Ed. Fundamentos, Madrid, 1973.
7. Todorov, Tzv., *Teoría de la literatura de los formalistas rusos.* Ed. Signos, Buenos Aires, 1970 (pp. 199-232).
8. Marchese, Angelo, *Dizionario di retorica e di stilistica.* Ed. Mondadori, Milano, 3ª ed. 1981 (1ª, 1978).
9. Greimas, A.J., *Sémantique Structurale.* Ed. Larousse, Paris, 1966.

APÉNDICE: TEXTOS

I: *EL ÁGUILA* (de Fábulas, Atl. 67 v.b).

S_1
Un águila, cierto día, mirando hacia abajo desde su altísimo nido, vio un búho.
— ¡Qué gracioso animal! —dijo para sí—. Ciertamente no debe ser un pájaro.
Picada por la curiosidad, abrió sus grandes alas y describiendo un amplio círculo comenzó a descender.
Cuando estuvo cerva del búho le preguntó:
— ¿Quién eres? ¿Cómo te llamas?.
— Soy el búho— contestó temblando el pobre pájaro, tratando de esconderse detrás de una rama.
— ¡Já! ¡já! ¡Qué ridículo eres! —rió el águila dando vueltas alrededor del árbol—. Eres todo ojos y plumas. Vamos a ver —siguió, posándose sobre la rama—, veamos de cerca cómo estás hecho. Déjame oir mejor tu voz. Si es tan bella como tu cara, habrá que taparse las orejas.
El águila, mientras tanto, ayudándose con las alas, trataba de abrise camino entre las ramas para acercarse al búho.

S_2
Pero entre las ramas del árbol un campesino había dispuesto unas varas enligadas y esparcido abundante liga en las ramas más gruesas.

El águila se encontró de improviso con las alas pegadas al árbol y cuanto más forcejeaba por librarse, más se le pegaban todas las plumas.
El búho dijo:
— Águila, dentro de poco vendrá el campesino, te agarrará y te encerrará en una jaula. O puede que te mate para vengar los corderos que tú le has comido. Tú que vives siempre en el cielo, libre de peligros, ¿qué necesidad tenías de bajar tanto para reirte de mí?

II: *IL FALCONE E L'AQUILA* (da Leggende: Superbia, H. 11 r.)

S_1
— Il falcone —raccontava una sera la civetta— per la sua alterigia e superbia vuole signoreggiare e sopraffare tutti gli altri uccelli di rapina. Non è affato socievole e desidera starsene sempre da solo. Una volta, figuratevi, volendo, sfuggire ogni compagnia, un falcone se ne andò così in alto che s'incontrò con l'aquila.

S_2
Sarà tornato giù, direte voi. Le aquile non permettono a nessuno di avvicinarzsi al loro nido. E invece no. Quel falcone superbo e solitario assaltò l'aquila, regina di tutti i cieli.
— E chi vinse?.
— Non si sa. Il giorno dopo, qui per terra, c'erano solanto molte penne, dell'uno e dell'altra.

III: *LIBERALITÀ* (da Leggende: Liberalità. H. 7 v.)

S_1 { L'aquilotto sporse il capo fuori del nido e vide molti uccelli che volavano tra le rocce sottostanti.
— Mamma-domandò- chi sono quegli uccelli?.
— Sono nostri amici —rispose la mamma. —L'aquila vive solitaria, ma ha bisogno di una corte: se no, che regina sarebbe? Questi uccelli sono i mostri fedeli cortigiani.

S_2 { L'aquilotto, soddisfatto, continuò a guardare, poi esclamò:
— Mamma, hanno rubato il mio pasto!
No, non l'hanno rubato, gliel'ho dato io. Ricordati, anzi, quello che ora ti dico: un'aquila non avrà mai tanta fame da non lasciare una parte della sua preda agli uccelli che le stanno intorno. Infatti, a quest'altezza, essi non troverebbero di che nutrirsi e dovrebbero abbandonarci per scendere in cerca di cibo.

S_3 { Chi vuol tenere una corte deve essere generoso e liberale, e in cambio dell'ossequio deve sfamarla tutti i giorni.

IV: *EL TESTAMENTO DEL ÁGUILA* (de Leyendas: Aguila H.12 v.)

S_1 { Un águila real, ya vieja, que vivía desde hacía muchos años solitaria sobre una altísima peña, sintió que la hora de la muerte se acercaba. Con un potente grito llamó a sus hijos, que vivían sobre las peñas más próximas, y cuando los tuvo reunidos en torno a ella los miró uno a uno y dijo:
— Yo os he alimentado y criado para que desde pequeños fueséis capaces de mirar al sol. He dejado morir de hambre a aquellos de vuestros hermanos que no podían soportar su visión. Por eso vosotros sois dignos de volar más alto que las demás aves. El que no quiera morir, que no se acerque jamás a vuestro nido. Todos los animales deben teneros miedo, pero vosotros no haréis ningún daño a los que os respeten, sino que les dejaréis comer los restos de vuestras presas.

S_2 { — Ahora estoy a punto de dejaros, pero no moriré en mi nido; volaré a lo más alto, hasta donde me lleven mis alas; me dirigiré hacia el sol como si pudiera llegar a él, y sus rayos inflamados quemarán mis viejas plumas; me precipitaré hacia la tierra y caeré dentro del agua. Pero de aquel agua, milagrosamente, renaceré rejuvenecida, dispuesta a recomenzar mi existencia. Esa es la naturaleza de las águilas y nuestro destino.
Dicho esto, el águila real emprendió su vuelo: majestuosa y solemne dio vuelta en torno a la peña donde estaban sus hijos; después, de pronto, se dirigió hacia lo alto para quemar en el sol sus alas ya cansadas.

UNA BIOGRAFÍA INÉDITA DE GIROLAMO SAVONAROLA EN ESPAÑA

JULIA BENAVENT
Universidad de Valencia

Mi primer contacto con el Ms *Vita del P.F. Girolamo Savonarola, et prima de la patria et parenti suoi* [1], cuyo autor es Timoteo Bottonio, dominico, tuvo lugar a mediados de marzo de 1982 cuando, dispuesta a preparar mi tesis de licenciatura, el doctor Espinosa tuvo la cortesía de sugerirme un Ms. en el que podía basar mi trabajo.

En la anterior reunión de los italianistas españoles, el doctor Espinosa ofreció en la comunicación *Los manuscristos en lengua italiana de la Biblioteca Universitaria de Valencia*, la descripción de este Ms., por lo que la omitiré en la presente comunicación [2].

En la Biblioteca Comunale Augusta de Perugia, se conserva otro Ms. de la vida de Girolamo Savonarola, proveniente del Convento de los Padres Dominicos de dicha ciudad, escrito por el mismo autor, Timoteo Bottonio.

A medida que se profundiza en el tema, la importancia del ms. de la Biblioteca de la Universidad Literaria de Valencia fue revelándose gradualmente; mucho más con el cotejo de ambos Mss. que permitía sacar a la luz aspectos muy importantes hasta hoy desconocidos.

Junto a la posibilidad de ofrecer una biografía de Savonarola que permanece inédita en los fondos de la Biblioteca de la Universidad Literaria de Valencia, se cotemplaba la oportunidad de recuperar y reconocer a un autor, Timoteo Bottonio (1531-1591), decisivo para el estudio de las relaciones espirituales hispano-italianas en el siglo XVI.

Dadas las circunstancias presentes, me ceñiré en esta ocasión al estudio del Ms., y daré paso a la exposición del tema que considero prioritario.

Una existencia como la de Savonarola que provocó mientras vivía bandos tan irreconciliables, dio origen, tras su muerte, a biografías asimismo irreconciliables. Para los savonarolianos era un profeta, un beato, un santo, un mártir; para sus enemigos, un farsante.

La biografía del Ms. de Valencia es una de las que se ha venido llamando piagnone (tomando este nombre de los seguidores de Savonarola, llamados piagnoni), pero tiene respecto a las biografías antiguas de Savonarola, dos particularidades muy relevantes: 1) el haber sido redactada un siglo después de su muerte por un autor, Timoteo Bottonio de la Orden de los Predicadores que no le había conocido, y cuya referencia personal más cercana fueran quizás la memoria y la fidelidad que su tio Vincenzo Erculani, dominico, cardenal y defensor de Savonarola, le hubiera facilitado, y 2) el hecho de ser posterior al Concilio de Trento, cuando los decretos del mismo ya eran populares.

La primera redacción que Timoteo Bottonio escribiera y que se conserva en Perugia ha sido fechada por los historiadores alrededor del año 1566, según leemos en uno de los relatos de milagros. La segunda redacción, la de Valencia, le fue entregada a Vicente Justiniano Antist, prior del entonces Real Convento de Santo Domingo de Valencia, en Roma en 1589, como se lee en el primer folio del Ms.:

> La vida que se sigue de Nuestro Fra Gerónimo Savonarola era del Padre Maestro Justiniano. Esta vida de Savonarola fue compuesta por el maestro Fr. Timoteo Bottonio, Perusino, que fue Vicario General de la Orden, Inquisidor de Génova, y Confesor del Duque de Saboya y le dio copia de ella al Padre Maestro Fra Vicente Justiniano Antist, en Roma de 1589.

¿Por qué escribió Bottonio dos redacciones de la misma biografía?

La represión y las persecuciones que siguieron a la muerte de Savonarola duraron mucho tiempo. Filipepi escribe que las puertas del Convento y de la Iglesia de San Marcos permanecieron cerradas más de dos meses. Los frailes no podían sustentarse y tuvieron que recurrir a la limosna. Se prohibió leer y retener los libros del Frate que, en gran cantidad fueron quemados. Las cruces rojas que Savonarola repartía sirvieron para encender las cocinas y en Palazzo Vecchio se consultó si era pertinente arrasar el Convento para borrar la memoria del Frate[3].

Sin embargo, la huella de la figura de Savonarola persistía. La reforma dominica no muere con él, su más puro representante, sino que, por el contrario, en la fidelidad a su memoria, encuentra un impulso mayor.

Los Piagnoni no habían perdido su fe, y como esperaban, tras el fracasado propósito de Julio II a inicios del siglo que otro Papa iniciara el proceso de canonización de Savonarola, se aprestaron por ello a buscar y aumentar los testimonios de su santidad, los milagros, las plegarias oídas por intercesión suya y sus apariciones. Esto fue llevado a cabo por sus hermanos de religión: Fra Vincenzo di Bernardo, Fra Timoteo di Roberto de'Ricci, Fra Tommaso de'Ricci y finalmente por Timoteo Bottonio.

Pero sucedió lo contrario de lo que se había pensado: En lugar de ser elevado a los Cielos, fue condenado a las penas del Infierno. Bajo el Pontificado de Paolo IV (155-1559) se desató la más cruel persecución contra la memoria de Savonarola.

Fra Vincenzo Erculani y Fra Paolino Bernardini di Lucca, disiparon entonces con su defensa las dudas sobre su ortodoxia. Y Timoteo Bottonio, sobrino de Vincenzo Erculani y estrechamente unido a él, escribió una de las últimas de las llamadas biografías antiguas de Savonarola, la redacción que se encuentra en Perugia; y en ella, suprimió todo lo que podía ofender la sensibilidad de los *arrabbiati* y especialmente, de la Curia, en un intento de perpetuar la figura de Savonarola.

Frente a la biografía de un santo mártir, que es en definitiva la primera redacción (y en este sentido es igual a todas las que se habían escrito con anterioridad, lo que le valió a Bottonio el epíteto de *raffazzonatore* por parte de algunos estudiosos del tema, considerándole poco riguroso, tergiversador de la historia, y manipulador de datos; consideración que aún sigue pensando sobre él, hasta el punto que atribuyen esta obra a un autor, al que se ha dado en llamar Pseudo-Burlamacchi, dada la falta de documentación que confirme su autoría), pues bien, frente a esta biografía de un santo mártil, y frente a estas calificaciones que son a mi parecer inexactas, Bottonio ofreció, años más tarde, en la redacción que se encuentra en Valencia, inédita aún hoy, la biografía de un profeta.

Por lo que se refiere al relato de la vida de Savonarola, el Ms. de Valencia permanece en cuanto al número de capítulos y al título y contenido de éstos, bastante fiel al Ms. de Perugia, a excepción de cinco capítulos que preceden a los últimos acontecimientos de la vida de Savonarola, y que no están en el Ms. de Valencia. Hacen alusión estos capítulos a hechos un tanto singulares, como la quema de las vanidades, tan frecuentemente recordada, en la que se dice, se quemaron muchas obras de arte; o, cómo durante una procesión fueron atacados por los arrabbiati, que comenzaron a tirarles piedras, a lo que respondieron con más piedras los nobles de la ciudad hasta conseguir reducirlos; o también, cómo un arrabbiato que echó al Arno la cruz roja arrebatada violentamente a un piagnone, murió de peste, sólo, allí, en el mismo sitio donde estaba. O el relato de una procesión en la que todos, hombres, mujeres y niños (sólo niños había 8.000) vestidos con hábitos blancos, cantaban y gritaban Viva Jesús, con tanto júbilo y devoción que aquel día, leemos, Florencia parecía Jerusalén. O también, cómo Savonarola medió, con gran éxito, para que el emperador a su paso por Florencia en el año 1496 desistiera de tomar Livorno.

Todos estos capítulos, así como los párrafos que se omiten en el resto de la obra obedecen, casi en su totalidad, a un carácter demasiado mundano y activo de su vida, que los decretos conciliares no podían tolerar, recomendando en su lugar, la observancia de la vida conventual y el uso exclusivo de los púlpitos por los predicadores.

El Concilio de Trento media entre ambas redacciones, lo que explica que estos relatos tuvieran que ser suprimidos... Y comprobaremos lo mismo cuando cotejemos los relatos de milagros que se incluyen en los dos manuscritos.

En cuanto a estos, que se incluyen en el Ms. de la Biblioteca de la Universidad Literaria de Valencia son sólo una parte (menos de la mitad) de los que forman el Ms. de Perugia. Es muy notable la selección llevada a cabo por Bottonio. Faltan en el Ms. de Valencia los relatos que hacen referencia a las muertes violentas que sufrieron quienes tuvieron una participación decisiva en la condena y en la muerte de los tres frailes: Savonarola, Fra Silvestro, y Fra Domenico; y aquellos relatos que narran profecías no concernientes a la vida religiosa, sino a la vida social y política de la época. Asimismo, se establece una selección entre los relatos de milagros propiamente dichos en los que prevalece una imagen más humilde, en absoluto comprometida o alusiva a los hechos políticos y sociales que protagonizara él mismo en vida.

La impresión que tiene un lector ajeno a los estudios savonarolianos, es la de encontrarse frente a la biografía de dos personajes distintos; la primera redacción es obstinada, triunfalista y llena de resquemores. En cambio, la segunda redacción, si bien sigue permaneciendo fiel a la figura de Savonarola, cierto es, que cuida la imagen, tratando de no avivar las discusiones sobre su ortodoxia. Obedece en mi opinión a los decretos conciliares, que tanta importancia tuvieron, y al deseo de seguir manteniendo viva la memoria de Savonarola.

Para completar la fisonoma del Ms. *Vita del P.F. Girolamo Savonarola et prima de la patria et parenti suoi*, falta sólo mencionar las cartas que Timoteo Bottonio nos ha trascrito, y que no aparecen en el Ms. de perugia. De Girolamo Savonarola se conocen hasta hoy sólo 85 cartas. Digo sólo porque aunque no parezca un número exiguo, no es tampoco muy relevante, considerando la gran actividad llevada a cabo por el Frate especialmente en los últimos años de su vida, su celebridad, el culto que se le tributó en la vida y en la muerte y el fervor que provocó siempre. Las causas particulares de esta relativa penuria, como apunta Ridolfi, así como las causas generales que atañen a la conservación de papeles y documentos, no son difíciles de imaginar. Sobre todo, el saqueo y la persecución que se produjo en el Convento de San Marcos, la duda, el resentimiento y el pánico que alcanzó a discípulos, amigos, devotos o frailes en la desventurada hora de la huida o la traición, o quizás, las posteriores persecuciones en los mismos conventos de dominicos, por las jerarquías eclesiásticas, al culto y a la memoria de Savonarola en los años siguientes a su muerte y renovadas hasta el crepúsculo del siglo XVI. Por si esto no fuera un grave obstáculo, las cartas conocidas estaban dispersas y sepultadas en raras ediciones, incorrectas, mutiladas, alteradas en fin, hasta que Roberto Ridolfi, en 1933 ofreció una edición del Epistolario Savonaroliano [4].

Finalmente, en el Ms. de Valencia, después de los relatos de milagros, incluyó Bottonio siete cartas de Savonarola y la copia de una carta que escribió Simone della Limena a San Francisco de Paula. Cuatro de estas cartas, las dirigidas a Elena Savonarola, a Bartolomea Gianfigliacci, Beatriz Savonarola y a Alberto Savonarola, las registró Roberto Ridolfi en el Epistolario que hemos mencionado. El resto, las tres cartas que están dirigidas a Ognibene Savonarola, a Lionora Bonvanni, y a Lisabetta hija de Andrea della Robbia, así como la carta de Simone della Limena dirigida a San Francisco de Paula en que se alude a la correspondencia de Savonarola con San Francisco, no se mencionan en el Epistolario y, hasta el momento, no tenemos noticia alguna de que sean conocidas, y cuyo estudio forma parte del actual núcleo de investigación que estoy llevando a cabo.

NOTAS

1. Se trata del Manuscrito: *Vita del P.G. Girolamo Savonarola et prima della patria et parenti suoi*, que se conserva en la Biblioteca de la Universidad Literaria de Valencia, con la signatura Ms. 862.

2. Comunicación presentada por D. Joaquin Espinosa, publicada en las *Actas de la I Reunión de Italianistas Españoles* celebrada en Sevilla en diciembre de 1982 (págs. 181-182).

3. Filipepi, Simone, *Alcune memorie notabili di fra Girolamo Savonarola:* ed. P. Villari. E. Casanova, *Scelta di prediche e scritti di fra Girolamo Savonarola* (Firenze, Sansoni, 1899), pgs. 453-518.

4. Ridolfi, R., Le lettere di Girolamo Savonarola ora per la prima volta raccolte e a miglior lezione ridotte. (Firenze, Olschki, 1933).

IL CONDATINO, PERSONAGGIO DEL «PARLAMENTO» DEL RUZANTE

MILENA BINI
E.O.I. de Madrid

Angelo Beolco, detto Ruzante, che fu un attore rinomatissimo oltre che uno scrittore teatrale, appartiene, per la maggior parte della sua produzione, alla corrente anticlassicistica del Rinascimento, formata da intellettuali di tipo nuovo, che rompono con gli schemi classici della commedia e riflettono la crisi del Rinascimento e lo sconvolgimento politico, sociale e culturale della penisola italiana della seconda metà del '500.

Aderendo alla poetica del «naturale» di questa corrente che proclama l'accettazione e rappresentazione del mondo com'è, senza idealizzazioni, Ruzante mette in scena, nelle commedie che rappresentano il momento più alto e genuino della sua arte, il mondo dei contadini, con una lucida analisi della loro condizione; condizione miserabile che egli vede in parte come conseguanza dello sconvolgimento della guerra di Cambrai e della politica di Venezia. Fra le commedie nelle quali tratta questo tema, il Parlamento è senz'altro l'opera in cui il contadino è descritto in tutta la sua umanità e la sua miseria e non ha più il ruolo tradizionale del subordinato che era solo motivo comico e caricaturale nelle opere teatrali dell'epoca.

Prima di proseguire è necessario fare una precisazione: il Ruzante scrive per un ambiente nobiliare, cioè la piccola corte del suo protettore Alvise Cornaro, un nobile della provincia, e per le famiglie importanti di Venezia, dove furono più volte rappresentate le sue commedie, in occasione di feste private o del carnevale; e naturalmente queste avevano la funzione di intrattenere e di divertire il pubblico.

Faccio questa precisazione perché l'interesse che il Ruzante dimostra per il mondo contadino reale, e che vedremo descritto spesso con toni drammatici, non deve e non può essere interpretato come una denuncia delle infime condizioni sociali di una classe subalterna come quella rurale. Né i tempi né il pubblico al quale si rivolgeva ammettono questa interpretazione. Risulta invece palese la presa di posizione dell'autore a favore del mondo naturale, con l'esaltazione della campagna, nella polemica città contro campagna, che si era prodotta nel Rinascimento. E se esiste una critica nelle commedie di tipo rustico del Ruzante, è quella, a volte non troppo velata, fatta alla politica di Venezia, proprio facendo più specifica l'antitesi città/campagna, cioè trasformandola in quella di Venezia contro contado, dove Venezia, con la sua politaca, è responsabile di aver reso inabitabile il contado ai villani e di averli condannati ad una vita ancora più misera di quella che avevano.

Ad ogni modo, pur ammettendo che non era nell'animo del Ruzante fare delle sue commedie una critica sociale, resta però di fatto che i suoi villani sono persone e non più caricature; persone che egli vede e presenta nelle loro condizioni reali, che sono senz'altro drammatiche, e lo fa in opere teatrali che conservano solo una debole parvenza comica; solo la quantità necessaria per farle passare per commedie. Ed è proprio nel Parlamento, l'opera nella quale il personaggio del contadino si presenta nelle condizioni più misere, dove il Beolco, nella penultima battuta suggerisce al pubblico, per bocca del personaggio Menato, che quello che ha visto ha ben poco della farsa. Infatti Menato, commentando la reazione del personaggio Ruzante che fa lo smargiasso e scoppia a ridere mentre ha appena ricevuto un sacco di bastonate, dice:

> Pota, mo' a' ve la sgrignè, compare, che par che la sipia stà da befe e 'l sipia stò com è le comierie che se fa, o che sipiè sto a noze [1].

Sembra quindi che il Beolco con quel «par che la sipia stà da befe» [2] abbia voluto avvertire il lettore della necessaria seconda lettura del Parlamento, non quella che il pubblico dovrebbe aspettarsi da una commedia o da un mariazo.

Non è mia intenzione addentrarmi, in questa sede, nella questione del genere letterario a cui appartiene quest'opera. Quello che mi propongo è ivece di dare alcune indicazioni sulle caratteristiche del personaggio del contadino, nel Parlamento, dove per la prima volta appare come un contadino vero, con uno spessore umano, non più come una caricatura, come avveniva tradizionalmente nel teatro; e così com'è nella sua autenticità è elevato per la prima volta al ruolo di protagonista di un'opera diretta ad un pubblico colto. E' mia intenzione inoltre mettere in evidenza che, se il contadino non risulta ridicolizzato, è perché la sua caratterizzazione avviene sia per mezzo di enunciati non marcati comicamente, sia per mezzo di altri nei quali la comicità è tragica.

Vorrei però precisare che queste brevi note sul personaggio del contadino nel Parlamento sono solo il punto di partenza di uno studio approfondito dello stesso personaggio nel resto dell'opera dell'autore.

Ruzante è il nome del protagonista del Parlamento ed è lo stesso che il Beolco aveva assunto come nome d'arte; d'ora in avanti, quindi, per non provocare confusioni, quando vorrò riferirmi all'autore lo chiamerò con il suo vero nome, Beolco, mentre con quello di Ruzante mi riferirò al personaggio.

Ruzante è un contadino che è partito per la guerra con un unico proposito: quello di «guadagnare», come dice lui stesso, cioè di trovare un rimedio alla propria miseria, ma ne è tornato più povero di prima, e la guerra è stata solo causa di patimenti e privazioni, dove egli ha sofferto la fame e il freddo:

> (un gabar) a' 'l tussi cossí a un vilan (ché aéa ferdo, mi), a un vilan de quel paese [3]
> Mo' a' n'he guagnò ni sachizò altro, mi. Mo' a' he-gie an magnò le mie arme... A' l'he vendú ale ostarí per magnare, ch'a' n'aéa dinari [4].

Per di più, ciò che mangiava o beveva non gli faceva certo buon pro:

> El vin, com te 'l bivi el fa colore e mal sangue, e buta stiza, rupa, rogna e giandussaminti per adosso [5].

Testimone di tali sofferenze è anche l'aspetto fisico disastroso del contadino, messo in evidenza dal compare Menato quando lo vede:
> Aí una mala çiera, compare... a' si' palido, marzo, afumò [6]

poi dalla moglie:

> Pota, te è sí sbrendoloso, te hê sí mala çiera... vêr-te cossí poverom [7].

Si osservi che tanto nella descrizione dell'aspetto fisico di Ruzante quanto in quella delle sue sofferenze in guerra, fanno sorridere solo due espressioni: l'aggettivo «afumò» [8] e la frase «Mo' a' he-gie an magnò le mie arme» [9], espressione quest'ultima, il cui effetto comico viene poi annullato dalla spiegazione: «A' l'he vendú ale ostarí per magnare, ch'a' n'aéa dinari» [10]. Le altre invece testimoniano una situazione pietosa e tragica.

Per quanto riguarda la psicologia del personaggio, rispecchiata dal suo comportamento in guerra, oltre che dalle sue parole, si rivela quella di una persona appartenente alla classe rurale, assolutamente estranea al significato che la classe elevata attribuisce alle parole: guerra, nemico, coraggio.

La guerra, che in un primo momento assume, agli occhi del contadino, un valore positivo, anche se puramente materiale, ed è sinonimo di vita, perché rappresenta l'occasione di allontanare lo spauracchio della fame, di assicurarsi, con il bottino di guerra ottenuto saccheggiando, un'esistenza meno incerta di quella che dipende dal suo lavoro nei campi; più tardi perde la sua connotazione positiva, cioè quando con l'esperienza diventa sinonimo di morte, rappresentando la circostanza in cui il contadino può perdere quello che voleva assicurare, l'unica cosa che ha: la vita. Ruzante, al suo ritorno dal campo di battaglia descrive così la guerra:

> ... te vé tanta zente che dise: «Amaza, amaza, dà-ghe, dà-ghe». Trelarí, s-ciopiti, batestre, freçe; e te ví qualche to compagno morto amazò, e quel'altro amazar-te a pè. E com te crí muzare, te vê int'i nemisi; e uno che muza, darghe un s-ciopeto in la schina [11].

I due significati che assume la parola guerra in quest'opera, inquadrano il nostro personaggio in una classe sociale ben difinita, quella rurale, e, nello stesso tempo, ne testimoniano la mentalità che è frutto delle condizioni precarie in cui vive.

Lo stesso si può dire della parola nemico. Nemico, per il contadino è colui che ha inferito un danno alla sua persona; non sono nemici quelli che gli sono imposti dagli eventi politici che nemmeno lo sfiorano. Alla domanda di Menato se egli aveva fatto dei prigionieri Ruzante risponde:

> Perché volí-u che i pigie? Che m'ha-gi fato, a mi? [12].

Ma è soprattutto nella definizione di «valentuomo» (uomo coraggioso), dove si rivela la psicologia del diseredato, del nullatenente, il cui unico bene è la vita. L'opposizione classica *coraggio* contro *non coraggio*, che implica quella di *non paura* contro *paura*, e quella di *combattere* contro *scappare*, si inverte nella valutazione del contadino. Il coraggio, che nel codice dell'onore del nobile, significa non paura e quindi combattere, per il contadino invece significa paura e scappare. Questa inversione di valori si produce perché agisce nel contadino l'impulso primario di difesa dell'unico bene che possiede: la vita fisica. Per difendere la propria vita Ruzante non vede altra soluzione sicura che la fuga. E colui che scappa è considerato coraggioso perché salva la pelle, come afferma più volte:

> ... i nuostri se laghè rompere: quigi che giera ananzo... e igi muçé, A' scovini muzar an mi da valentomo [13].
> A' ve dighe che 'l'ha gran cuore, chi se mete a muzare... me par che chi sa defendere la so vita, quelú sea valentomo [14].

In un altro momento Ruzante dice che pensava a scappare

> no per muzare tanto, com per salvar-me, intendí-u? Perché un solo non pò far niente contra tanti, com sai [15].

e prima aveva detto:

> ... per muzare a' me smissíi con igi (i nemici); e perché igi no ha de quele arme, azò che i no me cognossesse, a' la triè via, mi. E po perché no se tra' cossí a dare a uno che n'ha arme, intendí-u co' a' dighe, compare? Gli uomeni senza arme fa pecò e piatè, intendí-u? [16].

Il coraggio interpretato alla rovescia, rispetto alla concezione tradizionale potrebbe essere considerato un motivo comico per ridicolizzare il personaggio del contadino; ma nessuna delle battute che ho appena citato lo rende veramente ridicolo, perché è un contadino che le pronuncia, cioè un essere, la cui condizione, che conosciamo dal contesto, non gli permette il lusso di disprezzare la vita: unica cosa che possiede.

Un altro aspetto che caratterizza il personaggio è la rassegnazione a condurre una vita miserabile, a sopportare di tutto, anche la perdita della donna se il conservarla implica mettere a repentaglio la propria vita. Alla moglie, che lo rimprovera di non avere di che mantenerla e che per questo lo abbandona Ruzante risponde:

> Vuò-tu ch'a' vaghe a robare e a farme apicare? Me consegere tu mo'? [17].

E più tardi si lascerà bastonare a sangue senza reagire perché è convinto che il non reagire è l'unico modo per non farsi ammazzare:

> ... a' me fasea da morto, mi, com a' fasea in campo perché i se tolesse via, intendí-u? L'è un pí saere, quando ghe n'è tanti adosso [8].

I tratti caratteristici del personaggio che risultano da questa breve analisi sono quindi: la sofferenza derivata dalla mancanza dell'indispensabile per sopravvivere; il coraggio interpretato secondo il codice di un rappresentante di una classe sociale a cui manca di tutto e per il quale la vita è tutto; la consapevolezza dell'immutabilità della propria situazione; la rassegnazione ad una vita miserabile; il tutto avvolto da una certa comicità. Comicità però che risulta attenuata dal punto di vista del lettore moderno ed è invece molto più evidente per il destinatario originale dell'opera. Infatti per il lettore moderno, sensibile ai problemi delle classi meno abbienti, il personaggio appare tragicomico; mentre il pubblico nobile del '500, ben lontano da questa sensibilità, poteva vederlo semplicemente come un personaggio comico senza prendere in considerazione l'aspetto serio e tragico dal punto di vista umano. Questo giustifica quindi la necessità da parte del Beolco di avvertire il pubblico della seconda lettura della propria opera.

Con tutto ciò non intendo attribuire al Beolco una sensibilità sociale moderna, invece sì riconoscergli il pregio di aver saputo vedere e rappresentare la realtà del contadino in un momento storico, facendo di un personaggio tradizionalmente comico e caricaturale un personaggio umano.

NOTE

Tutte le citazioni e la loro traduzione in italiano sono prese da: RUZANTE, *Parlamento*, in *Due Dialoghi*, a cura di L. Zorzi, Torino, Einaudi 1979, Collezione di Teatro 125.

1. «Potta, ora ve la ridete, compare, che pare che sia stata una beffa, e che sia stata come le commedie che si fanno, o che siate stato a nozze.» (sc. V pp. 36-39).
2. «Pare che sia stata una beffa» (sc. V pp. 36-37).
3. «(il mantello) lo presi così a un villano (perché avevo freddo, io) a un villano di quel paese» (sc. II pp. 12-13).
4. «Mah, non ho guadagnato, né saccheggiato niente, io. Mi sono perfino mangiato le mie armi... Le ho vendute alle osterie per mangiare, ché non avevo denari.» (sc. II pp. 12-15).
5. «Il vino, quando lo bevi, fa venire chiazze e cattivo sangue, e butta scrabbia, croste, rogna e pustole per tutto il corpo» (sc. II pp. 12-13).
6. «Avete una brutta cera, compare... siete pallido, marcio, affumicato.» (sc. II pp. 10-11).
7. «Potta, sei così stracciato, hai una tal brutta cera... vederti così miserabile.» (sc. III pp. 24-25 e 28-29).
8. «affumicato» (sc. II pp. 10-11).
9. «Mi sono perfino mangiato le mie armi.» (sc. II pp. 12-13).
10. «Le ho vendute alle osterie per mangiare, ché non avevo denari.» (sc. II pp. 14-15).
11. «... vedi tanta gente che dice: «Ammazza, ammazza, dàgli, dàgli». Artiglierie, schioppi, balestre, frecce; e ti vedi qualche tuo compagno morto ammazzato, e quell'altro che ti è ammazato vicino. E quando credi di scappare, vai in mezzo ai nemici; e a uno che scappa, [vedi] dargli una schioppettata nella schiena.» (sc. II pp. 18-19).
12. «Perché volete che li pigli? Che mi hanno fatto, a me?» (sc. II pp. 14-15).
13. «... i nostri si lasciarono travolgere: quelli che erano davanti... quelli si misero a scappare, e [allora] convenne scappare anche a me da valentuomo.» (sc. II pp. 16-17).
14. «Vi dico che ha un gran coraggio, chi si mette a scappare... mi pare che chi sa difendere la propria vita, quello sia un valentuomo.» (sc. II pp. 18-19).
15. «non tanto per scappare, quanto per salvarmi, intendete? Perché uno solo non può far niente contro tanti, come sapete.» (sc. II pp. 16-17).
16. «... per scappare mi confusi con loro; e perché loro non hanno armi di quel genere, acciò che non mi riconoscessero, la buttai via, io. E poi perché non si mira a colpire uno che non ha armi, intendete quel che dico, compare? Gli uomini senza armi fanno compassione e pietà, intendete?» (sc. II pp. 16-17).
17. «Vuoi che vada a rubare e a farmi impiccare? Mi consiglieresti così?» (sc. III pp. 28-29).
18. «... facevo il morto, io, come facevo al campo, perché si levassero via, intendete? E' un saperne di più, quando ce n'è tanti addosso.» (sc. V pp. 34-35).

BIBLIOGRAFÍA

M. Apollonio. *Storia del teatro italiano*, vol. I Firenze 1941.
M. Baratto. «L'esordio di Ruzante», in *Tre saggi sul teatro*, Venezia, Pozza, 1964.
M. Baratto. «Da Ruzante al Beolco: per la storia di un autore», in *Atti del Convegno sul tema: La poesia rusticana nel Rinascimento* (Roma 10-13 ottobre 1968), Accademia Nazionale dei Lincei CCCLXVI (1969), Quaderno n. 129, pp. 83-109.
N. Borsellino. «Ruzante» in *Enciclopedia dello spettacolo*, Roma, Editrice Le Maschere, 1961, VIII, coll. 1342-49.
—. «Ruzante», in *Gli anticlassicisti del Cinquecento*, Bari, Laterza, 1973, (LIL 20), pp. 91-120.
L. Caretti. *La fortuna e l'opera di Angelo Beolco detto Ruzante*, Facoltà di Lettere della Università degli Studi di Firenze 1968-69 (edizione ciclostilata).
C. Grabher. *Ruzzante*, Milano-Messina, Principato, 1953.
E. Lovarini. *Studi sul Ruzzante e la letteratura pavana*, a cura di G. Folena, Padova, Editrice Antenore, 1965.
—. «Ruzante a Venezia» in *Archivio veneto*, LXXIII (1943) nn. 63-66, pp. 147-167.
C. Perrus. «Per una lettera di due «Dialoghi» del Ruzante» in *Problemi*, n. 19-20 (1970), pp. 874-78.
M. Prosperi, *Angelo Beolco nominato Ruzante*, Padova, Liviana, 1970.
R. Viola. *Due saggi di letteratura pavana*, Padova, Liviana, 1948.
L. Zorzi. «Introduzione» al *Teatro* di Ruzante, Torino, Einaudi, 1967, 1969 [2].

UN CATÁLOGO DE LOS IMPRESOS ITALIANOS DE LA BIBLIOTECA COLOMBINA

Manuel Carrera
Universidad de Sevilla

Pese a la aparente imprecisión del título de esta comunicación, el contenido de la misma se refiere, como el de todos los que aquí intervenimos, a un aspecto o momento del Renacimiento. Es, eso sí, un aspecto material, pero no por eso menos importante, de ese gran período histórico: el que se refiere a una vertiente de la producción bibliográfica impresa.

Es sabido que, si uno de los aspectos fundamentales de la cultura humanística y renacentista fue el de la recuperación cualitativa de los textos del pasado, no lo fue menos esa otra operación paralela y anterior consistente en la recuperación *cuantitativa* de las obras, en su localización, clasificación y recogida en grandes bibliotecas. De la inicial búsqueda hasta por los lugares más recónditos de textos grecolatinos operada ya por los primeros humanistas, se fue pasando, con el transcurso del tiempo, a la constitución y desarrollo de grandes acumulaciones de material escrito, entre las que ocuparon un lugar destacado, como se sabe, las bibliotecas de Lorenzo de' Medici y la de los reyes de Aragón.

Uno de los más claros ejemplos de esa pasión renacentista por la adquisición y conservación de los libros lo encontramos también en España y, más concretamente, en Sevilla, personalizado en la figura de Hernando Colón, segundo hijo del descubridor de América, y fundador de la Biblioteca Colombina, que hoy forma parte del tesoro bibliográfico custodiado en la Catedral de Sevilla, junto con los fondos de la Biblioteca Capitular.

Hernando Colón, nacido en 1488 y muerto en 1539, unió a su calidad de viajero infatigable por América y Europa occidental, así como de historiador de los transcendentales hechos que le había tocado en suerte contemplar desde su privilegiada posición [1] y de cosmógrafo imperial de Carlos V, la para nosotros inestimable —por sus frutos— pasión por los libros [2]. Su afición de bibliógrafo le llevó a la desmedida pretensión de recoger en su biblioteca privada todo el saber de su época, y si esto, evidentemente, no le fue posible, sí dio origen, sin embargo, a la acumulación de un tesoro bibliográfico que aún hoy, pese a las inevitables mutilaciones que trajo aparejadas el paso del tiempo, constituye una de las mayores riquezas bibliográficas que, en conjunto, nos han llegado del pasado, conformando la más importante remesa de fondos italianos impresos existente en nuestro país.

Su ejecutor testamentario, Marcos Felipe, en un documento fechado el 11 de noviembre de 1539, decía que don Fernando, «por la capacidad y bibeza de su alto y encumbrado yngenio emprendió cosas grandes y de mucha alteza y magestad, entre las cuales la una no menos principal que las otras fue querer juntar todos los libros de todas las lenguas y facultades que por la Christiandad y fuera della se pudiesen hallar»[3]. Partiendo de las obras que pertenecieran a la familia —sobre todo, a su padre y a su tío Bartolomé—, logró formar, a lo largo de unos treinta años (desde 1508-9 hasta 1539, fecha de su muerte), la que probablemente fue hasta éste último año la biblioteca más importante de Europa.

El breve marco de esta comunicación no me permite esbozar más que de una manera muy sumaria la descripción material de la biblioteca, constituida inicialmente en la rica mansión sevillana, hoy desaparecida, que rodeó de un rico jardín que, al decir de sus contemporáneos, contaba con más de cinco mil especies exóticas. Fiel a los principios humanistas de la sociabilidad del saber, don Hernando adquiere sus libros no sólo para su particular uso y disfrute, sino también, dice él literalmente, para «que aya refujio donde los letrados puedan recurrir en cualquier duda que se les ofreciere».

Su mismo testamento, integrado por veintidós hojas, dedica nada menos que once y media a las disposiciones sobre el funcionamiento, destino y modo de incremento de su biblioteca, revelando al mismo tiempo la compleja y minuciosa red que había tejido para aumentar sus fondos, y que pretende mantener en funcionamiento después de su muerte. Los libros, indica en el mencionado documento, deben ser buscados primeramente en Sevilla y Salamanca. Una vez al año, debía efectuarse una operación de adquisición de todas las novedades europeas en librerías de Roma, Venecia, Milán, Nuremberg, Amberes, París y Lyon; el centro de recogida sería ésta última ciudad, desde donde se impartirían instrucciones para evitar los ejemplares duplicados, para posteriormente enviar los comprados, a través de Medina del Campo, a Sevilla, su destino definitivo. Pero, además, cada seis años un empleado de la biblioteca debería recorrer personalmente las principales ciudades de Italia para efectuar la adquisición de cualquier libro que hubiere escapado a la red de búsqueda europea antes mencionada.

Don Hernando prestaba, como puede comprobarse, una particular atención al mundo italiano. Ello no es de extrañar, si se piensa que uno de sus puntos de orgullo era el de su origen genovés a través de su padre, y si se tiene en cuenta la pujanza del mundo cultural y, por tanto, también del bibliográfico en la Italia de aquel tiempo.

Pese a las minuciosas disposiciones y previsiones de su fundador, los fondos de la biblioteca, tras su muerte, no siempre fueron objeto del cuidadoso trato que en el testamento había dispuesto. Los traslados, los expolios y el descuido en su custodia llevaron, antes que a un incremento, a una considerable merma de su entidad inicial. Hoy, afortunadamente, bajo la custodia del Cabildo de la Catedral de Sevilla, gozan de la protección que merecen.

En su tiempo la biblioteca debió de contener más de quince mil libros; el número actual de unidades bibliográficas conservadas ronda el de 5.600 ejemplares. Ha de tenerse en cuenta, no obstante, que don Hernando llamaba *libro* o *tratado* incluso a un simple folleto de cuatro o seis hojas, siempre que se tratase de una publicación independiente; ello significa que la imagen de mole material que nos puede sugerir la cifra antes mencionada debe ser corregida hacia una reducción, sobre la base de este último dato.

Pero el hecho que más nos importa aquí es que una buena parte de tales libros —y aquí, como reza el título de esta comunicación, me ocuparé sólo de los impresos, dejando a un lado los manuscritos— está constituido por textos en italiano. Hojeando al azar los volúmenes de la biblioteca se observa, como era de esperar, que la mayoría de ellos (algo más de 4.000) están escritos en latín. Pero luego, inmediatamente, vienen los redactados en italiano, en un número que supera, respectivamente, a los compuestos en francés (unos 500), español (64), catalán (21), griego (14), alemán (10) y portugués (1) [4].

Tal predominio del italiano sobre el resto de las lenguas, exceptuada la latina, llamó desde el principio la atención de quien escribe y de su compañero el profesor Klaus Wagner, experto bibliógrafo. La importancia del fondo italiano resultaba evidenciada, además, por un opúsculo panorámico que sobre esta cuestión había publicado hace un cuarto de siglo Mario Ruffini [5], quien cifraba la entidad de lo italiano en unos 850 títulos, y saltaba a la vista hojeando el Catálogo de la biblioteca publicado entre 1888 y 1948 [6].

A la vista de este material, pensamos que sería conveniente redactar un catálogo exhaustivo dedicado exclusivamente a los impresos italianos conservados en la biblioteca. Ello permitiría dar una idea exacta de la entidad de los mismos, y facilitaría una rápida consulta y localización de ellos a los estudiosos interesados en los distintos aspectos de la cultura italiana y en la historia de la imprenta. La realización del catálogo de fondos italianos resultaba tanto más urgente cuanto que ese otro repertorio general antes citado es ya de muy difícil acceso, habiendo sido distribuido en ediciones de quinientos ejemplares, publicados en siete volúmenes a lo largo de sesenta años, circunstancias que han llevado a que hoy sea por sí mismo una rareza bibliográfica casi tan venerable como las propias obras que describe. Por otra parte, la ciencia bibliográfica e histórica ha avanzado mucho desde entonces, y los criterios descriptivos han adoptado técnicas más modernas. Los nuevos datos adquiridos en los últimos tiempos nos permitían reconocer sin excesiva dificultad la autoría textual y tipográfica de numerosos textos que allí se daban como anónimos. Por último, algunos criterios de ordenación de material resultaban en ocasiones un tanto discutibles y desorientadores, y parecían susceptibles de mejora.

Por estos motivos, decidimos acometer la tarea de revisar uno por uno los libros italianos de don Hernando, describiéndolos en un catálogo acorde con las técnicas bibliográficas actuales. La realización del trabajo fue posible gracias a una generosa beca concedida a ambos autores por el Monte de Piedad y Caja de Ahorros de Sevilla, que nos permitió no sólo investigar y contrastar datos directamente en las bibliotecas italianas por espacio de varios meses, sino también conseguir todos los subsidios científicos necesarios para llevar holgadamente a buen término la obra. Realizado en algo más de dos años, dio como resultado una considerable mole de datos; puesto que la concesión de la ayuda comportaba que la propiedad del trabajo pasara automáticamente a la entidad patrocinadora, éste se encuentra actualmente depositado en la misma, a la espera de que se inicie la publicación de la serie de trabajos becados en la misma convocatoria.

El primer dato seguro que se puede ofrecer es el de la cifra exacta de obras impresas en italiano que se conservan en la biblioteca (tarea nada fácil, puesto que a veces un folleto de cuatro páginas se halla encuadernado en un gran volumen que contiene otras cincuenta obras latinas o francesas): se trata de un total de 885 ediciones, cifra que, en principio, puede parecer reducida cuantitativamente, pero que no lo es tanto, desde luego, si se considera el valor cualitativo de las mismas. Ese es, por tanto, el número de fichas descriptivas de nuestro catálogo.

Cada ficha va encabezada, como es usual, por el nombre del autor o, en caso de que no hay sido posible identificarlo, por alguna palabra clave del título. Se han localizado los nombres de diversos autores de obras consideradas anónimas por el anterior catálogo, pero sigue sin identificación precisa un buen número de ellas cuyo creador tal vez no se conocerá nunca.

Se ha hecho también un trabajo detallado en cuanto a la localización de lugares de edición y de atribución de impresores, cuestión posible gracias a los numerosos estudios que sobre anales tipográficos han ido apareciendo en los últimos lustros. Hay, no obstante, numerosos casos en los que se ha debido recurrir a la consabida y poco consoladora mención de *sin lugar ni editor*; la mayoría de eos opúsculos carecen de colofón, y la localización del editor se convierte a menudo en una tarea poco menos que detectivesca.

La datación cronológica de los impresos ha sido también tarea laboriosa. Hemos comprobado la existencia de 140 incunables seguros, unos treinta casi seguros y un buen número, no cuantificable con precisión, de probables incunables. El libro más antiguo de fecha conocida fue impreso en 1471, es decir, poco después de la introducción de la imprenta en Italia, y es la *Oratione a tutti gli Signori ditalia confortando gli a pigliar guerra contro il Turcho*, del cardenal Besarión. Los libros más tardíos son dos impresos de 1533, una comedia de Antonio Ricchi y un *Drusiano dal Leone*. Puede decirse, pues, que la biblioteca guarda el tesoro bibliográfico de los primeros años de la imprenta en Italia.

Siguen luego, dentro de cada ficha, la descripción del título, el colofón y la identificación de las marcas del impresor, si las hay. Como le será fácil suponer a quien conozca la historia de la imprenta italiana en este período, las ciudades más representativas según el número de impresores son Venecia, Roma, Florencia, Milán y Bolonia, pero están representados también lugares como Cuneo o Mondovì.

Damos una detallada descripción externa de cada volumen, con los acostumbrados datos de número de páginas, caracteres empleados, signaturas, etc., y, para ofrecer una idea del contenido de cada volumen, recogemos el *incipit* y *explicit* de cada texto, o de los más importantes, raros o menos conocidos en el caso de que se contengan varios.

A continuación ofrecemos sobre cada libro una remesa de datos procedentes del propio Hernando Colón. Resulta que era éste no un mero acaparador de libros, sino también y sobre todo un experto y minuciosísimo bibliógrafo. Los datos de cada libro adquirido, por pequeño o poco importante que fuese, eran asentados inmediatamente por su dueño en unos detalladísimos registros escritos de su puño y letra que aún se conservan, y para los que había desarrollado un complejo y preciso sistema de abreviaturas y signos [7]. Hecho esto, tomaba el libro recién adquirido y en su primera o última página anotaba el número que le había atribuido en su registro, añadiendo en muchos casos, al propio tiempo, los principales datos referidos a las circunstancias de su adquisición. He aquí, a guisa de ejemplo, algunas de esas anotaciones:

1. «Este libro costó en Roma 17 quatrines blanco año 1512. Vale un ducado de oro 307 quatrines». Se nos suministra, con ello, información sobre el lugar de adquisición, el dinero pagado, la fecha de compra y el valor de cambio de la moneda de ese momento.

2. «Este libro costó en Roma 62 quatrines por junio de 1515 y a encuadernar costó 40», donde nos da, además, el precio de la encuadernación en la época.

3. En otras ocasiones recoge, sobre un texto anónimo tipográficamente, el nombre del autor de la obra y el título de la misma, o indica incluso el lugar y el día en que leyó el libro. En la *Rapresentatione di sancto Paulino*, de Giustino de Antonio Berti, leemos: «Ego don Ferdinandus Colón perlegi hunc librum in civitate Alicante 18ª die mensis octobris 1516».

4. O señala, incluso, las repeticiones: «Este libro costó en Viterbo quatrin y medio por octubre de 1515. Alium habeo in alio codice». Y en ocasiones resume incluso el contenido de la obra y emite un breve juicio sobre la misma.

Tales anotaciones, además de reflejar la cuidadosa atención de don Hernando hacia sus libros y de ofrecernos algunos datos sobre su personalidad de lector y bibliófilo, constituyen, como se puede imaginar a través de los pocos ejemplos que recogemos aquí, una verdadera mina de datos e informaciones sobre las características del mercado de libros de la época, sobre precios de volúmenes y encuadernaciones, sobre cambios de moneda, y, a través de los lugares de compra, nos permite seguir el curioso itinerario del material impreso.

Nuestro estudio refleja posteriormente el conocimiento que de cada edición se ha tenido en el mundo bibliográfico. Hemos consultado al respecto atentamente todos los catálogos y registros bibliográficos disponibles y susceptibles de mencionar alguna de las ediciones poseídas por la Colombina, desde el *Indice Generale degli Incunaboli delle Biblioteche d'Italia* hasta el del British Museum, pasando por los referidos a las bibliotecas europeas y norteamericanas.

Valiéndonos de esos y otros datos hemos intentado establecer, en la medida de lo posible, el número de ejemplares similares a los de la Colombina existentes en el mundo o, al menos, conocidos en la actualidad. Atrevido propósito éste, sobre cuyo exacto cumplimiento final no se puede, desgraciadamente, tener más que una seguridad muy relativa. Evidentemente, todas las ediciones de la Colombina entran dentro de la clasificación bibliográfica de libros raros. Pero si, según el uso normal, consideramos que merecen la denominación de *muy raros* aquellos de los que existen siete o menos ejemplares conocidos, nos encontramos con que entran en esa categoría aproximadamente un 85% del total de impresos italianos de la biblioteca. Y existen también ejemplares únicos, singulares testigos solitarios de tiradas ya desaparecidas, que sólo el celo de don Hernado logró transmitir a la posteridad.

Naturalmente que no debe confundirse el valor bibliográfico de estas piezas impresas con su importancia o interés literario o científico. Algunos de estos impresos raros son simplemente oraciones, subproductos literarios de la época o composiciones populares de dudoso refinamiento. Pero ello no disminuye su importancia como testigos de los gustos e intereses de una época, así como de la índole de los materiales que en aquel tiempo se daban a la imprenta. Y en nada rebajan su valor material, casi diría crematístico, como obras primitivas de la imprenta: cualquier catálogo de subastas podría testimoniarlo. Es más, el valor de la Colombina radica precisamente en la conservación de esos pequeños folletos impresos; tratándose de muestras de literatura poco apreciada por los doctos, o de contenidos escabrosos mal vistos por algunos sectores, la mayoría de las bibliotecas de la época los despreciaron; a ello se unía que su reducido cuerpo físico facilitaba su destrucción y pérdida. Pero Colón no sólo no los relegó al olvido, sino que dio precisamente órdenes de que fueran adquiridos, cuidadosamente custodiados y luego encuadernados en los gruesos volúmenes misceláneos que han llegado hasta nosotros.

A excepción de una edición de Notturno Napoletano no citada ni conocida hasta ahora, hemos encontrado en catálogos y estudios bibliográficos referencias más o menos amplias sobre todos los demás impresos. Los tres bloques temáticos más consistentemente representados son la literatura popular (con innumerables *frottole* y composiciones del gusto de la época), la religiosa y hagiográfica (con gran cantidad de textos de *sacre rappresentazioni*) y la astrológica (con 146 textos de pronósticos); esta última constituye junto con la conservada en Bolonia, el mayor acopio bibliográfico existente sobre la materia. Pero todos los demás géneros y ciencias están variablemente representados.

Como señala Mario Ruffini, en ningún bibliófilo particular y en ninguna biblioteca de su tiempo encontramos tan amplia curiosidad por el saber; las obrillas populares, añade este autor, constituyen el mayor repertorio existente para seguir y estudiar las predilecciones populares italianas a lo largo del casi medio siglo que va desde 1490 a 1539 [8]: un elemento más de confirmación de la fundamental importancia de los fondos de la Colombina por lo que al mundo cultural italiano se refiere.

NOTAS

1. Resulta ahora fácilmente accesible su *Historia del Almirante*, Madrid, Historia 16, 1984; edición de Luis Arranz.
2. Abundantes datos sobre ello se encontrarán en Tomás Marín, *Obras y libros de Hernando Colón*, Madrid, 1970. Véase también la introducción de Luis Arranz a la obra citada en la nota anterior.
3. José Hernández Díaz y Antonio Muro Orejón, *El Testamento de don Hernando Colón y otros documentos para su biografía*, Sevilla, 1941, pp. 226-227.
4. Para este cómputo general seguimos a Mario Ruffini, *Fernando Colombo e i libri italiani della Biblioteca Colombina*, Torino, 1960, p. 30.
5. *Op. cit.*
6. *Biblioteca Colombina. Catálogo de sus libros impresos*, Sevilla, 1888-1948, 7 vols.
7. Véase al respecto Tomás Marín, *op.cit.*
8. Mario Ruffini. *Op. cit.*, p. 66.

«UN UOMO NON VOLGARE»
A D. ALONSO ZAMORA VICENTE

JOSE LUIS COUCEIRO
ISABEL GONZÁLEZ
Universidad de Santiago

Dentro del amplio marco que esta Asociación se asignó como objeto de estudio en su sugunda reunión: Renacimiento (literatura, arte, historia y cultura), creemos que se puede insertar sin demasiadas violencias la presente comunicación. Nos explicamos: el balance final de este Congreso ha de ser la contribución que un colectivo de italianistas aporta al mejor conocimiento de un determinado período de la cultura italiana. Nuestro objetivo es el mismo, pero visto desde el lado contrario: ver qué nos legó a nosotros la cultura renacentista. La contestación a esta pregunta podría llenar bibliotecas y escapa a nuestra capacidad. Por eso, y dependiendo de esta, nuestro objetivo es más modesto.

Aun para aquellos que están más alejados del campo de la filología románica, no resultan desconocidos los estudios que dedicaron, y dedican, los filólogos italianos a nuestras letras, y más concretamente, a los estudios de filología gallego-portuguesa. Muchas vocaciones hispanistas se inician por el hallazgo casual de un manuscrito en una biblioteca, pero en el caso italiano esa casualidad no es tan azarosa: Si hay en Italia una floreciente escuela de estudios lusogalaicos, se debe a que un humanista, en pleno Renacimiento, puso la semilla, y esta, siglos más tarde, dio sus frutos en las obras de un Ernesto Monaci, de un Enrico Molteni, de un Cesare de Lollis o de un Silvio Pellegrini, por no mencionar más que a los ya muertos, pero cuyo espíritu pervive y continúa la obra de sus discípulos.

«Col manoscritto qui pubblicato torna in luce tutta una letteratura, l'antica letteratura dei trovatori portoghesi». Con estas palabras abría Monaci [1] su edición diplomática del Códice 4803 de la Biblioteca Vaticana. Casi podíamos suscribir su total literalidad si precisamos que volvía a ver la luz la mayor parte, y la más significativa, de la escuela que hoy conocemos como gallego-portuguesa. La más original y peculiar. Y el nombre de sus autores. Cuando Monaci edita su trabajo, ya sus contemporáneos no tenían porqué contentarse con las vagas noticias que, sobre nuestro pasado literario, dejaban caer ocasionalmente literatos, historiadores y eruditos, empezando a contar desde la conocida *Carta* del Marqués de Santillana al Condestable de Portugal, y que andando el tiempo sería determinante para que nuestro primer filólogo y lingüista nacional, el Padre Sarmiento, intuyera su pasado esplendor. Ni que decir tiene que Monaci estaba informado con todo detalle de las ediciones parciales, estudios y discusiones suscitados en torno al antiguo *Cancionero do Colegio dos Nobres de Lisboa,* hoy de *Ajuda,* sustancialmente, como es bien sabido, un cancionero incompleto y monotemático: una antología de *cantigas de amor.*

Incluso desde mediados de siglo se conocía, parcialmente, el contenido del cancionero *V* por su obra de Lopes de Moura, Varnhagen y el propio Monaci: «ma nel loro complesso tali pubblicazioni giunsero appena a far conoscere una sesta parte della collezione, e forse non la piú importante [2]».

Pero ¿quién era el autor de este apógrafo? Monaci encontraba en *V* notas que enmendaban algún paso o bien explicaban palabras o frases, unas veces en latín y otras en italiano: su autor debía de ser un literato «ed anche *un uomo non volgare*» [3]. El enigma se lo resolvió otro códice vaticano, el 3217, que conservaba el nombre de los trovadores de *V*, más otros desconocidos y que parecía ser el del índice de otro cancionero desaparecido, más rico y más completo. El autor del Indice no era otro que *Angelum Colotium,* «studiosissimo» de la antigua literatura italiana y de los primeros en sentir la necesidad de explorar las literaturas hermanas para mejor conocer aquella, cosa que por otro lado ya se sabía en el s. XIX. Lo que de momento importa es que Colocci escribe de propia mano tanto el catálogo de *Autori portughesi (= C)* [4] como las notas que acompañan al texto de *V*, obra, por otra parte, de un solo y desconocido amanuense italiano. Por vías no bien conocidas tanto *V* como *C* llegaron —o confluyeron— a la biblioteca apostólica.

Tres años más tarde un joven discípulo del maestro romano, Enrico Molteni, daba a conocer un nuevo cancionero, encontrado en la biblioteca de un noble de Cagli, el conde Brancuti, que resultará ser el más rico y completo de los cancioneros y al que más atención y cuidado le prestó el humanista italiano. Por ello Monaci propone que precisamente este cancionero lleve además del nombre de su poseedor el de su colector renacentista y que éste figure en primer lugar y así se conoce la edición diplomática del malogrado Molteni [5]. La propuesta le pareció de lo más justo a Dª Carolina Michäelis [6], y sólo los avatares de la posesión tienden a borrar de la memoria su nombre, algo que al brasileño Segismundo Spina no deja de parecerle injusto [7].

Los cancioneros *A, V* y *B* nos transmitieron [8] un total de 1683 textos [9]; el resto de la tradición manuscrita —*R, P, M* y *Vª*— no aporta nada nuevo. Teóricamente se podría llegar hasta un total de 1690 cantigas, repartiéndose del siguiente modo: Al catálogo *C* le corresponderían 1675, número máximo, seguido de *B* con 1664 composiciones, de *V* con 1205 y finalmente *A* con 310.

Vamos a suponer que por cualquier accidente hubiera desaparecido el manuscrito portugués o, simplemente, que no hubiera existio, ¿qué hubiéramos perdido en cuanto a textos? En primer lugar, un total de 56 piezas que le son exclusivas sobre 310, y que representa aproximadamente el 18%, porcentaje que parece alto, pero que si se compara con el total de cantigas conservadas, 1683, ya no resulta tan llamativo, pues ese porcentaje se ve reducido al 3,3%: En concreto, los nos 122-125, 258-270, 279, 346-348, 395-399, 407, 408-413, 415, 432-445, 891, 892, 893, 894-898, que se corresponden con otras tantas lagunas de los apógrafos italianos. Cambia la perspectiva si consideramos la cuestión desde el punto de vista de los autores [10].

En primer lugar desaparecieron como tales autores el anónimo 2, n° 296 (= 42) [11], el anónimo 3, con sus diez composiciones, que van de 432 a 441 (= 46, 37, 57, 56, 12, 61, 15, 62, 31, 1 en orden correlativo) y, finalmente, el anónimo 4 con sus cuatro composiciones 442, 443, 444 y 445 (= 53, 3, 39, 4). De todos modos estos tres anónimos pueden muy bien, y es lo más posible, no corresponderse con otros tantos individuos. Vasco Gil vería gravemente mutilada su producción, pues la pérdida se sitúa entre un tercio y la mitad, en torno al 41%, para ser más precisos. Fernam Gonçalvez de Seavra quedaría reducido a dos tercios. Una disminución semejante afectaría al cancionero de Pay Soarez de Taveirós, uno de los «históricos» de nuestra lírica: entre las desaparecidas figuraría la célebre A 38, *No mundo non sei parella*, más conocida como la *Cantiga da garvaya*, atípica dentro del cancionero amoroso y más normal en el de burlas [12]. Experimentarían también sustanciales bajas, un poco menos de un tercio, Pay Gómez Charinho y Pedr'Eanes Solaz, mientras que de Martin Moxa nos quedarían cuatro quintos. De las 13 piezas de Vasco Rodrigues de Calvelo nos quedaríamos con 11, que representan una merma del 15%. Pérdidas semejantes, 9 y 7%, tendrían, respectivamente, Joam Garcia de Guilhade y Johan Soarez Coelho, dos primeras series de nuestro peculio lírico. El porcentaje disminuye en el caso de Don Gonçal' Eanes do Vinhal, en torno al 6% y es menor para Don Joan (Perez) d'Avoyn con un 4,5% —o con un 9% si le corresponde la atribución del anónimo 2, mencionado en primer lugar—.

En cuanto al género, es la *cantiga de amor* la que sufre el impacto mayor, pues no está de más recordarlo, el cancionero *A* es prácticamente un cancionero monotemático. La excepción está representada por una composición de Pay Gomez Charinho, A 256, n° 415 de *Recherches* (= 114,6, entrada principal, pero seguida de interrogante de atribución y envío al grupo de anónimas, 157,11); se trata de una cantiga encomiástica [13], escasamente representada en el corpus: a parte de esta composición, tan solo se registran dos de Pero da Ponte —la n° 987 (=

120,12) y la 993 (= 120,31)— y otra de Johan, jograr morador en Leon, —la nº 118 (= 62,1)—, autores que se volverían a emparejar, al igual que en el *pranto*, como especialistas en géneros minoritarios [14]. La pérdida, por lo tanto, sería alta: una cuarta parte.

De esas 56 cantigas exclusivas de *A* y atendiendo a la forma, 34 serían de maestría y 21 de refrán; la restante, un fragmento de cantiga de amor, quizás habría que agregarla al último grupo [15].

Hasta aquí hemos tratado de analizar someramente la pérdida que supondría la desaparición del manuscrito *A* tanto desde un punto de vista cuantitativo como cualitativo. Tal pérdida en modo alguno sería desdeñable, pues afectaría sensiblemente a la producción de alguno de nuestros mejores autores, o implicaría la desaparición de algunas cantigas singulares, tales como la A 38 y A 256. En otras palabras: al hacer un recuento de la producción «desaparecida» tratamos de poner de relieve, por contraste, lo que nos salvaron los apógrafos italianos, lo que, en definitiva, nos legó la inquietud intelectual de un hombre del Renacimiento y primer estudioso de nuestra lírica medieval: **Angelo Colocci**. Pues fueron sus desvelos y cuidados los que hicieron casi exactas aquellas palabras que encabezan esta reflexión: «torna in luce tutta una letteratura».

Veamos lo que positivamente conservaron *V* y *B*. Decíamos que *A* reunía un total de 310 composiciones de las cuales 56 le eran exclusivas y 254 las compartía con los apógrafos *V* y *B*; por lo tanto la diferencia entre esta cifra común y el número máximo de textos conservados, que es el de *B*, nos dará los textos exclusivos italianos, y resulta ser de 1410, cifra superior, incluso, al del total del cancionero *V*. Dicho de otra manera: Colocci nos legó 1410 composiciones, que sin su intervención se habrían perdido.

En un primer momento recopila *V*, asegurando de este modo 1205 piezas que, sobre *A*, se traduce en 951 nuevas cantigas y le son exclusivas 60, frente al total de la tradición [16]. La serie es como sigue: nº 816 (404), 822 (410), 1006-1015 (= V 591-601), 1079 (= 668), 1410-1449 (= V 1000-1040) y 1677-1683 (= V 1199-1205). Confrontando someramente los autores que sobreviven en *V* con las piezas que se les atribuyen individualmente en el *Repertorio* tenemos que este cancionero le aporta a Johan Soarez Coelho 11 sobre 52 (= 21%); a Johan Ayras, burgués de Santiago, 8 sobre 82 (= casi 10%); a Pedr'Amigo de Sevilla, 7 sobre 37 (= 18%); a Johan Servando, 4 sobre 23 (= 17%); a Don Gonçal'Eanes do Vinhal, 9 sobre 17 (= 53%), al conde don Pedro de Portugal, 4 sobre 11 (= 36%); otros cinco trovadores se ven afectados mínimamente. Como se observa, las proporciones para poetas de la calidad e importancia de los reseñados son bastante fuertes desde el punto de vista individual, proporciones que se ven incrementadas si se consideran las *tensós* —pues *V* aporta 9 sobre n total de 28 [17]—, debates en el que real o figuradamente intervienen y componen dos trovadores:

Johan Soarez Coelho, el trovador mencionado arriba en primer lugar, se enfrenta con otros en cuatro ocasiones, con lo que su 21% aumentaría sensiblemente; otro especialista del género es Lourenço a quien *V* preserva cinco composiciones de este tipo, más una, la *V* 1033, de su exclusiva autoría; dos se le asignan a don Johan (Perez) d'Avoyn, precisamente con Coelho. En resumen, el cancionero *V*, y refiriéndonos más concretamente a los géneros en sí, descubre, con todo lo que ello significa: 1) la cantida de amigo; 2) la cantiga de escarnio y maldecir; 3) la práctica [18] totalidad de los géneros menores, contaminados o no. El manuscrito vaticano atribuye, además, los textos a más de un centenar de autores determinados, que vienen a sumarse a los vagamente manejados hasta mediados del s. XIX por los historiadores: D. Denis, Conde don Pedro o Soarez de Pavha.

Pero el entusiasmo y el desvelo de Colocci no acaban con *V*, sino que, en posesión de un cancionero más completo —el antígrafo de *B*— lo hace copiar [19] vigilando como siempre la labor de los amanuenses italianos, compulsando y anotando [20], y quizás sirviéndose de una guía personal, el elenco *C*. Como novedad la obra va precedida de un *Arte de trobar* fragmentaria y de aquellos mismos *lais* que se encuentran en *V*ª. Prescindiendo de esta originalidad comparte con *V* 891 canciones y son exclusivas suyas —salvadas consiguientemente por Colocci en este repaso— un total de 240 que se corresponden con los nºs. 1-63, 77-79, 97-116, 151, 156-157, 171, 185-187, 204-207, 211-213, 229-234, 250-251, 291-295, 321-345, 357, 359, 427-429, 449-475, 1310, 1520-1588. Gracias al cancionero *B* conocemos hoy la poesía, mucha o poca, de mejor o peor calidad, de Osoyr'Anes (8 textos), de Nun'Eanes Cerzeo (11 textos), de Pero Mafaldo (9 textos), anónimo 1 —o anónimos— (5 textos), de Gil Perez Conde (18 textos), de Fernan Soarez de Quinhones (5 textos); de Ayras Moniz d'Asme, Diego Moniz, Nuno Fernandez de Mirapeyxe, Fernan Figueyra, Rui Gomez, don Roy Gomez de Briteyros, nos llegaron a través de *B* sus dos únicas composiciones; este cancionero nos trasmite, —sin fijarnos en los porcentajes, pues las cifras son suficientemente reveladoras—, 26 de las 32 piezas de Fernan Rodriguez de Calheiros, 5 de las 8 de Fernan Paez de Tamalancos, 1 de las 3 de Pero Velho de Taveiros, 2 de las 3 de Nuno Rodriguez de Candarey, 6 de las 7 de Johan Lobeyra —entre ellas la polémica *Senhor genta*—, 5 de las 8 de Rodrigu'Eanes Redondo, 7 de las 11 de Fernan Fernandez Cogominho, 11 de las 14 de Alfonso Mendez de Besteyros, 12 de las 29 de Vasco Praga de Sandin, 8 de las 25 de Johan Soayrez Somesso, 3 de las 6 de Rodrigu'Eanes de Vasconcelos, 1 de las 4 de Airas Veaz, 2 de las 8 de Pero Vyviaez, 4 de las 13 de Vasco Perez Pardal, 6 de las 15 de pero Garcia d'Ambroa, 5 de las 20 de don Fernan Garcia Esgaravunha, igual cifra y monto para Johan Vasquiz de Talaveyra, 23 de 46 de Alfonso X, 10 de 138 de don Denis, 7 de 53 de Pero Garcia Burgalês. Y cifras menores para otros trovadores.

En cuanto a los géneros, es sensible la contribución de este cancionero, sobre todo en lo que concierne a la *tensó*, pues B preservó, entre otras, 3 del Rey Sabio y 2 de Pay Soarez de Taveirós, y este aspecto polémico —o sencillamente burlesco— entre dos poetas tiene escasa representación en el conjunto de nuestra literatura medieval, como ya hemos señalado anteriormente. El resto de los géneros menores —los no «canonici», para decirlo con Tavani, o los «contaminati»— también tienen representación en el cancionero, pero, prescindiendo de los *lais* y de algún que otro texto interpolado, ya estaban presentes en *V*, del que *B* viene a ser una ampliación.

Resulta difícil hacer un balance final puntual y detallado, pero el conjunto del aporte de *B* y *V* al conocimiento de la lírica medieval gallego-portuguesa resulta capital: sin entrar en minucias y espigando, hoy conocemos y disfrutamos por ellos de las poesías de Estevan da Guarda, de Bernal de Bonaval, del conde don Pedro, de Johan Servando, de Afons'Eanes do Coton, de Martin de Padrozelos, de la joya de Mendinho, de la perfección de don Denis; por ellos descubrimos la faceta irreverente, dura, burlona, procaz, —¿más humana?— del Rey Sabio. Se podría, sin gran esfuerzo, proseguir por este camino.

Cuando decimos que los apógrafos italianos, los cancioneros *V* o *B*, el índice *C*, conservan, registran composiciones, nombres, géneros, una literatura, en suma, ¿no estamos olvidando, o por lo menos, dejando en la penumbra a su artífice? No tratamos ahora de cerrar esta comunicación sirviéndonos de unos fáciles ditirambos, sino de, y a la vista de lo expuesto, hacer justicia —nos precedieron en ello Monaci y Carolina Michäelis— a la, para nosotros, piedra angular de nuestra filología, al primer lusista y erudito ejemplar del Renacimiento, monseñor **Angelo Colocci**.

NOTAS

1. Ernesto Monaci, *Il canzoniere portoghese della Biblioteca Vaticana, messo a stampa*, Halle a.S. 1875, p. V.
2. Id. ib. p. VII.
3. Id. ib. p. IX.
4. La edición definitiva del catálogo con su reproducción fotográfica es de Elsa Gonçalvez, *La tavola colocciona «Autori portughesi»*, in *Arquivos do Centro Cultural Portugués*, X, París 1976, pp. 387-448. Separata del mismo lugar y año.
5. *Il canzoniere portoghese Colocci-Brancuti, pubblicato nelle parti che completano il codice vaticano 4803*, Halle a.S. 1880. La introducción (*Avvertenza*) es de Monaci y la propuesta en p. VIII.
6. *Cancioneiro da Ajuda*, II, p 48, donde se hace la historia más completa de este período.
7. Segismundo Spina, *Introduçao à edótica*, Sao Paulo 1977, p. 79. Como es bien sabido de los especialistas, el Conde de Brancuti prestó el manuscrito a Monaci en mayo de 1880 y se lo vendió ocho años más tarde; la propiedad debió de colmar un anhelo de Monaci, pues este registra los hechos en el reverso del actual folio de guardas, pero, mientras el préstamo se fecha vagamente en «maggio 1880», la adquisición viene señalada con un puntual «oggi 15 febbr. 1880» y en ese *oggi* se siente colmada una ilusión largo tiempo acariciada. A la muerte del filólogo, sus herederos ponen en venta el manuscrito, que adquirido por el Estado portugués, pasa a formar parte desde 1924 de los fondos manuscritos de la Biblioteca Nacional de Lisboa y aquí se lo cataloga con el número 10991. Desde entonces empieza a conocerse como Cancioneiro da Biblioteca Nacional «antigo Colocci-Brancuti», como la ed. E. Paxeco Machado y J.P. Machado, dedicada a la memoria de Molteni y A. Colocci. La reciente reproducción facsimilar (Lisboa 1982) también arrincona la primitiva denominación dejándola para subtítulo y en tipos más pequeños.
8. Los problemas de la transmisión manuscrita tal como se plantean en la actualidad los estudia en detalle Giuseppe Tavani, *Poesia del Duecento nella Penisola Iberica. Problemi della lirica galego-portoghese*, Roma 1969, especialmente la parte titulada *La tradizione manoscrita* (pp. 77-179); sobre algunos puntos se muestra en desacuerdo Jean-Marie D'Heur, *Sur la tradition manuscrite des Chansoniers galiciens-portugais. Contribution à la Bibliographie générale et au Corpus des Troubadours*, in *Arquivos do Centro Cultural Portugués*, VIII, París 1974, pp. 3-43; la réplica de G. Tavani, *A proposito della lirica galego-portoghese*, in Medioevo romanzo, VI, Napoli 1979, pp. (372)-418.
9. Esta es la cifra que da J.M. D'Heur y con la que haremos nuestras cuentas. G. Tavani en un principio había dado 1685 (Giuseppe Tavani: *Repertorio metrico della lirica galego-portoghese*, Roma 1967, p. 6) (= *Repertorio*), cifra que mantuvo en sucesivas publicaciones hasta fechas recientes en que, por individuación de textos tardíos y un más apurado censo de casos de doble redacción, aquella quedó reducida a 1679 (G. Tavani: *La poesia lirica galego-portoghese*, In GRLMA, v. II, t. 1, f. 6, Heildeberg, 1980, p. 7), quizás la más exacta. De todos modos, visto que la diferencia es poca, nos serviremos de la propuesta por el investigador belga, ya que más que la precisión nos interesa, en este caso, la orientación y la comodidad de manejo de sus tablas, y más particularmente por su numeración (Jean-Marie D'Heur, *Recherches internes su la lyrique amoureuse des troubadours galiciens-portugais (XII-XIV siècles)*, V. especialmente la primera parte, pp. 9-93 (= *Recherches*).
10. La atribución se basa en *Recherches*, por la mentada facilidad de manejo (V. la nota anterior), aunque la comparación se establece por el *Repertorio*; entre ambos hay desajustes (por ejemplo

en cuanto al número de anónimos, no, en general, de piezas anónimas), por lo que la coincidencia será aproximada más que puntual. Los números entre paréntesis y precedidos de = remiten al *Indice dei poeti e dei testi anonimi* del Repertorio.

11. Este texto puede atribuirse a Don Joan (Perez) d'Avoyn —así lo indica Tavani— o a Roy Paez de Ribela, como dudosos hacen en su edición de *B* los Machado (n° 1590). En el primer caso se agregaría al que hay que descontar ya a d'Avoyn y en el segundo, naturalmente, a Roy Paez.

12. La bibliografía sobre la controvertida cantiga es amplia. Un resumen del debate puede verse en V. Bertolucci Pizzorusso, *Le poesie di Mantin Soares*, Bologna, 1963, pp. 27-28 y 59-64 (posteriormente retoma la cuestión Francisco Rico, *Otra lectura de la «Cantiga de garvaia»*, in *Studia Hispanica in Honorem R. Lapesa*, I, Madrid 1972, pp. 443-453). La editoria italiana asigna con el número V la obra a este trovador —habría que restarla, por consiguiente, de su corpus—, con razonamientos, entre otros, suficientemente válidos para que Tavani la catalogue con el n° 97,20, y sin signo de interrogación en el haber de M. Soarez y no aparezca en el de P. Soarez de Taveirós. Esas razones no convencieron a J.M. D'Heur (v. *Recherches*, n° 124 y comentario en p. 23, donde promete ocuparse en otro lugar de la cuestión; algunas precisiones más en las pp. 280-281.

13. V.S. Pellegrini, *Noterelle alfonsine (Su A256)*, in *Studi su trove e trovatori della prima lirica ispano-portoghese*, Bari 1959, pp. 117-121 —anteriormente in «Studi romani», XXIX, Roma, 1942, pp. 131-137— donde se razona la atribución y se desecha su inclusión en el género sirventés.

14. En el *pranto* también aparece el encomio, condición del género, aunque en otras circunstancias.

15. Es la n° 894, aquí atribuida sin discusión a Vasco Rodrigues de Calvelo y con un interrogante al lado de la forma. Tavani —en 155,3— la incluye como probable de este autor y remite al grupo de las anónimas —157,27—, pero no la puede analizar desde el punto de vista métrico.

16. Podría incluirse la V 1036 pero es una variante de V 472 que coincide con B. 888, n° 879 con aclaración en *Recherches*, p. 29.

17. El total y los protagonistas de los debates pueden verse en G. Tavani, *La lirica...* (cit.), p. 132-133.

18. La excepción es la cantiga encomiástica A 256 —ya comentada—, la B 467 una lauda mariana del Rey Sabio —conservada por otra parte en *E* (40) Tol (30), ambas cuidadosamente editadas por Silvio Pellegrini (en 1962), hoy in *Varietà romanze*, Bari 1977, op. (9)-19). A la vista de estas dos composiciones sobre todo de la primera, completa, ¿pudo intuir Colocci un cancionero mariano más basto?.

En este punto permitásenos un mínima digresión: la tradición manuscrita de la poesía religiosa está constituída, pues, por los manuscritos *E* (con 417 cantigas), *F* (104), *T* (195), *Tol* (128) y *B* (2). Este último ya lo mencionan S. Pellegrini-G. Marroni, *Nuovo repertorio bibliografciao della prima lirica galego-portoghese*, L'Aquila 1981, (p. 27, n. 5), completando así el Prospetto del Repertorio bibliográfico... de Pellegrini, (Modena 1959, p. 22), sin embargo, todavía escapa de la lista de códices religioso la cantiga de *loor* conservada en el *Comentario al Apocalipsis* de Beato de Liébana, en la Biblioteca Universitaria de Santa Cruz de Valladolid —procedente de Valcavado— editada por Eugenio López-Aydillo y Saturnino Rivera Manescau (*Nuovo repertorio*, n° 172) y atribuída a Fernando III. La singularidad de la cantiga y su relación con la poesía mariana de Alfonso X la pone de manifiesto Joseph Snow, *The poetry of Alfonso X, el Sabio*, London 1977, n° 95, donde se recomienda además una nueva edición y estudio, pues está relacionada con la CSM 340, como ya observaron sus editores. Convendría asignarle así mismo una sigla para su breve identificación y manejo económico. Vista la inserción y localización, no queda otro remedio que asignarle *Vd* (= Valladolid), a pesar de «v» estar sobrecargada; las demás siglas posibles, con excepción de Liébana, coincidirían con otros de la tradición manuscrita.

19. Tenemos un magnífico estudio del códice: Anna Ferrari, *Formazione e struttura del Canzoniere Portoghese della Biblioteca Nazionale di Lisboa (Cod, 10991: Colocci-Brancuti)*, in *Arquivos do Centro Cultural Portugués,* XIV, París 1979, pp. 27-142.

Las intervenciones de Colocci las estudió sistemáticamente Valeria Bertolucci Pizzorusso, *Le postille metriche di Angelo Colocci ai canzonieri portoghesi,* in *Annali dell'Instituto Universitario Orientale di Napoli. Sezione romanza,* VIII, 1, Napoli 1966, pp. (13)-30, y *Note linguistiche et letterarie di Angelo Colocci in margine ai canzonieri portoghesi,* in *Atti del Convegno di Studi su Angelo Colocci,* Città di Castello 1972, pp. 197-203.

EL MONSTRUO DE RAVENNA: FUENTES LITERARIAS

BALTASAR CUART MONER
GREGORIO HINOJO ANDRÉS
Universidad de Salamanca

El 11 de abril de 1512, domingo de Resurrección, las tropas hispano-pontificias sufrieron una gran derrota a manos de las francesas comandadas por Gastón de Foix en las proximidades de la ciudad de Ravenna. La batalla fue muy sangrienta y la victoria francesa tuvo un carácter pírrico, como supieron ver los contemporáneos, pereciendo en ella el propio Gastón de Foix [1].

El pánico entre los ejércitos coaligados en la Liga Santa [2], cuyo grueso estaba formado por las fuerzas de Julio II, Fernando el Católico y Venecia, fue inmenso y por un momento pareció que iba a hundirse el poder pontificio en Italia Central y que la amenaza francesa sobre las posesiones catalano-aragonesas en el Sur de Italia era real.

La crueldad de los ejércitos en esta fase de las Guerras de Italia nos ha sido transmitida por diversos autores. Los saqueos de Brescia, Ravenna, Prato, las violaciones y robos y todo lo que de desastroso y cruel acompañaba y acompaña a la guerra podemos leerlo en las páginas de escritores muy diversos, desde Nebrija a Guicciardini, pasando por Andrés Bernáldez o Alonso de Santa Cruz [3]. Parecía como si aquellos desastres indicaran una transmutación de la propia Naturaleza y, efectivamente, no faltaron signos evidentes del hecho: un mes aproximadamente antes de la batalla de Ravenna, una mujer parió un ser monstruoso que, después de la derrota de la Liga Santa, fue reconocido como la señal inequívoca de las desgracias que se iban a cebar sobre las tropas de la Iglesia y sus aliados.

El monstruo de Ravenna tuvo una inmensa difusión por Europa. El autor español que más tempranamente nos habla de él es Andrés Bernáldez [4], cuyas «*Meorias del reinado de los Reyes Católicos*» parece que tuvieron gran difusión [5], pero también autores extranjeros se encargaron de darle difusión y mucho tiempo después sería el propio Mateo Alemán quien recogiera dicho monstruo en las primeras páginas de su «*Guzmán de Alfarache*» [6].

El objeto de esta comunicación es tratar de dilucidar las fuentes sobre las que se elaboró el monstruo de Ravenna y las formas de difusión concretas que tuvo.

LA PRIMERA DESCRIPCIÓN DEL MONSTRUO DE RAVENNA EN EL TEXTO DEL DR. ANAYA

La primera referencia al monstruo de Ravenna elaborada por un autor español que conocemos no es, sin embargo, la citada de Andrés Bernáldez.

Se halla contenida en el *Liber Admissionum* III fol. 139 r°-141r° depositado en el Archivo del Colegio de San Clemente de los Españoles de Bolonia [7].

Se trata de un texto escrito en latín y cuyo autor es don Bernardino de Anaya, doctor *in utroque*, salmantino y testigo presencial de los acontecimientos que dejó anotados.

El texto no ha sido editado hasta hoy, aunque la mayoría de los colegiales de la época lo leyeron con interés, como lo prueba la cantidad de añadidos y anotaciones marginales que dejaron en él [8].

El Dr. Anaya ni siquiera puso un título específico a su relato. Se limitó a contar una especie de «desastres de la guerra» en unas páginas de un libro poco adecuado, como nos dice él mismo, pero que estaba seguro que, precisamente por el lugar donde se encontraban, serían leídas por muchos [9].

El Dr. Anaya era salmantino, como hemos dicho, de familia perteneciente a la nobleza ciudadana y había nacido probablemente alrededor de 1485. En 1505 ingresó como colegial en San Clemente y allí permaneció unos diez años, doctorándose *in utroque iure*.

Posteriormente pasó a la Chancillería de Granada, recibió un hábito de una Orden Militar y escaló más altos puestos en la burocracia, formando parte de los Consejos de Navarra y de Estado. Murió hacia 1560 en Madrid, lleno de prestigio como jurista y bastante rico [10].

No dejó ningún otro escrito ni de tipo histórico ni de tipo jurídico, aunque intervino en algunas reformas legislativas hechas en el Consejo de Navarra [11].

El texto del Dr. Anaya se ocupa fundamentalmente de la época de las Guerras de Italia que transcurre entre 1511 y 1512 alrededor de la ciudad de Bolonia, aunque a veces se remonta hasta 1506 —fecha de la toma de la ciudad por Julio II y de la expulsión de los Bentivoglio— o anota acontecimientos ocurridos en 1513, como la coronación de León X.

Aunque dice estar preocupado fundamentalmente por la ocupación que sufrió el Colegio por parte de las tropas francesas y el consiguiente saqueo y ruina de sus posesiones agrarias, lo cierto es que dedica mucho más espacio a los aspectos de política general e incluso eclesiástica, con abundantes referencias sobre el cisma que los cardenales pro-franceses tenían montado como arma de presión sobre Julio II, o a la propia batalla de Ravenna.

El Dr. Anaya dice expresamente que compuso su texto apresuradamente («*paucis horis*») el día 30 de abril de 1513 («*pridie kalendas maii anno tredecimo supra centessimum quindecies*»), es decir, el mismo día en que cesaba en su cargo de rector de la institución albornociana, cargo que había ocupado durante dos años consecutivos.

Esto, sin embargo, no es verosímil, al menos sin admitir algunas matizaciones. En primer lugar, el texto revela un conocimiento de toda la complejidad de acontecimientos políticos y religiosos que de ninguna forma puede elaborarse «*paucis horis*». En segundo lugar, don Bernardino de Anaya está preocupado por los aspectos formales de su texto y su latín, sin ser perfecto, es de notable calidad, con una voluntad de estilo clara y una imitación de los historiadores clásicos, como hemos demostrado en otro lugar [12], que no denota precisamente improvisación.

En realidad, lo que parece que hizo el 30 de abril de 1513 fue pasar al *Liber Admissionum* el texto definitivamente fijado, cosa que no parece que hiciese personalmente sino a través de un amanuense y todavía intentó él mismo corregir algunos aspectos formales del latín.

Es verosímil, pues, que el Dr. Anaya compusiera su texto entre abril de 1512, cuando tuvo que abandonar el colegio ocupado por los franceses poco antes de la batalla de Ravenna y ocultarse junto con los otros colegiales entre los que estaba, por cierto, Sancho de Nebrija, hijo de Elio Antonio, y el 30 de abril de 1513 en que mandó pasar al *Liber Admissiorum* su trabajo definitivamente acabado.

Al día siguiente, primero de mayo, tuvo que entregar obligatoriamente el *Liber Admissionum* al nuevo rector [13].

La descripción del monstruo de Ravenna ocupa seis líneas en el f. 140v° y es la siguiente:

> «Tante perniciei iam et ipsa natura signa dederat, namque fere per mensem antea mirabile monstrum Ravene mulierem enixam ferunt, cuius ego similacrum vidi. Erat ei corpus et humana facies, sed caput in acutum piramidis tendebat, habebatque brachiorum loco alas

79

duas, totidemque in pectore veluti elementorum effigies «Y» videlicet et «X», utroque sexu pollebat; occulum unoquoque genu habens eratque ei velut alitis cum pede crus unum» [14].

Traducción:

«Ya la propia Naturaleza había dado unos presagios de un desastre tan grande, pues se dice que aproximadamente un mes antes una mujer había dado a luz en Ravenna un monstruo sorprendente, cuya imagen yo vi. Tenía cuerpo y cara de hombre, pero su cabeza terminaba en punta como el vértice de una pirámide, y tenía dos alas en lugar de brazos, y por todo el pecho grabadas las imágenes de las letras «Y» y «X» y tenía ambos sexos muy vigorosos, poseyendo un ojo en cada rodilla y sus pies terminaban en un solo miembro en forma de ala»

La descripción del Dr. Anaya es, como veremos, la más sencilla de las que conocemos. Parece incluso que el doctor salmantino no ha captado en absoluto el simbolismo de las letras y signos que hay en el pecho de aquel ser monstruoso, como harán los autores posteriormente.

Anaya es el único que nos dice que vio una imagen del monstruo. Desde luego, podría tratarse de un recurso literario, ya que los autores de narraciones fantásticas utilizaban corrientemente expresiones semejantes para dar una mayor verosimilitud a lo narrado.

Sin embargo, creemos que un examen acerca de la posible elaboración del monstruo de Ravenna nos hará ver que, efectivamente, existió el «simulacrum» del que nos habla el Dr. Anaya y que él pudo verlo perfectamente.

ELABORACIÓN DE LA IMAGEN DEL MONSTRUO DE RAVENNA

Andrés Bernáldez, en el capítulo CCXXVIII de su obra citada, tras la descripción que hace del monstruo, añade: «El qual dicho monstruo nasció en el mes de março del dicho año de MDXII, como dicho es, y nasió bivo y bivió tres días. Y fue llevado al Papa, el qual lo vido e *mandó debuxarlo de manera e forma que era*. E tuviéronlo en grand maravilla» [15].

El Papa se encontraba en Roma en marzo de 1512 [16]. De manera que fue allí donde se elaboró la imagen del monstruo.

Existió por lo menos una fuente de tipo *GRÁFICO O PLÁSTICO*, que bien pudo ver el Dr. Anaya, y posiblemente, al mismo tiempo, empezaron a circular fuentes narrativas de diverso tipo, como veremos luego, que es dudoso que conociera el doctor salmantino ya que eran más explícitas en cuanto al simbolismo de las imágenes, no captado por nuestro autor.

Al elaborar el monstruo, la Cancillería Pontificia no hizo más que enlazar con una amplia tradición historiográfica, con abundantísimos ejemplos en la Antigüedad, en el Medievo, en el Renacimiento y hasta en la historiografía de los cronistas de Indias y que consistía en hacer que la Naturaleza se alterase de forma «anti-natural», valga la expresión, inmediatamente antes de un acontecimiento extraordinario. Así aparecían monstruos, presagios y otros prodigios que, posteriormente, y es importante recalcarlo, serán interpretados de acuerdo a los distintos intereses en juego [17].

La situación era clara. La causa de la Iglesia y del Rey Católico había sido vencida. Identificando la causa de la Iglesia con los intereses políticos de Julio II y Fernando el Católico, lo cual era obvio para ellos, la derrota de Ravenna ya era de por sí anti-natural, puesto que eran las armas del representante de Dios en la tierra las que habían sido vencidas.

Por tanto, la justificación de este prodigioso hecho tenía que venir de una alteración de la Naturaleza, de un Fatum incontrolable e inexplicable que, de paso, servía para descargar de toda responsabilidad la ineptitud de las tropas de Julio II y el Rey Católico.

De ahí que surgieran pronto y fueran rápidamente divulgadas, diversas versiones del monstruo. Unas debieron ser representaciones del mismo, alguna de las cuales pudo ver el Dr. Anaya. Otras debieron ser descripciones literarias, que fueron las más usadas por los restantes autores.

DIFUSIÓN DEL MONSTRUO DE RAVENNA

La difusión del monstruo de Ravenna debió ser rápida. Andrés Bernáldez, que concluyó su obra a fines de 1513 ya lo conocía, aunque Nebrija que ya nos da algunas referencias a la batalla de Ravenna en otoño de 1512, poco tiempo después de que tuviera lugar, todavía no dice nada al respecto.

Creemos que podemos distinguir *TRES TIPOS DE FUENTES* que contribuyeron a la difusión del monstruo.

El primer tipo lo constituirían las fuentes gráficas, de las que sabemos con seguridad hizo uso el Dr. Anaya.

El segundo cuarteto se inicia con un insistencia en los sonidos palatales, ya sean laterales, como en *gli*, o centrales como en *prigioni* o *volger* que quedan realzados por aparecer en sílaba tónica. Junto a ellos predominan los líquidos en *altri, al, volger, allegro, diletto* y en *legge* en el verso que cierra el cuarteto. Verso este que recoge como un eco los sonidos palatales centrales del inicio de la estrofa en los términos *legge* y *giudice* donde, junto al fonema sonoro [ĝ] aparece también el sordo [ĉ]. También los sonidos labiodentales del verso inicial retornan en este último repartidos, al igual que los palatales, en cada hemistiquio y pertenecientes ambos términos a la misma categoría gramatical, al adjetivo: *sever, grave*, mientras que los vocablos en los que aparecen los palatales son sustantivos. Esta bipartición versal en la distribución de sonidos —presente, asimismo, en el verso anterior en la aliteración de /m/, /r/, /t/m, en *martír, morte*- viene determinada por la estructura general del soneto, y que en estos dos últimos versos del cuarteto se halla especificada por las variantes de las negativas (*e non ... e non*, y *né ... né*), originando aliteración de nasales que intensifican las otras existentes, en particular en el tercer verso de este cuarteto y que potencian desde la sustancia de expresión a *amor*.

El primer terceto y el verso inicial del siguiente se hallan marcados por la insistente reiteración —hasta cinco veces— de la adversativa *ma*, lo que les confiere un ritmo cadencioso. La rica y variada aliteración de fonemas palatales es otro connotador desde la Eds: palatal nasal en *ogni* y *benigne*, lateral en *accoglienze*, central sordo en *licenziosi*, y central sonoro en *giochi*, fricativo en *sciolte*: fonemas que se combinan con otros de articulación suave, como sibilantes —*accoglienze, licenziosi, risi, vezzi*— y laterales —*licenziosi, parole, complessi, sciolte*—. Esta distribución de fonemas consonánticos se halla complementada por la de vocálicos, ya que éstos son fundamentalmente de la serie palatal /a/, /e/, /i/, si bien el contrapunto del fonema /o/ en casi todas las palabras evita una excesiva «dulcificación» desde la Eds.

Los dos primeros versos del último terceto son una síntesis de los recursos fónicos que el poeta ha utilizado. Así, entre los consonánticos predominan los palatales —*dolce, baci, dolcemente*—, los laterales geminados en *mille* o en posición final de sílaba, como en *dolce, dolcemente, volte*; los nasales no solo en sílaba inicial de *mille*, sino también en posición final de sílaba en *impressi, ben, dolcemente*. Entre los fonemas vocálicos, a excepción de tres veces /o/, y una de ellas es reiteración de un significante derivado —*dolce, dolcemente*— y dos de /a/ en el primer hemistiquio del verso inicial, la selección es más restringida pues se centra en la combinación de las palatales /e, i/.

La disposición de las vocales es también connotativa en la secuencia final del verso. La distribución de las vocales tónicas y átonas, que responden a un esque-

Andrés Bernáldez, por tanto, debió conocer tempranamente la figura del monstruo de Ravenna, aunque no a través de una fuente gráfica, como el Dr. Anaya, ni del mismo tipo de fuente literaria, como Ravisio Textor, sencilla y relativamente poco desarrollada, sino de una fuente más compleja que subraya algunos extremos que no aparecen en los anteriores y con un simbolismo muy trabado que exige un comentario, como dice él mismo, y que, sin embargo, renunciará a hacer dejando esta tarea a Mateo Alemán.

El texto de Andrés Bernáldez dice así:

> «En la çibdad de Rabena, en la Italia, acaesçió en el dicho año de MDXII, antes un poco de la batalla de Rabena, que una monja parió un monstruo espantable, conviene a saber, una criatura biva, la cabeça e rostro e orejas e boca y cabellos como de un león, y en la frente tenía un cuerno hacia arriba, y en lugar de braços tenía dos alas de cuero como murciélago, y en el pecho derecho tenía una señal de una y griega, así Y, y en medio del pecho tenía una letra X y en el pecho izquierdo tenía una media luna y dentro una v de esta fechura V. *De lo que significavan esta media luna y estas letras, diversas opiniones e juizios ovo entre las gentes.* Tenía más debaxo de los pechos dos bedixas de pelos. Tenía más dos naturas, una de másculo y otra de fémina, y la de másculo era como de perro y la feminina era como de muger. Y la pierna derecha tenía como onbre, y la izquierda tenía tan luenga como la otra, toda cubierta de escama de pescado. Y abaxo por pie tenía una uña de fechura como de pie de rana o sapo.
>
> El qual dicho monstruo nasció en el mes de março del dicho año MDXII, como dicho es, y nació bivo y bivió tres días. Y fue llevado al Papa, el qual lo vido e mandó debuxarlo de manera e forma que era. E tuviéronlo en grand maravilla»[21].

El monstruo de Bernáldez, autor por cierto aficionadísimo a la descripción de prodigios y maravillas[22], no se corresponde en absoluto en su forma física a los anteriores.

Su nacimiento es mucho más truculento, al haber nacido de una monja. Es de notar, sin embargo, que tanto el Dr. Anaya como Nebrija, Alonso de Santa Cruz o el propio Bernáldez se entretienen bastante en el hecho de las numerosas violaciones de monjas ocurridas en torno a estos episodios de las Guerras de Italia[23].

El monstruo ya no tiene cuerpo humano. Es una mezcla de animal y hombre. La cabeza y torso son de león, con el consabido cuerno, en donde no podemos dejar de ver una alusión clara al mito del Unicornio. Las alas son de murciélago, hecho éste que le hace coincidir con la versión que da Mateo Alemán. El simbolismo de las letras es mucho más complicado porque a la Y pitagórica y a la cruz se añade ahora una V enmarcada en una media luna y sin embargo, Bernáldez no se atreve a dar una interpretación de todo ello.

El hermafroditismo es mucho más prodigioso. En parte es animal y en parte se corresponde al de una persona. La extremidad inferior única se ha convertido ahora en dos piernas, distintas entre sí en lo que a la forma se refiere aunque parece que se unen al final en un solo miembro palmípedo.

La última de las elaboraciones del monstruo que vamos a tratar es la de Mateo Alemán, no sólo por ser la última en el tiempo, de entre las consideradas, sino porque participa del segundo y del tercer tipo de fuentes que hemos visto hasta ahora.

Francisco Rico se inclina por la influencia de Ravisio Textor y su «*Officina*» en la obra de Mateo Alemán. E. Cros habla de la obra de P. Boaystuau «*Histoires Prodigieuses*, posterior a las narraciones de Anaya, Bernáldez y Ravisio Textor. Nosotros creemos que aun participando en la descripción externa del monstruo del mismo filón que usara Ravisio Textor, sin embargo participa también en una fuente más simbólica y hermética a la manera de la que usó Andrés Bernáldez.

La versión del monstruo en el «Guzmán de Alfarache» es la siguiente:

> «El año de mil y quinientos y doce, en Ravena, poco antes que fuese saqueada, hubo en Italia crueles guerras, y en esta ciudad nació un monstruo muy extraño, que puso grandísima admiración. Tenía en la cintura para arriba todo su cuerpo, cabeza y rostro de criatura humana; pero un cuerno en la frente. Faltábanle los brazos y diole naturaleza por ellos en su lugar dos alas de murciélago. Tenía en el pecho figurado la Y pitagórica y en el estómago, hacia el vientre, una cruz bien formada. Era hermafrodito y muy formados los dos naturales sexos. No tenía más de una muslo y en él una pierna con su pie de milano y las garras de la misma forma. En el ñudo de la rodilla tenía un ojo solo» [24].

El monstruo de Mateo Alemán coincide, pues, en muchos detalles formales con el de Ravisio Textor y el Dr. Anaya. Tiene cuerpo humano y ha nacido normalmente de una mujer. En lugar de brazos continúa teniendo alas, que ahora sabemos que eran de murciélago. Es un ser hermafrodita, con una sola extremidad inferior que sabemos ahora que se parecía a la pata de un milano. El ojo continúa en la rodilla y en el cuerpo lleva la Y, ahora llamada ya pitagórica, y la cruz.

Es Mateo Alemán el único de estos autores que nos explica el significado de los signos que hay en el cuerpo del monstruo ya que se trataba claramente del anuncio de la ira de Dios por los pecados cometidos durante la guerra:

> «De aquestas monstruosidades tenían todos muy gran admiración; y considerando personas muy doctas que siempre semejantes monstruos suelen ser prodigiosos, pusiéronse a especular su significación. Y entre las más que se dieron fue sola bien recibida la siguiente: que el cuerno significaba orgullo y ambición; las alas, inconstancia y ligereza; falta de brazos, falta de buenas obras; el pie de ave de rapiña, robos, usuras y avaricias; el ojo en la rodilla, afición a vanidades y cosas mundanas; los dos sexos, sodomía y bestial bruteza: en todos los cuales vicios abundaba por entonces toda Italia, por lo cual Dios la castigaba con

aquel azote de guerras y disensiones. Pero la cruz y la Y eran señales buenas y dichosas, porque la Y en el pecho significaba virtud, y la cruz en el vientre, que si, reprimiendo las torpes carnalidades, abrazasen en su pecho la virtud, les daría Dios paz y ablandaría su ira» [25].

En resumen, creemos que el monstruo de Ravenna fue elaborado con posterioridad a la batalla de Ravenna y como justificación de aquella derrota de las armas de la Liga Santa.

La descripción de prodigios, portentos, monstruos y *ostenta* es un procedimiento muy utilizado en las obras literarias clásicas, griegas y latinas, especialmente entre los historiadores, como presagio de buenos o malos acontecimientos. Aparece ya en Homero, Sófocles, Heródoto, Dión Casio, y se desarrolla de forma extraordinaria en los autores latinos, especialmente en Virgilio, Livio, Lucano, Estacio, Tácito, Amiano Marcelino y en autores cristianos como S. Agustín.

Aunque se levantaron algunas voces de crítica, como las de Eurípides y Tucídides, su narración se encuentra en autores de diverso tipo y mentalidad, y de ellos se ocuparon los filósofos y científicos.

Plinio el Viejo (*N.H.* VII, 33 y ss.) recoge una serie de monstruos y prodigios infaustos, entre los que se encuentran los hermafroditas engendrados por mujeres, animales deformes o seres vivientes con partes anómalas.

También San Isidoro (*Et.* XI, 3) ofrece una amplia discusión sobre los prodigios, entre los que sitúa los *monstra*, que define de la siguiente forma: «*a monitu dicta, quod aliquid significando demonstrent. Vult enim deus interdum ventura significare per aliqua nascentium noxa*». Entre los monstruos que predicen desgracias y calamidades, cita el nacimiento de hermafroditas, de híbridos, especialmente de mezcla de racionales e irracionales, de seres deficientes y de los que tienen partes innecesarias.

El monstruos de Ravenna tiene por tanto los rasgos que, en opinión de los tratadistas antiguos, son síntoma y presagio de acontecimientos funestos y calamitosos, ya que combina el hermafroditismo, su carácter de híbrido y la ausencia de unas partes y la presencia de otras innecesarias. En opinión de C. Zintzen [26], especialista en el problema, las criaturas defectuosas, especialmente los hermafroditas, son portadores de desgracias en el mundo antiguo.

Con todo, el monstruo presente es mucho más complicado y complejo que los de los autores clásicos del mundo grecorromano y en él se observan influencias medievales tardías. Ya durante la antigüedad se observa un proceso en el desarrollo de los monstruos y los autores de los últimos siglos del Imperio los presentan mucho más elaborados y con elementos y combinaciones cada vez más raras y sorprendentes. Este proceso nos parece natural, ya que los monstruos desconocidos anteriormente causan mayor sorpresa y admiración, finalidades esenciales de los prodigios.

El Dr. Anaya se mantiene en su narración fiel a las fórmulas clásicas, introduce el fenómeno con las siguientes palabras: «*Tante perniciei iam iam et ipsa natura signa dederat*», sin recurrir a la intervención divina y sin sacar conclusiones o interpretaciones morales, como los otros autores, con excepción de Ravisio Textor, inspirados en filósofos tardíos o medievales, que utilizaron los monstruos y prodigios con finalidades pedagógicas o psicagógicas [27].

Estos rasgos son un síntoma, en nuestra opinión, del carácter objetivo de nuestro autor, de su proximidad al nacimiento? o a la primera difusión del monstruo y de que no se ha inspirado en otras fuentes orales o literarias, que han complicado y deformado todavía más el monstruo. El rector de San Clemente de los Españoles de Bolonia, antiguo alumno de nuestra Universidad de Salamanca, ha introducido en sus Memorias la narración del monstruo de Ravenna según los modelos y los criterios de la historiografía clásica, como se observa en los restantes aspectos de la obra.

Tanto el Papa como el Rey Católico, pero sobre todo el primero, mostraron interés, lógicamente, por la difusión del monstruo de Ravenna ya que si bien no era más que uno de tantos monstruos funestos dentro del amplio muestrario de la época, tenía sin duda la finalidad política de paliar una derrota seria que sólo el buen hacer diplomático de Fernando el Católico impidió que lo fuera más aun, haciendo recaer las responsabilidades sobre causas extra-humanas. En definitiva, a alteraciones de la Naturaleza.

NOTAS

1. Antonio de Nebrija utiliza el adjetivo «cadmeia» referida a la victoria francesa en Ravenna. Cfr. «*Prudentii opera cum comento Antonii nebrissensis* In civitate Lucronii per Arnaldum Guillermu de Brocario, 1512». El Dr. Anaya nos dice que los muertos franceses fueron «más de doce mil», a pesar de haber ganado la batalla.

2. Alianza formada por Julio II, Fernando el Católico y Venecia el 4 de octubre de 1511, a raíz del sesgo que habían tomado los acontecimientos en Italia tras la caída de Bolonia en manos francesas, hecho que amenazaba no sólo la política pontificia en el centro de aquella península sino las posesiones catalano-aragonesas de Nápoles y Sicilia.

3. Nebrija «*De Bello Navariensi*, Hisp. Illustr.» I p. 909 y ss.; Guicciardini «*Storia d'Italia*» especialmente el libro X (usamos la edición de Constantino Panigada publicada en Bari por Laterza en 1929 y reimpresa por la misma editorial en 1957, 5 vols.) Andrés Bernáldez «*Memorias del reinado de los Reyes Católicos*» ed. Gómez-Moreno y Juan de M. Carriazo, Madrid, CSIC 1962, especialmente cap. CCXXXI; Alonso de Santa Cruz «*Crónica de los Reyes Católicos*» ed. de Juan de Mata Carriazo, Sevilla, Sevilla, Escuela de Estudios hispano-americanos, 1951, 2 vols. vol. II cap. XXXIX.

4. Como decimos luego, el último acontecimiento anotado por Bernáldez es de 3 de setiembre de 1513. La opinión de los editores de su obra es que debió morir a finales de este año.

5. A juicio de los editores citados, la cantidad de manuscritos conservados de la obra de Bernáldez probarían este hecho.

6. Está al final del capítulo I del libro I de la primera parte. Utilizamos siempre la edición de F. Rico publicada en Barcelona, Planeta, 1970.

7. El *Liber Admissionum* era, como indica su propio nombre, el lugar en donde quedaban registrados los colegiales de San Clemente tras su admisión. Este libro estaba en manos del rector, pero muchos otros colegiales, afortunadamente, dejaron escritas allí diversas noticias que nos permiten, en muchas ocasiones, reconstruir la carrera burocrática de los mismos o algunos otros aspectos, como es el caso que nos ocupa.

8. Cfr. Cuart y G. Hinojo, *Nonulla memoratu digna*, Salamanca 1985.

9. Además de las anotaciones de los colegiales ya referidas, el acto del Dr. Anaya sirvió de ejemplo años más tarde a otro colegial, el Dr. Diego de Neila quien escribió un texto semejante con motivo de la victoria española en Pavía. Cfr. B. Cuart y J. Costas «Diego de Neila, colegial de Bolonia; canónigo de Salamanca y amigo de Juan Ginés de Sepúlveda» en «*El Cardenal Albornoz y el Colegio de España*» VI, Bolonia 1979 pp. 261-313.

10. Las escasas noticias referentes al Dr. Anaya las hemos sacado fundamentalmente de la documentación que aportó él mismo para ser admitido como colegial y que se guarda en el Archivo del Colegio de España, *Acta Sodalium* II/3. Es otro colegial, Alfonso Hermosa quien en un colofón al texto nos da la fecha de su muerte.

11. Noticias que recoge Salcedo Izu en «*El Consejo Real de Navarra en el s. XVI*» Pamplona, Univ. de Navarra 1964. Cfr. Fernández Álvarez, «*Corpus Documental de Carlos V*» 5 vols. Salamanca 1973-1981 vol. IV doc. n° DCCXI.

12. De todo ello se trata ampliamente en la edición del texto ya citado en 8.

13. Efectivamente, a partir de este día quien manejará el libro será el nuevo rector don Fernando de Guevara.

14. Respetamos la ortografía del manuscrito y no corregimos ningún error gráfico del autor. El texto de don Bernardino dice claramente que el monstruo tenía un ojo en cada rodilla (*unoquoque genu*). Podría interpretarse como «un ojo también en una única rodilla», pero esta interpretación exigiría la separación de *uno* y *quoque*, y la colocación de esta última palabra en otra posición, al menos según la sintáxis clásica latina.

15. Ed. citada, cap. CCXXVIII, subrayado nuestro.

16. Doussinague, «*La política internacional de Fernando el Católico*» Madrid, Espasa Calpe, 1944 p. 450. Nos referimos al momento de la presunta aparición del monstruo.

17. Uno de los autores más aficionados a la descripción de monstruos y prodigios es, precisamente, Andrés Bernáldez. Cfr. las páginas XXV de la introducción de Gómez-Moreno y Mata Carriazo.

18. El texto de Ravisio Textor aparece en la edición del *Guzmán de Alfarache* de Francisco Rico cit. p. 123 nota 81.

19. Cfr. la introducción de los modernos editores de su obra ya citados que revisan las opiniones de Rodrigo Caro, únicas hasta este momento para adentrarnos en la biografía de Bernáldez.

20. Cfr. la introducción de Gómez-Moreno y Juan de M. Carriazo cit. p. LIX y ss.

21. Bernáldez, op. cit. cap. CCXXVIII.

22. Cfr. entre otros los capítulos CXLIX, CCIV, etc.

23. Cfr. nota 3.

24. Citamos por Francisco Rico, ed. cit. p. 123. E. Cros «*Contribution à l'étude des sources de Guzmán de Alfarache*» Montpellier 1967, p. 135-147.

25. Ed. Francisco Rico cit. p. 123.

26. C. Zintzen, «*Der Kleine Pauly. Lexikon der Antike in fünf Bänden*» Munich 1979, *s.v.* Prodigium t. IV col. 1152.

27. C. Zintzen, *op. cit.* col. 1153.

VERSATILIDAD DEL RENACIMIENTO
(UNA LECTURA DEL *EPISTOLARIO* DEL ARETINO)

ANGEL CHICLANA
Universidad Complutense de Madrid

Siempre me ha atraido la figura del Aretino, al que hoy hago sujeto de esta comunicación, entre otras causas por las circunstancias especiales que han marcado la crítica sobre su obra. Autor denostado y prácticamente ignorado durante siglos hasta que empieza a ser rehabilitado como literato por Francesco De Sanctis [1], aun en medio de durísimos juicios morales, y que sólo muy recientemente empieza a ser colocado en unas coordenadas críticas desapasionadas y objetivas a partir de los estudios, meramente literarios y no moralistas, de sus obras [2].

Los estudiosos de la literatura hemos acogido pasivamente las definiciones sobre el Renacimiento, hemos aceptado a pies juntillas las descripciones de sus características, y así hemos transmitido a nuestros alumnos una visión del Renacimiento demasiado monolítica y excesivamente encasillada. Rígida en extremo. Los hombres y sus intereses éticos y estéticos son algo mucho más complicado; y todavía lo son más en un período como el que estamos estudiando en este simposio, período abierto, desde el descubrimiento de la dignidad del hombre, desde el descubrimiento de su libertad, abierto, repito, a todo tipo de curiosidades.

Aretino, al igual que un Ludovico Dolce, un Niccolò Franco o un Garzoni, puede ser un extravagante, pero no es un anacronismo. Su obra rompe por lo general los moldes estéticos más aparentemente definitorios del Renacimiento, pero se enmarca cómodamente en una forma de vida característica de este período [3]. Condenado por en Indice en 1568 (afortunadamente para él, dos años después de su muerte), pero podemos preguntarnos, ¿cuántos escritores contemporáneos del Aretino no sufrieron la misma condena? Antipetrarquista convencido a pesar de sus *Stanze per la Serena* y de sus alabanzas y sahumerios a Pietro Bembo, pero ¿cuántos años de vida le quedaban al petrarquismo a partir de mediados de siglo? Realista furibundo, ¿pero no eran realistas en unas obras los mismos autores que se mostraban como idealistas platónicos en otras? Como ese Alessandro Piccolomini, autor de la *Raffaella, dialogo della bella creanza delle donne*, donde encontramos, en un mismo texto, una espléndida representación de la «Venus bifrons». Como curiosa prueba de lo que acabo de decir, recuerdo que Bandello atribuye la *Raffaella* al mismísimo Pietro Aretino al confundir este título con la *Nanna*, señal evidente de que las dos obras y sus autores no están muy distanciados entre sí.

Bandello presenta a la heroína de la «novella» XXXIV de la primera parte, Zanina, leyendo obras tan dispares de gustos y de inspiraciones tan diversas, idealistas unas y suciamente realistas otras, que nos parece un buen ejemplo de cuanto vamos afirmando hasta ahora: «Zanina... se ne stava tutto 'l dì in camera con il Petrarca, le *Centonovelle* o il *Furioso*, che di nuovo era uscito fuori, ne le mani, o leggeva la Nanna o sia Raffaella de l'Aretino» [4].

Podemos, sin duda, hablar de un «Aretinus bifrons», un Aretino de doble rostro, uno perteneciente con toda claridad al momento cultural en que vive y otro que refleja ya, perfectamente, la crisis de esa misma época y de la sociedad y la cultura del Renacimiento. Este polimorfismo incide en el «poligrafismo» del que se le ha acusado, ese saltar de un tema a otro, de un género a otro, quizás sin profundizar en ninguno de ellos [5], y puede ser una manifestación más de la crisis a que me estoy refiriendo. Frente a la corte y al ideal cortesano a que nos tiene acostumbrado un Baldessarre Castiglione, habría que colocar (y comentar con nuestros alumnos) la *Cortigiana* del Aretino, comedia en la que Messer Maco (¡qué reminiscencias clásicas tiene este nombre!), el aspirante a cortesano, se nos muestra como el polo opuesto de los Pallavicino, los Ludovico Pio, los Calmetta, los «conte di Canosa», los Giuliao dei Medici...

> «La principal cosa il Cortigiano vuol sapere bestemmiare, vuole essere giocatore, invidioso, puttaniere, eretico, adulatore, maldicente, sconoscente, ignorante, asino, vuol saper frappare, far la ninfa, ed essere agente e paziente» [6].

Y, sin embargo, los dos autores, Castiglione y Aretino, son productos perfectamente genuinos de la cultura renacentista y esta contraposición es, quizás, el mejor ejemplo de la actitud flexible que debemos adoptar en nuestros estudios sobre tan apasionante período.

Esta dicotomía que predicamos del Renacimiento es la misma que encontramos en la trayectoria personal y la producción de un solo autor, en este caso Pietro Aretino, autor a la vez de los intentos épicos de la *Marfisa* y de las octavas burlescas del *Orlandino* o la *Astolfeida*; de comedias realistas como la *Cortigiana* citada o *il Marescalco*, al mismo tiempo que de otras que encajan perfectamente en los cánones cómicos que damos como representativos de esta época [7], como *Lo Ipocrito* o *Il Filosofo*. Autor, por resumir, de los pronósticos de Mastro Pasquino o de los *Ragionamenti*, al mismo tiempo que de la *Passione di Giesù* o de los *Tres libri de la Humanità di Cristo*.

Esta versatilidad no es sólo temática, sino estilística. Hay dos Aretinos, hay más de dos Aretinos, y la crítica, en este sentido, se ha acercado a él hablando tanto de popularismo como de exceso de retoricismo, de manierismo, de barroquismo o prebarroquismo... [8].

Dentro de esta proteica producción, de esta disponibilidad genérica y estilística, de este inconformismo y rechazo de reglas y modelos, detacan, sin lugar a dudas, sus *Lettere*, con las que inaugura un género literario (no tienen nada que ver ni lingüística ni estructuralmente con los epistolarios anteriores) que parece congenial a la naturaleza de nuestro autor [9]. Las características de este género literario periten al Aretino saltar de un tema a otro, tocar en diversas claves argumentos distintos, adoptar contrapuestos puntos de vista, según el momento, las circunstancias o el destinatario. La extensión misma de la obra, desde la impresión de la primera parte en 1538 hasta la sexta y última, publicada póstuma en 1557, nos presenta una curiosa y variada galería de retratos, de acontecimientos culturales o políticos, de visiones críticas sobre los más variados argumentos.

En una de esas cartas, la dirigida a giangiacomo Lionardi en fecha 6 de diciembre de 1537 [10], encontramos resumidas o agrupadas bajo la ficción de un «viaje al Parnaso» las críticas de nuestro autor al mundillo literario de su momento. Podría tomarse como modelo de la variedad de gustos e inspiraciones que creemos que son la verdadera cara del Renacimiento, pero no es ni puede ser la única sobre este tema en tan amplio epistolario. En ella podemos ver que un Aretino, que es, sin duda «la coscienza e l'immagine del suo secolo», en palabras de De Sanctis, es, por otro lado y al mismo tiempo, todo lo contrario de lo que una crítica de aluvión nos ha presentado de manera automatizada sobre el Renacimiento.

El autor finge que, soñando, llega al pie del monte Parnaso y queda asustado por la dificultad de la subida. Hasta aquí no encontramos más que el tópico consabido de este tipo de «viajes», pero no es suficiente para las intenciones del Aretino: él va dispuesto a despeñar a los poetas que su época había empinado a las cumbres poéticas. «E una favola la diavolaria del salirci; il fatto sta ne la difficoltà di lo scendere». Del monte en que san Francisco recibió los estigmas caen masas de tierra y rocas y árboles desgajados, pero de este otro monte «rovinano le cataste degli uomini, e con sí ladra baia, che è una crudeltà e uno spasso de l'altro mondo il vedergli aggrapparsi a quello sterpo e a questo».

Es verdaderamente cómico, con algo de visión dantesca y mucho de técnica cinematográfica, el espectáculo de la cucaña de los aspirantes a poetas, que trepan ostaculizándose unos a otros:

> «Alcuno, che la crede la via de l'orto, par colui che, volendo salire per il muro, per segnarlo bene insù col carbone, dá di matte piattonate con la persona ne lo spazzo; altri, giunto al mezzo, si ferma senza poter più. Chi fa la gambetta a quel che gli passa inanzi; altri, tutto rabbioso, morde quel che se gli apressa. Alcuno, nel vedersi poco men che in cima, se ne vien giuso come un di quelli che, nel porger la mano ai capponi, scorsagli sotto i piedi la corda, piomba giù del legno insaponato, per la qual burla il popolo introna l'aria con i fischi e con le grida; altri, nel percuoter la testa sotto le natiche del fariseo che gli sta sopra, vien ne la rabbia che movon coloro che amazzon le gatte col capo... I pazzaroni a brache calate fiaccono il collo in un lago d'inchiostro più nero che 'l fiume degli stampatori: e non è spasso che agguagli cotale spettacolo. Chi non sa notare, ci affoga; chi nòta, vien via a la riva col più gaglioffo aspetto che mai vedesse Dante ne la tresca de la animucce, che egli messe ne la pece de l'inferno» [11].

¿y todo por qué? Por una simple corona que más parece la enseña de una posada (naturalmente, es de laurel) que una verdadera corona: «E di tutto è cagione una ghirlanda, simile al cerchio d'una osteria».

Poetas desconocidos, ignorados por nuestro autor, según su propia confesión, pero que gritaban tanto que, aun queriendo ignorarlos, terminan por hacer oir sus nombres. La referencia a los *pedagogos*, a los que tantas veces llamará «pedanti», es evidente. Alguno de ellos, como Niccolò Franco, aprovechándose del camino abierto por el Aretino, se colaba sin méritos propios en el templo de la poesía [12]. Y todos ellos son acogidos finalmente en una posada que parecía hecha aposta para aquellos «assassini de la poesia» y de la que saca a nuestro autor nada menos que la mismísima Minerva, a la que presenta como Marfisa, en una especie de autocomplacencia en el recuerdo del título de su poema heroico, poema que no queda más que esbozado en sus primeros cantos. Igualmente se trata de una autoalabanza el hecho de presentarnos a Apolo contemplando una de las medallas que se acuñaron con la efigie del Aretino. Podríamos pensar que la autocomplacencia va en serio, pero nuestro autor no tarda en darnos un retrato del dios de la poesía en el que, adelantándose a nuestro Quevedo, deja entrever su poca identificación con los modelos estéticos de su época:

> «Maestro Apollo, ... subito che mi die' d'occhio, aprendo le braccia, m'appiccò un bascio nel mezzo de le labra tanto dolce... Oh, egli è un bel fanciullone! Oh, egli è bello! Certo se Roma fosse stata ivi dormendo, come ci sono stato io, non c'era ordine ch'ella volesse mai destarsi. E forse non è ghiotta di cotali erbe da buoi, tenere e lunghe? Egli ha due occhioni ridenti, una facciona allegra, una frontona airosa, un petto largo, le più belle gambe e le più belle mani che si vedesser mai... Ecco il buon Febo che sciorina su l'aria del *Salamone* due stanze de la *Sirena*, il suono de le quali mi fece piangere non per la dolcezza di tali rime, ma per così ignorante subietto».

Las referencias al afeminamiento del hijo de Latona no son pocas, aun en un contexto como éste en el que viene presentado leyendo las *Stanze in lode di ma-*

donna Angela Sirena del mismo Aretino. Sobre esta obra hay numerosas referencias en las *Lettere*, debidas, sin duda alguna, a la satisfacción que el autor sentía por ella.

En este «viaje al Parnaso» se perfilan dos aspectos que a nuestro juicio son fundamentales para retratar el carácter de francotirador del Aretino, y los dos muy ligados entre sí al ser el uno consecuencia del otro: el rechazo de los modelos y la inspiración directa en la naturaleza.

Del primero podemos sacar la inmediata conclusión de negar el renacentismo de nuestro autor, pero ¡atención! Sería negárselo también a un Castiglione, por ejemplo, que en materia lingüística rechaza igualmente el toscanismo trecentista de un Bembo. Y, del mismo modo, la inspiración directa en la naturaleza también está preconizada en el *Cortegiano* al proponer la solución lingüística natural: el uso de la palabra se da al hombre «per esprimere li concetti dell'animo e ogni volta che la lingua fa questo affetto soddisfa all'officio suo» [13]. Independientemente del triunfo de la tesis «oficialista», como podemos llamar a las teorías bembianas, son abundantes los ejemplos de los muchos autores que no siguieron al Bembo. Teofilo Folengo, entre otros, está estudiado por Mario Pozzi como ejemplo de «resistenze alla toscanizzazione letteraria», como reza el título de su estudio [14]. Igualmente, es conocida la *Epistola* del Equicola en la que satiriza la lengua de los *Asolani* del Bembo.

Son dos ejemplos elegidos al azar, pero podrían multiplicarse. Y no hemos elegido gratuitamente estas referencias lingüísticas: al aspecto lingüístico va íntimamente ligado el poético. En otras palabras, seguir al Bembo era no solamente usar el toscano del Trecento; era, además y sobre todo, petrarquizar. Y contra este petrarquismo de acarreo, que la mayoría de las veces no es más que copia fría y amanerada del cantor de Laura, se desata Aretino: en carta a Giovanni Pollastra, que le había enviado un ejemplar de sus *Trionfi*, se nos dice:

> «Sterpate da le composizioni vostre i termali del Petrarca; e poiché non vi piace di camminare per sì fatte strade, non tenete in casa vostra i suoi «unquanchio», i suoi «soventi» e il suo «ancide», stitiche superstizioni de la lingua nostra ... Entrate con la falce del nuovo giudicio nel prato del volume ch'io ho visto... Nel replicare l'istoria e i nomi discritti da lui [por el Petrarca] allontanatevigli più che potete, perché son cose troppo trite» [15].

Y en otra carta, en la que nos habla de su propio quehacer como escritor, nos dice:

> «Io non mi son tolto dagli andari del Petrarca né del Boccaccio per ignoranza, ché pur so ciò che essi sono, ma per non perder il tempo, la pazienza e il nome ne la pazzia del volermi trasformar in loro» [16].

El problema de la imitación de los modelos «ottimi» no sólo no preocupa al Aretino sino que predica constantemente seguir la imitación directa de la naturaleza y los impulsos de la inspiración personal:

> «E sappiate che la natura senza esercitazione è un seme chiuso nel cartoccio, e l'arte senza lei è niente... Siate adunque assiduo nel comporre, se volete esser ottimo poeta, e sopra tutto rubate i bei tratti e gli acuti spirti al vostro ingegno, ché certo è pazzo chi crede farsi nome con le fatiche altrui. Sforzzatevi di trare i concetti dai pensieri che vi nascono ne la memoria, mentre vi levate in alto con furor d'Apollo. E così facendo il giudicio vostro si sodisfarà ne l'opre istesse, onde sarete battezzato figliuolo de le muse e non creato dei rubatori» [17].

Este juicio es trasferible a todas las esferas del arte y no sólo a la literatura. Entre sus sinceras admiraciones por personajes de su época no es la menos numerosamente comentada en el *Epistolario* la que siente por Michelangelo. Y así, en una carta en la que alaba el progreso del siglo que le ha tocado vivir, dice:

> «Guardate dove ha posto la pittura Michelagnolo con lo smisurato de le sue figure, dipinte con la maestà del giudicio, e non col meschino de l'arte» [18].

Una última cita en contra de los modelos predicados por los bembistas nos servirá para cerrar este apartado: «Se l'anima del Petrarca e del Boccaccio, nel mondo suo, è tormentata come son le loro opere nel nostro, debbono rinnegare il battesimo».

Pero sus críticas no van a estar dirigidas exclusivamente contra los modelos lingüísticos y poéticos. El mismo carácter modélico que la mayoría de su generación veía en el mundo clásico, como lengua, como historia, como modelo de vida, es rechazado categóricamente por nuestro autor. En la carta CCCII de la edición que utilizamos para este comentario leemos:

> «Ma io mi rido dei pedanti, i quali credono che la dottrina consista ne la lingua greca e latina, affermando che chi non l'intende non può sapere aprirci bocca, dando tutta la riputazione a lo «in bus» e «in bas» de la grammatica».

Contra el modelo de vida «civile» de la antigua Roma, contra el sentido del honor, contra personajes muy concretos de la historia romana, citados, nombrados y admirados por sus contemporáneos, leemos en la carta CCCX:

> «Che vi farse di Lucrezia? Non fu ella matta a tôr consiglio di lui [es decir, del honor]? Era una galanteria il beccarsi la stretta datale da messer Tarquinio, e vivere. Quella altra pecora di Curzio si gittò in un cesso per compiacere a l'onore. Muzio bestia arse la mano pur per suo conto [..........]. So che il soppiantone non ci còlse i romani savi, che andarono

sotto il giogo [..........]. Regolo rimbambito lo maladisse più di una volta al honor, tosto che si sentì ne la botte le diaboliche punte dei chiodi. Buon per Grecia e per Troia, se Menelao castronaccio, facendo a senno di monna Vergogna, lasciava Elena al suo berton Paris!».

Esta última *battuta* no debe escandalizarnos porque proviene de la pluma de tan denigrado escritor; no olvidemos que el indiscutido Ariosto explica de esta manera tan realista lo que encontraron los héroes griegos al volver a sus patrias después de tan larga ausencia:

«Al tempo che tornar dopo anni venti
da Troia i Greci: che durò l'assedio
dieci, e dieci altri da contrari venti
furo agitati in mar con troppo tedio;
trovar che la lor donne, agli tormenti
di tanta absenzia, avean preso rimedio:
tutte s'avean giovani amanti eletti,
per non se raffredar sole nei letti».

En el mismo sentido, aunque con palabras más crudas, se pronuncia Pietro Aretino; y con ellas terminamos estas consideraciones:

«L'onor del mondo è una gran pazzia,
e la fama e la gloria sono alfane
che portano a caval d'oggi in domane
la recolenda altrui coglioneria».

NOTAS

1. «Pietro come uomo è un personaggio importante, il cui studio ci tira bene addentro ne' misteri della società italiana, della quale era immagine in quella sua mescolanza di depravazione morale, di forza intellettuale e di sentimento artistico. Ma non è meno importante come scrittore». F. de Sanctis, *Storia della letteratura italiana*, capítulo XVI, «Petro Aretino». Aparecido en 1870 en «Nuova Antologia».

2. Toda la bibliografía sobre el tema puede encontrarse en los excelentes estudios de G. Petrocchi, *Pietro Aretino, tra Rinascimento e Controriforma*, Milano, 1948; y G. Innamorati, *Pietro Aretino. Studi e note critiche*, Messina-Firenze, 1957.

3. La más completa rehabilitación literaria, al mismo tiempo que justificación moral, en una objetiva confrontación con la realidad histórica de la Italia del Renacimiento, es la ofrecida por G.G. Ferrero en la introducción a los *Scritti scelti di Pietro Aretino*, UTET, Torino, 1970, 2ª edición.

4. M. Bandello, *Tutte le opere*, a cura di F. Flora, Mondadori, Verona, 1952, 3ª edición, vol. I, pág. 419.

5. «Pietro, di mediocrissima cultura, considera tutte queste regole come pedanteria... e chiama pedantismo quel veder le cose non in sè stesse e per visione diretta, ma a traverso di preconcetti, di libri [..........], e di regole». F. di Sanctis, *cit.*.

6. Acto I, escena XXII.

7. Cfr. Marvin T. Herrick, *Comic Theory in the sixteenth Century*, «Illinois Studies in Language and Literature», University of Illinois Press, Urbana, 1950; y *Italian Comedy in the Renaissance*, University of Illinois Press, Urbana and London, 1966. Siguen siendo interesantes las aportaciones al tema de Benedetto Croce en *La «commedia» del Rinascimento*, en *Poesia popolare e poesia d'arte*, Laterza, Bari, 1933, págs. 251-263. *Lo Ipocrito* y *Il Filosofo*, obras tardías (1542-44), se acomodan a los cánones pero resultan por ello las más impersonales de nuestro autor, aunque hay que reconocer que el Plataristotile de *Il Filosofo*, especialmente cuando se escapa de los cánones, cuando deja de ser personaje tópico para convertirse en persona concreta, vuelve a recordarnos al Aretino y a sus sátiras contra los pedantes. El nombre del personaje, naturalmente formado a partir de Platón y Aristóteles, es sintomático del eclecticismo a que nos estamos refiriendo.

8. G. Petrocchi, *cit.*; G. Weise, *manieristische und frühbarocke Elemente in der religiösen Schriften des Pietro Aretino*, «Bibliothèque d'Humanisme et Renaissance», XIX, «Lingua Nostra», VIII, 1947

9. Según G. innamorati, las *Lettere* constituyen la obra máxima del genio del Aretino, en la que aparece, además, el alma verdadera de nuestro autor, purgada tras una crisis espiritual [9] que lo reduce a sus verdaderas dimensiones humanas. *Tradizione e invenzione in P.A.* Messina-Firenze, D'Anna, 1957, Cfr., de todas formas, una serie crítica a estas ideas en la reseña de G.G. Ferrero a esta obra en «G.S.L.I.», vol. CXXXV, 1958, págs. 638-645.

10. Es la que lleva el número CCLXXXI en la edición de la colección «Scrittori d'Italia», Laterza, Bari, 1913, págs. 338-344.

11. Idem, pág. 340.

12. Del veneno que era capaz de destilar el Aretino es una excelente prueba la carta de fecha 7 de octubre de 1539, dirigida a Ludovico Dolce, en la que ataca a su antiguo amigo y discípulo Niccolò

Franco. Este, por su parte, tampoco era «una hermana de la caridad» y su *Vita di Pietro Aretino* ha tenido no poca importancia en la leyenda negra sobre nuestro autor y en las consideraciones críticas a que hemos hecho referencia al comienzo de este estudio. Cfr. noticias sobre estas relaciones en A. Luzio, *L'Aretino e il Franco*, «G.S.L.I.», XXIX, 1897.

13. *Il Cortegiano*, I, XXXIII.
14. M. Pozzi, *Teofilo Folengo e le resistenze alla toscanizzazione letteraria*, «G.S.L.I», XCV, 1978.
15. *Lettere*, ed. cit., núm. CLXXIX.
16. *Lettere*, ed. cit., núm. CCCII.
17. Idem., núm. CLVII.
18. Idem., núm. CCXLVIII.
19. *Orlando Furioso*, XX, 10.

ANÁLISIS ESTRUCTURAL DE UN SONETO DE L. ARIOSTO

FAUSTO DÍAZ PADILLA
Universidad de Oviedo

A través del presente soneto se pretende analizar cómo la lengua de la comunicación se transforma en lengua poética. Todo autor emplea la lengua que habla para expresar aquello que desea. Sin embargo, lo que le confiere calidad artística es el cómo la usa. Svend Johansen [1], discípulo de Hjelmslev, trató de explicar el proceso connotador de la lengua y para ello distinguió el signo estético del signo denotativo, y consideró que éste, o sea la lengua común, no es más que la Sustancia de Expresión Connotativa de aquél. Pero que en la creación poética las dos sustancias y las dos formas del signo denotativo pueden constituir, por el haz de relaciones en que se hallen, los cuatro connotadores que transformen la lengua común en lengua poética. El esquema de signo connotativo propuesto por Johansen es el siguiente:

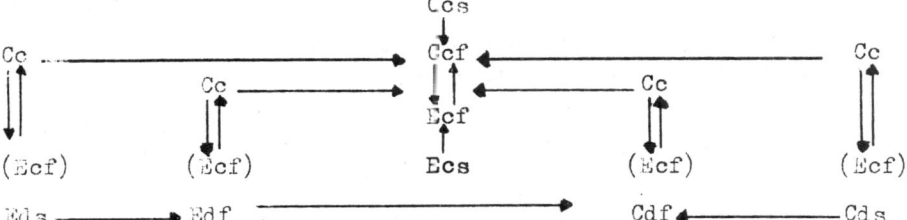

Los valores de los signos es el siguiente: ⟶ indica determinación, y ⇄ interdependencia; C = contenido, E = expresión, s = sustancia, f = forma, c = connotativo, d = denotativo. En el esquema presentado el signo vertical es el connotativo, y el horizontal es el denotativo; el punto en común entre ambos, como se ha indicado, se halla en la Ecs que es a su vez el signo denotativo y, por tanto, con dos formas y dos sustancias denotativas que constituyen el material primigenio que el poeta tiene a su disposición para transformarlo en obra artística. Ello lo consigue haciendo que cada forma y cada sustancia funcionen, en cada uno de sus planos respectivos, como connotadores del signo artístico. Estos connotadores son conceptos lingüísticos que agrupan diferentes recursos estilísticos la mayor parte de los cuales —especialmente aquellos de carácter formal— fueron codificados desde antiguo por las distintas poéticas.

El soneto de L. Ariosto que se ha elegido es el que se inicia con el verso «Aventuroso carcere soave» en el que evoca, en clave poética, uno de sus múltiples encuentros amorosos con Alessandra Benucci, a la que conoció en 1513 y de la que se enamoró:

>   Aventuroso carcere soave,
> dove né per furor né per dispetto,
> ma per amor e per pietà distretto
> la bella e dolce mia nemica m'have;
>   gli altri prigioni al volger de la chiave
> s'attristano, io m'allegro: ché diletto
> e non martír, vita e non morte aspetto,
> né giudice sever, né legge grave,
>   ma benigne accoglienze, ma complessi
> licenzïosi, ma parole sciolte
> da ogni fren, ma risi, vezzi e giochi;
>   ma dolci baci, dolcemente impressi
> ben mille e mille e mille e mille volte;
> e se potran contarsi anco fien pochi.

Soneto en el que Ariosto recoge uno de los más antiguos paragones de la Literatura italiana, cual es el de la «cautividad de amor» y el de la amada como la «enemiga».

El análisis se iniciará por las dos formas, de expresión y de contenido, del signo denotativo, para pasar después al plano de las sustancias pues, de acuerdo con el esquema expuesto, los cuatro connotadores que transforman el signo denotativo en connotativo son Edf, Cdf, Eds, Cds.

El primero de los connotadores es, pues, la *Edf* y al que pertenecen recursos como la rima, los encabalgamientos, hiperbaton, la contraposición de las adversativas, etc. Ariosto al utilizar una composición de estructura determinada ha de someterse a todos sus elementos fijos, como el ritmo, la medida de los versos, la rima, tipo y número de estrofas, etc. De ellos, el que mayor libertad ofrece al poeta es la rima pues, si bien ha de adaptarse a un determinado tipo combinatorio tanto en los cuartetos como en los tercetos, puede escoger cuál ha de ser la secuencia de fonemas que la constituyen. El presente soneto es de rima casada en los cuartetos y alterna en los tercetos, siendo su esquema ABBA-ABBA-CDE-CDE. De entre las variantes de la rima, la más pertinente es la de los versos 1º y 4º de los cuartetos, ya que es rima en *-ave*, y el número de signos con esa terminación es restringido. Le sigue en importancia significativa las centrales en *-etto*, al ampliarse los casos de palabras con esta terminación, pudiendo incluso recurrirse a procedimientos morfológicos para incrementar las posibilidades combinatorias, como los sufijos en -*etto*; mientras que los tercetos al ser rima en -*i* o -*e*, morfemas de masculino y femenino plural, esas posibilidades son extraordinarias lo que disminuye su valor connotativo, al estar éste en proporción inversa a la frecuencia combinatoria de los significantes.

Sin embargo, no se agota la importancia significativa de la rima en esta primera indicación desde la Edf pues, si se toma como punto de análisis la categoría morfológica a la que pertenecen las palabras rima, se constata que la que inicia los cuartetos es un adjetivo, *soave* —el 4º verso del segundo cuarteto—, los cuales además son de significados contrarios, aunque posean valores positivos puesto que el segundo se halla precedido por negación lo que invierte su significado. Los otros dos de esta rima no parecen tener, desde la perspectiva morfológica, relación entre sí ya que el primero es un verbo —*m'have*— y el segundo un sustantivo —*chiave*—.

La rima casada o «baciata» de los cuartetos parece guardar una mayor simetría, pues en cada uno de ellos alternan un sintagma nominal, *dispetto - diletto*, que es el primero de dicha rima, y otro verbal, *discretto* m'have - *aspetto*, que la cierra. Además confieren valor explicativo a aquellos miembros de la rima en -*ave* que parecían disimétricos. En efecto, los dos vocablos con esa rima se hallan en la posición central del conjunto de los dos cuartetos, es decir, en el último verso del primer cuarteto y en el inicial del segundo, *m'have - chiave*, y por tanto, su disposición en el conjunto de los dos cuartetos es como si se tratase de rima casada, siendo el esquema de ambos ABBA.ABBA y de ahí que, por esta condición de rima «casada» el poeta haya realizado una distribución morfológica semejante a la de este tipo de rima, o sea, alternancia de verbo y sintagma nominal en la palabra rima. Por ello podría considerarse que existen tres rimas casadas en los cuartetos: BB AA BB con idéntica distribución sintagmática.

Una nota común caracteriza la rima de los tercetos: las palabras portadoras de rima se encuentran en plural. Pero incluso en este rasgo se continúa la simetría observada en los cuartetos, ya que el 1º y 3º verso de cada terceto rima en -*i*, morfema de masculino plural, mientras que el verso central tiene rima en -*e*, o sea, morfema de femenino plural. Por lo que respecta a la categoría morfológica de estos mismos sintagmas es la siguiente:

o sea, en el primer terceto los vocablos de rima en -*i* pertenecen a la categoría nominal, mientras que el central, con rima en -*e*, es un adjetivo. Esta disposición se invierte en el segundo terceto pues los de rima en morfema masculino plural son adjetivos, mientras que el femenino es un sustantivo. El poeta consigue de este modo un equilibrio perfecto entre estas dos categorías gramaticales en la posición más relevante del verso y connotadora desde la Edf al ser portadora de la rima. En el conjunto de los tercetos en relación a los cuartetos, y únicamente en lo concerniente a la palabra rima, se constata el predominio de elementos nominales sobre los verbales, lo que confiere una mayor tensión emocional a la composición hasta alcanzar su clímax en el segundo de los tercetos con la reiteración de términos —*dolci - dolcemente* en el primer verso, y cuatro veces *mille* en el segundo potenciado, además por la anteposición de *ben*, si bien estos recursos reiterativos connotan desde la Cds.

La rima, pues, es un recurso connotativo desde la *Edf*   *Cc* que es relevante desde dos perspectivas diferentes: igualdad de sonidos en la secuencia final de la palabra rima y su distribución morfológica.

Otro recurso poético íntimamente ligado a la rima, pues el primero de sus elementos es la palabra rima, son los *encabalgamientos* que connotan desde la Edf debido a que la pausa versal supone un inciso en la estructura sintagmática de la frase que se prolonga a través de dos versos consecutivos. Esta connotación general está incrementada en el presente soneto por la disposición simétrica de los mismos: 1° cuarteto un encabalgamiento, 2° dos, 1° terceto dos, 2° terceto uno. Si se compara esta disposición con la de la rima de los cuartetos se constata un cierto paralelismo pues en ésta se combinaban por un lado los versos de los extremos, y por otro los centrales, lo mismo que sucede respecto al número de encabalgamientos tomando la composición en su conjunto: la primera y última estrofa coinciden en uno, y las centrales en dos. Ambos recursos, al combinarse entre sí, intensifican su propio valor connotativo lo que redunda en el mayor valor poético del soneto.

Concretando más el análisis de los encabalgamientos respecto a su posición y a su naturaleza sintagmática se comprueba la especial atención con que el poeta los ha distribuído. Los de las estrofas centrales aparecen en una distribución paralela: primero y segundo verso, y segundo y tercero respectivamente. Distribución que se rompe en las estrofas extremas, pues en la inicial el encabalgamiento se encuentra entre los dos últimos versos, y en la final entre los dos primeros lo que podría responder a una intencionalidad del poeta a una simetría por contraste: final en la inicial e inicial en la final. Ello connota desde el punto de vista del contenido pues confiere idea de circularidad e inmutabilidad de sus sentimientos. En lo referente a su naturaleza sintagmática se constata una diferencia entre los encabalgamientos que aparecen uno por estrofa de aquellos que son dos. La estructura de los primeros es la de sintagma adjetivo de origen verbal en la posición final de verso y adjetivo en la inicial del siguiente que, a su vez, va seguido de otros más hasta el punto de constituir la mayor parte del verso. Por su parte, la de los de las estrofas de dos no guardan una simetría tan perfecta. El elemento inicial de los tres primeros es un nombre —*chiave, diletto, complessi*—, y la del último es un adjetivo verbal —*sciolte*—.

Los contenidos quedan, además, superlativizados connotativamente gracias a la pausa versal que los destaca al situarlos en un primer término. En la primera de las estrofas de un encabalgamiento, el segundo de los elementos, el adjetivo *bella*, referido a una cualidad física de la dama, potencia doblemente su significado: primero, con el adjetivo *dolce*, referido a las cualidades espirituales y, segundo, por contraste con el significado denotativo del sustantivo al que determinan, *nemica*. En la última de las estrofas, esa intensificación del contenido del adjetivo se logra por otros tres procedimientos: por el adverbio *ben*; por la reiteración, hasta cuatro veces, del numeral *mille*, y por tres veces de la copulativa *e*.

Por su parte las dos estrofas centrales presentan un comportamiento diferente en esta intensificación conceptual. En la primera, el significado de los dos términos que ocupan la posición inicial del verso, *s'attristano* y *e non martír*, se encuentra intensificado por contraste con el vocablo con el que se hallan en relación: el primero, *s'attristano*, con un elemento que le sigue, *io m'allegro*; y el segundo, *e non martír*, con el que le precede, *diletto*. Considerados en su conjunto, la sucesión de significados es la siguiente: negativo, positivo, positivo, negativo —*s'attristano, io m'allegro, ché diletto, e non martir*—, o sea, la disposición de las rimas de los cuartetos y la disposición cuantitativa de los encabalgamientos. Esta sucesión, pues, connota desde la Edf y desde la Cds. En la segunda estrofa central, o sea, en el primer terceto, los segundos elementos de los encabalgamientos poseen asimismo valor intensificador ya que sus significados son prácticamente sinónimos, *licenzïosi, da ogni fren*. La última palabra del poema, *pochi*, connota también por posición y viene a ser una síntesis de todos los procedimientos intensificadores previos.

Importancia similar a la de la combinación de rima y encabalgamiento como connotadores de la Edf es la rítmica contraposición adversativa-reiterativa que constituye la columna vertebral sobre la que se asienta la estructura del soneto. Ya en el cuarteto inicial se encuentra en germen el posterior desarrollo: la contraposición rítmica entre los dos versos de rima casada, marcada por la adversativa con que se inicia el segundo de ellos y que se refleja, al ser bimembres, en cada uno de sus hemistiquios. El primero de esos versos está formado por dos copulativas negativas, y el segundo por la adversativa. Esta disposición dicotómica es la que va a conformar el posterior desarrollo estructural del soneto. Así, los dos últimos versos del cuarteto siguiente presentan una estructura de copulativa negativa con dos nexos distintos: una con *e non... e non*, y la otra reitera la del primer cuarteto con *né* ... *né*, si bien en un caso se contrapone a un sustantivo de denotación positiva y en este último no existe esa correlación. El último verso de este segundo cuarteto recoge la disposición de la primera negativa, pero ampliando el sintagma nominal al estar integrado por sustantivo y adjetivo, pues en el primer caso sólo lo estaba por el elemento nuclear, y rompiendo además con la rima utilizada hasta ahora, la rima —*etto*, pero sin introducir ninguna nueva sino que cierra la de los cuartetos, lo que estructuralmente es relevante, pues los tercetos se reservan para el despliegue de las adversativas que, como se ha indicado, poseen valor positivo. Esto no quiere decir que la disposición en ellos sea idéntica. El primero presenta una estructura dicotómica a lo largo de las cuatro adversativas de que consta: las de las tres primeras es similar, ya que están formadas por un sintagma nominal integrado por núcleo y adyacente precedido por la conjunción *ma*, y todas dependientes del verbo *aspetto*. La última, al introducir tres sintagmas nominales, equivale a las anteriores ganando, además, en intensidad y rapidez al aparecer los núcleos nominales privos de todo adyacente. Seis son, por tanto, los sintagmas nominales que constituyen este primer terceto: los tres iniciales de amplia estructura sintagmática, como las negativas con *né* del segundo cuarteto, y con reiteración de la conjunción adversativa ante cada uno; los tres últimos reducidos al elemento nuclear —al igual que las negativas con *né* del primer cuarteto y las de *e non* del segundo— y con un solo nexo para todos. De manera que también a este nivel de distribución estrófica se repite la disposición dicotómica de la estructura lo que incrementa la connotación desde la Edf.

La contraposición adversativa-reiterativa se continúa en el terceto que cierra el soneto. La estructura presenta dos partes diferenciadas: por un lado, los dos primeros versos introducidos por adversativa, y por otro, el final de forma afirmativa pero significado negativo ya que minimiza todo lo potenciado con anterioridad.

La connotación desde la *Cdf* se centra fundamentalmente en dos recursos literarios: las antítesis y las repeticiones o apareamientos tanto de palabras como de construcciones sintácticas. También están presentes otros recursos como el empleo de términos o locuciones coloquiales y algunas metáforas.

Dos son los tipos de antítesis presentes que guardan, además, una estrecha relación con la disposición rítmica lo que connota igualmente desde la Cdf. En efecto, en los versos de rima en A de la estrofa inicial, o sea, primero y cuarto, la antítesis se produce en el sintagma nominal entre el sustantivo y los dos adjetivos que lo determinan; en ambos versos el sustantivo, *carcere* y *nemica* respectivamente, posee significado negativo, mientras que los dos adjetivos, *aventuroso* y *soave* en un caso, y *bella* y *dolce* en otro, lo poseen positivo y lo confieren a todo el sintagma. La única diferencia entre ambos concierne a la situación de los adjetivos en relación al sustantivo: en el primer verso el sustantivo ocupa el centro, mientras que los adjetivos lo preceden y lo siguen situándose en las posiciones más relevantes, la inicial y la final: una por ser la primera palabra no ya del verso sino de todo el soneto, y la otra por determinar la rima de esa estrofa y de la siguiente. En el cuarto verso, sin embargo, los adjetivos unidos por la copulativa *e* ocupan la posición inicial precediendo al sustantivo. En esta distribución antitética del primer cuarteto los versos centrales de rima casada forman una unidad de cuatro sustantivos en lo que se contraponen los dos del primero de ellos a los del segundo. A esta contraposición corresponde la disposición estructural de cada uno de estos versos, que a su vez son bimembres, pues el primero está constituido por dos copulativas negativas *né ... né*, y el segundo por adversativas *ma ... ma* en correlación con aquéllas. Y es esta disposición la que se continuará también a este nivel de la Cdf a lo largo del soneto. En el segundo cuarteto se dan dos tipos de variantes copulativas negativas: la primera del tipo *e non*, y la segunda reiterativa de la del cuarteto anterior, o sea, con *né*. Pero entre ellas existe una diferencia estructural. Las primeras, las de *e non*, ponen en relación mutua dos sustantivos: el que precede a la negación de significado positivo, *diletto - vita*, y el siguiente de valor negativo, *martír - morte*. Las segundas, con *né*, que integran el último verso de este carteto, no se contraponen a algo anterior sino a las adversativas del terceto, preparando su introducción, de ahí que no vayan precedidas por ningún sintagma nominal como en las otras. De éstas se diferencian además en cuanto a sus elementos componentes ya que el sustantivo va determinado por adjetivo, y en las introducidas por *e non* el sustantivo no es calificado por adjetivo alguno. Ambos tipos de variantes negativas van separadas por *aspetto*, que es el verbo de mayor connotación de todo el soneto pues las tres últimas estrofas giran en torno a él: las estructuras de *e non* lo preceden y las de *né* le siguen. Desde una perspectiva meramente significativa estas estructuras van anunciadas por los verbos iniciales del cuarteto que poseen significados contrastantes: *s'attristano, io m'allegro*.

El primer terceto está integrado exclusivamente por adversativas que presentan correspondencia en cuanto al número con las negativas precedentes pues, como ellas, también son cuatro. E igualmente desde el punto de vista estructural también oscilan entre dos tipos: aquéllas en que el sintagma nominal está formado por sustantivo y adjetivo y que son las tres iniciales, mientras que las que cierran el terceto lo están sólo por núcleos nominales, e introducidas por la misma conjunción *ma*.

En el terceto final la connotación desde la Cdf por contraposición antitética alcanza, como era previsible, su clímax. Inicia con una adversativa que continúa y concluye las estructuras anteriores. Por un lado la reiteración en el primer verso del contenido *dolce* mediante adjetivo y adverbio está en relación con las construcciones binaristas de la composición, fundamentalmente con las de negación y adversativas, sin olvidar las subdivisiones de ambas. Estructuras todas ellas que, tomadas en su conjunto, constituyen un grupo de cuatro que queda connotado también en este terceto por la repetición de *mille* ocupando el cuerpo central del segundo verso. El final es puro connotador contrastivo y potenciador de todo lo anterior, y es el más relevante poéticamente. Desde una perspectiva estructural rompe el esquema desarrollado y se opone al resto de la composición, pudiendo señalarse dos partes contrastantes: una constituída por los trece primeros versos, y la otra por el último. Significativamente la relación es inversa, ya que el último intensifica al máximo los sentimientos del poeta, por lo que su valor connotativo es superior a lo manifestado con anterioridad.

En muy estrecha relación con las antítesis se halla la connotación por *repetición* ya sea de simples sintagmas ya sea de estructuras más amplias. Entre los primeros, los casos más significativos son el del ya citado de la repetición del numeral *mille* en el penúltimo verso o el del lexema [*dolê*] bajo dos categorías gramaticales diferentes, la del adjetivo «dolce» y la del adverbio «dolcemente». A estos A estos se les añaden, pero ya son connotadores desde la Cds, los sustantivos *carcere - nemica*, o los adjetivos *sever - grave, licenzïose -sciolte*, que reiteran conceptos y, por tanto, los superlativiza. Sin embargo, los connotadores desde la Cdf debido a repetición de mayor relevancia son las reiteraciones de estructuras sobre las que se asientan las contínuas antítesis que conforman el soneto. Dichas estructuras son fundamentalmente de tres tipos: copulativas negativas con *né ... né*, copulativas con *e non ... e non* y, contrastando con ellas, las adversativas introducidas siempre por *ma*.

En la obra poética los elementos fónicos se cargan de valores que les confieren la categoría de connotadores desde la *Eds*. Estos valores poéticos se originan por la reiteración fónica tanto de fonemas vocálicos como consonánticos, de manera que el connotador más relevante como medio de potenciación es la aliteración.

En el verso inicial contrastan los sonidos graves, *o* y *u*, de los adjetivos al principio y final del verso, *aventuroso* y *soave*, con los más abiertos *a* y *e* del sustantivo, de *carcere*. Este contraste es tanto más pertinente si se pone en relación con los respectivos significados: frente a los sonidos graves, oscuros, del significante de los adjetivos, su significación es positiva; y con el sustantivo ocurre lo contrario: significado negativo y significante más dulce en el que el único sonido gutural [k] se halla suavizado en su sílaba por la vocal más abierta, la *a*, y en la siguiente por la palatal [ĉ]; además la aliteración de [r] y [e] contribuye a suavizar el significante. La bimembración de los dos versos siguientes está marcada por la repetición de sílabas: *né per... né per* en el segundo, y *per ... per* en el tercero, que marcan la oposición estructural entre proposiciones negativas y adversativas que caracteriza al soneto.

El segundo tipo lo constituirían algunas narraciones sencillas del monstruo en las que su figura empezaba a cargarse de una simbología formal clara, al margen del hecho prodigioso en sí, pero sin adquirir todavía un desarrollo considerable. Este tipo de fuentes debió ser el que inspiró a J. Ravisio Textor cuya «*Officina*» (1522) tuvo un protagonismo muy considerable a la hora de difundir la imagen del monstruo, al decir de F. Rico.

El texto de Ravisio Textor es semejante al del Dr. Anaya que él, obviamente no conocía, pero es algo más complejo, a pesar de su brevedad, y en algunos aspectos recoge rasgos de las imágenes más elaboradas. Dice así:

> «Regnante apud gallos Ludovico duodecimo et sedente pontificatu Iuliu secundu, monstrum natum est Ravennae, habens cornu in capite, utrinque alas bracchia nulla, pedem unum oculum in genu, utrumque sexum, in medio pectore *ypsilon* et crucis effigiem» [18].

Traducción:

> «Reinando Luis XII en Francia y ocupando el Pontificado Julio II nació un monstruo en Ravenna, que tenía un cuerno en la cabeza, alas en ambos lados, sin brazos, un solo pie, un ojo en la rodilla, ambos sexos, en medio del pecho la letra *Ypsilon* y la imagen de una cruz».

Las coincidencias entre Ravisio Textor y el Dr. Anaya son muchas. En este autor, sin embargo, aparecen dos rasgos característicos que pasarán a las descripciones posteriores. Uno de ellos es el cuerno en la frente, que no aparecía en el doctor salmantino como tal, sino como forma piramidal, y el otro es un desarrollo de los símbolos grabados en el cuerpo de aquel ser. Junto a la «Y» pitagórica, como nos la clasificará Mateo Alemán, aparece una cruz en donde el Dr. Anaya no había visto más que una simple «X».

Creemos, por tanto, que Ravisio Textor, aunque pudo ver muy bien alguna representación gráfica del ser monstruoso, se basa en una fuente literaria.

El tercer tipo de fuentes estaría constituido por narraciones más complejas y con un significado hermético mucho más desarrollado. El mejor ejemplo de descripción del monstruo que se ajusta a este tipo es el que nos da Andrés Bernáldez, cura de los Palacios, en su obra ya mencionada.

Continúa siendo bastante desconocida la vida del bachiller Bernáldez, a pesar de algún trabajo reciente sobre su obra [19]. Para lo que ahora nos interesa, es, sin embaro, suficiente decir que debió concluirla a fines de 1513, ya que la última noticia que consigna es la toma de Azamor por los portugueses el 3 de setiembre de dicho año. Parece que murió poco después [20].

ma predeterminado por el poeta, es la siguiente: en los cuartetos *á é é á* las tónicas, y *e o o e* las átonas, y en los tercetos *é ó ó* y *i e i* respectivamente.

En un primer análisis se constata que tres son las vocales que integran cada una de las series: /á, é, ó/ en la tónica, y /e, o, i/ en la átona, que son las de mayor relevancia fónica a lo largo del soneto. En un análisis vertical de las series se observa un progresivo proceso de cierra vocálico. En efecto, la tónica se inicia con la vocal más abierta, la /a/, para combinarse con la de abertura media /e/ en los cuartetos, y ésta a su vez es la que introduce a la /o/ en los tercetos. De manera que el soneto se inicia con la /a/ y concluye con /o/, la alfa y omega, principio y fin de la vida que para el poeta se reduce a su amor por Alessandra Benucci.

La serie átona final, por su parte, se abre en los cuartetos con la /e/ que alterna con la otra vocal de grado medio /o/; mientras que en los tercetos se combina con la vocal más cerrada de la serie palatal, con la /i/. En un cotejo horizontal existe también correlación vocálica pues a las /á/ tónicas les corresponden las /e/ átonas, y a las /é/ tónicas las /o/ átonas en los cuartetos, mientras que en los tercetos a la /é/ tónica le corresponde /i/ átona, pero a las /ó/ tónicas les corresponde la primera vez /e/ átona, y a la que cierra cada uno de los tercetos /i/ átona.

En una panorámica global de las vocales de la secuencia final, tanto tónicas como átonas, la composición se abre con la vocal más abierta, con la /a/, o sea, la vocal más relajada, y a medida que el sentimiento amoroso se va intensificando los timbres vocálicos se van cerrando a través de las vocales medias /e, o/ hasta alcanzar en los tercetos el máximo cierre en /i/.

Adquieren valor connotativo desde la Cds aquellos signos cuya sustancia de contenido es intensificada en otras partes del poema bien sea por su reiteración —no de significante sino de significado—, bien sea por contraste. El soneto de Ariosto es una intensificación de la dicha amorosa que el poeta experimenta ante la presencia de la amada. Intensificación lograda primordialmente por contraste con una situación real de falta de libertad. El poeta contrapone su dependencia y sumisión a la amada con la prisión física que sufren otros congéneres. En esta contraposición él, el prisionero, anhela que se abra la puerta, puesto que ello significa su felicidad por la presencia de la amada, y lo que él espera no son penas y castigos, sino abrazos, risas, besos, etc. Por ello el campo semántico de la composición gira en torno a estos ejes contrastivos: él, ella y las circunstancias del encuentro amoroso, en contraposición a los prisioneros, al juez que los ha condenado y a los sufrimientos derivados del cautiverio. Los elementos, pues, de esta contraposición son los siguientes: *el poeta*: «mia nemica m'have», «io m'allegro», «(io) aspetto»; *la amada:* «nemica» definida con dos adjetivos: «bella, dolce»; y las *circunstancias*: «carcere» caracterizada como «aventuroso, soave», «diletto, vita, benigne accoglienze, complessi licenzïosi, parole, risi, vezzi, giochi, dolci, baci, mille volte». En contraposición a estos elementos: *los prisioneros:* «gli altri prigioni», «s'attristano»; *el juez:* «giudice sever», «legge grave»; *las circunstancias:* «volger de la chiave», «s'attristano», «e non martír, morte».

Los tres elementos de esta contraposición referentes al poeta hacen acto de presencia ya en el primer cuarteto. Dos son los sustantivos sobre los que gira el campo conceptual de esta estrofa y que se hallan dispuestos al principio y al final de la misma: *carcere* y *nemica* que se potencian recíprocamente pues van referidos al mismo sujeto. Sin embargo, donde alcanzan su máxima intensificación y significación precisa es a través de tres tipos de recursos significativos: el primero, por los adjetivos de significado positivo que los determinan, —*aventuroso* y *soave* en un caso, *bella* y *dolce* en otro— y que a su vez se potencian entre sí, especialmente *dolce* respecto a *soave*; el segundo está integrado por los dos versos centrales, de gran relevancia estructural, y que por el contraste de negativas y adversativas intensifica desde otros ángulos del contenido el verdadero significado de *carcere*; y el tercero es la presencia del pronombre complemento de primera persona *m'*(have) que, por carecer de antecedente, refuerza su función deíctica de sustantivo y funciona como connotador desde la Cds, aunque su valor se halla matizado por el precedente adjetivo posesivo de primera persona *mia* que determina a *nemica*.

En el segundo cuarteto el valor deíctico del pronombre de primera persona es potenciado respecto a los casos anteriores por dos procedimientos complementarios: porque es la forma sujeto *io* frente a la forma complemento anterior, y porque se contrapone al término de paragón *prigioni* incrementando su función deíctica connotativa de sustantivo. Es tal su valor connotador desde la Cds que no sólo llena este verso, sino que se extiende al siguiente a través del morfema de primera persona de *aspetto* prolongándose a través de las adversativas hasta el penúltimo. Sustantivo y pronombre son los elementos que introducen la enumeración de circunstancias que afecta a cada uno de ellos. Las de *prigioni* son de índole negativa y su única finalidad es la de intensificar por contraste todas las referentes a *io*. En efecto, se pueden señalar tres modalidades distintas de potenciación, que se suceden y van «in crescendo» hasta llegar al summun en el penúltimo verso. La primera consiste en la acumulación de términos de significado positivo —*diletto, vita, benigno, accoglienze, complessi licenziosi...*— hasta la insistente reiteración del numeral *mille*, y que son una explicitación de *allegro* como vienen a expresar gráficamente los dos puntos entre el verbo y los demás vocablos. Paralelamente las de significado negativo —*martír, morte, giudice, legge grave*—, que les sirve como paragón intensificador lo son a su vez de *s'attristano*. Esa acumulación de signos de uno y otro valor intensifica las respectivas sustancias semánticas al ser enriquecidas por los diferentes matices denotadores que cada uno de ellos aporta y el conjunto, de ese modo, es la superlativización de la dicha amorosa del poeta. La segunda modalidad de potenciación, subsidiaria de la anterior, consiste en la intensificación puntual mediante negación de algunos conceptos —*diletto, vita*— por contraposición con sus contrarios —*martír, morte*—. Y la tercera, variante de ésta, es la cascada de adversativas de significado positivo que se opone a las negativas introducidas por *né (né giudice sever, né legge grave)* y por extensión a las del verso anterior, a las de *e non*. Cascada que desemboca en el amplio penúltimo verso en la reiteración del numeral. Por último el poeta cierra la composición con otra negación que, aparte su valor reiterativo, minimiza todo lo exaltado hasta entonces y, sin embargo, lo potencia por contraste. Este verso final adquiere el máximo valor connotador desde la Cds pues él solo sirve de contrapeso semántico al resto del soneto.

La sustancia de contenido de este soneto es la evocación por parte de Ariosto de sus encuentros amorosos con Alessandra Benucci. Los cuatro tipos de connotadores que proceden de las dos formas y de las dos sustancias del signo denotativo —que es a su vez la Ecs del connotativo— son los pilares sobre los que se asienta la manifestación poética y que convergen para potenciar el canto del goce del poeta cuando recuerda las visitas amorosas de la amada. Esa superlativización la logra, partiendo de la idea de «prisión», mediante la alternancia de dos planos: el del recuerdo personal y subjetivo de la propia situación de cautiverio amoroso y el del mundo real, objetivo, de los prisioneros comunes. Este segundo plano sirve como elemento de contraste y procedimiento superlativizador del primero, de modo que éste es intensificado no sólo por su propio haz de relaciones sino, sobre todo, por la contraposición con el núcleo de las establecidas por el otro. No obstante, el clímax de esa intensificación poética, que continúa y cierra dicho procedimiento contrastivo, se consigue en el verso final. En él el poeta viene a manifestar no tener palabras para expresar de un modo adecuado toda la felicidad, toda la dicha que lo embarga cuando se encuentra en presencia de la amada. Ello recuerda la actitud de Dante cuando ante la Divinidad implora que su lengua sea capaz de expresar un mínimo destello de aquello que su mente está contemplando [2]. Pero Ariosto, fiel reflejo de su tiempo, canta el amor humano y no la adoración divina. El tema del soneto —la cárcel de amor— es tan antiguo como la misma poesía italiana. La novedad respecto a los poetas antiguos es que no canta tanto las cualidades físicas o espirituales de la amada o el amor platónico que siente hacia ella, sino el amor físico y concreto de los múltiples encuentros amorosos. Esta novedad de contenido, no obstante, es relativa ya que es el resultado de la evolución en el tratamiento amoroso hasta su tiempo. La auténtica originalidad radica en la distribución tan armónica de las partes y de los elementos que la integran. Esa armonía y proporcionalidad de sus miembros es lo que confiere serenidad y belleza al conjunto, que es lo que caracteriza a la verdadera obra de arte.

El análisis estructural cumplido ha permitido observar aquellos procedimientos lingüísticos que mediante su conjunción potencian desde distintos ángulos la sustancia de contenido (Ccs) de manera que lo manifestado por el poeta alcanza su mayor superlativización, pero es sobre todo desde el plano de la expresión desde el que el poeta consigue la creación de belleza que toda obra de arte persigue, pues como dice Sartre «no se es escritor porque se haya elegido decir ciertas cosas, sino por la forma en que se digan».

NOTAS

1. Se sigue el estudio de Gregorio Salvador publicado en «Archivum», n° XIV, Oviedo. El trabajo de Svend Johansen al que se hace referencia es la «La notion de signe dans la Glossématique et dan l'Estétique», publicado en «Recherches Structurales», vol. V de los TCLC, 1949.
2. Dante, «Paradiso», canto XXXIII, terceto 70.

PETRARQUISMO EN LA LIRICA CERVANTINA

Francisco Javier Díez de Revenga
Universidad de Murcia

La gran influencia de Petrarca en la poesía española de los siglos de oro, a través de las distintas etapas señaladas (Garcilaso-Boscán; Fray Luis-Herrera; Lope-Quevedo-Góngora) constituye uno de los más interesantes capítulos de nuestra historia literaria y de la literatura comparada, que aún está sin estudiar en profundidad y sistemáticamente. Si tenemos en cuenta que estudios clásicos como los de Sanvisenti [1] o Farinelli [2], así como alguno más reciente como el trabajo de Giovanni Caravaggi [3], se circunscriben a la influencia petrarquesca en nuestra literatura medieval, habremos de reiterar que la presencia del gran poeta italiano está aún por analizar sobre todo en autores de nuestro segundo siglo de oro, en aquellos que vendrían a formar la tercera etapa de nuestro renacimiento a que nos hemos referido anteriormente. Cervantes, por derecho propio, como poeta situado entre un siglo y otro, y para algunos entre renacimiento y barroco, sería objeto de una especial atención dentro de ese panorama general deseable, más que nada porque en el autor del *Quijote* confluyen distintas corrientes que determinan una evolución en su forma de pensar.

Estudios como el también ya clásico de Rafael Lapesa sobre la trayectoria poética de Garcilaso [4] o los distintos de Dámaso Alonso en los que el petrarquismo es referencia y punto de reflexión, son los que más han contribuido a que podamos aproximarnos a un conocimiento del petrarquismo en España en los siglos de oro, qué es y qué influencia ha tenido en nuestros escritores áureos. Porque aún sigue vigente la pregunta que Dámaso Alonso planteó en *Poesía española*: «¿Qué es el petrarquismo? A pesar de que muchas veces se ha querido contestar esta pregunta, hay nuevos e importantes aspectos de la huella de Petrarca en el mundo en los que no se ha reparado».

En el caso de Cervantes el asunto se complica, ya que se ha de dilucidar si fue conocedor directo de Petrarca o si solamente siguió las modas de su tiempo, como parece deducirse de las escasas páginas que Fucilla [5] le dedica en su libro sobre los estudios del petrarquismo en España. Pero si hemos de tener en cuenta la opinión de Américo Castro [6], que se ha referido a la afinidad de carácter entre Cervantes y Petrarca, y si recordamos, en su biografía, la formación italiana, y en su obra alguna cita directa del gran poeta italiano, concluiremos que Cervantes no sólo conocía bien a los petrarquistas españoles, sino también a los italianos y al propio Petrarca [7].

Reunir las referencias dispersas por toda la obra, así como las dependencias sugeridas por gran número de críticos y de estudiosos de las fuentes, permitiría, en el caso de Cervantes, dejar claro este aspecto tan interesante de su creación literaria y que nos resulta en cualquier caso evidente: su petrarquismo. Pero el objeto de esta comunicación es mucho menos ambicioso en cuanto a su extensión, pero no en cuanto a sus conclusiones, ya que, como hemos hecho en otra ocasión [8], pretendemos observar la evolución de la poesía de Cervantes acorde con su manera de pensar, y cómo, en consecuencia, su manera de hacer cambió con el tiempo. En la poesía heroica no es difícil percibir un entusiasmo juvenil por los triunfos imperiales, en los que participó, tornado en desengaño final coincidente con la época del *Quijote*. En cuanto a su actitud ante el petrarquismo vamos a observar una evolución similar.

Muy recordado es el texto del *Quijote*, en que el Caballero, para ponderar la belleza de la simpar Dulcinea, hace la siguiente descripción:

> Su calidad, por lo menos ha de ser de princesa, pues es reina y señora mía; su hermosura, sobrehumana, pues en ella se vienen a hacer verdaderos todos los imposibles y quiméricos atributos de belleza que los poetas dan a sus damas: que sus cabellos son de oro, su frente campos elíseos, sus cejas arcos del cielo, sus ojos soles, sus mejillas rosas, sus labios corales, perlas sus dientes, alabastro su cuello, mármol su pecho, marfil sus manos, su blancura nieve, y las partes que a la vista humana encubrió la honestidad son tales, según yo pienso y entiendo, que sólo la discreta consderación puede encarecerlas y no compararlas [9].

Precisamente en la acumulación está la ironía que Cervantes, a estas alturas de su vida, harto de tanto tópico repetido, teje para formalizar una descripción tan ridícula. Los para Cervantes «imposibles y quiméricos atributos», para don Quijote «se vienen a hacer verdaderos». Esa es la clave, en esta ocasión, del enfrentamiento de poesía y realidad, aunque ahora, más que nunca, Cervantes recuerda una quimera para don Quijote. No habían pasado muchos años desde aquellos días en que sus pastores, los de *La Galatea* vivían los mismos quiméricos e imposibles atributos de belleza. Se habrá advertido que los tales atributos son los tópicos difundidos por el petrarquismo y comprobables en su versión lozana y auténtica en las *Rimas* de Petrarca. Dulcinea vendría a ser ahora, para Don Quijote, como una Laura trasfigurada por la demente acumulación a que ha sometido el proceso de creación metafórico. En pureza, todos los signos atribuidos son exactamente los que Petrarca inmortalizó de Laura y el petrarquismo se encargó de difundir y convertir en tópicos. Entre Petrarca y el episodio del *Quijote* hay una larga cadena de repeticiones desarrollada a través de los siglos y de las naciones, en la que el propio Cervantes, en su *Galatea* es un eslabón. Porque lo más llamativo quizá sea que Cervantes, al ironizar y criticar el petrarquismo y a sus abusos, está criticándose a sí mismo, ya que no es difícil encontrar en su novela pastoril todos y cada uno de estos lugares comunes, aunque, eso sí, en ocasiones, concebidos en contextos poéticos más que aceptables.

La Galatea es, entre las obras de Cervantes, la que, como es sabido, contiene un mayor caudal de poesía lírica, de acuerdo con la tradición de la novela pastoril renacentista. Pues bien, toda esta poesía cervantina es receptora de las novedades italianistas que un buen sector de la crítica especializada ha hecho derivar, directamente, de Garcilaso de la Vega, y, en menor medida, de Herrera y Fray Luis [10]. Según esto, Cervantes sería un imitador de los petrarquistas españoles, sin una influencia directa de Petrarca. La discusión sería compleja, pero lo cierto es que la «bella» de Cervantes en *La Galatea* es la mismísima Laura tal como nos la trasmitió Petrarca en su *Canzoniere*, al crear la descripción física que se haría tópica y que llegaría hasta el episodio del *Quijote* ante los cabreros.

En Petrarca, la descripción única y reiterada de los cabellos alude a su condición de rubios, y las metáforas y comparaciones van siempre hacia dos términos de comparación exclusivos: el oro y, en menor medida, el sol. Todavía hoy conmueve la autenticidad de lo que podría llegar a convertirse en una obsesión psíquica. Sin embargo, la fuerza de la palabra poética de Petrarca nos acerca la figura noble de la amada [11]:

        fuor i biondi allor velati,
        e l'amoroso sguardo in sé raccolto [11].

        e i capé d'oro fin farsi d'argento,
        e lassar le ghirnalde e i verdi panni [12].

        Ch'Amor conduce a piè del duro lauro
        ch'ha i rami di diamante, e d'or le chiome [30].

        L'auro e i topazii al sol sopra la neve
        vincon le bionde chiome presso agli occhi
        che mean gli anni miei sì tosto a riva [30].

> che t'infiammava a le tesaliche onde,
> e se non hai l'amate chiome bionde [31].
>
> Le trecce d'or che devrien fare il sole
> d'invidia molta ir pieno [37].
>
> ch'a me la pastorella alpestra e cruda
> posta a bagnar un leggiadretto velo,
> ch'a l'aura il vago e biondo capel chiuda [52];
>
> Tras le chiome de l'or nascose il lacio,
> al qual mi strinse, Amore [59];
>
> Tolta m'è poi di que'biondi capelli
> lasso, la dolce vista [59].
>
> Erano i capei d'oro a l'aura sparsi
> che 'n mille dolci nodi gli avolgea [90].
>
> le bionde treccie sopra'l collo sciolte,
> ov'ogni latte perderia sua prova [127].
>
> Ma pura che l'òra un poco
> fior bianchi e gialli per le piagge mova,
> torna a la mente il loco
> e 'l primo dì ch'í vidi a l'aura sparsi
> i capei d'oro, ond'io sì subito arsi [127].
>
> Qual docezza è ne la stagione acerba
> vederla ir sola coi pensier suoi inseme,
> tessendo un cerchio a l'oro terso e crespo! [160]
>
> Aura che le chiome bionde e crespe
> cercondi e movi, e sé mossa da loro,
> soavemente, e spargi quel dolce oro
> e poi raccogli, én bei nodi il rincrespe [227].
>
> o chiome bionde di ch'el cor m'annoda
> Amor, e così preso il mena a morte [253];

Son suficientes los ejemplos y no sería difícil encontrar alguno más. Las comparaciones y las metáforas tomadas de Petrarca en este sentido inundaron la poesía renacentista de toda Europa. En *La Galatea* cervantina las hallaremos, todavía, en gran cantidad [12]:

> Blanda, suave, reposadamente,
> ingrato amor, me subjetaste el día
> que los cabellos de oro y bella frente
> miró del sol que al sol escurecía;

>   tu tósigo cruel, cual de serpiente,
>   en las rubias madejas se escondía
>   (I Canción de Elicio y Erastro)

>   Con la luz se conciertan los manojos
>   de aquellos rayos del señor de Delo:
>   tales son los cabellos de quien suelo
>   adorar su beldad puesto de hinojos.
>
>   ¡Oh clara luz, oh rayos de sol claro,
>   antes del mesmo sol! De vos espero
>   sólo que consintáis que Erastro os quiera.
>   (I Soneto de Erastro)

Las imágenes y metáforas elegidas por Petrarca para la inmortalización de los ojos de su amada son también muy numerosas, y en este caso algo más variadas. Fundamentalmente los ojos son comparados con el sol, indudablemente por su deslumbrante belleza, pero también con las estrellas, con la luz, con la lumbre o llama, etc. etc. Esta luz cegadora del sol o la intensidad del fuego pueden llegar a producir en el enamorado daños o martirio amoroso, como ya señaló Dámaso Alonso [13]. Las formulaciones petarquescas son muy variadas, como de costumbre:

>   Era il giorno ch'al sol si scoloraro
>   per la pietà del suo fattore i rai,
>   quando i' fui preso, e non me guardai,
>   che i be' vostr'occhi, donna, mi legaro [3].

>   Non fur già mai veduti sì begli occhi
>   ne la nostra etade, o n'e prim'anni,
>   che mi struggon così, come'l sol neve [30];

>   Quante montagne et acque,
>   quanto mar, quanti fiumi
>   m'ascondon qu'duo lumi,
>   che quasi un bel sereno a mezzo'l die
>   fer le tenebre mie [37].

>   Gentil mia donna, i' veggio
>   nel mover de' vostr'occhi un dolce lume
>   che mi mostra la via ch'al ciel conduce [72];

>   e il vago lume oltra misura ardea
>   di quei begli occhi, ch'or ne son sì scarsi [90].

>   e vidi lagrimar que' duo bei lumi,
>   ch'han fatto mille volte invidia al Sole [156];

> Dal bel seren de le tranquille ciglia
> sfavillan sì le mie due stelle fide,
> ch'altro lume non è ch'infiami e guide
> chi d'amar altamente si consiglia [160].
>
> Mirando'l sol de'begli occhi sereno
> ove è chi spesso i miei depinge e bagna,
> dal cor l'anima stanca si scompagna
> per gir nel paradiso suo terreno [173].

Los planteamientos cervantinos son muy similares, y no es extraño encontrar textos muy petrarquescos a la hora de describir ojos, acompañarlos o sustituirlos por la correspondiente imagen y examinar los efectos producidos en el enamorado:

> El sol de dos luceros do reposa
> el blando amor, y a do estará *in eterno*.
> (I Canción de Elicio y Erastro)

> Envuelto en tus despojos
> la muerte se ha llevado
> el más subido extremo de belleza,
> la luz de aquellos ojos
> que en haberte mirado
> tenían encerrada su riqueza;
> (Canción de Lisandro)

> Ante la luz de unos serenos ojos
> que al sol dan luz con que da luz al suelo,
> mi alma así se enciende, que recelo
> que presto tendrá muerte sus despojos.
> (I Soneto de Erastro)

> Vea yo los ojos bellos
> deste sol que estoy mirando,
> y si se van apartando,
> váyase el alma tras ellos.
> Sin ellos no hay claridad,
> ni mi alma no la espere,
> que ausente dellos, no quiere
> luz, salud, ni libertad.
> (I Canción de Erastro)

Los tópicos del petrarquismo se referían tambén al conjunto del rostro, como ya se ha advertido en el texto del *Quijote*, pero en Petrarca las figuraciones del rostro de la amada se encuentran formuladas con singular elegancia y equilibrio. Citamos algunos ejemplos:

> Se mai candide rose con vermiglie
> in vasel d'oro vider gli occhi miei
> allor allor da vergine man colte,
> veder pensaro il viso di colei
> ch'avanza tutte l'altro meraviglie
> con tre belle eccellenzie in lui raccolte;
> le bionde treccie sopra 'l collo sciolte,
> ov'ogni latte perderia sua prova,
> e le guancie ch'adorna un dolce foco.
> Ma pur che l'ora un poco
> fior bianchi e gialli per le piagge mova,
> torna a la mente il loco
> e 'l primo dì ch'i' vidi a l'aura sparsi
> i capei d'oro, ond'io sì subito arsi. (127)
>
> e le rose vermiglie infra la neve
> mover da l'òra, e discovrir l'avorio
> che fa di marmo chi dapresso 'l guarda; (131)
>
> La testa or fino, e calda neve il volto,
> ebeno i cigli, e gli occhi eran due stelle,
> onde Amor l'arco non tendeva in fallo;
>
> perle, e rose vermiglie, ove l'accolto
> dolor formava ardenti voci e belle;
> fiamma i sospir, le lagrime cristallo. (157)
>
> li occhi sereni, e le stellanti ciglia,
> la bella bocca, angelica, di perle
> piena, e di rose, e ci dolce parole. (200)

En Cervantes encontramos la misma formulación de imágenes y metáforas para describir el rostro de la amada. Los pastores de *La Galatea* vuelven sobre los elementos que se habrían de volver tópicos o ya lo eran. En los dos textos cervantinos siguientes así se advierte, aunque lo que no se consigue es la misma elegancia petrarquesca. por lo menos en el primero de ellos, aunque su verso final haya causado la admiración de algún crítico [14]:

> Dos hermosas manzanas coloradas,
> que tales me semejan dos mejillas,
> y el arco de dos cejas levantadas,
> que el iris no llegó a sus maravillas,
> dos rayos, dos hileras extremadas
> de perlas entre grana, y si hay decillas,
> mil gracias que no tienen par ni cuento,
> niebla me han hecho al amoroso viento.
>   (I Canción de Elicio y Erastro)

> Como quien puede y se atreve,
> a la grana y a la nieve
> robó las colores bellas,
> que lo más perfecto dellas
> a tus mejillas se debe.
>
> De marfil y de coral
> formó los dientes y labios,
> do sale rico caudal
> de agudos dichos y sabios,
> y armonía celestial.
> De duro mármol ha hecho
> el blanco y hermoso pecho,
> y de tal obra ha quedado
> tanto el suelo mejorado
> cuanto el cielo satisfecho.
>
> (II Canción de Silverio)

Todavía nos quedaría que detenernos en sobresalientes aspectos de la fisonomía femenina trasmitidos de Petrarca a Cervantes y convertidos en tópicos característicos. La dureza del pecho, comparada con el basalto (Petrarca, 52), con el hielo (Petrarca, 153) e incluso con el diamante y con el mármol (Petrarca, 171) mantiene las mismas imágenes expresivas en Cervantes: diamante (Canción de Damón y Tirsi), mármol (I soneto de Damón y II Canción de Silverio, ya citada). La contaminación psicológica expresada por estos símbolos es quizá lo que con más fidelidad se trasmite a través del tópico: como el mármol, duro (quizá incluso en su doble sentido moral y físico), frío (por lo distante, igual que el hielo) y blanco, color preferido para la piel de la amada por el renacimiento italiano. Y, por supuesto, como el mármol, bello.

La otra imagen tópica es la de las manos de marfil, presente desde luego en Petrarca, bien directamente («netto avorio», 200) o bien por su color (Petrarca, 38) que es como se trasmite a Cervantes (III Canción de Elicio).

La trasmisión tópica de la amada petrarquesca fue rápida y ajustada a un arquetipo repetido hasta la saciedad. Cervantes, cuando desea abrise camino con su novela más italiana y renacentista (*La Galatea*) entre los escritores de su tiempo, no duda ni por un momento en asumir la obligada herencia del petrarquismo italiano y español y trasmitir una vez más la figura de Laura como ideal de la belleza renacentista. Pero, luego, cuando han pasado los años y llega la hora de la mirada hacia atrás sin ira, pero con ironía, hacia el mundillo literario y a sus habitantes, Cervantes no dudará tampoco, y en su *Quijote* trasmitirá, de nuevo, los mismos tópicos para dibujar a Dulcinea, pero ahora serán la acumulación ordenada, de arriba a abajo, y el final pudoroso, los que nos advertirán que algo muy importante ha cambiado en Cervantes: su visión de la realidad y su interpretación de la vida y de la literatura.

NOTAS

1. B. Sanvisenti, *I primi influssi di Danti, del Petrarca e del Boccaccio sulla letteratura Spagnola*, Hoepli, Milano, 1902.
2. A. Farinelli, *Petrarca in Ispagna, Italia e Spagna*, vol. I, Bocca, Torino, 1929.
3. G. Caravaggi, «Alle origine del petrarchismo in Ispagna», *Miscellanea de Studi Ispanici*, Pisa, 1973, pp. 7-101.
4. R. Lapesa, *La trayectoria poética de Garcilaso*, Revista de Occidente, 2ª edición, Madrid, 1968. *Vid.* también D. Alonso, *Poesía española (Ensayo de métodos y límites estilísticos)*, Gredos, 4ª edic., Madrid, 1962; D. Alonso, «La poesía del petrarca e il petrarchismo», *Lettere Italiane*, XI, Firenze, 1959; y D. Alonso y C. Bousoño, *Seis calas en la expresión literaria española*, Gredos, 3ª edic., Madrid, 1963.
5. J.G. Fucilla, *Estudios sobre el petrarquismo en España*, CSIC, Madrid, 1960, pp. 177-181.
6. A. Castro, *El pensamiento de Cervantes*, Anejo RFE, Madrid, 1925, p. 366.
7. Por ejemplo la cita en *El casamiento engañoso* de los versos

> Che chi prende diletto di far frode;
> Non si dè lamentar s'altri l'inganna.

Procedentes de los *Trionfi, Trionfo d'Amore,* cap. I. *Vid.* M. Baquero Goyanes, edición de las *Novelas ejemplares*, Editora Nacional, Madrid, 1976, p. 272, n. 18, vol. II. Para todas estas cuestiones *vid.* también: J. Granados, *Motivi e ricordi dell'Italia nell'opera cervantina*, La Goliardica, Milano, 1960. C.P. Otero, «Cervantes e Italia: eros, industria, socarroneria», *Papeles de Son Armadans*, XXXIV, 1964, pp. 287-325.

8. F.J. Díez de Revenga, «Evolución de la poesía heroica de Cervantes», *IV Seminario Literatura Española Edad de Oro*, Universidad Autónoma de Madrid, 1984.
9. *Quijote*, I, cap. XIII.
10. *Vid.* J.M. Blecua, «Garcilaso y Cervantes», *Homenaje a Cervantes*, Cuadernos de Insula, Madrid, 1947. Y mismo autor y homenaje, «La poesía lírica de Cervantes».
11. Citamos por la edición de R. Ramat, Rizzoli, Milano, 1971.
12. Citamos por la edición de Vicente Gaos, *Cervantes: Poesías Completas*, Clásicos Castalia, Madrid, 1981, vol. II.
13. D. Alonso y C. Bousoño, *op. cit.*, p. 87.
14. J.M. Blecua, «La poesía lírica de Cervantes», p. 169.

EL SENTIMIENTO DE LAS RUINAS
EN EL RENACIMIENTO ITALIANO

FÉLIX FERNÁNDEZ MURGA
Universidad de Salamanca

La palabra *ruina*, que significa derrumbamiento (del verbo onomatopeico latino *ruere*, caer, derrumbarse), tiene, aparte de sus posibles aplicaciones metafóricas, una doble acepción: la genérica e inmediata de cualquier mole material que, perdiendo su estado primitivo, se ha venido abajo y la más específica y común, de una construcción humana que ha sido abatida o por el hombre mismo o por los agentes de la naturaleza. Ambas acepciones interesan a nuestro propósito.

Es indudable que cualquier tipo de esas ruinas o derrumbamientos ha impresionado siempre fuertemente la sensibilidad de los hombres, provocando en ellos sentimientos de asombro y de tristeza. A eso nos referimos cuando hablamos de sentimiento de las ruinas. Y, en este caso, el sintagma, integrado por un sustantivo con su complemento determinativo de marcado carácter objetivo, no deja lugar a dudas sobre el sujeto de ese sentimiento (el hombre) y el objeto del mismo, es decir, las ruinas; a diferencia de lo que puede ocurrir cuando empleamos la ambigua expresión «sentimiento de la naturaleza».

No voy a hablar ahora del porqué de ese universal y espontáneo sentimiento de las ruinas, determinado por el innato interés del hombre hacia todo lo que le rodea. Lo que me importa señalar en este caso es cuándo y por qué ese sentimiento comienza a cuajar en la literatura italiana como reflejo de una especial sensibilidad estética y, en consecuencia, como motivo literario, que puede y suele adoptar manifestaciones muy diversas.

Por ejemplo, ante las ruinas provocadas por los agentes de la naturaleza, es frecuente en los poetas la meditación de tono elegiaco sobre la impotencia del hombre frente a la fuerza ciega y aniquiladora de esos agentes. Así canta Leopardi en *La ginestra* y, antes que él, nuestro Martínez de la Rosa, las ruinas de Pompeya [1]; y así cantaron otros cataclismos naturales Luigi Tansillo, Isabella Morra y otros poetas italianos del Renacimiento. Para ellos las ruinas provocadas por esos cataclismos eran lección de muerte, es decir, lección sobre la real insignificancia del hombre.

En general, para los escritores del Renacimiento italiano (y en ese Renacimiento incluyo a los humanistas, que lo hicieron posible), el sentimiento de las ruinas se expresa también así: como melancólica meditación sobre la caducidad de todo lo humano.

Pero, para muchos de ellos, determinadas ruinas (y concretamente las del mundo romano, por el que tanta veneración sentían) fueron algo más que eso; fueron lección de cultura, pues no sólo las cantaron como testimonios de la obra de un pueblo altamente civilizado (el pueblo romano) destruida por otros pueblos culturalmente inferiores (los bárbaros), sino que supieron encontrar en aquellas ruinas y, en general, en todo lo que, según la expresión de Boccaccio, había sobrevivido al «antiguo naufragio», un estímulo eficaz para tratar de recuperar, en la medida de lo posible, todo lo que aquel mundo antiguo significaba para ellos; es decir, para promover el renacimiento de aquella admirable civilización: que por eso los llamamos renacentistas. Y basta leer las *Vite* de Giorgio Vasari [2] para darnos cuenta de cómo los protagonistas de esas vidas supieron aprovechar la lección de aquellas ruinas.

Volviendo nuestra atención a los textos literarios, vemos que la palabra *ruina*, en su acepción primaria de derrumbamiento en general, aparece, por ejemplo, en la *Divina Commedia* (Infierno, V, 34-35):

> *Quando giungon davanti alla ruina,*
> *Quivi le strida, il compianto, il lamento.*

Dante se refiere en este caso, no a los restos de una obra humana derrumbada sino a los desmoronamientos provocados en su día, en los abismos infernales, por el terremoto que sacudió a toda la tierra el día de la muerte de Cristo. Y, de todas formas, no se advierte todavía en ese pasaje un verdadero sentimiento de las ruinas, como tampoco se advierte ese sentimiento en los conocidísimos versos de Horacio (*Odas*, Libro III, iii, 1-8), en los que aparece, con el mismo sentido, esa palabra:

> Justum et tenacem propositi virum...
> Si fractus illabatur orbis,
> Impavidum ferient ruinae.

Pero no deja de tener su interés el hecho de que Dante fije su atención en aquel impresionante derrumbamiento, como testigo tangible del bíblico cataclismo.

Desde luego, resultaría también poco fructuoso probablemente el tratar de encontrar un verdadero sentimiento de las ruinas en los escritores medievales.

En general, durante el Medioevo (y esto ha ocurrido también con lamentable frecuencia en tiempos más recientes, como veremos a continuación), las ruinas del mundo romano tuvieron para las gentes de los pueblos que formaron parte de aquel mundo, un interés meramente utilitario, como rica y fácil cantera de materiales ya labrados, que podían servir para nuevas construcciones del tipo que fueran. Algunos insignes monumentos de la misma Roma y hasta las sepultadas ciudades de Pompeya y Estabia pueden dar buen testimonio de ello.

Refiriéndose a este tipo de lamentables devastaciones, Jacob Burckhardt recuerda que, el año 1258, el senador Brancaleone hizo demoler en Roma ciento cuarenta casas antiguas que aún se mantenían en pie y que, incluso en el siglo XV, el año 1443, el inmenso pórtico del templo de Minerva fue demolido, y el abundante mármol que lo enriquecía, aprovechado para alimentar un horno de cal [3]. Lo mismo ocurrió con antiguas estatuas y puertas de bronce. Sabido es que la estatua ecuestre en bronce de Marco Aurelio, que se admira en la plaza del Campidoglio, se salvó de la destrucción por haberse creído que representaba al emperador Constantino, protector del Cristianismo [4]. El mismo Panteon de Agripa logró salvarse porque, como cuenta Paolo Diacono en su *Historia Longobardorum*, el emperador bizantino Focas había hecho (año 609) que, tras retirar de él todas las estatuas y símbolos paganos, se transformara en iglesia cristiana, dedicada a Santa María y a todos los santos [5]. Y, ya en pleno siglo XVI, puesto que esos saqueos continuaban, Baldesar Castiglione se sentía obligado a escribir, el año 1519, al papa León X, una larga y valiente carta en la que, al mismo tiempo que denunciaba los hechos, pedía al culto papa protección para tan veneradas reliquias de la Roma antigua. Le decía, etre otras cosas:

«Ma perché ci doleremo noi de' Goti, Vandali e d'altri tali perfidi nemici, se quelli li quali come padri e tutori dovevano difender queste povere reliquie di Roma, essi medesimi hanno lungamente atteso a distruggerle? Quanti pontefici, Padre santissimo, li quali avevano il medesimo valore e grandezza di animo... quanti, dico, pontefici hanno atteso a ruinare tempii antichi, statue, archi e altri edifici gloriosi!... Né senza molta compassione posso io ricordarmi che poi ch'io sono a Roma, che ancor non è l'undicesimo anno, sono state ruinate tante cose belle, come la Meta, che era nella via Alessandrina, l'Arco mal avventurato (que estaba a la entrada de las Termas de Dioclecíano), tante colonne e tempii, massimamente da messer Bartolomeo della Rovere. Non deve adunque, Padre Santissimo, essere tra gli ultimi pensieri di vostra Santità lo aver cura che quel poco che resta di questa antica madre della gloria e della grandezza italiana... non sia stirpato e guasto dalli maligni e ignoranti...» [6].

Pero no sirvieron de mucho esa y otras protestas si, a principios del siglo XVII, la familia Barberini, emparentada con el papa Urbano VIII, aprovechaba los restos de los más insignes monumentos antiguos romanos para construir su espléndido palacio en la Ciudad eterna, provocando la indignación de la gente, que solía repetir: «Quod non fecerunt barbari fecerunt Barberini».

Aparte de ese interés utilitario que para los hombres del Medioevo podían tener aquellas ruinas, si algún sentimiento llegaban a suscitar esas ruinas en ellos era seguramente (dada, como escribe Giorgio Barberi Squarotti, «l'antica sfiducia cristiana nella natura, nel mondo»[7]) el de la constatación de lo efímero de todo lo humano, la confirmación melancólica del «sic transit», que tánto se repetiría también en los escritores del Renacimiento.

Incluso, algunos de aquellos cristianos medievales vieron en esas ruinas, en esas reliquias de una civilización pagana, el testimonio tangible de la presencia del espíritu del mal sobre la tierra[8]. Escribe a este propósito Luigi Barzini: «Durante i secoli oscuri del remoto Mediovo, i pellegrini con cessarono mai di giungere (a Roma)... Tutte le strade di quel tempo veramente conducevano a Roma... (ma) nessuno si dava la pena di ammirare le imponenti rovine della Roma imperiale. I più devoti, anzí, erano inorriditi da quelli che ritenevano essere i malefici resti delle opere dello stesso Satana... Gli dei pagani non erano stati cammufamenti del demonio?»[9].

Naturalmente, no puede considerarse como general esa actitud en los escritores medievales; y, de todas formas, esos temores y recelos aparecen ya totalmente superados en los primeros humanistas italianos. Desde principios del siglo XII, escribe Mario Marti, «vi tornava a profilarsi un nuovo amore alla libertà e si cominciava ad interrogare con animo curioso le reliquie dell'antica civiltà, il cui ricordo, pur a tal punto affievolito, non si era per altro mai spento del tutto[10]. Aún iba más lejos Idelberto de Lavardin que, en bellos versos latinos, cantaba las ruinas de Roma, justificando la admiración que éstas le merecían porque su grandiosidad y belleza era tanta, que hasta los mismos dioses en ellas representados las admiran y, desearían estar a la altura de sus propios simulacros:

> *Hic superum formas superi mirantur et ipsi*
> *Et cupiunt fictis vultibus esse pares.*

aunque se apresura a precisar, como cristiano que es, que, si a esas divinidades paganas se les ha dado un rostro en las estatuas que las presentan y que aún sobreviven, lo que ahora admiramos en ellas no es la divinidad que representan sino el arte con que ha sido representada:

> *Vultus adest his numinibus potiusque coluntur*
> *Artificum studio quam deitate sua* [11]

De esa manera, la integridad de la fe cristiana podía conciliarse con la admiración hacia aquellos simulacros paganos, viendo en ellos simples objetos artísticos.

Pero lo verdaderamente importante y significativo en aquel nuevo interés de los humanistas por todas las reliquias del mundo antiguo no fue el mero hecho de que se las admirara ya sin ninguna clase de recelos, sino el que, como ya hemos dicho, la contemplación de las mismas les sirviera de estímulo para tratar de reconstruir con su esfuerzo propio, procurando imitarlo, aquel mundo culturalmente ejemplar.

Dato curioso de ese afán de imitación y de recuperación del mundo antiguo es el hecho de que, a partir del siglo XIII, en Roma y en sus alrededores comenzaran a construirse villas como las de la vieja Roma, con su *hortus*, rodeado de altas tapias, sus viridarios o jardines, sus pajareras y sus piscinas, o criaderos de peces [12].

De ese ferviente interés por todo lo que eran testimonios visibles del glorioso mundo romano participaban lo mismo los intelectuales humanistas que los papas y los políticos. Fazio degli Uberti contempla la historia de Roma a través de aquellas ruinas en el fantástico viaje alegórico que nos cuenta en su *Dittamondo* (1360). El erudito Poggio Bracciolini (1380-1459) halla justificación a su pesimismo en aquellas mismas ruinas cuando, en su tratado *De varietate fortunae*, lo mismo que en el *De miseria humanae condicionis*, habla de la caducidad de todo lo humano. Con visión más optimista contempla esas ruinas Flavio Biondo (1392-1463) en su *Roma triumphans*, lo mismo que hacía en sus *Commentarii rerum memorabilium* el gran erudito y gran viajero Eneas Silvio Piccolomini (1405-1464), que luego fue papa y se llamó Pío II.

Parecido interés mostraba en Nápoles, a principios del siglo XVI, don Gonzalo Fernández de Córdoba, a quien los italianos habían dado el título de Gran Capitán y que era a la sazón el primer virrey de aquel recién creado virreinato español. Se dice que, deseoso de visitar en las proximidades de la ciudad los Campos Flegreos, cuajados de antiguas ruinas, se hizo acompañar por Jacopo Sannazaro. Y el poeta aprovechó la ocasión para recordar al vencedor de su amigo y protector Federico de Aragón que, lo mismo que había ocurrido con el poderío romano, ningún poderío es duradero en este mundo [13].

Por aquella misma época, el papa Alejandro VI Borja no se limitaba a admirar en la Ciudad Eterna los monumentos romanos, que por todas partes emergían de sus propias ruinas, sino que promovía excavaciones para buscar otros que pudieran hallarse bajo tierra. Se hallaron, entre otras cosas, paredes enriquecidas con curiosas decoraciones, a las que, por los lugares en que habían sido encontradas, oscuros como grutas, se les llamó *grutescos*. Y tanto se generalizó el gusto por aquellas ruinas, que muchos artistas se inspiraron en ellas para decorar la escena del nacimiento del Redentor [14].

Es lógico que todo ese generalizado interés de los humanistas y de los hombres del Renacimiento por las antiguas ruinas tuviera eco también en la literatura de aquel tiempo. Así ocurrió efectivamente, y el tema de las ruinas sirvió a los poetas unas veces como reflexión sobre la caducidad de todas las cosas terrenas; otras, como complacida exaltación de las glorias patrias; en alguna ocasión, como simple motivo elegiaco, que llora la ruina sólo por el hecho de ser ruina; y, a veces, como pretexto y punto de partida para la canción patriótica, que presenta esas ruinas como testimonio de una antigua grandeza y como estímulo para tratar de recuperarla.

Ajeno a todo ese tipo de consideraciones vemos todavía a Dante. Para él, las ruinas de Roma son dignas de veneración sólo porque, como escribe en la *Divina Commedia* (*Infierno*, II, 23-24), aquella antigua Roma había sido elegida por Dios, desde siempre, para sede de su Vicario en la tierra. Eso mismo viene a decir en *Il Convivio* (IV, v, 20): «Certo, di ferma sono oppinione che le pietre che ne le mura sue stanno siano degne di reverenzia, e lo solo dov'ella siede sia degno oltre quello che per li uomini è predicato e approvato» [15].

Pero otro es ya el sentido de esas ruinas para Francesco Petrarca. En su famosa canción *Spirto gentil*, dirigida a Cola di Rienzo o, según otros, al senador Bossone da Guccio, el poeta ve esos mismos muros de Roma, palpitantes de impaciencia en espera de algún magnánimo que logre salvarlos de su actual postración, a ellos y a lo que ellos representan:

> *L'antiche mura ch'ancor teme ed ama*
> *e trema il mondo, quando mi rimembra*
> *del tempo andato e 'ndietro si rivolve,*
> *e i sassi dove fur chiuse le membra*
> *di ta' che non saranno senza fama,*
> *se l'universo pria non si dissolve,*
> *e tutto quel ch'una ruina involve,*
> *per te spera saldar ogni suo vizio.*

Petrarca había ardido siempre en vivos deseos de contemplar aquella ciudad; pero, por motivos diversos, siempre había tenido que aplazar esa visita. En una larga *Responsio ad quandam iocosam epystolam*, que le había enviado su amigo Giacomo Colonna, obispo de Lombez, le decía: «Nadie puede imaginar cuánto deseo contemplar esa ciudad (aunque ahora sea sólo una desolada y pálida imagen de la antigua Roma), pues no la he visto nunca. De ello echo la culpa a mi pereza, si es que ha sido realmente la pereza, y no la necesidad, la que me lo ha impedido». Y, para justificar ese su impaciente deseo, le recordaba lo feliz que se había sentido Séneca sólo por haber podido visitar la que había sido casa de Escipión el Africano. «Si uno que era español (prosigue Petrarca) experimentó tales sentimientos, ¿qué sentimientos no voy a experimentar yo, que soy italiano, cuando visite, no ya la villa de Literno o el sepulcro de Escipión, sino la misma ciudad de Roma?» Poco más adelante, le añadía, como cristiano que era, otras razones de índole diversa: «Supón que todas esas cosas no me importen en absoluto. Aun así, ¡qué dulce es para un espíritu cristiano contemplar la ciudad que, colocada a modo de cielo en la tierra, está embellecida con los huesos y reliquias de los mártires!» [16].

El poeta logró por fin, a principios del año 1337, ver satisfechos sus deseos. Pero se acercaba a la Ciudad Eterna temeroso, por otra parte, de que la realidad defraudara la alta imagen que de aquella ciudad se había forjado a través de sus muchas lecturas. Por fortuna, no sucedió así; y en una breve carta, fechada el 15 de marzo de ese año, a otro ilustre miembro de aquella poderosa familia, el cardenal Giovanni Colonna, le decía: «Probablemente he encontrado espléndidos temas para escribir en lo futuro, pero por el momento no sé cómo empezar, abrumado como estoy por tantas maravillas y atónito por el estupor... Recuerdo que muchas veces me desaconsejabas esta visita, temiendo que la vista de una ciudad en ruinas no respondiera a la idea que de ella tenía a través de los libros, y que mi entusiasmo se apagara. Yo mismo, en medio de mis fervientes deseos, aplazaba voluntariamente la visita, temiendo que lo que yo me había imaginado lo echara a perder la contemplación directa y la realidad presente, que suele ser siempre contraria a la fama. Pero, cosa curiosa, esa presencia no menguó nada de lo que yo había imaginado sino que lo engrandeció todo. Realmente, Roma y sus actuales restos fueron mucho más grandes de lo que yo pensaba. No me maravillo de que esta ciudad haya dominado al mundo sino de que eso tardara tanto en ocurrir» [17].

Años más tarde, en diciembre de 1343, volvía a escribir al mismo cardenal Giovanni Colonna contándole la excursión que había hecho a los llamados *Campos flegreos*, en las proximidades de Nápoles, acompañado por sus amigos Giovanni Barrili y Marco Barbato de Sulmona, canciller del rey Roberto de Anjou: «He visitado Bayas en compañía de mis ilustres amigos Barrili y Barbato y ha sido ése el día más feliz de mi vida por la compañía de tales amigos y por las muchas cosas ilustres que he visto... He visto los lugares descritos por Virgilio, el lago Averno, el lago Lucrino y las estancadas aguas del Aqueronte... Y ya no me maravillo de las murallas de Roma, de los alcázares de Roma, de los palacios de Roma, pues hasta tan lejos de la patria, se extendió la grandeza de los romanos» [18].

Toca de pasada el tema de las ruinas también en el *Secretum*, poniendo en boca de san Agustín, que le recuerda la triste condición humana, estas palabras: «Añade también las ruinas de los grandes palacios, que, como alguien dijo, un día sirvieron de protección a los hombres y ahora son sólo un peligro para ellos» [19].

Repetirán esta misma consideración otros escritores del primer petrarquismo, que subrayan en qué consiste ese peligro representado por las ruinas de las que en otro tiempo fueron moradas protectoras de los hombres: en haberse degradado de lo humano a lo ferino, de mansión de hombres a cobijo de fieras.

Así veía también aquellas ruinas romanas el antes mencionado Eneas Silvio Piccolomini en sus *Commentarii rerum memorabilium* [20]: «La hiedra reviste ahora los muros cubiertos un día de tapices historiados y de telas entretejidas de oro... y son las serpientes las que ahora ocupan las estancias de las emperatrices».

Parecidas son las consideraciones que se leen en la bellísima elegía latina de Jacopo Sannazaro, *Ad ruinas Cumarum, urbis vetustissimae* [21]: «Son hollados los templos, cargados en otros tiempos de sagrados trofeos, y la hierba cubre a los dioses dispersos. Un mismo montón de ruinas sepulta tanto esplendor... Y ahora, por entre las abandonadas casas y los edificios doquier derruidos, el cazador acosa a los peludos jabalíes».

Como ya tuve ocasión de exponer en otro lugar [22], para Giovanni Boccaccio, que a la sombra de las ruinas romanas de los napolitanos «Lugares virgilianos», encuentra refugio espiritual, lo mismo para sus paseos amorosos que para sus quehaceres poéticos, esas ruinas son sólo motivo de orgullo, porque se siente plenamente hijo del pueblo que un día alzó aquellas espléndidas construcciones, destruidas ahora por el paso del tiempo y por la barbarie de otros pueblos. «Essi —dice hablando de Florío y Biancifiore, protagonistas de su juvenil novela *Filocolo*— tal volta guardando le antiche maraviglie vanno, e negli animi, come gli autori di quelle, diventano magni» [23]. Y a Fiammetta, entristecida por la ausencia de su amado Pánfilo, el complaciente marido, que «in molte nuove e diverse maniere la malinconia s'ingegnava di cacciare via e la perduta allegrezza restituire», le proponía como eficaz sedante para sus penas la visita a esas mismas ruinas, «le quali cose antichissime e nuove a' moderni animi sono non picciola cagione di diporto ad andarle mirando» [24].

Para algunos poetas italianos del Renacimiento, esas ruinas romanas son, como todas las ruinas, motivo suficiente de melancolía por el hecho mismo de ser pregoneras del triunfo del tiempo y de la naturaleza sobre el esfuerzo humano. Este es el sentido del conocido soneto de Baldessar Castiglione:

> *Superbi colli, e voi sacre ruine*
> *che 'l nome sol di Roma ancor tenete,*
> *ahi, che reliquie miserande avete*
> *di tant'anime eccelse e pellegrine!*
> *Colossi, archi, teatri, opre divine,*
> *trïonfal pompe glorïose e liete,*
> *in poco cener pur converse siete*
> *e fatte al volgo vil favola al fine.*
> *Così, se ben un tempo al tempo guerra*
> *fanno l'opre famose, a passo lento*
> *e l'opre e i nomi il tempo invido atterra.*
> *Vivrò dunque frai miei martir contento;*
> *che se 'l tempo dà fine a ciò ch'è in terra,*
> *darà forse ancor fine al mio tormento* [25].

El mismo pensamiento viene a expresar Girolamo Preti (1582-1626) con entonación ya barroca, que veremos aún más acentuada en nuestro Francisco de Quevedo al tratar este mismo tema. Escribía G. Preti:

> *Qui fu quella d'imperio antica sede*
> *temuta in pace e trïonfante in guerra.*
> *Fu; perch'altro che il loco or non si vede;*
> *quella che Roma fu giace sotterra.*
> *Queste cui l'erba copre e calca il piede,*
> *fur moli al ciel vicine, ed or son terra.*
> *Roma che 'l mondo vinse, al tempo cede*
> *che i piani inalza e che l'altezze atterra.*
> *Roma in Roma non è. Vulcano e Marte*
> *la grandezza di Roma a Roma han tolta,*
> *struggendo l'opre e di natura e d'arte.*
> *Voltò sossopra il mondo, e 'n polvere è volta;*
> *e, tra queste ruine a terra isparte*
> *in se stessa cadeo morta e sepolta* [26]

Como hemos dicho, la idea que inspira este soneto de G. Preti, y su misma expresión poética, son análogos a las del famoso soneto de Quevedo *A Roma sepultada en sus ruinas*, que dice así:

> *Buscas en Roma a Roma, ¡oh peregrino!,*
> *y en Roma misma a Roma no la hallas:*
> *cadáver son las que ostentó murallas*
> *y tumba de sí propio el Aventino.*
> *Yace, donde reinaba, el Palatino;*
> *y limadas del tiempo las medallas,*
> *más se muestran destrozo a las batallas*
> *de las edades que blasón latino.*
> *Sólo el Tibre quedó, cuya corriente,*

> si ciudad la regó, ya sepultura
> la llora con funesto son doliente.
> ¡Oh Roma! En tu grandeza, en tu hermosura,
> huyó lo que era firme y solamente
> lo fugitivo permanece y dura.

Este soneto de Quevedo, y otra silva suya titulada *Roma antigua y moderna*, aparecen publicados bajo el epígrafe «Imitaciones de Du Bellay» y, de hecho, según Rufino J. Cuervo [27], se trata de verdaderas imitaciones del poeta francés J. Du Bellay (1525-1560).

> Cui licuit tantas saxorum evertere moles,
> quas iam disiectas vix nemora alta tegunt?...

preguntaba Jacopo Sannazaro en su epigrama latino *In theatrum Campanum*. Y continuaba, sentencioso:

> Nunc ubi tot plaususque hominum voces que canorae,
> tot risus, tot iam gaudia, tot facies?
> Scilicet, heu fati leges, rapit omnia tempus
> et, quae sustulerat, deprimit ipsa dies [28].

(*¿Quién ha podido abatir piedras de mole tan grande, que, incluso esparcidas por tierra, apenas logran cubrirlas los altos árboles? ... ¿Dónde están ahora todos aquellos aplausos de la gente y voces sonoras, y aquellas risas y toda aquella felicidad y todos aquellos rostros? ¡Ay! éstas son las leyes del destino. El tiempo se lo lleva todo y las cosas que había levantado un día ese mismo día las abate*).

Lo mismo venía a decir más tarde, con más breves palabras, su paisano Torquato Tasso (*Gerusalemme liberata*, XV, 20, versos 1-5):

> Giace l'alta Cartago; a pena i segni
> de l'alte sue ruine il cielo serba.
> Muoiono le città, muoiono i regni;
> copre i festi e le pompe arena ed erba,
> e l'uom d'esser mortal par che si sdegni.

Para el también napolitano Luigi Tansillo (1510-1568), que había podido presenciar en la noche del 29 de septiembre de 1538 el terrible movimiento sísmico que había destruido la ciudad de Pozzuoli y había incluso transformado la fisonomía de aquel paisaje, la visión de la ruina no se limita a la meditación sobre lo efímero de todos los logros humanos, sino que tiene estremecimientos cósmicos. Así en los dos impresionantes sonetos que escribió con aquel motivo:

> *Valli nemiche al sol, superbe rupi,*
> *che minacciate al ciel; profonde grotte,*
> *donde non parton mai silenzio e notte;*
> *aer, che gli occhi d'atra nebbia occupi;*
> *precipitosi sassi, alti dirupi,*
> *ossa insepolte, erbose mura e rotte,*
> *d'uomini albergo, ed ora a tal condotte,*
> *che temon ir fra voi serpenti e lupi;*
> *erme campagne, abbandonati lidi,*
> *ove mai voce d'uom l'aria non fiede;*
> *spirto son io dannato al pianto eterno*
> *che fra voi vengo a deplorar la mia fede;*
> *e spero alfin con dolorosi stridi,*
> *se non si piega il ciel, muover l'inferno.*

Y este otro, en el que el poeta vuelve a insistir en la desolación de su propia alma, paralela a la de tan desolado paisaje:

> *Strane rupi, aspri monti, alte tremanti*
> *ruine, e sassi al ciel nudi e scoperti,*
> *ove a gran pena pon salir tant'erti*
> *nuvoli in questo fosco aere fumanti;*
> *superbo orror, tacite selve, e tanti*
> *negri antri erbosi in rotte pietre aperti;*
> *abbandonati, sterili deserti,*
> *ov'han paura andar le belve erranti;*
> *a guisa d'uom, che per soverchia pena*
> *il cor triste ange fuor di senno uscito,*
> *sen va piangendo, ove il furor lo mena,*
> *vo piangendo io tra voi; e se partito*
> *non cangia il ciel, con voce assai più piena*
> *sarò di là tra le meste ombre udito* [29].

A pesar de haberme extendido tanto, estoy seguro de no haber agotado el tema propuesto. Pero creo haber aportado datos suficientes para demostrar hasta qué punto este tema de las ruinas (y, sobre todo, el de las ruinas del mundo romano) interesó la sensibilidad de los hombres del Renacimiento italiano.

NOTA:
La presente comunicación es esbozo de otro trabajo más amplio sobre el mismo tema, que será publicado ulteriormente.

NOTAS

1. F.Fernández Murga, *Pompeya en la literatura española*, en «A.I.U.O.» —Sezione Romanza—, VII, 1, Napoli 1965, págs. 7-25.

2. G. Vasari, *Vite de' più eccellenti architetti, pittori e scultori italiani da Cimabue insino a' nostri tempi* (Firenze, 1550), en «Le opere di Giorgio Vasari», a cura di Gaetano Milanesi, Firenze, Sansoni, 1973.

3. J. Burckhardt, *La cultura del Renacimiento en Italia*, Barcelona, Ed. Iberia, 1951, págs. 161-162.

4. Ernst Robert Curtius, *Literatura europea y Edad Media latina*, México-Madrid-Buenos Aires, Fondo de Cultura Económica, 1976, Tomo II, págs. 577-78.

5. Paolo Diacono, *Storia dei Longobardi*, Libro IV, 36, a cura di Federico Roncoroni, Milano, Rusconi, 1974, pág. 133, nota 99.

6. B. Castiglione, «Lettera a papa Leone X», en *Il libro del Cortegiano, con una scelta delle Opere minori*, a cura di Bruno Maier, Torino, U.T.E.T., 1964 [2], págs. 616-619.

7. G. Barberi Squarotti, *Poesia e narrativa del secondo Novecento*, Milano, Mursia, 1978 [4], pág. 137.

8. F. Fernández Murga, *Boccaccio y el mundo clásico*, en «Actas de la I Reunión de italianistas Españoles», Madrid, Asociación de Italianistas, 1983, págs. 33-57.

9. Luigi Barzini, «Il perenne pellegrinaggio», en *Gli Italiani*, Milano, Mondadori, 1965, págs. 39-71.

10. Cf. *La prosa del Duecento*, a cura di Cesare Segre e Mario Marti, Milano-Napoli, R. Ricciardi, 1959, pág. 375.

11. J. Seznec, *La survivance des dieux antiques*, Londres, 1940, pág. 181.
Eugenio Garin, «Le favole antiche, en *Medioevo e Rinascimento*, Bari, Laterza, 1966 [=], págs. 66-89.

12. Carlo Zaccagnini, *Le ville di Roma*, Roma, Newton Compton Editori, 1978.

13. B. Croce, *La Spagna nella vita italiana durante la Rinascenza*, Bari, Laterza, 1949 [4] págs. 125-126.

14. J. Burckhardt, *o.cit.* págs. 163-171: «Roma en ruinas».

15. Dante Alighieri, *Il Convivio*, con introduzione di Michele Barbi, Firenze, le Monnier, 1964, Parte II, pág. 58.

16. F. Petrarca, *Obras*, I, «Prosa», al cuidado de F. Rico, Madrid, Alfaguara, 1978, pág. LI. F. Petrarca, «Familiarium rerum libri» (II, 9), en F. Petrarca, *Prose*, Milano-Napoli, R. Ricciardi, 1955, págs. 816-829.

17. F. Petrarca, «Familiarium libri» (II, 14), en *Prose cit.*, págs. 828-31.

18. F. Petrarca, «Familiarium libri» (V, 4), en *Prose cit.*, págs. 862-71.

19. F. Petrarca, *Secretum*, Liber primus, en *Prose cit.*, págs. 50 y 51.

20. Eneas Silvio Piccolomini, *Commentarii rerum memorabilium*, en «Prosatori latini del Quattrocento», a cura di E. Garin, Milano-Napoli, R. Riccardi, 1952, págs. 663-87.

21. J. Sannazaro, «Ad ruinas Cumarum, urbis vetustissimae», en *Poeti Umanisti Maggiori*, scelti e commentati da Carlo Culcasi, Milano, Società Editrice nazionale, 1936.
22. F. Fernández Murga, *Boccaccio y el mundo clásico*, cit. págs. 43-45.
23. G. Boccaccio, *Filocolo*, Libro IV, 73 y Libro V, 5.
24. G. Boccaccio, *Fiammetta*, V.
25. B. Castiglione, «Rime» (II), en *Antologia della letteratua italiana*, diretta da Maurizio Vitale, 2 págs. 1335-36, Milano Rizzoli, 1970.
26. Giovanni Getto-Edoardo Sanguineti, *Il sonetto*, Milano, Mursia, 1980, pág. 322.
27. Rufino J. Cuervo, *Dos poesías de Quevedo a Roma*, en «Revue Hispanique», t. XVIII, 1908, núm. 54, pág. 431; cfr. Francisco de Quevedo, *Obras completas*, II, verso (estudio preliminar, edición y notas de Felicidad Buendía), Madrid, Aguilar, 1957 [6], págs. 513-15, y nota 1.
28. J. Sannazaro, *Epigrammata*, II, 41, en *Antologia della letteratura italiana*, cit., 2, pág. 854.
29. L. Tansillo, *Rime*, II y IX, en *Antologia della letteratura italiana, cit.*, 3, págs. 231 y 234-35.

LA RECEPCIÓN DE LOS MODELOS ARTÍSTICOS RENACENTISTAS ITALIANOS EN HISPANOAMÉRICA: LA ARQUITECTURA Y EL URBANISMO

Carlos García Peña
Universidad Complutense de Madrid

Después del descubrimiento y conquista paulatina, los primeros expedicionarios se vieron ante la necesidad de implantar las marcas características de haber tomado control del territorio procurando para ello hacer tabla rasa, en lo posible, de las señas de identidad de la organización precedente. De todos son conocidos los datos sobre el exterminio de indígenas y el arrasamiento de monumentos que cierta historiografía española trató de disfrazar y que alguna extranjera aireó quizá en exceso.

El aplastamiento de las formas culturales, entre ellas las artísticas, fue casi sistemático y puede afirmarse que no fue ceguera o incomprensión, ni fue incultura en todos los casos lo que pudo justificar esas destrucciones, sino el convencimiento de muchos de que era preciso destruir para crear un orden nuevo.

El propio Fray Juan de Zumárraga, humanista y primer arzobispo de Méjico, imbuido del mismo espíritu se enorgullece, hacia 1531, no sólo de hacer quemar los archivos de Tezcoco sino también de haber derribado más de 500 templos y 20.000 ídolos.

Tenemos escasas noticias sobre la valoración estética que pudieron dar aquellos hombres a las obras en cuya destrucción se aplicaban. Cuando Alberto Durero visita los Paises Bajos en 1520 tiene ocasión de ver los objetos que Cortés ha enviado a Carlos V desde Méjico: «en todos los días de mi vida no he visto cosas que tanto deleitaran mi corazón como aquellas. Porque vi entre ellas maravillosas obras de arte y quedé estupefacto ante la ingenuidad tan sutil de los hombres de esas tierras lejanas. De hecho no puedo decir bastante acerca de las cosas que estaban ante mis ojos», afirma [1].

Es de temer que no fuese ésta la misma actitud de muchos hombres de armas y que sólo la riqueza de sus materiales hiciera estimar determinadas piezas entre las que las arquitectónicas quedaban, naturalmente, excluidas.

Formando, sin embargo, contrapeso con esta tarea destructiva, la empresa de construcción debió ser ingente y, si bien en los primeros momentos merced a la benignidad del clima y a la incertidumbre de la permanencia, las viviendas y templos se construyeron con materiales efímeros, tenemos constancia por el cronista Herrera de que ya en 1502 las casas del recien trasladado Santo Domingo se hacían de piedra y cal [2].

Ante la construcción de los primeros edificios monumentales los españoles tuvieron que optar por alguna de las soluciones que ya les eran conocidas por sus experiencias peninsulares.

España, no sólo hasta 1492 sino durante varias décadas del XVI estará inmersa en el estilo gótico que por entonces estaba aquí transido en muchos casos por influencias musulmanas. En la arquitectura como en la cultura figurativa, se está todavía algo lejos de haber asimilado plenamente los postulados procedentes de Italia. Por tanto, en los momentos de la elección de modelos podía optarse por el seguro estilo gótico en estado más puro o combinado con las soluciones mudéjares o bien ensayar las renacientes que por entonces debían producir no pocas perplejidades en el público español. La via intermedia se usó con bastante frecuencia prefiriendo en lo estructural lo acreditado, lo suficientemente prestigiado y tradicional, lo que entonces se llamada «moderno», dejando para lo accesorio el nuevo lenguaje. Como en España, los interiores permanecían cubiertos por bóvedas de nervaduras mientras los exteriores, las portadas o revestimientos pictóricos se hacían «a la antigua», «all'antica», es decir, renacientes, como para mostrar que sus autores estaban al día, formándose así un lenguaje contradictorio, ecléctico y nada sistemático.

La primera de las catedrales del Nuevo Mundo, la de Santo Domingo, es un ejemplo elocuente: de estructura interna gótica con bóvedas de crucería, soportes cilíndricos ornamentados según el gótico isabelino, presenta, en cambio, en la portada principal una bella y original solución plateresca que no tiene parangón con las obras de este estilo en España.

Hay que tener en cuenta que es precisamente un italiano, Alejandro Geraldini, el impulsor de la obra. Segundo obispo de Santo Domigno era hombre de sólida cultura humanística, buen conocedor del latín y mediano poeta en esta lengua en la cual deja una descripción de la portada de su catedral por la que sabemos debía ir rematada por temas heráldicos; no conocemos los autores de dicha obra, pero bien podríamos suponer que su impulsor, Geraldini, algo interviniera en ella.

Como en el ejemplo anterior cabe preguntarse por los autores de otros monumentos de esta primera etapa. Desde luego son españoles; ya desde 1510 habían venido expediciones de maestros de obras y canteros procedentes de Andalucía a trabajar en Santo Domigno; su formación carece, en general, del rigor teórico que se alcanzó entre los arquitectos italianos a partir del Quattrocento. «A principios del siglo XVI, la figura del arquitecto tal como se había desarrollado en la cultura italiana no existía ni en Francia ni en España. Eran canteros o maestros de obras, prácticos expertos, pero carentes de una formación teórica y de un enfoque proyectivo derivado de una formación y una reflexión coherente en relación con el problema del lenguaje» [3].

Ante esta realidad no podemos extrañarnos del eclecticismo lingüístico de estas obras.

Conviene destacar ahora que si bien la responsabilidad en la introducción del estilo renacentista se debe en gran medida a los españoles, no puede descartarse la intervención de italianos. Afirma Graziano Gasparini que aunque España tuvo el control de las nuevas tierras en los aspectos políticos, administrativos y religiosos, no lo tuvo, en cambio, en «los aportes artísticos de católicos flamencos, alemanes, franceses e italianos que en mayor número de lo que uno supone intervinieron en la actividad arquitectónica» [4].

La verdad es que, al menos al principio, la intervención extranjera debió ser poco numerosa y, de hecho, pocos nombres están documentados.

Es bien conocido, por ejemplo, el caso del famoso ingeniero Giovanni Battista Antonelli que en 1541 está trabajando en el proyecto de la ciudad de Guatemala y que a fines de siglo estuvo en San Juan de Puerto Rico donde realizó la fortaleza llamada del Morro, una de las más perfectas de América.

En cuanto a la tipología de los edificios, también lo italiano llega mediatizado por lo español. Un caso significativo es el de los hospitales. El primero, el fundado en Santo Domingo por Nicolás de Ovando (1502-9) que sirvió de modelo para otros americanos, muestra su directa dependencia de los hospitales españoles creados en el reinado de los Reyes Católicos: Santiago, Granada y Toledo, todos de planta cruciforme y derivados, a su vez, del Hospital Mayor, Ca'Granda, de Milán creado por Antonio Averlino, Filarete, en la decada de 1460.

En estos edificios la funcionalidad del espacio y la decoración exterior son renacentistas aunque el lenguaje arquitectónico es gótico. Es difícil saber si este tipo de planta es la que influyó en la mente del creador de uno de los más originales edificios del XVI que no tiene parangón con ninguno de los americanos y del que tampoco se conocen antecedentes claros entre los europeos; me refiero a la catedral que Vasco de Quiroga, obispo de Michoacán, comienza a levantar en Pátzcuaro entre los años 1545 y 1565. La formación humanística de Quiroga y su devoción por la Utopía de Tomás Moro le llevan a concebir el proyecto, que encargaria quizá al arquitecto Toribio de Alcaraz. Las cinco naves radiales del templo venían a confluir en un cuerpo pentagonal cuyo presbiterio central iba rodeado de girola procesional compuesta de tramos alternantes rectangulares y triangulares que corresponden con la solución dada a la cabecera de Toledo y que es lo que ha hecho pensar en su derivación de este modelo. La disposición en panóptico, cuya funcionalidad es discutible, se justifica por la necesidad de albergar un gran número de fieles —unos treinta mil— que pudiesen seguir con la mayor facilidad y atención la liturgia que se celebrase en el centro. La planta de la cabecera de la catedral granadina podría también haber servido de inspiración para el cuerpo central; pero el plano que se refleja sobre un escudo tallado en la Cruz del Humilladero, de Michoacán, es semejante al de la escena del Teatro Olímpico creado en Vicenza por Andrea Palladio en 1579-80. Espacio real desmesurado el proyectado para la catedral, espacio ilusorio, de panoramas urbanos de reducidas dimensiones reales, en el edificio teatral, vienen a presentar extrañas analogías.

En cualquier caso la dificultad de su planta pentagonal —calificada por Serlio de «molto difficile»— los elevados costos y la propia rareza del edificio catedralicio provocaron la incomprensión y la hostilidad de las críticas que acaban por detener la realización de este conjunto sin par [5].

Aparte de la formación clásica que tuviesen los primeros arquitectos y de la intervención directa de italianos, entre ellos algunos frailes, la introducción del lenguaje propio de una arquitectura «all'antica» se debe a la difusión de los tratadistas.

La publicación en 1526 de las Medidas del Romano, de Diego de Sagredo, supone un avance indudable en la difusión de las nuevas formas y, sobre todo, en su codificación y normatización. El tratado de Sagredo era el primero que se escribía en castellano recogiendo una tradición muy anterior que arranca de la difusión que a partir de 1414, y sobre todo durante el siglo XVI, tuvieron Los Diez Libros de Arquitectura del romano Vitruvio. En Italia se hicieron de este tratado a lo largo del Cinquecento, además de las que sólo presentaban el texto, cuatro ediciones ilustradas: en 1511 por Fra Giocondo, en 1521 por Cesariano, en 1536 por Caporali y en 1547 por Martin; la primera versión castellana fue la de Miguel Urrea, de 1582. Derivados de los vitruvianos son prácticamente todos los demás.

Alberti publica su De Re Aedificatoria en 1452, siendo la primera traducción española de 1582 por Francisco Lozano; El Trattato di architettura (1451-64) de Filarete y la Hypnerotomachia Poliphilii de Francesco Colonna, impresa por Aldo Manuzzio en 1499, llevan a una revalorización de la ciudad ideal y de la arquitectura del pasado de forma romántica y ensoñadora, respectivamente. Francesco di Giorgio Martini compone entre 1470 y 1480 su Trattato d'architettura, ingenieria civile e arte militare, profusamente ilustrado con nuevas propuestas de plantas de ciudades.

Entre los tratadistas del XVI los más difundidos van a hacer Vignola con su Regola delli cinque Ordine dell'architettura, de 1562; Palladio, I quattro libri dell'architettura, 1570 y, sobre todo, el Trattato de architettura, de Sebastiano Serlio boloñés, que publicado por libros independientes en distintos lugares y fechas tiene su primera edición completa en Venecia en 1584, 5 bis. El tratado de Serlio, contestación al clasicismo desde la óptica manierista, tendrá una extraordinaria importancia en la arquitectura hispanoamericana [6].

Existen testimonios aislados del envío a las colonias de libros de este tipo entre las bibliotecas de prelados, cargos públicos, monasterios y universidades; baste decir que a fines del XVI ya habían sido fundadas seis de éstas y que a mediados del mismo siglo la universidad de Méjico poseía una biblioteca con 10.000 volúmenes.

Santiago Sebastián que, entre otros investigadores, ha estudiado el influjo de los tratadistas en el medio colonial [7] nos refiere que Serlio fue el que, a través de sus ilustraciones, se convirtió en maestro de varias generaciones fuera de Italia; existen traducciones españolas de 1552, 1563 y 1573, aunque, como puede verse por las fechas, ninguna de su obra completa. Recoge de Toussaint que «en 1584 el librero de Medina del Campo Benito Boyer, envió a Diego Navarro Maldonado, en Méjico, cuarenta cajas de libros, entre los que figuraban dos ejemplares de Serlio, encuadernados» y es de suponer que ya circulaban desde mucho antes las versiones españolas. Como ejemplo concreto de la fortuna que algunos diseños geométricos del boloñés alcanzaron en aquellas tierras ofrece el caso de la Lámina LXXIV del Libro Cuarto de la que ha podido encontrar hasta doce iglesias en que se repite su diseño —entre la segunda mitad del siglo XVI y mediados del XVIII— en Méjico, Bolivia, Brasil, Perú y Colombia.

A través de Serlio se realizó también en San Francisco de Quito una escalera formada por dos hemiciclos contrapuestos que Bramante había proyectado, y realizado a medias, para el cortile del Belvedere del Vaticano.

Vignola, cuyo Tratado está testimoniado en América en el último tercio del XVI, difunde algunos modelos de Miguel Angel como la portada realizada por éste para la Villa Grimani, en las afueras de Roma, que se repetirá en cuatro versiones americanas.

A través de Herrera y del libro Fábrica del Escorial, del que se envían trescientos ejemplares a América, Vignola influirá en la constante utilización de las pirámides como motivo ornamental.

La portada del palacio de Caprarola y la planta de la romana iglesia del Gesu, del mismo arquitecto, serán igualmente repetidas en varias ocasiones.

Los escritos de Pallacio se usarán a partir de 1580 hasta el siglo XVIII.

Cabe preguntarse en qué manera influyen los tratados sobre la arquitectura colonial. En la mayor parte de los casos como fuente de los ornamentos complementarios de los edificios. Así entrarán los grutescos, los temas geométricos procedentes igualmente del mundo romano y los órdenes arquitectónicos clásicos que, fundamentalmente, se emplearán en las portadas. Como ya he apuntado, estos elementos de adorno se superponen muchas veces a estructuras que nada tienen que ver con ellos; se forman repertorios pero no un sistema coherente de correspondencias entre los distintos elementos: «salvo alguna excepción, los artistas hispanoamericanos recurrieron a los modelos puramente decorativos y no a los que permitían aportaciones estructurales, de aquí la popularidad de los libros del boloñés entre carpinteros y alarifes»[8].

Podemos hacer nuestras las palabras de Nieto y Checa cuando afirman que «el fenómeno debe interpretarse como un proceso de asimilación que se produce sin un criterio definido en la selección de los repertorios»[9] que, aunque refiriéndose a España, son perfectamente aplicables al caso americano. La cuestión se centraría en la disyuntiva imitación/asimilación que formuló Gombrich[10] y a cuya lectura remito.

La intervención indígena sería otro de los puntos a considerar para la intelección de los problemas de transculturación que estudiamos.

Es indudable que desde muy pronto se utilizó la colaboración de los pobladores de los distintos lugares que, enseguida, asimilaron temas y técnicas europeos. Fray Toribio de Benavente, Motolinia, consta en su Historia de los Indios de Nueva España, la habilidad mostrada por los indígenas para aprender pintura y talla por los modelos «de Flandes y de Italia que los españoles han traido»[11].

A partir de esta labor indígena en las tareas artísticas, Angel Guido en 1938, acuñó el término «arte mestizo» que Ilmar Lucks[12] define así: «la palabra expresa la mezcla de productos culturales diferentes (y no de temas) en la misma obra», añade que «España logró la transmisión cultural artística; le negó sin embargo a la colonia una expresión artística propia» y concluye «que de la fusión del modo interpretativo indígena con la forma representativa europea surgió un arte colectivo específico y genuino, que puede ser denominado «regional» y «popular». En este mismo sentido se pronuncia Gasparini que rechaza el término de «arquitectura mestiza» y hace hincapié sobre el carácter «provincial» de ésta; recoge asímismo el sentir de Walter Palm cuando éste afirma que al copiar un indígena modelos ornamentales no aporta quizá más que su falta de pericia y que lo más evidente es la distancia mental que media entre el modelo y su reproducción[13].

Para Bonet, que niega importancia a la aportación indígena en temas y en técnicas, la propia talla plana y a bisel sería muestra de que, como en otras culturas primitivas y para que el mensaje llegase, se adoptaron fórmulas elementales populares [14].

Ramón Gutiérrez [15], que admite implícitamente la existencia del arte mestizo, aporta sin embargo unas precisiones que considero de gran interés: la mayor identificación entre la sensibilidad planista del indígena y los léxicos formales del gótico tardío y el mudejarismo, por una parte; la persistencia de los ejemplos «americanizados» en áreas marginales, por otra, y, finalmente, la matización temporal del tema al afirmar que sólo tardíamente los maestros españoles serán paulatinamente reemplazados por maestros y oficiales locales de formación empírica.

Creo, por tanto, que sólo convendría hablar de un «arte mestizo», para el siglo XVI, si consideramos este concepto equivalente a popular y provincial, restringido a determinadas áreas geográficas y destinado a un público concreto.

El otro gran problema de la transculturación en su aspecto arquitectónico es el de la creación de ciudades. Este presenta caracteres diferentes cuando se trata de establecerlas en lugares de escasa población o débil estructura social —caso de las Antillas— o cuando hay que hacerlo en el territorio de imperios como el azteca o el inca con culturas urbanas desarrolladas. En el primer caso se actuaba sobre terreno virgen mientras que en el segundo hubo que arrasar, en muchos casos, para después construir y, lógicamente, parte de las primitivas estructuras pervivieron en las superpuestas.

El proceso de urbanización del territorio fue objeto de constante preocupación de la Corona española. Ya en 1513 se dan instrucciones reales a Pedrarias Dávila que hablan de la elección de lugar y del ordenamiento y organización de la población: «así en logar que agora está fecho como en los que de nuevo se ficieren, se ha de mirar que sean los sitios sanos e non anegadizos, e donde se pueden aprovechar de la mar para cargo e descargo» y más adelante «vistas las cosas que para los asientos de los logares son necesarias y escojido el sitio más provechoso y en que incurren más de las cosas que para el pueblo son menester habreis de repartir los solares del logar para hacer las casas y éstas han de ser repartidas segund las calidades de las personas e sean de comienzo dados por orden; por manera que fechos los solares el pueblo parezca ordenado así en el logar que se dejase para plaza como el logar en que hobiere la iglesia, como en el orden que tovieren las calles porque en los logares que de nuevo se facen, dando la orden en el comienzo con ningund trabajo ni costa quedan ordenados, e los otros jamás se ordenan».

La constante alusión al concepto de «orden» que en estos párrafos citados aparece y la distribución de las parcelas según «las calidades de las personas» hablan con toda elocuencia de las intenciones organizadoras del poder metropolitano respecto a la colonia.

143

Desde estas normas vagas y geneales hasta las Ordenanzas de pobladores dadas por Felipe II en 1573, los distintos aportes legislativos han tenido especial cuidado en establecer los trazados de las nuevas ciudades. La última de las citadas, mucho más explícita que las anteriores, presenta indudables ecos vitrubianos al ocuparse de la determinación del lugar, forma y funciones de la plaza, que debe ir rodeada de pórticos y a la que deben dar determinados edificios, orientación de las calles, etc. Pero en cualquier caso la fecha de estas Ordenanzas permite ver que su único efecto práctico viene a ser el convertir en norma legal lo que ya era uso común.

En efecto, de las más de 300 fundaciones efectuadas por los españoles entre 1492 y 1600 en las islas y en el continente un elevado pocentaje se ajusta a un patrón semejante; éste es el plano en damero llamado también hipodámico u ortogonal. A partir de la constatación de este hecho la investigación ha tratado de establecer la procedencia de este tipo de plano.

Además de las conocidas fuentes antiguas: Vitrubio, Polibio y, más tarde, Vegecio, la literatura medieval no había olvidado la recomendación del plano regular para las ciudades, fuesen éstas fortificadas o no. Santo Tomás lo recomienda en su De regimine principum, y lo mismo el monje hispano Eximeniç en su obra El Crestiá en el siglo XIV. Los tratadistas del Renacimiento en Italia, ya citados, hacen propuestas similares aunque es de destacar que tanto Filarete como Francesco di Giorgio y otros dan preferencia al plano radioconcéntrico.

La literatura del XVI y principios del XVII abunda en ejemplos que muestran la preocupación de la época por una sociedad organizada según pautas muy diferentes de las que estaban en vigencia; estas sociedades idealizadas se asientan también sobre ciudades ideales, símbolos de un orden nuevo. El punto de arranque de estas creaciones puede situarse en La República de Platón y, pasando por San Agustín, se continúa en 1516 con la publicación en Lovaina de Utopía, de Tomás Moro.

Siguen el libro llamado Relox de príncipes, de Antonio de Guevara en 1526; el Mundo loco y cuerdo de Francesco Doni, de 1548; La ciudad feliz, de Francesco Patrizi, en 1552; la República imaginaria, de Ludovico Agostini (1538-1590); la Ciudad del sol, de Campanella, escrita en 1602 y publicada en 1623, y la Nueva Atlántida, de Bacon, escrita en 1624 y publicada en 1638.

Es impensable que toda esta literatura técnica y de imaginación no produjese un cierto clima ideológico propicio a las realizaciones concretas. En Italia la ordenación parcial de varias ciudades, Pienza, Urbino, Ferrara y Roma; la reconstrucción de otras como Gattinara después de 1525 con plano hipodámico o la creación de algunas nuevas de plano radioconcéntrico como Palmanova en 1593, respondían a estos estímulos.

¿Influyó todo ello en las realizaciones americanas? Zawisza lo ha analizado teniendo en cuenta las opiniones de otros autores [16].

Benevolo cree que este trazado ortogonal está inscrito en la cultura geométrica del Renacimiento y es un «ideal cultural» común a todos los pueblos europeos a principios del siglo XV. Sin embargo las fundaciones recientes en España, Puerto Real en 1483 y Santa Fe en 1492 deben producir influencia más directa.

Palm [17] afirma que la «actitud española es diametralmente opuesta a los conceptos críticos y estéticos del Renacimiento italiano» y sostiene que este trazado hay que relacionarlo con la imagen imperial de la ciudad romana.

Kubler, atribuye a las bastidas medievales el influjo sobre lo americano y sólo en casos determinados (Cuzco, Cholula, Tenochtitlán) el de los trazados precolombinos.

Hardoy cree que Vitrubio, los tratadistas italianos y lo precolombino tienen escasa o nula influencia. Para él el caso de Santa Fe, como ciudad nacida de concretas necesidades militares, ha de servir de inspiración con otras semejantes para la creación de Santo Domingo que será el modelo americano de las demás ciudades nacidas para dominar el territorio. Encarece además las ventajas prácticas de este ordenamiento que progresivamente había de ir perfeccionándose.

De ahí que las creadas por otras necesidades, comercio marítimo o explotación minera, obedecen a planteamientos distintos al de damero.

Pedro Lluberes [18] niega la influencia específica de los tratadistas o de ejemplos concretos de ciudades del Renacimiento; piensa «por el contrario en un nivel de generalidad, en cuanto concepto de «orden» o «regularidad» de trazados, parece perfectamente plausible el insistir en la influencia renacentista en una actividad tan importante como la urbanística».

Creo poder concluir que el proceso de urbanización se integra en el de expansión imperial, concibiéndose así a la ciudad como uno de los símbolos, y no el menor, del poder. Vista desde esta óptica la ciudad no puede dejarse, en su estructura fundacional, sometida a la geomorfología o al acaso del desarrollo; ha de manifestarse, precisamente, como «orden» que se superpone a lo preexistente y desde ese punto de vista la elección de plano en damero o radioconcéntrico pasa a un segundo término para adquirir relevancia el hecho de que el territorio ha sido sometido a un orden por la voluntad del poder. Las ciudades italianas que se vieron sometidas a planes de reorganización para que fuesen imagen de la «ciudad ideal» no refieren otra cosa que la expresión del poder que las rige. En todos los casos se trata de reformas parciales de ciudades preexistentes y, por tanto, de dudosa asimilación formal con el caso americano.

Ciudades de nueva planta creadas por voluntad del poder y como su símbolo expresivo habían sido Alejandría, fundada en el siglo IV a.C. según un plan orto-

145

gonal ó la Bagdad iniciada en el 762 por el califa Al-Mansur, circular y radioconcéntrica; pero es necesario acudir al ejemplo romano para encontrar un parangón válido de la urbanización sistemática idéntica y, por consiguiente, monótona y uniforme del territorio de un imperio.

NOTAS

1. Bonet Correa, Antonio: «Integración de la cultura indígena en el arte hispanoamericano». *Bol. CIHE*, n° 12, Caracas, Nov. 1971. pp. 9-13.

2. Angulo Iñiguez, Diego, con Marco Porta y Buschiazzo: *Historia del Arte Hispanoamericano*, Barna, 1945, p. 79.

3. Nieto Alcaide, Víctor, y Checa Cremades. F.: *El Renacimiento. Formación y crisis del modelo clásico*. Madrid, 1980, p. 182.

4. Gasparini, Graziano: «La arquitectura colonial como producto de interacción de grupos». *Bol. CIHE*, n° 12, Caracas, Nov. 1971. pp. 18-31.

5. Sebastián, Santiago: *Arte y Humanismo*, Madrid, 1978, pp. 33-34.

5 bis. Para ver ediciones parciales de los Libros cf. W. Dinsmoor, «The Literally Remains of S. Serlio» en *Art Bulletin* XXIV. 1942, marzo. Respecto a la edición completa. *I Sette Libri del'Architettura*, publicada en Venecia en 1584 por M. Gio. domenico Scamozzi en casa de Francesco dei Fraceschi Senese, recoge las de los Libros I al V. el Libro Extraordinario y el VII Libro de la Architettura, que trata de los «accidentes»; no saliendo de esta edición, por tanto, ni el VI ni el VIII.

6. Para el problema de las fuentes literarias para la historia del arte del Renacimiento, ver el libro de Nieto y Checa (nota 3), pp. 367-371.

7. Sebastián, Santiago: «La influencia de los modelos ornamentales de Serlio en Hispanoamérica». *Bol. CIHE*, n° 7. Caracas, Abr. 1967. pp. 30-68.

Ibid.: «La huella italiana en la arquitectura colonial de Colombia y Ecuador». *Bol. CIHE*, n° 12, Caracas, Nov. 1971, pp. 45-76.

8. Sebastián, Santiago: «La influencia de los modelos... en Hispanoamérica».

9. Nieto Alcaide, Victor, y Checa Cremades, F.: Op. cit., p. 183.

10. Gombrich, E.H.: *Norma y Forma*. Madrid, 1984. En el capítulo «El estilo all'antica: imitación y asimilación», pone en contraposición ambos conceptos a propósito de las experiencias de Julio Romano utilizando fuentes antiguas.

11. Bonet Correa, Antonio: Op. cit.

12. Lucks, Ilmar: «Tipología de la escultura decorativa hispánica en la arquitectura andina del s. XVIII». *Bol. CIHE*, n° 17, Caracas, Nov. 1973. Es la Tesis Doctoral que Lucks presentó en la Universidad de Heidelberg en 1972.

13. Gasparini, Gaziano: Op. cit.

14. Bonet Correa, Antonio: Op. cit.

15. Gutiérrez, Ramón: *Arquitectura y urbanismo en Hispanoamérica*. Madrid, 1983, pp. 42-43.

Ibid.: «Notas sobre la organización profesional de la Arquitectura en España, América y el Río de la Plata (siglos XVI al XIX)». *Bol. CIHE*, n° 21, Caracas, Nov. 1975, pp. 137-165.

16. En Zawisza, Leszek M.: «Fundación de las ciudades hispanoamericanas». *Bol. CIHE*, n° 13, Caracas, Ene. 1972, pp. 88-129.

17. Palm, Walter: *Los monumentos artísticos de La Española*. Barna, 1955, p. 64.

18. Lluberes, Pedro: «El damero y su evolución en el mundo occidental». *Bol. CIHE*, n° 21, Caracas, Nov. 1975, pp. 9-67.

EDUCACION DE LA MUJER EN EL RENACIMIENTO

Teresa Gil García
Universidad de Salamanca

Entre las varias acepciones que posee la palabra *educación*, podemos encontrar dos válidas [1] para encuadrar el tema de esta comunicación: algunas consideraciones en torno a las aportaciones de la mujer a la cultura del Renacimiento. La primera se refiere al desarrollo y perfeccionamiento de las facultades intelectuales y morales, por medio de ejemplos, preceptos, y ejercicios; y la segunda da cuenta del buen uso de la urbanidad y de la cortesía. Ambas están estrechamente relacionadas, como veremos, con la tesis que constituye el manifiesto por excelencia del Renacimiento y del pensamiento humanístico.

La educación, en esta época, se fundamenta en la afirmación de que no hay nada que sea más digno de admiración que el hombre, valor absoluto que reivindica un itinerario de perfección presente en todos los tratados del momento sobre el tema.

Como bien sabemos, contemporáneamente a esta nueva forma de cultura, se ha producido un cambio fundamental en la estructura de la sociedad. Al caballero feudal, héroe en las batallas, le sucede el ciudadano burgués, ideal poseedor de unas virtudes privadas y cívicas y defensor de su patrimonio familiar [2].

La mujer, ahora, aún manteniendo el status que la tradición le había otorgado, es más que nunca la piedra basal del nuevo ordenamiento de la familia, célula social más autónoma desde el punto de vista moral y económico que su predecesora en el tiempo. En esta situación, es necesario que a ella se la reconozcan unos derechos, se le asignen unas tareas específicas para resolver puntualmente el problema de esta organización civil [3], en la que encuentra su única posibilidad de integrarse en el engranaje social, ya que la religiosa o la «cortesana» o hetaira eran consideradas categorías marginales [4].

Sus actividades profesionales, excepto algún caso muy aislado, eran nulas. Ejercían sus funciones de compañera, de madre, en su propia casa, asumiendo el papel estabilizador de la familia. En la mayoría de los casos éste era el modelo a seguir.

Además tenemos que precisar que la renovación cultural preconizada por los humanistas está ligada a un tipo de cultura basada en la hegemonía de determinados grupos burgueses, preparados concienzudamente para esta tarea. Aunque no encontramos a muchas mujeres ejerciendo el poder desde una cancillería, sin embargo, ellas participaban en los asuntos de su marido, instruidas por él, y con su beneplácito administraban un sector del patrimonio común. Los resultados obtenidos no han sido escasos: les debemos el haber sido las promotoras de la cultura como mecenas e inspiradoras de poetas y pintores y las destinatarias de muchas creaciones que la nueva época hizo surgir.

A este propósito fácilmente podemos intuir que demostraban sus capacidades de gobierno, de organización, en el ámbito familiar y únicamente dentro de este marco podían desarrollar su personalidad y poner en práctica la educación que habían recibido.

Su instrucción comenzaba en la adquisición de las virtudes cristianas. El conocimiento y la práctica de la moral imperante amplía su perspectiva ética, de manera que ésta es la premisa necesaria para inducir las reglas de vida exigidas por su responsabilidad [5]. En esta línea didáctica se aconsejaban las lecturas de las obras de los escritores ascéticos del siglo anterior. Estos escritos [6], en su mayoría pertenecientes al género epistolar, encierran toda la problemática de la fortuna, de la pobreza y de la libertad, cuestiones que atañen directamente a la organización ciudadana. Ante esta perspectiva, no podemos dudar que la justicia social fuera uno de los temas que más pudieran llamar su atención —la de Isabella Sforza, por ejemplo—. La formación devota y la observancia de la religión son anejos al mantenimiento del orden cívico, estable e igualatorio en el que debía encontrar un puesto la imprevisible suerte de cada uno.

En los tratados educativos que aparecen en la época [7], —los más dedican sólo unas páginas a la condición de las muchachas— no se propone un modelo de educación para ellas. El ideal evocado se queda siempre en un plano abstracto cuyas infinitas posibilidades de actuación, dentro de los límites impuestos, no son sino un único camino que conduce a formar futuras educadoras entre las ciudadanas. Son obras con un doble interés didáctico. Este acercamiento a la cultura estaba condicionado por los presupuestos éticos y religiosos y limitado en su actuación inmediata a la salvaguardia de intereses exclusivamente familiares, sin olvidar las normas del buen vivir. En estos hallamos la explicación a los problemas inmediatos que se podía plantear en la vida diaria una mujer del primer Renacimiento. En época posterior y debido a la evolución en los presupuestos didácticos nos encontraremos con otros tratados que responderán a situaciones concretas y diferentes.

Pasaría casi inadvertido este tema y el reconocimiento unánime del interés por la cultura, muy loable por parte de algunas mujeres, si no fuera por el puesto importante que éstas ocuparon como destinatarias de una floreciente literatura, si tenemos también en cuenta que existía otra postura basada en una larga tradición misógina que impedía e incluso prohibía la cultura a las mujeres.

Las jóvenes empezaban por conocer las Sagradas Escrituras [8] según estaba estipulado, porque en su lectura encontraban los medios adecuados para adquirir un conocimiento ejemplar del mundo antiguo; también los Santos Padres Cristianos, los únicos capaces de orientar su espíritu y de ofrecerles los medios de expresión que correspondían al ideal deseado. Seguían las obras de los autores clásicos griegos que circulaban en gran número, dadas a conocer por los eruditos que habían llegado a Italia en los momentos de la caída del Imperio de Oriente —uno de ellos, Guarino de Verona, era ayudado en las tareas docentes por su mujer, en la escuela que habían abierto en Ferrera: Numerosas traducciones de autores griegos pululaban en el siglo XV, desde la patrística griega a la literatura clásica, de los diálogos de Platón a los poemas homéricos.

Sabemos, además, que las obras a las que tenían acceso las mujeres, con la excepción siempre a tener en cuenta de que eran una élite intelectual perteneciente a las familias gobernantes, no eran únicamente obras religiosas, se interesaban también por la literatura profana.

Lo importante para su formación es que, tal como estaba marcado, estuvieran dispuestas a aprender, tuvieran buena voluntad para llevar a cabo su tarea, lo hicieran de manera disciplinada y pudieran conseguir con ello unas enseñanzas beneficiosas para su vida y su formación personal [9].

En consecuencia todo su aprendizaje lleva implícito no sólo el conocimiento de manera erudita de los escritos de los diferentes autores, sino que se necesita de una amplia reflexión, sobre todo en lo que se refiere a tratados de filosofía moral que ayudan a formar su conciencia crítica [10].

En esencia ésta es una de las más válidas conquistas de la época, y casi la podríamos considerar la base para el desarrollo de una ciencia pedagógica moderna: Esta revalorización de la reflexión sobre las experiencias de las autoridades y la propia, constituye, como se deduce, la fuente de cualquier aprendizaje y del conocimiento [11]. A la vez se hace del ser humano el primer objeto de interés y su educación, el fin de esta actividad cultural.

Este fervor cultural, del que participaban las cortes señoriales de Ferrara, Mantua, los círculos humanistas de Florencia y Nápoles en el período que nos ocupa, es un reflejo de las aspiraciones y los convencimientos de la clase dirigente, que se puede hacer derivar de un mismo deseo de consolidar su hegemonía en territorios propios, a la vez inspirado en la emulación, sentimiento sin duda válido, de los vecinos.

Se trata de mejorar una imagen, susceptible de controversias, que el poder forja de los propios dirigentes, en esta época dominada por un sentimiento político acomodado y por ello, conservador.

No nos hemos topado por casualidad, en este momento, con la institución familiar, guardián celoso de los valores éticos fundamentales que inspiran las preocupaciones de la esposa y de la madre. En este ambiente de corte, ella tiene una función cuidadosamente sublimada, sin detrimento de su dignidad personal, virtuosa y fiel correspondiente del marido, que asegura la estabilidad en la familia y la integridad de los bienes.

Sin este puesto no será posible que asuma la función a la que es destinada. De esta idea aristocrática [12] nacerá la mujer ocupada en actividades más nobles culturalmente, pero imperiosamente mundanas, atreviéndome a afirmar que quizá para la época, menos defendibles desde el punto de vista moral.

Su cultura es, a veces, más vasta que la de su marido. En sus palacios poseían excelentes bibliotecas y llamaban a su servicio a los hombres más notables del momento [13].

El status y el reconocimiento social que lograron alcanzar lo revelan elocuentemente la correspondencia que mantenían con artistas del momento [14]. La libertad de actuación de las que sólo estas privilegiadas eran beneficiarias las convierte en las promotoras y las destinatarias de la cultura, impulsada por ellas y para ellas. De esta manera llevarán a cabo una encomiable tarea, cuyos resultados superan en mucho los presupuestos que se pretendían en un primer momento.

Apenas sin darse cuenta, su figura ritual y casi muda, por mucho que les pese [15], en este ambiente de corte, se convierte en un papel histórico. A la vez ellas superarán la tradición misógina que se remonta a las escrituras y a los padres de la Iglesia, la cual las encerraba en una serie de ideas preconcebidas, únicamente compensada por la práctica de la galantería —léase aquí el concepto de Donna Angelicata— y el interés ambiguo por el sexo femenino que encontramos en la literatura.

En el nacimiento de la lengua italiana como lengua de cultura, las mujeres tuvieron un papel determinante. El defensor más acérrimo de la revalorización de la lengua vulgar, L.B. Alberti, en el proemio al tercer libro de la *Famiglia*, entre otros argumentos, justifica el empleo de la lengua común tomando como ejemplo el buen uso del latín que hicieron algunas mujeres del Imperio [16]. La constatación induce a pensar que también en este momento se puede rescatar completamente el vulgar de su condición de inferioridad por la misma razón; y así parece que ocurre.

Son numerosas las cartas escritas por estas mujeres a sus consejeros, a su artistas patrocinados, a su familia, en las que dejan constancia del «ornatissimo idioma ed eccellenza del peregrino ingegno» [17]. La elocuencia les proviene de su propia experiencia, todo lo visto, oído y leído favorece sus modos de expresión; y en esta ciencia civil que se apresuran a descubrir, la capacidad de hablar bien es tarea fundamental.

Otro de los motivos de rehabilitación del vulgar responde al deseo de muchos humanistas de que la cultura estuviera al alcance de un público más numeroso, puesto que las obras griegas o latinas sólo podían ser comprendidas por unos pocos [18]. La idea tiene éxito y respaldada por la invención de la imprenta, copias nuevas se imprimen para un público cada vez más numeroso entre el que se encuentran fieles lectoras deseosas de emplear su tiempo en la nueva actividad, complemento de otras más dinámicas, como el canto, la música y la danza.

Las posiciones rigurosas de los moralistas que se levantaban en contra de las nuevas conquistas en el campo de la cultura, al inicio del siglo XVI se han mitigado ante el giro que toman los acontecimientos [19].

A parte de la filosofía moral, que como hemos visto anteriormente era la disciplina más necesaria porque ofrecía la premisa de todo razonamiento posterior [20], entre las lecturas de estas mujeres figuraban las obras de los historiadores —las *Décadas* de Tito Livio era una de las más famosas—, autores clásicos —que ofrecen toda garantía desde el punto de vista moral, Aristóteles, Platón, Cicerón, Séneca—, la lógica de los sofistas. Aquellas que conocían el latín —las menos, Ippolita Bentivoglio e Isabella d'Este— podían también leer obras en el idioma original, siendo la *Eneida* una de sus favoritas.

El acercamiento a los textos clásicos mira también a ofrecer un conocimiento histórico y ejemplar del mundo antiguo a la vez que se convierte en el instrumento pedagógico por excelencia para la formación del hombre. Esta lección que ofrece la antigüedad en todo el Renacimiento se convierte así en la orientación del ideal de perfección deseado.

Otras obras de gran renombre en la época, son los tratados políticos de Maquiavelo, las historias de Giovanni Simonetta [21]. Algunas pertenecientes al género encomiástico, referido a las gentiles damas, filón abierto por el *De mulieribus claris* de G. Boccaccio, la *Cité des Dames* de Christine de Pisan, ella misma de familia italiana, aunque escribe en francés. *De las virtuosas y claras mujeres* de Don Alvaro de Luna e incluso la novela española *Cárcel de Amor* de Diego de San Pedro [22], que contiene un pequeño catálogo de mujeres virtuosas.

Se multiplican también las obras referidas a las labores y a la organización domésticas, y a los problemas que su condición de esposa y madre les plantea mediatamente [23]. Estos temas encuentran su reflejo en la literatura española, en la obra de Fray Luis de León *La perfecta casada*.

Colecciones de cuentos —el *Decameron*— y espístolas amorosas —*La Fiammetta*—, así como todas las producciones de la pluma de sus contemporáneos, cartas, cuentos y cancioneros, que ellos mismos, en calidad de protegidos, les dedicaban [24]. Sin duda encontraban en estas obras escritas en vulgar una gran distracción [25].

La poesía es su actividad favorita, y en esta época, Il *Canzoniere* de Petrarca es la obra más leída. Imaginamos cómo acogerían la expresión del amor del poeta hacia Laura, señora de su alma y tantas otras teorías clásicas sobre el tema: el amor, deseo de belleza y de pureza, de posesión de la voluntad y medio de transformación de los dos espíritus en uno.

En estas cortes, la poesía se acompañaba a veces de la música. Indispensable entretenimiento para estas nobles damas que gustaban de coleccionar las pequeñas composiciones, cuyos versos bordaban en sus ropas o mandaban incidir en sus medallas.

El tema de estas composiciones, a petición del propio auditorio, solía ser la expresión del amor, en los cánones clásicos, como hemos visto anteriormente, o un motivo idílico pastoril, «beata solitudo», alabanza de la vida campestre y tranquila fuera de los condicionamientos y las preocupaciones de palacio [26].

No es extraño que se ironizaran la intensa vida social y las pretensiones intelectuales de las damas de la corte: «Si quieren aprender que vayan a fiestas y a ver comedias [27]». Aunque la sentencia tenga un cierto cariz mordaz, se refería, sin duda, a las representaciones del teatro cómico y latino que, contemporáneamente a estos juegos de corte, se promovían en las ciudades de Ferrara y Mantua y que respondían al lema horaciano «docere dilectando».

Esta doble finalidad de los juegos escénicos se hace eco del espíritu que reinaba en la época, adaptando la vieja idea «castigat ridendo mores», que inspiraba los dramas y las comedias, aunque estos fines de las obras puestas en escena distaban mucho de la intención moralizante presupuesta. El público estaba más interesado por las frecuentes alusiones ambiguas del autor que por la revisión ejemplar de su conducta.

En segundo lugar, estas representaciones de las comedias de autores latinos, Plauto especialmente, y Terencio, servían de práctica escénica y de ejercicio lingüístico y literario a los alumnos de la Universidad de Mantua. En esta ciudad, Isabella d'Este era la principal animadora de este teatro en la lengua original y en las traducciones que se hacían para que ella misma y las damas de la Corte entretuvieran su tiempo libre [28].

En todo el siglo XV, hasta la aparición del nuevo modo de hacer teatro, más acorde con los intereses de los círculos humanistas y con las tendencias hedonistas del público, la actividad teatral estaba limitada a las llamadas Sacre Rappresentazioni, repertorios temáticos de inspiración religiosa. Su origen lo encontramos en los dramas litúrgicos, en la elaboración de soluciones musicales más complejas y modernas y en el desarrollo, en sentido teatral, de las *Laude*. Aludo a estas representaciones [29], que tuvieron su nacimiento en las plazas florentinas, porque mujeres fueron las autoras de loas y de poemas de inspiración religiosa. Lucrezia Tornabuoni, madre de Lorenzo el Magnífico, Antonia Pulci y Antonia Giannotti, ambas emparentadas con Luigi Pulci.

Como en el teatro al que hemos aludido anteriormente, el espíritu moralizante está también presente en ellas. Se ejemplificará a través de las digresiones de los personajes sobre las intenciones o los intereses de la clase burguesa a quien iban dirigidas.

Anteriormente ya he anotado que los resultados obtenidos en las actividades ejercidas por estas damas de la corte en la promoción del teatro profano y en la revalorización de la lengua italiana fueron conseguidas sin intención previa; aunque no dudo que este espíritu lúdico que anima sus creaciones no estuviera precedido de unos conocimientos necesarios e indispensables para llevar a buen término sus proyectos.

A parte de la mujer promotora y destinataria de la cultura nos encontramos en el Renacimiento con la mujer autora de sus propias composiciones.

Hasta la fecha, con la excepción de unos versos anónimos o firmados bajo pseudónimo —La Compiuta Donzella— no encontramos en la historia italiana obras escritas con fines literarios. La primera mujer que tiene conciencia de su escritura es la napolitana Ceccarella Minutolo. En el prólogo de su obra deja muy claro la intención estética que se propone. Ella escribe sus cartas de amor por propia voluntad y para contentar a sus amigos y a sus «generosas hermanas» [30].

Su figura me produce un sentimiento de simpatía en el sentido clásico de la palabra, por la innovación que supone en las letras italianas. El interés por la literatura que se despierta en Ceccarella, hacia mitad del siglo XV, consigue sus mejores logros cien años después en los versos de una pléyade de poetisas: Gaspara Stampa, Barbara Torelli, Vittoria Colonna, Veronica Franco. Sus composiciones, a pesar de no dejar translucir apenas los sentimientos verdaderos que debían de animar a esta mujer nueva, no impiden que a veces se les escape, como a Veronica Franco el reconocimiento de su condición:

> Per non guastar il mondo ch'é si bello
> per la specie di noi, la donna tace
> e si sommette a l'uom tiranno e fello. [31]

Su obra tiene que ser considerada positivamente. El éxito de estas poetisas hay que buscarlo en el acercamiento a la obra imitada [32], que, de acuerdo con el canon estilístico de la época, imponía a las composiciones líricas de tema amoroso, el modelo de Petrarca. El conocimiento de la lengua y de las posibilidades expresivas están a la base de la intención poética que persiguen en sus composiciones por lo que podemos ver en ellas, otra de las manifestaciones de la revalorización de la lengua vulgar en la época que nos ocupa.

En esta exposición, hemos tratado de apuntar cuáles eran los conocimientos y las empresas llevadas a cabo por las mujeres renacentistas, limitándonos, por razones obvias, a aquéllas que pertenecen a una élite política y por lo tanto cultural.

Pero el panorama de la situación no quedaría totalmente presentado si no tuviéramos también en cuenta las obras que toman como tema la *educación*, en el siglo XVI.

A diferencia de las publicadas en el siglo anterior, estos tratados se refieren sólo al comportamiento que debe seguir el hombre en su vida, atendiendo a las imposiciones que su actividad como gobernante, como cortesano o como ciudadano, les procura. La función educativa, en el sentido que la hemos presentado queda desdibujada en ellas, puesto que no intentan el ideal de perfección total, sino que limitan su realización en un status prestablecido.

A la vista de la formación que muchas mujeres poseen, llama poderosamente la atención el papel que se le asigna, tanto en la obra de Baltasar de Castiglione, como en *Il Galateo*.

En el diálogo de *Il Cortigiano*, a estos personajes femeninos que intervienen en la conversación se les atribuye una función de moderador. Aunque demuestren en sus intervenciones un espíritu muy sagaz son los hombres los que tratan y definen su condición.

Es cierto que se les reconoce un status semejante al de su homólogo masculino [33] fundado en unas virtudes comunes a los dos, y que se reivindica para ella un sistema de educación que no envidia para nada al suyo; pero la realidad puede que sea otra, porque de estas prerrogativas sólo unas pocas pueden beneficiarse. Indiscutiblemente el papel desempeñado por la mujer en la corte, no es sólo el de ser un hermoso adorno de la vida de palacio [34]. Ella es el complemento ideal de su compañero cortesano en estas tramas de relaciones que se tejen a su alrededor, siguiendo un modelo de vida en el que uno y otro se encuentran en total representación [35].

Las funciones de esta dama de corte distan mucho de aquéllas a las que la tradición la destinaba, aunque estas obligaciones sean tan estrictas como las familiares, expresadas en la obra de Alberti. Conscientemente, sus aportaciones a la vida cortesana o sus funciones en la actividad civil están sometidas a unas reglas muy severas para que nada desdiga con la situación adquirida.

Este puesto relevante en la sociedad, reconocido por todos, olvidando tímidamente los prejuicios a los que era sometida, no es una concesión graciosa y gratuita, sino el fruto de su propio interés, cuyos signos hemos querido resaltar.

NOTAS

1. Cfr., el DRAE.
2. «no è solo officio del padre della famiglia, come si dice, riempire el granaio in casa e la culla, ma molto più debbono e' capi d' una famiglia vegghiare e riguardare per tutto, rivedere e riconoscere ogni compagnia, ed esaminare tutte le usanze e per casa e fuori».
L.B. Alberti, *I Libri della Famiglia*, a cura di Cecil Grayson Laterza, Bari, 1960, Libro 1°. p. 17.
3. «Ma sia tuo officio, donna mia, essere la prima dinanzi a tutto il resto della famiglia, non con superbia, ma con molta umanità, e con ogni diligenza avere a tutto buon ordine e buona cura e provedere che le cose siano in uso a' tempi dovuti. Ibidem. Libro 3°. p. 239.
4. P. Aretino en el *Ragionamento della Nanna e della Antonia*. Letteratura Italiana. Volumen 26. Tomo I. R. Ricciardi Ed. Milano. 1976. p. 51-53, ironiza sobre estas tres condiciones femeninas: Nanna: —(...) Chi mi dice «Falla suora, che oltre che rispargnerai le tre parti della dote, aggiungerai una santa al calendario; altrui dice: «Dàlle marito, che ad ogni modo tu sei sì ricca che non ti accorgerai che ti scemi nulla», alcuno mi conforta a farla cortigiana di primo volo, con dire «il mondo è questo e quando fasse bene acconcio, facendola cortigiana, di subito la fai una signora; e con quello che tu hai, e con ciò che ella si guadagnerà, tosto diventerà una reina, di sorte che son fuora di me».
5. «Sappi, figliuola mia carissima, che ne l'orazione umile e continua e fedele, con vera perseveranzia, acquista l'anima ogni virtú. E però debba perseverare e non lassarla mai nè per illusione di dominio, né per propria fragilità.
Santa Caterina. *Dialogo della Divina Providenza*. R. Ricciardi. Milano. 1954. Volumen XII. Tomo I. p. 155.
6. Cfr. Natalino Sapegno, *Storia letteraria del Trecento*. R. Ricciardi. Milano. 1963.
7. Entre estos tratados educativos podemos citar:
De Re uxoria, de F. Barbero; en el que trata de la mujer, del comportamiento de los esposos y de la educación de los hijos. Se puede ver en él, un precedente de los *Libri della Famiglia* de L.B. Alberti.
De studiis et literis liber de L. Bruni, en el que apenas apunta unas consideraciones en torno a los conocimientos que deben adquirir las mujeres. A los jóvenes está dirigido *Dei nobili costumi e degli studi liberali della gioventú* de Pier Paolo Vergerio.
Entre los siglos XIII y XV circulaba en Italia una obra de autor desconocido en la que se aconsejaba sobre los menesteres cotidianos, a través de aforismos, con la novedad, sin embargo, de que poco o nada tenía que ver con la moral católica del momento: *La Doctrina del vivere o Lettera a Raimondo*.
No debemos olvidar los tratados escritos a petición de las «gentiles damas» por secretarios y colaboradores que responden a situaciones concretas que sus deberes les plantean. Así nos encontramos con un escrito de Diomede Carafa, dirigido a Beatriz de Aragón (1476), futura esposa del rey de Hungría, que da cuenta de «quello che have da fare la mugliera per stare ad bene cum suo marito». O la obra de Giovanni Pontano, secretario de Ippolita Sforza (madre de Alfonso, Duque de Calabria), *De amore coniugali*, escrito en latín en tres libros, en el que se dan consejos a la esposa, haciendo incluso alguna referencia a la vida íntima; o *Il governo di cura famigliare* de G. Dominici, dedicado a Bartolomea degli Obizzi, en el que trata acerca de las tareas que competen a una madre en relación con la propia

158

alma, al cuerpo, a los bienes temporales y a la Educación de los hijos. Del mismo autor es también la obra *Dello stato femminile*.

8. «Una donna cristiana cerchi innanzi tutto di acquistare una buona conoscenza delle Sacre Scritture».
L. Bruni, *De studiis et literis liber*, Cit. en E. Garin *Educazione umanistica in Italia*. Laterza, Bari, 1971, p. 38.

9. San Bernardino da Siena, *Prediche volgari*. Cit. en ibidem, p. 46.

10. «Mentre dalla storia si ricavano gli esempi che dobbiamo seguire (...) narrandoci quello ch'è stato detto e fatto c'insegna ciò che dovremo fare e dire nelle diverse occasioni».
P.P. Vergerio. *Dei nobili costumi e degli studi liberali della gioventù*. Cit. en ibidem. p. 94.

11. «Ma non voglio che essa si limiti alle scritture religiose; voglio indurla agli studi secolari, vede quello che ci tramandano i più eccellenti filosofi intorno al ben vivere; che cosa scrivano della continenza, della temperanza, della modestia, della giustizia, della fortezza, della liberalità... (...) Queste due discipline che riguardano l'una la religione e l'altra la vita morale, siano proposte come fondamentali».
L. Bruni. *De studiis et liberis liber*. Cit. en ibidem. p. 38-39.

12. Anteriormente, en el Convivio, Dante afirmaba:
«La stirpe non fa le singolari persone nobili, ma le singolari persone fanno nobile la stirpe».
Dante. *Il Convivio*. IV. XX. 45. Felice le Monnier. Firenze. 1962. p. 242.

13. Antonio Tebaldi, llamado Il Tebaldeo preceptor de Isabella d'Este. Vincenzo Colli, Calmeta, secretario de Beatriz, hermana de la anterior. Giovanni Pontano, de Ippolita Sforza.

14. Carta de Pietro Perugino a Isabella Gonzaga. Firenze, 14 Giugno 1505:
«Illris. et Excelsa Dna. Colma. Per Zorzo presente, mandato da Vr. Excelsa Sigria., ho rivenuto li ottanta Ducati promessimi per premio del presente quadro».
Letteratura artistica dell'Età dell'umanesimo. Giappichelli. Torino. 1982. P. 208-9.

15. Francesco Gonzaga aparta de los asuntos de estado a su mujer, demasiado inclinada, según él, a hacer lo que le place, en favor de unos consejeros, a los que ella odiará tenazmente desde ese momento. Su hermana, Beatriz d'Este, duquesa de Milán, tomó parte en 1495 en una misión diplomática en Venecia, pero su papel no fue más que un aditamento a las verdaderas negociaciones llevadas a cabo por sus consejeros.

16. «E quanti si trovorono femmine a que'tempi in ben profferire la lingua latina molto lodate, anzi quasi di tutte più si lodava la lingua che degli uomini, come dalla conversazione dell'altre genti meno contaminata».
L.B. Alberti. Op. cit. p. 154-5.

17. M. Salernitano, Prologo Dedica del Novellino a Ippolita Sforza d'Aragona, Duchessa di Calabria.

18. «più tosto forse e'prudenti mi lo deranno s'io scrivendo in modo che ciascuno m'intenda, prima cerco giovare a molti che piacere a pochi, ché sai quanto siano pocchissimi a questi di e'litterati».
L.B. Aberti. op. cit. p. 155.

19. En el diálogo de B. di Castiglione, *Il Cortigiano* esta posición de hostilidad está representada en Gasparo Pallavicino, quien afirma:
«Perché così deve ella aver rispetto ai tempi e lochi ed osservar, per quanto comporta la sua imbecillità, tutti quegli altri modi di che tanto s'è ragionato.
B. di Castiglione. *Il Cortigiano*. R. Ricciardi. Milano-Napoli. 1960. Libro III, p. 207.

20. Adelin-Charles Fiorato, L'image et la condition de la femme chez Bandello. en *Image de la femme dans la littérature italienne de la Renaissance*. C.N.R.S. U. Sorbonne. Paris. 1980. p. 180.

21 Secretario de Francesco Sforza. Autor de *Rerum Gestarum Francisci Sfortiae Libri XXXI*. Es una historia general italiana del período comprendido entre 1421 y 1466.

22. *Images de la femme...* Op. cit. p. 42.

23. La bibliografía de este temas está ampliamente documentada en la obra de Ruth Kelso, *Doctrine for the lady of the Renaissance*. Urbana. University of Illinois. Pres 1956 y en el apéndice al artículo de M.F. Piéjus, «Venus Biffrons», en *Images de la femme...* po. cit. p. 81-169.

24. M. Salernitano dedica su *Novellino* a Ippolita Sforza Visconti. M. Bioardo, *Amorum libri* a Antonia Caprara y Castiglione en su composición Isabella Gonzaga canente, identifica a la duquesa de Urbino —interlocutora también en el Cortigiano— con la reina Dido de Cartago.

25. «Per questo mezzo —lingua volgare— non gli mancheran mai piacevoli internimenti con donne, le quali per ordinario amano tali cose».
B. Castiglione. op. cit. Libro I. p. 44.

26. Antonio Tebaldi, Tebaldeo, preceptor de Isabella d'Este y Niccolò da Correggio, «il più attilato e de rime e cortese erudito cavagliere e barone che ne li tempi suoi si ritrovasse in Italia», a juicio de la misma Isabella, son los más ilustres de estos poetas, y cuando pueden también escapan de este argumento monótono y convencional en sus poesías y escriben obras más sentidas.

27. J. Bianchi, *Storie Modenesi:* «Se volete che imparino (...) mandatele alle feste e a vedere commedie». cit. en N. Tomassia. *La famiglia italiana*. Multigrafica. Roma. 1971. p. 199, n. 2 y en A.C. Fiorato. op. cit. p. 180, n. 26.

28. F. Fdez. Murga, «El teatro de N. Maquiavelo» en *Estudios sobre los géneros literarios II*. Universidad de Salamanca. 1984, p. 110-1.

29. A. Tartaro, *Il primo Quattrocento toscano*. Laterza. Bari. 1971. p. 109.

30. «Distinguo mia operetta in tre libre: lo primo conterrà lictere da donne, parte per mio necessario e parte ad preghiera di alcune mie generose sorelle; lo secundo ponerà lictere de amici, delli quali constructa non ogio potuto negare loro pregaria e sono senza preposte come lo primo; lo terzo sono lictere con preposte e resposte dove d'amore legerai ogni affecto. Lege con felicità e piacere».
B. Croce, *Aneddoti di varia letteratura*. Laterza. Bari. 1953. p. 65-66.

31. *Scrittici italiane dal XIV al XX secolo*. A cura di Natalia Costa Zalessow. Lungo Ed. Ravenna. 1982. p. 113.

32. A propósito de Vittoria Colonna, Denis J. Mc. Auliffe en «Vittoria Colonna and Renaissances Poetics en *Il Rinascimento: Aspetti e problemi attuali*. Olschki. Firenze. 1982. p. 534, dice, haciendo referencia a la Epistola a Ferrante Francesco d'Avalo, suo consorte nella corte di Ravenna: «In this poem the Petrarchan mood is immediatelly established by the use of the dialogue form with the absent lover, the series of dichotomies on which the reasoning is founded, the confessional character of the poetic expression and the use of the classical references (...).

I have also shown that Vittoria was consciously mythicizing the figure of Ferrante so that he resembled the Petrarchan image of Laura, (...) as Vittoria brings out by Petrarchan use of parenthesis in discribing her dream vision».

33. Atteso che le medesime regule che son acte per lo Cortegiano servono ancor alla donna.
B. Castiglione. op. cit. Libro III. p. 207.

34. «Così ancor el ragionar del cortegiano è sempre imperfettissimo, se le donne, interponendosi, non danno lor parte di quella grazia, con la quale fanno perfetta ed ornano la cortegiania. Ibidem. p. 207-8.

35. J. Guidi, «De l'amour courtois à l'amour sacré» en *Images de la femme...* op. cit. p. 72.

ANÁLISIS DE LA *CORTIGIANA* DE PIETRO ARETINO

Anna Giordano Gramegna
Universidad de Valencia

Objeto de este estudio es la *Cortigiana*, la comedia que, junto al *Marescalco*, atrae más la atención del lector de Pietro Aretino.

Este dramaturgo de 1500 tan odiado o criticado en su época por su sátira mordaz, su cinismo, sus invectivas directas a la Corte de Roma y a los Señores que al mismo tiempo eran sus Mecenas es, todavía hoy, un escritor polémico para los críticos contemporáneos.

Dice de él Silvio d'Amico [1]: «... talento disposto a prostituirsi per denaro al gusto corrente, ma suo malgrado originale e in qualche modo ribelle, esponente atroce e gagliardissimo, nella vita e nell'arte, della più violenta corruzione dell'età, rovesciò a fiotti la sua fama di una vita colta in tutti i suoi aspetti più bassi, il suo furore per e contro il vizio in cui diguazzava: con una voluttà di denunciatore che, immerso nel fango fino al collo, gode nello strappare la maschera ai vergognosi e agli ipocriti: nobili e plebei, preti e laici, maschi e femmine, vecchi e giovani, dotti e ignoranti; tutti contaminati, marci e putridi».

A mi parecer esta descripción es excesivamente dura y exacerbada y más bien coincidimos con las palabras de Fernando Ghilardi [2] cuando afirma: «... l'autore stesso appartiene a quel mondo e lo rivela in tanti quadretti frammentari, dove c'è il gusto della visione in sè e per sè, fuori d'un nesso logico, sì che non comprendiamo se quell'ambiente è deriso o condannato».

Pietro Aretino, hombre lleno de vitalidad, débil en cuanto a la gula y a la lujuria, es un impresionista en sus retratos detallados de la vida cotidiana; puede haber tocado los límites de la moralidad, pero es atenuante la moral tal como se entendía en la sociedad de su tiempo; por otra parte, los lectores de toda la obra de Aretino, conocen muy bien que no siempre es tan vehemente y cínico, sino que sabe apreciar también la vida pobre, honrada y simple.

La *Cortigiana* aparece manuscrita en 1525 [3] y en su «editio princeps» es de 1534. Según Achille Mango [4] se publicó nuevamente en 1604 como obra de Cesare Caporali con el título «*Lo sciocco*», por razones de censura.

Ciertamente esta comedia se aleja mucho del tipo de la comedia erudita empezando por la ausencia absoluta de estructura; leyendo la *Cortigiana* se tiene la impresión de estar mirando un escaparate o un vaivén de personajes casuales paseando por una calle de Roma. Toda la comedia es una representación realístico-impresionista de detalles cotidianos que invitan al lector a sacar sus propias conclusiones. La finalidad de este estudio es, además del análisis de la obra, la de evidenciar ciertos aspectos que hemos encontrado en una comedia muy significativa sobre la Corte romana de primeros de 1500, retratados por un importante dramaturgo español; nos referimos a la *Tinellaria* de Bartolomé Torres Naharro [5].

La *Cortigiana* empieza con una dedicatoria al Gran Cardenal de Trento [6], Bernardo de Cles, en la cual evidencia que, al descubrir los defectos de la Corte Romana, puede comprener cómo él no está incluído en ellos y sus Caballeros podrán conocer lo que no deberán hacer nunca.

Le sigue un Prólogo-argumento entre dos personajes, el Forastero y el Gentilhombre, en cuyo diálogo ante la preparación de una comedia, aparecen nombres de personas famosas de la época. Al final del diálogo el gentilhombre anticipa el argumento de la comedia que trata esencialmente de dos engaños en contra del sienés Maco que llega a Roma para hacerse Cortesano y de Parabolano que, enamorado de una noble dama, acaba gozando de la mujer de un hornero.

Como hemos anticipado, la *Cortigiana* no tien estructura fija como la comedia erudita, sino que es un conjunto de fragmentos en los que vamos divisando las aventuras de Maco y de Parabolano, que a su vez se cruzan con dos burlas del criado Rosso contra un judío y un pescador.

Tampoco estas intrigas tienen una sucesión cronológica regular, visto que las acciones se van desarrollando a través de un vaivén contínuo de personajes e intrigas.

El Acto I° nos presenta a Maco, a Parabolano y da lugar a la broma a costa del pescador.

Mientras que Ghilardi [7] nos transforma el nombre del sienés en Marco, aceptando a priori el prejuicio popular de la estulticia de los Sieneses, Paratore [8] ve en Maco una influencia clásica que se remonta al personaje de las Atellanas, Maccus, sinónimo de bobo.

Maco llega a Roma con un criado con el único fin de llegar a ser Cortesano; sus palabras, sus gestos ya nos representan eficazmente los límites de su ingenio frente al mismo criado.

> «non vi vergognate voi a chiamar le scimie per la strada? Voi scoppiate se non vi fate scorger per pazzo senza sapersi che siete da Siena». (*Cortigiana*, op. cit. p. 92).

Entra en escena Maestro Andrea con la misma picardía que hoy podríamos encontrar en un napolitano a la llegada de un extranjero a su tierra:

> «Andrea: Cercate voi padrone? Maco: Ben sapete ch'io sono il suo padrone. Sanese: Lasciate favellare a me che intendo il favellar da Roma. Sanese: Messer Maco, dotto in libris, ricco, e da Siena ... Maco: A dirvi il vero io sono venuto a bella posta per ... Sanese: Farsi Cardinale ... Andrea: E' ben vero che bisogna farsi Cortigiano e poi Cardinale. E io sono il maestro che insegno Cortigianeria ...». (*Cortigiana*, op. cit. p. 92).

Será este personaje el autor del engaño con una astucia e inteligencia características de la precedente novelística italiana.

En la escena séptima encontramos una descripción del segundo protagonista de la comedia, Parabolano.

Esta descripción cómica no representa sólo a este personaje, sino que es el símbolo del nuevo rico en la Corte de Roma.

En contraste con los dos infieles servidores, Rosso y Flamminio, está el tercer servidor leal, Valerio, que defiende a su amo, aunque con tristeza reconozca cómo los señores aprecian más a los malos servidores que a los leales, concepto también presente en otras obras contemporáneas, entre ellas *La Celestina*.

CORTIGIANA: «Valerio: ma bisogna fare e dire il peggio che si può a questi signori chi vuol essere favorito loro...» p. 98
«Flamminio: Ma che per conto questi Signori di corte non togliono più presto ai lor servigi i vertuosi e nobili, che gli ignoranti e plebei?» p. 98
«... Questo procede che la maggior parte di i grandi sono di sì oscura stirpe, che non ponno guardare quelli che nascono di sangue illustre...» p. 99

Continuando con la fragmentación de la acción nos hallamos con el diálogo cómico entre Parabolano y su criado Rosso en el que aflora un espíritu antiespañol como en otros varios lugares de la comedia:

CORTIGIANA: «Rosso: Il frappa, lo Squarcia, il Tartaglia e il Targa; e ho letto il cartello, che manda Don Cirimonia di Moncada al Signor Lindezza di Valenza».

Desde la escena XII a la XVIII, se desarrolla la acción catalítica de la burla al pescador, de tipo novelístico, y en la que aparecen nombres de parásitos de la Roma de León X y de Clemente VII [9].

La escena XXII es una de las más marcadas ideológicamente en la descripción del Cortesano. Su invectiva es dura y extremadamente denunciadora de la sociedad a la que pertenece Aretino.

CORTIGIANA: «Andrea: La principal cosa il Cortigiano vuol saper bestemmiare, vuole esser giocatores, invidioso, puttaniere, eretico, adulatore, maldicente, sconoscente, ignorante, asino, vuol saper frappare, far la ninfa, ed essere agente e paziente» p. 109

En la escena VI° del 2° Acto sigue la crítica a la Corte en el diálogo entre el viejo Sempronio y el criado Flamminio con un tono de nostalgia de tiempos pasados y mejores por parte del viejo frente al duro realismo del joven.

CORTIGIANA: «Flamminio: Costumi e virtù in corte? oh! oh!» p. 118.
«Sempronio: Al mio tempo non si trovavano virtù e costumi se non in Corte» p. 119.

En este Acto encontramos algunas de las similitudes con la *Tinellaria* de Bartolomé Torres Naharro, que seguramente debe haber leído Aretino, sobre el ambiente del «tinello» y de la Corte.

— *Sobre las condiciones inhumanas de los criados:*

CORTIGIANA: «Flamminio: Ascoltate ora le mie ragioni, cortigiano di Papa Ianni. Al mio tempo viene a Roma uno pieno di tutte le qualità che si può desiderare in uomo che abbia a servir la Corte, e innanzi che sia accettato in un tinello rivolge sotto sopra il paradiso. Al mio tempo fra dui si dà un famiglio, or come è possibile che un mezzo uomo serva uno intero? Al mio tempo cinque o sei persone stanno in una camera di dieci piedi lunga, e otto larga; e chi non si diletta di dormire in terra, si compra o toglie il letto a vettura... e staremo meglio che il Papa, se quel ducato non si avesse a litigar dieci anni» p. 120.

TINELLARIA: «Mastro: Sé deziros que procuro de serviros; pero dudo, lo primero, que no queráis reduziros a estar con un compañero... El Cardenal me ha mandado que os ponga de dos en dos.
Osorio: Muy bien es. Y aun estar de tres en tres algunas vezes se hace; pero vos de descortés ponéis solo a quien os plaze» p. 243, vv. 110-124.
«Moñiz: A mi ver, no pueden juntos comer dos cavallos rifadores; y aun diz que no puede ser servir uno a dos señores». p. 246, vv. 210-214.

— *Sobre la falta de ética:*

CORTIGIANA: «Flamminio: Stiasi con voi, se già no 'l volete mandare in Corte a diventar ladro... Il ladro è cosa vecchia; perché il minor furto che faccia la

	Corte è il rubar XXIIII anni de la vita a un ottimo gentil uomo... che de lo essere già invecchiato in essa, in premio di sì lunga servitù ne ha ritratto due gramaglie» p. 120.
TINELLARIA:	«Mastro: Sí, por Dios. Don ladrón, ¿no sabéis vos que ordenamos juntamente que, hurtando todos dos, se partiesse hermanamente? p. 241, vv. 40-44.

— *Sobre la insuficiente comida*:

CORTIGIANA:	«Flamminio: ... Ma cianciamo de la splendidezza del mangiar d'essi. Il cuoco del Ponzetta, facendo di tre uova una frittata fra due persone, acciò che le paressero maggiori, le poneva ne le strettoie, dove mantengono le pieghe le berrette pretesche, e distese per i tondi più sudici che non era la cappa di Giulian Leo su da collo, venne il vento, e spargendole per aria cadevano poi in capo a le genti a guisa di diademe» p. 122.
TINELLARIA:	«Godoy: ... Pues contino vuestros huevos perosinos sábado y viernes os dan, y a las vezes mallorquinos, mirad quán frescos verrán; y adobados, a vezes encoraçados con sus pollos y otras cosas, a vezes desesperados en fritadas maliciosas». p. 247, vv. 255-264. ... Tal jornada se tienen su cierta entrada de los huevos que sabéis, porque en qualquiera fritada tres buenos pasan por seis» p. 248, vv. 280-284.
CORTIGIANA:	«Flamminio: ... perché non si ingrandiscano se non ignoranti, plebei, parasiti e roffiani» p. 121.
TINELLARIA:	«Godoy: Y es, al menos, do no henchimos los senos ni tampoco vamos flacos, un enemigo de buenos y un triunpho de vellacos». p. 249, vv. 305-309.
CORTIGIANA:	«Flamminio: Ho inteso... che il rivisore... misurava le minestre a la sua famiglia e contavagli i bocconi; e tanti ne dava i dì bianchi e tanti i dì neri» p. 122.
TINELLARIA:	«Godoy: Día alguno que sea de ayuno, como suele ser mandado, no darán un pece a uno si Dios lloviesse pescado. Y essas veces los officiales jüezes cuydados del alma ajena, dan por hombre quatro nuezes en escambio de la cena» p. 248, vv. 270-279.

— *Sobre la realidad caótica de la Corte:*

CORTIGIANA:	«Sempronio: Vatti con Dio, che son chiaro; egli è dunque meglio a stare ne lo inferno, che ne la Corte d'oggi dì» p. 123.
TINELLARIA:	«Godoy: Yo os discierno qu'es tinelo suegra y yerno donde nunca falta engaño, y es semejança de infierno quaresma de todo el año» p. 248, vv. 295-299.

La escena VII^a del 2º acto, de tipo catalítico, es la descripción de la perfecta rufiana Alvigia a través del análisis que hace de su maestra, quemada por bruja.

Hay una ósmosis de superstición, cinismo, astucia, realismo y beatería que caracterizan a este personaje femenino a través de un diálogo cómico.

> CORTIGIANA: «Rosso: Ove ne vai con tanta furia?
> Alvigia: Qua e là tribolando.
> Rosso: Oh, tribula una che governa Roma?
> Alvigia: No, ma la mia maestra ...
> Rosso: Che ha la tua maestra?
> Alvigia: S'abbruscia.
> ....
> Rosso: Che ha ella fatto?
> Alvigia: Niente... Un pochettino di veleno, ch'ella diede al compare per amor de la comare... Fece gittare una puttina in fiume, la quale partorí una madonna sua amica: come s'usa... Fece fiaccare il collo con non so che fave giù per la scala ad un geloso maladetto...
> Rosso: Mi piace. Ma che ti lascia, se si può dire?
> Alvigia: Lambicchi da stillare erbe colte a la luna nuova, acque da levar lentigini, unzioni da levar macchie del volto... strettoie da ritirar poppe che pendono, mi lascia il lattovaro da impregnare e da spregnare, mi lascia un fiasco d'orina vergine... e andava come una draga per le forche a cavar gli occhi a gli impiccati, e come una paladina per i cimiteri a torre l'unghie de'morti in su la bella mezza notte... E che coscienza era la sua! la vigilia de la Pentecoste non mangiava carne, La vigilia di Natale digiunava in pane e in vino, la quaresima da qualche uovo fresco in fuore si portava da romita» p. 125-126.

El Acto continúa con diálogos y escenas paralelas de desarrollo de las bromas a costa de Maco y Parabolano, hasta llegar a la escena VII[a] del 3er. Acto en la que hay otra reminiscencia de la *Tinellaria* respecto de la Corte:

> CORTIGIANA: «Flamminio: Come può la mia speranza maturare i frutti, non avendo ancora i fiori? e vistomi dianzi ne lo specchio la barba bianca, mi son venute le lagrime in sugli occhi per la gran compassione che io ho presa di me stesso, che non ho nulla da vivere: ohimè, sfortunato me! quanti gaglioffi, quanti famigli, quanti ignoranti e quanti ghiottoni conosco io ricchi, e io son mendico? orsù io delibero di andare a morire altrove; e mi duole sino a l'anima che ci venni giovane, e me ne andró vecchio; ci venni vestito e me ne vado nudo; ci venni contento e me ne parto disperato» p. 151.

> TINELLARIA: «Despensero: Yo me muero. ¡Pobre de mí, despensero diez años o más passados, que no me hallo en dinero un centenar de ducados! ¿Qué he ganado? p. 240, vv. 10-15.

Pero, mientras que el dispensero de la Tinellaria sigue con un diálogo con el Mastro de casa, de tipo interesado, lleno de picaresca y engaños, en la *Cortigiana* nos encontramos frente a una exaltación de Venecia y de su sociedad libre y lejana de la corrupción de la Corte de Roma.

En la escena XI, el diálogo entre el Guardiano de Araceli y Alvigia nos recuerda el diálogo entre Fra' Timoteo y una mujer de la *Mandrágola* de Machiavelli. En los dos hay un espíritu de beatería femenina que en la *Cortigiana* puede extrañar en el personaje de la rufiana. La referencia a la llegada del Turco o aquel «impalar» que se encuentra en la anterior obra de Machiavelli puede ser una pregunta de tipo socio-histórico.

MANDRÁGOLA: «Donna, Credete voi che 'l Turco passi questo anno in Italia?.
Frate: se voi non fate orazione, sí.
Donna: Naffe! Dio ci aiuti, con questa diavolerie!
Yo ho una gran paura di quello impalare ... (A.3-E.3ª) [10].

El Acto IV° está formado por fragmentarias escenas de transición en el desarrollo de la comedia, con las continuas bromas e ironías hacia Maco, Parabolano y Arcolano, marido de Togna, y esencialmente por la burla al judío Romanello por parte de Rosso; está presente en estas escenas el espíritu antisemítico, si no de Aretino, sí de la sociedad contemporánea.

El Acto V° empieza con un monólogo de Valerio lleno de amargura contra la Corte, cuya madre e hija es la envidia:

CORTIGIANA: «Valerio: Perversa, ingrata e invida natura della Corte! E' al mondo malignità, è al mondo inganno, è al mondo crudeltà che non regni in te?... Onde la invidia, madre e figliuola de la Corte, ha cominciato con mortale odio a fargli cozzare insieme...» p. 194-195.

TINELLARIA: «Godoy: Y os discierno qu'es tinelo suegra y yerno donde nunca falta engaño, y es semejança de infierno...» p. 248.

De repente, continúan las brevísimas escenas que culminan con una enésima burla. Maco, que había conseguido acostarse con su amada, debe huir creyéndose descubierto por el marido traicionado.

La escena XVª contiene un bellísimo y realista parlamento sobre el «tinello» que nos lleva a otra comparación con Torres Naharro.

CORTIGIANA: «Rosso: Come la mala ventura ti sforza di andare in tinello, subito che tu ci entri, ti si rappresenta a gli occhi una tomba sí umida, sí buia e sí orribile, che le sepolture hanno cento volte più allegra cera. E se tu hai visto la prigion di corte Savella, quando ella è piena di prigioni, vedi il tinello, pieno di servidori su l'ora del mangiare, perché simigliano prigionieri coloro che mangiano in tinello, sí come il tinello simiglia una prigione; ma son più grate le prigioni, che i tinelli assai, perché di verno le prigioni son

167

calde come di state, e i tinelli di state bollono, e di verno son sì freddi, che ci fanno agghiacciar le parole in bocca; e il tanfo de la prigione è manco dispiacevole che la puzza del tinello, perché il tanfo nasce da gli uomini che vivono in prigione, e la puzza nasce da gli uomini che muoiono in tinello... Si mangia sopra una tovaglia di più colori che non è il grembiale de i dipintori, e se non che non è onesto, direi che fosse di più colori che le pezze che dispingono le done, quando elle hanno il mal che Dio gli dia a' tinelli.

... Vomita quanto sai, ch'egli è ciò che tu odi. Sai tu dove si lava detta tovaglia in capo al mese?... Nel sego di porco de le candele che ci avanzano la sera, benché spesso mangiamo senza lume, ed è nostra ventura, perché al buio non ci si fa stomaco a vedere il manigoldo pasto che ci si porta innanzi, il quale affamando ci sazia, e sazii ci dispera.

TINELLARIA: «Godoy: Y os discierno qu'es tinelo suegra y yerno donde nunca falta engaño y es semajança de infierno, quaresma de todo el año...» p. 248.
Moñiz: Quando yo para gastar no toviesse sólo un pelo, antes lo yría a hurtar que venir en el tinelo...» p. 217.
«Godoy: Más contino dan pan que sepa al molino, la carne hiede un poquito, y el agito dan por vino, y el vino dan por agito...» p. 217.
«Moñiz: ¡Qué dudar! Haréis mejor de callar, qu'el antepasto nos traen...
Osorio: he provado. Paresce qu'está salado, y aun de humo siente un poco. ¡Voto a Dios qu'está ahumado!» p. 226.
«Godoy: Apostar qu'este caldo singular es agua con yervezillas que era puesta a escalentar para lavar escudillas...» p. 228.
Moñiz: ¿Puede ser qu'el hombre pueda comer tan dura carne de vaca? Dexássenla bien cozer al menos, pues es vellaca» p. 232.
«Mathía: Sús, señores, que anochece.
Escalco: Corre, enciende una candela...
Canavario: Ma... tu... tá, si es de día e quando...» p. 264.

El Acto termina con el reencuentro de todos los personajes, el desenredo de todos los engaños y el perdón de los engañados.

TÉCNICA TEATRAL

Hay ausencia total de estructura y de lógica de la clásica comedia erudita.

En la comedia están presentes dos intrigas paralelas: la burla a Maco y la de Rosso a Parabolano. A éstas se suman dos acciones paralelas a los enredos principales: engaño al pescador y engaño al judío Romanello.

Los personajes son mucho más abundantes que en las comedias eruditas y la media de actores está alrededor de doce [11], intervienen tres mujeres y las comparsas hablan.

Al igual que en la comedia erudita el peso de la comedia lo llevan los criados y la rufiana, al estilo clásico.

Los Actos son ricos en escenas, alejándose del número de las comedias precedentes. En la *Cortigiana* hay 102 escenas: 23 en el 1er. Acto, 22 en el 2º, 14 en el 3º, 20 en el 4º y 23 en el 5º.

No hay cuadros a excepción de los dos correspondientes a las intrigas catalíticas del pescador y de Romanello.

Toda la comedia se desarrolla a través de un contínuo movimiento de actores, de sus entradas y salidas que interrumpen la continuidad de la acción y que permiten el cruzarse de los enredos paralelos.

Hay unos 25 monólogos de tipo informativo al público o de tipo ideológico a través de los cuales el Autor informa al público sobre su ideología.

La *Cortigiana* es rica en acotaciones de entradas y salidas pero mucho más en gestualidad; diría que todo ello es un espectáculo de gestualidad física y mental:

> «Sanese: Tiratevi la persona in le gambe, acconciatevi la veste a dosso, sputate tondo: oh, bene. Passeggiate largo, bene, benissimo». pg. 94.
> «Parabolano: Cavami questa veste e portala suso in casa, e io andrò a vedere i cavalli, e 'l giardino». pg. 101.
> «Rosso: Eccoti cinque giulii...» pg. 105.
> «Sagrestano: Pigliatelo, preti, tenetelo; fateli il segno della Croce: ...Pescatore: Ahi, poltroni.
> Sagrestano: Tu mordi? Pescatore: Co' pugni, ladroni? ... p. 107.
> «Andrea: Fate un poco il Duca, come fa ogni furfante per parere un Cardinale travestito. Maco: A questo modo, con la veste al viso? ... Oimé che io son caduto per non saper fare il Duca al buio...» p. 115.
> «Rosso: Eccoti là il padrone, vedi con che viso arcigno ei guarda il cielo con le mani incrocicchiate, si morde il dito, e si gratta il capo; par proprio un che bestemmia col core». p. 144.
> «Zoppino: Sforza la porta, grida, brava, minaccia.
> Andrea: Ahi vigliacco, ygio di putta, traidor. Zoppino: Ti chiero, ombre civil, tomar la capezza. Andrea: Aorca, aorca». p. 198-199.
> «Arcolano: Basciatemi, su. Togna: Fatti n costà, fradiciume, non mi toccare». p. 218.

La comicidad está presente en toda la obra bajo las ironías y las sátiras a los personajes novelescos tipo Maco, Romanello, el pescador o directamente sobre el ambiente de la Corte; a menudo se hace dura por la osadía del lenguaje.

> «Maco: la vita de' Turchi composta per il Vescovo di Nocera. O che ti venga il grosso, che vuoi ch'io faccia dei Turchi? mi vien voglia di nettarmene... presso chio no 'l dissi». p. 96.
> «Rosso: Dove lasci tu la carta che profumata si fa portare infra duo piatti d'argento al destro, e non se ne fornirebbe, se prima non gliene fosse fatto la credenza?. p. 97... Io ne

disgrazio il quondam prior di Capua, che quando orinava, da un paggio si facea snodar la brachetta, e da un altro tirar fuora il rosignuolo... Cappa: Aha, Ah, dimmi, hai tu posto mente a le coglionerie che egli fa in nettarsi i denti doppo pasto?». p. 97.

«Littera di Messer Maco: Salve regina, abbimi misericordia, perché i vostri odoriferi occhi, e la vostra marmorea fronte che stilla melliflua manna mi ancide sì, che quinci e quindi l'oro e le perle mi sottraggono amarvi. E non si vede unquanco guance di smeraldo e capelli di latte e d'ostro che snellamente scherzano con il vostro uopo petto, dove alloggiano due poppe in guisa di dui rapucci e armonizanti melloncini: e son condotto a farmi Cardinale e poi Cortigiano, vostra mercede. Adunque trovate il tempo e aspettate il luogo, acciò che vi possa dire la crudeltà del mio core altresì, il quale si conforta ne i liquidi cristalli del vostro immarzapanato bocchino, et fiat voluntas tua, perché omnia vincit Amor.

Maco che sta per voi a pollo pesto vi brama far quello fatto cito e presto». p. 130-131.

«Zoppino: Entri pur Vostra Signoria, maestro Andrea.

Andrea: Pur la Signoria vostra. Zoppino: Pur la vostra. Maco: Voglio entrare prima io: ora entratemi dietro». p. 138.

IDEOLOGÍA

La ideología de Pietro Aretino en esta comedia no es ciertamente la del político-censor con claras convinciones ético-históricas, sino la que se deriva del título de la obra, y funciona como denuncia de la corrupción de la sociedad, en la que él mismo vivía y participaba.

Está presente la sátira contra la ingenuidad y simpleza de los sieneses, como en la historia popular antigua:

«Rosso: mena e rimena, tutti i servelli sanesi son d'una buccia, come i preti e i frati». p. 148.

contra los representantes de la justicia:

«Bargello: Va via, ché tu hai cera d'uomo da bene. Rosso: ... Parti ch'egli si intenda de la cera degli uomini? O che bargelli! basta guastare su la fune un che porti un coltellino e i ladroni lodare, come sono stato lodato io, per aver dato del capitano ne la testa a quel boia». p. 189.

contra lo español, más que contra los invasores extranjeros:

«Cappa: ... lo porge con una spagnuolissima riverenza a la punta del suo dito...» p. 97.
«Rosso: ... ho letto il cartello, che manda Don Cirimonia di Moncada al Signor Lindezza di Valenza...» p. 100.

170

«Andrea: ... a i gesti, al passeggiare, e al portar de la cappa e de la spada pare un giuradio al naturale» p. 140.

A estos aspectos superficiales sobre lo español se pueden añadir unos españolismos lingüísticos en clave humorística.

En la escena VII^a del Acto I°, con la descripción de Parabolano, presenta corporalmente al Cortesano-tipo para seguir después con la ideología cortesana:

«Valerio: ... Ma bisogna fare e dire il peggio che si può a questi Signori chi vuol essere favorito loro; che chi colomba si fa, il falcon se lo mangia» p. 98.
«Flamminio: ... la maggior parte de i grandi sono di sì oscura stirpe, che non ponno guardare quelli che nascono di sangue illustre; e si sforzano pure di far arme e di trovar cognomi, che gli faccin parer gentili» p. 99.
«Valerio: ... Dei grandi bisogna dir che il male che fanno sia bene, ed è tanto pericoloso e dannoso il biasimargli, quanto è sicuro ed utile il laudargli» p. 158.

Desde la vacuidad de los Cortesanos pasa más duramente a los efectos de éstos en la ciudad de Roma:

«Andrea: State in pace, che poltrone a Roma è nome di dì de le feste» p. 93.
«Valerio: Voglio inferire che adesso s'entra per l'uscio di bel dì chiaro, e hanno tanta ventura gli amanti, che dai propri mariti sono accomodati. Perché le guerre, le pesti, le carestie e i tempi, che inclinano al darsi piacere, hanno imputtanita tutta Italia, sì che cogini e cogine, cognati e cognate, fratelli e sorelle si mescolano insieme senza riguardo senza una vergogna e senza una conscienza al mondo». p. 129.
«Valerio: In somma se così è, noi altri, tolta l'Accademia di Medici, conversiamo qui con una mandra di affamati e infama-tinelli» p. 155.
«Valerio: Perversa, ingrata e invida natura de la Corte! E' al mondo malignità, è al mondo inganno, è al mondo crudeltà che non regni in te?... Onde la invidia, madre e figliuola de la Corte...» p. 194-195.
«Parabolano: perché le mogli d'oggidì son tenute più caste, quando elle son puttane. E chi la crede aver migliore l'ha più trista» p. 217.

CONCLUSIONES

Nos hemos limitado a constatar el paralelismo de algunos motivos y temas entre Aretino y Torres Naharro, partiendo del análisis del texto de la *Cortigiana* porque no ha lugar el análisis textual completo de la *Tinellaria*, extructuralmente muy diferente de la comedia italiana.

La *Tinellaria*, compuesta en 1516, es una comedia costumbrista, de tema único, que va desarrollándose a lo largo de las cinco jornadas, división correspondiente a los tradicionales actos. Es la primera obra que describe la vida de un Palacio de la Corte Romana del Renacimiento, como la *Soldadesca* del mismo autor describe la vida militar; posteriormente aparecen la *Cortigiana* de Aretino, el *Diálogo y Discurso de la vida de la Corte* de Castillejo, el *Guzmán de Alfarache* de Mateo Alemán, etc.

La obra fue representada en presencia del Papa León X y fue dedicada al Cardenal Bernardino de Carvajal, en cuyo Palacio, posiblemente el palazzo Sisto Mellini, se recitó.

Ya en dos obras precedentes, la *Trophea* y la *Jacinta*, el dramaturgo español se refiere a la situación política caótica y al «tinello» con plena capacidad de juicio por haber estado él mismo al servicio de grandes Señores de la Corte Romana. Savj-López, en su obra *Trovatori e poeti; studi di lirica antica*, afirma que pocas páginas de la Italia de 1500 «dan una impresión mayor de realismo mediocre y vil».

A través del diálogo de los criados, credenciero, mastro, y escuderos, que dura a lo largo de toda la obra, hay una denuncia realista y amarga de toda la Corte, una denuncia de la falta de trabajo, de las diferencias de situación y de clase entre el cortesano, el hombre del campo y el criado, miserias que debían ser el fruto social del siglo precedente, si ya Enea Silvio Piccolomini pudo anotarlas en su *Miseriae curialim* de 1473.

Es evidente para quien haya leído la *Tinellaria* y la *Cortigiana* el planteamiento ideológico denunciador de la Corte romana de ambas comedias, sin embargo, quiero permitirme el subrayar un sentimiento o una visión de vida diferente entre los dos dramaturgos.

Ya en el Introito y Prólogo el espíritu es diferente. Aretino pone en guardia a su dedicatario frente a sus cortesanos; Torres Naharro muestra al suyo la picaresca de sus servidores que se aprovechan de su bondad, por lo tanto, veo más directo el ataque a la Corte en la comedia italiana y más ambigua la denuncia en la obra española.

En Torres Naharro es más evidente la diferencia social entre rico-pobre y su consecuencia humana; en Aretino la vacuidad y corrupción de los cortesanos se refleja en los criados al imitarlos.

El pueblo en la *Tinellaria* sufre, denuncia pero se resigna, en la *Cortigiana* sufre, denuncia, pero reacciona corrompiéndose también él.

PERSONAJES Y ACTORES

Cuadro de importancia cuantitativa y mínimo de actores necesarios

Comedia	Personajes	Actores	Mujeres	Niños	Otros	Principales	Secundarios	Comparsas
Cortigiana	26	Mín. 10 Máx. 13 Media 12	3	0	0	Maco 25 Andrea 23 Rosso 41 Valerio 14 Parabolano 30 Alvigia 22	Sanese 5 Flamminio 3 Pescatore 8 Grillo 8 Zoppino 5 Togna 10 Arcolano 8 Giudeo 4	Vagabondo 1 Cappa 2 Sacristano 3 Sempronio 1 Guardiano 1 Mercurio 3 Bargello 1 Biagina 1 Sbirri 1 Forestiere 1 Gentiluomo 1

Observación: Las comparsas hablan.

NOTAS

1. D'Amico Silvio, *Storia del teatro drammatico*, vol. II°. Milano-Roma, Rizzoli e C., 1940, p. 60.
2. Ghilardi, F., *Storia del teatro*. Milano, Vallardi, 1961, ps. 159-160.
3. Mango, A., *La Commedia in lingua nel Cinquecento*. Firenze, Lerici, 1966, p. 103. Mango habla de 1526 en contraste con esta fecha indicada en *Scritti scelti di Pietro Aretino* a cura di Giuseppe Guido Ferrero, Torino, Unione Tipográfica-Editrice Torinese, 2ª ed. 1970, p. 18.
4. Mango, A. vid. op. cit.
5. Los textos analizados se basan en la edición de la *Cortigiana* de los Classici UTET dirigida por Mario Fubini: *Scritti scelti* de Pietro Aretino a cura di Guido Ferrero, Torino, 1970, 2ª ed. y en la *Tinellaria* de la *Propalladia and other works of Bartolomé de Torres Naharro*, editada por Joseph E. Gillet, Philadelphia, University of Pennsylvania Press, 1961.
6. Aretino, op. cit., p. 83.
7. Ghilardi, op. cit.
8. Paratore, E., *Nuove prospettive sull'influsso del teatro classico nel '500* en «Il teatro classico Italiano nel '500», Accademia Nazionale dei Lincei, 1971, Quaderno n. 138. Roma.
9. Aretino, op. cit., p. 102.
10. Machiavelli, N., «La Mandragola» en *Il teatro italiano*, Torino, Einaudi, 1977, p. 89, vol. 1°. «Impalare» se refiere a la costumbre de los Turcos de matar a los enemigos atados a un palo.
11. Ver cuadro de personajes.

EL HERMETISMO EN LA ESPAÑA DE LOS SIGLOS XV-XVIII

Antonino González Blanco
Simonetta Scandelari

1. El concepto de Hermetismo

El *hermetismo* recibe su nombre del dios griego Hermes y su popularidad filosófica la debe a los escritos que surgieron en época helenístico-romana y que hoy están agrupados, en la medida en que se han conservado, formando el llamado *Corpus Hermeticum* [1].

Sería, sin embargo, excesivamente simple pensar que *hermetismo* es lo mismo que la filosofía contenida en el *Corpus Hermeticum*, al modo como es una simplificación reducir el platonismo y neoplatonismo al pensamiento de Platón. Del mismo modo que los discípulos de Platón han creado una historia de pensamiento, así el *hermetismo* tiene una historia que es preciso conocer si se quiere llegar a caer en la cuenta de la polivalencia del concepto.

Según el uso actual del vocablo, suele entenderse por *hermetismo* a un conjunto de campos del pensamiento y de la cultura, sin fronteras bien definidas, y del que forman parte las categorías mentales que subyacen a magia, astrología y adivinación [2]. Entra dentro de ese campo toda la ciencia oculta de los siglos que pretendemos comentar aquí [3]. Sólo en el campo de la filología clásica se emplea técnicamente el nombre de *hermetismo* para referirse al pensamiento contenido en los escritos del *Corpus Hermeticum*.

En el presente trabajo, por necesidad, tenemos que entender el vocablo del modo más semejante posible a como se entendía en los siglos del Renacimiento. Durante ellos, la recuperación para Occidente de los escritos del *Corpus* dió categoría social y «científica» a la filosofía de ese nombre y su unión con las artes ocultas le dió popularidad. Para nosotros, pues, *hermetismo* es el conjunto de doctrinas que puestas bajo el patrocinio de Hermes Trismegistos, y en íntima unión con el neoplatonismo, forman un «sistema» con coherencia, por lo menos a los ojos de sus adeptos.

2. Los componentes del Hermetismo

2.1. *Un gran sincretismo*

El problema principal del Renacimiento era la acomodación de las enseñanzas no cristianas, que por entonces se extendían, con la estructura mental cristiana de la Europa Occidental. Un problema similar había ocurrido con la ola de traducciones del árabe de los siglos XII y XIII, pero Aristóteles e incluso Averroes se mostraron más fáciles de cristianizar que los materiales exotéricos del *Corpus Hermeticum*, del misticismo oriental y de la cábala judía, que fueron redescubiertos en el Renacimiento. Y como la revelación cristiana debía ser la piedra de toque de la verdad, todas las fascinantes ideas antiguas, y nuevas a la vez, de los escritos esotéricos de la Antigüedad tenían que ser reconciliadas con el cristianismo o rechazadas sin más.

Los pensadores ortodoxos tendían a aferrarse estrictamente a la revelación cristiana y desacreditaban a todas las demás formulaciones como falsas e inútiles, o como cosas calificadas todavía peor por provenir de los malditos paganos. Pero aún el más ortodoxo tenía que admitir alguna validez a la revelación judía puesto que, evidentemente, provenía de Dios, que había escogido al pueblo hebreo como receptáculo de sus profecías y de su sabiduría hasta que con la plenitud de los tiempos, la revelación de Cristo entre en el lugar de las revelaciones parciales precedentes.

Hubo, sin embargo, otros pensadores en el Renacimiento que se movieron desde una posición de estricta ortodoxia a un uso sincrético de las revelaciones cristiana y no cristiana, por extrapolación de la idea indiscutible de que los judíos tenían al menos una parte de la verdad. Algunos sostuvieron que los gentiles, lo mismo que los judíos, fueron preparados por Dios, mediante revelaciones parciales, para la revelación cristiana última; otros sostuvieron que Moisés había tenido un gran don de Dios y que los otros pueblos habían adquirido su sabiduría de los judíos que fueron los portadores de la pura tradición mosáica. Ocasionalmente se concedió a los paganos el descubrimiento de verdades parciales por el uso de la razón natural, pero en todas estas argumentaciones el acento y el énfasis se ponía en los problemas de la revelación.

En este acompañar a los pensadores sincretistas en su difícil quehacer, si abierta o tácitamente se supone que todo conocimiento verdadero debe ser considerado como originado de una revelación divina original, sea esta una o múltiple, todas las tradiciones verdaderas deben ser conciliables unas con otras. Tales reconciliaciones presentaban problemas complejos de interpretación, y en estos esfuerzos por resolverlos se ayudaron de actitudes y soluciones que han sido muy empleados en la exégesis bíblica.

Uno de estos procedimientos o principios de exégesis era la aceptación o supuesto de que algunas partes de la Biblia deben ser interpretadas alegóricamente para que puedan ser concordadas con el cristianismo ortodoxo.

Otro era el convencimiento de que muchos misterios religiosos y de los otros naturales habían sido deliberadamente velados u ocultos de suerte que pudieran ser guardados de las mentes no aptas para recibirlos.

Armados con estas dos armas o modos de aproximación, los sincretistas del Renacimiento pudieron fácilmente transformar el panteón griego en un Dios con muchísimos nombres, y afirmar que Hermes y Zoroastro habían recibido la revelación original de Moisés por tradición oral o descubriendo incluso novedades científicas ocultas en las fábulas y mitos de los antiguos [4].

2.2. La «prisca sapientia»

Un segundo aspecto, complementario con el anterior, de esta postura sincretista es la creencia en una antigua sabiduría o conocimiento que habría sido patrimonio de los antiguos y que luego se habría perdido para la mayor parte de la humanidad.

Algunos pensaron que tal sabiduría podía ser recuperada mediante el empleo de pensamiento puro y establecieron sus propias técnicas para la determinación racional de las «significaciones» [5].

También la experiencia podía ayudar. Los resultados de la misma capacitaban a la Humanidad a entender correctamente el verdadero significado oculto en la antigua Literatura [6].

El contenido de la *«prisca sapientia»* y sus implicaciones tuvieron una enorme importancia [7].

2.3. La creencia en el «espíritu universal»

La idea del «espíritu universal» que aparece en el *Corpus Hermeticum* fué hecha revivir en los siglos que estudiamos.

No fué, sin embargo, ni una ni unitaria la concepción del espíritu universal por parte de los filósofos herméticos. Así para Moore el «espíritu de la naturaleza» tenía diferencias substanciales respecto al «espíritu universal» de l'Espagnet y también de la forma química de esa idea que había sido pensada por Le Fevre en Paris al mismo tiempo que Moore estaba escribiendo *The Inmortality of the Soul*. Ambos, d'Espagnet y Le Fevre concibieron intercambios entre materia y espíritu e imaginaron que su espíritu universal podía ser materializado en formas específicas de materia. Moore no sostuvo tal idea. Concibió a su espíritu como rígidamente separado de la materia, lo mismo que hacía Descartes en lo que se refiere a intercambiabilidad [8].

Comenzando con Paracelso el «espíritu universal» del Neoplatonismo había entrado en el pensamiento y práctica química. Elaborado por varios paracelsianos durante el siglo XVI, al comienzo del XVII la idea general parece haber sido ampliamente aceptada en los círculos que ponían el énfasis en las medicinas químicas. Además se desarrolló el concepto de «matriz» en la que el «espíritu universal» podía ser «especificado» [9].

2.4. La materia «católica»

Fueron, al parecer, los filósofos mecanicistas los que con mayor ahinco defendieron que en última instancia las partículas de la materia, por mucho que difiriesen sus características de forma, aspecto y disposición, todas constaban de la misma substancia básica.

Pero también la alquimia se apoyaba en semejante presupuesto al defender la transmutación y cargar el énfasis en el hecho de que las nuevas substancias se formaban por reagrupaciones de diminutas partículas de una materia católica [10].

2.5. Terminología alquímica más que mecánica

Los escritores como p.e. Newton, y mucho más otros, que están influenciados por el espíritu de la época hablan con más dosis de categorías filosóficas herméticas que mecánicas [11]. Se habla de esencias, espíritus, almas, virtudes fermentativas más bien que de cuerpos en moción. Y si esto ocurre en los escritos químicos y alquímicos, mucho más en los puramente filosóficos.

2.6. Mística

En Alemania, al final del siglo XVI surgió una escuela mística compuesta de alquimistas, cabalistas y astrólogos reclutados entre discípulos de Ficino, Pico della Mirandola, Reuchlin, Agrippa von Nettesheim, Trithemius y Paracelsus. Según White, Henry Khunrath fué el principal representante de este grupo y su *Anphitheatrum sapientiae aeternae* fué una de sus principales publicaciones. Aparecieron igualmente muchos otros libros y panfletos exaltando el lado espiritual de las tradiciones herméticas alquímicas y los adherentes al movimiento clamaban que sus procesos alcanzaban la sublimidad de un conocimiento infalible y de una sabiduría plena mediante la divina revelación [12].

3. Evolución del hermetismo y de sus componentes

3.1. *El influjo de la imprenta*

El primer elemento importante para comprender el problema es la puesta en marcha de la imprenta. Con ella fué posible que durante la segunda mitad del siglo XVI los editores comenzaran a dar a luz colecciones de obras sobre alquimia del Medioevo y del Renacimiento. Tales obras nunca habían cesado de circular en manuscritos, pero ahora se hacen asequibles a un amplio público por primera vez y el incremento siempre creciente en el volumen de las publicaciones alquímicas es de suponer que refleja un interés considerable por parte del público [13].

3.2. *El influjo del Neoplatonismo*

Con la difusión del neoplatonismo a partir de los pensadores florentinos de finales del siglo XV, las ideas sobre la relación y estados intermedios entre la materia y el espíritu recibió un nuevo énfasis ya que tales relaciones eran algo fundamental en el neoplatonismo. Pero a la floración del neoplatonismo contribuyó no poco el conjunto de materiales publicados por la Academia de Florencia, entre los que se incluían el *Corpus Hermeticum* y la cábala.

Paracelso y van Helmont desarrollaron la misma linea de pensamiento. Ambos postularon entidades intermedias que actuaran como agentes psicológicamente directores en las conversiones entre materia y espíritu.

En el siglo XVII la filosofía natural neoplatónica vino a ofrecer una alternativa limpia y bien desarrollada al aristotelismo decadente y al mecanicismo naciente. A tal alternativa contribuyó no poco Jean d'Espagnet (1564-1637) un magistrado francés con inclinaciones herméticas, retirado a la vida privada con el expreso propósito de trabajar en la restauración de la física. El libro que escribió *Enchiridion physicae restitutae* fué una obra maestra literaria y en 1651 era posible conseguirlo en latín, francés e inglés. En realidad no es alquímico en absoluto aunque incluye frecuentes citas de Hermas Trismegistos y de los «filósofos», sino qe es una formulación racional de la teoría física neoplatónica. Es una obra que deja ver la fuerza del trasfondo filosófico neoplatónico sobre el que construían los filósofos naturales del siglo XVII [14].

En este campo de la filosofía natural ya hemos visto que la posición de los pensadores no fué única y al problema de si materia y espíritu efectúan intercambios entre si o más bien sólo se combinan materialmente en algunos cuerpos, Barrow habría respondido quizá por la primera alternativa, basando su opinión en los filósofos herméticos que encuentran una gruesa materia y un sutil espíritu en todos los cuerpos. Pero Moore lo habría negado, siendo para él una rígida necesidad filosófica el mantener materia y espíritu rígidamente separados. Para Moore el espíritu solo sirve para guiar y dirigir las mociones de los cuerpos que podrían no ser controlados en la hipótesis del impacto mecánico. Newton probablemente no se resolvió en ningún sentido durante mucho tiempo. Al fin parece que se decidió a dar a luz su nuevo concepto de fuerza modificando el mecanicismo cartesiano en el recto sentido [15].

3.3. *El avance de la alquimia psicológica*

El problema que acabamos de indicar presenta otra cara interesante y es el avance del psicologismo.

Hay una importante variación entre la alquimia medieval y la del Renacimiento. Durante el Medioevo en Europa occidental hubo mucho menos énfasis en los factores psicológicos y religiosos y más en los procesos químicos y teorías racionales.

El Occidente medieval parece primero haber absorbido y usado unas pocas colecciones técnicas de recetas en las que no se encuentran las teorías sobre el origen y transmutación de los metales. Luego el gran período de traducciones del árabe proveyó al occidente de la alquimia más mística de Egipto, Grecia y el mundo árabe de los siglos XI y XII, así como también de un conocimiento técnico más fresco. pero cuando los enciclopedistas de los siglos XII y XIII comenzaron su tarea de organizar y digerir los nuevos materiales parece que fueron atemperados por una fuerte dosis de racionalismo aristotélico y omitieron la mayor parte de los elementos místicos de la alquimia recibidos de los árabes, de Grecia y de Egipto. Hablan, cierto, de transmutación, pero normalmente la tratan como un fenómeno físico, sujeto a leyes.

En los siglos XV, XVI y XVII creció en volumen el tipo de alquimia psicológica. Las razones pueden ser buscadas quizá en la ruptura de los grupos sociales de la Edad Media que deja a los individuos con más libertad para desarrollar sus propias potencialidades. Añadamos que en el siglo XVI las tensiones religiosas probablemente sirvieron para incrementar el interés por las funciones naturales soteriológicas de la alquimia ampliando mucho su atractivo [16].

Solo el siglo XVIII reaccionó contra la alquimia [17], pero no del todo [18].

3.4. *El avance del mecanicismo*

Si, como se ha sugerido, el impulso primario hacia el estudio de la alquimia fué religioso, tal impulso se convirtió en algo radicalmente diferente para algunos de los que más tarde se interesaron en los estudios alquímicos; de forma que un fenómeno completamente nuevo hizo su aparición cuando el siglo XVI se iba acabando. Tal cambio se reflejó primero en la actitud de Marin Mersenne. Este claramente percibió los peligros para la religión ortodoxa inherentes en el movimiento alquímico y su ataque a los ocultistas y la batalla que siguió no sólo señala un cambio en el curso de los estudios alquímicos, sino que presagia un nuevo acercamiento de la filosofía y la naturaleza [19].

El fenómeno que dió lugar a la postura de Mersenne fué el incremento de la mística en Alemania a fines del siglo XVI, de que hemos hablado más arriba.

Después de que Mersenne hizo pública su firme posición contra el ocultismo hubo un importante número de brillantes hechos. Algunos son bien conocidos: Descartes emprendió la elaboración de un sistema filosófico completo en el que materia y espíritu son distinguidos y separados cuidadosamente y toda la ciencia iba a consistir en un acercamiento racional y matemático a la materia en movimiento.

El amigo de Mersenne, Pierre Gassendi, probablemente a sugerencia de Mersenne emprendió una argumentación pública contra los Rosacruz. En el curso de sus escritos, Gassendi trabajó en la cristianización de las antiguas doctrinas atómicas, que las hicieron aceptables a los devotos de la filosofía natural de su tiempo [20].

El influjo de las filosofías mecanicistas en la evolución de la química fué grande, como pasamos a considerar [21].

3.5. *El interés por la ciencia*

En el siglo XVII circularon muchos tratados químicos. Se prestó mucha atención a las medicinas químicas y por supuesto se siguió reeditando a los alquimistas.

Hubo autores que tocaron todos estos aspectos, pero todavía no había un cuerpo o conocimiento de doctrina que pudiera ser llamado química.

Sin embargo, de hecho, un paradigma alquímico era ampliamente aceptado. En su forma más general, se puede reducir a la creencia en la transmutación metálica. Y, como también hemos indicado más arriba, en este punto coincidían las filosofías mecanicistas y la alquimia [22].

El proceso de rechazo de la transmutabilidad tuvo lugar en dos estadios: el primero puede ser llamado de clarificación y quimicalización del pensamiento y práctica alquímica. Este caso parece haber servido para proveer un cuerpo de literatura que ofreciera ejemplos de transmutaciones en terminología racional, ejemplos que fueran de hecho presentados operacionalmente.

El segundo estadio, que aparentemente duró hasta el siglo XVIII, abarca el tiempo durante el que tales operaciones fueron intentadas de nuevo y nuevas generaciones de experimentalistas encontraron que las anteriores concepciones de transmutación eran inadecuadas [23].

4. Uso y prestigio del hermetismo en Europa

Al parecer, las doctrinas herméticas tuvieron gran influencia en el desarrollo de las teorías de la educación. Muchas de las relaciones entre el pensamiento hermético y alquímico y la reforma de la educación están centradas en el concepto comeniano de la *pansophia*. Bajo este concepto, tal como Comenius lo desarrolló, está subyacente la tradición filosófica idealista de Platón que sostiene que el hombre no experimenta ordinariamente la realidad o esencia de las cosas sino sólo sus sombras, como en la parábola platónica en la caverna. Sería posible, sin embargo, salir de la caverna a la luz y experimentar la verdadera naturaleza de la realidad en cierto grado. Comenius desarrolló el concepto a lo largo de lineas de macrocosmos-microcosmos hasta que llegó a concebir una luz existiendo en la mene humana lo mismo que fuera de ella. Cuando el hombre abre sus ojos a ambas, entonces verá la verdad última del Universo, que Comenius llamada *pansophia*. La naturaleza esencial de la realidad externa, pensaba Comenius, puede ser llevada por la educación a la simple inteligencia si todo conocimiento puede ser reducido a un principio básico. La naturaleza esencial de la realidad interna, por otra parte, sería iluminada por el amor religioso y/o los ejercicios de la alquimia espiritual. Considerada como una técnica fundamental para el descubrimiento de la luz interior, la alquimia espiritual podría así ser concebida como fundamental e incluso necesaria a la parte interna del proceso de la educación [24].

De igual manera también Paracelso, con sus medicinas químicas, dió un fuerte impulso a la alquimia. La medicina de Paracelso fué ella misma un movimiento fundado en el neoplatonismo del Renacimiento [25].

Pasando a otro campo Barrow (1630-1677) alabó la extensión y cualidad de la instrucción en el lenguaje en Cambridge y la reciente reviviscencia de las matemáticas. Luego comenzó a hablar de los estudios de filosofía natural, que eran corrientes, como él dice. Menciona la «inocente crueldad» que se practicaba en el anatomizar perros, peces, pájaros y también el conocimiento botánico de las plantas en la vecindad. Y luego pasa —inesperadamente para el lector moderno— a referirse en el mismo contexto al arcano conocimiento de la filosofía hermética, diciendo que la filosofía hermética era comparable a las matemáticas en sus grandes producciones y que era el único arte que podría «completar y traer a la luz no sólo la medicina, sino también la filosofía universal» [26].

Moore (1614-1687) no mucho después de graduarse en 1630 comenzó a leer los escritores platónicos, a Marsilio Ficino, al mismo Plotino, a Hermes Trismegistos; y los divinos místicos [27].

5. DE EUROPA A ESPAÑA

Es evidente que el problema está planteándose en toda Europa merced a que allende los Pirineos hubo filósofos y eruditos que escribieron sobre el hermetismo y fueron adictos a una u otra escuela. Que también los hubo en España parece incuestionable ya que las diversas escuelas filosóficas a que nos hemos referido también fueron conocidas aquí y dejaron sentir sus ecos en escritores hispanos, cosa bien conocida para los estudiosos de historia de la filosofía.

Hasta muy avanzado el siglo XIX la ciencia oficial no se había ocupado del tema. Y por lo que sabemos, además de desconocerlo, lo negaba. Por lo menos eso nos dice el abate francés Lenglet du Fresnoi: «Los españoles, siempre sabios y siempre reservados se han aplicado menos a la ciencia hermética que los filósofos de otras naciones. Yo no conozco entre ellos más que dos artistas; pero uno que es Raimundo Lullio la llevó a un nivel superior al que consiguieron cuantos vinieron después de él. Es cierto que la pura casualidad le procuró el conocimiento de este arte. De filósofo metafísico llegó a ser un gran físico. Lo debió al célebre Arnaldo de Villanova, que conociendo que era hombre de bien, le descubrió todo el secreto de la ciencia hermética persuadido de que jamás haría un mal uso de ella. El segundo artista es Diego Alvarez de Ohacam, que hizo imprimir en Sevilla en 1514 un comentario sobre Arnaldo de Villanova. Por lo demás incluso los médicos de esta sabia nación no aparecen en el rango de los filósofos herméticos. Se mantuvieron en las enseñanzas de Hipócrates y de Galeno, de igual manera que sus filósofos se han mantenido en las enseñanzas de los filósofos más antiguos, como fueron Aristóteles, sus comentaristas y los árabes. También un francés muy hábil, que viajó a España en estos últimos tiempos, me hablaba del saber de los eclesiásticos y de los obispos de esta sabia nación y me decía, a su vuelta, que estaban totalmente al día en la antigua filosofía y en la nueva teología.

183

Aunque yo he puesto a Bernardo Pérez Vargas y a Alonso Barba en el catálogo de los autores de la ciencia hermética, estos no entran, sin embargo, más que como metalúrgicos y no como químicos. Los tratados que han escrito sobre las minas y no sobre los metales, no sólo son excelentes, sino que también son extremamente raros; y es para ellos materia de práctica y no de curiosidad. No se estimará bastante la sabiduría de una nación que no ha caído en un exceso de avidez, demasiado frecuente en otros pueblos» [28].

Aspectos parciales de la cultura española del Renacimiento han ido apareciendo en estudios serios que cubren parte del campo a que aquí nos estamos refiriendo. Así la Alquimia ha sido estudiada en profundidad en el último siglo [29] y las nuevas investigaciones van poniendo de relieve dimensiones parciales sobre problemas de adivinación [30], magia y vida espiritual [31] intimamente relacionados con el tema que aquí nos está ocupando. Lo que falta por hacer es una reinterpretación global que trate de integrar todos estos aspectos parciales en una más plena comprensión de aquella cultura. Lo que aquí ofrecemos es una serie de datos, recogidos casualmente en el curso de nuestras lecturas, sin mayor relevancia considerados aisladamente, pero impresionantes formando bloque. Helos aquí

6. LOS PRECEDENTES MEDIEVALES DEL PROBLEMA

6.1. *La cábala judía*

La importancia que durante la Edad Media tuvo la cábala judía, cuya conexión con el hermetismo es bien conocida [32] es el primer elemento a considerar. «Un jurisconsulto como D. Francisco de Torreblanca, que ya atribuía la práctica de la magia a los judíos que vivieron en España en tiempos legendarios, consideraba a éstos responsables de la enseñanza de la misma en Toledo, así como de la vulgarización de ciertos libros llenos de signos, caracteres y oraciones, como la tan traida, llevada y citada *Clavicula Salomonis* y otros libros de necromancia, medicina supersticiosa etc., y hasta los que se decía que había poseído el Marqués de Villena los tenía de origen judío en su mayor parte, lo cual le dió ocasión para arremeter contra ellos. A esta fuerte diatriba legal sigue un capítulo en el que se ataca también de modo violento a la cábala, usando de autoridades españolas y extranjeras; y otro exclusivamente consagrado a atacar a la «Magia Salomónica», es decir, los libros de magia atribuidos a Salomón y que a lo largo de la Edad Media no sólo preocuparon a los hombres del occidente europeo, sino también a los del ámbito oriental helénico» [33].

«La base fundamental del esoterismo hebráico es la angelología... y si he de señalar sus relaciones con las doctrinas griegas de las distintas épocas ... durante la Edad Media, en el mundo judío, las especulaciones en este orden tienen una autonomía muy grande... pero durante la segunda mitad del siglo XV vuelve a haber un momento en el que las especulaciones cabalísticas y las que podríamos llamar helenísticas vuelven a conjugarse»[34].

«La magia hebrea medieval se recubre casi siempre de cierto aparato científico, pues en determinados casos el mago tiene que realizar varias operaciones matemáticas como preliminares. En ellos el valor de las letras es inmenso; es decir, que está ligada estrechamente a la cábala, una disciplina en la que también descollaron primordialmente los judíos sefardíes y que produjo gran curiosidad mucho después a eruditos y letrados del Renacimiento y del siglo XVII, incluso no judíos»[35].

6.2.— La importancia decisiva de la Escuela de Traductores de Toledo en la incorporación a Europa de las obras alquímicas y herméticas árabes.

«Las obras de alquimia medieval pueden clasificarse según una doble tendencia. Por una parte los textos en los que predomina la función descriptiva de substancias y operaciones. Preside esta orientación en los textos atribuidos a Djabir o Geber, así como en los de Rasis. Por otra parte se incluyen aquellos tratados de carácter místico-alegórico cargados de fermento gnóstico, que siguen las huellas de la famosísima *Tabula Smaragdina*, atribuida al mismísimo Hermes, y que pudo redactarse hacia el siglo XIII, aunque contiene remotas fórmulas de iniciación»[36].

Sabemos, p.e., que la obra *Picatrix* fué traducida del árabe al español por orden de Alfonso X el Sabio, aunque tal traducción se haya perdido[37]. Y de igual manera el nombre de este monarca aparece en relación con otra obra de carácter alquímico titulada *Clavis Sapientiae*[38].

En las *Partidas* de Alfonso X de Castilla (Partida VII, título XXIII, ley II), se señalan los peligros que vienen a los hombres por utilizar a los que «trabajan» en esto; aún el legislador medieval no se lanzaba a condenar las ciencias ocultas como tales, sino su aplicación torcida»[39].

6.3. *La astronomía astrológica*

El texto astrológico hispano-medieval más famoso es el de Aben Ragel. Aben Ragel o Ibn ar-Rigal fué un astrónomo y astrólogo árabe, muerto hacia 1040, al que se deben muchas obras científicas, entre ellas, una acerca de la esfera, cuyo traductor Yehudá B. Mosé ha-Kohén, fué también al parecer, el traductor al castellano del texto astrológico de que hablo, según dice su editor moderno. La fecha de la primavera de 1252, en la que se coloca el inicio de la traducción, nos señala un momento de máximo interés por esta clase de averiguaciones, aunque hay que reconocer que el mismo texto fué luego mucho más conocido por la traducción latina de Egidio de Thebaldis y Pedro de Regio, los cuales fueron también colaboradores de Alfonso X. No se puede, pues, hoy dudar (como se dudó en otra época) de que el famoso rey estuviera muy influido por ideas un tanto sospechosas desde el punto de vista de la ortodoxia, aunque hay que advertir, por otra parte, que en su Código (como ocurre en otros textos legales del Medioevo y aun en obras teológicas) hacía distinción entre la Astrología (Astronomía, dice aún) como ciencia y la adivinación por los astros llevada a cabo por aficionados e impostores [40].

6.4. *La historiografía*

Para los autores del siglo XIII, la persona de Hermes Trimegistos es absolutamente real y tuvo no pequeña importancia en la vida antigua de nuestro pais. Según Gil de Zamora, Hermes Trismegistos fundó en España una ciudad que llaman Flor y que es la actual León [41].

6.5. *Parece ser que Gebel era un español*

Este autor que ya hemos citado más arriba escribió hacia 1310 y era alquimista familiarizado con la metalurgia práctica y ofreció una teoría racional de la composición de los metales basada en el aristotelismo y en la teoría árabe de la composición del azufre-mercurio. Dió muchas descripciones de las substancias, procesos y crisoles que aunque quizá no son inmediatamente transparentes para el lector moderno, ciertamente no son místicos [42].

6.6. *Arnaldo de Villanova tuvo una enorme relación con España*

Su importancia en el terreno que nos ocupa está por encima de toda discusión. Es un problema saber si era catalán, milanés o francés. En 1309, Jaime II, rey de Aragón lo envia al papa Clemente V para ponerse de acuerdo con la Santa Sede respecto al título de Rey de Jerusalén, que Jaime II pensaba que le pertenecía [43]. De este autor dice el P. Mariana: «rei medicae ea tempestate peritissimus maiori fama quam laude: cum nobile ingenium, eruditionem maximam pravis superstitionibus, pravisque de religione opinionibus foedare visus est» [44]. Sus opiniones fueron condenadas por la Inquisición y se pretendió difamarle haciendo de él un «homunculus» [45]. «Algunos se empeñan en mantener que no fué alquimista. Incluso hemos leido en cierta monografía la siguiente cuestión: ¿Por qué sus enemigos, que le juzgaron en Tarragona después de su muerte, no incluyeron en la condena sus escritos alquímicos, puesto que el arte de Hermes estaba condenado por la Iglesia?». Conviene advertir ante todo que la Iglesia no había condenado la alquimia. La reunión de teólogos se celebró el 6 de novembre de 1316 y la bula de Juan XXIII, algo posterior, solamente condena a los falsarios. En la reunión de Tarragona se condenaron catorce tesis teológicas y se especificaron 13 títulos de obras arnaldinas de carácter teológico... La alquimia en los tiempos de Arnaldo formaban parte de la cosmovisión naturalista» [46]. De todas formas, otros autores le dan como español [47] y en cualquier caso su cultura se desarrolla en la Península Ibérica.

Y hombres como Arnaldo de Villanova no sólo creían en la influencia y el gobierno de los astros, que, a su vez, fueron creados por Dios para tal fin de gobierno. Arnaldo de Villanova, a quien varias veces se ha defendido de la fama de mago, no fué un ortodoxo precisamente. Su doctrina era absolutamente opuesta a la de los grandes escolásticos. Porque la doctrina de Santo Tomás, por ejemplo, es, en cierto orden, tan tajante como la de los Padres antiguos, pero, posiblemente, sus efectos, no fueron en su tiempo tan grandes como en épocas posteriores, en que sirvió de base a casi todos los teólogos y canonistas para condenar la astrología, y además permitía ciertas exploraciones» [48].

6.7. *Raimundo Lullio*

La figura de Raimundo Lullio, muy discutida, está en relación directa con todo el movimiento ocultista, por más que no esté demostrado que él personalmente fuera alquimista [49].

«Los lulistas, desde los primeros tiempos, estuvieron en contacto con elementos dedicados al Hermetismo. El mismo Ramón tuvo amigos y protectores entre los «adeptos» de fuste. Por ejemplo, Ramón Gaufredi, general de los minoritas, que tantas facilidades dió a Lull para que éste pudiera difundir sus doctrinas, escribió un tratado de alquimia; Bernardo Delicioso que fué apresado bajo acusación de haber hechizado a Benedicto XI, tenía en su biblioteca varios manuscritos de Lull, que el propio maestro le había entregado. Pedro de Limonges, que recibió también un depósito de manuscritos del iluminado, tenía en su biblioteca textos atribuidos a Joaquín de Fiore y otros de extrañas doctrinas» [50].

Es cierto que en obras de atribución indudable aparecen críticas notables al arte de Hermes. Esto ha de quedar claro y tiene su peso. Pero también conviene tener en cuenta que en otras obras no se muestra tan duro. Además hay posibilidad de comprobar que utiliza lenguaje o imágenes de quien se había adentrado en los zigzagueantes senderos del arte secreto [51].

6.8. *España, atractivo de magos y alquimistas*

Se dice que M. Scotus hacia 1209 vino a España, donde vivió diez años en Toledo y visitó Córdoba, la cuna de Averroes [52].

6.9. *Otras relaciones entre personajes importantes de esta época*

Se dice que Petrus Toletanus fué hermano de Arnaldo de Villanova y parece que escribió el más viejo tratado titulado *Rosarium Philosophorum* [53].

6.10. *La reacción de ambientes oficiales*

Juan XXII, en su bula *Spondent quas non exhibent* (1317) dirige a los adeptos de la alquimia aquellas impugnaciones que hemos dado en llamar «clásicas». Reprocha a los «desgraciados alquimistas» sus vanas promesas ... En el texto *Extravagantes communes* se refiere también a los alquimistas en el apartado titulado «Del crimen de la falsificación» y presenta la alquimia, de modo específico, como un arte para sofisticar metales [54].

7. EL RENACIMIENTO

7.1. *Caracterización general de la ciencia: el caso de la astrología*

A fines del siglo XIV y principios del XV, en España, la brillante tradición científica, de origen oriental, estaba en plena decadencia. Hacía tiempo que ya se habían producido sus más eximias figuras, y las nuevas generaciones, que se habían beneficiado de los gérmenes sembrados por las anteriores, pugnaban por dar un nuevo paso en la ruta ascendente emprendida. Las Tablas alfonsíes veíanse ratificadas y superadas por los esfuerzos de una serie de astrónomos y observadores, cuyos principales centros han de colocarse en la escuela de París y en el grupo del norte de Italia... España, que tanto había contribuído al florecimiento de aquella ciencia, se encontraba ahora, en el ensamblamiento de los siglos XIV y XV, en un ambiente político y social enrarecido, minada la vida de la corte por las banderías de la nobleza, y algo alejada del polo o punto vital de irradiación de las ciencias. De ahí las escasas figuras científicas de estos siglos de cambio de era [55].

Y hay otra noticia que parece apuntar hacia este declive de tendencias de este tipo al final de la Edad Media: En la vida del hipotético fundador de los Rosacruz se cuenta que al volver desde Fez a Alemania pasó por España, donde predicó, pero sin fruto [56].

De todas formas el declive fué breve y no en todos los campos, como ya se puede suponer. En la literatura de los siglos finales de la Edad Media y aun en la del siglo XVI hay numerosas alusiones a sabios «estrelleros» arábigos. Sea la crónica de Alfonso XI o la de Pedro I, sea Hernando de Baeza hablando de las postrimerías del reino granadino, o Mármol de Carvajal y Hurtado de Mendoza al tratar de los moriscos, sean los autores de los libros de caballerías o su censor o ridiculizador Cervantes, sea el Padre Pineda, hay un emjambre de escritores castellanos que a lo largo de los siglos aluden con respeto a los astrólogos moros y moriscos [57].

El componente arábigo-hebreo del mundo español, al que suele atribuirse en buena parte todo este mundo que venimos comentando no sólo no desaparece sino que sigue bien vivo, como sabemos por la historia. Recordaba don Luis Zapata haber visto en S. Jerónimo de Talavera los epitafios de dos judíos conversos, «Grandes médicos, astrólogos y matemáticos», en que se aludía a la adoración de los reyes que vieron en Oriente la estrella anunciadora. Y los médicos conversos y más o menos judaizantes que pululaban por España y Portugal, o fuera ya de la Península, hasta el siglo XVII, creyeron en la utilidad de la astrología como auxiliar de la medicina. Ni hay en este punto ruptura con el mundo medieval, como puede comprobarse si se recuerda, por poner un ejemplo la obra poética del Arcipreste de Hita, cuando narra la historia del rey Alcaraz y su hijo, sobre la vida del cual, al punto de nacer, cinco «estrelleros» dieron cinco juicios aparentemente desacordes, pero luego resultaron exactos consecutivamente. Juan Ruiz, como otros muchos hombres de la Iglesia de su época, creía en la influencia de los astros, subordinada a la voluntad de Dios; esta subordinación no había sido suficiente, en su caso particular, para que no se tuviera entre los nacidos bajo el signo de Venus... y este signo por muy sacerdote que fuera, lo tenía sojuzgado por completo [58].

En el reino de Aragón, siempre más influido por Italia, y en dominio lingüístico del catalán, se multiplicaron durante los siglos XIV y XV los *Juys d'Astronomia* y las *Taules*, llenas de predicciones. Pedro V el Ceremonioso, como su homónimo Pedro I de Castilla, fué un constante consultor de los cielos. En la disputa del asno con Fray Anselmo de Turmeda, éste famoso renegado mallorquín (1352-1423?) considera que uno de los mayores privilegios y dones del hombre es el saber astrológico y se jacta de poseerlo en profundidad. En efecto, sus profecías respecto al conde de Urgel y los sucesores de la monarquía en su época, produjeron enorme sensación en Cataluña, como es bien sabido, y el que la astrología andaba a la orden del dia en su tiempo, lo confirman hechos como el de que el famoso Nicolás Eymerich en el *Directorium Inquisitorum* diga que había personas que hasta para averiguar quién había realizado un hurto y cósas similares utilizaban el astrolabio»[59].

El personaje más afamado que existió en la Península por esta época, como dado a estudios de este tipo fué el marqués de Villena, a quien se debe un *Tratado de Astrología*, conocido por los eruditos, y otro más conocido sobre fascinación y ahojamiento. El marqués ha quedado como personaje mítico en la literatura y el folklore españoles, aun cuando parece que en su vida fué un pobre hombre más bien que otra cosa[60].

La posición de las personas cultas respecto a la Astrología en la España de la segunda mitad del siglo XVI queda bastante bien reflejada —al parecer— en los *Diálogos familiares de la Agricultura cristiana* del verboso Juan de Pineda. La credulidad y la incredulidad se hallan en pugna en su texto, pero los límites de una y de otra no están definidos de modo tajante, absoluto[61].

Y la tarea editorial confirma todo lo dicho. Antes de terminar el siglo XV se publican en España varios libros de Astrología. El médico valenciado Jerónimo Torrella escribió su tratado *De imaginibus astrologicis*, pensando en su utilización terapéutica y publicándolo en 1486. Al mismo se debe una refutación del libro de Pico della Mirándola; y a otro médico hermano de Jerónimo, Gaspar de Torrella, un *Judicium generale de portentis*, publicado en 1507. Dentro del mismo ámbito trabajó Juan Escrivá, del que hay un incunable astrológico[62].

7.2. *La ideología filosófico-hermética*

A fines del siglo XV se ponen en circulación por toda Europa los códices del *Corpus Hermeticum*, los cuales también llegan a España. Según la relación que da Kristeller, los manuscritos del *Corpus* existentes en España son:

a) Un manuscrito del siglo XV con la traducción del *Pymander* de Marsilio Ficino, en la catedral de Burgo de Osma[63].

b) El mismo manuscrito contiene también el *Asclepius* [64].

c) Hay otro manuscrito del *Asclepius* en la Real Biblioteca del Escorial [65].

d) Un manuscrito de la obra *Liber XXIV Philosophorum* lo posee la Biblioteca Colombina de Sevilla [66].

7.2.2.— Los hermetistas europeos del momento

a) España mantiene algo de su aureola medieval ya que p.e. Nicolás Flamel parece que va a Compostela para buscar un judío que le explique las figuras de Abraham [67].

b) Bernardo Trevisano se puso a viajar y pasó por Roma, España, Turquía, Grecia, Egipto, Barbaria, Rodas, Palestina, Persia, Messina, Francia, Inglaterra, Escocia y Alemania [68]. Trevisano había nacido en Padua en 1406.

c) En los años de gloria del hermetismo en Europa, el rey de Navarro tuvo gran importancia en el problema de la sucesión de Enrique III de Francia y tal relieve se dejó sentir en todos los círculos afectos al hermetismo. El hecho parece denunciar la difusión de las doctrinas herméticas en esta corte del N. de la Península [69]. Hay, además, una carta de Agrippa d'Aubigné que afirma que Enrique III de Francia importó de España algunos libros mágicos, entre los que estaban «los comentarios de don Juan Picatrix de Toledo» [70].

El caso de Henri Corneille Agrippa de Nettesheym es mucho más interesante. Nacido en Colonia en 1486, fué sucesivamente secretario del emperador de Maximiliano I, después favorito de Antonio de Leiva, uno de los grandes generales de su tiempo, que le hizo, incluso, capitán del ejército que mandaba. Fué consejero e historiador del emperador Carlos V. No hubo sabio que no tuviera a gloria colmarle de elogios de suerte que incluso Luis Vives, que no era lisonjero, le mira como el hombre más respetable de su tiempo y como un milagro de la Literatura [71]. Este hombre visió España [72].

d) También visitó España Nicolás Bernaud [73].

e) Consta de la actividad en España, como embajador de la República de Venecia en Madrid, de Franciscus Patritius, traductor de los escritos del *Corpus Hermeticum* [74].

f) Con el hermetismo europeo se da también en España un despertar del mismo tipo de filosofía. Leon Hebreo cultivó la filosofía hermética (1460-1535). Este vivió en Toledo antes de ser expulsado en 1492 y parece que redactó en castellano originariamente sus famosos *Diálogos de Amor* [75].

El pensamiento de Leon Hebreo es una síntesis de ideas platónicas y judáicas —según habían evolucionado desde Filon y a través de Avicebrón y otros pensadores posteriores combinados con nociones derivadas de la cábala y de Hermes Trismegistos. Bajo la influencia de este último escribe lo siguiente: «Sabida cosa es que yo soy mosáico. En la sabiduría teologal me abrazo con esa segunda vía (platonismo), porque verdaderamente es teología mosáica... y Aristóteles... no teniendo la enseñanza de nuestros teólogos antiguos... Empero Platón, habiendo aprendido de los viajes a Egipto, pudo sentir más adelante (Leon Hebreo, *Diálogos de Amor*, trad. Garcilaso de la Vega, Buenos Aires-Méjico 1947, p. 304) [76].

7.2.3.— La carencia de reacción contraria al hermetismo

No parece que en la España de comienzos del siglo XVI hubiera particulares prevenciones contra la ciencia hermética. Ya hemos recogido arriba el hecho de que en 1514 se publica en Sevilla un comentario a Arnaldo de Villanova, por el hermetista Alvarez de Ohacam, que fué naturalista y compañero de Colón en su 2º viaje a América [77].

7.2.4.— Los neoplatónicos españoles

Además del ya citado Leon Hebreo, que fué neoplatónico convencido, podemos recordar:

a) Los influjos de esta filosofía en el *Cancionero* de Juan Alfonso de Baena.

b) Sebastián Fox Morcillo (1528-1560) que intentó la concordia de Platón con Aristóteles [78]

c) Miguel Servet (1511-1553) influido por Filón y por los escritos herméticos, si ben parece haber estudiado en el extranjero [79] y allí murió mandado quemar por Calvino.

Además de la buena dosis de neoplatonismo que hay en otros muchos autores que iremos citando en apartados diversos [80].

7.3. *La magia*

7.3.1.— El combate contra la magia

a) El *malleus maleficarum*, del siglo XV, es una obra de dos inquisidores germánicos y constituye una especie de código para proceder, precisamente, contra los delitos de hechicería y brujería. El éxito del *Malleus* fué enorme en el ámbito internacional. Baste para demostrarlo el hecho de que Fray Bartolomé de las Casas, en su *Apologética Historia de las Indias*, recuera su doctrina cuando discurre sobre materias hechiceriles y para introducir al lector en el mundo espiritual de los indios [81].

b) El sábado 20 de agosto de 1440, Arnaud Dezvall, lugarteniente de inquisidor, entregaba al maestro Guillen de Torres, que parece venía a substituirle en la ciudad y obispado de Barcelona, una serie de libros y objetos que habían pertenecido a Pedro Marsch, «*magister domorum*», procesado por hechicero, y entre ellos estaba la *Clavicula Salomonis* y una segunda parte de la misma. Todos los objetos y libros fueron quemados; como vamos a ver, el efecto purificador del fuego no fué decisivo, ya que cien y doscientos años después seguía habiendo españoles que creían en la eficacia de la *Clavícula* y la copiaban y recopiaban, más o menos adulterada, «corregida», y aumentada; y junto a ella, otros libros de la misma catadura. A fines del siglo XV, y recién fundada la Inquisición, hubo una quema general de libros judíos de magia, que se recogieron en Salamanca y se quemaron ante el convento de S. Esteban, según indica un curioso informe del inquisidor general Pacheco, escrito ya no sólo después de la expulsión de aquéllos, sino también de la de los moriscos. Todavía aparecen atribuidos a Salomón (Suleiman) gran cantidad de hechos y saberes que no aparecen en la Biblia, pero si en el Corán (Sura XXVII): un poder sobre los genios y secretos de la naturaleza, a que se refieren diversas tradiciones medievales, los cuales han llegado tambien en paises musulmanes hasta nuestros días y quedan reflejados en los textos pseudo-salomónicos que se nos han conservado [82].

c) Entre los hechiceros condenados por la Inquisición de Cuenca, parecen haber manejado la *Clavícula*, varios de los más sobresalientes. Entre ellos el famosísimo Jerónimo de Liébana, que tenía también el *Anima Salomonis* y otra obra titulada *Picatrix: Liber de imaginibus Salomonis* [83].

d) Sabemos que en pleno siglo XIV el inquisidor Eymerich mandó quemar en Barcelona cierto libro llamado *Liber Salomonis*, dividido en siete partes, con sacrificios, oblaciones, y consultas, que se dice escrito por Raimundo de Tárrega, neófito de la Orden de Predicadores, a quien luego se confundió con Raimundo Lullio. Es el mismo inquisidor, el que, en su Directorio famoso, alude al hecho, al hacer una especie de catálogo sumario de libros prohibidos, entre los cuales habla de otros de Nigromancia [84].

e) Don Francisco de Torreblanca, que seguía casi siempre a Del Rio muy de cerca, dice que por común tradición se creía que los libros del Marqués de Villena que mandó quemar el obispo de Cuenca, don Lope de Barrientos, fueron algunos «salomónicos» [85].

f) En la reimpresión conimbricense del Indice expurgatorio de Paulo IV, publicada en 1559 aparece prohibida la *Clavicula Salomonis*, y en los índices de la Inquisición española, impresos pro esta misma época, también. Así se prohibe en 1551 en dos índices y en 1559 en otro, que, a lo que parece, se debió a la inteligencia del inquisidor Valdés y sus colaboradores, en cuya época se persiguió más sistemáticamente que antes, si cabe, a cuantos tenían libros y textos mágicos. Puede que la persecución estuviera condicionada por lo mucho que se multiplicaron éstos, merced a la imprenta y a la actividad de ciertos humanistas editores de obras herméticas, que a la par tenían alta reputación. Los Indices expurgatorios la tienen, pues, condenada y prohibida desde antiguo, y hay que advertir que aún lo está en los que se han impreso en España en el siglo XIX [86].

7.4. *La alquimia*

En términos generales debe tenerse en cuenta que la Iglesia no condenó la alquimica. Según la *Enziclopedia Cattolica*, en el Concilio de Trento se estableció que la alquimia era lícita si no intervenía el fraude de ofrecer oro falso [87].

8. LA EPOCA DE FELIPE II

Se ha dicho que las riquezas procedentes de las Indias contribuyeron más al desarrollo económico del exterior, incluso de los enemigos, que no del propio pais. a partir de 1550 se produce un hondo desequilibrio que afectará notablemente, aunque al principio de modo poco perceptible, todos los niveles de la vida española [88].

Las fuentes herméticas parecen callar durante los años que dura el reinado de Felipe II; pero advirtamos que subrayamos el «parecen» ya que es muy dudoso que así fuera. Ya con lo dicho acerca de la astrología el panorama ha quedado suficientemente expresivo, pero podemos añadir algunos datos referentes precisamente a la época de Felipe II. Si hemos de creer a Caro Baroja, su época de oro fué el siglo XVI. No nos vamos a extender en recoger el inmenso material contenido en su obra *Vidas mágicas e Inquisición*. Señalemos, unicamente, por ser de carácter más sistemático, el capítulo que dedica ex profeso a la consideración de la astrología en España durante el siglo XVI [89], y la narración de los procesos del doctor Torralba [90] y del licenciado Velasco [91], que son a modo de escenarios por los que desfila una buena representación de la sociedad española de la época.

8.1. *Las prohibiciones*

Comencemos por recordar la represión de que el esoterismo fué objeto y tendremos un primer dato para conocer su vigencia.

8.1.1.— En 1544 se prohiben en La Sorbona los libros de Nigromacia [92].

8.1.2.— En 1547 in índice manuscrito portugués los prohibe siguiendo a la anterior rohibición [93].

8.1.3.— En 1551 y 1559 se pone en el Indice de libros prohibidos la *Clavícula Salomonis* [94].

8.1.4.— El índice establecido por la comisión especial del Concilio de Trento, de acuerdo con diez reglas fundamentales, aprobado por Pio IV en bula promulgada el 24 de marzo de 1564, prohibía totalmente los libros de Geomancia, Hidromancia, Aeromancia, Pyromancia, Oniromancia, Nigromancia, y todos los que contuvieran adivinaciones por suertes, hechicerías, agüeros, pronósticos y encantamientos por arte mágica y también se indicaba a los obispos la necesidad de prohibir la lectura de tratados de *Astrología Judiciaria*, con excepción de lo que se refiere a juicios útiles en la navegación, agricultura o la medicina [95].

8.1.5.— En 1582 llega a Salamanca Juan de Arrese con la misión de suprimir la Astrología [96].

8.1.6.— En 1585 Sixto V en la bula *Coeli et Terrae* pone fin a la Astrología judiciaria [97]. Tal bula no fué publicada en España hasta 1612.

8.2. *La valoración científica positiva del tema de la astrología*

8.2.1. En 1570 en las Cortes se hace una petición para que los médicos estudien astrología, a fin de no fallar en sus curas, de suerte que ninguno pudiera serlo sin ser a la par bachiller por astrología [98].

8.2.2. La producción científica del momento abunda en las mismas perspectivas. Puede verse ya el significativo título de la obra de Francisco Valles de Covarrubias: *Francisci Vallesii, de iis, quae scripta sunt Physicae in libris sacris, sive de sacra Philosophia Liber Singularis. Ad Philippum secundum Hispaniarum et Indiarum Regem potentissimum. Cum Privilegio Augustae Taurinorum apud Haeredem Nicolai Bevilaquae. MDLXXXVII. Ex Sacrosantae Inquisitionis permissu.*

Este Francisco Valles fué uno de los mejores comentaristas de Galeno [99].

8.2.3.— La producción más específicamente astrológica.

El reinado de Felipe II fué rico en publicaciones de autores españoles, tocantes temas de contenido astrológico. Un rondeño que profesó en Sevilla, Diego Pérez de Mesa, que se titulaba a si mismo «astrólogo y matemático» parece que escribió un tratado que lleva el significativo título de *De incertitudine iudiciorum Astrologiae*. Antes salieron a la luz pública el repertorio de Bernardo Pérez de Vargas y el escrito latino de Jerónimo Muñoz, y raros son los repertorios, cronologías y tablas de cosmógrafos, matemáticos y médicos que no tengan su parte astrológica; y así, impuestos en la Astrología, aparecen el médico de Felipe II, Francisco Fernández Raso y Gómez, que publicó un libro sobre cometas y prodigios en Madrid el año de 1578; el piloto mayor Rodrigo Zamorano, el caballero Navarro Francisco Vicente de Tornamina o los hermanos Pedro y Bartolomé de la Hera, cuyo *Repertorio del mundo particular* apareció en Madrid el año de 1584, cuando Pedro, que parece que era el más conocido de los dos, ya había muerto. Uno de los popularizadores más afamados de la Astrología, en forma de auxiliar de la medicina y de la agricultura, fué el valenciano Jerónimo Cortés, cuyos lunarios, aparecidos por primera vez en los últimos años del siglo XVI (1594, 1596, 1598), se fueron reimprimiendo a lo largo de los siglos, hasta entrado el XIX, de suerte que fueron de más popularidad aún que los de Victoriano Zaragozano y Juan Alvarez bien famosos [100].

Los agustinos que fueron a China, también en la segunda mitad del siglo XVI, el P. Rada y sus compañeros, trajeron de allí muchos libros de historia, artes y ciencias, y entre ellos algunos de «Astrología natural y judiciaria, y reglas para aprenderla y levantar figuras para echar juicios», disciplinas que, según los mismos, los chinos creían inventadas por el mismo dios que inventó el arado y la azada, Ezonlom [101].

En 1585 la bula de Sixto V, *Coeli et Terrae*, ponía de modo definitivo a la astrología judiciaria en el mismo plano que las otras clases de adivinaciones, encantos, invocaciones y consultas mágicas, encomendando a los prelados que persiguieran a los que la cultivaban y Lea afirma que los astrólogos fueron perseguidos desde 1612 de modo sistemático por la Inquisición española [102].

8.3. *La estimación de la magia*

8.3.1.— La magia y la adivinación, como veremos en seguida, todavía en el siglo XVII muy avanzado forman parte del sistema de las ciencias, por lo que no se puede sospechar una ruptura en esta época que comentamos [103].

8.3.2.— El ambiente internacional, conocido a través de viajes y contactos de diversa índole estaba imbuido por la magia. Un caso representativo es el de Eugenio de Torralba (Cuenca 1485/1490-Napoles 1531). No menos de diez años pasó en Roma el joven castellano. Allí se formó en un medio fascinador, estudiando filosofía y medicina y, al parecer, también ciencias ocultas. Torralba, como muchos otros estudiantes de medicina y médicos contemporáneos suyos y aún posteriores no se contentó con estudiar filosofía y religión, sino también lo hizo con la ciencia según los criterios radicales de sus maestros. Algo después, o simultáneamente, se sumergió en la averiguación de las cosas ocultas, que rozaban la fe o que iban contra ella. En una Roma neopagana, la Roma de los Borgias y de otros papas famosos no precisamente por su piedad y buenas costumbres, los astrólogos y nigromantes, los magos y hechiceros a lo culto, tanto como las mujeres dadas a tratos infernales, eran abundantísimas [104]. Al parecer el fraile dominico que aleccionó a Torralba era un cabalista, cosa que no ha de chocar en una época en que hombres como Rauchlin, Pico della Mirándola y un riguroso contemporáneo de Torralba, y médico como él, Paracelso, andaban metidos en estudios de la Cábala de modo obsesivo. En éste y otros casos el valor científico del cabalista era tan grande como su imaginación esotérica. John Dee (1527-1608) representa en Inglaterra el tipo de hombre que tenía grandes capacidades científicas y al mismo tiempo practicaba la magia y la astrología. Con Agrippa, Paracelso y Cardan puede formar grupo [105].

8.3.3.— El ambiente rarificado que se respiraba en la misma España

Un contemporáneo de Torralba, más famoso que él, médico también, pero mejor conocido acaso como escritor humorístico que como galeno, fué acusado en su época de delitos que recuerdan bastante a los acumulados sobre el conquense. Se trata del doctor Francisco López de Villalobos (1473?-1549). La acusaron de mago, de autor de maleficios y de encantador. Los inquisidores dieron fe a la acusación y le prendieron. Pero después de ochenta días de prisión y proceso, el médico salió libre y honrado. Es decir, que el hombre de ciencia, médico o letrado (más todavía si era de origen judío) estaba sujeto a acusaciones de tipo estereotipado, en punto a la práctica de la magia. Villalobos era, al parecer, lo contrario de un espíritu dado a especulaciones esotéricas; pero su ciencia médica y su erudición humanística le hacían sospechoso [106].

8.3.4. La vigencia de la alquimia

Miguel Soriano y Marcantonio de Mula en ciertas relaciones dirigidas al Senado de Vencia, en 1559, se refieren a ciertos contactos que tuvo Felipe II con algunos alquimistas. Años antes, en Malinas, el monarca había organizado ciertas experiencias con un tal Tiberio della Rocca. Las operaciones se interrumpieron por ciertos escrúpulos del confesor real que asistió a algunas de las prácticas, pero al poco tiempo y a pesar de todo, otro artífice continuó los trabajos interrumpidos. Y con una onza de ciertos polvos y seis onzas de mercurio, se decía que logró seis onzas de hermosa plata que resistía a todas las pruebas menos la del fuego [107].

8.3.5. La postura mística frente a la ciencia y en general a la epistemología.

Es de sumo interés atender a un asunto como es la relación entre los jesuitas y el Lulismo. Según parece en los primeros años de la Compañía el lulismo místico ejerce cierta influencia sobre ella e incluso sobre su mismo fundador; en cambio la combinatoria luliana cuenta con la oposición de personalidades como Suarez y Belarmino. En el siglo XVII, al imponerse aquélla por su esoterismo, despierta el interés por los pensadores jesuitas S. Kircher y Sebastian Izquierdo, los cuales contribuyeron a transmitirla a Leibniz. En el siglo XVIII, el lulismo crítico de Custurer en Mallorca y de los Bolandistas de Amberes influyen poderosamente en la difusión de la combinatoria luliana en Europa [108]. Las cosas pueden ser mucho más complejas y tener que ver con el problema central de que aquí nos venimos ocupando. En el fondo es el problema del platonismo o aristotelismo. La primera mitad del siglo XVI respira más el ambiente renacentista, la segunda el ambiente de la contrareforma, pero que no anula al anterior. Y cuando en el siglo XVII Sebastián Izquierdo escribe su epistemología está siguiendo lo que se admitía en el siglo XVI, aunque en determinados puntos fuesen teorías a las que se opusieron Suarez u otros pensadores. La postura de Izquierdo es de sumo interés, pero cae ya dentro del siglo XVII.

9. El Siglo XVII

9.1. *El ambiente sapiencial de índole adivinatoria.*

En Esapaña, como en el resto del mundo civilizado el arte de adivinar formaba parte del sistema de las ciencias, como puede verse por citar un sólo, pero significativo ejemplo, en la obra del jesuita consultor de Santo Oficio, Sebastian Izquierdo [109]. *Y que no fué cuestión puramente epistemológica se puede comprobar al consultar el elenco de las obras «científicas» que surgen en estos siglos* [110].
9.1.2.— De hecho la adivinación estuvo en uso y boga durante todos estos siglos. Son famosas hasta en los libros de texto las profecías de Diego de Torres y Villaroel y demuestran que tal «ciencia» no era una mera entelequia, sino algo vivo y operante en la vida del pueblo.

9.1.3.— El mismo mundo sapiencial, entre determinista y espiritualista, llena la obra de otro insigne hermetista Campanella, cuyas teorías tuvieron que llegar hasta España porque la monarquía española fué uno de los temas a los que dedicó varias obras y muchas páginas en cada una de ellas. Y en general fueron páginas amistosas [111].

9.1.4.— Y el ambiente internacional era el mismo. O si se quiere más acentuado aún que en España, ya que mientras aquí había condenas para la quiromancia, en Francia, p.e., Juan Belot publicada en 1647, *Les oeuvres de M. Jean Belot cure de Milmontd, Professeur aux Sciences Divines et Celestes, contenant la Chiromancie, Phisionomie, l'art de Memorie de Raymond Lulle etc.*, Ruen 1647.

9.2. *La alquimia y su evolución en la ciencia natural*

9.2.1.— El interés por la ciencia natural

El presidente de la Audiencia de Charcas, Juan de Lizarazu, conocedor de la gran competencia de Alonso Barba en cuestión de metales le insistió en que escribiera un libro «en el que enseñase científicamente lo que en beneficio de los metales se practicaba hoy al caso y sin ninguna regla cierta». El 15 de febrero de 1637 entregaba Alonso Barba los originales a Lizarazu y éste los remitió prestamente al Consejo de Indias. En 1640 aparecía la primera edición de sus obras en Madrid, salida de la Imprenta del Reino. Se tituló *Arte de los metales en que se enseña el verdadero beneficio de las de oro y plata por azogue, el modo de fundirlos todos y cómo se han de refinar y apartar uno de otros...* El *Arte de los Metales* de Alonso Barba es una obra valiosa e interesantísima desde un punto de vista tecnológico; con todo, también aparecen en ella aspectos curiosos relativos a los secretos de la naturaleza y a la alquimia, que constituyen una característica significativa de ciertas corrientes de pensamiento de la época, que hunden raices en antiguas tradiciones [112].

9.2.2. La simbología alquímica y su aparición en obras claves.

Los viajeros alquimistas algo debían saber de las aficiones o debilidades transmutatorias de la corte española. Pero hay algo más que una simple ambición monetaria y podría hablarse de una vocación hermética del Conde-Duque de Olivares. En el retrato de Rubens «ex archetypo Velazquez», es decir basado en otro que hiciera el pintor español y que fué grabado por Paul Pontius aparecen significativos emblemas alquímicos. En la parte superior rematando la barroca composición, aparece el «Uroboros», es decir, la serpiente alquímica que se muerde la cola, símbolo de la unidad de la materia prima que circula bajo diferentes formas, expresión del «todo es uno». En el interior de la misma, aparece la estrella de seis puntas, refulgente, dominando la esfera terrestre. Expresa el proceso alquímico como un todo y en sus diversas fases o «coloraciones» [113].

9.2.3.— El desarrollo de la ciencia natural

La aparición y difusión de la obra de Rober Boyle (1627-1691) *The Sceptical*

Chemie marca un hito decisivo en la historia de la alquimia en general y de modo específico en la de España. Marcó una singificativa bifurcación entre quienes profesaban una filosofía de carácter hermético y los que deseaban avanzar por la senda operativa de la experimentación. Apresurémonos a decir que las distinciones no son siempre absolutas, pero a veces adquieren un carácter particularmente significativo y posiblemente en este sentido la obra de Boyle fué un factor de acusadísimo influjo [114].

9.2.4. El estado de la medicina

La Real Tertulia de Sevilla (1697) y sus miembros no dudaron en declararse defensores del «arte separatoria» y de las medicinas químicas, no sin antes distinguir a los verdaderos expertos de los impostores que ofrecían medicinas secretas que no eran tales y que mataban a los demás para librarse ellos de morir de hambre. Hay que destacar que fué ésta una época de grandes controversias respecto de la espagirítica [115].

9.3. *El ambiente de la calle y de los literatos respecto de la magia y los otros aspectos del pensamiento y ciencia de la época*

9.3.1.— La opinión en la calle

Entre 1620 y 1630 toma cuerpo la idea de que Felipe III había sido objeto de los intentos hechiceriles de D. Rodrigo de Calderón y Felipe IV de los del Conde Duque. De 1650 en adelante los rumores se refieren a hechizos destinados a dificultar la generación de sucesores a la corona española: Felipe IV envejecido y su hijo Carlos II, mísero fin de una raza, son objeto de toda clase de cábalas, especulaciones y rumores, sobre todo Carlos II [116].

9.3.2.— El pensamiento de Quevedo

No escaparon a la burlona perspicacia de Quevedo los devaneos alquímicos del Conde-Duque. En su obra *La isla de los Monopantos*, que incluyó posteriormente en *La Fortuna con seso y la hora de todos*, se refiere a los negocios alquímicos de la corte, de modo más o menos velado [117].

Pero donde Quevedo más se detiene a examinar a la «troupe» de astrólogos y supersticiosos es en *Las Zahurdas de Plutón*. De esta obra son las palabras que siguen: «¿Quereis saber cuál es la cosa más vil? Los alquimistas. Y Así, por que se haga la piedra, es menester quemarlos a todos. Diéronles fuego y ardían casi de buena gana sólo por ver la piedra filosofal. Al otro lado no era menos la trulla de astrólogos y supersticiosos. Un quiromántico iba tomando las manos a todos los otros que se habían condenado, diciendo: —«¡Qué claro que se ve que se habían de condenar estos por el monte de Saturno! Otro que estaba a gatas con un compás, midiendo alturas y notando estrellas, cercado de efemérides y tablas, se levantó y dijo en altas voces: —vive Dios, que si me pariera mi madre medio minuto antes, que me salva, porque Saturno, en aquel punto mudaba el aspecto y Marte se pasaba a la casa de la vida, el Escorpión perdía su malicia y yo, como di en procurador fuí pobre mendigo. Otro detrás de él andaba diciendo a los diablos, que le mortificaban, que mirasen bien si era verdad que él había muerto: que no podía ser, a causa de que tenía a Júpiter por ascendente y a Venus en la casa de la vida, sin aspecto ninguno malo, y que era fuerza que viviese noventa años.- Miren —decía— que les notifico que miren bien si soy difunto, porque por mi cuenta es imposible que pueda ser esto [118].

Es curioso destacar que, a pesar de las críticas burlescas de Quevedo contra el arte transmutatorio, llega a posiciones de valoración negativa del oro y de la riqueza que recuerdan, de algún modo, la actitud de aquellos fraticellos espirituales entre los que se difundió en el siglo XIV, como ya hemos indicado, una alquimia muy peculiar de carácter místico-simbólico [119].

9.3.3.— El teatro y la magia

Durante toda la mitad del siglo XVII se castigó a los hechiceros con penas que en realidad no correspondían a la enormidad de los delitos que se les imputaban en las acusaciones fiscales. Ya en la segunda mitad del siglo XVII (dejando a Galicia aparte) las causas parecen también menos numerosas. Hay como un anuncio de cambios radicales en el pensamiento, y este anuncio queda expresado incluso en el teatro [120]. Un ejemplo puede ser el de Juan Ruiz de Alarcón. Hay algunas obras suyas en las que también el elemento misterioso juega un papel decisivo. Así en *La Cueva de Salamanca*, donde se hace eco de una tradición popular respecto a la enseñanza de la magia en aquella ciudad. En *Quien mal anda mal acaba* dice, al final, que es «historia verdadera», cuyo desenlace tuvo lugar en un auto de fe celebrado en Toledo el año 1600» [121].

La comedia de magia constituye por sí misma una especie de género literario (o de pequeño género, si se prefiere), que tuvo gran éxito en España desde el reinado de Felipe IV al de Fernando VI, o incluso al de Isabel II. Ya en el jardín de Lope se dan las comedias de magia; pero tal vez sea Ruiz de Alarcón el que proporcionó más modelos teatrales de este género a los escritores de época tardía. En todo caso son los dramáticos posteriores a ambos los que escribieron las piezas más populares durante el siglo XVIII entero y aún en la primera mitad del XIX» [122].

10. El siglo XVIII

10.1. Las ideas herméticas

Ramón de Luanco tuvo la fortuna de estudiar en la biblioteca del marqués de Bosch tres tomos en folio debidos a la pluna incansable de Palomares. En el primero de ellos aparece el siguiente título: *Sabiduría Theosophica de Dios dador y criador de todas las cosas con otros diálogos pertenecientes a la Grande Obra Phisica sacada de los originales manuscritos existentes en poder de su eruditísimo autor don Francisco Fernández de Obecurri y Vallejo, por su más afecto, reconocido y obligado Francisco Xavier de Santiago Palomares* [1770].

En esta obra se hace referencia a distintas medicinas herméticas y se insiste en el carácter desinteresado de la «obra». El verdadero alquimista trabaja por devoción, no por ambición.

Entre otros opúsculos más o menos conocidos del campo de la literatura alquímica, aparece la transcripción del *Tesoro del Rey don Alfonso X* con notas que atribuyen a don Enrique de Villena algunas cifras para cabal entendimiento de los textos.

Buena parte de los textos originarios procedían de Lisboa o de Amsterdam, lo cual es algo significativo si se tiene en cuenta que la obra termina con disquisiciones relativas a la cábala.

En el segundo volumen de la colección del Bosch, Palomares ofrece, entre otros textos, su traducción del titulado *Testamento de Adriano*, obra que se imprimió en 1651 y que se dedica a los «discípulos y herederos del Gran Hermes Trismegisto».

En la introducción o salutación inicial se expresa el deseo de hallar, aunque sólo sea un varón prudente que pueda apartar del error a los «herederos» de aquellas materias en que «comunmente todos se embrollan y alucinan...» Semejante maestro deberá, ante todo, prevenir contra «aquellos, cuyas ideas y riquezas son dirigidas por una codicia infernal, que les consume y distrae enteramente de la verdad...»

Adriano Mynsicht, devotamente traducido por Palomares, muéstrase como un eco más de las corrientes medievales que relacionan paradójicamente la alquimia con el culto a la pobreza.

Reparemos que el excepcional calígrafo copiaba obras alquímicas que ponían al descubierto que en los siglos XVII y XVIII se hablaba aún de «misterios» con el carácter peculiar de iniciación que tuvieron los de la gentilidad. En más de un lugar se justifica el afán de consignar fórmulas atendiendo a la «utilidad de los pobres».

Con un impulso semejante al que mostraron quienes en la antigüedad se aplicaban a recopilar fórmulas dando nacimiento a la alquimia, así Palomares prosigue esa remota tradición coleccionando los textos herméticos» [123].

10.2. *El prestigio del hermetismo*

En toda la América española surgen periódicos con el curioso título de mercurio. Así:

Mercurio Peruano de Historia, Literatura y Noticias públicas que da a luz la Sociedad Académica de Amantes del Pais de Lima y en su nombre D. Jacinto Calopero y Toteira. 12 v. (1791-1795) [124].

Mercurio volante, aparece en Méjico [125].

El Mercurio de Chile [126].

10.3. *La ciencia adivinatoria*

Hemos aludido antes a Torres y Villarroel. Este, como bien ha señalado Russell P. Sebold [127], tenía ideas bastante atrasadas respecto a las ciencias de su tiempo. Hay que situarlo entre los escritores rezagados que, a pesar de que hablen de vez en cuando de sistemas y doctrinas «nuevas», dejan ver su formación arcaizante y escolástica. Buena parte de sus argumentos contra la alquimia se basan en la concepción clásica de los cuatro elementos de venerable raigambre. Esa posición «conservadora» era de buen tono en ciertos ambientes en la España del XVIII. Entroncaba con las viejas y gloriosas concepciones de los mejores siglos y constituía una aparente salvaguarda contra los nuevos estilos y conceptos» [128]. Refiriéndose a la época en que era joven de veinticuatro años, es decir, en la década de 1716 a 1725, Torres y Villarroel indica que los españoles hacían gran caso de los almanaques y pronósticos que se publicaban en Milán por el «gran Sarrabal», y que en su tierra no se publicaba nada de bueno en materia astrológica» [129].

10.4. *La reacción erudita e intelectual*

Cuestiones personales aparte, los escritos de Feijoo contra las falacias y engaños de los alquimistas constituyen un testimonio de que en la España de aquellos tiempos la alquimia fué tema de apasionada controversia, que eran muchos los que se hallaban interesados en el asunto, que, como de costumbre los alquimistas extranjeros ejercían cierto influjo sobre los que anhelaban obtener oro... y de que un buen benedictino deseoso de no interrumpir su trabajo que, además, se había propuesto no salir a la palestra pudo ceder finalmente a la tentación de la controversia [130].

El discurso del P. Feijoo sobre la *Astrología judiciaria y almanaques*, aprobado ya en 1726, se endereza a combatir el uso de estos almanaques, tan abundantes en su época y aun después, en los que había predicciones sobre el tiempo, sucesos generales etc. Sus argumentos, sólidos tienen un aire completamente distinto a aquéllos de los que en tiempos anteriores acusaban a los astrólogos como hombres metidos en el trato diabólico, aunque no deje de hacer alguna alusión a los peligros del uso de la astrología judiciaria.

Según es sabido, la obra de Feijoo produjo muchas polémicas y en una de ellas intervino el mismo Torres Villarroel, que atacó a la par al monje benito y al médico Martin Martinez, el cual reaccionando contra lo que aún hacían muchos galenos del siglo XVII, denunció a la astrología como falsa auxiliar de la medicina [131].

Hacia 1730 una generación entera de hombres de la época «austríaca» estaba en vías de desaparecer o, por lo menos, de perder toda influencia. De hecho esta fecha de 1730, que es central en la producción feijoniana, marca también un hito muy grande en la historia de la sociedad española, aunque no se haya insistido sobre ello. Tribunales como el de la Inquisición, que de 1715 a 1730 funcionan de un modo parecido a como podían funcionar en 1680 (cuando tuvo lugar el último auto de fe general en Madrid, pintado por Ricci) empiezan a desinteresarse de ciertos problemas e interesarse por otros. Así van bajando de modo significativo los procesos contra judaizantes, hechiceros y brujas. Aumentan las causas contra personas de conducta irregular, sean clérigos o seglares, aparecen encausados también masones y algunos letrados acusados de «filosofismo» [132].

11. El final del Hermetismo y el origen de la ciencia moderna

Ya hemos hablado antes de la popularidad de la combinatoria luliana durante el siglo XVII, que se prolonga también a lo largo del XVIII.

En rigor el problema hay que considerarlo como problema de síntesis filosófica a partir de unos principios determinados. Y esos principios son los que hay que precisar en la medida de lo posible, pero de momento constatemos que la ciencia moderna positiva comienza en el momento en el que se olvidan tanto los principios aristotélicos de las substancias y accidentes como los platónicos de las ideas universales arquetípicas y eso no va a ocurrir hasta bien entrado el siglo XIX. En vísperas de la revolución francesa hay muchos personajes bien conocidos que disponen de su propio laboratorio y con ideas herméticas en su cabeza.

12. El Hermetismo y sus relaciones con el resto de los fenómenos aqui aludidos

Podríamos habernos detenido en recoger muchísimos más datos referentes a alquimia, magia, adivinatoria y temas similares. Hemos hecho una selección ampliable sin gran esfuerzo a base de monografías sobre cada uno de los asuntos.

Lo único que hemos pretendido es hacer constar la unidad de la cultura de España en los siglos XV-XVIII. Y para tal constatación tenemos que hacer todavía algunas precisiones.

En primer lugar hay que resaltar que todos creían en la realidad de la astrología, lo mismo que todos creían en la operatividad de la magia y en las indefinidas posibilidades de la alquimia. Incluso aquellos que no podían inscribirlas en sus coordenadas filosóficas las admitían como posibilidades excepcionales o en el peor de los casos «diabólicas»; Pero ni el diablo podía lo imposible. ¿Cuál era el fundamento sobre el que se asentaba la posibilidad científica de todos estos fenómenos? Evidentemente que el principio filosófico de la transmutación de los elementos. Incluso en la filosofía aristotélica el hecho era admisible por la teoría de la materia prima y de las formas determinantes, pero no es esto lo que queremos ahora precisar.

Lo que nos interesa destacar es que el «patrón» de las transmutaciones fué siempre considerado el dios Hermes Trismegistos, un dios con gran categoría incluso metafísico-religiosa por razón de los escritos conservados y que durante siglos se creyó a pié juntillas procedían de su revelación directa o de la revelación de alguno de sus discípulos más cercanos.

Lo que algunos calificaban de diabólico era para otros simple religón del paganismo ambiental renacimental o para otros juego simbólico de palabras que ocultaba un extraordinario y posible proceso físico-químico de consecuencias fastuosas para proveer a la felicidad universal.

Todos los «hermetistas» del renacimiento hermético que estamos viviendo en nuestros dias aseguran, sin excepción, que el hermetismo de tiempos pasados fué fundamentalmente una mística. Y probablemente es verdad, si nos elevamos del orden de las anécdotas concretas a la filosofía hermética.

Pero es precisamente esta filosofía la que está por precisar y por estudiar.

Hay que estudiar y hacer un recuento de las alusiones verbales a Hermes Trismegistos, que son muchas más de las que ordinariamente se ha pensado.

Hay que estudiar su uso en los diversos contextos. Son muy diversas las alusiones que hemos recogido en Leon Hebreo o en Quevedo.

Hay que precisar su relación con el platonismo del Renacimiento, forma de filosofía con la que está muy unida y de la que desde luego en ocasiones puede ser distinguida.

Hay que medir su vigencia en los principios epistemológicos de los siglos que comentamos.

Probablemente el dia en que este trabajo esté realizado aparecerán algunas de las claves que permitirán comprender la cultura española de nuestros siglos de oro, tan rica en pensamiento original como compleja y contradictoria en sus manifestaciones.

Sin duda que no vamos a encontrar un sistema de pensamiento de gran vigor metafísico. Probablemente las lineas madres del pensamiento hermético nos van a parecer de una ingenuidad enorme, pero no por más ingenuas han sido menos determinantes en las concepciones y en la vida cultural de aquellos siglos.

Por poner de relieve un solo ejemplo de los muchos recogidos entre los datos enumerados más arriba, el tema de la *prisca sapientia* es decir de la unidad de la cultura pagana y cristiana, transmitida a través de una tradición que se puede remontar hasta el mismísimo paraiso terrenal y de la que han participado los patriarcas del A.T. y los filósofos griegos como Platón y mucho antes Hermes Trismegistos es una idea central en toda la cultura del Renacimiento, que es una cultura eminentemente sapiencial, apriorística, crédula y veneradora de lo antiguo por antiguo y por bello. La hemos visto presente y operante en Gil de Zamora y en Leon Hebreo, pero cuantos testimonios más debieron existir si atendemos a la difusión de los escritos herméticos por España, al papel relevante de España en la vida de los hemetistas europeos y a las burlas de Quevedo recogidas en parte en las lineas que anteceden.

En los siglos susodichos, la «otra» España, la España marginada y perseguida era hermética, pero un hermetismo bautizado formaba también parte de la cultura más ortodoxa y brillante de la España tridentina e imperial. Sirvan estas líneas de denuncia y de llamamiento a su precisión y estudio.

P.S.: Ya compuesto el trabajo que precede llegan a nuestras manos trabajos como «Imperio, Religión, Finanzas y Filosofía en el palacio de Gabriel Zaporta», *Boletin del Museo e Instituto «Camon Aznar»* VI-VII (56-79) 1981 de J.F. Esteban Llorente y «El palacio de Zaporta», *Astrologia Científica* 2, n° 5, 1984, 13-17 del mismo autor y queremos expresar nuestra alegría al conocerlos ya que confirman de modo espléndido el acierto de las ideas recogidas en perspectiva muy general en nuestro escrito.

NOTAS

1. Para todo lo referente al concepto de *Corpus Hermeticum* y a la bibliografía relacionada con él puede verse: A. González Blanco, «Hermetism. A Bibliographical Approach», *Aufstieg und Niedergang der Römischen Welt* (Homenage a J. Vogt), editado por H. Temporini y W. Haase, vol. 17, 4, berlin 1984, pp. 2240-2281.

2. Baste asomarse a cualquiera de las múltiples colecciones que sobre esoterismo se venden hoy en todas las librerías. El concepto de Hermetismo, normalmente, se suele identificar con la suma de los tres indicados, del mismo modo que el simbolismo hermetico se superpone casi de manera absoluta con el simbolismo alquímico-mágico, y astrológico, Cfr. O. Wirth, *Le symbolisme hermetique dans ses rapports avec l'alchimie et la franc-maconerie,* Paris 1969.

3. Así p.e. Westfall, «Newton and the Hermetic Tradition» opina que el maridaje entre la tradición hermética y la filosofía mecánica produjo la primavera de la ciencia moderna, Cfr. B.J.T. Dobbs, *The Foundations of Newton's Alchemy*, Cambridge University Press, Cambridge, 1975, pp. 211 ss.

4. Cfr. D.P. Walker, *The Ancient Theology. Studies in Christian Platonism from Fifteenth to the Eighteenth Century*, Londres 1972. Pueden verse también los varios artículos contenidos en la publicación *Les Cahiers d'Hermes*, vol. 1, Paris 1947 etc. Puede verse también el problema planteado en B.J.T. Dobbs, *op.cit.* pp 106-108.

5. B.J.T. Dobbs, *op. cit.* p. 14.
6. B.J.T. Dobbs, *op. cit.* p. 90.
7. B.J.T. Dobbs, *op. cit.* pp. 105. 108-111 etc.
8. B.J.T. Dobbs, *op. cit.* p. 105.
9. B.J.T. Dobbs, *op. cit.* p. 188.
10. B.J.T. Dobbs, *op. cit.* pp. 46-9 + .
11. B.J.T. Dobbs, *op. cit.* pp. 127-183.
12. B.J.T. Dobbs, *op. cit.* pp. 53, 56, 57, 64.
13. B.J.T. Dobbs, *op. cit.* p. 49.
14. B.J.T. Dobbs, *op. cit.* pp. 36-37.
15. B.J.T. Dobbs, *op. cit.* p. 193.
16. B.J.T. Dobbs, *op. cit.* pp. 40-43.
17. B.J.T. Dobbs, *op. cit.,* p. 9.
18. L. de Gerin-Ricard, *Historia del ocultismo*, Barcelona 1975. la edición francesa en ed. Payot es de 1939.
19. B.J.T. Dobbs, *op. cit.* p. 53.
20. B.J.T. Dobbs, *op. cit.* p. 57.
21. B.J.T. Dobbs, *op. cit.* pp. 43 y 196-197.
22. B.J.T. Dobbs, *op. cit.* p. 46.
23. B.J.T. Dobbs, *op. cit.* p. 47.
24. B.J.T. Dobbs, *op. cit.* pp. 60 y 62.

25. B.J.T. Dobbs, *op. cit.* p. 48.
26. B.J.T. Dobbs, *op. cit.* p. 96.
27. B.J.T. Dobbs, *op. cit.* p. 115.
28. N. Lenglet du Frenoi, *Histoire de la Philosophie hermetique*, Paris 1774, p. 453.
29. J.R. de Luanco, *La Alquimia en España*, Barcelona 1889-1890, dos volumenes. Hay reedición en 1980; J. García Font, *Historia de la Alquimia en España*, Madrid 1976.
30. Los problemas de las creencias en la realidad e inspiración profética de las Sibilas, desconocidas hace un siglo en la investigación mundial por lo que a España se refería (cfr. X. Barbier de Montault, «Iconographie des Sybilles», *Revue de l'art chrét.* XIII, 1869, 244-257, 321-356, 465-507, 575-582;XIV, 1871, 239-317, 326-341, 385-406, donde solo se citan unas sibilas de Sevilla) están siendo replanteados por las modernas constataciones de un sinnúmero de elementos que muestran por este y otros muchos capítulos toda una visión muy viva y operante que configuró la mentalidad y la forma de vida y expresión artística de España de modo similar al del resto de Europa. En este sentido Cfr. A. González Blanco y otros, «Las sibilas de Capilla de Junteron», *Anales de la Universidad de Murcia*, vol. XLI, nº 3-4, Letras, 1982-1983, pp. 3-19.
31. Pueden verse los diversos trabajos y recensiones de obras sobre la cultura de esta época aparecidos en la revista *Bibliotheque d'Humanisme et Renaissance. Travaux et Documents*, Geneve. Aunque la mayoría no se refieren a España, hay bastante material y presenta un buen horizonte al respecto.
32. F.A. Yates, *Giordano Bruno and the Hermetic Tradition*, London 1964; J. Millas Vallicrosa, «Algunas relaciones entre la doctrina luliana y la Cabala», *Sefarat* 1958, 241¡253.
33. J. García Font, *op. cit.* y en las páginas 59-60 añade: «El gran centro de las traducciones de la alquimia árabe fué Toledo, reconquistado por Alfonso VI en 1058... Juan de Toledo muestrase como el campeón de las versiones astrológicas del árabe al latín, que posteriormente se difundieron por todo el Occidente y constituyeron la base de las ediciones del Renacimiento. Conviene tener en cuenta que no siempre se traducía directamente del latín. En bastantes casos precedía una versión en romance. Se debe a Juan Hispano de Toledo o de Sevilla, buena parte de las traducciones del Pseudo-Aristóteles y una buena porción del texto *Secreto de los Secretos* que constituyó algo así como el texto mayor de los maestros dedicados al arte de la alquimia».
34. J. Caro Baroja, *Vidas mágicas e Inquisición*, vol. I, Madrid 1967, p. 221.
35. J. Caro Baroja, *op. cit.* vol. I, Madrid 1967, p. 139.
36. J. García Font, *op. cit.* p. 67.
37. F.A. Yates, *op. cit.* 49-50; J. García Font, *op. cit.* p. 72: «¿No fué el gran Alfonso quien mandó traducir del árabe al buen castellano aquel formidable tratado de magia que se conoce con el nombre de *Picatrix* en el año del Señor de 1256?... ¿No queda claro que en *Las Siete Partidas* sólo se prohiben y castigan las artes adivinatorias y otros encantamientos cuando se operan con avidez y mal fin, puesto que si ayudan al prójimo son más merecedoras de premio que de castigo?
38. Noticias sobre la *Clavis Sapientiae* atribuida a Alfonso X, el Sabio, pues de verse en J. Ferguson, *Bibliotheca Chemica*, London 1964, vol I, pp. 24. 275.
39. J. Caro Baroja, *op. cit.* vol. I, p. 38; en igual sentido habla García Font en el parrafo transcrito en la nota 11. Y podríamos extendernos mucho más sobre todo el tema de la Escuela de Traductores de Toledo: recordemos que Salio de Toledo traduce del árabe el libro *Liber Hermetis de Stellis beibeniis* etc. etc. Sobre todo el problema de la Escuela y de la magia en la Edad Media puede verse L. Thorndike, *History of magic and experimental science*, New York-London 1964; J.M. Millas Vallicrosa, *Estudios sobre historia de la ciencia española*, Barcelona 1949, 350-352.
40. J. Caro Baroja, *op. cit.* vol. II pp. 156-157.
41. J. Gil de Zamora, *De praeconiis Hispanice*, Ed. de Manuel de Castro, Madrid 1955, p. 15.
42. J. Ferguson, *op. cit.* vol. II, p. 356.

43. B.J. T. Dobbs, *The Foundations of Newton's Alchemy*, Cambridge 1975, p. 41; N. Lenglet du Fresnoi, *op. cit.* I, p. 73.
44. Mariana, *Historia de rebus Hispaniae*, 1973, libro XIV, cap 9, II p. 143.
45. J. Ferguson, *op. cit.* II, p. 512.
46. J. García Font, *op. cit.* II, p. 111.
47. Sobre Arnaldo de Villanova, cfr. J. Ferguson, *op. cit.* vol. I, pp. 43-47; vol. II, p. 512; y García Font, *op. cit.* pp. 120 sobre todo en los que se refiere a las epístolas arnaldinas; R. de Luanco, pp. 215 ss. 219 ss. 321.
48. J. Caro Baroja, *op. cit.* vol. II, p. 159.
49. Sobre Raimundo Lullio, cfr. J. Ferguson, *op. cit.* I, 30, 39-46, 398; II, 49-56, 245-581; J.N. Hillgart, «Lulio, Lulismo», *Diccionario de Historia* Eclesiastica de España II, Madrid 1972, 1359-1367; García Font, *op. cit.* p. 129 y 131. Véase también del propio Raimundo Lullio, *Libre del Gentil e los tres savis* (1272) por las influencias que tuvo en el pensamiento de la Cábala; siempre sobre este asunto cfr. J.M. Millas Vallicrosa, «La doctrina luliana y la Cabala», *Sefarat* p. 251.
50. García Font, *op. cit.* p. 129.
51. García Font, p. 131.
52. J. Ferguson, *op. cit.* II, 306.
53. J. Ferguson, *op. cit.* II, p. 185.
54. J. García Font, *op. cit.* pp. 170-171.
55. J.M. Millás Vallicrosa, *Estudios sobre historia de la ciencia española* Barcelona 1949, p. 399.
56. J. Ferguson, *Op. cit.* II, p. 290.
57. J. Caro Baroja, *op. cit.* II, 157; Cfr. del mismo autor: *Los moriscos del reino de Granada*, Madrid 1957, 132-133.
58. J. Caro Baroja, *Vidas mágicas...* II, 158.
59. J. Caro Baroja, *Ibidem* II, 162.
60. J. Caro Baroja, *Ibidem* II, 162.
61. J. Caro Baroja, *Ibidem* II, 176.
62. J. Caro Baroja, *Ibidem* II, 172.
63. P.O. Kristeller, *Catalogus translationum et Commentariorum: Medieval and Renaissance. Latin translations and Commentaries*, vol. I Washington 1960, p. 138.
64. P.O. Kristeller, *op. cit.* p. 145.
65. P.O. Kristeller, *op. cit.* p. 145.
66. P.O. Kristeller, *op. cit.* p. 153.
67. N. Lenglet du Fresnoy, *op. cit.* vol. I, 212-213, 469.
68. N. Lenglet du Fresnoy, *op. cit.* I, 241.
69. F.A. Yates, *Giordano Bruno...* pp. 51, 176, 294, 298, 303, 344, etc.
70. F.A. Yates, *Giordano Bruno...* p. 1; Cfr. N. Lenglet du Fresnoy, *op. cit.* I, 297.
71. N. Lenglet du Frenoy, *op. cit.* I, 275-277.
72. Cfr. L.W. Spitz, «Ocultism and Despair of Reason in Renaissance Thought, by Ch. G. Nauert» (recensión), *Journal of the History of ideas* 27, 1966, 464-469.
73. J. Ferguson, *op. cit.* I, 74.
74. P.O. Kristeller, *Catalogus translationum...* p. 141.
75. R.G. Villoslada, «Humanismo Español», *Diccionario de Historia de la Iglesia en España*, vol. II, Madrid 1972, 1112.
76. La dependencia de Leon Hebreo respecto de las doctrinas de la filosofía hermética es señalada por Ottavio di Camilo, *El Humanismo castellano del siglo XV,* Valencia 1976, p. 175 nota y el texto citado hace alusión expresa a la «prisca sapientia». Sobre el tema puede consultarse además W. Melczer, «Platonisme et aristotelisme dans la pensée de Leon l'Hebreu», en *Platon et Aristote a la*

Renaissance, Publ. du Centre d'Et. sup. de la Renaissance, de Pétrarque a Descartes, 32, Paris 1976, pp. 293-306.

77. Didaci Alvarez Ohacam, *Commentum novum in Parabolas de Villa-nova*, In fol. Hispalis 1514.

78. R.G. Villoslada, *op. cit.*

79. R.G. Villoslada, *op. cit.*; A. Marquer, «Reforma Protestante», *Diccionario de Historia de la Iglesia en España*, III, Madrid 1973, 2059-2063.

80. El tema está siendo sometido a una revisión en profundidad como puede comprobarse leyendo obras como la ya citada de *Platon et Aristote a la Renaissance*, Paris 1976; A Corsano, «Umanismo et Rinascimento: recenti ricerche e discussioni», *Filosofia* 28, 1977, 445-450 etc. etc.

81. Cfr. *Historiadores de Indias*, I°, en *Nueva Biblioteca de Autores Españoles*, XIII, cap. LXXIX, pp. 233-234, cap. XCI, pp. 238-239 etc. recogido en Caro Baroja, *Vidas mágicas*... I, p. 47.

82. J. Caro Baroja, *Vidas mágicas*... vol. I, pp. 137-138.

83. J. Caro Baroja, *Ibidem* p. 146.

84. J. Caro Baroja, *Ibidem* p. 137.

85. J. Caro Baroja, *Ibidem*.

86. J. Caro Baroja, *Ibidem* p. 140.

87. J. García Font, *op. cit.* p. 205.

88. J. García Font, *op. cit.* p. 189.

89. J. Caro Baroja, *Vidas mágicas*... vol. II, 182 ss.

90. J. Caro Baroja, *Ibidem*, vol. I, 216-242.

91. J. Caro Baroja, *Ibidem*, vol. I, 267-308.

92. J. Caro Baroja, *Ibidem*, vol. I, 199.

93. J. Caro Baroja, *Ibidem*, vol. I, 199.

94. J. Caro Baroja, *ibidem*, vol. I, 140.

95. J. Caro Baroja, *Ibidem*, vol. II, 175.

96. J. Caro Baroja, *Ibidem*, vol. I, 276.

97. J. Caro Baroja, *Ibidem*, vol. II, p. 180.

98. J. Caro Baroja, *Ibidem*, vol. II, p. 175.

99. J. Ferguson, *op. cit.* vol. II, p. 499; Nicolas Antonio, BHN, 1783, vol. I. p. 491.

Añadamos algunos nombres de médicos y científicos cuyo pensamiento interesa en el contexto de que estamos hablando: Juan Gines de Sepúlveda (1490-1573); Gaspar Cardillo de Villalpando (1527-1581); Pedro Simon Abril (1530-1600); Pedro Juan Nuñez (1522-1602); Gomez Pereira (1500-1560); Francisco Sánchez (1552-1632); Miguel Sabuco que en 1563 fué procurador por Alcaraz; Juan Huarte de San Juan (1529-1588); Pedro de Valencia (1555-1610); Andrés de Laguna (1495-1560) que fué médico y buen comentador de Dioscórides. Como se puede comprobar el pensamiento filosófico no anduvo pobre, la investigación positiva si. Pero aún dentro del pensamiento filosófico hay que preguntarse por qué el triunfo del Aristotelismo y el retroceso del platonismo.

100. J. Caro Baroja, vol. II, p. 176.

101. J. Caro Baroj, vol. II, p. 178.

102. J. Caro Baroja, *ibidem*, vol. II. p. 180.

103. *Cfr. infra* nota 109.

104. J. Caro Baroja, *Vidas Mágicas*, ... vol. I. p. 217.

105. J. Caro Baroja, *ibidem* p. 222.

106. J. Caro Baroja, *Ibidem* p. 236.

107. J. García Font, *op. cit.*, p. 193.

108. M. Batllori, «Los jesuitas y la combinatoria luliana», *V Convegno internazionale di Studi Umanistici, Oberhofen, Settembre 1960*, Padova, 217-220.

109. S. Izquierdo, *Pharus Scientiarum*, Lyon 1659, pp. 252-254, donde da el esquema de la clasificación de las ciencias incluyendo entre ellas a la magia y la ciencia de adivinar, y las *disputationes* correspondientes en las que justifica tal clasificación. Agradecemos al Dr. D. J.L. Fuertes, de Salamanca al habernos facilitado este dato.

110. La producción bibliográfica sobre temas de ciencias naturales, médicas o alquímicas en España no es tan abundante como en otros puntos de Europa, de modo similar a como ocurre en los otros campos de las ciencias. Pero las obras que se pueden citar demuestran que la sensibilidad era la misma que en toda Europa. Si la Inquisición pudo combatir la magia en los siglos anteriores, a partir del XVII, por lo menos, no hubo obstáculo ninguno, como lo prueba la citada obra de Sebastián Izquierdo. *Cfr.* además: Alvaro Alonso Barba, *El arte de los metales*, Madrid 1640 (reeditado en Córdoba en 1675 y más tarde en diversos lugares en 1729 a 1817); la figura de Caravante Hispanus; Hernando Castrillo, S.J., *Historia y magia natural, o ciencia de la filosofía oculta, con nuevas noticias de los más profundos misterios y secretos del Universo visible, en el que se trata de animales, pezes, aves, plantas, flores, yervas, metales, piedras, aguas: semillas, Parayso, montes y valles. Por el Padre Hernando Castrillo de la Compañía de Jesús, natural de Cadiz. Donde trata de los Secretos que pertenecen a las partes de la tierra...*, Madrid 1692; Miguel Palacio y Pérez, *Llave del Tesoro de la Piedra Philosophal de la salud humana...*, Zaragoza 1688 (aunque el libro trata únicamente de medicina, es interesante el título); Francisco Valles de Covarrubias, *Francisci Vallesii, de iis, quae scripta sunt Physice in libris sacris, siue de sacra Philosophia, Liber singularis...*, Augustae Taurinorum 1587. Sobre todos estos autores pueden consultarse la citada obra de J. Ferguson y las *Bibliothecae* de Nicolas Antonio.

111. F.S. Yates, *op. cit.* 366 ss, 385-389.
112. J. García Font, *op. cit.* pp. 215, 216, 217.
113. J. García Font, op. cit. pp. 228.
114. J. García Font, *op. cit.* p. 51.
115. J. García Font, *op. cit.* p. 264 ss.
116. J. Caro Baroja, *Vidas mágicas*, vol. I, pp. 81 y 86.
117. J. García Font, *op. cit.* p. 226.
118. Quevedo, *Las Zahurdas de Plutón*, 1955, pp. 77-78, 79.
119. J. García Font, *op. cit.* p. 226 ss.
120. J. Caro Baroja, *Vidas Mágicas...* vol. I, p. 125.
121. J. Caro Baroja, *op. cit.* vol. I, p. 309.
122. J. Caro Baroja, *op. cit.* vol. I, p. 395.
123. J. García Font, *op. cit.* p. 313a.
124. A. Owen Aldridge (ed.), *The Ibero-American Enlightenment*, University of Illinois Press 1971, p. 220.
125. *Ibidem* p. 217.
126. *Ibidem* p. 217.
127. Russell P. Sebold, «Torres y Villarroel y las variedades del mundo» *Archivum* VII, 1967, 115 ss.
128. J. García Font, *op. cit.* p. 295 ss.
129. J. Caro Baroja, *op. cit.* vol. II p. 187.
130. J. García Font, *op. cit.* p. 284.
131. J. Caro Baroja, *op. cit.* vol. II, 188.
132. J. Caro Baroja, *op. cit.* vol. II, p. 311.

EL SISTEMA GRAFEMÁTICO DEL ITALIANO DEL SIGLO XV

VICENTE GONZÁLEZ MARTÍN
Universidad de Salamanca

Como es bien sabido, el humanismo informa todas las actividades de este siglo. En el campo lingüístico se produce una fuerte crisis de los estándar vulgares italianos en la primera mitad del siglo, especialmente en el área toscana, llevándose a cabo un aprovechamiento literario del latín amplísimo y un relajamiento de la norma vulgar. Sin embargo, a lo largo del siglo, los distintos vulgares van revalorizándose hasta el punto de convertirse en el instrumento normal de comunicación en los diversos niveles.

El humanismo, pues, parte de la creencia de la superioridad del latín sobre la lengua vulgar, aunque no puso fuertes impedimentos a la difusión de la misma en los diversos registros y usos. Su actitud hacia el vulgar fue más bien de condescendencia y de ahí que la exigencia demostrada en buscar un latín pulcro, bien estructurado, diverso del depauperado latín medieval, se trocase en un abandono de la norma colectiva en aras del uso e inspiración individual [1]. Fruto de esa actitud será un amplio rompimiento de las normas lingüísticas válidas hasta entonces, al menos en el lenguaje literario, y su sustitución por normas individuales, marcadas, como mucho, por los condicionantes de vagas koinés regionales.

A partir de la segunda mitad del siglo se revitaliza la tendencia toscanizante, basada en los modelos de Dante, Petrarca y Boccaccio, que comporta un intento de acercamiento al estándar toscano o florentino, más o menos conseguido según la capacidad lingüística de los escritores y los objetivos de sus obras.

Todos estos hechos condicionarán el sistema lingüístico —habría probablemente que hablar de «sistemas»— del italiano del siglo XV, caracterizado esencialmente por su falta de homogeneidad y de modelos aceptados por la mayoría.

No se ha hecho hasta el momento un estudio serio y en profundidad, que abarque exhaustivamente los hábitos gráficos de los diversos períodos de la historia de la lengua italiana, ni tampoco se ha acudido a las fuentes, a los documentos originales de una manera sistemática. La mayor parte de los textos italianos disponibles en el mercado editorial están muy toscanizados, especialmente por lo que se refiere a los planos grafemático y fonético-fonológico, y los documentos originales, unas veces por la dificultad de su manejo y otras por su abundancia y hetereogeneidad han asustado a la mayor parte de los lingüistas. Por este motivo, Bruno Migliorini afirma que sería imprescindible realizar y estudiar muestras amplísimas «per tracciare con la necessaria compiutezza una storia della ortografia italiana... Meglio che sulle poche edizioni diplomatiche e suoi pochi facsimili bisognerebbe fondare la ricerca su un'esplorazione diretta dei manoscritti. Quanto alle stampe si dovrebbero passare in rassegna le dizioni originali, per identificare quelle officine librarie che non si limitavano a riprodurre alla meglio i manoscritti, ma si proponevano di dare una certa uniformità ortografica ai testi da pubblicare [2].

Compartimos esta opinión de Migliorini y este artículo procurará ser una contribución en esa línea. Para ello hemos acudido a recoger un corpus de textos lo más cercano posible a las ediciones originales y pertenecientes a escritores representativos de su época y de las diversas regiones.

El sistema grafemático italiano del siglo XV puede definirse, de manera general, por tres características esenciales: aumento y extensión de las grafías cultas, oscilación continua en las soluciones adoptadas y tendencia a la homogeneización gráfica en el último tercio de siglo, debida a la difusión de la imprenta en Italia.

La latinización sufrida por la grafía en el siglo XV es el culmen de un proceso iniciado ya en el Trecento por los primeros humanistas, quienes, en su afán por acercarse lo más posible al latín, incluso al escribir en vulgar, reniegan de las grafías del siglo XIII y XIV, más cercanas a la pronunciación, por considerarlas demasiado incultas e intentan imitar los hábitos gráficos latinos para revalorizar su estándar vulgar, dándole una patina externa de latinismo. Ello llevará a frecuentes oscilaciones y a soluciones divergentes en la representación de los sonidos, incluso dentro de un mismo escritor o una misma obra [3]. En este sentido, cabe afirmar que cada escritor —aunque en el conjunto la tendencia sea latinizante— elabora su propio sistema grafemático y adopta una postura concreta en lo que se refiere al latinismo gráfico. Así, y por citar solamente algunos ejemplos, Leon Battista Alberti se esfuerza por ennoblecer su lengua, basándose en el modelo latino y en un alejamiento de la tradición de los tres grandes trecentistas toscanos. La ortografía para Alberti asume un papel destacado y es considerada válida en tanto en cuanto se acerque al modelo latino [4]. Por otra parte, es sobradamente conocido su interés por la grafía, puesto de manifiesto en el *De componendis cifris* y en su *Grammatica della lingua volgare* [5].

La misma actitud adopta Bonino Mombrizio en su obra titulada *La Leggenda di Santa Caterina d'Alessandria*, escrita entre 1450-1466 [6]. En esta obra encontramos una voluntad firme del autor no sólo de sustituir cualquier término vulgar por formas que se aproximen fonéticamente al latín, sino también de emplear todas aquellas grafías que pudieran dar un sabor latino a sus escritos.

A diferencia de los escritores anteriormente mencionados, Matteo Maria Bioardo adopta una actitud ecléctica. Por una parte, acepta las grafías latinizantes en aquellas ocasiones en que considera que el ambiente cultural del argumento lo exige, y, por otra, mantiene características gráficas vulgares, propias de la koiné dialectal paduana. Esa postura nos revela una de las características principales del sistema lingüístico de este siglo: la elección de una norma individual por parte de cada escritor.

El polo opuesto a Alberti y Mombrizio sería, por ejemplo, Leonardo da Vinci, quien intenta conseguir, dentro de su original visión del mundo y de la escritura, una ortografía lo más cercana posible a la pronunciación.

La latinización gráfica se manifiesta principalmente en los siguientes fenómenos grafemáticos.

1.— Conservación de la -T final de la conjunción copulativa, predominando sobre otras soluciones posibles. La conjunción *et* es la solución normal, por ejemplo, en las *Lettere* de Luigi Pulci, aunque encontramos también algún caso de *e*; en las *Stanze* de Angelo Poliziano, en Bonino Mombrizio. En las *Lettere* de Boiardo a Ercole d'Este la reiteración de *et* recuerda algunos de los escritos de la prosa incipiente castellana. Lo mismo ocurre con *Le Lettere* de Savonarola. Jacopo Sannazaro usa generalmente *et* a principio de período y la sigla *&* en los demás casos. En este caso la -T no es solamente una grafía latinizante, sino que tiene una función fonológica, ya que se pronuncia, como se deduce del hecho de que en el verso, delante de vocal, cuando hay sinalefa, Sannazaro escribe *e*:

«e i sassi, e i gigli; e i fiori»

León Battista Alberti emplea regularmente *et* delante de consonante y *ed* solamente delante de palabras que comiencen por *e*. En la edición del *Canzoniere* de Petrarca, hecha por Vindelino da Spira en 1470, la grafía con -T es la normal.

Aparte de la representación de la conjunción copulativa mediante *e* y *ed*, aparecen más raramente otros signos. En León Battista Alberti encontramos a veces el signo ⁊ y con más frecuencia en Poliziano, Pulci, etc., la sigla *&*.

2.— Empleo abundantísimo de la *H* en función etimológica, tanto en inicial como en posición interna. Este uso es uno de los más característicos de la grafía del siglo XV, dando la impresión de que el escritor de este período usa la *H* como un signo revelador de su conocimiento del latín. Los ejemplos son abundantísimos. Así tenemos: *honorati, hor...* (Poliziano *Stanze*); *havere, havendo, dishonestissimo, geltilhomini, hora, perho...* (Boiardo, *Lettere*); *habundante, hoggi, homini* (Alberti, *I Libri della famiglia* y *Lettere*)[7]; *homo, habandonare, hor, havere* —en todos sus tiempos— (Savonarola; *Lettere*); *honorare, hor, horribil* (Lorenzo de' Medici) *Capitoli); havuto, harebbono, hocci* (Pulci, *Lettere*)[8].

La *H* se reincorpora también regularmente en función diacrítica en los digrammas *ch* y *gh* y en los de origen griego, incluso delante de *a, o, u*: *chosa, schola, alchune*, etc.

Esta sobreabundancia del empleo de la H lleva muy frecuentemente a las ultracorrecciones, poniéndola en palabras que en latín no tenían *H* como: «*He* stato condenato» (Boiardo, *Lettera al Conte Silvio di San Bonifazio*, mayo 1461); *habundante* (Alberti), *hutile, huso* (Pulci), etc.

Los digrammas real o supuestamente de origen griego vuelven a tener un uso muy extendido, especialmente *PH*. Formas como *Nympha, phama*, se encuentran en Poliziano; *Philomena, triompho, sophista, zephiro, phrigio, Alphonso...* en Boiardo; *philosophi, triumphi, Ecatomphile...* en Alberti; *philosophi, Porphyro, propheta...* en Mombrizio. El empleo de *PH* es también frecuente en Sannazaro y en Savonarola.

Menos extendido se encuentra el digramma *TH*, aunque no falten ejemplos como *cythera, cathena, labirintho, thono, thauri, Thebe...* en Boiardo; *Therme, Pantheon, prothonotario...* en Alberti.

3.— Empleo de las grafías *oe* y *ae* para los diptongos, generalmente usados como grafía hiperculta. No es raro encontrar *oeta, oeterno, Phoebo, oequale, Foenice, aethrusca, Phaetonte, aeterno, Aethiopia...* en Boiardo. Su valor es el de *e* pues suele alternar con las formas en *e*: *etade, fenice*.

4.— Restitución etimológica de *X*. Su empleo se produce en todas las posiciones: inicial: *Xenophonte, Xantio* (Alberti); intervocálica: *Allexandro, exemplo, exercito, exilio, prolixo* (Alberti); *execucione, eximere* (Boiardo)[9]; *Alexandria, exempio exemplo, exercitate, fluxa* (Mombrizio); X + consonante: *excellentissimo, extimo, dextro* (Boiardo); *extimo, excepto* (Pulci); *excrescere, exponeva, extollere, inextimabile, conmixto* (Alberti); *inextimabile, conmixto* (Alberti); *excelso, excecati, extolle* (Savonarola); *dextra,* (Poliziano); final: *Fenix* (Alberti).

Sannazaro hace también un uso muy extenso de la *X*, especialmente en las palabras que la tienen en latín y en los compuestos en *ex-*. Su aparición suele ser regular en las siguientes condiciones: X + C velar, P, Q, T *(exclamo, experto, exquisito, extimato)*; X + C palatal *(excelso)*; X + vocal (en los compuestos en *ex-*); X intervocálica: (*exemplo, exilio, exequie, maximo, proximo*).

5.— Los grupos cultos consonánticos, que durante los siglos XIII y XIV habían evolucionado hacia las soluciones más frecuentes en toda la Romania —eliminación del primer elemento del grupo o asimilación consonántica—, vuelven a recuperarse, siguiendo las huellas del modelo latino. Casi con toda seguridad estas reincorporaciones son meros expedientes gráficos y no conllevaría la pronunciación de todos los componentes del grupo.

-CT-: Frente a la asimilación normal en el italiano estándar actual y del Trecento en una doble -TT-, encontraremos su uso generalizado en el Quattrocento en palabras de todos los niveles y registros: *facti, rispecti, imperfecte, incorecte, doctrina, benedicti, dilectano...* (Poliziano); *rectore, octo, rispecto, nocte, affecto, dilecto* (Boiardo) [10]; *tracta, auctorita, traducto* (Alberti); *sancto, doctrine* (Masuccio Salernitano); *acto, dilecti, proficto* (Savonarola); *dicto, ficto, riducto, tucto* (Mombrizio).

-PT-: la conservación de este grupo es menos vigorosa que la de -CT-, siendo la solución -TT- más abundante. No obstante, los ejemplos abundan: *nuptie, concepto* (Mombrizio); *rapto, captivo, Baptista* (Boiardo); *scriptura, ciptadino* (Pulci); *precepto, voluptà, legiptimo, Ptolomeo, corruptela* (Alberti); *scripte* (Savonarola); *ciptadini, captivi, acepti* (Poliziano).

Otros grupos cultos aparecen con desigual intensidad según los diversos escritores. Así -BS-, -MN-, -NS-, son usados por Boiardo, Masuccio, Alberti: *obscuro, alomno, tyramnia, damno, somno, monstrare, dimonstrare, monstro*, y en menor medida por los demás autores que estamos usando como modelos.

De la misma manera -MPN-: *calumpnia, autumpno* (Alberti); -NCT-: *sancto, coniuncto* (Lorenzo de'Medici), L.B. Alberti y Boiardo transforman a menudo el grupo -MP- en -NP-: *anpla, scanpo, anpliare, conbattere, inbecillità, inparare*.

Generalmente los prefijos latinos *AD-, AB-, CON-, IN-, SUB-* se conservan: *adnumerare, absolvere, absentia, commemoratione, obcecata, subditi, subgetto, subsistenza*, etc.

Por último en lo que se refiere a los grupos consonánticos vulgares, L.B. Alberti convierte el grupo *N* + Consonante en *M* + Consonante por razones de fonética sintáctica: *in prima > imprima, un poco > um poco, um verso, nium ce, umsieme*, etc.

Lo señalado anteriormente sobre las grafías latinizantes, nos permiten extraer algunas conclusiones, si bien sean provisionales mientras que no se analicen un corpus de textos mucho más amplio y variado. En primer lugar, hemos podido constatar un fenómeno de distanciamiento importante entre la grafía y la pronunciación. A no ser en casos extremos de ultracorrección fonética, y por lo tanto elitista, la grafía procura únicamente dar una impresión visiva que transporte al lector a la escritura latina. No importa tanto acercarse al latín en las estructuras y en los contenidos cuanto en la representación gráfica.

En segundo lugar, el empleo de las grafías latinizantes por los escritores de todo tipo, incluso de los que no dominan el latín, lleva a muchos fenómenos de ultracorrección y de oscilación gráficas.

Por último, este proceso se actúa en un continuo «crescendo» según avanza el siglo XV y sólo sufrirá una inflexión hacia una grafía más fonética en los primeros años del siglo XVI.

Como ya es conocido, el campo de la representación de las velares suele ser uno de los más oscilantes en el plano grafemático.

El sonido velar sordo [K] continúa prácticamente con las mismas oscilaciones que encontramos ya en los siglos anteriores. Cuando va seguido de las vocales *a, o, u,* es representado por las siguientes grafías:

1ª) *C* (+ *a, o, u*). Esta es la solución actual del estándar italiano y las formas como *vocale, casa, fuoco, core*, etc, abundan aunque no sea ésta la grafía más frecuente.

2ª) *CH* (+ *a, o, u*). Esta grafía es la más empleada en el siglo XV y se aprecia una tendencia a extender su uso en todos los casos y seguida de cualquier vocal. Los ejemplos se encuentran por doquier:

CHA: *inffochata*, CHAL (Poliziano).
        cerchato, disdicha, anticha, spicha, circha (Boiardo).
        chadere, vochabuli, chanto, chappelle, charico (Alberti).
        cechate, adoncha, bocha (Savonarola).
        brancha, faticha, francha (Mombrizio).

CHO: *chome, anchor, socchorrimi* (Poliziano)
        mancho, choro, mecho, fiacho (Boiardo)
        articholi, chonosco, chosa, chollo (Alberti).
        anchor, frescho, chompietade (Savonarola).
        chosa, visscichosa, sechondariamente (Leonardo).

CHU: *alchuno, acchusare, chui* (Boiardo y Pulci).
        chura, alchune, chupole (Alberti).
        chon, cha, chuore (Petrarca, *Canzoniere* 1470).

La grafía CH la encontramos también después de consonante: *rinchresca, balchone* (Boiardo), *naschono* (Alberti).

3ª) *K*. Esta grafía, de amplio uso en los primeros documentos lingüísticos en vulgar italiano, e incluso en el Duecento y Trecento, solamente hemos podido documentarla en L.B. Alberti en las palabras *kavalieri, kalende*. En el mismo autor encontramos *Qurtius*.

4ª) *C* (+ *e, i*). Los únicos ejemplos de esta grafía en representación del sonido [K] los hemos encontrado en Savonarola: *caduce* y en Leonardo da Vinci: *ce* «che» y *sciuma* «schiuma».

La representación de la labiovelar [qu] oscila entre *qu: quore, quocentissimo, cinque, antiquo* (Alberti); *c* y *ch* (*chuore* en Savonarola y *schella, chisto* en Masuccio).

Cuando el sonido [k] va seguido de las vocales *e, i* la grafía es regularmente ch, a excepción de algunos ejemplos con *q*.

La grafía correspondiente al sonido oclusivo velar sonoro [g] están ya más fijadas, aunque podemos encontrar todavía algunas oscilaciones.

g + *e, i*. La grafía es regularmente *gh*. Solamente en Boiardo y L. Battista Alberti hemos documentado *q: exequire / sequire* (puede ser un latinismo léxico) y *g* alternando con *gh* en Boiardo: *vagi, iogi, losenge, large, invagito, piegi* etc.

g + *a, o, u*. Con frecuencia aparece la grafía *gh: lungho, lagho, priego* (Boiardo), *seghuito, lungho, pregho, pongho* (Alberti), *bottegha* (Pulci), *linghua* (Leonardo), etc. En Sannazaro la encontramos en las *Farse, Rime* y *Lettere* y nunca en la *Arcadia*.

Las terminaciones de los plurales en *-co* y *-go* oscilan entre la solución velar y la palatal.

Otro campo gráfico sujeto a grandes oscilaciones es el de los sonidos palatales, debido a la falta de correspondencia con los sonidos latinos. Probablemente sea la expresión de la palatalidad uno de los problemas gráficos más apasionantes de todas las lenguas románicas y en italiano, concretamente, los intentos por acomodar la grafía al sonido serán continuos e incluso podría decirse que todavía no se ha cejado en el empeño.

La prepalatal africada sonora [ǵ] tiene diversas representaciones gráficas:

1ª) *G* + (*e, i*).

GI + *(a, o, u)*. Es la solución del estándar toscano que predomina ya en este siglo, especialmente en los escritores no septentrionales o del sur.

2ª) *Gi + (e)*. La introducción de la *i* como signo de la palatalidad es un expediente habitual en todos los sistemas grafemáticos de las lenguas románicas. En el italiano del XV los ejemplos son numerosos: *gientil, gielo, legiero, legiereza* (Boiardo); *leggie* (Alberti); *giente, giettino* (Savonarola); *gienerazione* (Leonardo); *gietta, sogietta* (Mombrizio), etc.

3ª) *G + (a, o,)*. Es una solución más rara. La encontramos en L. Battista Alberti: *auggano, gallegase* y en Leonardo da Vinci: *goco*.

4ª) *i*. La hemos documentado tanto en posición inicial —la mayor parte de las veces— como en el interior de palabra: *iubilare, maior* (Savonarola); *coniuncta* (Poliziano); *iacere, iusto, coniunto, adiudicare, iuditio* (Alberti); *iusto, iustitia, iudicio* (Boiardo); *iorni, iornata* (Masuccio); *Iesu, ierarchia, iugo, iunsi/gionse* (Mombrizio), etc.

5ª) *J*. Se usa a principio de palabra: *Jove, jacinto* (Boiardo); *Julio, judicio, justo* (Alberti); *judicati* (Savonarola).

6ª) *Z*. Solamente la hemos podido constatar en Boiardo: *inzegno, zentil, lezeri*, aunque probablemente la *Z* más que una prepalatal africada sonora represente aquí un sonido sibilante propio de la koiné dialectal paduano-emiliana.

7ª) *S*. También en este caso solamente tenemos un ejemplo: *rasone* en una carta de 1475 de Girolamo Savonarola y puede explicarse de forma parecida a la de la grafía *Z*.

El sonido prepalatal africado sordo [ć] se representa generalmente con la solución estándar actual:
  -*C + (e, i)*.
  -*CI + (a, o, u)*.

Sin embargo, en algunos escritos aparecen signos diversos. No es raro encontrar la doble caracterización de la palatalidad en grafías *CI + (e)*: *dicie, facie, dolcie, cierca, piacie* (Poliziano, Alberti, Boiardo, Pulci). Más raras son las grafías *ti*, documentadas en Boiardo: *se incomintia* y Savonarola: *sportitie*, y *chi*: *chiascuno* (Boiardo)[11].

Esporádicamente podemos encontrar *ss*: «*esselsa* citade de Naple» (Masuccio); *Z: ozzidente* (Masuccio), y *c + (a, o, u): camica* (Leonardo da Vinci).

Un mayor complejidad tiene la representación gráfica de la dentoalveolar africada sorda [ŝ] o sonora [ẑ], representadas por las siguientes grafías:

1ª) *ti*. Este digramma es el más empleado, porque supone un mayor acercamiento a la grafía latina. Su uso está documentado en casi todos los textos del XV, incluso en los más vulgares. Así, por ejemplo, encontramos: *petitione, Lucretia, notitia* (Pulci), *renitentia, devotione, intelligentia* (Boiardo), *vitio, presentia, operatione* (Sannazaro); *Politiano, adolescentia, sartio* (Poliziano); *annotationi*, todas las desinencias en *-antia* y *-entia* (Alberti); *malitia, devotione, oratione* (Savonarola), etc., etc.,

En algunas ocasiones encontramos también la grafía *tti* en palabras como *afflittione, elettione* (Sannazaro), *dittione, affettione* (Alberti).

2ª) *z/zz*. El uso de la simple o la doble es muy aleatorio y alterna con *ti* en Poliziano: *stanze, gêntileze, amanza* [12], Boiardo: *forteza, piaza, speranza*. etc. Mombrizio usa *z* siempre después de consonante y en las terminaciones *-anza, -enza*. Masuccio Salernitano alterna en la misma página *rozio/rozzo, mezzo/mezo, strachiza/stracchizza*, lo mismo que Pulci: *pazamente/pazzamente, piaze/piazze*.

3ª) *ci*. Esta grafía la hemos constatado con relativa frecuencia en las *Lettere* de Poliziano: *anci*; en Masuccio: *iusticia, gracia*; en Mombrizio: *amicicia, argucia, giusticia, leticia, Mombricio*; en un documento veneciano de 1465: «mercer de spechi in la Marzaria di S. Marco»; en un inventario del 1487: *cancioniero/canzoniero*, y en otro de 1497: «Cosse vulgare del Policiano», *Ciromancia, Oracius, Marcialis* [13].

Las *Lettere* de Boiardo abundan en ejemplos: *execucione, devocione, ocio, sancia, sembiance*, etc. [14].

Otras grafías tienen menos consistencia. De este tipo son *zi* en Savonarola: *canzione;* çç/ç en Alberti: «il ghiro giro al çio el zembo» y en el autógrafo del Canzoniere de Petrarca: *topaçi, saçi; x: faxo* (*Canzoniere* de Petrarca de 1470), *xafiri* (*Poesie*, canción II, 13, de Savonarola) [15].

La prepalatal fricativa sorda [š] tiene ya una grafía bastante fijada bajo la forma *sc + i, e* y *sci + a, o, u*. De todas maneras de vez en cuando hemos documentado *sci + e: nascie* (Boiardo), *asciese* (Mombrizio) *s: usite* (Boiardo) y *ss/s* en Leonardo: *bissie* «bisce», *lasiera* «lascierà».

Dentro del campo de las palatales todavía encontramos oscilaciones en la palatal lateral sonora [l̮] y en la nasal [ɲ].

La lateral palatal se representa regularmente con la forma *gli*, adoptando sólo en casos concretos las siguientes soluciones:
-gl + e, a: *fogleta* (Boiardo); *famigla* (Alberti).
-lg(i): *sciolger, volgia, familgia, Bolgiardi* (Boiardo, *Lettere*).

-lgli: volglio (Alberti).
-lgl: nelgli (leonardo).
-li: scalion, gorgoliar, cilii (Boiardo, Orlando).

En el estándar toscano para la nasal palatal [ṇ] se emplea el digramma *gn*; sin embargo, no es ésta la única grafía en el siglo XV y ni siquiera es la más usada.

La reiteración en la marca de la palatalidad se expresa en *gni*, grafía muy común y usada, entre otros, por Boiardo: *vignire*; Sannazaro: *ogniuno, ogniora*; Alberti: *bisognio, disegnio, Monsigniore, spagniuolo*; Masuccio: *bisognio, ingagnio*; Leonardo: *montagnia, bisognio, compagniare*.

El trigamma *ngn* lo emplean, alternando con otras soluciones, Boiardo: *giungne/giugne, piangnere*, y Leonardo: *ongni*. La grafía *ni* es muy frecuente en Alberti: *ingenio, montania; ng* aparece en las *Poesie* de Girolamo Savonarola: *spengi* «spegni»; *ngni* en Alberti: *spengnie* y Masuccio: *besongnio*. Este último escritor usa también *nn: onne* y *n*, alternando con *gn: inudo, ignudo, inoto/ignoto*.

En conexión con la vuelta al latinismo puede explicarse el múltiple uso de la *j* en la grafía del siglo XV, tanto con valor consonántico como vocálico.

Generalmente la *J* en principio de palabra puede expresar el sonido prepalatal africado sonoro o bien la *I* mayúscula, y en medio de palabra y final se emplea para el segundo de dos *i* consecutivos. Así lo encontramos en Sannazaro, Pulci, Boiardo, etc.

La distinción entre *u* y *v* todavía no se ha producido en el siglo XV. No distinguen Poliziano, Pulci, Mombrizio, Boiardo. En el *Canzoniere* de Petrarca de 1470 no hay distinción. Como mucho podemos afirmar, con muchas salvedades, que existe una cierta tendencia a emplear la *V* para la mayúscula y la *u* para la minúscula, aunque este uso no esté ni mucho menos generalizado. Sólamente Leon Battista Alberti intenta establecer una distinción entre la *u* y la *v* para evitar la ambivalencia entre el sonido vocálico y el consonántico. Para ello, aconseja escribir el sonido consonántico con el rabo doblado: «hasta inflexa scribendan» en el *De componendis cyfris*. Esta grafía: aparece también usada en el folio autógrafo referente a las letras de la lengua italiana en el Códice Moreni 2, citado anteriormente.

La representación gráfica de los demás sonidos no comporta demasiadas dificultades, aunque puedan existir variantes más o menos originales.

En Poliziano se expresa la nasalidad con mucha frecuencia mediante una rayita horizontal colocada encima de la vocal: *stāze, gētilīssimo, cō, Bētiuoglia, cōiuncta, cōpose, nō,* etc. [16]. Leonardo, por su parte, escribe normalmente *n* en lugar de *m* delante de labial: *inpeto, enpiere*. La continua alternancia entre *m* y *n* se produce en la secuencia *m* + consonante, encontrando *insieme/imsieme*, etc.

El sonido [s] / [z] se representa generalmente con una ese larga (ʃ). En Boiardo hemos documentado una cierta tendencia a la doble ese, incluso después de consonante: *persso, cossi*.

Las vocales tienen grafías consolidadas desde fechas muy tempranas, a excepción de alguna reposición latinizante tipo *oe, ae*, o los signos usados por Alberti en su gramática.

El uso o no de las mayúsculas depende de cada escritor y no es posible determinar reglas o tendencias que fijen su uso. Los nombres propios suelen escribirse con mayúsculas. Asímismo los títulos: *Reverendissimo, Protonotario, Monsignore*; después de pausa, cuando se intenta poner de relieve alguna palabra, a principio de línea, etc.

Un problema especial plantea la representación de los sonidos resultantes de procesos de fonética sintáctica. A razones de este tipo se debe el paso de la *-N* final a *-m* en palabras apocopadas como *bem, mam*: «Da mam a mam mancha» (Carta de L.B. Alberti a Matheo de Pasti).

También por motivos de fonética sintáctica puede apreciarse una tendencia a la pérdida de la *-E* final, cuando anteceden las consonantes *l, r, n: man, cor, figliuol, fervor, vacazion, romper*, etc.

La ausencia, en muchos casos, de soporte latino hacen que la representación gráfica de las consonantes geminadas adopte soluciones muy variadas e imprevisibles. El planteamiento del tema lo realiza con toda claridad Bruno Migliorini cuando afirma:

> «Il modo di rappresentare le consonanti rafforzate è un semplice problema grafico in Toscana, mentre altrove è insieme un problema fonetico e grafico, perché la pronunzia locale aiuta poco o nulla: poco nell'Italia centro-meridionale, dove il rafforzamento è quasi sempre più largamente adoperato che in Toscana, quasi nulla nell'Italia settentrionale, specie in molte zone, dove lo scempiamento è di regola [17].

La tendencia latinizante del siglo XV influye también decisivamente en la representación de las geminadas, pues mientras en el Trecento la tendencia era la geminación o reducción —según la zona a la que pertenezca el escritor— en el Quattrocento la conservación de la consonante doble latina o del grupo culto impide una representación más genuina del habla.

Las soluciones son múltiples y responden, como ya hemos señalado anteriormente, a criterios de adscripción regional o de preferencia de los autores individuales. Cuando la geminada existía en latín, lo normal es la conservación en el vulgar italiano del siglo XV, aunque no en todos los casos. Si la consonante doble procede de la evolución de un grupo consonántico latino, entonces la salida puede ser triple: conservación del grupo —en la mayor parte de los casos—, geminación y reducción mediante la eliminación del primer elemento del grupo: *anno, captivi, sancto, septe, cita, tuto, tutohora,* etc.

Sin embargo, la norma es precisamente la falta de norma y la posibilidad de cada escritor de hacer uso de sus preferencias en la presentación gráfica de las consonantes dobles.

M.M. Boiardo realiza unas veces el «raddoppiamento» incluso después de consonante: *pensso, perssa, santto, bellva,* al igual que Savonarola: *corppo, farsse* [18]; otras veces la solución de Boiardo, de acuerdo con las tendencias fonéticas de la zona en la que escribe, presenta la reducción de la geminada: *legere, tutavia, tute, puti, ochij, orechie, tropo,* o, siguiendo las tendencias latinizantes, conserva el grupo de origen latino: *advisare, advisato, septecento,* o realiza la ultracorrección en *cella* «cela».

Luigi Pulci alterna las soluciones con simple y geminada: *pechie/pecchie, spechio/specchio.*

Más oscilaciones se encuentran en L.B. Alberti: *conober/conobbero, sarebe/sarebbe, abia/abbia, nesuno/nessuno,* etc. La alternancia es continua en el sufijo *-eza/-ezza.* (Esta última forma es más abundante), y en los prefijos: *accade/acade, summergere/sumergere.*

La misma actitud adopta Angelo Poliziano, aunque en él se puedan discernir a veces determinadas tendencias en el uso de las simples o geminadas. De él nos dice Vincenzo Pernicone [19]:

> «Si tratta, invece, dell'uso di consonanti doppie in parole per le quali oggi si adopera la consonante semplice, e viceversa. Come si può immaginare, la tradizione manoscritta è incerta e oscillante, ma il guaio maggiore è che anche nelle lettere autografe esiste l'oscillamento, e in una stessa lettera troviamo *Idio* e *Iddio, acoglie* e *accoglie,* etc.
>
> L'uso della scempia è costante, per attestazione concorde dei manoscritti e di B, in parole come *aviso, avolto,* etc. L'indicazione della doppia *v* nell'uso del Poliziano corrisponde al nesso *adv,* come in *avverso* (adverso). Testimonianze sicure abbiamo per la doppia *b* in *abbia, abbi, rabbia, abbarbica;* per la semplice in *labra, fabro,* per l'oscillamento in *dubbio, abbattere, abbraccia,* etc.
>
> Attestato autorevolmente è l'uso prevalente della *g* semplice in *mughiare, rughie, aghiaciare,* ecc. Molto incerta è, invece, la tradizione manoscritta per la doppia *c* in casi come *accoglie (acoglie), (accorta acorta), occhi (ochi), specchio (spechio), vecchio (vechio),* ecc.»

En Leonardo da Vinci una misma palabra se encuentra unas veces con simple y otras con doble. Puede apreciarse en él una tendencia a reduplicar exageradamente la -s-: *messto, visscichosa, riacresscie*, etc. y a expresar la geminación con la grafía *c* + consonante: *docpie, tucte, acvisare*.

La confusión en la representación de las consonantes simples y dobles es continua en Bonino Mombrizio. La aparición de una solución u otra es totalmente caprichosa: *abandono, conober, debasi, debba, habiati, rabia, robbe, acogli, apigli, cossi, deto, mezzo, grandeza*, etc. Lo mismo sucede con el copista profesional A. Manetti [20].

Los escritores del sur adoptan también soluciones variadas, aunque puede apreciarse en ellos un uso más frecuente de las dobles. Sannazaro, por ejemplo, emplea *tt* como representación del grupo latino *ct*; en la *Arcadia* mantiene el grupo *ps*, no suele germinar el sonido *g* y representa, a veces, la geminación con la anteposición de una *b* o una *d* a la consonante.

En Masuccio Salernitano aparecen oscilaciones continuas en las siguientes consonantes:

b/bb: *robbare/arrobare, roba/robba.*
c/cc: *racontare/raccontare, acogliere/accogliere.*
d/dd: *vide/vidde; cade/cadde.*
f/ff: *definire/deffinire, afinita/affinita.*
l/ll: *colui/collui, deliberare/delliberare, cavaliero/cavalliero.*
m/mm: *comendare/commendare, comune/commune.*
p/pp: *capone/cappone, aprovare/approvare, approbare.*
t/tt: *pratica/prattica, cita/citta, bruto/brutto.*
r/rr: *sera/serra, seremo/serremo.*
s/ss: *nisiuno/nessuno, concesso/concieso, cosa/cossa.*

Sin embargo, la tendencia más frecuente es la geminación. Así suele suceder con los compuestos: *ammazzare, ammacchiare, ammaestrare*, con la forma *cossi* y con otras muchas que no tienen doble en el estándar toscano: *carrico, discarricare, barro, tamborro, torro*.

El reforzamiento sintáctico está muy extendido, especialmente en los escritores no septentrionales, produciéndose generalmente en las siguientes estructuras:
a) Después de las preposiciones *a, da, in, di: a ppensar, da ddio, inn alcuno* (Alberti); *allui, ecquesto* (Leonardo); *di lliberarlo* (Manetti).

En muchos casos la preposición se une a la palabra siguiente: *allui, allabro, allincontro*, etc. [21].
b) Después de *e, che, ne, se, o: e ssono, che llui, ne lla, selli*, (Alberti); *che rrechera, che tte servono* (Masuccio); «*vero o ffalso*», «*e ddi loro fazioni*», «*e soto quale pianeta*», «*ancora se lla ffemmina partorira maschio o ffemmina e ddi che...*» (Manetti).

c) Verbo + pronombre enclítico: *dirollo* (Leonardo).
d) no + pronombre enclítico: «*nollo senta*» (Poliziano).
e) a + pronombre: *allui, annui, illei* (Alberti).

En Leonardo da Vinci se produce normalmente la asimilación de la líquida y nasal final con la inicial de la palabra siguiente: *illa, illingua, immolti*.

La separación o unión de palabras se realiza de una forma muy aleatoria. Los artículos, preposiciones y conjunciones suelen escribirse unidos al nombre: *chel* «che il», *iregni, ipremii, gliocchi, lealme, ison* «io sono», *damaro, dun, lamano* (Poliziano); *dhumanita, lidolce, lharmonia, ariguardarla, ala morosa* (Boiardo); *gliaspecti, igiorni, chaura* «che avrà» (*Canzoniere* de Petrarca de 1470).

Antes de terminar, quisiera al menos apuntar algunos datos sobre los signos de puntuación. Bruno Migliorini habla de una puntuación escasa y oscilante en los manuscritos y primeros impresos:

> «chi addirittura non adopera alcun segno; chi il solo punto; chi il punto e i due punti; chi il punto, la virgola e i due punti...» [22].

Sin embargo, esa afirmación está hecha muy a la ligera y dejándose llevar por una lectura superficial de los manuscritos y de las primeras ediciones. En éstos hay soluciones muy interesantes y recursos gráficos no estudiados de forma sistemática; cosa que habrá que hacer con rigor y lo más exhaustivamente posible.

La pausa más o menos intensa se expresa con el punto (.) (Poliziano *Stanze*); los dos puntos, que equivalen a una pausa o al punto final (Pulci); la barra oblicua (/) para indicar una pausa muy suave o para separar una palabra de otra.

Los acentos comienzan a ser usados, aunque de una forma indiscriminada. El primer texto donde se documentan los acentos graves y agudos es de 1480 [23].

Boiardo los emplea ampliamente; *fattò, vòle*, y en Alberti se encuentran en alguna ocasión el acento agudo: *giró* o signos diversos para diferenciar las palabras homófonas. Así *e* conjunción se representa con ẹ; cuando es verbo ẻ, y cuando es artículo ẽ [24]. En este mismo texto citado Alberti emplea el signo ~ encima de la *o*, probablemente para indicar la *o* abierta.

Termino este estudio con algunas conclusiones que se deducen de todo lo expuesto. En primer lugar, hay que poner de relieve que el carácter conservador del sistema grafemático se ve avivado en este siglo por la incidencia de la cultura greco-latina sobre los escritores italianos. Y ello supone un hito muy importante para la historia de la lengua italiana, porque será precisamente en este siglo cuando se frene la tendencia a la representación gráfica de tipo fonético iniciada en el Duecento y Treceto, posibilitando así que el estándar más ennoblecido por la literatura: el toscano, decida firmemente seguir siendo conservador y fiel a sus orígenes latinos, y la grafía es un magnífico auxiliar para conseguirlo.

Por último, debo indicar las dificultades que entraña la realización de un estudio exhaustivo del sistema grafemático italiano. La mayor parte de las ediciones están muy toscanizadas, ya que los editores italianos no suelen reproducir fielmente las características gráficas y fonético-fonológicas de los escritores de estos siglos. Ello obliga, si es que se quiere ser rigurosos, al manejo directo de los manuscritos o de las primeras ediciones; cosa un tanto infrecuente entre los lingüistas italianos, más preocupados por los aspectos literarios y estilísticos de los escritores que por su sistema lingüístico. A todo ello es imprescindible añadir el examen de un corpus textual más amplio en el que se incluyan escritos de carácter no literario.

NOTAS

1. Vid. M.T. Ruga, *Latino e volgare nella letteratura italiana dalle origini alla fine del Quattrocento*, Pescara, 1921; P.O. Kristeller, *L'origine e lo sviluppo della prosa volgare italiana*, «Cultura Neolatina», X, 1950; C.H. Grantgent, *From latin to Italian*, Man. Press, Cambridge, 1927; E. Menagio, *Origini della lingua italiana*, París, 1969; G. Serra, *Lineamenti di una storia linguistica dell'Italia Medioevale*, Liguori, Nápoles, 1954-58, 2 vols.

2. *Note sulla grafia italiana nel Rinascimento*, en *Saggi linguistici*, Le Monnier, Firenze, 1970, págs. 225 y n. 1.

3. Es importante señalar el papel que tuvieron en estas oscilaciones gráficas los copistas verdaderos correctores en muchos casos de las obras independientemente de la voluntad del autor. Véase como ejemplo de lo referido la labor del copista Antonio Manetti en Domenico De Robertis, *Editi e rari. Studi sulla tradizione letteraria tra Tre e Cinquecento*, Feltrinelli, Milán, 1978, págs. 183-230.

4. Vid. Cecil Grayson, *Nota sulla grafia*, en L. Battista Alberti, *Opere volgari*, I, Laterza, Bari, 1960, págs. 459-460.

5. Muestra de ese interés es su invención de diversos grafemas, como puede comprobarse en la hoja autógrafa de Alberti, inserta en *La prima grammatica della lingua volgare. La Grammatichetta Vaticana* (Códice Moreni, 2, de la Biblioteca Riccardiana).

6. Vid. Bonino Mombrizio, *La Légende de Sainte Catherine d'Alexandrie, poème italien du XVe siècle, par Alphonse Bayot et Pierre Groult*, Gembloux, 1943.

7. Sin embargo, Alberti no emplea generalmente la *h* etimológica en los tiempos del verbo *avere*. En *Deifira*, encontramos: «tu mai da me *arai* che desiderare»; en *De Amore*: «certo *averesti*», «quanto *avevi*», etc. En cambio en una carta suya a Ludovico Marchioni de 19 de febrero de 1469 encontramos: «me dite *havete* cosa...»

8. Es revelador de las oscilaciones gráficas de Pulci el hecho de que en una carta de agosto de 1473, dirigida a Lorenzo de'Medici Pulci escriba: «tu *harai* detto; se io non *havessi havuto; havere* vinto; io nonoa dire altro; *Hocci avuto* notitia; oggi *no sentito*; *hanno* durata; *ai* servito», en L. Pulci, *Morgante e Lettere*, Sansoni, Firenze, 1962, págs. 987-87.

9. En Boiardo la *x* asume valores culturales-estilísticos y tiene una función importante en la rima.

10. En Boiardo la conservación de *-ct-* alterna con la solución asimilada *-tt-*.

11. Esta grafía aparece documentada en los escritores vénetos hasta el siglo XVIII.

12. Vincenzo Pernicone nos dice a este respecto: «nessun dubbio, per esempio, può esistere sul raro uso della doppia *z* da parte del Poliziano. Lo attestano i manoscritti e B, e lo confermano le lettere autografe. In parole come *azurro, mezo, noze, orizonte, palazo, rozo, stiza*, l'accordo è completo, o quasi, nei manoscritti e in B, e non ci sarebbe ragione per non conservare l'habitudine grafica del Poliziano. E'attestato anche un tipico caso di oscillamento: la parola *vezosa* figura con la scempia al v.6 della stanza 78 del libro primo, e con la doppia al v. 8 della 118», en *Stanze di messere Angelo Poliziano cominciate per la giostra di Giuliano de'Medici*, Loescher, Torino, 1954, pág. LXXXIV.

13. Vid. B. Migliorini, *Note sulla grafia del Rinascimento*, cit., pág. 213.

14. B. Migliorini en *Note sulla grafia...*, pág. 212, nos dice: «Ora quando troviamo nel Boiardo 'Ocio amoroso e cura giovenile» (*Amores*, I, XLIV) e vediamo *facia* «volto» che rima con *sacia* «sazia», *ringracia* «ringrazia» (Orl. Inn. I, XV, st. 61), o leggiamo nelle sue lettere *sencia* «senza» o anche *denanci*, ci par sicuro che si debba leggere *fazia, senz(i)a, denanzi*, anche se poi non siamo ben certi fin dove questa forma possa giungere».

15. En el caso de *xafiri*, la *x* podría no representar al sonido dentoalveolar africado sino a una [z] muy sonorizada.
16. Edición florentina del finales del siglo Xv de *Le Stanze*.
17. *Note sulla grafia...*, cit., pág. 217.
18. Savonarola tiene un comportamiento variado y contradictorio en lo que respecta a la representación gráfica de las geminadas. En las *Poesie* el uso de una consonante simple o doble viene condicionado muchas veces por razones fonéticas o de rima. Vid. Mario Martelli, *Nota critica*, en G. Savonarola, *Poesie*, Belardetti, Roma, 1968, págs. 253-54.
19. *Introduzione*, cit., págs. LXXXIII-LXXXIV.
20. Vid. su carta a Lorenzo de'Medici, en De Robertis, ob. cit., pág. 186.
21. En Boiardo lo normal es la no asimilación de a + artículo: «*a la* Signoria Vostra, *ale* man».
22. *Storia della lingua italiana*, Sansoni, Firenze, 3ª ed., 1966, pág. 270.
23. «Gli accenti grafici appaiono in italiano per spinta umanistica, sotto l'influenza degli accenti grafici del greco. Il primo esempio, finora indicato, è nell'elenco di voci milanesi che Giovanni Ridolfi inserì nel 1480 in una sua relazione, ricavandolo dai sonetti di Benedetto Dei. Il Ridolfi segna l'accento grave sulla vocale finale (*pincheruò*; anche *predeé* per indicare *predèe*), e l'acuto nell'interno, quelle rare volte in cui lo segna (*cannáva, zighéra*», en B. Migliorii, *Note sulla grafia...*, cit., pág. 223.
24. Vid. L.B. Alberti, *La prima grammatica della lingua volgare, La grammatichetta vaticana*, cit.

EL EPICUREISMO COMO FACTOR DE EQUILIBRIO EN EL HUMANISMO RENACENTISTA

J. Graciliano González Miguel
Universidad de Salamanca

1. Introducción

El Humanismo fue, sin duda, un fenómeno amplio, complejo y abierto. Por referirse a lo humano está ligado a la variedad y las contradicciones del vivir concreto. Por eso no puede ser reducido, sin más, a esquemas simples o a contenidos unívocos. En las formulaciones que de este fenómeno complejo se hacen, se corre el riesgo de caer fácilmente en tópicos o de repetir lugares comunes con frecuencia carentes de rigor y no apoyados críticamente en los textos.

Una de las afirmaciones más comunes al tratar de definir el Humanismo es decir que el platonismo es la filosofía que mejor expresa los ideales del Humanismo y la que sostuvo reflejamente las actitudes prácticas de los humanistas, en polémica con el aristotelismo, que vendría a representar la otra filosofía, la oficial y reaccionaria. Se olvidan otras corrientes de pensamiento que tuvieron también vigencia en ese momento y que influyeron, sin duda, en la formación del espíritu humanista.

No voy a tratar aquí de refutar estos tópicos ni pretendo resolver un problema, que, creo, está bien resuelto con la simple lectura atenta y sin prejuicios de cualquiera de las buenas historias de la filosofía, que están fácilmente al alcance de todos [1]. Tampoco quiero entrar en las polémicas sobre las relaciones entre Edad Media y Renacimiento o sobre la existencia o no de un Renacimiento cristiano y un Renacimiento pagano, aunque el tema ofrezca elementos que pudieran ser tenidos en cuenta a la hora de dirimir esas polémicas.

Mi intención es únicamente contribuir desde una perspectiva menor, si se quiere, aunque no secundaria, a la clarificación crítica del fenómeno del Humanismo, como movimiento en búsqueda de la definición del hombre.

2. La dignitas hominis:

En todo el Humanismo, aunque yo aquí me refiero únicamente al del siglo XV, hubo una pretensión constante de poner al hombre en el centro de toda reflexión y de definir al hombre en sus términos esenciales, tratando de precisar claramente los límites de lo humano, de hallar la *humanitas* como término medio entre la *divinitas*, que la limita por arriba, y la *feritas*, que lo haría por abajo. En esta búsqueda de definición de la *humanitas* los límites parecen teóricamente claros y las diferencias bien marcadas. Pero en realidad esta búsqueda, que no es sólo una búsqueda intelectual, sino una instancia ética, se ve envuelta desde un principio en una peligrosa ambigüedad. El movimiento humanista se va a ver poderosamente influenciado por el lema petrarquista «Humanitatem induere, feritatemque deponere» [2] que ya contenía un cierto grado de ambigüedad al presentar Petrarca como único término referencial de la humanitas el límite inferior, el de la feritas, mientras que el límite superior quedaba abierto e indeterminado. En las ecuaciones a que el lema petrarquista dará lugar va a continuar la ambigüedad y el dilema se planteará siempre entre dos términos: la humanitas y la feritas. Humanitas será sabiduría, feritas, ignorancia; humanitas es madurez, feritas estado infantil etc. Lo mismo va a suceder con los intentos de definición del hombre. Los humanistas se van a preocupar de marcar claramente la diferencia entre el hombre y las bestias, pero van a dejar menos clara la diferencia con la divinitas. Las definiciones de la humanitas como «*Ratio*» o como «*Verbum*» (sapientia-eloquentia) o como «*Religio*» o como síntesis de las tres, dejan siempre el camino abierto para las más osadas acrobacias hacia arriba, hacia un acercamiento a la diviniad, que también es definida como *Ratio* o como *Verbum* o como *Amor*. De aquí que la tendencia hacia la divinización del hombre haya tentado constantemente a la mayor parte de los grandes genios del Humanismo. En todo el Humanismo late una fuerte tentación, ante literam, pero real, de superhombre. El cristianismo, y ello es una prueba de lo consustancial que el cristianismo era con el movimiento humanista, y el platonismo ofrecían cauces amplios e invitaciones explícitas para justificar esa aspiración a lo divino. Por eso la única preocupación seria de los humanistas parece que era la de distanciarse marcadamente de la feritas. Instancia ésta cultural y espiritualmente de suma importancia. «L'uomo nacque per non essere simile a una bestia, ma in prima per adoperarsi in quelle cose quale sono proprie dell'uomo».[3]. Quienes definen al hombre por la *Ratio*, se cuidan de señalar explícitamente que la razón marca la diferencia esencial entre el hombre y los brutos. Sin la razón la humanitas queda reducida a la feritas. Una feritas incluso inferior a la mayoria de los animales «quítale al hombre el uso y el modo de la razón y no le quedará nada más que los miembros semejantes a los demás animales salvajes e inutilisimos»[4]. Por eso la razón se convierte en norma de humanidad y en categoría de juicio en el arte de vivir como hombre, como ya lo había sido para Cicerón, para quien la razón era «ars bene beateque vivendi». Antonio de Ferraris, el Galateo, escribía al respecto: «Si mens sola est, quae nos a brutis disterminat profecto quanto illa magis volemus, tanto magis verae humanitatis participes sumus. Ea propter rationali distinctione homines in philosphos et plebeios, hoc est non philosophos, dividere licet, sive in doctos et in doctos, bonos et malos, quod idem est; nemo enim philophus aut indoctus aut malus est» [5] y Poggio Bracciolini «Quid enim esset homo si absque iure et ratione viveret? brutis animalibus profectos similis, ut non hominem sed beluam curare, qui solum curat corpus existimetur» [6].

Lo mismo sucede con quienes aceptando el pensamiento de Dante «Solo homini datum est loqui» consideraban la *Palabra* (Verbum) como el distintivo esencial del hombre frente al bruto: la palabra, interprete de la razón, separa al hombre del mundo sin palabra, inferior a él. El mito de Orfeo va a ser clásico a este respecto. El arte de la palabra es el arte de ser hombre. También en este caso, como en el de la razón, lo importante es la distinción con el mundo subhumano. Pero ni la Ratio ni el Verbum distinguían adecuadamente al hombre con respecto a Dios, que es a su vez también Ratio y Verbum. En ambos casos el límite superior queda abierto para el acercamiento e incluso la transformación (La metamorfosis es tema característico del Humanismo) en Dios, bien bajo el amparo ideológico de la teoría de la participación que le brindaba el platonismo, bien siguiendo la invitación cristiana a la inserción amorosa en el Verbum trinitario. La diferenciación del hombre con relación a la bestia no supone sólo un acercamiento al hombre, sino una aspiración a la identificación con Dios. La divinización del hombre se convierte en tarea ética. La proclamación de la superioridad de las virtudes intelectuales y su correspondiente expresión verbal sobre cualquier otra virtud suponía que el alcanzar la sabiduría era en cierto modo transhumanarse, lo cual es en palabras de Galateo «vievere una vita mortale con gli immortali, una vita divina in corpo umano», con esto acercaba a los hombres a Dios «Homines, quoad licet, Diis similes facit» [7] con lo cual el ideal de la humanitas se convertía en la tendencia a ser como Dios. La verdadera humanitas era la divinitas hominis. Esto aunque nunca fue un postulado de orden metafísico, estaba en perfecta sintonía con la sensibilidad y el pensamiento general del espíritu humanista de la época. A esta elevación del hombre a Dios lleva directamente otra de las expresiones claves de la definición de la humanitas: la *Religio*. Más aún que la Ratio o el Verbum, la Religio distingue al hombre del animal y lo acerca a Dios. Por ello los principios de la religión van a ser implorados como elementos diferenciadores del hombre respecto de la bestia, es decir, como postulados de la humanitas frente a la feritas. La inmortalidad será, en definitiva, la definidora de la humanitas, pues sólo la inmortalidad le permite alcanzar en Dios la plenitud de su humanidad. Ser inmortal es vivir en Dios, divinizarse con El y por tanto lograr la suprema aspiración de todo hombre. La salvación eterna no es únicamente una tarea moral y religiosa, es también una tarea de humanización, de perfeccionamiento de la humanitas misma. El tratado «*De Hominis Dignitate*» de Pico della Mirandola es, tal vez la mejor expresión de estas ideas.: El hombre suspendido entre la bestia y el angel, entre lo caduco y lo eterno, entre la naturaleza y Dios, es un ser indefinido que tiene en sus manos la posibilidad de ser el autor de su propia esencia «La natura ben definita degli altri esseri è imbrigliata da precise leggi da me prescritte. Tu invece te la determinerai, secondo il tuo arbitrio al cui potere t'ho consegnato, non costretto da nessuna limitazione. Ti ho posto nel mezzo del mondo perché di li tu possa meglio riguardare tutto ciò che v'è nel mondo. Non t'ho fatto nè celeste né terreno, né mortale né immortale affinché tu, arbitro e sovrano artefice di te stesso, ti efformassi e ti plasmassi in quella forma che avresti preferita. Tu potrai *degenerare* negli esseri inferiori che sono i bruti, tu potrai *rigenerarti* scondo il tuo volere nelle realtà superiori che sono divine»[8]. Degradarse en las cosas inferiores o sublimarse en las superiores, son las únicas alternativas que se le ofrecen para la realización del hombre. Estos términos no son sólo expresión de la libertad humana, sino que señalan, además, inequívocamente la dirección que debe seguir esa libertad si quiere ser positivamente válida. La dignitas hominis se sitúa del lado de la divinitas. El ideal es sólo la sublimación en las cosas superiores o sea la superhominización. En este ideal late un grave peligro de desequilibrio: el peligro de alejarse del hombre para evadirse en el superhombre. Este peligro de desequilibrio se acentúa si se tienen en cuenta, por un lado, algunas prácticas ascéticas, que procedentes de la Edad Media, seguían teniendo vigor en el Humanismo y, por otro lado, ciertas corrientes de pensamiento, que como el estoicismo, empujaban al hombre hacia el heroísmo, magnificando una energía de voluntad sobrehumana, considerada como fuerza de resistencia y como virtud autónoma, con desprecio evidente de cualquier gratificación placentera, que era considerada como indigna del verdadero hombre y sin hacer la más mínima concesión a las exigencias de la condición corporal y terrena del hombre.

Dentro de este contexto pueden y deben situarse aquellas tendencias humanistas, que tratan de acercar el hombre al hombre, animándolo para que permanezca fiel a sí mismo y ayudándolo a liberarse de todo lo que pueda atentar contra su propia dignidad de hombre, ya sea por sublimación, ya por laceración degradante de su integridad: Un respeto al hombre-hombre. Ahora bien, la humanitas integral tiene los límites muy amplios tanto por arriba como por abajo y no es excluyente sino integrante de elementos dispares. La definición de Pico della Mirandola es sólo relativa. La esencia del hombre tiene unos componentes claramente definidos por su propia naturaleza. Componentes que hay que desarrollar, pero que también hay que respetar. Estas corrientes de pensamiento, minoritarias, pero suficientemente activas, sirven de contraste referencial e introducen en la cultura humanista un factor de equilibrio frente al desmesurado optimismo de la cultura dominante.

3. El epicureísmo en el Humanismo renacentista

En esta tarea de acercamiento al hombre, halla su lugar propio y su sentido histórico, a mi modo de ver, el epicureísmo, que fue sostenido por algunos pensadores humanistas.

Un epicureísmo entendido simplemente como alegría de vivir, como despreocupado goce de los placeres que se ofrecen día a día, instante por instante, es, sin duda, una de las características de la civilización renacentista. Se dio, además, un tipo de hedonismo vital, que, en algún grado, puede confundirse con la vertiente materialista y vulgar de un epicureísmo degenerado. Temas como el del «*carpe diem*» o el de «*carpe rosam*», o ciertas invitaciones a gozar el carnaval o a aprovechar la juventud que pasa etc. eran temas muy frecuentes en los escritores de la época y venían a expresar en forma poética elementos y mitos de la sociedad humanista.

Sólo como ejemplos famosos de esta temática, afín al pensamiento de los filósofos «del jardín», que no en vano así se llamaba a los epicúreos, recordemos la alusión de Polizioano, que me permito citar en la magnífica y fiel traducción de Félix Fernández Murga:

> La rosa es buena para hacer guirnaldas
> cuando sus hojas desplegó ya todas,
> haciéndose más bella y más amable,
> antes que su hermosura se marchite.
> Niñas, por ello, a penas florecida
> coged la bella rosa de los prados. [9]

Más conocido es el «*Trionfo di Bacco e Arianna*» de Lorenzo el Magnífico, que se abre con los versos:

> Quanto è bella giovinezza
> che si fugge tuttavia...

y que concluye con una estrofa de claro sabor epicúreo de invitación al placer

> Donne e giovinetti amanti
> viva Bacco e viva Amore!
> Ciascun suoni balli e canti!
> Arda di dolcezza il core!
> Non fatica non dolore!
> Ció c'ha esser, convien sia.
> Chi vuol esser lieto sia
> di doman non c'é certezza. [10]

Aquí hallamos todos los ingredientes del más grosero epicureísmo, que el vulgo resume en la consabida frase de «comamos y bebamos que mañana moriremos» y que el poeta Luigi Tansillo, medio siglo más tarde que Lorenzo, exponía con crueldad:

> Se mentre il corpo é vivo non godete
> sperate di goder quando egli é morto?
> ....
> Lasciate l'ombre e abbracciate il vero.
> Non cangiate il presente col futuro.
> Io di goder lassù già non dispero,
> ma per viver più lieto e più sicuro
> godo il presente e del futuro spero.
> Così doppia dolcezza mi procuro,
> ch'avviso non saria d'uom saggio e scaltro
> perdere un ben per acquistare un altro.
> (Il Vendemmiatore) [11]

Epicúrea es la presentación de Margutte en *el Morgante* de L. Pulci, quien además, no se vio personalmente libre de la acusación de materialista y ateo, términos más o menos sinónimos de epicúreo. Basta recordar la primera estrofa de dicha representación:

> Rispose allor Margutte: «A dirtel tosto
> io non credo più al nero ch'all'azzurro,
> ma nel cappone, o lesso o vuogli arrosto,
> E credo alcuna volta anco nel burro,
> nella cervogia, e, quando io n'ho, nel mosto,
> e molto più nell'aspro che il mangurro:
> ma sopra tutto nel buon vino ho fede
> e credo che sia salvo chi gli crede. [12]

Que este tipo de epicureísmo no era únicamente tema de poesía, sino forma de vida y realidad en algunos círculos humanistas, lo sabemos, entre otras pruebas, por las relaciones que algunos embajadores en Roma hicieron a sus respectivos señores con ocasión de la conjuración de 1468 en que se vio comprometida la

Academia Romana. He aquí unas líneas de la relación del embajador milanés a su señor Galeazzo Maria Sforza: «... Costor tenevano opinione chel non fosse altro mondo che questo et morto il corpo morisse la anima et demum che ogni cosa fusse nulla se non attendere a tutti piaceri e voluptà, sectatori del Epicuro et de Arsitippo dummodo potessono far senza scandalo, non za per tema di Dio, sed de la iusticia del mondo, havendo in omnibus respecto al corpo, perché l'anima tenevano per niente. Et ita non facevano altro che godere manzando carne la quadragesima, non andar may a la messa, non se curar de vigilie ne de santi et al tutto contennendo papa, cardinali et la giesia cattolica universale. Dicevano che santo Francesco era stato uno ypocrita et demum se facevano beffe de dio e de li santi, vivando al suo modo usaveno maschi e femene promiscue et indifferenter cum singulis similibus...» [13].

Pero muy distinto es el significado que dieron al epicureísmo los espíritus nobles y doctos que lo cultivaron y que supieron descubrir la fuerte dosis de humanismo que incluía en sí la filosofía de Epicuro. El epicureísmo les va a servir de contexto ideológico para hacer una llamada de atención sobre la integridad del hombre y sobre la unidad del compuesto humano, cuerpo y alma, contra las acotaciones, descuidos o mutilaciones impuestas por otras corrientes de pensamiento u otras prácticas religiosas.

En efecto el epicureísmo en su origen había sido un movimiento eminentemente humanista. Tenía como punto de mira al hombre y representaba la búsqueda de un ideal de sabiduría, que sirviera de orientación en la vida diaria, trataba de hallar una forma equilibrada, serena y feliz de existencia en el mundo. Su inspiración era eminentemente ética. Una ética que dista mucho de la imagen degenerada que el vulgo acostumbra a trazarse del sabio epicúreo, como hombre disoluto y entregado a los más bajos placeres de la carne. El epicúreo era un hombre virtuoso como lo podía ser el sabio aristotélico o el platónico o el estoico, aunque el epicúreo hiciera derivar su virtud de un concepto distinto de virtud y de perfección humana. El hombre, según Epicuro, debe liberarse de toda dependencia externa y buscar en sí mismo la causa última de la felicidad que consiste fundamentalmente en el placer. Se trata, por tanto, de un proceso de liberación del hombre: ni los dioses, ni la muerte, ni el sufrimiento, ni los afanes múltiples deben quitarle al hombre el goce en calma de su propio vivir. En esto consiste la sabiduría, de la cual proceden todas las virtudes y que *«enseña que no puede haber una vida feliz que no sea sabia y bella y justa, pero tampoco una vida sabia, bella y justa sin que a la vez sea feliz»*. En el conjunto de la vida placentera junto a los placeres del alma, que aún para los epicúreos son los más importantes, entran también los placeres del cuerpo. Pero el hedonismo de Epicuro es moderado y parte de un sentido negativo de placer como ausencia de dolor y es a la vez *«ataraxia»* o equilibrio del alma y *«aponia»* o equilibrio del cuerpo. Por eso todo, incluídas la filosofía y la ciencia, deben tener un sentido práctico y liberador del sufrimiento y de las causas de turbación: «*El discurso filosófico es vano, si no cura algún sufrimiento humano*», dice una de las sentencias de Epicuro. Y otra «*No tendríamos necesidad de la ciencia de la naturaleza, si no nos viéramos turbados por el pensamiento de las cosas celestes, de la muerte y de la ignorancia, de los límites, de los deseos y de los dolores*». Esta filosofía encierra una enorme carga de humanismo. Además, Epicuro hacía sus afirmaciones en polémica contra una cultura viciada, incapaz de resolver los problemas de la vida concreta del hombre. El punto de vista desde el que filosofa Epicuro, es el de un saber esencial, estrechamente ligado a los hechos y adecuado a las concretas posibilidades del hombre y a sus fines prácticos de conseguir el máximo de felicidad. El recuerdo de la actitud de Petrarca frente a los filósofos de su tiempo surge espontáneo. Es verdad que Epicuro apoyó su ética en una física materialista y en una gnoseología en la que la sensación es el único fundamento de la evidencia. Pero esto, aunque importante, tenía una mera función propedéutica con respecto a la ética, verdadero centro de interés de su reflexión y de su praxis.

Por otra parte la filosofía de Epicuro contiene una serie de elementos fácilmente asimilables para la cultura cristiana. No son, en efecto, necesarios grandes esfuerzos para hacer cristianas máximas epicúreas como las siguientes: «*De todo cuanto la sabiduría nos ofrece para la felicidad de la vida, lo mayor es, con mucho, el logro de la amistad*». «*Quien haya alcanzado el fin del hombre, aunque nadie esté presente, será igualmente honrado*» «*Es no sólo más bello, sino también más placentero, hacer el bien que recibirlo*».

Hay que reconocer, sin embargo, que la filosofía epicúrea, a pesar de su interés por el hombre, no tuvo suerte. Tal vez porque no se apoyó en la tradición de una escuela o en la continuidad de una enseñanza académica, como sucedió con el aristotelismo y el platonismo, que a través de los Padres, primero y de San Agustín, Boecio y la escolástica, después, fueron asimilados por la cultura cristiana y siguieron en vigor. El epicureísmo, en cambio, fue neta y violentamente rechazado, sin que se produjera ningún intento serio de recuperación, a pesar de las simpatías que sobre aspectos parciales de su moral tuvieron Cicerón y Séneca. Más que su contenido positivo, se impuso el peso de algunas reducciones vulgares de su hedonismo y sobre todo los presupuestos materialistas y ateos de su metafísica, en claro contraste con el espiritualismo cristiano.

En la Edad Media el neoplatonismo agustiniano era absorbente y se situaba en el polo opuesto del epicureísmo. El menosprecio del cuerpo y de los sentidos en favor del alma y la iluminación divina en plano ontológico y gnoseológico, la exaltación del valor purificativo y expiatorio del dolor en plano de fe, el concepto del mal como privación, el espiritualismo trascendente, etc. no dejaban ningún resquicio para posibles ingerencias o recuperaciones del epicureísmo. Por eso la

Edad Media en bloque condena irremisiblemente a Epicuro por materialista y ateo. Los versos de Dante en la *Divina Comedia*, que sitúan a Epicuro en el infierno, muy lejos del honroso limbo de los demás filósofos, son una buena prueba de la actitud condenatoria de toda la Edad Media hacia Epicuro:

> Suo cimitero da questa parte hanno
> Con Epicuro tutt'i suoi seguaci
> che l'anima col corpor morta fanno
> Inf. X, 13-15

No muy diversamente piensan los escritores que siguieron después de Dante. Petrarca, que conocía superficialmente la doctrina de Epicuro a través de Cicerón y de Séneca, aunque con sus maestros alaba algunas máximas, rechaza, sin embargo, el epicureísmo en general. La actitud de Petrarca se basa fundamentalmente en un motivo humanista. Para Petrarca la doctrina de Epicuro es afeminada y vergonzosa y no hace distinción entre el hombre y las bestias «Negó del tutto l'eternitá dell'anima e stimò che quella insieme col corpo morisse, *come fanno quelle degli animali bruti*». En el tercer libro del *Rerum memorandarum* dice de Epicuro: «Tutti lo straziano, tutti vociferano contro di lui, tutti lo insultano, ogni setta filosofica è d'accordo contro questo solo filosofo: e non a torto. Egli è colui del quale Cinea riferí a Fabrizio, che pose il sommo bene nel piacere come l'oro nel fango. Al piacere, come padrona di sordida servetta, egli sottomise la stessa virtù; ad esso afermò, infine, che si debbano riportare tutte le azioni degli uomini. Proposizione effeminata e vergognosa, *che non fa alcuna differenza tra l'uomo e la bestia*» [14]. Como se ve, Petrarca no descubrió el sentido humanista de la filosofía epicúrea. Tampoco lo hará Boccaccio, que condenará al epicureísmo por el mismo motivo que Petrarca, aunque por otra parte defienda a Epicuro como hombre «Fu solennissimo filosofo e molto morale e venerabile uomo» «Estiman molti che questo filosofo fosse ghiottissimo uomo, la quale estimazione non è vera, perciòché nessun altro fu più sobrio di lui» [15].

Ya con Salutati se comienzan a percibir algunos síntomas de cambio con respecto al epicureísmo. Salutati, aunque sigue aferrado a una visión del epicureísmo hedonista inconpatible con la vida de verdadero sabio cristiano, y aparecen ya en él algunas alusiones dignas de tenerse en cuenta. Salutati tiene interés por la vida espiritual concreta del hombre en todas sus expresiones. Ello le lleva a poner la felicidad futura en el placer como sublimación de los placeres imperfectos e inseguros del hombre terreno. Comienza, pues, ya en Salutati una valoración positiva del placer, que será bastante fecunda algunos años más tarde. Nos parece también interesante la aplicación que Salutati hace de la fábula de Orfeo, en quien figura a los epicúreos, amadores del placer y de las cosas fugaces, transeuntes y sensibles, pero que las pierden como Orfeo perdió a su Euridice. En la alegoría de Orfeo está representado el drama del hombre en busca del placer y de la armonía natural. Si tenemos en cuenta el valor humanista con el que suele utilizarse la fábula de Orfeo, podemos sospechar que Salutati se dio cuenta de la cercanía de la ética epicúrea al pensamiento humanista.

A partir del siglo XV el discurso sobre el epicureísmo se amplía y asume progresivamente un tono más sereno, más positivo y a la vez más crítico. Esto no supone, en principio, un conocimiento mayor ni más directo de Epicuro. Por algún tiempo las fuentes de la doctrina de Epicuro seguirán siendo las mismas: Cicerón y Séneca, pues aunque en este siglo fueron difundidas las obras más importantes en las que se contiene la filosofía epicúrea, es decir, el *Libro X* de Diogenes Laercio y la obra de Lucrecio, sólo a finales de siglo se les prestó una atención que sobrepasaba los intereses de la filología.

Dentro de una perspectiva histórico-filológica Leonardo Bruni convirtió los «*Studia Humanitatis*» en instrumentos de formación moral, en cuanto que el contacto con el pensamiento clásico lleva a comprender lo que el hombre debe ser y su estudio puede ser valioso, al menos en cierta medida, para la moral cristiana. Muchas de las enseñanzas de los filósofos antiguos están de acuerdo con las enseñanzas del cristianismo. Siguiendo esta lógica de Bruni, se llega fácilmente a una valoración positiva del epicureísmo. No es que en las obras de Bruni falten juicios contra Epicuro. Los hay. Sin embargo su actitud es menos polémica y más reflexiva. En su *De studiis et litteris*, Bruni, por ejemplo, invita a la mujer cristiana a estudiar no sólo a los autores cristianos, sino también a los filósofos paganos, incluído Epicuro, para reflexionar sobre sus respuestas a los problemas humanos: «Veda quel che i maggiori ingegni filosofici scrissero nel campo morale sulla continenza, sulla temperanza, sulla modestia, sulla giustizia, sulla fortezza, sulla liberalità. Sappia che cosa pensano della felicità: la virtù basta per essere felici? le sono d'impedimento le torture, il carcere, l'esilio?... E ancora: la felicità umana risiede nel piacere e nell'assenza di dolore, come voleva Epicuro?... Sono cose, credimi, importantissime ed oltre modo degne d'essere conosciute»[16]. En su reflexión Bruni llega a la conclusión de que las doctrinas de los tres grandes sistemas, los estoicos, los epicúreos y los peripatéticos, son perfectamente conciliables: «Pur essendo tre le scuole dei filosofi, tutte, senza dubbio sembrano dire lo stesso o quasi lo stesso intorno al sommo bene». Esta opinión resulta decisiva para un cambio de valoración del epicureísmo «anche gli avvocati del piacere non si allontanano molto di essi (los estóicos y los peripatéticos). Infatti la felicità senza il piacere non può sussistere: il piacere infatti le è talmente legato e conesso che non può esserne separato. Certo, il termine stesso con cui viene designata la beatitudine deriva in greco da godere (eudaimonia-eudaimonein), quasi una vita gaudiosa. Ma l'alto della virtù e la scienza e la contemplazione e, in fine, la stessa coscienza delle azioni rette contengono in sè immensi piaceri, tanto che sorge il dubbio se questi si cerchino per quelle o quelle per questi. Infatti Epicuro stesso proclama che non si può vivere con piacere se non si vive con giustizia, temperanza, prudenza e viceversa, non si vive con giustizia, temperanza, prudenza se non con piacere» [17].

A dar al epicureísmo un sentido más humanista contribuyó decididamente Francesco Filelfo. Filelfo define al hombre como un «*tertium quid*» entre la bestia y el espíritu. El hombre no es ni pura alma ni puro cuerpo, sino algo distinto resultante de la unidad indisoluble de alma y cuerpo y, aunque defiende la preeminencia del alma y el sometimiento de los bienes del cuerpo a los del alma, no les niega a estos su valor humano. Buena es tanto la búsqueda de la verdad, como la búsqueda del placer. «Noi sappiamo bene che l'uomo non è nè anima nè corpo. Ma qualcosa di terso che deriva da entrambi, composto di natura immortale e mortale; ma non abbiamo dubbio alcuno che le virtù del corpo vanno sottoposte a quelle dell'anima, così come il corpo all'anima. Ora, se l'anima è quella che muove il corpo e lo comanda, se tutti i beni di fortuna, quanti se ne possono annoverare, sono apprezzati non per l'anima ma per il corpo, risulta evidente che essi sono inferiori e degni di scarsissima considerazione, se si paragonino con la nobiltà dell'anima. Tuttavia, pur stando le cose così, io non vorrei a tal punto disdegnare le richezze, da considerare del tutto trascurabile e spregievoli specialmente quando si accompagnano dell'onestà» [18]. Lo mismo confirma en una exhortación a su amigo Alberto Zancari «finchè sei con noi, pensa anche alle cose che sono proprie dell'uomo il quale non è solo anima nè solo corpo, ma un tertium quid composto d'anima e corpo. Tale composto, certo, finchè è tenuto insieme naturalmente, non ci è lecito separarlo e lacerarlo. Cura dunque tutto te stesso, poichè sei un tutto. Perciò dato che la natura ti ha fatto nascere per la società, non trascurare l'amicizia» [19]. En esta perspectiva del hombre integral, Filelfo defiende a Epicuro y al placer, que para Filelfo no es meramente sensual y desligado de la razón, sino un placer honesto y segun razón, que es «Non molto inferiore a intenderlo rettamente al piacere vero e cristiano». Sobre esta defensa ocasional y un tanto ecléctica del epicureísmo basarán sus argumentos más clara y directamente otros humanistas, como Raimondi y Valla, por ejemplo.

Cosimo Raimondi es el más decidido defensor de Epicuro. En una carta dirigida a Ambrogio Tignosi [20], que después de haber profesado el epicureísmo había renegado de él, Raimondi se propone refutar uno a uno los argumentos aducidos por Tignosi contra Epicuro y demostrar, por el contrario, que Epicuro es el único que ha acertado en el problema de la felicidad, mientras que todos los demás filósofos, tanto los platónicos como los aristotélicos o los estoicos, se han equivocado. No vamos a repetir sus argumentos. Nos interesa más el contexto humanista en el que Raimondi plantea la cuestión. Ante todo comienza por dejar a parte cualquier tipo de reflexión teológica, para atenerse exclusivamente a una conside-

241

ración «dell'umano bene dell'uomo». Se trata, pues, de un intento de centrar el problema en el hombre, dentro de un mundo humano y en un plano puramente natural, prescindiendo de cualquier otro punto de referencia. Dentro de esta reducción claramente humanista, Epicuro es, para él, el símbolo de la reivindicación de la integridad del hombre frente a todas las filosofías, que rompían la armónica unidad del compuesto humano, separando el bien del alma del bien del cuerpo y preocupándose casi exclusivamente o con desmedida predilección del alma. Los adversarios de Epicuro tendrían razón en el caso de que el hombre fuera sólo espíritu «ma poichè siamo fatti di anima e di corpo, perchè trascurano essi, nella felicità dell'uomo, qualcosa che è dell'uomo e lo riguarda? perché curano l'anima e trascurano il corpo che è la dimora dell'anima e una delle parti dell'uomo?». Epicuro es el único que ha tenido en cuenta al hombre integro. El único que ha mirado en consideración de la felicidad al hombre total y no sólo a una parte de él. «Tutto ció infatti che è composto se ne cerca la compiutezza, quando manchi qualcosa, non credo che sia perfetto e del tutto completo».

Hasta aquí Raimondi no parece haber hecho otra cosa que repetir a Filelfo. Pero Raimondi va más allá y fija como criterio ético la voz de la naturaleza siempre y en todo veraz. La justificación del epicureísmo se halla en la misma naturaleza: «Epicuro... ha colto nel segno in ogni sua affermazione circa la felicità. Ma per dimostrare i suoi detti, di dove potrei cominciare meglio che della natura, regina e maestra di tutte le cose, il cui giudizio é sempre in ogni cosa da riputar veracissimo?». Este es su gran argumento: la fuerza de la naturaleza. La naturaleza misma ha plasmado al hombre en función de la conquista y de la fruición del placer y de la evitación del dolor: En la actividad de los sentidos, en la contemplación de las cosas, en la natural inclinación al placer... Incluso la búsqueda de la virtud, cuando se hace en términos humanos, no es más que una respuesta a la voz de la naturaleza y se traduce en la búsqueda de un placer más seguro y más duradero, que solo se consigue a través de una serie de placeres particulares.

Todo esto, lejos de ser infrahumano o bestial, es lo único que responde a la naturaleza del hombre y a sus verdaderas exigencias y es, por tanto, lo único que de verdad garantiza la dignidad del hombre. «Infatti Epicuro non si volge al piacere a mo'delle bestie, senza scelta e necessità, ma ne gode quando conviene ed entro i limiti»... «Con verità... Epicuro pose nel piacere il sommo bene, perché siamo nati e fatti in modo da sembrare plasmati appunto per esso. Perció c'è in noi un impulso naturale a cercare e ad afferrare il piacere».

Lorenzo Valla seguirá muy de cerca el razonamiento de Raimondi pero le impondrá su sello propio. Dentro de un humanismo equilibrado tratará de liberar al hombre de las estructuras superpuestas. La instancia metodológica de Valla conduce a un nuevo modo de observar la realidad y de captar el mundo humano, ofreciendo la posibilidad de reconducir al hombre a su pureza e integridad original y llevándolo a una vida moral más humana y a una religiosidad más sincera. En su afán renovador Valla polemiza contra los nuevos estoicos, que traicionan la naturaleza humana sometiéndola violentamente a una razón sobrehumana y contra los nuevos ascetas, que no tienen en cuenta las exigencias del hombre real. Su obra *De Voluptate*[21], parece ser una respuesta al tratado *De Felicitate* de Zabarella, el cual tras una dura condena de Epicuro concluía afirmando que la verdadera felicidad consiste únicamente «In intelligendo, tenendo, fruendo Deo». Valla parte en su réplica de una exaltación optimista de la naturaleza: lo que la naturaleza ha producido no puede no ser santo y loable. Este principio va a ser sumamente fecundo para Valla. Seguido con coherencia y rigor lo llevará a afirmar en primer lugar la integridad del hombre, pero al mismo tiempo lo obligará a afirmar también la grandeza de Dios, autor de la misma naturaleza, la cual hasta cierto punto se identifica con El «Idem est natura quod Deus aut fere idem». Esto supone la negación absoluta de la metafísica atomista, materialista y atea de Epicuro y del determinismo que se deriva de su física: «No te extrañes si yo que parece que defiendo e Epicuro cuando como él pongo el sumo bien en el placer, no niego después como él la providencia en las obras de la naturaleza». La aceptación de la naturaleza en su integridad deja planteado el problema del placer en sus justos términos: La naturaleza del hombre tiende al placer y cualquier pretensión que se oponga a esta tendencia natural es sólo una traición a la estructura esencial del ser humano. Intentar crear una sabiduría o fundar una virtud al margen de la naturaleza humana es sustraerse a la responsabilidad de colocar al hombre en un mundo concreto y real, en el que la tendencia al placer es un rasgo dominante. Es por tanto exponerse al grave peligro de intentar construir un humanismo abstracto y desencarnado.

Valla se nos presenta, pues, como adversario de cualquier tipo de ascetismo excluyente, aunque se llame cristiano, y combate el estoicismo heroico de aquellos pocos que enmascaran tras nobles palabras la aspiración de la mayoría de los hombres. Ahora bien, Valla, que concuerda con Raimondi en el propugnar un humanismo íntegro y realista, se aparta de él al oponer a una moral pagana del placer su propia visión de la moral cristiana del placer. Una moral, que hunde sus raíces en la naturaleza humana, pero que regula y corona los impulsos naturales con la esperanza de un placer supremo y definitivo. La exaltación de la naturaleza íntegra se prolonga, según Valla, hasta llegar a Dios, fuente de toda realidad y también, por tanto, del placer y de la felicidad. El placer, en definitiva, y aquí se percibe una clara influencia del platonismo, es una participación en la felicidad divina, como vida universal que fluye de Dios al todo y refluye a su vez del todo a Dios. Nada hay, pues, de irreligioso o pagano en el epicureísmo de Valla. Al contrario, la defensa del hombre en la totalidad de las exigencias de su naturaleza, se presenta como más cercano al cristianismo que una ascética negadora o despreciadora del cuerpo y sus naturales exigencias.

Valla resuelve así cualquier objeción o posible conflicto con la teología. También el placer en una visión teológica, responde a un impulso del hombre hacia el Bien sumo, total y definitivo. El placer último se halla sólo en Dios, que es el objeto y la causa del placer sumo y el fundamento y el fin de toda aspiración verdaderamente humana. Con Valla se cierra el círculo en torno al placer. La elevación a Dios no se opone al asentamiento en la tierra... La fuga hacia lo divino que en otros podía presentar una devaluación o menosprecio de lo humano y natural, es en Valle una coronación gloriosa de lo humano y responde a una exigencia de la misma naturaleza íntegra del hombre. No hay lugar para una tentación de superhombre, sino simple actualización de las potencialidades reales del hombre. Una vez que el hombre ha quedado saldamente anclado y seguro en lo humano, puede optar, sin temor de perder su identidad, a las más altas cotas que le consiente su propia naturaleza. El hombre puede trascenderse sin negarse porque sólo a quien tiene hondas raíces de identidad le crecen las alas de libertad para volar a las alturas sin que las alas se le quemen en el intento, puesto que en ningún momento su elevación le hace perder el contacto con su íntima realidad.

4. Conclusión

El epicureísmo fue tomado como emblema en la polémica por la reivindicación y exaltación de la vida terrena y por el reconocimiento de un valor humano autónomo, es decir, independiente de cualquier convalidación trascendente, aunque ello no quiere decir que negara la trascendencia o esté necesariamente en antítesis con ella.

En la gradual reafirmación del epicureísmo se advierte una progresiva toma de conciencia del sentido de lo humano. Del problema del placer se pasa al problema del hombre. No es tanto una defensa del hedonismo lo que más cuenta en esta polémica. Es la definición del hombre lo que verdaderamente está en juego. En este intento de definir al hombre, el epicureísmo renacentista representa un factor importante de equilibrio y desde esta perspectiva humanista el epicureísmo se inserta de lleno en la mentalidad del Humanismo renacentista, que tenía como ideal el orgullo de ser hombre. Pero en la exaltación del hombre los epicúreos superaron la celebración parcial de la *ratio* o del *verbum* de otros humanistas y la convierten simplemete en celebración de la *humanitas*, es decir del hombre total. El verdadero hombre es el hombre íntegro: que es ratio, verbum y religio, o sea alma y trascendencia, pero también es cuerpo y placer y relaciones humanas y amistad. Toda la naturaleza humana, también el cuerpo y las exigencias corporales pertenecen con igual derecho al hombre. Este es el mensaje principal del epicureísmo humanista.

El epicureísmo representa, pues, la búsqueda de un ideal de sabiduría, que dejando intactos los presupuestos humanos, admitidos por otras filosofías y otras morales y sin excluir el fin sobrenatural, valiera para dar normas de orientación en la vida concreta y cotidiana. Un ideal que trataba de evitar por igual la divinización del hombre, tentación del platonismo, la heroicización, que exigía el estoicismo, y la reducción racionalista, que amenazaba al aristotelismo. Pero también trataba de evitar por otro lado, la degradación del hombre a nivel de las bestias, tentación del materialismo ateo. El epicureísmo en sus formas más conscientes y elevadas, en Valla sobre todo, pretendía mantener un equilibrio dinámico entre el cuerpo y el alma, que es la mejor respuesta a la definición del hombre-hombre. El ideal del hombre, dirá más tarde otro simpatizante ilustre de Epicuro, Montaigne, «no consiste en la grandeza, sino en la mediocridad». Una mediocridad, eco claro de la «aurea mediocritas» de los clásicos, que significa, ante todo, el punto medio, el equilibrio humano: que es por un lado no pretender ir más allá del hombre y por otro, no quedarse por debajo del hombre. Mantenerse a igual distancia de la divinitas y de la feritas, pero *realizar plenamente la humanitas*. Por eso, creemos, que el epicureísmo humanista, antes de ser un conocimiento nuevo y profundo de la doctrina de Epicuro, que en realidad, al menos al principio, no lo fue, o una aceptación entusiasta y servil de la ética epicúrea, que tampoco lo fue, es un nuevo modo de ver y juzgar la realidad humana. Esta perspectiva nueva, es fruto de una mentalidad humanista, que incubaba al calor de la reflexión de los últimos siglos de la Edad Media y reforzada por el nominalismo, comenzó a revalorizar lo humano, pero todo lo humano, incluído el cuerpo y el vivir placentero y el mundo concreto donde se desarrolla el hombre en esta vida y la naturaleza con todas sus capacidades y exigencias... Lo cual no excluía, antes al contrario, ni la apreciación del espíritu y lo espiritual, que es también parte integrante del hombre, ni lo trascendente, que es también situación y destino histórico del hombre concreto, íntegro y real, que es el único existente.

El epicureísmo ofrecía una serie de elementos valiosos y necesarios para la expresión refleja de esta mentalidad humanista y esto lo supieron ver, no sin polémica y exageración, algunos pensadores del Humanismo. Esta mentalidad se prolongará y se intensificará en los siglos sucesivos y a través, entre otros, de Telesio, Bruno, Campanella y Galileo, primero, y de los grandes filósofos de la Edad Moderna, después, llegará a convertirse en una de las herencias más fecundas y estables de la filosofía renacentista, fundamento esencial de todo verdadero humanismo.

NOTAS

1. Cfr. N. Abbagnano, *Storia della Filosofia*, 3. vol. Torino, UTET, 1969. E. Cassirer, *Storia della filosofia moderna*, 4 vol. Torino, Einaudi, 1971, L Geymonat, *Storia del pensiero filosofico e scientifico*, 6 vol. Milán, Garzanti, 1970. E.P. Lamanna, *Storia della filosofia*, 7 vol., Firenze, Le Monnier, 1963. F. Copleston, *Storia della filosofia*, 8 vol. Brescia, Paideia, 1966. E. Garin, *Storia della filosofia italiana*, Torino, Einaudi, 1966.
2. F. Petrarca, *De vita solitaria*, Milán-Nápoles, 1955, pag. 293.
3. G.B. Alberti, *Deiciarchia*, in *Opere volgari*, Firenze, Bonucci, 1843, III, pág. 47.
4. G.B. Alberti, *I Libri della famiglia*, Firenze, Mancini, 1908, II, pág. 89.
5. A De Ferraris, *Della distinzione e nobiltà del genere umano en Collana di scrittori di Terra d'Otranto*, Lecce, Tip. Garibaldi, 1867, III, pág. 173.
6. Poggio Bracciolini, *Secunda convivalis Diceptatio*, en E. Garin, *La disputa delle arti nel Quattrocento*, Firenze, 1947, pág. 15ss.
7. A. De Ferraris, *De Dignitate disciplinarum*, en *La disputa*. cit. pág. 126ss.
8. G. Pico della Mirandola, *La dignità del'uomo*, Bologna, Patron, 1970, pág. 76. (el subrayado es mío).
9. A. Poliziano, *Estancias, Orfeo y otros escritos*, Madrid, Catedra, 1984, pág. 193. edición bilingüe de Félix Fernández Murga.
10. Lorenzo de'Medici, *Trionfo di Bacco e Arianna*, en *Letteratura Italiana*, Bari Laterza 1972, 3, II, pág. 146-147.
11. Luigi Tansillo, Il Vendemmiatore, Catania, 1928.
12. Luigi Pulci, *Il Morgante*, Firenze, Sansoni, 1962, XVIII, 115, pág. 448.
13. Cfr. E. Garin, *Storia della filosofia italiana*, Tonino, Einaudi, 1966, vol. I, pág. 324.
14. F. Petrarca, *Rerum Memorandarum libri III*, ed. G. Billanovich, Firenze, Sansoni, 1945, pág. 166. El subrayado es mío.
15. G. Boccaccio, *Commento alla Divina Commedia*, ed. Guerri, Bari, Laterza, vol. III, pág. 45-46.
16. Leonardo Bruni, *De Studiis et Litteris*, en E. Garin, *Il pensiero pedagogico dell'Umanesimo*, Firenze, Sansoni, 1958, pág. 157.
17. L. Bruni, en Hans Baron, *Humanistisch-philosophische Schriften,* Leipsia-Berlin, Teubner, 1928, pág. 27-28.
18. Cfr. E. Garin, *Prosatori latini del Quattrocento*, Milán, Ricciardi, 1952, pág. 495.
19. Francisci Philelphi., *Epistolarum familiarum libri XXXVII*, Venecia, De Gregoriis, 1502, lib. XX, f. 139r.
20. Cosimo Raimondi, *Lettera di Cosimo Raimondi di Cremona ad Ambrogio Tignosi...*, en *Grande Antologia Filosofica*, dirigida por M.U. Padovani y M.F. Sciacca, Milán, Marzorati, 1971, VI, pág. 879-885.
21. Lorenzo Valla, *De Voluptate* o bien *De Vero falsoque bono*, Bari, Laterza, 1970.

DA «LA VITA DELLE PUTTANE» AL «COLÓQUIO DE LAS DAMAS»

GLORIA GUIDOTTI
Universidad Complutense de Madrid

Prescindendo da definizioni di traduzione quali «brutte fedeli», «belle infedeli» e «brutte infedeli», casistica di puro stampo crociano dalla quale sono escluse fra l'altro le possibili belle fedeli, mi limito a proporre considerazioni sulla traduzione in spagnolo fatta da Fernán Xuárez di quello che egli definisce «tan abominable cieno corrompedor de toda salud de la casta limpieza»[1], cioè di un «ragionamento» dell'Aretino.

La mancanza lamentevole di un qualsiasi accenno o rinvio al testo da cui procede la traduzione viene a complicare la già complessa trasmissione testuale dell'aretiniano *Ragionamento della Nanna e della Antonia*. Esemplificative di questa problematica sono le numerose pagine di Giovanni Aquilecchia sulla ricostruzione della storia del *Ragionamento* e del *Dialogo*, «due distinte opere aretiniane»[2] pubblicate rispettivamente nel 1534 e nel 1536.

Dalle pagine di Aquilecchia sulla storia di questi due testi, da lui denominati con il titolo complessivo di *Sei giornate*, estrapolo alcune parole significative del lavoro a cui sono state sottoposte dette cinquecentine: alterazioni diacroniche, autorizzate o meno, lessicali, stilistiche e puristiche; ritocchi opportunistici, formali; procedimento contaminatorio; fraintendimento; arbitrarietà; corruzione; emendazione all'archetipo; emendazione degli errori tipografici; interventi espurgatori; revisione formale; interventi normalizzatori dei fenomeni grafici e fono-morfologici; espunzione; contraffazioni; divergenze; vaglio emendatorio; e non ultime, correzioni e corruzioni tipografiche.

La problematicità del testo aretiniano è tipificata a sua volta dalle vicende del titolo: per sommi capi se ne possono riassumere i mutamenti nella seguente sequenza: si pubblica il *Ragionamento della Nanna e della Antonia, fatto in Roma sotto una ficaia, composto dal Divino Aretino per suo capriccio a correzione dei tre stati della Donna*, nel 1534; il *Dialogo... nel quale la Nanna... insegna alla Pippa*, nel 1536; poi il primo titolo ingloba il secondo o viceversa: *Ragionamenti* è scelto dall'editore londinese del 1584; *I ragionamenti o Dialoghi* nella traduzione di Alcide Bonneau nel 1882, e cosí di seguito si arriva infine alle *Sei giornate* di Aquilecchia, nel 1969.

La ripercussione di questa situazione sulle traduzioni, ai fini di una ricostruzione dei modi di esse, è facilmente immaginabile, complessa da ricostruire dal momento che soltanto López Barbadillo, agli inizi del Novecento, si è preoccupato di specificare e di descrivere l'esemplare dei *Ragionameti* di cui si è servito per la sua versione [3].

I mutamenti di titolo osservati nella tradizione dell'opera aretiniana vanno di pari passo con quelli delle versioni spagnole parziali o integrali e danno una connotazione peculiare all'intenzione più o meno divulgativa del traduttore o dell'editore. Le ristampe divulgative, di dubbia motivazione in molti casi, proliferano soprattutto in tre fasi del nostro secolo, ed è fattore quasi normale dell'editoria di massa presentare un testo quale traduzione letteraria di un classico, dell'erotismo s'intende.

In questa tradizione testuale è indubbio che numericamente fino ad oggi le preferenze dell'editoria vanno al *Coloquio de /las/ Damas/ agora nuevamente corre-/ gido y emendado. M.D. XL.-/ VIII. Traducido por el beneficiado Fernán Xuarez*. (Esemplare conservato nella Biblioteca Nacional di Madrid con la segnatura U. 7631). L'opera, senza indicazione del luogo di stampa, è pubblicata di nuovo nel 1549; l'Indice di Valdés la proibisce nel 1559; nel 1607 è stampata a Siviglia.

L'edizione di Siviglia, corredata dalla traduzione della *Cortigiana*, altra opera dell'Aretino, è riprodotta nel 1900 a Madrid nella «Colección de libros picarescos»: *Colóquio de las damas y La Cortesana, Del famoso y gran demostrador de vicios y virtudes PEDRO ARETINO, MCM*, Madrid, B. Rodríguez Serra, Editor; questa stessa si riedita nel 1901, sempre a Madrid.

Dal 1908 al 1911 Ramiro G. Paniagua pubblica nei «Clásicos del amor» la *Vida de las casadas y de las cortesanas*, Valencia, Prometeo (s.a.); del *Ragionamento* aretiniano vengono tradotte la seconda e la terza giornata, ne rimane esclusa «La vita delle monache»; stessa situazione per l'edizione di Valencia del 1916.

Nel 1979, con una leggera modificazione nel titolo, la traduzione di Paniagua è pubblicata in Messico: *Diálogo de casadas y cortesanas,* México, Premiá, 1979. È il numero 29 della curiosa collana «Los brazos de Lucas» in cui figurano, fra altre, le seguenti opere: *Los once mil falos, Las tres hijas de su madre, Escuela de mundanas, Lulu la meona, Jerarquía de cornudos* e *El arte de las putas*.

Tra il 1914 e il 1915 appaiono *Los diálogos del divino Pedro Aretino generalmente denominados Diálogos putescos. Ahora por vez primera puestos de la* lengua toscana en castellano. Los traduce y anota Don Joaquín López Barbadillo; nelle «Anotaciones» dirà che la traduzione procede dall'edizione del 1584. Formano *Los diálogos* tre volumi intitolati rispettivamente: *La licenciosa vida de las monjas, La escandalosa vida de las casadas,* e *La infame vida de las cortesanas.*

La predilezione per la terza giornata del *Ragionamento* dell'Aretino è dimostrata ancora una volta con la riedizione nel 1917 di *La infame vida de las cortesanas.*

Dai *Diálogos putescos* si passa a *Los Diálogos*, tradotti da Eusebio Heras (Barcellona, 1917); ai *Diálogos picarescos sobre la vida de las monjas, mujeres casadas y cortesanas*, (Barcellona, «sin señalamiento de traductor ni año de publicación») ed a *Los Ragionamenti. Diálogos putañescos*, tradotti da José Bruno (Madrid, 1934). Non mi è stato possibile consultare queste tre ultime versioni e ne cito la notizia dall'*Enciclopedia del erotismo* di Camilo José Cela.

José Santina preferisce intitolarli *Diálogos amenos* (Buenos Aires, 1940), e il titolo è mantenuto dalla casa editrice Bruguera che li stampa nel 1977 e nel 1982.

Si torna alla terza giornata del *Ragionamento* con *El colóquio de damas* (non più «de las damas») di EDAF. Esso è pubblicato con *La Cortesana* nel 1977, e curiosamente si avvisa il lettore che J. M. Llanas è il traduttore della *Cortesana*, Julio Valenti del *Decamerón*; sta di fatto che è utilizzato il solito *Colóquio de las Damas* di Fernán Xuárez. Si ripete la strana maniera editoriale di EDAF che nel 1962 aveva già pubblicato in un unico volume della collana «El arco de Eros». *Boccacio: El Decamerón. Pietro Aretino: Colóquio de damas. La Cortesana.* «Tradujeron J. Valenti, Aldo Berti, J.M. Llanas». La non menzione di Fernán Xuárez non è casuale: si vedano le edizioni del 1967, del 1968, del 1970, del 1971, infine quella del 1977.

Seguendo il gioco degli accostamenti, esempio: Boccaccio-Aretino, non poteva mancare il caso di una «corrupción española, agravada y complicada con la italiana», per adoperare un giudizio di Menéndez Pelayo su Francisco Delicado: nel 1965 la casa editrice Lorenzana di Barcellona pubblica *La lozana andaluza seguida por El colóquio de las damas de El Aretino*; nuova edizione dei due testi a Pamplona (Ediciones Larraiza, s.a.), e grazie alla «traducción cedida por Editorial Lorenzana».

Ma veniamo al tanto sfruttato testo di Xuárez. In una prima fase della mia ricerca, già dal titolo: *Colóquio de las Damas*, mi era sembrata evidente la reticenza di Xuárez verso il significato non occasionale di «La ultima giornata del capriccio aretino nella quale la Nanna narra alla Antonia la vita delle puttane». Infatti la polisemia di «dama» oltrepassa di gran lunga l'essenzialità della parola «puttana», che non ha connotazioni lasciate in sospeso, e cercavo il perché del passaggio a delle imprevedibili «damas» da un codice di informazione rigorosamente chiaro. Il termine scelto da Xuárez non mi rendeva immediatamente riconoscibile, e quindi censurabile in quanto offensivo di certa morale, il contenuto del *Colóquio*, come non lo rendeva il sottotitolo:

> «(Colóquio) en el cual se descubren las falsedades, tratos, engaños y hechicerías de que usan las mujeres enamoradas para engañar a los simples, y aun a los muy avisados hombres que de ellas se enamoran».

D'altra parte López Barbadillo, nella nota ai *Diálogos* da lui tradotti, definisce la versione di Xuárez quale «arreglo» della terza giornata della prima parte dei «*Ragionamenti*», cioè di quella che egli denomina *Vida de las meretrices*, e quando deve specificare il «Contenido de la primera parte de *Los Diálogos*» traduce fedelmente dal testo aretiniano: «Vida de las putas».

López Barbadillo fa inoltre presente che Xuárez «hasta cambió a su gusto el nombre de la Enana por el de Lucrecia» e, pur definendo il testo «lozano, interesante y tan gustado en todo tiempo», esclude che esso, per mutilazioni e alterazioni, possa dare un'idea almeno approssimativa di quel «Diálogo de la Enana y de la Antonia»[5].

Una precisazione: è vero che Xuárez cambia il nome della Nanna per quello di Lucrecia, nome per altro di una famosa cortigiana dell'epoca, citata dallo stesso Aretino nel testo, ma è anche vero che «Enana» non ha nulla a che vedere con Nanna: López Barbadillo traduce alla lettera *Nana, quando Nanna secondo il *Dizionario Enciclopedico Italiano* è forma abbreviata d'uso familiare dei nomi propri Marianna e Giovanna, ed è vezzeggiativo infantile di Anna, d'uso frequente soprattutto a Roma, anche nei diminutivi Nannina e Nannarella.

Ed ecco la scoperta della tessera che mancava al mio mosaico: scoperta terribilmente semplice. Da un confronto del sottotitolo del *Diálogo* con i titoli completi di due ristampe parziali del *Ragionamento*, edizioni che presentano fra loro varianti irrilevanti per ciò che voglio dimostrare, appare chiaro che Xuárez si è servito di una di esse. Nell'attuale impossibilità di consultarle, poiché sono conservate nel British Museum, e ignoro l'esistenza di altri esemplari, cito dallo scrupoloso Aquilecchia il titolo del testo contrassegnato con la lettera N[6]:

> Opera noua del di=/uo & vnico signor Pietro Areti/no: laqual scuopre le astutie: sce=/lerita, frode, tradimenti, assassi=/ namenti, inganni, truffarie, stri=/garie, calcagnarie, robarie Et le / gran fintion, & dolce paroline / ch'vsano le Cortigiane o voi dir /Tapune per ingannar li sempli=/ci gioueni, per la qual causa i po=/uerelli per ciò restano appesi co/me vccelli al vischio. Et al fin co vitupio & dishonor posti al basso / co la borsa leggiera. Et chi que/sta opra leggera gli sera vno / Espechio da potersi / schiffar dalle / lor ingañatrice ma/ni.

Pertanto Xuárez traduce in «Damas», mediante ellissi di «cortesanas», le «Cortigiane» di N o V (la seconda ristampa parziale a cui ho accennato); tralascia «Tapune», anagramma di puttane —cosí a me sembra—, per la sinonimia con cortigiane specificata nel testo di partenza con quel «Cortigiane o voi dir Tapune, o perché non riconosce la parola, o per scelta stilistica e/o sociale, e per eufemismo le risolve in «enamoradas». Nella sequenza delle virtú operative delle «Cortigiane-Tapune»/«mujeres enamoradas» corrispondono «inganni-engaños», «strigarie-hechicerías», «fintion-falsedades», ma «ingannar li semplici giovени» passa a «engañar a los simples y aun a los más avisados hombres», il che non costituisce una amplificazione lessicale, ma neppure una precisazione chiarificatrice: è una generalizzazione da predicatore.

Ora, se per mutilazioni evidenti nel *Dialogo de las Damas* si intendono l'eliminazione dell'esordio narrativo e la riduzione al minimo della chiusa espositiva della *Vita delle puttane*, ciò non va imputato all'intervento del traduttore, ma all'aver questi maneggiato una ristampa parziale del *Ragionamento*. Infatti il testo a cui si rifà Xuàrez è o l'edizione «Stampata in Neapoli. M.D. XXXIIII. Nel decimo giorno di Nouembrio», o è quella «Stampata in Venetia M.D.XXXV. Nel decimoquinto giorno di Genaro»[7]. Rispetto all'edizione archetipa dell'aprile del 1534, queste due ristampe, che riproducono soltanto la terza giornata, eliminano l'esordio narrativo e contraggono in una le due battute che aprono il dialogo della Nanna e dell'Antonia:

    A.— Narrami il giungere che festi con tua madre in Roma,

nel *Diálogo de las Damas*:

    1.— Cuéntame de como llegaste a Roma con tu madre;

l'explicit è ridotto alle seguenti parole:

    Tu parli bene Antonia, disse la Nanna, e tanto farò quanto me hai consigliata: e detto ciò dettero fine al suo ragionamento.

Nel *Diálogo* abbiamo:

    L.— Y yo tendré particular cuidado en seguir tu consejo, sin excederme en cosa alguna. Y dicho esto, dieron por concluido su colóquio.

In quanto al modo di procedere di Xuárez, rispetto al testo aretiniano rimaneggiato di cui si serve, sono chiarificatrici le sue stesse parole. Una pagina importante del *Colóquio*, trascurata in linea di massima nella lunga serie delle ristampe di esso, è quella in cui «El Ynterprete» si rivolge al lettore:

> Si por ventura alguno más curioso de lo que conviene murmurando acusase al traductor deste coloquio, diciendo no haberlo romançado al pie de la letra, de como está en toscano, quitando en algunos cabos partes y en otros renglones, y así mesmo mudando nombres y alguna sentencia y en algun otro lugar diciendo lo mesmo que el autor, aunque por otros modos. A esto respondo que en diversos lugares deste coloquio, falle muchos vocablos que con la libertad que hay en el hablar y en el escribir donde el se imprimió se sufren, que en nuestra España no se permitirían en ninguna impresión, por la deshonestidad dellos. De cuya causa en su lugar acorde de poner otros mas honestos, procurando en todo no desviarme de la sentencia, aunque por diferentes vocablos excepto en algunas partes donde totalmente convino huyr della por ser de poco fructo, y de mucho escandalo, y murmuración [8].

Se si trattasse di uno studio esaustivo sul significato complessivo delle operazioni «interpretative» attuate da Xuárez sul testo dell'Aretino esso comporterebbe un'analisi dei contenuti rispondente non solo ad elementi significanti della struttura linguistica del *Diálogo de las Damas*, o ad elementi privilegiati all'interno del testo, ma anche a quelle strutture significanti che lo percorrono tutto. Data la peculiarità di questa esposizione, mi limito ad accennare uno dei fattori che trapelano fin dalla spiegazione dell'«Ynterprete al lector»: l'interdizione che impedisce a Xuárez di tradurre «al pie de la letra» Aretino, e i moduli di sostituzione che essa comporta.

Credo che tramite obbligato per un discorso impostato su una traduzione-interpretazione-rifacimento-adattamento abbastanza peculiare per tema, modi e circostanze, sia partire proprio dalle asseverazioni di Suárez sullo pseudo-colloquio, o monologo della Nanna:

> «falle muchos vocablos que con la libertad que hay en el hablar y en el escribir donde se imprimió se sufren, que en nuestra España no se permitirían en ninguna impresión, por la deshonestidad dellos» [9].

L'interdizione deriva al «beneficiado» da un senso di vergogna o di esclusione da quelle libertà d'espressione e di scrittura che «se sufren» nel paese dell'Aretino, senso provato da chi è di fronte a un comportamento che, tradotto alla lettera, potrebbe trasgredire alle norme che strutturano una tradizione di cultura egemonica non permissiva di «vocablos» disonesti. Ma la censura della parola è la censura del gesto, della condotta, del corpo; è il luogo dei pensieri regolari, dei casti desideri, della moralità dominante, della sorveglianza del corpo e dell'anima.

Indifferente ai limiti e agli interdetti sulla parola e sul comportamento, il lessico verisimile di irriscattabili puttane ha uno spazio proprio nel discorso dell'Aretino; si fa reale in quanto rappresentato; si fa espressione e scrittura. È il dominio sulla realtà della puttana intelligente e astuta, gabbatrice di creduli, creatrice di beffe spietate ai danni dell'uomo, e che amministra sapientemente i propri tempi.

Il giudizio di José Antonio Maravall, che vede nel traduttore dell' «escandaloso *Colóquio de las Damas* de Pedro Aretino» [10] la manifestazione di quel fenomeno secondo il quale si separa da un lato la realizzazione artistica o letteraria dell'opera, dall'altro «su referencia trascendente», perché spetta al lettore «dar con esa almendra de moral», non tiene conto di quanto il «beneficiado» si dà da fare per canalizzare il lettore verso questa «referencia trascendente». Alla pericolosità della parola si sostituiscono proposizioni capziose che sovvertono il codice aretiniano, sfigurandolo.

Xuárez distingue il dicibile (parlato e scritto) ortodosso dall'eterodosso, l'onesto dal disonesto. Lo sconcertante, l'infrazione, il nuovo, l'eversivo, cioè il diritto di parola concesso a puttane e alla sessualità —di certo non indirizzata alla procreazione— determina nel chierico la necessità di ricorrere all'utilizzazione di quegli elementi del sistema linguistico ritenuti più adeguati al gusto sociale spagnolo del momento. L'infrazione morale diviene un pericolo per il corpo e, nelle pagine indirizzate al lettore, la traduzione è giustificata in nome di un vantaggio per l'igiene pubblica: una specie di medicina sociale per gli uomini minacciati dalla sifilide; si tratta di prevenirli e di salvaguardarli da questo nuovo castigo divino:

> «otro diluvio, no de agua donde se abrieron las fuente y abismos de la tierra y las cataratas de los cielos sino la plaga y dolencia no sabida de los antiguos, ni escrita por los médicos» [11].

Rispetto al possibile lettore del testo originale e della traduzione, quindi curioso più del dovuto, Xuárez si scagiona dichiarando che all'aver trovato in vari passi molti termini improntati a disonestà ha deciso di sostituirli con altri più asettici, «procurando en todo —specifica— no desviarme de la sentencia excepto en algunas partes donde convino huyr della».

Faccio mie le obiezioni che Xuárez attribuisce a quell' «alguno más curioso de lo que conviene» e sostengo che ha operato «quitando en algunos cabos partes y renglones», «mudando nombres y algunas sentencias», ma non accetto che abbia potuto dire «lo mesmo que el autor por otros modos», perché credo che le parole ripetute da altri siano le stesse quando il procedimento che le sottende è lo stesso: la coscienza di Xuárez della parola non-dicibile, o del limite del dicibile onesto, è attestata proprio nella misura in cui essa è dicibile in un altro modo. Tutte le operazioni di modificazione a base di soppressioni, permutazioni e aggiunzioni non sono esercizi che implicano una ricerca meccanica di sinonimi, parola per parola, bensì una ri-creazione per sintagmi e clausole.

L'interdizione religiosa e sessuale di Xuárez si fa patente proprio nelle soppressioni di termini e passi, e nelle sostituzioni o attenuazioni di essi; a titolo esemplificativo si confrontino le seguenti battute:

| N.— (...) e vendei più volte la mia verginità che non vende un di questi pretacci la messa novella | L.— (...) y en estos intermedios vendí mil vezes mi virginidad (XXV) |

attaccando per ogni città polize alle chiese del suo cantarla (p. 101).

A.— Io ti credo come alle quattro tempore, e più tre volte, mi farai dire. (p. 101)	A.- Di lo que quieres que yo te creere y aun sin necesidad de juramento. (xxvj)
N.— (...) fu la cosa da smascellare quando cenando con essi, fingo una ambastia (...) caccio un sospiro e dico: «Oimé il core». (p.110)	L.— Fue cosa para reventar riendo cuando cenando con todos juntos fingí un embaraço de estomago, con una muy gran angustia y dexome caer debaxo de la mesa. (...) Y pareciendome ser entonces tiempo comodo, di un gran suspiro: y puestas ambas manos en el coraçon dixe, confissión. (lj)
N.— Se tu vuoi sapere con che rabbia si adira una puttana, dimandane il padre e la madre di Ogni-santi: sappi che se potessero, abbisseriano il mondo in manco tempo che lo fece messer Domenedio. (p. 116)	L.— Si quieres saber con que rabia sale de su casa, que si pudiese en un momento poner fuego a todo el universo lo haria. (xliii)
N.— (...) si metteva per sul bravare: «Puttana, porca, al corpo dello intermerato e del consagrato che te ne pagherò». (p. 113)	L.— (...) començava a bramar, y hazer fieros diciendome puta puerca, y renegava del intemerato Iason, si no se lo pagava. (xlvi)
A.— Di là vi voglio.	A.— Te ruego que me digas si has hecho penitencia por esos pecadillos.
N.— Di là mi averai, ingiubileata, indulgenziata e instazzonata di sorte che la mia anima non serà delle ultime nello altro mondo, sì come il corpo non lo è stato degli ultimi in questi. (p. 121)	L.— Hagote saber que despues aca he tomado infinitas indulgencias y perdones, de manera que no pienso que mi anima ha de ser de las postreras que han de ir a parayso así como el cuerpo no lo ha sido en este mundo. (lxiij)

La Nanna e l'Antonia di questa terza giornata del *Ragionamento* non contrappongono un loro modello di società a quello vigente: esse interpretano un determinato rapporto sociale tra classi e sessi, ed offrono la scena di una delle diverse condizioni femminili. La professione di queste donne non è rappresentata dall'Aretino come un fatto morale, ma sociale: Xuárez sopprime totalmente proprio una di quelle situazioni in cui l'Antonia se ne fa parola —non voce per esclamare—:

A.— Ed è pur bello vedere una che, non potendo più appiattare sotto al belletto, ad acque forti, a sbiancamenti, a belle vesti e a gran ventagli la sua vecchiezza, fatto denari di collane, di anelli, di robbe di seta, di scuffioni e di tutte le altre sue pompe, cominciare a pigliare i quattro ordini, come i fanciulli che voglionc essere preti.

N.— A che modo?

A.— Con alloggiare la turba, trasmutato i suoi ornamenti in letti; poi, falite dalle locande, diventando da pístole, cioè ruffiane; poi da vangelo, col darsi a lavar panni; poi cantando la mesa a San Rocco, al Popolo in su le scale di San Pietro, alla Pace, a Santo Ioanni e alla Consolazione, marcate dalla bolla con che San Giobbe segna le sue cavalle in sul viso, e anco da qualche fregetto fattogli da quelli che perdeno la pacienzia nei tradimenti loro. (p. 103)

Molte volte Xuárez non traduce nel senso di una ricerca di sinonimi, ma compie un'operazione retorica simile a quella dell'Aretino, e prendendone le figure alla lettera ne trae un ulteriore motivo di gioco:

A.— Guarda guarda dove stanno i segreti dello incantare! N.— Egli stanno nel sesso; e il sesso ha la medesima forza a cavare i denari degli stinchi che hanno i denari di cavare il sesso dei monesteri.	A.— ¡Mira, mira en que consisten los secretos del encantar! L.— Ellos estan en el seso, y el seso tiene la mesma fuerça para sacar los dineros de los miseros que tiene el dinero para sacar el seso de los monasterios.
A.— Se il sedere ha tanta forza quanto ne hanno i denari, il sedere è più valente che non fu Roncisvalle, che ammazzò tutti i paladini. (p. 115)	A.— Si el seso tiene tanta fuerça como tienen los dineros, el seso es mas valiente que no fue Roncesvalles, pues murieron en el los doze pares. (xlix, v.)

La versione di Xuárez ha senso pur essendo irriconoscibile il testo di partenza, se non si stesse confrontando questo con la «traduzione». L'artificio, che parte da una manipolazione della parola, cioè metaplasticamente per soppressione di una —s— si passa da «sesso» a «seso», produce un senso e quindi un contenuto nuovo.

In molti passi del *Diálogo de las Damas* vi è una dilatazione orizzontale delle forme espressive consona alla staticità della scrittura di Xuárez, e atta a paliare la crudezza o corposità di certe immagini aretiniane: una sintagmatica aumentativa che diluisce i temi in generiche informazioni:

N.— Io dava le mele e il finocchio a uno speziale e a un medico dei quali mi poteva fidare; e però gli dissi «Io voglio fingermi ammalata acciò che i miei belli-in-casa mi guarischino» (p. 110)	L.— Tenia mi amistad: un medico y un boticario, de los que les podia fiar cualquier secreto: dixeles un dia estando ambos en mi posada, yo quiero fingir una enfermedad, al respecto que todos mis enamorados, procuren de curarme. (xlj)
A.— La non fu troppo civile a farla a uno che ti aveva fatto tante cose per fartelo una notte a suo modo. (p. 134)	A.— En verdad que usaste de gran civilidad con un hombre que te queria bien y procurava de servirte en todo lo que podia. (lxxxiiij. v.)

Per mascherare il vero senso di determinate metafore Xuárez ricorre a tutti gli espedienti dell'eufemismo:

N.— (...) né per tartufi, né per carciofi, né per lattovari poté mai drizzare il palo: e se pure lo alzava un poco, tosto ricadeva giuso, non altrimenti che un lumicino che non ha più olio, che mentre mostra di riaccendersi si spegne: né gli giovava menare né rimenare, né dito nel fischio, né sotto i sonagli. (p. 125)

L.— No aprovechandole nada lo que hazia jamas pudo a derechas poner en efecto su deseo. E si algun poquito hazia muestra de poderlo hazer, encontinente se le apagava que propiamente parecia una lampara que no tiene mas azeyte que para mostrar estar encendida y no aprovechandole nada de lo que hazia. (lxix)

Non mancano parole-schermo, che nascondono ciò che dovrebbero rivelare: «averne una voltarella», eufemismo sessuale che sta per «possedere carnalmente appena una volta», è reso con «abracijo»:

N.— Con mille suppliche ne ebbe una voltarella, dicendogli io «Doman di notte lo farai venti non ti bastando dieci». (p.131)

L.— Con mil suplicaciones pudo acabar comigo, que le dexasse darme un abracijo diciendole mañana en la noche me daras veinte no contentandote con diez. (lxxix. v.)

Al corpo della donna ravvicinato, accessibile, si oppongono le espressioni atone di Xuárez:

N.— E mesegli le mani nella barba e datogli due tiratelle dolci dolci, gli dico «Chi è la tua putta?»; e così dicendo mi gli pongo a sedere in collo e allargandogli le cosce con un ginocchio lo feci tutto risentire. (p. 107)

L.— Y echole un braço por cima el cuello, y con la otra mano tirele dos vezes de las barbas muy de quedo, y dandole de besos le pregunto sabrasme dezir quien es tu enamorada, respondio que yo y ansi por esta palabra, como por tenello mas contento procure de acariciallo. (xxxvj)

La ristrutturazione di base di determinanti elementi comporta e genera la realizzazione di nuove interferenze semantiche: una «porta ghiacciata», metafora sessuale eufemistica, passa ad essere una «puerta cerrada ... no queriendole dexar entrar en mi casa»:

N.— (...) e io che era della buccia delle puttane, tanto gli scemai amore quanto gli avea scemato robba: ed egli cominciando a trovar la mia porta ghiacciata, rimproverandomi il bene che mi avea fatto, se ne partiva, come quello della fantasima, a coda ritta. (p. 101)

L.— (...) y yo, que era de buena casta, tanto tiempo le hize caricias, quanto duro el darme las ropas y joyas. Y hallando mi puerta cerrada, essas pocas vezes que escondidamente salia començava a çaherir el bien que me avia hecho. Y vase que parecia fastasma, no queriendole dexar entrar en mi casa. (XXV).

Non per concludere, sostengo che adattare allo spagnolo il testo aretiniano si traduce in Xuárez in tutta una serie di operazioni sull'espressione e sul contenuto, cioè su parole e frasi, o se si preferisce su metaplasmi-metasemi e metatassi-metalogismi.

NOTE

1. *Coloquio de / las Damas / agora nueuamente corre- / -gido y emendado.* M.D.XL. / VIII. Traducido por el beneficiado Fernan Xuárez. «El ynterprete desta obra al lector», f. Aij.

2. Cfr. Pietro Aretino. *Sei giornate. Ragionamento della Nanna e della Antonia (1534). Dialogo nel quale la Nanna insegna a la Pippa (1536)*, A cura di Giovanni Aquilecchia, Bari, Laterza, 1969, p. 359, Da questa edizione critica saranno tratte tutte le citazioni di *La vita delle puttane*; manterrò *Ragionamento* come titolo differenziato dal *Discorso*, conforme alla loro prima tradizione a stampa.

3. Cfr. Joaquín López Barbadillo. «Anotaciones», a *Los Diálogos del Divino Pedro Aretino generalmente denominados Diálogos putescos*. Ahora por primera vez puestos de la lengua toscana en castellano. Los traduce anota y publica a su costa D. Joaquín López Barbadillo. Madrid, J.L. Barbadillo, 1914, pp. 103-104.

4. Marcelino Menéndez Pelayo, *Orígenes de la novela*, t. IV, Madrid, C.S.I.C., 1961^2, p. 45.

5. J. López Barbadillo, cit., p. XXXIV.

6. Cfr. G. Aquilecchia, cit., p. 386.

7. ibid.

8. F. Xuárez. «El ynterprete al lector» del *Diálogo de las Damas*, cit., ff. xj., r.-v.

9. ibid.

10. José Antonio Maravall. *El mundo social de 'La Celestina'*, Madrid, Gredos, 1964, p. 16.

11. F. Xuárez, cit., f. iij.

EL «(G)IO(CO)» DE LA ENUNCIACIÓN EN *LA MANDRAGOLA*

Pura Guil Povedano
Universidad Complutense de Madrid

El título de esta comunicación parafrasea el de un conocido artículo de S. Lecointre y J. Le Galliot, *Le Je(u) de l'énonciation*[1], ya que estoy profundamente de acuerdo con ellos en que un auténtico juego encierra el uso del pronombre *yo*.

Resulta no sólo curioso, sino también revelador de la complejidad de ese producto humano que es la lengua, observar cómo un elemento lingüístico como éste puede ser a la vez tan subjetivo y tan objetivo. Subjetivo, me atrevería a decir que en grado máximo, porque ¿qué mayor grado de subjetividad le es permitido al hablante que el de poder referir a cualquier mundo posible respecto a este punto egocéntrico representado por él mismo en su «yo»?. Pero al propio tiempo, objetivo, porque como todo deíctico está sujeto a una convención: deíctico puro en este caso, que no exige una demostración asociada, sino que aísla, por su solo uso, un referente. Precisamente ese carácter complejo es el que va a permitir que su uso o su omisión den lugar a un sutil juego de enmascaramientos y revelaciones, de gran rendimiento en el texto escrito, y en particular el literario, aunque no ausente del discurso oral.

Concretamente el texto elegido, *La Mandragola*, por ser teatral, puede decirse que aglutina los dos niveles, el escrito y el oral, es un texto *parlato-scritto* en palabras de Nencioni[2] y que por tanto gozará de características pertenecientes a ambos discursos, si bien carecerá de otras. Básicamente procurará la mimesis del lenguaje oral, tratando de imitar sus módulos, que le marcarán el campo de dispersión posible, siempre dentro de unos límites establecidos no rebasables sin caer en el «rechazo» del receptor. Su elaboración escrita le privará de otros elementos propios del *parlato*, en especial los fenómenos ligados a la espontaneidad.

Los hechos de la enunciación, que igualmente se plantean en forma diferente a tenor de la diversa situación de discurso, se entretejen también aquí, pues si su condición escrita da lugar al carácter cerrado y permanente del texto, su desarrollo oral implica una sucesión cronológica, y en consecuencia, el esclarecimiento de las posibles ambigüedades enunciativas mientras que es inmanente al texto escrito por un lado, sin embargo, por otro, descansa en la memoria aleatoria del espectador, lo que nos introduce en la compleja problemática de la «poli-emisión» y «poli-recepción» de un texto teatral, que no nos es posible tratar aquí.

Ahora bien, paradójicamente, la única posibilidad que tenemos de análisis de estadios pasados de lengua hablada, es el estudio de los textos escritos, facilitado, en mi opinión, si nos centramos en textos pertenecientes al *parlato-scritto*, aunque siempre con la caución de que cualquier resultado obtenido que se quiera hacer extensible al solo nivel hablado, deberá ser manejado con sumo cuidado, ya que los fenómenos que hayamos aislado ciertamente integrarán dicho nivel en la época dada, pero pueden no sólamente no ser todos, esto es, el conjunto global pertinente, sino, sobre todo, darse en grados diferentes.

Ya desde el mismo Prólogo de la obra vemos el *yo* de Machiavelli ocultarse tras el *io* del actor-presentador, lo que le permitirá una clara libertad para enunciarse en un *él*, —el autor—, asumiendo así un grado de distancia mayor tendente a la impersonalización, a la falsa objetividad. Indudablemente los diferentes mecanismos de alocución inscriben el texto en un proceso específico, culturalmente marcado en correlación a las ideologías que orientan la producción literaria en una situación socio-histórica dada [3].

Pero no es exactamente a este tipo de juegos de enmascaramiento enunciativo al que quiero referirme.

Si abrimos al azar el texto de *La Mandragola*, llamará nuestra atención el alto índice de frecuencia del signo «io», que alcanza, si mi recuento es exacto, un total de 393 apariciones, sin contar otras 3 en el prólogo que, en principio, no contemplo en mi estudio a estos efectos.

Es cierto que respecto a la producción teatral de la época esta profusión de «io» no se da sólo en esta obra y en este autor, pero me voy a ceñir a ella, tratando de averiguar a qué razón o razones pueda obedecer.

Pero antes de seguir adelante, se hacen necesarias unas precisiones teóricas, aunque procuraré reducirlas al mínimo imprescindible.

Siguiendo a Tatiana Alisova [4] en su distinción de los tres planos o estratos que coexisten en todo enunciado, el semántico, el comunicativo y el gramatical, hemos de distinguir también, además de los correspondientes predicados, tres tipos de sujetos:

— el sujeto semántico, sustancia significativa, referido al *denotatum* extralingüístico,
— el sujeto comunicativo o tema a propósito del cual se comunica algo,
— y el sujeto gramatical, representado por los pronombres personales (o sus sustitutos) más las desinencias verbales personales.

En el proceso de actualización, es decir, en el paso de la *langue* a la *parole*, la realidad a la que refiere el acto comunicativo incluye, además del *denotatum*, un nuevo sujeto, el de ese acto comunicativo, el hablante y también su «hablar», mediante el cual establece la relación entre sujeto y predicado semántico con una carga subjetiva —contenido suplementario predicativo que será uno de los objetos de estudio de aquellas corrientes lingüísticas dedicadas al problema de la enunciación—.

La distinción de los tres sujetos del enunciado más el de la enunciación se hace necesaria dado que no siempre coinciden.

Ahora bien, cuando se habla de uno mismo, se da el sincretismo del sujeto hablante, del sujeto semántico y del sujeto gramatical, que pueden coincidir también con el sujeto comunicativo (p. ej.: «Io leggo questa comunicazione»), pero que a veces lo hacen con el predicado comunicativo, con el rema (así: «Sono stata io a voler leggere questa comunicazione»).

Si tenemos en cuenta los siguientes factores:

1) que, por tratarse de lo conocido, lo dado en el contexto o el cotexto, puede omitirse, y en general se omite, el tema de un enunciado;
2) que el hablante está existencialmente ligado a su proferencia; y
3) que el sujeto gramatical, representante formal en este caso del sujeto semántico, está marcado también en la desinencia personal del verbo,

entonces calibraremos hasta qué punto es redundante el empleo del pronombre personal nominativo de primera persona ante un verbo en forma personal, como tema de un enunciado, en aquellas lenguas o estados de lengua que poseen una neta distinción de las desinencias verbales personales.

No es de extrañar, en consecuencia, la tendencia a su omión. Así, *La Grammatica Italiana* de Battaglia-Pernicone [5], que podemos considerar representativa del uso normativo del italiano contemporáneo, registra su rechazo ante las formas personales del verbo, salvo en determinados casos, que recojo del *Grande Dizionario della Lingua Italiana* por ser más explícito [6]:

— ante verbo en Subjuntivo para evitar ambigüedad (otros autores [7] reducen esta exigencia sólo a la segunda persona. Fornaciari, el siglo pasado, incluía tam-

bién el Imperfecto de Indicativo [8]),
— en las contraposiciones,
— «in unione con anche, appunto, nemmeno, solo, proprio, ecc.», y
— en construcción enfática.

Pero no olvidemos que se trata del uso actual, pues también se nos señala que «anticamente è di regola espresso», reseñando a continuación un copioso inventario de ejemplos con arreglo a una clasificación de la que, he de confesar, a veces no se me alcanzan las razones que la fundamentan.

Vemos así en la lengua literaria tradicional un uso pleonástico de *io*, y no sólo en las obras en verso, más aleatorio por estar sujeta a necesidades métricas tanto su utilización como su omisión, sino también en las redactadas en prosa.

Ahora bien, ¿a qué lengua nos enfrentamos en *La Mandragola*?.

Es la lengua del género cómico que la retórica clásica y medieval, en función de la división normativa de los tres estilos, prescribía cercana al lenguaje hablado y común del que debía nutrirse en cuanto al léxico y formas morfológicas y sintácticas. Ahí tenemos a Dante, que en el *De vulgari eloquentia* indica que ha de adoptarse la lengua vulgar, «*quandoque mediocre quandoque humile*» [9].

Pero, además, es la lengua del género cómico *teatral*.

Gianfranco Folena [10] señala dos importantes cuestiones que creo han de tenerse presentes al respecto:

— carencia de una tradición vasta y profunda de teatro medieval religioso y profano, y
— carencia en el nivel escrito de modelos de lengua media y coloquial.

Y todo ello, en una época álgida de la célebre «questione della lingua», en un momento en que los dialectos reclaman sus derechos frente a la lengua literaria.

Compleja situación es por tanto aquélla en la que se hallan inmersos los escritores de comedias del '500 italiano que, en su deseo de utilizar la lengua viva, hablada, se ven abocados a una magna labor de «impostazione» lingüística.

De entre las diversas soluciones que se nos ofrecen, nos interesa aquí, naturalmente, la del propio Machiavelli, expuesta en el conocido pasaje de su *Discorso o dialogo intorno alla nostra lingua* [11], donde señala la incapacidad de los autores no toscanos para escribir comedias, «uno che non sia toscano non farà mai questa parte bene», identificando el motivo en su imposibilidad de adecuarse al *parlato* florentino utilizando «termini e motti proprii e patrii». Teniendo base florentina la lengua áulica, literaria, de tradición escrita, comúnmente aceptada en Italia, Machiavelli, esgrimiendo como álibi el canon clásico de la adecuación del estilo a la materia, preconiza el uso en las comedias de su dialecto, la lengua hablada florentina. Y en coherencia con las ideas defendidas en sus escritos *sobre la lengua*, las lleva a la práctica en sus escritos *en lengua*.

Así pues, en *La Mandragola*, tratará de mimetizar el *parlato-parlato*, mediante el *parlato-scritto*. En consecuencia, no se puede justificar el uso redundante de *io* aduciendo simplemente que sigue la tradición literaria escrita.

Se podrá rastrear en la obra la influencia del teatro clásico y de la *novellistica*, en cuanto a elementos tipológicos y temáticos, esto es, «literarios», pero no en cuanto a uso de elementos lingüísticos.

Centrándonos ya en el análisis del texto, citaré, del recuento efectuado, aquellos datos numéricos más relevantes [12]:

El total de apariciones de *io* es, como ya he indicado antes, de 393.

El número de verbos conjugados en primera persona es de 481, de los que 379 llevan *io* y sólo 102 lo omiten, lo que representa en términos relativos un 79% de verbos acompañados del pronombre y un 21% sin él.

Los 14 *io* restantes, esto es, la diferencia entre los 379 acompañados de verbo y la totalidad de 393, se distribuyen así:

— 2 con verbo elidido, tipo «*Piglialo di costà, e io di qua*» (V-II-1).
— 6 en enumeraciones de sujeto compuesto, —por cierto, siempre en última posición—, tipo: «*Dipoi ci travestiremo, voi, Ligurio, Siro ed io*» (II-VI-30).
— 2 en construcciones con gerundio, tipo «*pensando io avere bisogno*» (I-I-3).
— 4 en construcción enfática, repetidos en el mismo enunciado, tipo:
«*Io la voglio mettere stasera al letto io*» (III-XI-13).

Esto es, podemos admitir estos 14 *io* como no redundantes, a los que pueden sumarse otros 2 acompañados de verbo y de «anche». Naturalmente, no todos los restantes *io*, 377, debemos considerarlos pleonásticos.

Como es sabido, siempre tendencialmente, el esquema básico comunicativo en los enunciados neutros, es tema + rema. En esta posición, es decir, postpuesto al verbo en función rema, aparece *io* en 8 ocasiones, tipo «*e fa' conto, quando e' ti comanda, che sia io*» (IV-V-9).

Siendo la estructura comunicativa de las expresiones exclamativas e interrogativas rema + tema, funcionarán como rema aquellos *io* que en dichos enunciados se hallen en las primeras posiciones, tipo «*ma io che farò?*» (IV-II-48) o «*io non voglio!*» (IV-VIII-1), y así encuentro 10 ejemplos.

Más problemática resulta la localización de los *io* remáticos en construcción enfática, puesto que su esquema es rema + tema, lo que permite que el sujeto gramatical mantenga su posición en el orden habitual de las palabras que integran el enunciado, pudiéndose confundir con el tema, al no contar, además, con la ayuda discriminadora de la entonación. No obstante, apoyándonos en otros factores como las contraposiciones, tipo «*Io credo che tu creda, figliuola mia, che io stimmi l'onore tuo...*» (III-X-1) y las iteraciones acumulativas, tipo la de Callimaco: «*Se io potessi dormire la notte, se io potessi mangiare, se io potessi...*» (I-III-5), creo pueden contabilizarse otros 16 *io*.

En resumen, por todas las razones hasta aquí apuntadas, el número de apariciones en el texto del signo *io* que pueden considerarse «aceptables», no alcanza el 13%. Entonces, ¿a qué puede deberse el nada despreciable contingente restante de alrededor de 340 *io*?

Como habrá podido observarse, en la anterior discriminación no he aludido al uso de este pronombre para evitar ambigüedades cuando la desinencia personal del tiempo de un verbo es igual a otra. Tomando al pie de la letra esta posibilidad, sólo sería aplicable a determinados tiempos y modos, pero no, por ejemplo, al Presente de Indicativo, con desinencias personales diversas y total estabilidad en la de primera persona que mantiene, sin solución de continuidad, la -o latina. Sin embargo, y se trata del tiempo más abundante en la obra, superan con mucho las apariciones junto con el pronombre a las que lo omiten.

Desde luego, en los tiempos de Subjuntivo, aunque de uso más escaso que los de Indicativo, sólo en dos ocasiones se omite el pronombre, pero en ambas la forma verbal sigue a otra también en Subjuntivo precedida de *io*, lo que evita la ambigüedad:

— «*mi ha commesso che io truovi un medico e intenda a quale bagno sia bene andare*» (I-III-1).
— «*non è cosa che io non credessi o facessi per le vostre mane*» (II-II-19).

Ahora bien, si nos fijamos en el Imperfecto de Indicativo y teniendo en cuenta que ya en esa época, *en el ámbito toscano*, la antigua desinencia de la primera persona en -a, por influjo del modelo del Presente, había pasado regularmente a -o [13], llamará la atención encontrar en el texto las formas *era* (I-II-5), *aveva* (I-III-2) y *poteva* (V-II-25) y, además, estas dos últimas junto a las regulares *avevo* y *potevo*. En los tres casos citados el verbo va acompañado del pronombre *io*. Naturalmente, esto es sólo un botón de muestra de un fenómeno que afecta también a otros tiempos y modos y en el que, dada la premura de tiempo, no me es posible extenderme más.

Creo que aquí radica la principal causa de la masiva presencia de *io* en el texto. No sólo la necesidad de evitar confusiones entre desinencias personales idénticas de un mismo tiempo, sino también la inestabilidad de formas en el paradigma verbal de la época, provoca el uso de los pronombres sujeto que contribuyen a facilitar esa identificación necesaria para su comprensión que no llega a alcanzar la desinencia verbal por sí sola.

Razón que por muy obvia que parezca, no he visto apuntada en ninguno de los estudios sobre el particular que he podido consultar y, por tanto, no encuentro vano señalarla.

Sólo por tratarse de un fenómeno común en la lengua florentina de la época, esa lengua hablada que sirve de modelo a la comedia, puede Machiavelli plasmarlo en su texto. No es creación o uso propio del autor, pues en ese caso hubiera provocado el «rechazo» de los espectadores, no habría conseguido proponer «*uno specchio d'una vita privata*» [14].

En el estado actual de las investigaciones, no estamos en condiciones de cuantificar el grado de mayor o menor adhesión respecto al *parlato* de una época pasada, de un fenómeno lingüístico que conocemos a través de un vehículo escrito, es decir, no podemos saber el índice de frecuencia de *io* en la lengua hablada florentina del '500. Pero no parece descabellado aventurar que el uso de *io* en *La Mandragola* debe situarse en la mitad superior del espectro de frecuencias del correspondiente *parlato* contemporáneo, esto es, no superando la barrera que supondría el índice máximo (caería en el «rechazo» antes aludido), estaría por encima del nivel medio, y ello precisamente por tratarse de un elemento deíctico cuya explotación posee una funcionalidad característica dentro de la obra.

En esta comedia, al igual que en otras coetáneas, no existen acotaciones. Facilitarán su representación tanto las convenciones escenográficas (plaza rodeada de casas, citada en el Prólogo), como la *potencialidad escénica del texto*. La falta de indicaciones sobre los movimientos en el escenario, gestos de los actores, etc., provocaría una libertad interpretativa que podría alterar las intenciones del autor, su previsión de realización. Es necesario por tanto que el texto mismo ejerza un control, insertando léxicamente elementos extralingüísticos que frenen esa libertad interpretativa. Así, la entrada en el escenario de los personajes estará anunciada por las palabras de otro ya presente; sus gestos serán descritos por el interlocutor (por ej., Ligurio dice a Callimaco: «*Lèvati le man' dal viso*» (IV-II-32); las onomatopeyas serán aclaradas en la siguiente «battuta» (Ligurio: «*Ah, ah, ah, eh!*» Siro: «*Tu ridi?*» (IV-VII-6, 7). En el teatro se desarrolla una acción, pero no a través de una instancia narrativa, sino vinculada al proceso de enunciación, mediante actualizadores temporales, espaciales y personales, en una palabra, mediante deícticos. Y el deíctico por excelencia es «io», la forma vacía de la que parte el sentido estableciendo interrelaciones con los otros «io», ligados existencialmente a los personajes-actores por el simple hecho de su enunciación, como flechas que orientan al público llamando su atención a través de las sucesivas proferencias. El texto posee una competencia escénica, una previsión de su actualización, controlando a través de elementos lingüísticos unas formas de comunicación extralingüística, desde el movimiento en escena del personaje hasta la propia presencia «física», en situación, del actor que lo encarna, que toma la palabra y la hace suya mediante el «io» atrayendo hacia sí la atención de los espectadores.

Pero además de esta función «teatral», creo que Machiavelli obtiene otro rendimiento del *io* y esta vez basándose tanto en la multiplicación de su presencia, como en su neutralización.

Si tenemos en cuenta la distinción de Piaget entre los dos niveles mentales, el senso-motriz y el simbólico y la ventaja que ofrecen los deícticos al permitir el intercambio de información operando sólo sobre el primer nivel con la consiguiente economía de esfuerzo en la formación de la representación del referente [15], podremos concluir que un alto uso de elementos deícticos es indicador de la posesión por parte del hablante de un código restringido de la lengua, en oposición a un código elaborado.

Lo que va a ser aprovechado por Machiavelli como un elemento más en su caracterización de los personajes mediante el pluriestilismo lingüístico.

Excepción hecha de Frate Timoteo, y éste sólo con ocasión de la argumentación quasi escolástica que desarrolla para convencer a Lucrezia, el único personaje capaz de trascender el «io», desdoblándose en un «tu» o neutralizándose en un sujeto genérico «l'uomo», es Callimaco. Por el contrario, su término simétricamente opuesto [16] Nicia, exhibe la mayor frecuencia de uso de *io*: «*io ti dirò ben io, come io li parlo*» (II-I-4). Entre paréntesis y para confirmar que éste es un tipo de estructura propio de la lengua hablada de nivel «humile», recuérdese que es empleado por Callimaco cuando disfrazado de «*garzonaccio*» va cantando «*con il liuto*»: «*Venir ti possa il diavolo allo letto/dapoi che io non ci posso venire io!*» (IV-IX-37).

Nicia, representante de una cierta burguesía de la época, en la que va a centrar su crítica Machiavelli, está caracterizado lingüísticamente por la utilización de términos, exclamaciones y giros de corte popular, por la yuxtaposición de fragmentos, a veces incongruentes entre sí, por el uso y abuso de proverbios en los que apoya y justifica su proceder, incapaz de elevarse sobre la realidad circundante, basando su conocimiento en formas perceptivas: «*Di veduta, con queste mane*» (IV-VIII-1).

Por el contrario, Callimaco, que puede decir «*qualche cosa in grammatica*» (I-III-11), está caracterizado por una lengua muy elaborada que sabe hacer uso de adornos retóricos y de una sintaxis rica en elementos subordinantes, índice de la capacidad reflexiva del personaje y de su pertenencia a una clase social superior. Reflejo de una jerarquización real de la sociedad, que la comedia no pretende en absoluto subvertir, antes bien, respetar y mantener.

Todo este juego de estratificaciones funcionales, es el que nos lleva a concluir que, en contra de lo que a primera vista pudiera parecer, no hay ningún «*io*» gratuito en *La Mandragola*.

NOTAS

1. «Langages», septembre (1973), págs. 64-79.
2. *Parlato-parlato, parlato-scritto, parlato-recitato,* «Strumenti Critici», febbraio (1976) I, págs. 1-56.
3. Lecointre, S. y Le Galliot, J., op. cit., pág. 66.
4. *Strutture semantiche e sintattiche della proposizione semplice in italiano,* Firenze, Sansoni, 1972.
5. Torino, Loescher, 1968, págs. 253-254.
6. Torino, Unione Tipografico-Editrice Torinese, 1973, VIII, voz «io».
7. Vid. Carrera Díaz, M., *Curso de Lengua Italiana I.* Barcelona, Ariel, 1984, pág. 375.
8. *Sintassi italiana.* Firenze, Sansoni, 1974, pág. 54.
9. II, IV, 6. Edic. Rovira Soler, M. y Gil Esteve, M. Madrid, Universidad Complutense, 1982, pág. 146-147.
10. *Presentazione,* en AA.VV., *Lingua e strutture del teatro italiano del Rinascimento.* Padova, Liviana, 1970, págs. IX-XIX.
11. *Opere.* Milano-Roma, Rizzoli, 1938, pág. 725.
12. El texto de *La Mandragola* utilizado ha sido el publicado en Machiavelli, N.: *Opere,* a cura di Bonfantini, M., Milano-Napoli, Ricciardi, 1954.
13. Rohlfs, G., *Grammatica storica della lingua italiana e dei suoi dialetti. Morfologia.* Torino, Einaudi, 1968, pág. 286.
14. Machiavelli, N., *Discorso o dialogo intorno alla nostra lingua,* en *Opere,* Milano-Roma, op. cit., pág. 725.
15. Antinucci, F., *Sulla deissi,* «Lingua e stile», IX (1974), p. 243.
16. Vanossi, L., *Situazione e sviluppo del teatro machiavelliano,* en AA.VV.: *Lingua e strutture del teatro...,* op. cit., págs. 3-108.

NOTAS PARA EL SONETO 34 DEL CANZONIERE: LA FUSIÓN MÍTICA DE PETRARCA

María Hernández Esteban
Universidad Complutense de Madrid

Los cánones de la lírica provenzal exigían mantener en secreto el nombre y la identidad de la mujer amada, incidiendo en los conceptos de imposibilidad, lejanía, dificultad, etc. que están en la base de la concepción poética más personal que los distintos núcleos románicos heredarán, manteniendo o modificando aspectos, para actualizar.

Ciñéndome ahora al sistema de denominación de la amada que se despliega en el *Canzoniere*, recordemos que a lo largo de las 366 composiciones que lo integran Petrarca nombra directamente a la amada en tan escasas ocasiones que por ello mismo asumen caracter excepcional: en el soneto 5 (donde ya aparece la figura del dios Apolo) el poeta juega a componer las sílabas que forman el nombre de Laureta, diseminándolas gráficamente entre los versos; en 239 el sustantivo *aura*, una de las palabras-rima de la sextina, se convierte en dos ocasiones en el nombre propio de Laura; o en 291, en la parte *in morte*, Petrarca puede escribir ya que Laura está en el cielo.

En el resto de la extensa andadura del cancionero se procede habitualmente por alusividad al introducir o evocar a la figura femenina, tal vez para no desgastar imágenes y también para no perturbar con un perfil muy definido de la mujer, al muy amplio deseado receptor [1]. Y por este procedimiento quizás términos como *donna, madonna,* y sintagmas como *gentil mia donna* mantienen siempre su emotividad en la esencialidad de su empleo.

Creo que en esta misma dimensión funciona toda la muy extensa gama de formas indirectas de denominación que introducen la presencia femenina que, pese a su extensión, se mantienen dentro de unos núcleos muy concretos, para no romper el unilinguismo y no diversificar el mantenido tono y sentimiento de la obra. Entre estas formas indirectas está, por ejemplo, el empleo de expresiones como *il bel viso, gli occhi, i capei d'oro*, por recordar las más habituales, que, bien aisladas para aludir, bien agrupadas para describir (dentro siempre de las posibilidades que Petrarca se fija) van gradualmente formando ese mundo de sugestividad acorde con el tono hiperbólico de la *fictio*[2].

Un distinto matiz funcional creo que cobran las formas como *l'aura* y *lauro*, cuya significación se va haciendo más densa con el avanzar del cancionero, como vamos a ver. El sustantivo *aura*, muy frecuente sobre todo a partir del soneto 90 (*Erano i capei d'oro a l'aura sparsi*), intensifica su expresividad no sólo por su identidad fonética casi total con el nombre de la amada y por su analogía con el *lauro* (y recordemos que éste en latín es de género femenino), sino que además su empleo le permite al poeta recuperar un provenzalismo desde una muy grata tradición. Y si el término en Arnaut Daniel, por ejemplo, en el sintagma *l'aur'amara*, era un aspecto dinámico del paisaje, en otra composición en la contera final, presentándose a sí mismo el poeta (*Ieu sui Arnautz qu'amas l'aura*) no sólo acude al *adynaton* sino que hace del *aura* un elemento muy caracterizador de su paisaje. Petrarca lo hace igualmente propio y mucho más definido en compañía de calificativos como *soave, dolce, pura*, y acudiendo además a empleos como *l'aura amorosa, l'aura gentil, l'aura celeste*, donde del nivel paisajístico subjetivo se ha pasado ya al plano calificador moral de la mujer, apuntalando la ambivalencia de los empleos iniciales, de la misma forma que la relación del término con verbos de movimiento (*l'aura mi volse, a l'aura sciolse*) insisten en la dualidad brisa-mujer y formas ya como *l'aura mia antica* de 320 o *l'aura mia sacra* de 356 con la presencia del posesivo refuerzan la mantenida ambivalencia del término.

Un recorrido propio y a la vez con fuertes incidencias en la totalidad del sistema presenta el término *sole* y la precisa fenomenología de los *raggi*, el *lume*, etc., cuya variedad y funciones no voy a abordar aquí, pero por poner un ejemplo puede recordarse cómo el sevillano Herrera entenderá muy bien la amplitud y posibilidades de su campo semántico en la adopción de un preciso abanico de *senhals* para vertebrar su docto cancionero petrarquista.

El otro término clave enunciado es *lauro*, en el que sí voy a detenerme. En un conocido pasaje del libro III del *Secretum* Agustín acusa a Francisco de haber amado en exceso el laurel de emperadores y poetas, porque así se llamaba ella, por lo que casi en ninguna de sus rimas falta la mención al laurel[3]. Y, en efecto, en el *Canzoniere* van apareciendo una amplia gama de componentes propios de su esencia vegetal como son el tronco, las ramas, las hojas, las raices, los frutos, su connotativo color verde, su agradable olor, el refugio ameno de su entorno, su sombra protectora, su estar a merced del viento, el descanso o trampa de sus ramas para los pájaros, su impedir los rayos del sol, etc. Pero es también evidente que no se trata sólo de matizar una parcela de paisaje muy propio, porque las metáforas laurel-mujer y laurel-poesía nos enfrentan al mito, a sus posibilidades narrativas y a la vez líricas, y todo ello carga de una simbología muy densa a la imagen del laurel. El término pues tiene una amplia y profunda presencia en el cancionero, como también es cierto que sus ecos resuenan habitualmente en otras obras del autor, y como es evidente también que podemos acudir a escritos suyos que tienen como finalidad concreta explicar las directrices esenciales, las claves de su simbología.

Por ejemplo la *Collatio laureationis*, oración pronunciada con motivo de su coronación en el 41, y que parece una ocasión bastante adecuada para reflexionar sobre la propia poética. El autor parte del amor a la poesía (*quisquis enim per ardua deserta Parnasi cupit ascendere necesse habet amare quod cupit* [4]) y expresa su gran satisfacción por estar en ese Campidoglio donde en otros tiempos estuvieron tantos y tan grandes poetas de la antigüedad que él tanto ama y ha valorado en su estímulo, como él también espera ofrecer su estímulo a los poetas que vengan detrás. En esta línea de continuidad, tan explícitamente expresada en su *De vita solitaria*, es donde adquiere todo su valor el significado simbólico de la *laurea*, de la coronación.

A continuación el autor enumera las características y propiedades físicas del laurel, con la interpretación simbólica correspondiente. Así, su buen olor expresa la buena fama de los poetas y caudillos que se coronan con las hojas del laurel; su sombra les cobija del cansancio del estudio y de la guerra, sus hojas perennes hacen incorruptibles lo que está junto a ellas, y su carácter sagrado lo atestiguan los hábitos y creencias de la antigüedad. Y tres propiedades más que señala Petrarca: 1) su poder hacer los sueños verdaderos si se coloca junto a quien duerme (pues quien no entiende la verdad de la poesía puede creer que se trata de un sueño); 2) su color siempre verde, y esta es la propiedad más importante, es el color adecuado para quienes buscan la inmortalidad, y aquí es donde Petrarca alude al mito de Apolo enamorado de Dafne, y nos recuerda que *dafne* es el nombre griego del latino laurel, y lo conecta igualmente con el mito del dios-sol, otra de las acepciones de Febo, que mantiene con sus rayos siempre verdes las hojas del laurel; 3) por último alude a la propiedad del árbol de ser inmune al rayo, a la ira de Júpiter [5], por lo que se corona de laurel a quienes pretenden vencer al paso del tiempo.

Con apretada lógica el poeta ha enumerado todos los matices que definen al laurel como símbolo de eternidad en la vía de la fama literaria, en un desarrollo minucioso y directo que no cabía en el lenguaje poético de las rimas.

Un distinto planteamiento explicativo aborda en *Bucolicum carmen* X, cuya forma de diálogo pastoril acoge el lamento de Silvano por la muerte del laurel. En la ficción que la égloga plantea, la identidad Silvano-Petrarca nos sitúa ya en un momento de subjetivación del mito: Petrarca hace suyo el laurel, que una vez fue mujer en el mito clásico (y que es mujer en la biografía real del poeta) y lo eleva a símbolo de la poesía. Recordemos brevemente el argumento de la égloga. Silvano le cuenta a su amigo Sócrates cómo a la orilla del río creció un bellísimo laurel cuya sombra le atrae de tal manera que en lo sucesivo le aleja de los demás quehaceres materiales para ocuparse sólo del cultivo de la *pulcherrima laurus*; y decide viajar para aprender a cultivarlo mejor, y el viaje será un largo itinerario donde la ciudad simboliza al poeta, el país visitado a toda una parcela de literatura; así se perfila un claro itinerario filológico, una guía de lecturas y aprendizaje que matiza el significado de la *pulcherrima laurus* en la poética petrarquesca. Y a su regreso, cuenta Silvano, el laurel ha crecido tanto que puede situarse ya al nivel de los objetos más preciados por los dioses, y como tal Apolo le hará frecuentes visitas, para cuidar las *sacras frondes* que veneraron los romanos, que dieron honor a los poetas, y que el propio Silvano pudo ostentar en una corona gloriosa (sabemos que en 1341) que le dió fama y honor: *Laurea cognomen tribuit michi, laurea famam* [6]. Y la égloga se concluye recordando que un vendaval (tal vez la peste del 48) arrasó el árbol: *extirpant franguntque truces, terreque cavernis / brachia ramorum, frondesque tulere comantes*, traspasando rasgos del mito ovidiano para sentar la identificación árbol-mujer que Petrarca se ha ya apropiado. Sócrates, al final, consigue consolar a Silvano explicándole que sólo una parte del árbol, su corteza, (el cuerpo de la amada) ha muerto, la otra parte la han transplantado los dioses al cielo, a donde también Silvano deberá aspirar. Esta última es también la aspiración de San Agustín para Francisco en el *Secretum*, que abandone la elocuencia, la poesía, por la verdadera filosofía, por la inmortalidad verdadera que es la inmortalidad no de la fama terrena, sino la inmortalidad del alma [7].

El mito ovidiano está implícito ya en estos versos, o más bien el resultado poético, las connotaciones de la metamorfosis de Dafne que permanece en el laurel testimoniando un amor pasado y eterno. Parece ya muy obvio insistir en cómo de todos los aspectos de la mitología apolínea el episodio de su amor a Dafne no sólo es el más grato a Petrarca, sino que le ofrece realmente la clave sobre la que se asienta su poética. En la tradición más inmediata a Petrarca, por ejemplo los datos de la crítica dantesca demuestran cómo no lo es en cambio para Dante. En sus *Rime* el laurel aparece sólo esporádicamente, cuando se alude al árbol sin raices identificado con la *giovane donna* de quien no se podrán esperar frutos; en la *Commedia*, al margen de la simbología cristiana que asume el dios Apolo en diversas facetas ya minuciosamente estudiadas por la crítica [8], en el *Purgatorio* XXII, vv. 108 y ss. se recuerda a ciertos griegos *che già di lauro ornar la fronte*, o en *Paradiso* I, 25 y ss. se menciona la *fronde peneia* que implica el recuerdo del mito profano. Pero es sobre todo el mito del dios solar, la faceta de Apolo-

Faetón la más evocada por Dante en parte también amoldada al pensamiento cristiano. Así, en la rima 83 vv. 93-5 se precisa cómo el sol es símbolo de perfección por su figura circular, bella y perfecta, y por el calor y la luz que irradia sobre la tierra, sobre la materia, dirán los stilnovistas, predispuesta a recibir sus efectos benéficos.

Pero volvamos al mito dafneano para poder valorar en qué medida y cómo Petrarca se apropia del mito. Dafne, relata Ovidio, fue el primer amor de Febo, un sentimiento inexonable al mediar los dardos de Cupido que, airado contra Febo, lanza su flecha de plomo o desamor a la ninfa, y la de oro, la que induce al amor, la dirige hacia el dios, hiriéndole hasta la médula. Algunos de los motivos de este pasaje ovidiano resuenan en la parte inicial del *Canzoniere*, quizá en la *leggiadra vendetta* de 2, o en la fuga femenina de 6, o en el escudo de la amada contra las flechas y en el desarme del poeta respecto al amor, etc. que son los motivos principales con que Petrarca irá justificando el *giovenile errore* impropio del filósofo que lucha con el poeta a lo largo de todo el *Canzoniere*. Respecto al motivo psicológico de la imposibilidad, en Ovidio está muy claro cuál es el resorte: Dafne pide a su padre poder conservar eternamente su virginidad (como Diana) aunque el padre la indique el obstáculo de su atractivo físico; belleza y castidad se sienten aquí incompatibles, Diana ha sido en ello una excepción. La belleza de la ninfa es pues un resorte básico para la acción del mito y el estímulo del sensualismo que lo impregna y que sólo en algún rasgo aislado pasa al *Canzoniere*. Ovidio se detiene en cómo *Phoebus amat uisaeque cupit conubia Daphnes, / quodque cupit, sperat, (...) utque leues stipulas demptis adolentur aristis, / ut facibus saepes ardent* y más adelante *uidet oscula, quae non / est uidisse satis; laudat digitosque manusque / bracchiaque et nudos media plus parte lacertos: sique latent, meliora putat* [9], entre otros ejemplos que no va a incorporar Petrarca.

También en el pasaje ovidiano el propio Febo alude a su genealogía para atraer a la ninfa, y dice ser hijo de Júpiter, dios de Delfos y de los oráculos, dios del canto en armonía, y dios además de la medicina y de los poderes curativos, aspecto este último inservible al catálogo petrarquesco.

Después nos describe Ovidio el momento de la transformación siguiendo su precisa técnica [10] de apoyarse en rasgos físicos concretos del objeto o ser transformable para, sobre ellos, aludir a los rasgos análogos nacientes en el objeto transformado. Los cabellos se transforman en hojas, los brazos en ramas, y así sucesivamente, cambiando el movimiento en estatismo, la vida humana en vida vegetal. De la mujer lo único que sí permanece es la belleza, motivo del amor de antes y de ahora, por lo que el dios decide que, ya que ha perdido a la mujer, el laurel será siempre su árbol, y simbolizará el honor para vencedores y reyes, y de la misma forma que la espléndida cabellera del dios inmortal permanece siempre joven, así también el laurel tendrá el perpetuo ornamento de las hojas.

Los distintos motivos y significaciones de la fábula ovidiana se van a retomar, una y otra vez, a lo largo del *Canzoniere*, pero en lo que me interesa insistir es en el procedimiento, es decir en la fusión mítica [11] Apolo-Petrarca, estimulada por la técnica de la transformación. El primer paso en este sentido está dado ya en el soneto 5 partiendo de la sugerencia que le ofrece el nombre de la amada. Al final del soneto, reflexiona el poeta, su cantar presuntuoso a Laura podría provocar el desdén de Apolo, con lo cual el poeta empieza ya a medirse con el pasado. En 6 se introduce la imagen de la amada que huye, y el motivo dafneano cristaliza en el terceto final: *sol per venire al lauro onde si coglie / acerbo frutto* [12]. La sextina 22 acoge en el final de la última estrofa el motivo explícito de la transformación, al expresar el poeta el insólito deseo de que la amada no se le escape a él de entre los brazos, como hizo ya con Apolo. La canción siguiente, la canción de las transformaciones, es clave porque la serie de transformaciones acompaña a la transformación en laurel, familiarizando al lector con una técnica que le permite insistir en la idea clave mujer-laurel-poesía. Pero ahora es el propio Petrarca quien experimenta en su cuerpo la transformación en laurel, y este insólito protagonismo denota ya una amplia libertad en el manejo de la tradición, un subjetivar la situación como un experimento o experiencia más, y al final de la canción, en la contera, el poeta confiesa regresar al *primo alloro* con el que nadie veremos que rivaliza en el *Canzoniere*.

En la composición sucesiva se alude a un motivo que no estaba en el episodio ovidiano, pero que está en la tradición y hemos visto recogido en la *Collatio*; me refiero a la inmunidad del laurel ante el rayo, que ahora en el *Canzoniere* aporta una nota más de la perennidad y excelencia del árbol. Estos que acabo de mencionar son algunos de los primeros pasos del proceso gradual que desarrolla Petrarca a lo largo de unas cuarenta composiciones de su cancionero, desde el soneto 5 a la canción 359 que alude por última vez al triunfo del laurel. Y a la valoración de la frecuencia tendríamos que añadir la posicionalidad de estas líricas, casi nunca aisladas, sino más bien agrupadas en núcleos complementarios, etc.

El soneto 34 es clave en todo este proceso. Parece ser un soneto juvenil, y parece también estar entre las composiciones iniciales que vertebraron las sucesivas «raccolte» [13], además de ser la base de otras variaciones que el poeta colocará en puntos distantes del cancionero. Pero veamos primero el soneto.

La invocación a Apolo que introduce el vocativo inicial es una muestra más de la consciente familiaridad del poeta hacia la antigüedad clásica, esa familiaridad que le lleva a dialogar largamente con Virgilio, Séneca o Cicerón en el epistolario y otros textos, como medio inicial para medirse directamente con los clásicos y aspirar a situarse a un mismo nivel. El diálogo *tu / io*, donde caben la pregunta retórica y la petición, se apuntala en la fusión de los tiempos pasado y presente (por un lado *infiammava, fui invescato, sostenne*, por otro *vive, ai poste, dura*) y en el sucederse de los adverbios temporales (*ancor, già, prima, poi*) cuyo resultado lo da un tiempo futuro, *vedrem* que concilia la dicotomía anterior. El tiempo pues es el elemento clave de la fusión: Petrarca se desplaza a los clásicos para asimilar su estilo, su enseñanza, y así poder pasar a la posteridad, término este último esencialmente petrarquesco.

Pero prosigamos en el orden de sus versos. Si en el mito ovidiano la belleza de la mujer perduraba, tras la metamorfosis, en la belleza del laurel, ahora es el amor imperecedero el sentimiento que sustenta y justifica el diálogo. Es pues la faceta de Apolo enamorado la primera función que se evoca en la parte inicial del soneto, en expresiones acordes con el planteamiento ovidiano (*quodque cupit, sperat*, o *sic deus in flammas abiit*, en Petrarca *il bel desio, infiammava*), pero referidos a Apolo, no a Petrarca, aunque son términos que reaparecerán en el cancionero, pero creo que de manera más diluida.

En los primeros versos del segundo cuarteto, en cambio, se apela a la faceta de divinidad solar que es también propia de la mitología apolínea y que a Petrarca le sirve para insistir en su propio planteamiento, acompañando a la figura de Apolo con ciertas notas de humanidad (*il tuo viso*) para amoldarlo mejor al desarrollo de la escena. Petrarca conjuga, con toda la lógica posible, estas dos facetas del dios, al pedirle que actúe como dios-sol para despejar la niebla, mitigar la dureza del invierno, para poder, en definitiva, proteger al laurel, bien se trate del laurel concreto que se dice plantó Petrarca a las orillas del Sorga, bien se trate de la propia Laura posiblemente enferma por entonces [14], bien se trate del laurel simbólico del cultivo de la poesía, bien de las tres acepciones a la vez; *l'onorata e sacra fronde* oculta toda esta simbología. Y a continuación coloca el verso clave de la fusión (*ove tu prima, et poi fu'invescato io*) que cierra la primera parte del soneto, anticipa la fusión mítica, y abre la parte final con la sorpresa de la visión. La base de la fusión, de la identificación del poeta con Apolo, como toda metáfora, como incluso la técnica de la metamorfosis, se apoya en un elemento común de unión que la haga posible; en este caso es el compartido sentimiento, fuente de la expresión poética, (*per vertú de l'amorosa speme*), y adviértase la distancia entre *desio* y *speme*, más en la órbita de Petrarca que de Apolo.

El último terceto incorpora la visión:

> sí vedrem poi per meraviglia inseme
> seder la donna nostra sopra l'erba,
> et far de le sue braccia a se stessa ombra.

Con la expresión *per meraviglia* el poeta justifica el desajuste cronológico que hace que ambos personajes compartan un mismo tiempo (*inseme*) para tener acceso a la contemplación de la mujer (y creo que la posibilidad de contemplar a Laura es una de las manifestaciones de amor fundamentales en la parte *in vita* del *Canzoniere*) y la expresión *donna nostra* es la culminación de la fusión, a la que se llega de manera gradual y siempre lógica, porque está claro que la identificación de los dos protagonistas implica la identificación de Dafne y Laura. Y recordemos que para puntualizar en la realidad humana de la *donna nostra*, en la redacción última del *Canzoniere* Petrarca sustituye la inicial lectural *facendo de'suoi rami* por *et far de le sue braccia*, y manteniendo, en *ombra*, la dualidad.

Como ya he dicho, sobre la base del planteamiento total de este soneto Petrarca retomará el motivo y su simbología, bien insistiendo, bien invirtiendo aspectos, bien añadiendo otros como puede ser la presencia del dios Amor que viene a complicar más aún el singular triángulo Petrarca-Apolo-Laura (en el soneto 115) que concluye, no obstante, con el triunfo del primero. Este recorrido [15] es de algún modo un sistema *a se* dentro del *Canzoniere*, con toda la fluida interrelación que ello entraña. Pero esto debe ser materia de otro momento.

NOTAS

1. Ver A. Prieto, *Morfología de la novela*, Ensayos Planeta, Barcelona 1975, y ahora su *La poesía del siglo XVI*, Cátedra, Madrid 1984.

2. De hipérbole habla U. Dotti, *Petrarca e la scoperta della coscienza moderna*, Feltrinelli, Milano 1968, pp. 64 ss.; y para la distinción de la *fictio* respecto a las líricas ocasionales, ver M. Santagata, «Connessioni intertestuali nel *Canzoniere* del Petrarca», en *Strumenti critici*, 26, febrero 1975, pp. 80-112.

3. F. Rico recuerda y analiza el pasaje en *Vida u obra de Petrarca. I. Lectura del Secretum*, Antenore, Padova 1974, pp. 321 y ss.

4. *Collatio laureationis* en Francesco Petrarca, *Opere latine*, Unione Tipografico-editrice torinese, Torino 1975, pp. 1255-1283.

5. En la *Collatio*, entre otras muchas referencias clásicas, se recuerdan estos versos finales de las *Metamorfosis*:

Iamque opu exegi, quod nec Iovis ira nec ignis
nec poterit ferrum nec edax abolere vetustas.

donde la alusión a la ira de Júpiter no me parece casual. Ver p. 1272, *ed. cit.*

6. Cito por Francesco Petrarca, *Laurea occidens*, ed. G. Martellotti, Edizioni di Storia e letteratura, Roma 1968.

7. F. Rico, *ob. cit.*

8. Ver, por ejemplo, E. von Richthofen, «Lo apolíneo en Dante», en *Tradicionalismo épico-novelesco*, Ensayos Planeta, Barcelona 1972, pp. 93-184.

9. Cito por P. Ovidio Nasón, *Metamorfosis*, texto revisado y traducido por A. Ruíz de Elvira, Alma Mater, Barcelona 1964-83, vol. I, pp. 25-31.

10. Ver Ju, K. Sceglov y A.K. Zolkovskij, «Alcuni tratti strutturali delle *Metamorfosi di Ovidio*», en *I sistemi di segni e lo strutturalismo sovietico*, Bompiani, Milano 1969, pp. 133-150.

11. Para el concepto de fusión mítica ver A. Prieto, «La fusión mítica», en *Ensayo semiológico de sistemas literarios*, Ensayos Planeta, Barcelona 1975, pp. 139-191.

12. Cito por Francesco Petrarca, *Canzoniere*, ed. G. Contini, Einaudi, Torino 1968. Como es sabido el concepto de unilinguismo en el *Canzoniere*, al que me he referido con anterioridad, es uno de los aspectos recogidos por Contini en sus «Preliminari sulla lingua del Petrarca» que introduce esta edición.

13. Tras Wilkins, A. Noferi informa de las características y componentes de esta «Raccolta Pre-Chigi» en su *L'esperienza poetica del Petrarca*, Le Monnier, Firenze 1962, pp. 185 y ss. Su comentario al soneto 34 es igualmente valioso. Ver pp. 190-192.

14. Sobre estos aspectos anecdóticos se centró con preferencia la atención de los comentaristas del *Canzoniere*. Por ejemplo, el comentario de Francesco Filelfo, Antonio da Tempo, etc., publicado en Venecia en 1515, coloca el soneto en el lugar 29 del *Canzoniere*, alude a la «grande pestilenza» y

tiene, para el soneto 5, muy presente el mito ovidiano; por su parte Gesualdo (Venezia, G. di Nicolini, 1533) atribuye a Minturno estas noticias anecdóticas y ofrece igualmente un espléndido comentario que va a seguir muy de cerca Carducci en su densamente anotada edición.

15. Se han ocupado de este recorrido, o más bien de algunos de sus aspectos, por ejemplo U. Dotti, «Petrarca e il mito dafneano», en *Convivium*, 37, enero-febrero 1969 pp, 9-23, atendiendo preferentemente a la influencia horaciana y ocupándose de 34, 155, 188, 23, etc. En esta línea hay que añadir el trabajo de Calcaterra, *Nella selva del Petrarca*, que no he podido consultar. También el comentario de C. Segre al soneto *Almo sol, quella fronde ch'io sola amo*, en *I metodi attuali della critica in Italia*, E.R.I., Torino 1970, pp. 328-330.

EL RENACIMIENTO ITALIANO EN LOS ESCRITORES MURCIANOS DEL SIGLO XIX (I)

JOAQUÍN HERNÁNDEZ SERNA
Universidad de Murcia

En las obras de los más notables eruditos e historiadores literarios españoles del siglo XIX hallamos citas de algún modo referidas a la presencia de lo renacentista italiano en escritores murcianos. En colecciones aún al uso, como la de Juan Luis Estelrich: *Antología de poetas líricos italianos traducidos en verso castellano (1200-1889)* [1] —título que no responde a la realidad del material ofrecido, por tratarse en gran parte de imitaciones y emulaciones— encontramos escritores murcianos del XIX incluídos. En tesis doctorales y memorias de licenciatura que sobre aspectos literarios de este siglo hemos dirigido [2] siempre hallamos frecuentes referencias al renacimiento italiano. Y, sin embargo, en estudios que consideramos sobresalientes de españoles italianistas y de italianos hispanistas se prescinde, o desconoce, el material referido.

En la tesis doctoral de Vicente González Martín, *La cultura italiana en Miguel de Unamuno*, que consideramos brillante investigación, al referirse el autor al *Interés por Italia de los escritores españoles de finales del siglo XIX y primera mitad del XX*, encontramos ciertas consideraciones que juzgamos oportunas para la fijación del estado de la cuestión: «Si bien es cierto que el estudio de la literatura por parte española es muy inferior en calidad y cantidad a la actividad hispanista de numerosos italianos, como apuntan Joaquín Arce y Félix Fernández Murga, es también cierto que en la generación de Unamuno y en la inmediatamente anterior hay un vivo interés por Italia y su cultura» [3]. Creemos oportuno precisar que no sólo en la generación precedente a Unamuno, sino en todas las de los escritores murcianos del XIX hay un sorprendente conocimiento de lo italiano en general y una manifiesta preocupación y aceptación del Renacimiento en particular.

Puede pensarse, por las líneas precedentes, que propugnamos una defensa a ultranza de la literatura regional murciana. Y nada más lejos de nuestra intención: por ello, en el presente trabajo, prescindimos de los escritores murcianos que ofrecieron su obra, toda o en parte, en el llamado por algunos *dialecto panocho* —aunque en ellos, asimismo, podemos rastrear lo italiano— y sólo detendremos nuestra atención en los escritores murcianos de indiscutible *relieve nacional* y aún, en algún caso, *internacional*.

Creo —y con ello acabo esta ya extensa «declaración de principios»— que me siento identificado con Hugues Vaganay que en su artículo *L'Espagne en Italie*, publicado en 1902 en la *Revue Hispanique*[4], defendió la necesidad de un profundo estudio de los intercambios culturales español/italiano que abarcase todas las épocas. Para ello necesitamos poseer una visión más amplia y cabal de ambas culturas: que alcance un horizonte superior al de la caprichosa sensibilidad de cada época y traspase la literatura de las *primeras figuras* que, probablemente, dejen de serlo en épocas futuras.

Tras examinar nuestras fichas sobre el tema de la comunicación, se nos ocurre recoger, y asumir, las palabras de Juan Valera en su *Poesía lírica y épica en la España del siglo XIX*: «Los escritores de este siglo son en tanto número que no ya examinar y juzgar sus obras, sino citar los nombres de todos ellos es imposible en este breve trabajo. No se atribuyan, pues, a desdén nuestras omisiones»[5].

Por consiguiente, nos hemos visto obligados a llevar a cabo una rigurosa selección de escritores en cuya obra mostraremos la presencia del Renacimiento italiano. Para ello hemos dividido nuestro tabajo en dos partes:

I.— 1º) El Renacimiento en la figura de un erudito, Académico de la Historia y de la Lengua: don *Diego Clemencín y Viñas*. 2º) El Renacimiento en la obra de don *Antonio Arnao*, Académico de la Lengua y de Bellas Artes, ante todo poeta.

II.— 1º) El mundo renacentista italiano en la obra lírica y de crítica de Arte de *Federico Balart y Elgueta*, Académico de la Lengua y de Bellas Artes. 2º) *Julián Romea*, traductor de escritores renacentistas italianos. 3º) El Renacimiento en escritores «revolucionarios» y románticos: el socialista utópico *Fernando Garrido y Tortosa* y *José Martínez Monroy*, ambos cartageneros.

Dejamos, pues, figuras de la talla de Leopoldo Augusto de Cueto, Marqués de Valmar, José Selgas y Carrasco, Juan José Herránz, etc.

Es probable que, dadas las dimensiones lógicas otorgadas a este tipo de comunicación, nos quedemos a mitad del camino. En todo caso, la segunda parte de esta aproximación al tema vería la luz en las páginas de *Estudios Románicos*, del Departamento de Filología Románica de la Universidad de Murcia.

Diego Clemencín y Viñas

Es Clemencín uno de los más notables eruditos del siglo XIX, lamentablemente sólo conocido en reducidos ambientes universitarios. Los estudios de Eusebio Aranda y A. López Ruiz, Candel Crespo, Vicente Guillén y nuestras propias notas [6] no han sido suficientes para mostrar, incluso a los propios murcianos, la importancia de esta figura de los estudios románicos. Sólo en contadas ocasiones es citado, aunque haya sido repetidas veces plagiado.

Si bien es evidente que en esta ocasión no podemos trazar la adecuada biografía que tan ilustre figura merece, sí parece oportuno presentar unas breves notas que nos introduzcan en el mundo en el que Clemencín se formó y desarrolló su labor al tiempo que justifiquen sus sobresalientes conocimientos renacentistas.

La vida tiene, con frecuencia, ilógicas o extrañas alternativas y, así, de un hombre como Clemencín, destinado en pricipio a los severos estudios teológicos y de filosofía de la Historia —como adecuadamente precisa Astrana Marín [7]— hizo un sagaz político y un extraordinario erudito.

Nació en Murcia, de padre francés, en 1755, ingresando de niño en el célebre Seminario de San Fulgencio, vivero de notables teólogos y humanistas, centro de educación del que, en pleno siglo XIX, en 1856, se escribió en el popular *Semanario Pintoresco Español*: «Murcia ha sido patria de notables hombres en la historia de España, y aún al presente la honran con sus altas prendas crecido número de sus hijos, pues al ingenio que les es natural unen que hasta hace pocos años el célebre colegio de San Fulgencio ha sido el mejor establecimiento de educación que ha habido en la Península, y su buen entendido método de enseñanza asequible a todas las clases de la sociedad» [8].

Pronto dio pruebas Clemencín de su formación humanística llevando a cabo, aún muy jóven, traducciones, directamente del griego, de las tres *epístolas canónicas* de San Juan Evangelista y del *Apocalipsis*. Parecía inclinado a la carrera eclesiástica pero, habiendo sido nombrado preceptor de los hijos del Duque de Osuna, pasó nuestro personaje a Madrid donde conoció a doña Dámasa Soriano de Velasco con la que contrajo matrimonio. A los conocimientos adquiridos en la rica biblioteca fulgentina —que personalmente tuvimos oportunidad de manejar años ha en todo su esplendor— se unió la no menos importante del Duque de Osuna en donde Clemencín profundizó en el estudio de los clásicos así como del italiano y del francés.

Apenas iniciado el XIX fue Clemencín nombrado Académico de la Historia y poco después de la Real Academia Española de la Lengua, alternando durante años su tarea intelectual en una serie de *Memorias*, en las que colaboró, con tareas periodísticas como redactor de la *Gaceta Oficial* y del *Mercurio*. Los vaivenes políticos de principios de siglo le envolvieron y, mezclado de algún modo con los acontecimientos del célebre proceso del Escorial, se retiró, para evitarse males mayores y por suerte para las Letras, a su hacienda de Puebla de Beleña en Guadalajara, en donde, buscando distraerse de amarguras y sinsabores, se dedicó a releer y anotar el *Quijote*. Aún volvería a caer en las redes de la política siendo nombrado diputado por Murcia y más tarde ministro, alcanzando los más altos cargos y honores de los que, en momentos de exacerbamiento absolutista, se vio desposeído. En 1834, el cólera morbo cortó su vida.

De muchos años atrás databan sus minuciosas y constantes relecturas y anotaciones del *Quijote*, constituyendo éstas un ejemplo de casi siempre cabal conocimiento de la literatura románica y particularmente del Renacimiento italiano. Astrana Marín —en su citado *estudio crítico de la edición del Quijote enteramente comentada por Clemencín*, con grabados de Doré e índices de García Morales— llega a afirmar que el erudito murciano conoció el mundo renacentista «como ningún otro»[9]. Así, para recreo, asombro y enseñanza de investigadores —y pese a sus errores *de época*—, en 1833, un año antes de su muerte, Clemencín publicó los tres primeros tomos del *Quijote* anotado. Dos años más tarde, sus hijos y amigos entregaron al público el tomo IV; en 1836, el V y, en 1838, el VI. Incansable pulidor de sus *notas*, las había revisado por última vez entre 1831 y 1833 en su retiro de Fuenfría, donde se recluyó tras el fallecimiento de su esposa. Para la historia literaria dejó Clemencín una obra insustituible no sólo para quien desee *leer bien* el *Quijote* sino para cuantos posteriormente han investigado sobre Cervantes y su formación renacentista y, muy concretamente, para quienes deseen conocer el nivel de conocimientos y de asimilación que del Renacimiento italiano poseyeron los eruditos españoles del XIX [10].

* * * *

De las *notas* de Clemencín, don Alberto Lista, íntimo amigo del murciano, dejó una clasificación: de usos y costumbres, de Moral, de Literatura, de Historia y Antigüedades, de los libros de caballería y del lenguaje. El escritor norteamericano Carlos Federico Bradford, por consejo de Ticknor, redactó asimismo un *Indice de las notas de don Diego Clemencín...*, impreso en madrid en 1885. Por su parte, y entre otros, Justo García Morales —en la ya citada edición del *Quijote* de 1966— las clasificó en «I. Usos y costumbres; II. Literatura; III. Observaciones críticas y explicaciones de texto; IV. Historia, Geografía y Antigüedades; V. Libros de caballería; VI. Lenguaje; VII. Correcciones y observaciones gramaticales».

Sin intentar menoscabar la gran utilidad de las distintas clasificaciones, particularmente la de García Morales, nosotros, teniendo en cuenta el tema del Congreso en el que estas páginas deben aparecer, hemos optado por una clasificación propia que, creemos, podrá ser más útil a los italianistas.

1. *Notas literarias sobre obras y escritores italianos* [11]

Alejandro de Alejandro:

— Alusión al «Pez Niclás» o «Pesce Cola», que aparece en la obra *Días geniales* de A. de Alejandro (2ª. XVIII, 13).

Aquilano, Serafino:

— Es citado a propósito de la expresión «mi dulce amiga» para designar a la persona amada. Ofrece notas bio-bibliográficas del escritor y alude a la imitación, por parte de los poetas italianos, de las redondillas castellanas (2ª, XXXVIII, 43).

Ariosto, Ludovico:

— Noticia bibliográfica sobre el *Orlando furioso* (1ª, Pról., 33).
— Comparación de versos de Ariosto con versos cervantinos (1ª, Pról., 34).
— Influencia de la lectura de Ariosto en la locura del Hidalgo (1ª, Pról., 34).
— Perfecto conocimiento de Cervantes del *Orlando furioso* (1ª, Pról., 34).
— Nicolás de Espinosa, poeta castellano, continuador del *Orlando furioso*; impresión de su obra en Amberes y reimpresión de la misma en Alcalá de Henares (1ª, I, 21).
— Invulnerabilidad de Orlando (1ª, I, 11).
— Roldán, principal protagonista del *Orlando furioso* (1ª, I, 24).
— Castillo del mago Atlante en el Pirineo (1ª, V, 22).
— Caída de don Quijote del caballo relacionada con la de Sacripante en el *Orlando* (1ª, V, 22).
— Referencias de Ariosto al «veraz» Turpín (1ª, VI, 16).
— El *Orlando furioso* como continuación del *Orlando enamorado* (1ª, VI, 17).
— Bio-bibliografía de Ariosto (1ª, VI, 18).
— Aficionados y admiradores del *Orlando furioso* en España (1ª, VI, 18).
— Alabanzas al *Orlando* de Ariosto en la *Galatea* de Cervantes (1ª, VI, 18).
— Comparación Ariosto/Tasso (1ª, VI, 18).

— Elogio del *Orlando* por Saavedra Fajardo en la *República literaria* (1ª, VI, 18).
— Belleza del *Orlando furioso* (1ª, VI, 18).
— Sobre por qué llama Cervantes a Ariosto «cristiano poeta» (1ª, VI, 18).
— Episodios del *Orlando furioso* suprimidos en ediciones castellanas (1ª, VI, 19).
— Traducción del *Orlando* al castellano por Jerónimo de Urrea, impresa en «León de Francia, 1556». Alusión a otra edición de Amberes (1ª, VI, 20).
— Crítica de la mala traducción de Urrea (1ª, VI, 20).
— Crítica de escritores españoles a la traducción de Urrea (1ª, VI, 20).
— Prosaica traducción del *Orlando furioso* efectuada por Fernando de Alçocer (1ª, VI, 20).
— Traducción del *Orlando furioso* por Diego Vázquez de Contreras (1ª, VI, 20).
— Traducción del *Orlando*, efectuada por Gonzalo de Oliva, que Clemencín dice haber visto manuscrita con enmiendas interlineadas y firmada en Lucena, 2 de agosto de 1604. Elogio de la traducción de Oliva (1ª, VI, 20).
— Continuación del poema de Ariosto por Nicolás de Espinosa, poeta valenciano, publicada en 1555 en Zaragoza y en 1557 en Amberes con el título *Segunda parte del Orlando, con el verdadero suceso de la batalla de Roncesvalles, fin y muerte de los doce Pares de Francia* (1ª, VI, 23).
— Sobre el *Orlando* de Urrea (1ª, VI, 29).
— Sobre la expresión «ser doncella como la madre que nos parió» y su relación con similares expresiones del *Orlando furioso* (1ª, IX, 10).
— Probable imitación de Cervantes, en la aventura del vizcaíno, de versos de Ariosto (1ª, IX, 33).
— Victoria de Rugero, portando un escudo encantado, sobre tres caballeros (1ª, X, 12).
— Hazañas de Rugero y alusión a su espada Balisarda (1ª, X, 14).
— Sobre yelmos en el *Orlando* (1ª, X, 23).
— El yelmo de Mambrino en el *Orlando* (1ª, X, 24).
— Aspectos narrativos en Ariosto (1ª, X, 33).
— Presencia del mago Atlante como protector de Rugero. Sobre magos y magas, sabios y encantadores (1ª, XIII, 29).
— Armas de Roldán (1ª, XIV, 45).
— Rugero deshace el encantamiento del castillo de Atlante (1ª, XIV, 45 y XV, 2).
— Castillos encantados en el *Orlando* (1ª, XVII, 3).
— Espadas y armas encantadas (1ª, XVIII, 5).
— Afán cristianizador de los caballeros en Ariosto (1ª, XVIII, 13).
— Armas de los caballeros en la obra de Ariosto (1ª, XVIII, 17 y 19).
— Descripción de los hechos del fiero Rodomonte (1ª, XVIII, 19).

— Gradaso, personaje del *Orlando furioso* (1ª, XVIII, 22).
— Rugero, Caballero del Unicornio (1ª, XIX, 32).
— Durindana, espada de Roldán (1ª, XXI, 15).
— Alusión en el *Orlando furioso* a las armas encantadas de Héctor (1ª, XXI, 26).
— Sobre encantamientos (1ª, XXI, 45).
— Medoro, herido y curado por Angélica (1ª, XXV, 31).
— Paso de Orlando a nado a Ceuta, tras enterarse de los amores de Angélica y Medoro (1ª, XXV, 32).
— Sobre «Rolando», «Roldano» y «Orlando», «un solo nombre pronunciado de tres maneras distintas» (1ª, XXV, 34).
— Sobre el caballo que conduce a Rugero (1ª, XXV, 46).
— Descripción del hipogrifo, monstruo mitad grifo y mitad caballo (1ª, XXV, 47).
— Reflexiones sobre la frase, presente en el *Orlando*, «in inferno nulla est redemptio» (1ª, XXVI, 4).
— Orlando sólo podía ser herido por la planta del pie (1ª, XXVI, 4).
— Angélica y Medoro (1ª, XXV, 7 y 8).
— Descripción de la belleza de Medoro (1ª, XXVI, 8).
— Sobre Angélica la Bella y su virginidad (1ª, XXVI, 12).
— Costumbre de poner sobre la cabeza cédulas y diplomas de reyes y papas (1ª, XXX, 3).
— Comparaciones entre Pasamonte del *Quijote* y Brunelo del *Orlando* (1ª, XXX, 28).
— Reflexiones sobre la doncella Bradamante (1ª, XXXI, 4).
— Relaciones sobre los hechos de Félix Marte del *Quijote* y los de Rugero (1ª, XXXII, 27).
— La novela *El curioso impertinente* de Cervantes y su relación con el *Orlando furioso* (1ª, XXXIII, 32).
— Reinaldos y la prueba de la copa encantada (1ª, XXXIV, 48).
— Las joyas, máxima tentación femenina, según aparece en el *Orlando* (1ª, XXIV, 63).
— Don Quijote repite las maldiciones, presentes en el *Orlando*, contra la artillería y su invención (1ª, XXXIII, 18).
— Referencias a armas encantadas en el poema de Ariosto (1ª, XLIII, 29).
— Sobre Agramante y Sobrino (1ª, XLV, 26).
— Discordia del campo de Agramante y armas que dieron ocasión a ella (1ª, XLV, 20 y 26).
— Secuestro de Rugero por Vagiardo (1ª, XLVI, 29).
— Descripción del vuelo del hipogrifo (1ª, XLVII, 2).
— Rugero vence a un ejército griego (1ª, XLVII, 37).

— Bradamante vence a un ejército en Arlés (1ª, XLVII, 37).
— Ariosto, cantor de Angélica la Bella (1ª, XLVII, 38).
— Sobre Bradamante y Morfisa (1ª XLIX, 17).
— El cuerno de Roldán (1ª, XLIX, 34).
— Reflexiones sobre el verso «Forse altri canterá con miglior plettro» de Ariosto y el final de la primera parte del *Quijote* (1ª, LII, 58).
— Rugero, progenitor de los Duques de Ferrara (2ª, I, 34).
— Bradamante y su visita a la gruta de Merlín (2ª, I, 45).
— Ariosto, cantor de la belleza de Medoro (2ª, I, 52).
— Ariosto, cantor de las aventuras de Angélica (2ª, I, 53).
— Sobre posibles amantes de Angélica y alusiones a ello en el *Orlando burlesco* de Quevedo (2ª, II, 55).
— Eneas y Aquiles y su presencia en el *Orlando* (2ª, III, 15).
— Sobre Angélica y Brunelo (2ª, IV, 3).
— Combate que sostuvieron Gradaso y Reinaldos sobre cuál de ambos quedaría dueño de la espada Durindana y del caballo Bayarte (2ª, XIV, 35).
— Barco encantado con el que Agramante, Sobrino y Gradaso pasan la isla Lipadusa (2ª, XIX, 2).
— Costumbre de Sacripante, y otros caballeros, de no desensillar el caballo cuando no se dormía bajo techado (2ª, XIX, 10).
— El mago Atlante encanta a Sacripante, Gradaso y Rugero (2ª, XXII, 13).
— Invulnerabilidad de Roldán (2ª, XXXII, 34).
— Alusión en el *Orlando* a Anteo, hijo de la Tierra (2ª, XXXII, 35).
— Referencias a Merlín, la cueva de Melisa, etc. (2ª, XXXIII, 18).
— Progenie y prodigios de Merlín (2ª, XXXV, 15).
— El espíritu de Merlín es encerrado en el sepulcro de la gruta por él mismo construída (2ª, XXXV, 15).
— Un diablo ofrece datos a Malgesi sobre Angélica (2ª, XXXV, 35).
— Descripción del vuelo de hipogrifo (2ª, XL, 26).
— Brilladoro, caballo de Roldán (2ª, XL, 28).
— Cervantes cita a Cide Hamete Benengeli como Ariosto lo hace con Turpín (2ª, LII, 2).
— Episodio de Vireno que abandonó a Olimpia, hija del Conde de Holanda, en una isla desierta (2ª, LVIII, 11).
— Episodio de Astolfo a las orillas del Nilo (2ª, LVIII, 44).
— Sobre las estancias en el poema de Ariosto (2ª, LX, 56).
— Versión del *Orlando* por Urrea (2ª, LXII, 61).

Boiardo, Matteo María:

— Versos del *Orlando innamorato* a propósito del caballero sin amores (1ª, I, 20).

— El *Espejo de caballerías* nada tiene que ver con Boiardo (1ª, VI, 15).
— Garrido de Villena, traductor de Boiardo, llama a Turpín «veraz» (1ª, VI, 16).
— La traducción de Garrido de Villena fue impresa en 1577 (1ª, VI, 17).
— La traducción de Garrido de Villena aparece llena de insufribles italianismos, suprime ciertos episodios y añade otros (1ª, VI, 17).
— Nicolás Antonio cita un *Orlando enamorado* impreso en Lérida el año de 1578, cuyo autor fue Martín Abarca de Bolea (1ª, VI, 17).
— Alusión a Boiardo en el episodio cervantino de la quema de libros (1ª, VI, 21).
— Nueva alusión a Garrido de Villena (1ª, VI, 23).
— Competencia entre Roldán y Reinaldos sobre los amores de Angélica (1ª, VII, 7).
— Alusión al castillo de Albraca, en Asia, donde mandaba Galafrón, padre de Angélica (1ª, X, 26).
— Versos de la traducción de Garrido de Villena (1ª, XIII, 36).
— Sobre el yelmo del rey Agricán en el *Orlando enamorado* (1ª, XIX, 22).
— Reflexiones sobre el espíritu de propaganda religiosa que movía a los caballeros (1ª, XVIII, 13).
— Alusión a la traducción de Garrido de Villena (1ª, XXI, 4).
— Sobre armas y vestiduras encantadas (1ª, XXI, 26 y 55).
— Robo del caballo de Sacripante, efectuado por Brunelo (1ª, XXIII, 15).
— Frontino, caballo de Rugero (1ª, XXV, 48).
— Sobre el hipogrifo (1ª, XXV, 47).
— Referencias a versos de la traducción de Garrido de Villena (1ª, XXXII, 27).
— Trufaldino, el de Baldaca, en la traducción de Garrido (1ª, XXXVI, 35).
— Boiardo, cantor de Angélica la Bella (1ª, XLVII, 38).
— Sobre Angélica la Bella, también llamada la Andariega (1ª, LXVIII, 38).
— Boiardo, como primer cantor de las aventuras de Angélica (2ª, I, 53).
— La espada Durandel (2ª, XXVI, 8).
— El *Orlando* de Garrido de Villena (2ª, XLI, 13; XLVII, 2 y LV, 17).
— Brilladoro, caballo de Roldán (2ª, XL, 28).
— El *Orlando innamorato*, fuente de Cervantes para su *Quijote* (2ª, LV, 17).

Buonarrotti, Michelangelo:

— A propósito de la expresión «In inferno nulla est redemptio», recuerda Clemencín el detalle de haber pintado Miguel Angel, en un cuadro de los *Novísimos,* a un cardenal que le molestaba (1ª, XXV, 59).

Ficino, Marsilio:

— Referencias al filósofo platónico (2ª, XXXIV, 27).

Forcellini, Egidio:

— Sobre *Dite*, nombre poético de Plutón, y su posible etimología aludiendo Clemencín al *Lexicon totius latinitatis* de Forcellini (2ª, XXXV, 14).

Giraldi «Cinzio», Giambattista:

— Traducción de las *Cien novelas italianas* por Luis Gaitán de Vozmediano (1ª, XXVIII, 2).

Navagero, Andrea:

— Habla Navagero en sus cartas de ciertas costumbres corteses castellanas en tiempos de los Reyes Católicos (1ª, XIII, 36).
— Detalles del viaje de Navagero por España, recordando, entre otras cosas, la plaza del Zocodover de la que afirma «che é molto piccola» (1ª, XXII, 18).
— Según Navagero, *Monjuich* procede de *Mons Jovis* (2ª, LXIII, 16).

Piamonte, Niccolò de:

— Alusión a una historia vulgar de Carlomagno, publicada por N. de Piamonte (1ª, I, 24).

Piccolomini, Eneas Silvio:

— Versiones castellanas de *Eurialo y Lucrecia* (1ª, VII, 14).

Polidoro, Virgilio:

— Datos biográficos del poeta italiano autor del *De rerum inventoribus* (2ª, XXII, 18 y 19).
— Invención del juego de los naipes según aparece en *De rerum inventoribus* (2ª, XXIV, 8).

Poliziano, Angelo:

— Breves notas sobre el escritor (2ª, XXXV, 35).

Pontano, Giovanni:

— En la obra de Pontano se cita al *Pez Nicolás* o *Pesce Cola*, al que asimismo alude el cronista Pero Mejía en la *Silva de varia lección* (2ª, XVIII, 23).

Pulci, Luigi:

— Sobre los manejos del traidor Galalón (1ª, I, 26).
— Pulci cita en el *Morgante* a Arnaut Daniel como posible autor de una historia sobre Reinaldos de Montalbán (1ª, VI, 15).
— Hazañas de Morgante (1ª, X, 14).
— Costumbre de Orlando, cuando no tenía dinero, de pagar con palos a los mesoneros (1ª, XVII, 25).
— Encantamientos en el *Morgante* (1ª, XXXII, 27).
— Traducción del *Morgante* por el valenciano Jerónimo Auner en 1535 (1ª, XXXII, 27; L, 13).
— Sobre el cuerno de Roldán (1ª, XLIX, 34).
— Referencia a los actos valerosos de Antea relacionándolos con los de otras afamadas mujeres (1ª, XLIX, 17).
— Impresión de la traducción de Auner en Sevilla en 1550 y 1552 (2ª, I, 45).
— Noticias sobre las traducciones del *Morgante* (2ª, I, 46).
— Descripción física y alusión a la virginidad de Roldán (2ª, I, 47).
— Martafellone, caballo del traidor Galalón (2ª, XI, 28).

Sannazaro, Jacobo:

— La *Arcadia* y su influencia en la *Diana* de Montemayor (1ª, VI, 47).
— Noticias bio-bibliográficas sobre Sannazaro (1ª, VI, 48; LI, 13 y 2ª, LXXIV, 3).
— Traducciones, imitaciones, impresiones y reimpresiones castellanas de la *Arcadia* (1ª, VI, 48 y 55).
— La *Arcadia*, libro de entretenimiento según Cervantes (1ª, XXVIII, 2).
— Traducciones de la *Arcadia* en prosa por Diego López de Ayala y en verso por Diego de Salazar (1ª, LI, 13).
— Versión anónima de la *Arcadia* impresa en Salamanca en 1578 (1ª, LI, 13).
— Versión inédita de Jerónimo de Urrea (1ª, LI, 13).

— A propósito de la zampoña que queda colgada de un árbol, Clemencín relaciona el final del *Quijote* con el de la *Arcadia* (2ª, LXXIV, 35).

Tansillo, Luigi:

— Notas biobibliográficas sobre el poeta napolitano; particular referencia a *Il Vendimmiatore* y *Le lacrime di San Pietro*. Traducciones castellanas de Tansillo entre las que se cita las de Gálvez de Montalvo, Gregorio Hernández de Velasco, Juan Sedeño, Martín Abarca de Bolea, Luis Martínez de la Plaza y Jerónimo de Heredia. Impresiones en verso castellano de Fray Damián Alvarez y de Jacinto de San Francisco. Alusiones de Garcilaso a Tansillo en el soneto XXIV.

Tasso, Torquato:

— Diego de Saavedra, en su *República literaria*, habla de la *Gerusalemme liberata* (1ª, XXV, 16).
— Encantamientos relacionados con las Islas Afortunadas (1ª, XXXI, 18).
— Viajes de Reinaldos (1ª, XLVII, 2).
— Descripción de la belleza de Ismeno y Armida (1ª, XLVIII, 50).
— Reinaldos cambia su empresa y título de Caballero de la Pantera por Caballero del León (2ª, XVII, 27).
—Episodio del barco encantado que conduce a Armida y Reinaldos por mares desconocidos (2ª, XXIX, 2).
— Sobre el padrón existente en la orilla del río Oronte (2ª, XXXIX, 11).
— Contestación de despecho de Armida a Reinaldos relacionada con la de Dido a Eneas (2ª, XLIV, 51).
— Como Moisés, un mago dirige con una vara las aguas (2ª, LXII, 20).
— Traducción de la fábula pastoril *Aminta* por Jaúregui (2ª, LXII, 63).
— Cervantes elogia a Tasso en el *Viaje al Parnaso* (2ª, LXII, 63).

Verino, Michele:

— Alusión al poeta latino, autor de los *Epigrammata*. Clemencín se refiere al posible nacimiento del escritor —muerto a los 17 años— en Menorca, aunque educado en Italia (2ª, XXXIV, 27).

II. *Otras notas literarias*

1) **No estrictamente renacentistas:**

Dante:

— Reflexiones sobre las expresiones «bajar del cielo» y «mirar la tierra», presentes en el *Paraíso* (2ª, XLII, 6).

Petrarca:

— Opiniones de Petrarca sobre los libros de caballería en el *Triunfo de Amor* (1ª, VI, 4).
— Antonio de Obregón, comentarista del *Triunfo de Amor* (1ª, XIII, 13).
— Cita de Petrarca en un soneto de Lope (1ª, XXV, 85).
— Elogios de Valdés a Petrarca en el *Diálogo de la lengua* (2ª, XVI, 25).

Boccaccio:

— Cita Clemencín el *Corbacho* o *Tratado contra las mujeres* y habla de su semejanza con *Il Corbaccio* (1ª, Pról., n. 30).
— Versiones castellanas en el siglo XV de los *Diez Días* o *Decamerón* (1, I, 15).
— Opiniones, sobre los libros de caballería, presentes en el *Corbacho* (1ª, VI, 4).
— Libro de Boccaccio, *Caída de Príncipes*, traducido por el Canciller de Castilla don Pedro López de Ayala y por don Alfonso de Cartagena (1ª, XIII, 10).
— Imitación del *Decamerón* por Francisco Sansovino (1ª, XX, 39).
— Significación de la palabra «corbacho» (1ª, XXII, 38).
— Elogios a Boccaccio en el *Diálogo de la lengua* (2ª, XVI, 25).
— Relación del final del *Quijote* con el final del *Decamerón* (2ª, XVIII, 36).
— Cervantes tuvo presente el final del tratado de las *Ilustres mujeres* de Boccaccio, traducido por el Canciller Ayala, al referirse en el *Quijote* a las mujeres «griegas, bárbaras o latinas» (2ª, XXV, 34).
— Es citado Boccaccio a propósito de afeites mujeriles (2ª, XXXII, 14).

2) **Ediciones renacentistas italianas de «Tirant lo Blanc»**

— Noticias bibliográficas sobre *Tirant lo Blanc* y traducción italiana efectuada por Lelio Manfredi, publicada en Venecia en 1538. Citará casi siempre Clemen-

cín el *Tirant* en italiano, aunque en ocasiones lo hace asimismo por la traducción francesa de Cailús (1ª, VI, 34).
— Relaciones entre el *Quijote* y *Tirant lo Blanc*, éste siempre citado en italiano (1ª, VI, 41; XI, 19; XIII, 23 y 43; XIV, 6; L, 11).

3) *Escritores hispanos en Italia renacentista*

— Jorge de Montemayor, poeta y novelista portugués, muerto en el Piamonte (1ª, VI, 43).
— Estancia de Cervantes en Nápoles y Roma (1ª, XXI, 33).
— Cervantes y el gran conocimiento que tuvo de Italia (2ª, LXII, 55).
— Datos sobre Andrés Laguna, médico y naturalista segoviano, profesor en Salamanca y Alcalá y médico de Julio II (2ª, XLI, 38).
— Estancia en Italia del Dr. Eugenio Torralva (2ª, XLI, 38).

4) **Otras noticias literarias**

— Noticias sobre los *Diálogos de Amor* de León Hebreo, obra originariamente escrita en lengua hebrea y traducida al italiano. Se cita, junto a versiones castellanas, la publicada en Venecia en 1568 (1ª, Pról., 23).
— Edición italiana de la *Celestina*. Ofrece Clemencín noticias de 23 ediciones de la obra y, refiriéndose a la de París de 1527, precisa que «se hizo no del texto español, sino de otra traducción italiana». Cita la edición de Venecia, de 1536, de la *Segunda Celestina* o la *Resurrección de Celestina* de Feliciano de Silva (1ª, Pról., 49).
— Nicolás Antonio y Tamayo de Vargas hablan de la obra, traducida del italiano, *Primera, segunda y tercera partes de don Reinaldos de Montalbán, Emperador de Trapisonda*, por Luis Domínguez, impresa en Perpignan por Sansón Arbús, en 1558 (1ª, VI, 15).
— Nicolás Antonio y Tamayo Vargas citan una traducción del italiano de la *Primera, segunda y tercera parte del Orlando, enamorado, Espejo de caballeros, de los hechos del Conde Roldán, Reinaldos de Montalbán y otros*, por el toledano Pedro de Reinoso, Medina del Campo, 1483 (1ª, VI, 15).

— Escritores que fueron coronados con laurel, entre los que cita a Petrarca, Antonio Panarmitano, Eneas Silvio Piccolomini, Leonardo Aretino, etc. (2ª, XVIII, 38).
— Interés de los españoles por el estudio de la literatura italiana en tiempos de la dominación española en Italia (2ª, LXII, 55).
— Cita uno de los doscientos sonetos que componen *Rimas humanas* de Lope indicando que está escrito en varias lenguas, entre ellas el italiano (2, LXXI, 37).

— Nombres bajo los que los escritores cantaron a sus damas: entre ellos, aparecen Beatriz, Laura, Fiammeta, ... (2ª, LXXIII, 15).
— Cita la *Historia literaria italiana* de Guinguené (2ª, LXXIII, 15).

III. *Italianismos: fonética, vocabulario, frases hechas*

Son muy frecuentes en las anotaciones de Clemencín. La más amplia y que casi engloba a las restantes, aparece en 2ª, XXXIX, 12, que consideramos útil transcribir: «Se encuentran usados en el Quijote los siguientes italianismos: A punto, por exactamente, parte I, capítulo XLVI; aquista, por adquiere, parte II, capítulo XLII; aspetatores, por espectadores, parte II, capítulo XIX; cómodo, por comodidad, parte I, cap. XLII; compatrioto, por compatriota, parte II, cap. XIV; faquín, por ganapán, parte I, cap. XXX; fracasar, por destrozar, parte I, cap. XX; farseto, por justillo, parte I, cap. XXI; gola, por cuello, parte II, capítulo XXXIX; humilísima, por humildísima, parte II, cap. XXXVIII; interrotos, por interrumpidos, parte II, capítulo XLIX; jubilar, por regocijarse, parte I, capítulo XXXVII; madrina, por madrastra, parte II, cap. XIV; malandrín, por ladrón, parte I, capítulo XVIII; méritamente, por merecidamente, parte II, capítulo III; morbidez, por blandura, parte II, capítulo XXXIX; péñola, por pluma, parte II, cap. LXXIV; sólito, por acostumbrado, parte II, capítulo XVIII; testa, por cabeza, parte II, capítulo XXXIX; trástulo, por entretenimiento, recreo, parte II, capítulo VII; a medio real no que a cuartillo, por medio real y no a cuartillo, parte II, capítulo LXXI; del sofístico ni del fantástico, por de sofístico ni de fantástico, parte I, capítulo XXV; golosazo que tú eres, por golosazo *solamente*, parte II, capítulo II; hizo finta, por hizo ademán, parte II, cap. XXXIX».

Con más detalle se refiere Clemencín tanto a varios de los citados en la anotación transcrita como a otros nuevos:
— Sobre «pedante», «voz de origen griego, usada ya de los italianos viviendo el autor del *Diálogo de la lengua*» (1ª, Pról., 11).
— Sobre *hostal* y *hostalero* y sus relaciones con el italiano (1ª, XVII, 26).
— Sobre *follón* y *felón* y sus relaciones «con el toscano» (1ª, XVIII, 1).
— *silvoso* y su presencia en versos de Ariosto (1ª, XVIII, 41).
— *Farceto* (1ª, XXI, 55).
— Sobre *facchinos*, palabra italiana equivalente a «ganapanes» (1ª, XXX, 38).
— *altro*, y su adecuada traducción al castellano (1ª, XXXIII, 31).
— Anécdota de la conversación entre dos italianas sobre la ausencia de *X* en italiano (1ª, XXXIV, 22).

— Comentario a la expresión «*Ir a las Italias*» que, entre otros autores, Lope emplea en *Los Porceles de Murcia* (1ª, LI, 5).
— Sobre la lengua *franca* o *bastarda*, compuesta en su mayor parte por vocablos italianos y castellanos, (1ª, XLI, 10).
— *Trastullo*, «entretenimiento», «recreo», presente en Ariosto (2ª, VII, 20).
— Sobre la frase «*Buscar a Marica por Rávena*» (2ª, VII, 20).
— Erróneo creer que *cualque* sea italiano (2ª, XIII, 4).
— *Madrina*, italianismo, equivalente a «madrastra» (2ª, XIV, 4).
— *Truffaldín*, palabra italiana (2ª, XVIII, 7).
— *Hacer finta*, expresión italiana equivalente a «hacer ademán» (2ª, XXXIX, 11).
— Sobre *gola, golilla, morbidez, testa, aguisado, sólita* (2ª, XXXIX, 12).
— *Scoppiare*, italianismo, relacionado con «escopeta» (2ª, LX, 29).
— Mal de *bubas* (2ª, XLII, 26).
— Presencia de italianismos en castellano y justificación de ellos (2ª, LXII, 55).
— *Corbacho*, italianismo (2ª, LXIII, 14).
— *Iterrotos*, por interrumpidos (2ª, L, 46).
— Sobre la expresión *El tesoro de Venecia* (2ª, LXXI, 12).

4. *Anotaciones relacionadas con la historia*

— Inquietudes provocadas por los turcos en las costas de Italia (1ª, I, 8).
— Notas biográficas sobre Gonzalo Fernández de Córdoba y sus andanzas por Italia (1ª, XIV, 44; XXXI, 18 y 31; XXXIX, 26).
— Diego García de Paredes, capitán español, y su estancia en Italia como jefe de las huestes de Gonzalo Fernández de Córdoba (1ª, XXXI, 19).
— Batalla de Lepanto y nombre de las galeras napolitanas que iban en la armada de la Liga Santa (1ª, XXXIX, 33).
— Hechos de *Gabrio*, o Gabriel Cervellón, caballero milanés, general de la artillería española y acreditado ingeniero (1ª, XXXIX, 49).
— Guerras de Italia en tiempos de los Reyes Católicos (1ª, LI, 8).

5. *Familias italianas*

— Los Colonna (Otón, Próspero, Victoria, Marco Antonio y Ascanio) (1ª, XIV, 44).

— Los Ursino, enemigos de los Colonna, con más de treinta cardenales y varios papas, desde Nicolás III a Benedicto XIII (1ª, XIV, 44).
— Los Doria y sus ramificaciones en España (1ª, XXXIX, 50).

6. *Varios*

— Pedro Gonela, bufón de un marqués o duque de Ferrara en el siglo XV (1ª, I, 31).
— Fábricas milanesas de armas (1ª, XXXIX, 11).
— Sobre academias en Italia (1ª, LII, 52).
— Alusiones a Domingo Fontana, arquitecto, y sus trabajos en el palacio de la Cancillería, en la Plaza de San Pedro, Santa María Maggiore, etc. (2ª, VIII, 26).
— Costumbre española de postrarse los enamorados de hinojos ante su dama (2ª, X, 21).
— Costumbre de los reyes de Nápoles de regalar jacas hacaneas a los papas (2ª, X, 21).
— Nacimiento en Italia de la Hermandad de la Doctrina Cristiana (2ª, LI, 44).

* * * *

A la vista del ingente número de anotaciones renacentistas de Clemencín, sin olvidar las que posiblemente nos hayan pasado desapercibidas, algo parece absolutamente innegable: que don Diego Clemencín y Viñas, a pesar de ciertos errores particularmente en lo referente al lenguaje de Cervantes, había asimilado el Renacimiento italiano. Y las pruebas de ello pueden ser claras: Estelrich, por ejemplo, medio siglo después de publicadas *las anotaciones*, al referirse a traducciones, imitaciones, etc., de escritores como Tasso o Ariosto, nada nuevo prácticamente aportará.

Es, por tanto, nuestro escritor una figura singular de la erudición decimonónica de particular importancia para los italianistas. Su *Comentario* es aún insustituible. A ello hay que añadir que uno de sus más altos valores consiste en haber servido para «atraer la atención sobre el *Quijote* de numerosos eruditos y literatos... «A partir de las anotaciones de Clemencín los artículos, opúsculos, notas y comentarios quijotescos se multiplican de forma extraordinaria...», en palabras de Astrana Marín.

No cabe la menor duda —aunque deliberadamente se silencie— que varios de los brillantes trabajos sobre el Quijote y el Renacimiento italiano han partido de su *Comentario*. Y si mucho es lo que ha inspirado, queda aún más por aprovechar.

Antonio Arnao y Espinosa de los Monteros

En 1828 nació en Murcia Antonio Arnao que llegó a ser Académico de la Lengua y de Bellas Artes. Laborioso y modesto empleado público transcurrió su tranquila vida hasta 1889 realizando en ella la humilde aspiración expresada en sus versos:

> «Solo quiero paz oscura;
> sentir que mi vida pasa,
> como arroyo solitario,
> bajo la verde enramada».

Sin embargo, en el campo de las Letras no transcurrió tan callada y desapercibida la vida de Arnao: «Su recto juicio, la perfecta armonía de sus facultades mentales, su exquisito buen gusto, su afición y no vulgares conocimientos de las Bellas Artes, y singularmente de la música, y el esmerado afán con que componía sus versos, lograron para él brillante y merecida fama, le abrieron las puertas de la Real Academia Española y conservan y conservarán estimadas siempre sus numerosas composiciones poéticas, dramáticas, líricas, narrativas» [12].

La obra de este escritor murciano, estudiante en Murcia, Valencia y Madrid, y asentado definitivamente en la capital apenas acabados sus estudios de Jurisprudencia, es rica y variada: poesía, música, arte, zarzuela, teatro, ..., sucediéndose los títulos ininterrumpidamente: *Don Rodrigo, Guzmán el Bueno, Las naves de Cortés, La muerte de Garcilaso, Himnos y quejas, Melancolías y ruinas, Ecos del Táder, Un ramo de pensamientos, Trovas castellanas, La voz del creyente,* etc., culminando con *Soñar despierto* prologado por Menéndez Pelayo [13].

Objeto de críticas contradictorias, lo indudable es que el murciano-madrileño Arnao fue uno de los líricos más leídos del XIX, admitiendo tanto Manuel Cañete, en su notable estudio *Antonio Arnao* [14], como José María de Cossío, en sus *Cincuenta años de poesía española (1850-1900)* [15], que sólo Selgas, Ruiz Aguilera y Trueba eran tan populares como él.

* * * *

Una faceta del escritor murciano ha pasado desapercibida prácticamente: su amor por la Literatura y Música italianas y su incansable labor de traductor de escritores italianos. Y lo admitimos pese a haber presentado recientemente, bajo nuestra dirección, el profesor López Gómez su Tesis Doctoral sobre el escritor que nos ocupa y haber sido calificada con la máxima nota. Pensábamos que lo italiano había sido anecdótico en Antonio Arnao, viéndonos en el momento presente obligados a rectificar nuestras posiciones, como pasamos a presentar [15].

En una de sus composiciones, *Al partir a Italia* [16], Arnao manifiesta abiertamente su admiración por Italia y lo italiano, admiración que más tarde dejaría más que demostrada en su obra literaria. Va dedicada la composición al jóven pintor Pascual y Valls [17], que marcha a Roma becado para estudiar Arte. Consideramos útil la transcripción de algunos de sus versos:

>«¡Cuán presto, dulce amigo,
>vas a partirte de la patria hermosa!
>(..........................)
>Sí; parte do te llama
>esa voz que en tu espíritu resuena,
>que tu fogoso corazón inflama.
>Parte veloz (.................)
>(..........................)
>Italia! Italia! a tu florido seno,
>bajo tu cielo azul y rutilante,
>parte mi amigo de esperanza lleno.
>(..........................)
>Italia, en tí la inspiración ansiada
>eterna resplandece,
>por cielo y mar y tierra derramada.
>(..........................)
>¡Feliz yo si su aroma regalado
>cual tú, mi amigo, respirar pudiera!
>Al sentar nuestra planta en aquel suelo
>do florece eterna primavera;
>inflamados del fuego misterioso
>que infunde el almo cielo;
>trémulo el pecho amante,
>lanzáramos al viento himno glorioso
>de paz y amor, en la sagrada tumba
>del puro Rafael, y sacro Dante.
>Mas ah! que no me es dado
>partir cual tú do con amor ferviente
>las dulces Artes, de sus nobles hijos
>ciñen la altiva frente.
>No ves? Ya por su oriente
>tu suspirado sol radiante asoma:
>parte a beber sediento
>la inspiración en la preclara Roma;
>mas nunca olvides que la madre patria
>de tí corona inmarcesible espera».

No se trata de una poesía más de circunstancias, como veremos, sino fruto de una sincera admiración por lo italiano. Cuando Estelrich preparaba su citada *Antología*, escribió a Antonio Arnao pidiéndole las muchas por el murciano traducidas. A propósito de una adaptación del *Pater noster*, efectuada por Arnao, así escribe Estelrich: «Estas y la mayor parte de las traducciones por don Antonio Arnao, á quien conocí personalmente en Madrid, me las remitió su sobrino Don Antonio Aguilar contestando á una carta mía encontrada por éste como pendiente de contestación entre los papeles de su tío el Sr. D. Antonio Arnao. Al Sr. Arnao le había escrito yo poco antes de su fallecimiento, pero al ocurrir éste dí por perdidas sus apreciables traducciones. El orden con que el Sr. Arnao tenía dispuestos sus papeles y la galantería de sus testamentarios hacen que pueda enriquecer mi colección con estas piezas y las siguientes» [1].

Lo cierto es que las traducciones de Arnao llegaron, en buena parte, tarde a Estelrich, aunque tuvo el buen gusto de incluir una notabilísima relación en el catálogo final de su colección: «En una nota que me remitieron los testamentarios de D. Antonio Arnao, consta que dicho señor tradujo: 1. *Dos melodías* de...; 2. *Canción del velo* de la opera *D. Carlo,* de Verdi; 3. *La sunamita*, música de Belli; 4. *6 ú 8 melodías*, música de Cappa; 5. *No me amó*, música de Belli; 6. *No me amava*, música de Tosti; 7. *El canto del amor*, música de Coronaro; 8. *La barquilla*, música de Tosti; 9. *Laura*, música de...; 10. *Recuerdo de Quisisane*, música de Denza; 11. *Sull alba, id.*; 12. *Pobre ángel*, música de...; 13. *Canto á la Primavera*, música de...; 14. *Cien melodías de diversos autores* para la colección Eco de Italia; 15. *Dos melodías moriscas*; 16. *El mandolín y otras cuatro* de Bugmein; 17. *Te arrebataría*, música de Tosti; 18. *Simon Bocanegra*, Verdi; 19. *Pater Noster* y *Ave Maria*, Verdi; 20. *Ave Maria de Otelo*, Verdi; 21. *Narraciones musicales*; 22. *Libreto de la ópera Aida* (en prosa), Verdi; 23. *id. del Otelo*; 24. *Apuntes biográficos de Bellini, Auber, Donizetti, Rossini, Hermanos Ricci y Gluk*; y 25. Traducción del *poema coreográfico «Amor». Otras varias* se anotan en estos catálogos» [19].

Suponemos el asombro de Estelrich —y de cualquier italianista— al conocer los centenares de composiciones traducidas por Arnao del italiano, versiones que ni los mismos testamentarios llegaron a conocer, según deducimos de lo enviado a Estelrich. Y, por supuesto y pese al gran número que el italianista recoge para su *Antología*, hemos de afirmar que faltan por catalogar, y estudiar, varias docenas, empeño inútil en este trabajo, limitándonos a unas notas y reflexiones.

Así, la rima 61 de Petrarca, *Benedetto sia 'l giorno, e 'l mese, e l'anno*, que Estelrich ofrece traducida por Julián Romea —asimismo murciano e italianista— fue también imitada por Arnao en la composición *Su sonrisa* del libro *Melancolías y ruinas* [20]. Curiosamente, los dos primeros versos son traducidos de la misma manera por ambos escritores murcianos, lo que parece indicar que lo pudieran llevar a cabo como una especie de juego o pugna literaria:

«Bendito sea el año, el mes, el día,
y la estación, y el tiempo, el punto y la hora».

Y es a partir del tercer verso cuando uno y otro escritores se apartan entre sí y con respecto al punto de partida: Petrarca.

Este trato original del texto italiano lo efectuaría casi siempre Antonio Arnao, de modo que las llamadas *traducciones* del murciano entrañan frecuentemente efectos más importantes. Es asimismo indudable que cuando se atiende a una verdadera traducción, Arnao la llevó a cabo con su más esmerado y armónico estilo, procurando ennoblecer, enriquecer el modelo. Si en Petrarca es evidente que difícilmente podía lograrlo, sí podemos afirmarlo cuando lleva a cabo traducciones de Felice Romani (*Guerra! Le galliche selve*, con el título *Himno guerrero*), de Olindo Guerrini, o Lorenzo Stecchetti, (*Domna vorrei morir* y *Quanto tu sarai vecchia e leggerai*); de C. Errico de quien tradujo tres romanzas que nuestro autor tituló *El libro santo*, *Ave María* e *Isabel*; de Enrico Panzacchi; de Cognetti, etc.

A tenor del trato concedido al material, hemos de pensar que Arnao creyó firmemente que ninguna lengua, ninguna nación, es suficiente en sí misma ni mejor que otra; que lo italiano no era una simple lengua adicional a su formación castellana, sino vehículo de rica cultura, fuente de variedad de temas, de ensanche de horizontes que en él jamás fueron de cuatro paredes sin renunciar por ello a su regionalismo.

Hemos citado a Petrarca, traducido por Arnao, y sólo añadiremos algún ejemplo más. Tradujo asimismo a Miguel Angel, y en una situación un tanto curiosa: en la prensa del XIX en general, y en la *Ilustración Española y Americana* en particular, aparecieron frecuentemente artículos sobre Miguel Angel, traducciones de algunas de sus poesías y variadas imitaciones. Algunas de ellas han sido recogidas por Estelrich, como las dedicadas por Miguel Angel *A Dante*, *A Vasari* y *A un monumento* traducidas por Angel Lasso de la Vega, que efectuó asimismo varias traducciones de Leonardo. Siguiendo, tal vez, el ejemplo de Lasso de la Vega, Arnao, en febrero de 1872, publicó en *La primera edad*, periódico de Madrid, una muy aceptable traducción del soneto de Miguel Angel dedicado a Vassari [21]:

«A través de este mar, de esta tormenta,
de mi vida ya alcanzo el término»,
(....)

Y podríamos seguir ofreciendo ejemplos, aunque juzgamos las muestras suficientes. Sólo recordaremos, para terminar, la traducción, bella traducción, que del madrigal *Il passato no è, ma lo dipinge la viva rimembranza* llevó a cabo, con la intención de resaltar que el presente decimonónico italiano de Arnao y el pasado renacentista italiano fue para el escritor murciano «viva rimembranza».

NOTAS

1. «*Obra recogida, ordenada, anotada y en parte traducida por...*»; Palma de Mallorca, 1889.
2. De 1977 a 1985 se acercan a una veintena. Sólo recojo las que considero más significativas para el tema que nos ocupa: Fernández Polo, María Dolores: *Académicos murcianos de la Lengua en la Ilustración Española y Americana*, Tesis Doctoral calificada con Sobresaliente cum laude, 1983, 3 vols.; López Gómez, Santiago: *Vida y obra del académico murciano Antonio Arnao*, Tesis Doctoral calificada con Sobresaliente cum laude, 1984, 2 vols.; Cobos Castro, Esperanza: *La literatura francesa en El Museo Universal*, Memoria de Licenciatura de 1977, en 3 vols., Premio Extraordinario; Verdú Jordá, Marina: *La literatura francesa en el Semanario Pintoresco Español*, Memoria de Licenciatura de 1977, Premio Extraordinario, 3 vols.; Fernández Polo, María Dolores: *El Marqués de Valmar en la prensa del XIX*, Memoria de Licenciatura de 1981, Premio Extraordinario, 2 vols., etc. Asimismo, para el tema es interesante mi libro *Murcia en el Semanario Pintoresco Español*; Academia Alfonso X el Sabio, Murcia, 1979; 295 págs., 54 ilustraciones.
3. Universidad de Salamanca; pág. 227.
4. Neuvième année, 1902, Kraus Reprint Corp., New York, 1961, pág. 489.
5. *Obras Completas*, Tomo II (Crítica literaria); estudio preliminar de Araujo Costa, Luis; Aguilar, Madrid, 1961, p.1182.
6. Aranda Muñoz, Eusebio-López Ruiz, Antonio: *Don Diego Clemencín (1765-1834). Ensayo Bio-Bibliográfico*, Pról. de Angel Valbuena Prat; publicaciones de la Cátedra Saavedra Fajardo, Universidad, Murcia, 1948, 112 págs. Candel Crespo, Francisco: *Don Carlos Clemencín y Viñas, Párroco de S. Antolín (1771-1844)*, «Murgetana», 48, año 1977, págs. 85-105. Jiménez de Gregorio, Fernando: *El Colegio-Seminario Conciliar de San Fulgencio (Aportación documental inédita al estudio de los precedentes de la Universidad murciana)*; Anales de la Univ. de Murcia; enero-mayo, 1949-50; págs. 139-218; 11 láminas. Vicente Guillén, Antonio: *Instituciones educativas en Murcia en el siglo XVIII*; Tesis Doctoral inédita presentada en la Universidad de Valencia, en 1978.
7. *Cervantes y el Quijote. Estudio crítico a la edición de El ingenioso hidalgo Don Quijote de la Mancha*. Ediciones Castilla, Madrid, 1966, pág. C y ss.
8. 1856, pág. 97. Recogido por Hernández Serna, *Murcia en el Semanario..*, o.c., pág. 48.
9. *Estudio crítico...*, o.c., pág. 97.
10. Es evidente que no siempre ha cosechado la obra de Clemencín alabanzas: las objeciones se han dirigido particularmente a su clara intención de evidenciar las incorrecciones gramaticales de Cervantes, que ciertamente existen. Como recoge Astrana Marín, ibid., pág. CI, «también se le achaca una excesiva prolijidad» y «el haber caído en algunos imperdonables galicismos». Sus censores fueron muchos: Hartzenbusch, Juan Valera, ..., pero pensamos —con Astrana Marín— que «el profundo conocimiento que tenía de los libros de caballerías y de las costumbres del siglo XVI, hacen que aun hoy día sea insustituible su *Comentario* para cualquier persona que quiera comprender bien el *Quijote*».
11. Situamos a los escritores italianos por orden alfabético. Mantenemos los nombres italianos tal como Clemencín los transcribe. Por último, como es fácilmente comprensible, tras cada anotación indicamos la parte correspondiente del *Quijote*, el capítulo y nota o notas. Las ciertamente, a veces, prolijas anotaciones contienen en ocasiones distintos aspectos o temas: de ahí que algunas aparezcan repetidas.

12. Valera, Juan: *Notas biográficas y críticas*, pág. 1361, de *Obras completas*, o.c.
13. Prólogo a *Soñar despierto, poesías varias* de Antonio Arnao, Madrid, 1891.
14. *Líricos españoles contemporáneos. Don Antonio Arnao (I y II)*, publicado en *La Ilustracion Española y Americana*, 1874, n° XXX, págs. 471-474 y n° XXXIX, págs. 611-615. Extenso artículo en el se estudia *Himnos y quejas, Melancolías, Ecos del Táder, Don Rodrigo, La campaña de Africa, El Caudillo de los ciento, La voz del creyente y Trovas castellanas.*
15. *Vida y obra...*, o.c. Tesis juzgada el 12 de julio de 1984.
16. De *Himnos y quejas*, Madrid, 1851; se trata del primer libro de Arnao.
17. José Pascual y Valls fue un pintor murciano, fallecido muy jóven. A los 24 años ya era Profesor de Artes en la Económica murciana, especializándose por estas fechas en el grabado. Fue pensionado para estudiar en París, con Picau, y en Roma. En Murcia pintó la que consideramos su obra capital, orgullo de los murcianos: el techo del Teatro Romea que destruyó un incendio. Sus obras se encuentran por los museos, y podemos recordar entre las mejores *Entrada de D. Alfonso en Murcia, Bodegón, Un Alquimista*, ... Para un estudio detallado de este pintor son imprescindibles las obras de Ballester, José: *José Pascual, artista neoclásico y hombre romántico* y Aragoneses, Manuel Jorge: *Tegeo, Pascual y el neoclasicismo.*
18. Pág. 668.
19. Ibid., 777.
20. Madrid, 1857.
21. Arnao fue un gran periodista. Y, por supuesto sin agotar el tema, hemos de indicar que periódicos y revistas de su época están plagados de sus poesías. Destacamos, entre ellos, *La lira del Táder* (de Murcia), *La Palma* (de Murcia), *La Vega* (de Murcia) y los de Madrid: *Semanario Pintoresco Español, El Correo de la Moda, Ilustración de Madrid, Ilustración Española y Americana, La Flor de la Infancia, La primera edad, Los niños, La Ilustración Católica, La niñez*,...
22. Del mismo madrigal es la adaptación de Arnao en *La dicha*.

REFLEXIONES EN TORNO A UN TESTIMONIO DE CULTURA MONÁSTICA EN EL RENACIMIENTO ITALIANO: EL BEATO PAOLO GIUSTINIANI

Antonio Linage Conde
Academia de la Historia

1984. Coronel Remy, Jean Hugo, Robert Ricard. In memoriam.

El monasterio benedictino de Solesmes todavía era joven, pero ya estaba muy prestigiado cuando, en 1853, el futuro cardenal Pie le instó a que fundara en su diócesis de Poitiers, lo que efectivamente tuvo lugar en Ligugé el 25 de noviembre del tal mismo año. Y entre los ineludibles trámites previos ha pasado a la pequeña historia una entrevista de Pie con los dirigentes de los ferrocarriles de la zona tendente a conseguir una rebaja de las tarifas para los nuevos monjes. Se le replicó que ese trato de favor estaba reservado a las órdenes caritativas, ante lo cual alegó el obispo que éstas eran más ricas y atraían más donativos, en tanto que los benedictinos eran sabios dedicados a sus libros y con menos protectores: «Vean lo que los benedictinos hacen. ¿Quieren ustedes ciencia, griego, latín, caldeo?». Y les regaló, para demostrárselo, el tomo segundo del *Spicilegium Solesmense*, que por cierto el abad Guéranger le hubo de reponer. El resultado fue la concesión de medio billete para todos los monjes entre Angers y Ligugé y para el abad y el futuro cardenal Pitra libre tránsito en toda la línea de Orleans [1].

Y de veras que no ha sido la búsqueda de un comienzo para este artículo [2] lo que nos ha inducido a traer a colación un ejemplo aparentemente tan alejado en tiempo y en lugar de nuestro tema sino ver en él un síntoma de cómo en esas tan posteriores fechas, aunque se siguiera sin conceder, en Francia y fuera, categoría más intelectual de la cuenta, a sus más excelsas manifestaciones, ya se valoraban las ciencias eclesiásticas en el ambiente y había quedado lejos aquel renacentista que, sin generalizar desde luego, posibilitó en su día que un cardenal no leyera a San Pablo por miedo a que le estropeara el estilo de su latín.

La asunción de la herencia medieval

Sin generalizar, acabamos de escribir. Pues parece difícil no estar de acuerdo con Jean Delumeau [3] cuando escribe que el gusto que desde el Quinientos impone Italia «es el de la Antigüedad, pero revisado, corregido, transformado, en cuanto enriquecido por toda la experiencia medieval», habiendo sido por otro lado casi imposible la vuelta al mundo antiguo *ex novo*, ya que el medievo al no relegarle por su parte al olvido —las monjas leían a Ovidio, aunque fuera un Ovidio moralizado!— se fundió un tanto con él de cara a los tiempos venideros.

Los monjes ante el Renacimiento: benedictinos en Italia

El veneciano Luis Barbo (circa 1381-1443), había creado la Congregación de Santa Justina de Padua, al unificar jurídicamente, en una sola comunidad sometida a un capítulo general todopoderoso, muchos de los monasterios italianos observantes de la misma Regla de San Benito pero hasta entonces independientes entre sí con arreglo a la tal tradición benedictina. Además de esa innovación introdujo la temporalidad del abadiato, como mal menor que puso remedio a la corrupción de la encomienda, consistente en transformar el título y las rentas de aquél en un beneficio concedido casi siempre a personas ajenas al monasterio que hacían de él sencillamente una fuente de ingresos [4]. Reforma «congregacional», pues, y no «abacial» en las que no se pasaba de lo federativo [5].

Del estado intelectual de esos benedictinos unidos escribió en 1487 el dominico contemporáneo Félix Faber, de Ulm, que «aunque tengan pocos graduados universitarios o gentes cubiertas de su bonete de doctor, ello no implica nada; sabemos que son infatigables en la lectura y el estudio y que todo el tiempo que les queda libre después del oficio divino, nocturno y diurno, lo emplean en estos ejercicios. No toleran que el estudio sea un impedimento al cumplimiento fiel del servicio de Dios, pero tampoco quieren que el coro les disminuya el gusto por el estudio» [6].

Por su parte Luis Barbo pasó a ser un clásico de la meditación metódica dentro de la *devotio moderna* y en concreto de la corriente que en su familia religiosa recibió con entusiasmo el Kempis. A ese título influyó en el abad de Montserrat García Jiménez de Cisneros, de la relación de cuya obra con los *Ejercicios espirituales* de San Ignacio de Loyola tanto se ha polemizado; y formó a sus monjes de Santa Justina con su *Modus meditandi et orandi* o *Formula orationis et meditationis*.

La singularidad de la Camáldula en el monacato

El año 1012 o el 1023 San Romualdo, benedictino del monasterio de Classe, en Rávena, fundó el «yermo» o «desierto» de Camaldoli [7], al estilo de las lauras orientales o agrupaciones de eremitorios. O sea que no se trataba de un cenobio corriente sino de un conjunto de casitas —aunque se siguieran llamando nada más que «celdas»— separadas entre sí por muros elevados y en torno a la iglesia común.

Particularismo arquitectónico que implicaba el más profundo de la forma de vida de sus moradores, una mezcla de ermitaños y cenobitas hasta entonces no institucionalizada en Occidente y que posteriormente sólo inspiraría a la Orden Cartujana de San Bruno.

A mediados de siglo Camaldoli se había convertido ya en la cabeza de un vasto movimiento que daría origen a la Congregación Camaldulense, en plena expansión hasta el XIV, sobre todo en Toscana [8].

Uno de sus monjes, Paolo Giustiniani [9], nacido en Venecia en 1476, profeso de Camaldoli en 1512 y su superior desde 1519, abandonó en 1520 su propio monasterio para retornar al rigor primitivo, rompiendo con la Congregación en el capítulo de Ravena de 1522, y agregando a la norma benedictina otra *Regla* además de la *Regula vitae eremiticae*, que el mismo capítulo camaldulense había encargado antes a él y otros dos monjes. Así se fundó en 1530, cuando ya hacía dos años que Giustiniani había muerto, el yermo de Monte Corona, cerca de Perugia, que irradió congregacionalmente a las Marcas, la Campania, el Véneto y la Europa Oriental. Uno de sus detalles más significativos era que la oración coral no se cantaba nunca, en aras de la simplicidad. Por otra parte el balance de su reforma ha sido caracterizado por uno de sus buenos conocedores, Giuseppe Cacciamani, «di rigido ed esclusivo indirizzo eremitico».

Giustiniani había estudiado en Padua, y al volver de un viaje a Tierra Santa, en 1507, fue cuando optó por la vida solitaria pero precisamente para dedicarse más y mejor al estudio en el seno de la contemplación [10].

Una influencia hispana en Italia y en la Iglesia universal

Hemos aludido a la fundación de la Camáldula por San Romualdo el año 1012 o el 1023.

Pero mucho antes, el 978, cuando él era todavía monje de San Apolinar in Classe, se unió en Venecia, juntamente con un compañero, Marino, al abad Juan Garín, que lo era de varios monasterios en el Languedoc y Cataluña, entre ellos Cuxá, y a Cuxá volvía de un viaje a Roma.

Romualdo y Marino llevaron una vida solitaria en las proximidades de Cuxá, solitaria pero en contacto con el monasterio y vinculados a él, concretamente Romualdo durante diez años.

Y lo que nosotros sugerimos es que esa existencia semianacorética en Cuxá, de asociación eremítico-cenobítica pues ya, pudo muy bien estar en la génesis de la nueva fórmula camaldulense de vida religiosa.

No dejando de ser significativo que la congregación pirenaica de Garín resurgiera bajo el abad Oliba, el fundador de Montserrat, desde un principio con ermitaños agregados institucionalmente a la comunidad cenobítica [11]. Un argumento *a posteriori* pero que nos permite reforzar nuestra sospecha.

La de que Cataluña, que entonces, hace mil años, mediante esos contactos «se abría al mundo» según la expresión de Ramón de Abadal [12], lo hacía también para dejar su huella en él, en la cristiandad *tout court*.

Pero dejando divagaciones volvamos a nuestro argumento, el que tiene por protagonista a nuestro humanista ermitaño.

Llamando ante todo la atención en cuanto a tratarse de un ermitaño genuino.

GIUSTINIANI, ESCRITOR MÍSTICO DEL AMOR

En efecto, el vocablo «ermitaño» es tan polisémico que abarca desde los auténticos monjes solitarios, que prefieren la anacoresis a la comunidad, o sea la vida más excelsa entre las vocaciones cristianas, de acuerdo con una tradición doctrinal cuya línea se puede seguir de los Padres de la Iglesia a teólogos actuales como el benedictino dom Anselmo Stolz [13] —hasta los asalariados casados que cuidan de una capilla situada en despoblado y llevan junto a ella una vida totalmente secular.

Y, no debemos perderlo de vista, el humanista véneto, no sólo es de la primera especie, sino que llegó a teorizar la misma en una literatura mística [14] que ha hecho pensar en Santa Catalina de Génova, San Bernardo, Ruysbroek y San Juan de la Cruz [15].

Una mística que se fundamenta y entronca en ese *leit-motiv* de toda su obra que es la del amor de Dios [16], tema del que nosotros vamos a tratar, para establecer en su evolución en el mismo Giustiniani un paralelo con sendas tendencias en la literatura del amor humano, a saber la integral que diríamos, u ordinaria si así la preferimos llamar; y la platónica o idealista, que además de la de Platón— y concretamente en el *Banquete*, una de las lecturas y fuentes favoritas de nuestro Beato— fue la de Petrarca y Dante antes y luego de León Hebreo, sin olvidarnos de los precedentes árabes y andaluces sobre todo [17], detalle que nos pone sobre la pista de otra conexión hispano-italiana.

Y ello por mucho que, anticipémonos a la objeción, el cotejo, incluso la mera sugerencia en cuestión, hubiera escandalizado a Paolo, quien el 28 de marzo de 1525 escribía [18] a su amigo Marco Antonio Flaminio que «la felicidad del hombre en esta vida consiste más en el acto de la voluntad que es el amor que en el acto de la inteligencia» y que «sería loco y ciego buscar en los libros de los filósofos paganos el conocimiento de Dios, a no ser en la medida en que de paso se les puede tomar de la parcela de verdad que como injustos posesores detentan», y cita entre otros a Petrarca, Virgilio, Plotino, Averroes e incluso Platón, sino que hace falta «la lectura de la Escritura, divina y divinamente inspirada».

¿Del egoísmo al desinterés?

El año 1506 escribe Giustiniani sus *Cogitationes*. Y entre 1524 y 1526 su *Secretum*.

1506 es la fecha en que da por terminados sus estudios en Padua y se retira a su casa de la isla de Murano, «no sé si más fuera que en Venecia», escribe a su antiguo maestro patavino Jerónimo Acorombono, «para vacar un poco a las letras y a mi espíritu, según lo hace a su hermano Santiago.

Y 1524 es la data que, ultimada ya su etapa decisiva de fundador, permitía precisamente escribir a dom Jean Leclercq al evocarla que «Giustiniani podía morir» pues «aunque sólo tenía cuarenta y ocho años ya había consumado la obra que era su tarea, llevando a cogüelmo su misión».

Para Eugenio Massa [19], en las dichas iniciales *Cogitationes quotidiane de amore Dei*, «prima aristotelico e poi platonico, prima ficiniano e poi plotiniano», en Giustiniani «l'amore di Dio assume la forma egocentrica, fisica o naturalistica dell'eros platonico (come direbbe il Nygren) e della tradizione grecolatina (come direbbe il Rousselot)», o sea que «come ogni altro amore, scaturisce dalla naturale propensione che l'uomo, al pari d'ogni altro ente, ha per il proprio essere e per il proprio bene, e più d'ogni altro amore tende a perfezionare e ad esaltare l'essere del soggetto».

Pero nosotros nos preguntamos si tal punto de vista no resulta excesivamente radical, y si la índole al fin y al cabo mística de ese amor y la cualidad de su objeto divino, —no confundamos con la mera atrición—, no implican ya de entrada una cierta diferenciación, al menos de las formas mínimamente idealizadas del amor humano y según el planteamiento concreto de nuestro beato acusadamente; pues en la cita que acto seguido hace el mismo Massa del texto giustinianeo *O hominis dignitas, posse Deo ita uniri, ut in Deo vivat,* no podemos olvidar que tal invocación a la dignidad de la especie, imposible de aislar de su contexto cristiano, responde a la exigencia dogmática de la creación del hombre a imagen y semajanza divinas. ¿Y el *ut in Deo vivat* no llega ya al germen de la evolución que desembocará en el *Secretum meum mihi,* por mucha distancia que separe ambos textos y ambos momentos, la que a Massa deja pensar en unas «caratteristiche diametralmente opposte»?

En todo caso, y aun a riesgo de simplificar, nosotros creemos que la piedra de toque más visible pero no por ello menos decisiva para deslindar las dos concepciones es que el amor del *Secretum* —«el amor estático» en la terminología de Rousselot— ni exige ni siquiera anhela la recompensa o la felicidad e incluso acepta la condenación. «Non è mercenario», apostilla Massa; ha superado toda huella del «seguro de eternidad» salido de la sonrisa de Voltaire; «no brota de una tendencia natural sino de la voluntad y del libre albedrío» y «anula el ser del sujeto para reducirlo al ser divino».

Piedra de toque, decíamos, la falta del deseo del cielo al menos como algo consustancial y *sine qua non*, y en cambio el deseo, al menos en una forma condicionada, del infierno. La que Giustiniani parece haber descubierto el año 1510, precisamente en una visita al monasterio o «yermo» de Camaldoli, donde tal doctrina del amor puro era profesada por el recluso Michele Pini, todo poseído, lo explica el mismo Giustiniani a los amigos de su Venecia natal, de «caridad hacia Dios y deseo de dar su cuerpo *ut ardeat* por amor de Dios y su alma a la condenación, si ello hubiera de resultar a gloria del nombre de Jesucristo».

Y si nos vamos deteniendo en cuantos paralelos hispano-italianos venimos encontrando, ¿cómo no pensar en esa obra maestra de la poesía castellana que tal piedra de toque tiene por argumento, el soneto *No me mueve mi Dios para quererte?.*

Que a la erudición hispanística, de acá y aun de fuera, y entre la nuestra a ambos lados del Atlántico por una de sus atribuciones, la mejicana, ha preocupado ante todo por la dificultad todavía no resuelta de descubrir a su autor. Recordemos la opinión de don Marcelino que más de una vez Unamuno desempolvara de que la mística no es un género literario. Y a decir verdad, si paramos mientes en cómo la paternidad de tal poesía *A Cristo crucificado* ha sido atribuida a San

Ignacio y a San Francisco Javier, sencillamente por cierta similitud ideológica, habríamos de convenir sin discusión en ello pese a la superficialidad de la motivación sin más! Ha sido Marcel Bataillon quien ha llevado la cuestión a un terreno serio [20], entroncando la doctrina de nuestro soneto en la del puro amor.

Mas volviendo a Giustiniani, estábamos en la década de 1510, cuando él se topa inmediatamente con aquélla, que no tardaría en ir haciendo *expresamente* suya, desde poco después, sin esperar ni mucho menos al *climax* del *Secretum*, sino ya a partir, lo más tarde, de 1513, fecha inicial, siendo la final el 1517, de la elaboración de la obra intermedia *De divina proprie preferenda voluntate*. La cual está sin embargo más trabajada de cara a la otra impronta indeleble de la formación intelectual giustinianea, la escolástica que no rehuye la aridez.

La misma escolástica predominante todavía en un tratado tardío sobre el género de existencia al fin y hacia ya tiempo por él escogido y con vocación de maestro, el *De vita christiana, religiosa et eremitica* [21], de 1521, a pesar de que en él leamos sin regateos «que enim cuiusvis eterne etiam pene timore seu qualiscumque celestis etiam mercedis desiderio fiunt, opera bona non sunt, sed fides, que per dilectionem operatur, bona ut esse possint opera facit».

Ahora bien, uno diría que si el *De divina voluntate* es un avance por esa vía del amor puro, ello resulta más bien desde un punto de vista que corresponde al distinto estilo al que acabamos de referirnos, el ante todo teórico e intelectual, no el afectivo, matización que nos recuerda la diferencia medieval entre la teología monástica y la escolástica y que ahora no es lugar de traer a capítulo. Y antes en lo negativo que en lo positivo, acaso ello una mera consecuencia de la impresión que acabamos de apuntar, o sea más bien excluyente de quienes no llegan a él por no acertar a desligarse de la esperanza obsesiva en la recompensa: «se ipsos, non Deum, amare inveniuntur; non summum illud, quod arctari non potest sed omnibus commune bonum est, Deum scilicet, sed proprium quoddam bonum, suam scilicet felicitatem».

Pero retornando ahora al punto de partida, y concretamente a nuestra discrepancia con Eugenio Massa, nosotros insistimos en preguntarnos si la semilla no se encuentra ya en las *cogitationes* con una destinación infalible por la mera naturalidad de su casi obligado desarrollo. Como prueba ofrecemos este texto, datado el 15 de agosto, día de la Asunción de la Virgen, no lo olvidemos [22]:

> Cum heri tria esse in amore cogitanda dicebam, quis amat, quem amat et qualiter amat, unum dimitebam, quod non minus quam reliqua considerandum est: hoc est, quid ipse sit amor.
> [...] Amor est ardens desiderium fruendi quod amamus. Amor est qui amantem amato et dulcissime iungit, et artissime, suavissime ligat et unit. Amor est qui amantem ab amato nunquam discedere. *Amor est qui amantem in se ipso mortuum facit, ut in amato vivat.* Amor est qui talem reddit amantem, qualis est is qui amatur.

El subrayado es nuestro. La muerte en sí del amante para vivir en el amado. Y no tenemos ya huelgo para seguir glosando.

Sino que creemos llegado el momento de recapitular.

* * * *

Nuestras modestas pretensiones han consistido, por una parte, en atraer la atención hacia la personalidad de un humanista de sus tiempos del Renacimiento, bien arraigado en ellos queremos decir, pero que no sólo no reniega de la herencia medieval de su más exigente cristianismo, sino que reforma, y precisamente acentuando la vuelta a los orígenes, una de las familias monásticas más severas de la Europa católica. En cuyo seno, lejos de cortarse los vuelos a sus elucubraciones, encuentra la atmósfera más propicia para la expansión de su literatura mística y contemplativa, deudora ella también del caudal de la misma sabiduría antigua por entonces expresamente revivida con insistencia y ahinco.

Por otra, en sugerir un paralelo, teórico y vivencial, entre la evolución del amor a Dios hasta llegar al *climax* del más puro desinterés, y la del amor humano por las vías de la «cortesía» hacia una meta, *servatis servandis*, equivalente, si bien esta parcela no haya podido ser explorada en esta ocasión.

Y de esta manera retornamos a nuestros liminares. Que nos llevaron a la Francia benedictina del siglo XIX. Donde y cuando ya las ciencias sacras contaban y se estaban lejos de pensar no había otro latín legítimo y estimable que el ciceroniano.

Pues bien, si damos todavía otro paso en el tiempo, y nos situamos en la Italia de nuestro mismo siglo XX, nos encontramos con que en 1965, el erudito profesor y fecundo polígrafo florentino Tito Casini, dantista a quien Papini se refiere varias veces, colaborador de la revista *Il Frontespizio* fundada por ése, desde sus inicios en 1929, sobre cuya obra tenemos el propósito de escribir más extensamente en otra ocasión, publicaba la novela *La sua stella*, en dos partes, *Maremma amara* e *Il dilettoso monte* [23], desarrollada en la Italia —Apeninos de Pistoia— de la segunda guerra mundial y tiempos inmediatamente anteriores.

Una novela «culta» aunque de personajes populares.

Y en la cual las frecuentes citas del latín litúrgico [24] son el *leit-motiv* de su vigor poético más excelso. *In chordis et organo*, se titula el capítulo XIV de la primera parte. Sucediéndose desde el principio hasta el fin los aromas de la Vulgata y textos parejos.

El inicial [25]:

> Le navate si venivano intanto riempiendo, mentre in sagrestia i preti finivano di pararsi, e non erano ancora cessati, laggiú in fondo di chiesa, i tonfi dell'uscio continuamen-

te aperto e richiuso, quando i cantori attacarano: *laetare, Ierusalem, et conventum facite omnes qui diligitis eam; gaudete cum laetitia...*

El final [26]:

> Pareva, anch'egli, cambiato, da quel di dianzi, dell'interrogatorio, quasi risentisse nell'anima le note dell'inno:
> *Alle Menschen werden Brüder*
> *Wo dein sanfter Flügel weilt...*
> Aveva fretta e si vide al modo in cui levó il braccio... e fu il segno anche per don Guelfo di levare il suo, intonando il suo inno: *Introibo ad altare Dei... Ad Deum qui laetificat.*

Y la misma constante en la novela posterior del mismo Casini, *Nel nostro piccolo paese* [27], cuyo penúltimo capítulo se titula, *Qui Mariam absolvisti*.

Sí. No es posible negar lo obstinado del error de que fue víctima aquel cardenal temeroso de que la Escritura le estropeara el estilo latino.

NOTAS

1. Un moine bénédictin de la congregation de France (= P. Delatte), *Dom Guéranger, abbé de Solesmes*, II (París-Tours, 1909), p. 93.
2. Sobre las dificultades para comenzar un capítulo (Cervantes en el *Persiles*, Ros de Olano en *El doctor Lañuela*), véase M. Baquero Goyanes, edición de *El escándalo* de Alarcón en «Clásicos castellanos», núm. 177; I (Madrid, 1973), p. LXXXIX.
3. *La civilisation de la Renaissance* (París, 1967), p. 137.
4. Ph. Schmitz, *Histoire de l'Ordre de Saint Benoît*, III (2ª ed., Maredsous, 1948), pp. 157-74; y VI (ibid., 1949), pp. 257-61; «la Congrégation constituait ainsi une vrai corporation, un ordre véritable, fortement centralisé et oligarchique, mais à fondement démocratique». Schmitz trae a colación el caso de Cluny pero, ¿cómo olvidar a sus grandes abades, aunque sólo lo fueran de la casa madre?
5. A ese título influyó mucho, entre otras, en nuestra Congregación de Valladolid.
6. *Evagatorium in Terrae Sanctae [...] peregrinationem*; ed. Hassler, III (Stuttgart, 1849), p. 392.
7. En los Apeninos; diócesis de Arezzo.
8. Aunque cotinuaba sometida a la Regla de San Benito, de hecho contaban sobre todo las *Declaraciones* añadidas a la misma.
9. J. Leclercq, *Un humaniste ermite, le bienhereux Paul Giustiniani, 1476-1528* (Roma, 1951); él mismo, *Seul avec Dieu. La vie érémitique d'après la doctrine du bienhereux Paul Giustiniani* (París, 1955; prólogo de Thomas Merton); G. de Luca, *La storia della pietà nell'Umanesimo; il beato Paolo Giustiniani*, en «Letteratura di pietà a Venezia dal '300 al '600» (Florencia, 1963), pp. 43-59; y P. Brezzi, *Erudizione e pietà in Paolo Giustiniani, umanista cristiano*, en «Rivista di Storia della Chiesa in Italia», 25, (1971), 546-54.
10. En 1933 se publicó en Canadá (ed. Mac Millan) un libro interesante sobre esta «compatibilidad» renacentista, el de G. Wilson Knight, *The Cristian Renaissance: With Interpretations of Dante, Shakespeare and Goethe and new Discusions of Oscar Wilde and the Gospel of Thomas*.
11. Además del capítulo correspondiente de la *Historia de Montserat*, de A.M. Albareda (Barcelona, 1931; desde 1972 ediciones puestas al día por J. Massot Muntaner), véase G.M. Colombás, *La «Santa Montaña» de Montserrat*, en la obra colectiva «España eremítica» (Pamplona, 1970), pp. 165-210. Hemos ampliado algo esta hipótesis en *Un paralelo en la historia benedictina: las ciudades sacras de Einsiedeln y Montserrat*, en «XI Congreso Nacional de Cronistas Oficiales. Ponencias y comunicaciones. Barcelona, octubre de 1984» (Ajuntament de Barcelona, 1985), 121-49.
12. Reducimos la bibliografía a G. Tabacco, *Romualdo di Ravenna e gli inizi dell'eremitismo camaldolese*, en la obra colectiva «L'eremitismo in Occidente nei secoli XI e XII» (= actas de la II Semana de Mendola, 1962; Milán, 1965), pp. 73-121; R. d'Abadal. *L'esperit de Cluny i les relacions de Catalunya amb Roma i l'Italia en el segle X*, en «Studi Medievali», 2, (1961), 2-41; y P. Bonnassie, *La Catalogne du milieu du Xe à la fin du XIe siècle. Croissance et mutation d'une societé* (Toulouse, 1976), pp. 325-61.
13. *L'ascèse chrétienne* (Chevetogne, 1948). Notemos que San Benito legisló para cenobitas, aunque su Regla comience por exaltar y reconocer el eremitismo.

14. En el libro citado en la nota 9, *Un humaniste ermite*, pp. 147-76, se contiene el inventario de la obra de Giustiniani, casi toda inédita y conservada en el monasterio de Frascati, matriz hoy de su Congregación de Monte Corona. Dom Jean Leclercq se refiere, a propósito de él, a «la inmensa actividad literaria ejercida por el Beato». Su publicación monumental ha sido emprendida por Eugenio Massa. *Trattati, lettere e frammenti* (ed. di Storia e Letteratura, Roma; I, 1967, y II, 1974. El primero de estos dos infolios es el mismo elenco que acabamos de citar, mucho más detallado naturalmente).

15. Thomas Merton, en el prólogo citado en la nota 9, pp. 8 y 14-5. Aunque, *servatis servandis*, observe el prologuista seguidamente que Giustiniani «no tiene el frescor de Casiano y los Padres del Desierto, ni la simplicidad luminosa de San Benito o San Gregorio, y todavía menos el entusiasmo de San Bernardo o los Padres griegos, quedando en él algo de esa sequedad contraída al contacto con los estoicos y los filósofos escolásticos».

16. El segundo tomo citado en la cita 14 contiene *I primi trattati dell'amore di Dio*, materia a la que se reservan otros dos. Pero notemos la opinión del editor Massa (II, p. XI) según la cual «in prospettiva diretta o riflessa, e dal più al meno, tutti gli scritti del Giustiniani cadono sotto il segno della letteratura d'amore».

17. Véase nuestro artículo *Ibn Hazm de Córdoba y la neurosis*, en «Asclepio», 33 (1981), 349-77.

18. Texto que tomamos del libro *Un humaniste ermite* citado en la nota 9, p. 126.

19. II, pp. XIII-XIV.

20. *El anónimo del soneto «No me mueve, mi Dios...»*, en «Nueva Revista de Filología Hispánica», 4, (1950), 254-69 (y en «Varia lección de clásicos españoles», Madrid, 1964, pp. 419-40). Véase también E. Asensio, *El soneto «No me mueve, mi Dios... y un auto vicentino inspirados en Santa Catalina de Siena*, en «Revista de Filología Española», 34 (1950), 125-36. Además del estudio completo de la hermana Mari Cyria Huff, *The Sonnet «No me mueve, mi Dios...». Its theme in Spanish Tradition* (Washington, 1948). Bibliografía sobre más conexiones italianas en E. Diez-Echarri y J.M. Roca Franquesa, *Historia de la literatura española e hispanoamericana* (2ª ed., Madrid, 19727, p. 318.

21. Cfr., «unde, sicut fides per dilectionem formatur et dilectio per opus perfecta esse probatur, ita opus, ut bonum sit, ut virtus dicatur, per dilectionem sortitur, et ut ad premia eterna perducat sola fidei virtute perficitur»; citamos por Massa, II p. XIX.

22. Edición de Massa, II, pp. 129-30.

23. («Il Graal», 35-6; S.E.I., Turín; colección dirigida por Aristide Vasco).

24. Para orientarse un tanto sobre la problemática lingüística de éste, véase a guisa de base amplia la obra colectiva «Probleme der religiösen Sprache» al cuidado de Manfred Kaempfert («Wege der Forschung», 442; Darmstadt, 1983).

25. I; cap. 1, «La festa del ringraziamento», p. 10.

26. II; cap. 30, «La sua festa», p. 433.

27. (Florencia, 1979). Desde el capítulo 5, «Vigilia di pasqua» (p. 50), comienzan las citas en cuestión: «Con le loro voci bianche, i bambini, in coppia, a mani giunte, in testa alla processione, accompagnavano Gesù al *sepolcro*, mentre, dietro al baldacchino, il coro cantava, alternando al gregoriano il Perosi, l'inno liturgico:

        Pange, lingua, gloriosi...»

A PROPÓSITO DE LAS POETISAS DEL RENACIMIENTO ITALIANO: ALGUNOS ASPECTOS SUBJETIVOS DE LA CRÍTICA

Carlos López Cortezo
Universidad Complutense de Madrid

Se ha hablado de la crítica desde múltiples puntos de vista, comenzando por uno básico que cuestiona su misma existencia ¿existe? ¿debería existir?. Podríamos contestar con la famosa y tozuda afirmación de Galileo: «Eppur si muove». Pero, claro, el hecho de que exista, de que se mueva, no la justifica desde el punto de vista de su función, afortunadamente cada vez más analítica y descriptiva y más alejada de lo que podemos denominar reminiscencias maniqueas o inquisitoriales.

No quiero yo dar aquí la impresión de que pienso que la crítica personalista y subjetiva no ha aportado nada importante o no ha tenido aciertos. Es un hecho incontrovertible que los mismos críticos que aquí citamos poseen una valía que nadie discute, pero también es un hecho no menos real que el material que tienen Ustedes en sus manos justifica la necesidad de un salto cualitativo en lo que tradicionalmente se ha venido llamando crítica literaria. Ni esto es una novedad ni yo lo pretendo, pero sí creo, si no necesario, sí oportuno abundar, en este caso per negationem, en el imprescindible carácter científico de esta actividad.

Yo les ruego que consideren lo que aquí voy a exponer no como un ejemplo de crítica ficción o ¿por qué no? de crítica-varieté, sino como algo que nos debe conducir no tanto a la sonrisa como a una justa indignación y, necesariamente, a una reflexión que ha de superar la pura dialéctica hombre-mujer (virilidad-femineidad) —que ya anuncio va a estar presente a lo largo de mi comunicación— para desembocar en el terreno que nos compete y en el que nos movemos profesionalmente: la ciencia, y cómo no, su imprescindible presencia en el análisis del fenómeno literario, aun teniendo en cuenta los múltiples factores que lo conforman que no excluyen sino que, por el contrario, implican necesariamente los diversos —aunque complementarios— métodos de análisis textual, en un sentido amplio del término. Cualquier marcha atrás o revisionismo mesiánico tanto en nombre de la crítica «come arte» cuanto en el de una crítica ideológica que divida el ente literario sirviéndose consciente o inconscientemente de un paralelismo que hemos de referir a la esfera del pensamiento o de la religión, en cuerpo y alma, va en contra del sentido de la historia y, por supuesto, de la ciencia, por mucho que tengamos presente el hecho de que el alma, en última instancia, siempre ha redimido a eso tan vulgar y material que llamamos cuerpo.

Enfrentarse a las poetisas del Renacimiento italiano no es fácil, aunque sí he de decir que es una lección de agnosticismo histórico: lo que entonces valía —si nos atenemos a los testimonios contemporáneos— ahora ya no vale —salvo excepciones— aunque mañana puede valer de nuevo. De aquí se deduce —si me permiten— que la crítica, la crítica valorativa y no sólo en un sentido estético, está sometida al desgaste, desde el momento en que *juzga* (insisto en el término). Los juicios, en el área que nos compete, poseen una caducidad: la misma que posee la ideología que los genera. En este caso no es válido utilizar el cristal subjetivo del que nos habla Campoamor, sino una simple lente de aumento.

Con esta introducción no he querido sino transcender la pura anécdota que, al fin y al cabo, es el riesgo que corre esta comunicación y yo con ella. Si vamos a hablar aquí del contenido «machista» de los juicios de algunos críticos frente a un fenómeno único en la historia de la literatura italiana, no es sólo por un desahogo demagógico e incluso estético: es evidente que éste, el machismo, se da porque el crítico se mueve en un terreno abonado de subjetivismo, en el que le está permitido verter las aguas desbordadas de su personalidad, anegando y arrasando todo lo que encuentran a su paso. No por nada la palabra «crítica» es aún definida por algunos diccionarios como «arte» ....[1]. Esto nos lleva al absurdo de la existencia de un arte sobre el arte.

Cualquier estudioso que pretenda abordar seriamente el tema que nos ocupa, deberá responder, como mínimo, a estas tres cuestiones:

1) ¿Puede hablarse de una poesía intrínsecamente femenina en el Renacimiento italiano? Es decir ¿se encuentra en sus textos algún o algunos elementos que los caracterice como tal o los oponga a la otra posible poesía producida por hombres?. O lo que es lo mismo, ¿puede hablarse de una poesía intrínsecamente masculina?

2) ¿En qué consiste, concretamente, el petrarquismo de estas poetisas? Merece la pena, aquí, recordar lo que dice Mila Mazzetti a propósito de Vittoria Colonna:

> «Resta da precisare, oltre il valore poetico delle Rime, il significato della sua poesia nell'ambito della letteratura cinquecentesca e in riferimento alla personalitá stessa della

> poetessa, in particolare per quanto riguarda le poesie spirituali; né sono state spiegate le componenti della sua poesia: lo stretto petrarchismo formale, la ragione intelletuale che rispecchia, il significato del sillogismo formale mediante il quale esprime se stessa: elementi tutti indicati ma non studiati dalla critica» [2].

3) ¿Qué explicación histórica puede justificar el que un grupo tan numeroso y heterogéneo de poetas-mujeres alcanzaran no sólo un gran prestigio en el ámbito socio-cultural de su época, sino incluso la admiración de personalidades de la talla de Aretino y Miguel Angel?

En efecto éste fue mi planteamiento inicial y, en consecuencia, mi primer y fatal encuentro con la crítica. Y digo fatal porque despertó en mí un deseo invencible e invencido de desviar mi mirada de los textos renacentistas y de dirigirla, malévolamente, hacia ella. ¿Cómo no tener en cuenta la agudeza de F. Flora?:

> «Un'osservazione sorge spontanea sui versi delle poetesse cinquecentesche, che cioè spesso sono impegnate a piangere lo sposo o l'amante morto» [3].

Podría desprenderse de aquí que los poetas-hombres no lloraban a sus esposos, aunque nada deba extrañarnos si nos atenemos a lo que dice G. Dolci hablando de la biografía de Gaspara Stampa:

> «Venezia, la cittá signorile, allora di costumi molto mondani che arrivarono ad essere *quasi troppo liberi...*» [4].

(Obsérvese el vehículo adverbial mediante el cual el crítico introduce su ideología).

En cualquier caso, ironías aparte, decidí, dada la «selva selvaggia» en la que había penetrado, cambiar el contenido de mi comunicación para dedicarme al sano ejercicio de la crítica, esfuerzo que espero les resulte no sólo justificado sino también gratificante.

Pero antes de entrar en el asunto, debo advertir, por honradez, que lo que aquí presento es tan sólo una selección realizada con toda la mala intención del mundo. La oposición, cualquier oposición, hablaría de demagogia. Lo cierto es que no toda la crítica es machista a la hora de abordar el tema. Mi objetivo es la denuncia de un hecho que no por ser real y extendido, puede generalizarse. En las hojas que tienen Ustedes están citados los autores y las obras de las que han sido extraídos los contextos considerados. Sin duda los especialistas los consultamos todos los días. No se trata de un material marginal.

Para comenzar nos ha parecido apropiado, dada la importancia y categoría de su autor, B. Croce, llamar la atención de Ustedes sobre este texto:

«Non si prenda meraviglia che io mi vada soffermando su queste rime femminili...» [5].

Es evidente, como mínimo, que el crítico presupone en sus lectores un asombro que no deja de asombrarnos (valga la redundancia) también a nosotros. Pero sin pecar de susceptibles, nos parece ver aflorar en sus palabras una cierta complicidad, algo así como si compartiera no ya el asombro, pero sí la razón de éste. En el fondo, sospechamos que dice de una manera implícita: no se asusten Ustedes, es tan sólo una excepción que confirma la regla.

Pero si me permiten, vamos a olvidar, por ahora, esta advertencia crociana (que retomaremos más adelante en toda su extensión) para considerar un hecho que no deja de ser sintomático: cuando la crítica ensalza las virtudes (literarias, claro está) de estas poetisas las califica de *viriles*, mientras que, por el contrario, cuando habla de sus imperfecciones, las atribuye a su *femineidad*.

¿Qué alcance significativo poseen estos dos conceptos en la visión de los críticos?

La virilidad se identifica con la elocuencia, el razonamiento lúcido y lógico, las cualidades poéticas, la «compostezza», la disciplina, la capacidad y la fuerza:

«La sua *virile eloquenza* e l'impossibilità di rinunciare a un logico ragionare soffocano, quasi senza eccezione, ogni impulso lirico delle sue rime» [6].

«Dopo la Colonna, Veronica Gambara è la rimatrice che più fu tenuta in conto ed ammirata ai suoi tempi, *per le sue quasi virili qualità poetiche*» [7].

«... le donne coltivarono la poesia come manifestazione tra le più alte di gentilezza, ed in genere accettarono le norme della sapienza retorica insegnata dal Bembo, sì che nei loro componimenti *anziché la facile effusione sentimentale, che sembra tipica della donna scrittrice, si osserva più spesso eleganza di dettato e una ferma, quasi virile compostezza*» [8].

«Quasi, nel travaglio che sostiene per amore, *le par di darsi una disciplina, di acquistare capacità e forza prima non possedute, e, si direbbe, se non si trattasse di una donna, di crescere in virilità*» [9].

Sin embargo son más numerosos los críticos que tildan a estas poetisas de femeninas. ¿En qué quedamos? —nos preguntamos— ¿Son viriles o femeninas?

Cade deducir que se están aplicando unos esquemas ideológicos (por no decir psicológicos) previos a la lectura. El crítico no prescinde de su condición de hombre ni de la de mujeres de las escritoras, y cuando hablamos de condición lo hacemos en un sentido absolutamente histórico-cultural. La relación hombre-mujer, con todos los prejuicios y la problemática que la connota, invade y determina la actitud y el juicio crítico, con los resultados que veremos a continuación. El hecho de que no se hable de poesía masculina y sí de poesía femenina, implica la aceptación de que la poesía es intrínsecamente masculina, al margen de la consideración de que históricamente y por razones que competen al ámbito sociocultural, el arte, en general, haya estado en manos masculinas. Debemos convenir que también el poder político, sin que nadie se haya atrevido a decir que existe un modo femenino de gobernar y otro masculino. No creo necesario recordar el caso de Gran Bretaña, que estoy seguro todos tenemos presente.

Hemos clasificado los textos que se refieren a la femineidad en dos grupos. En el primero se recogen los rasgos femeninos atribuidos a las poetisas renacentistas italianas, aunque, como ya hemos dicho, transparentando un concepto general de la mujer que supongo no resultará muy satisfactorio para ésta. Doctores tiene la Iglesia. En el segundo y con la única finalidad de resaltarlas, hemos considerado las matizaciones degradantes respecto a las cuales la palabra insastisfactorio resulta insuficientemente expresiva.

Como puede observarse a través de los textos que citamos a continuación una de las características que los críticos atribuyen no sólo a una poetisa en concreto, sino también a la mujer en general, es la de la *efusión sentimental* o en términos más vulgares, el *sentimentalismo desbordado*:

«... vicenda umana «*confessata*» con *femminile espansione*» [10].

«... *la facile effusione sentimentale, che sembra tipica della donna scrittrice*» [11].

(Nótese el adjetivo «facile» no aplicado a una escritora determinada, sino a todas).

«Altra specie di effusione sentimentale si trova nel canzoniere femminile» [12].

«Non si prenda meraviglia che io mi vada soffermando su queste rime femminili: quando si cerca effusione di sentimento in letteratura, accade assai spesso di dover dire, in bene e in male: quaesivi hominem et inveni mulierem» [13].

Pero claro, como Ustedes saben, la mujer no es únicamente efusiva y sentimental, sino también dulce y, en buena lógica, esto se trasluce en su creación literaria:

«... semplice dolcezza muliebre» [14]

(No creo que pueda pasar desapercibido el adjetivo «semplice»).

«... tenero canto aggraziato» [15].

«... poesia spontanea femminile affettuosissima» [16].

«Francesca Turrini, come è frequente presso le donne, concepì la poesia quale una «dolcezza» di vita» [17]

319

(Inefables comillas).

> «Ma nel nostro proposito è soprattutto degno di nota questo, ch'essa (V. Colonna) trasformò tale immaginazione petrarchesca secondo la sua particolar maniera di sentire. La privò in parte degli aspetti più terribili, le aggiunse una nuova *dolcezza, tutta femminile*...» [18].
>
> «... effusione aggraziata e morbida di un'anima sensibile» [19].

En lo que respecta al carácter consecuente de la crítica y refiriéndose tan sólo al tema que nos ocupa, merece la pena resaltar la opinión de ésta, por supuesto contradictoria, sobre el contenido psicológico o no de la obra de Gaspara Stampa, así como de su carácter pasional. Por ejemplo en:

> «... Ricco di «moderna» psicologia, il canzoniere della Stampa...» [20].
>
> «... dove il tono migliore resta quella discorsiva *intimità psicologica*...» [21]

Sin embargo, Bonora afirma lo contrario:

> «... *lontana de complicazioni psicologiche*...» [22].

Si tenemos en cuenta su «pasionalidad», valga este horible término, el mismo autor señala:

> «... *la sua poesia va letta non come un documento di ardente passionalità*...» [23]

Mientras que Croce aduce:

> «Spontanea era anche lei, Gaspara Stampa, ma, diversamente dal Tansillo e come si conveniva a donna, non sopra un fondo raziocinativo e discorsivo, *sí invece unicamente passionale, e può denominarsi, in verità, «l'appassionata»*» [24].

Pero quizá sea en los textos que voy a citar a continuación —y que ya he calificado de degradantes— donde mejor y más transparentemente se manifiesta un concepto negativo no ya de las poetisas del Renacimiento —que al fin y al cabo sería lo pertinente— sino de la mujer en general. Como podrán observar, ésta, la mujer, es calificada de superficial, coqueta, débil —y por lo tanto necesitada de la protección tanto de los hombres como de un Dios, imaginamos que masculino—, pasional —en oposición a racional— y, para colmo, en el último texto llega a ser comparada —eso sí, con ternura— a los animales, por supuesto, domésticos:

> «il suo (Veronica Franco) dolore non supera mai i limiti di una umana, sempre terrena e talora *femminilmente superficiale* sofferenza» [25].
>
> «... la *facile* effusione sentimentale, che sembra tipica della donna scrittrice...» [26]
>
> «... la sua poesia (Gaspara Stampa) va letta non come un documento di ardente passionalità, ma piuttosto, nei suoi momenti più felici, come effusione aggraziata e morbida di un'anima sensibile, lontana da complicazioni psicologiche e stilistiche, e, se mai, propensa a qualche *civetteria tutta femminile*» [27].
>
> «... una donna *(Veronica Franco) innamorata con levità tutta femminile* così degli uomini e delle cose, come della poesia e del piacere di rimare» [28].
>
> «(Gaspara Stampa)... l'epilogo esprime un senso tutto femminile della propria debolezza e una confidenza in Dio che è ancor essa femminile bisogno di protezione» [29].
>
> «... quella donna rassegnata e pia...» [30].
>
> «... come si conveniva a donna, non sopra un fondo raziocinativo e discorsivo, sí invece unicamente passionale...» [31].
>
> «Sente la disuguaglianza rispetto a lui, e per una parte la esagera, abbassando, lei donna, anche la propria attraenza di bellezza...» [32].
>
> «*Gasparina* non supera mai il suo amore, è donna e resta in quello» [33].

Nótese el paternalismo machista reflejado en el diminutivo. Imagínense Ustedes un tratamiento semejante respecto a Bembo: «Pierino non supera... etc.».

> «Perciò ella (Veronica Franco) mostra questa natural bontà di bestiola (come un cane affettuoso) perfino nei momenti di lotta...» [34].

Por último, y para no abusar de su paciencia, quisiera tocar, de pasada, un tema que no sólo es curioso e, incluso, por qué no, divertido, sino también demostrativo de la intrusión no inocente del crítico en la obra objeto de estudio. Me refiero a un más o menos evidente erotismo del especialista al tratar el tema de las poetisas del Renacimiento; erotismo que se manifiesta en la selección del léxico o de las imágenes (no se asombren de que pueda hablarse de imágenes en el campo de la crítica literaria) o, incluso, en el entusiasmo (por emplear un eufemismo) casi teatral del último texto de los que les presento a continuación:

> «Tuttavia è questa consapevolezza mondana e sensuale che l'allontana dalla frigidità petrarchista e concede alla sua poesia un acuto sapore realistico e un senso inquietante e quasi primitivo di una Venere senza veli (Veronica Franco)» [35].

Obsérvese cómo es la última imagen de la Venus desnuda la que connota de erotismo el resto del léxico.

> «(Gaspara Stampa) E accanto alla passione dominante, tutti i moti di una goliosa femminilità, labili, inquieti, susurrati o repressi o esclamati o languidamente accarezzati...» [36].

> «Ella (Gaspara Stampa) si dà, anche in poesia, al suo amante, meravigliosamente, con desiderio spasmodico di sottomissione, con abbandono di corpo e d'anima. Nelle braccia di lui, ella dimentica le ambasce, i dubbi, i tormenti, tutta fremiti, di voluttà e colma d'oblio» [37].

Habría que preguntarse sobre el significado preciso del «anche» que evidencia, en el crítico, la intención de relacionar la entrega corporal y, una vez más, la entrega literaria. Acertado paralelismo que nos remite de nuevo a su amante.

Este último texto, antes anunciado, recoge los comentarios sucesivos de un crítico a varios poemas de Gaspara Stampa. Como pueden Ustedes constatar, el comentarista, arrebatado por la escena, se introduce en la situación, convirtiéndose en su testigo, no mudo, y asumiendo un papel que casi me atrevería a calificar de «voyeur»:

> «Quando l'amante è lontano e la trascura (...) muore di struggimento».
> Rievoca triste con la fantasia accesa le dolcezze godute».
> «Nessun maggior dolore che il ricordarsi del tempo felice nella miseria!»
> «E quando sa che egli ritornerà! Che sfavillio di gioia nella sua anima, che fremito di desiderio!»
> «E pensa alle accoglienze che gli farà (...) L'anima è in festa: i dolori sono dimenticati; ma che dico dimenticati: benedetti sono!»
> «Egli viene; egli è qui: o spasimo, o abbandono supremo...» [38].

Como creo que habrán podido comprobar, la desviación del objetivo que me había propuesto está justificada, no sólo desde la solidaridad que mantengo con mis compañeras, renacentistas o no, sino, en especial, dada la ocasión, desde el punto de vista científico. Sin duda, y así espero lo consideren, resulta pertinente mi denuncia de esta «impertinente» intromisión ideológica de la crítica. Pero de nada valdría esta actuación mía, si no denunciara también las circunstancias teóricas que, aún en nuestros días, las avalan, aunque, a veces, podamos y debamos situarlas (no es éste el caso) en un lugar del espectro ideológico en el que yo, de hecho, me encuentro mucho más cómodo. Muchas gracias.

NOTAS

1. *Dizionario Garzanti della Lingua Italiana*. Milano 1969.
2. *La poesia come vocazione morale: Vittoria Colonna*. «La Rassegna della letteratura Italiana», Gennaio-Aprile, 1973, p. 64.
3. Flora, F.: *Storia della letteratura italiana*. Milano, Mondadori, 1967, p. 51.
4. *Gaspara Stampa*, en *Letteratura Italiana. I minori*. Milano, Marzorati, 1961, p. 1.317.
5. *Poesia popolare e poesia d'arte*. Bari, Laterza, 1957, p. 411.
6. Ponchiroli, D.: *Lirici del Cinquecento*. Torino, UTET, 968, p. 381.
7. Ponchiroli, D.: op. cit., p. 405.
8. Bonora, E.: *Le donne poetesse*, en *Storia della Letteratura italiana*. Milano, Garzanti, 1966, vol. IV, p. 241.
9. Croce, B.: op. cit., pl 372.
10. Ponchiroli, D.: op. cit., p. 425.
11. Bonora, E.: op. cit., p. 241.
12. Bonora, E.: op. cit., p. 253.
13. Croce, B.: op. cit., p. 411.
14. Ponchiroli, D.: op. cit., p. 484.
15. Binni, W.: *Critici e poeti dal Cinquecento al Novecento*. Firenze, La Nuova Italia, 1951, p. 10.
16. Battaglia, S.: *Le epoche della Letteratura Italiana*. Napoli, Liguori, 1969, p. 779.
17. Flora, F.: op. cit., p. 51.
18. Zumbini, B.: *Studi di letteratura italiana*. Firenze, Le Monnier, 1894, p. 13.
19. Bonora, E.: op. cit., p. 253.
20. Ponchiroli, D.: op. cit., p. 425.
21. Ponchiroli, D.: op. cit., p. 426.
22. Bonora, E.: op. cit., p. 253.
23. Bonora, E.: op. cit., p. 253.
24. Croce, B.: op. cit., p. 368.
25. Ponchiroli, D.: op. cit., págs. 442-443.
26. Bonora, E.: op. cit., p. 241.
27. Bonora, E.: op. cit., p. 253.
28. Flora, F.: op. cit., p. 52.
29. Momigliano, A.: *Storia della letteratura italiana*. Milano, Principato, 1959, P. 230.
30. Momigliano, A.: op. cit., p. 230.
31. Croce, B.: op. cit., p. 368.
32. Croce, B.: op. cit., p. 375.
33. Pancrazi, P.: *Nel giardino di Candido*. Firenze, Le Monnier, 1950, p. 128.
34. Flora, F.: op. cit., p. 54.
35. Battaglia, S.: op. cit., p. 780.
36. Flora, F.: op. cit., p. 60.
37. Dolci, G.: op. cit., p. 1320.
38. Dolci, G.: op. cit., págs. 1320-1322.

LOPE DE VEGA EN ITALIA
(Repertorio bibliográfico)

Carmen Marchante Moralejo
Universidad de Padova

Presentación

Este trabajo es parte de una bibliografía más amplia de traducciones al italiano de comedias de nuestro siglo de oro. El repertorio es fruto de mi estancia en la Universidad de Padua como lectora de español. La idea de llevar a cabo un catálogo sobre estas obras se la debo a M. Grazia Profeti, de la Universidad de Verona, que me ha animado constantemente y sin cuya valiosa ayuda la tarea no hubiera sido posible.

He escogido las traducciones que tuvo Lope de Vega en la Italia del XVII porque, junto con Calderón, fue el autor que más influencia tuvo en el teatro de imitación española. Fue precisamente el consultar las Historias de la Literatura Italiana que más ampliamente se ocupan de esta corriente literaria lo que me hizo ver la necesidad de ordenar el material existente. Tanto en estas obras generales como en la crítica más especializada, que suele datar de principios de siglo, no faltan datos, es más, en la mayoría de los casos son abundantísimos pero inexactos, sobre todo por lo que respecta a los traductores y a las fuentes. Faltan estudios sobre los textos y quizás el juicio negativo sobre este tipo de obras de casi toda la crítica influida por Benedetto Croce, haya sido decisivo a este respecto.

Se hace necesario revisar muchas de las informaciones acerca de las fuentes y, sobre todo, estudiar directamente los textos para formar así un juicio crítico que no las condene a priori y que tenga en cuenta el papel que desempeñaron en el teatro italiano del XVII en relación con un determinado público.

Para este estudio de los textos era necesario realizar un repertorio que incluyera la descripción de las obras, sus fuentes y su posible localización. Este ensayo de bibliografía no pretende ser exhaustivo ni completo, cosa que difícilmente conseguirá un trabajo de este tipo teniendo en cuenta que muchas obras se han perdido, que la mayoría de ellas no se presentan como traducciones y que los títulos son a veces totalmente distintos en cada lengua. Añádase a ello que las fuentes no están claras y que los términos traducción, reelaboración, «rifacimento» no tienen límites muy definidos.

Las fuentes del catálogo son muy diversas. Del repertorio teatral de Lione Allacci (1586-1669) *Drammaturgia* (1666), ampliado por Pasquali (1755) he extraído parte de las traducciones de Lope de Vega del siglo XVII. he creído oportuno reproducir no sólo los títulos de las obras sino toda su descripción respetando incluso las grafías originales. El número que figura al lado de Allacci corresponde a la columna en que se encuentra la obra en la *Drammaturgia*, ordenada por títulos.

Para determinar la filiación de una obra he extraído de las Historias de la Literatura Italiana (Sanesi, I. *Storia dei generi letterari, La Commedia,* Milano, Vallardi, 1944 y Iannaco, C. *Il Seicento (Storia letteraria d'Italia)*, Milano, vallardi, 1963), y de otros trabajos más especializados, títulos y traductores buscando en repertorios bibliográficos esos autores y esos títulos. Otras obras han aparecido siguiendo el procedimiento inverso: un autor conocido por otras traducciones o un título parecido al de alguna comedia de Lope me ha hecho pensar que se trataba de una versión al italiano y así era efectivamente.

He ordenado las obras empezando por la fuente más antigua donde aparecen. Desgraciadamente muchas de ellas se han perdido y hoy sólo sabemos que existieron. Otras estarán quizás olvidadas en alguna biblioteca.

He consultado cuidadosamente los ficheros de la Biblioteca Nazionale Marciana de Venecia sobre los que ya había trabajado Carlos Romero (*Repertorio bibliografico delle opere di interesse ispanistico pubblicate prima del l'anno 1801 in possesso delle biblioteche veneziane*, a cura di M.C. Bianchini, G.B. De Cesare, D. Ferro e C. Romero, Consiglio Nazionale delle Ricerche, Venezia, 1970). El catálogo reune material de interés pero adolece de carencias graves.

He leído cuidadosamente el repertorio bibliográfico de Laura Cairo y Piccarda Quilici (*Biblioteca teatrale dal '500 al '700 (la raccolta della Biblioteca casanatense)*, Bulzoni edit., Roma 1981) y he tenido en mis manos muchos de los textos que allí se recogen. Las descripciones de las obras de la Biblioteca Casanatense están tomadas de este catálogo. Además he consultado los catálogos de la Washington Library of Congress y del British Museum que conservan algunas de estas ediciones.

El material recogido es mucho más amplio que el que aparece en este ensayo pero hay muchas obras cuya procedencia no he podido aún determinar aunque estoy casi segura de que se trata de reelaboraciones de comedias españolas.

Habría que confrontar textos y llevar a cabo un estudio detallado para cada una de ellas. Espero que este breve ensayo pueda servir de referencia para ello.

Quiero una vez más dar las gracias aquí a M. Grazia Profeti, a M. Morreale que me ha facilitado bibliografía, a A. Chiclana y a Pedro sánchez Prieto Borja y Maravillas Larrañaga, lectores de español en la Universidad de Padua que con tanta paciencia han escuchado mis dudas.

Abreviaturas empleadas:

B.B.: Biblioteca Casanatense (Roma)
B.M.: British Museum (Londres)
B.N.M.: Biblioteca Nazionale Marciana (Venecia)
B.N.Par.: Bibliothèque Nationale de Paris
B.V.: Biblioteca Vaticana (Roma)

Lope de Vega y Carpio

Angélica en el Catay

Allacci nº 78

> le *Amorose Furie di Orlando*, opera scenica (in prosa). In Venezia. Seza stampatore ed anno. In 12º, ed in Bologna, per Giacomo Monti, senz'anno, in 12º. Di Giacinto Andrea Cicognini, fiorentino.
> (Sanesi recoge las fuentes que da Lisoni el cual afirma que esta comedia está también inspirada en *Un pastoral albergue* y quizás en *Los Celos de Rodomonte*) [1].

Amar sin saber a quien

Allacci nº 42

> *Amar, e non saper chi*, ovvero, Il finto paggio. Operetta (in prosa). In Bologna, per Gioseffo Longhi. 1686 in 12º, di Francesco Stramboli, veneziano.

Allacci n° 880

Il *Finto paggio*, ovvero, Amare, e non saper chi, tragicommedia (in prosa). In Bologna, per il Longhi. 1686, in 12°. Di Francesco Stramboli, veneziano.

La amistad pagada
Allacci n° 54

Amistà pagata, opera scenica tradotta Spagnuolo di Lopez (sic) de Vega in Lingua Italiana (in prosa). In Roma, per Francesco Tizzoni. 1677 in 12°, ed in Bologna, per il Longhi. Senz'anno, in 12°, di Mario Calimeri (sic); che si protesta di non essersi ristretto e rigorosa interpretazione.

L'amistà pagata, opera scenica del signor Lopez (sic) Felix di Vega Carpio. Tradotto dal signor Mario Calamari. In Bologna, per G. Longhi, [1690], in 16°, pp. 139.
   B.N.M.: Dramm. 1898.2.
            Dramm. 1468.4

L'amistà pagata, opera scenita... di Lope de Vega y Carpio. Roma, Francesco Tizzoni, 1677, Francesco Leone libr. Cm. 13, pp. 139, 1. Treatti. Dedica del libr. a mons. Giovanni Ciampini, 1 Gennaio 1677. [Traduzione di Mario Calamari].
   B.C.: Comm. 97/4.
   B.V. Ferraroli V 8044 [3].

Lo cierto para lo dudoso
Allacci n° 455

l'Ingelosite speranze, commedia (in prosa). In Napoli, per Ettore Cicconio. 1651 in 8°, ivi, per Gioseffo Paci, 1670 in 12°, ed in Roma, per il Buagni, 1721, in 12°. Di Raffaello Tauro, gentiluomo di Bitonto, ed Accademic Infiammato della stessa città.

l'*Ingelosite Speranze*, comedia... di Raffaello Tauro, accademico infiammato di Bitonto. Napoli, Ettore Ciacconio e di nuovo per Giovanni Francesco Paci, 1670, Adriano Scultore edit. Cm. 13,5; pp. [12], 175. Cinque atti. Dedica dell'edit. a Giovanna Caracciolo princ. di Santobuono. [Argomento tratto da *Lo cierto para lo dudoso* di Lope de Vega.
   B.C.: Comm. 128/2.

Don Gastón de Moncada

Il *Don Gastone di Moncada*, opera scenica e morale...
Venetia, per il Brigna, 1674, in 12°, pp. 90.

Giacinto Andrea Cicognini.
B.N.M.: Dramm. 1747, 1.
(Sanesi cree que puede estar inspirado en *La más constante mujer* de J. Pérez de Montalbán) [2].

IL *Don Gastone in Moncada*, opera scenica e morale... di giacinto Andrea Cicognini. Bologna, giuseppe Longhi, 1682.
Cm. 14, pp. 115, [1]. Tre atti. Dedica al lettore.
B.C.: Comm. 426/1.

La Fuerza de la sangre

Allacci n° 205

Come dispone il cielo, ovvero, La Forza del sangue. Opera scenica (in prosa). In Napoli, per Michele Luigi Muzio. 1696, 1703 e 1720 in 12°, di Ettore Calcolona, cioè, Carlo Celano.

La Fuerza lastimosa

Allacci n° 562

Non ha cuore chi non sente pietà. Opera scenica (in prosa). In Bologna, nella Stamperia del Longhi. Senz'anno, in 12°, di Ferrante Scarnelli.
Non ha cuore chi non sente pieta. Opera scenica... di Fernando Scarnelli. Bologna, giusepe Longhi, 1689. Cm. 13, 5, pp. 120. Tre atti.
B.C.: Comm. 285/1.
(Sanesi cosidera que *Il vero conoscitor del suo proprio male* de Carlo Celano está también inspirada en esta obra [3].

La Hermosa Fea

Allacci n° 851

la *Bella Brutta*. Commedia (in prosa) tradotta dallo Spagnuolo. In Bologna, per il Recaldini, senz'anno, in 12°, da Orsola Biancolelli.

La Bella Brutta, comedia... di Orsola Biancolelli. Bologna, Giovanni Recaldini, 1669. Cm. 13,5; pp. [9], 104. Tre atti. Dedica del tip. all'abate Cesare Mezzamici, nobile imolese, 1 Febbraio 1669.
[Rifacimento de *La Hermosa fea* di Lope de Vega.]
B.C.: Comm. 259/1.

Parigi, G. Saissier, 1665. In 12°, pièces limin., 108 p.
B.N. Par.: [Yd. 4054]
(Bel. aux annes de Colbert)
**   1666. Ibid. In 12, pieces limin, 108 p. [Rés. Yd. 1076]
(Ex réglé).

La Bella Brutta, comedia dallo Spagnuolo portata al theatro italiano da Orsola Biancolelli. [A translation of La hermosa fea, by L.F. de Vega Carpio]. Pp. 108. 1666. 12°. G. Sassier, Parigi 1666.
B.M.: 839.a.38.

Los melindres de Belisa
Allacci n° 237

La *Dama Frullosa*. Commedia (in prosa) tradotta dello Spagnuolo. In Bologna, per Gioseffo Longhi. 1678 in 12ª di. Teodoro Amideno.
(La cita tambièn Quadrio)
La Dama Frullosa, comedia nuova tradotta dallo spagnuolo da Teodoro Amaunden. In Bologna, per Gioseffo Longhi, 1678.
In 24°, pp. 84.
B.N.M.: Dramm. 1468.3.

LA *Dama Frullosa*. Comedia nuova... di Lope de Vega. Bologna, Giuseppe Longhi, 1678. Cm. 13, pp. 84. Tre atti.
[Traduzione di Teodoro Amayden dalla *Los melindres de Belisa*].
B.C.: Comm. 97/5.

Las pobrezas de Reinaldos
Allacci n° 574

l'*Onorata poverta di Rinaldo*. Opera scenica (in prosa). In Venezia, per il Pezzana, senz'anno. In 12°, ed ivi, per Do menico Lovisa. 1704 in 12°, del Dott. Giacinto Andrea Cicognini, fiorentino.

El perro del hortelano
Allacci n° 161

Cane dell'ortolano. Commedia tradotta dallo Spagnuolo (in prosa). In Viterbo, senza stampatore. 1642 in 12°, di Teodoro Amaideno.

il *Can dell'ortelano*, comedia... di Lope Felix de Vega y Carpio. Viterbo, [1642], Roma, Bartolomeo Lupardi libr. Cm. 13,5. Pp. 104. Tre atti, prologo. Dedica del libro a Cesare Dega.

    B.C.: Comm. 30/2.
(Otro ejemplar en la B.N.Par.: Yd. 5036).

BIBLIOGRAFÍA

Repertorios bibliográficos:

ALLACCI, L.: *Drammaturgia*, Venezia, 1755.
CAIRO, L., QUILICI, P. *Biblioteca teatrale dal 500 al 700* (la raccolta della Biblioteca Casanatense), Bulzoni, Roma 1981.
GRISWOLD MORLEY, S., COURTNEY BRUERTON. *The Chronology of Lope de Vega's Comedias*, London, University Press, 1940.
ROMERO, C. *Repertorio bibliografico delle opere di interesse ispanistico pubblicate prima dell'anno 1801 in possesso delle biblioteche veneziane* (a cura di M.C. Bianchini, G.B. De Cesare, D. Ferro e C. Romero), Consiglio nazionale delle Ricerche, Venezia 1970.
LA BARRERA Y LEIRADO, C.A. DE. *Catálogo bibliográfico y biográfico del teatro antiguo español*, Madrid, Rivadeneyra, 1860.
SALVÁ Y MALLEN, P. *Catálogo de la Biblioteca de Salvá*, Valencia, Imprenta de Ferrer de Orga, 1872.

Obras generales:

ADEMOLIO, A. *I teatri di Roma nel secolo XVII*. Roma, Pasqualucci, 1888.
IANNACO, C. *Il Seicento (Storia letteraria d'Italia)*, Milano, Vallardi, 1963.
SANESI, I. *Storia dei generi letterari, La Commedia*, Milano, Vallardi, 1954.

Obras especializadas:

LISONI, A. *Gli imitatori del teatro spagnolo in Italia* , Parma, 1895.
   Un famoso commediografo dimenticato: G.A. Cicognini, Parma, 1896.
VERDE, R. *Studi sull'imitazione spagnola nel teatro italiano nel'600*, Catania, 1912.

LA RETÓRICA ERÓTICA DEL ORLANDO FURIOSO: HISTORIA DE FIORDISPINA

Elisa Martínez Garrido
Universidad de Madrid

El trabajo que presento nace de un intento globalizador, que tiene por objetivo desentrañar el significado último subyacente a las metáforas eróticas del poema en relación y función de los personajes del Furioso. Estas metáforas explican a los personajes, concordando con la visión del mundo a través de ellos representada o bien, aparentemente, los ponen en contradicción, dado el desajuste existente entre el nivel discursivo-simbólico, correspondiente al plano de la figurativización amorosa, y el nivel narrativo en el que se situa el personaje. Personaje que es definido tanto por su rol actancial como por las características y atribuciones que lo informan.

Ante la limitación temporal a la que me veo sometida, me ceñiré al análisis de una metáfora erótica de las pertenecientes a la segunda clasificación, que podríamos denominar contradictoria. Dejo para una posterior publicación el desarrollo expositivo del resto de los casos estudiados.

Como he indicado hace un momento, las imágenes sexuales de la obra se encuentran estrechamente ligadas a sus protagonistas, por consiguiente, previo a la interpretación míticosimbólica transmitida en las formaciones eróticas, he de pasar revista, grosso modo, a los personajes del poema, que he agrupado en tres apartados: dos de ellos antitéticos y un tercero complementario. Dicha división da cuenta, por una parte, de la estructura general del Orlando Furioso y, por otra, está motivada por la temática del mismo, así como por la ideología del autor, reflejada en la obra.

En primer lugar, es la temática, centro del poema, el hecho que desencadena la acción de los personajes. Los protagonistas del poema están a la *búsqueda de la felicidad*; felicidad que es perfección, y que está delimitada en un doble aspecto: se trata tanto de la *virtus caballeresca*, como de la *virtus de amor*. De la ejercitación o puesta en práctica de este objetivo se configura el primer grupo de personajes, el de las figuras heroicas y positivas, cuya pareja modélica es, en mi opinión, Orlando-Bradamante, por el hecho de situarse en el eje del amor-pasión y del ejercicio caballeresco; mientras que Ruggiero-Angelica, que poseen ciertos rasgos de complementariedad con respecto a los anteriores, por situarse en el eje de la seducción (activa y/o pasiva) y del sensualismo, son personajes bisagra a caballo entre el mundo heroico, el antiheroico y el complementario o síntesis de los opuestos.

A su vez la pareja modélica Orlado-Bradamante es la generadora del resto de los personajes secundarios tanto masculinos: Rinaldo, Zerbino, Brandinmarte, Filandro, como femeninos: Olimpia, Isabella, Fiordiligi. Entre ellos, unos se complementan a los otros, dando lugar a un juego de espejos de desdoblamiento continuo.

Como ya he indicado este primer grupo de personajes busca la *virtus*. Los hombres son caballeros cristianos que cumplen con las leyes de la caballería, combaten el mal y propugnan el ideal tanto en la amistad como en el amor. Por su parte, las mujeres se definen como heroínas por la defensa de las virtudes propias de su sexo: son esposas fieles y constantes o enamoradas vírgenes y castas que llegarán, incluso, a morir antes de perder aquello que les da el status de figuras positivas; ellas están desprovistas de toda característica sexual y sensual y gracias a su comportamiento son el «modelo» que sirve para defender a todas las mujeres.

Para terminar la caracterización de este primer grupo diré que son protagonistas heroicos porque están movidos por un ideal de *perfección* y *trascendencia* y, por tanto, podemos ver en ellos la representación de los ideales del Renacimiento. Siguiendo a Durand [1], si míticamente todo heroísmo es masculino, este primer apartado goza de caracterizaciones masculinas desde el momento que sus personajes hacen una defensa a ultranza del valor. Adviértase incluso cómo las protagonistas están masculinizadas: Marfisa y Bradamante y, siendo femeninas, como Olimpia, Drusilla e Isabella, es la ausencia de una actitud sensual frente a la presencia del valor, el hecho que las engrandece y también las masculiniza.

En oposición a este primer grupo hay que situar el antitético: el de los personajes antiheroicos o figuras negativas, que son la inversión de las anteriores. Estos personajes son quienes obstaculizan el desarrollo de la *virtus* e impiden la felicidad de los anteriores: Rodomonte, Sacripante, Tanacro, Bireno, a parte de ser enemigos del ejército de Carlo Magno y de los ideales de la caballería, son los agresores y asaltantes de las mujeres, a quienes tratan de engañar, violar o difamar.

Paralelamente, los personajes femeninos antiheroicos se oponen a las anteriores protagonistas por la ausencia de ideales en temática amorosa y por el ejercicio infame y descarado de su sexualidad. Los dos ejemplos evidentes son Alcina (continuación o reflejo negativo de Angelica) y Gabrina, representante de la fatalidad femenina (que es la inversión de Drusilla).

Si el apartado primero era el mundo de la luz, del ideal y de la belleza, este segundo es el representante del mundo terrorífico de las tinieblas, de la fealdad... etc. Es la ejemplificación del *mal* y sus personajes representan la *caída*. Míticamente toda caída se debe a un agente femenino fatal causante de la misma; luego si el primer mundo, por ser heroico, era concebido como masculino, en sentido amplio y antropológicamente hablando, este segundo, que es antitético, posee notas de feminidad terrorífica, que hay que conectar a las atribuciones y actitudes sexuales de los personajes; quienes son condenados, en primera instancia, por esa pulsión sexual primaria que los equipara con el mundo animal.

En consecuencia, al ser este segundo grupo el antitético del anterior, simboliza la inversión de los ideales del Renacimiento y frente al concepto de virtus y de perfección se opone el de animalidad; es decir, frente al principio de la realidad y el pensamiento secundario, que permite la superación y evolución humana, se sitúa el principio del placer que rige el pensamiento primario: la sexualidad y la magia negativa del segundo grupo de personajes.

La retórica erótica perteneciente a estos dos apartados es siempre la continuación del carácter del personaje: por ejemplo, la rosa es el símbolo que, acompañando a Angelica a lo largo de todo el poema, especifica su sensualismo y personalidad por los valores significativos a la imagen simbólica adscritos. En otros casos, las protagonistas asaltadas por los antihéroes son corderitas, cabritillas, ratones a quienes los osos, lobos o gatos desean deborar.

Ahora bien, el Orlando Furioso, a parte de estos dos grupos contrapuestos, consta de un tercero: el de los personajes no heroicos, burgueses, el de los amores vulgares, privados de ideales, pero que, sin embargo, no se ve como antihéroe.

En mi opinión, el tercer apartado podría ser interpretado como un rebajamiento de la heroicidad. Aquí es donde hay que situar, dentro de la obra, el escepticismo y la ironía de Ariosto ante los ideales renacentistas; se trata, por consiguiente, de una especie de reconsideración del heroismo anterior. Según creo, aunque este tercer grupo tiene su origen, a primera vista, en una vulgarización de la *virtus* del primero; por el hecho de reconsiderar el planteamiento ideal y el concepto de perfección y por haber comprendido la realidad en su totalidad, propugna una visión reconciliadora y sintetizadora de los dos mundos anteriormente opuestos. No domina, pues, la antítesis sino la antífrasis. Se trata de la asunción de la dialéctica como principio inherente a la constitución del ser humano. Gracias a estos episodios y a estos personajes la vida y la realidad han entrado en el poema.

Del tercer grupo, me interesa resaltar la figura de Fiordispina, en relación a la cual analizo la retórica erótica a ésta aplicada. La protagonista, junto con Fiammetta, ha eufemizado los poderes malignos de la sexualidad femenina y si es «heroína» del Furioso, lo es, precisamente, por su deseo y práctica sexual.

Fiordispina es, por tanto, la representante del hedonismo y epicureismo defendidos por cosimo Raimondo di Cremona y Valla y la continuadora —junto con el personaje, ya citado, de Fiammetta— de la línea boccacciana que parece contrastar las posiciones neoplatónicas del amor, tan en boga en el Renacimiento, y que en la obra se han ejemplificado en el primer grupo de personajes.

El caso que analizo (Canto XXV) es un relato metadiegético o relato de segundo orden, cuya real protagonista es la mujer, mientras que el hombre —como trataré de demostrar ha sido ridiculizado; dicha ridiculización se hace patente gracias al desajuste encontrado entre el registro simbólico-figurativo, empleado por el personaje masculino narrador, para designar la actividad sexual, y la caracterización y actuación de la pareja de protagonistas en el relato. Dicha falta de adecuación provoca la ironía, con la consiguiente burla del aparente sujeto de la acción: el hombre y la elevación, a rango de protagonista, de la mujer; a quien él cree dominar.

Como ustedes recordarán la historia erótica de Fiordispina es contada a Ruggiero por Ricciardetto, amante de ésta y hermano de Bradamante respectivamente. He indicado anteriormente que la figura de Ruggiero, al situarse en la línea de la seducción, abría paso tanto a los personajes antiheroicos como a los no heroicos; de manera que existe una clara coincidencia de actuación entre uno y otro, se trata del mismo tipo, pero existe una graduación intensiva distinta. Es por esta razón por la que Ricciardetto cuenta a Ruggiero su conquista amorosa que es vista o imaginada como hazaña y para referírsela emplea la simbología militar propia de la actividad de caballería.

Del Canto XXV he elegido la estrofa 68 porque, según opino, es donde mejor queda ejemplificada esta visión guerrera de la actividad amorosa:

«Non rumor di tamburi o suon di trombe
furon principio al amoroso assalto,
ma baci ch'imitavan le colombe,
davan segno or di gire or di far alto.
Usammo altr'arme che saette o frombe.
Io senza scale in su la ròcca salto
e lo standardo piantovi di botto,
e la nemica mia mi caccio sotto»

Con esta simbología, del amor, entre iguales, se pasa a representar una relación entre desiguales. Mediante la estrofa imaginamos el encuentro sexual como la toma de una fortaleza; acción en la que existe un atacante, asaltante, que toma la plaza, vista como objeto y objetivo de la acción. Sin embargo, para llevar a término el proceso del asalto, el guerrero-héroe, el sujeto, tiene que vencer la resistencia del que ha de ser vencido. Se da, por consiguiente, la batalla, al final de la cual uno pierde y otro gana. El vencedor sale vanagloriado, enorgullecido, mientras que el vencido es humillado, desprestigiado. En el texto al haber elegido la imagen guerrera (tópica, por otra parte) para designar el coito, la mujer es equiparada al objeto fortaleza, que ganada y poseída, es humillada; se trata de la *enemiga* a la que hay que vencer. El hombre-amante, sin embargo, ejerciendo su sexualidad, realiza una acción heroica y al salir ganador de la contienda, ve aumentada su fama y su valor.

La simbología y la realidad a través de la que se configura la metáfora amorosa, debería ser incluida, siguiendo a Gilbert Durand [2], dentro del régimen heroico-masculino de la imaginación en el que, identificando a la mujer con el principio del mal, se le impone la sexualidad del varón —doblemente pura— para mediante la acción virir acabar con ella y restablecer el orden en la tierra.

Esta metáfora habría encajado, perfectamente, con la visión antitética del primer grupo de personajes heroicos, quienes, venciendo y dominando a las representantes de las tinieblas, habrían devuelto el poder al bien y a la justicia, que es siempre un principio masculino. Sin embargo, no nos encontramos en este primer apartado ni tampoco en el segundo; se ha superado la antítesis y se han eufemizado, por un lado, las atribuciones fatales de los antihéroes: la sexualidad, rebajándose, simultáneamente, los principios heroicos y trascendentes de los personajes positivos. La superación se hace patente en la figura de Fiordispina, quien a pesar de su condición de sarracena, es la real y verdadera protagonista de la historia. Ariosto la ha tratado de forma delicada, parece una dolescente, ingenuamente sensual que no conociera normativa erótica alguna; desde el primer momento toma la iniciativa con Bradamante, la invita a cazar, le confiesa su amor, la requiebra, besa ...

La configuración del personaje, así como su caracterización, se debe, en parte, al relato de palabras de la propia protagonista (estrofas XXXIV y XXXVIII) narradas por segunda vez. Es en el lamento de Fiordispina —en estilo directo y correspondiente a la primera parte de la historia, en la que encontramos a Bradamante como testigo real y narradora 1 de los hechos—, cuando la protagonista es tratada con delicadeza y con el candor que proviene de su espontaneidad ante el deseo sexual; deseo contemplado de una forma natural e ingenua. Sin embargo, es en la segunda parte del relato, a partir de la estrofa XLIX, en la que Ricciardetto es personaje y narrador a la vez —y éste no se limita a contar las palabras y la versión de la hermana sobre los hechos—, cuando la figura de Fiordispina, el amor, el sexo y la historia comienzan a tomar otro giro. La psicología masculina del personaje domina en toda la narración y a través de las valoraciones, intervenciones, descripciones de éste Fiordispina deja de ser una muchacha libre, ingenua y sensual para convertirse en el objeto sexual de Ricciardetto, en quien creerá realizar su engaño.

Es ahora, al conocer la realidad a través del punto de vista del personaje-narrador, cuando prevalece en el texto la visión ancestral de condena y desprecio para la mujer. Aunque Ricciardetto dice sentir amor por Fiordispina, mediante la simbiología usada para ilustrar la actividad sexual y las intervenciones que hace como narrador, sabemos que para él, la protagonista, no es su igual, sino una cosa, lugar, fortaleza que se puede vencer y poseer, porque, en última instancia, representa un peligro para su integridad.

En esta última parte, vista a través de los ojos de Ricciardetto, parece perderse de vista a la real heroína, ya que el narrador-personaje, burlándose de la ingenuidad y credulidad de ella y haciendo uso de unos símbolos como los ya estudiados, la degrada y rebaja, con la finalidad de encumbrarse personalmente y hacer prevalecer, en el relato, su visión de soldado conquistador.

Esta podría haber sido una lectura válida: Ricciardetto héroe vence sexualmente a una sarracena. El principio de justicia masculina se impone sobre la maldad y perversidad femenina (adviértase la oposición cristiano v.s. sarraceno), de manera que, el joven no sólo sometería a una enemiga no cristiana, a quien castiga y vence por el mero hecho de serlo, sino que también indirectamente castigaría su sexualidad. Sin embargo, la protagonista es tratada con demasiado cariño. Esta lectura se habría dado si nos encontráramos, como se ha repetido, en el primer grupo de personajes y la figura femenina hubiera sido tratada como elemento de fatalidad.

Sin embargo, según creo apreciar, en la historia existe otra segunda lectura o lectura ideal y propuesta, gracias a la que, siguiendo mi argumentación anterior, se rebaja y ridiculiza al personaje masculino en oposición al engrandecimiento del femenino. Esta ridiculización, situada en la segunda parte del relato, se evidencia mediante la *ironía* con la que Ariosto trata a Ricciardetto. El *efecto irónico* se debe al desajuste entre los símbolos usados —que hacen del acto amoroso una conquista— y la real actuación de ambos protagonistas.

Desde el comienzo de la narración, como ya he indicado, Fiordispina es un personaje activo, que se configura como sujeto de la relación amorosa, primero con Bradamante, a la que cree hombre y, posteriormente, con Ricciardetto al que piensa mujer (estrofa XXIX): «Poi che l'ha seco in solitario loco / dove non teme d'esser sopraggiunta / con *atti* e con *parole* a poco a poco / le scopre el fisso cuor di grave punta. / Con gli occhi ardenti e coi sospir di fuoco / le mostra l'alma di disio consunta». También con Ricciardetto (estrofa LIV): «Le belle braccia al collo indi mi getta / e dolcemente stringe, e bacia in bocca... Per man mi piglia, e in camera con fretta / mi mena; e non ad altri ch'a lei, tocca / che dal'elmo allo spron l'arme mi slacci / e nessun altro buon che se n'impacci».

Los versos nos presentan una relación ambigua. Fiordispina confunde a Ricciardetto con Bradamante, en esta segunda parte de la historia, pero, sin embargo, mantiene hacia ella la misma actitud erótica.

Este atributo o característica del personaje femenino es, para mí, fundamental. Fiordispina es activa en todos los sentidos: sabe buscar lo que quiere, iniciar su relación y satisfacer sus deseos. Es por esta razón, por la que me parece inútil tanto el engaño al que la cree someter Ricciardetto como la simbología aplicada para el amor con ella, a través de la cual se la representa como pasiva, haciendo de ella un objeto. Nada más lejos de la realidad.

En primer lugar, dadas las manifestaciones de amor y deseo de la protagonista, la argucia y el engaño del joven amante se me hacen ridículos. Si en lugar de haberla engañado, le hubiera confesado la verdad, es casi seguro que la muchacha habría deseado tomar la misma resolución. En consecuencia, Ricciardetto, engañando a Fiordispina, se engaña a sí mismo creyendo haber engañado a la protagonista.

Por otra parte, como acabo de indicar, el anterior comportamiento amoroso de Fiordispina no permite identificarla con un actante Objeto de la acción (amorosa) realizada por un Sujeto. Ella es, en sí misma, Sujeto a la vez que Destinadora de su propia acción. Se trata, por tanto, de una acción amorosa recíproca en la que existe un actante $Sujeto_1$ y un actante $Sujeto_2$ que rotan continuamente; o bien, si se prefiere, un $Destinador_1$ y un $Destinador_2$, que cambian recíprocamente en busca de un Objeto: que esta vez es el placer amoroso.

De lo expuesto, se deduce que Fiordispina, en el plano narrativo, no se ha dejado conquistar, sino que ha sido parte activa en la realización de la misma. Es decir, ella, a su vez, ha conquistado a Ricciardetto, tal y como se puede deducir de la actuación del personaje en la primera y segunda parte de la historia CLXV-LXVIII).

En consecuencia y para terminar, debo decir que si, por una parte, el engaño que cree llevar a cabo Ricciardetto no es tal y sólo se engaña, realmente, a sí mismo en su vanidad de hombre, y si, por otra, durante el desarrollo amoroso no tiene que conquistar nada, sino, más bien, responder a los deseos de la conquistadora —que por lo que se deduce, debían de ser muchos— parece ridículo que haga uso de una metáfora militar y guerrera para designar una hazaña tan trivial y que, a fin de cuentas, no lo es.

El personaje queda ridiculizado porque existe una ruptura de lo *verosímil*, debido a la no interacción entre el plano expresivo y el narrativo de la historia. Ya que Ricciardetto no ha asaltado ni conquistado nada, ni ha engañado a nadie, pero, mediante sus palabras así lo cuenta, se ha operado una ruptura de la verosimilitud entre la realidad tal y como ocurrió y la realidad tal y como es concebida por el soldado-hombre. De la falta de adecuación entre la realidad objetiva —historia y fábula del plano narrativo— y la subjetiva —intervenciones discursivas del narrador— nace la *ironía*, que como indica Allemand[3] consiste en explicitar textualmente lo contrario a lo que realmente se desea comunicar, pero que se deja sobreentendido e implícito y que debe ser inferido o deducido por el receptor.

En la historia que nos ocupa, Ricciardetto se presenta, aparentemente, como caballero que narra una hazaña amorosa, pero, al acabar, la historia, debido a las razones que he expuesto, aparece rebajado, ridiculizado y, deducimos que no se trata de un héroe real, sino de un fanfarrón, que siendo incapaz de acometer grandes empresas, verdaderas, en las que sí existen reales enemigos, se dedica al ejercicio «guerrero» del amor que necesita imaginar como el de caballería.

Se ha operado, pues, un deslizamiento, y de la heroicidad del primer grupo de personajes se ha pasado, previa vulgarización de los ideales caballerescos, a la ridiculización del hombre que desviando el eje de su actuación, no es un héroe noble, sino un personaje de comedia, privado de verdadero heroismo.

Ricciardetto, siguiendo una tópica simbólica que corresponde a un plano positivo y superior, ha pretendido hacer del hombre amante un guerrero; actitud, por otra parte, muy extendida, tanto en la literatura, como fuera de ella, porque poco necesitan los hombres para de amantes convertirse en héroes de guerra y, sin embargo, en bajo caería la práctica militar si se limitara a tales acciones.

NOTAS

1. Durand, Gilbert, *Las estructuras antropológicas de lo imaginario*, Madrid, Taurus, 1982. Págs. 115-180.
2. Durand, Gilbert, Ob. cit. Págs. 63-114.
3. Allemann, Beda, «De l'ironie en tant que principe littéraire», en *Poètique 36*, París, 1978, pág. 388.

NOTAS

1. A. Grandi, *Saggio di comparazione tra vari modi per la formazione...*, Madrid, Turín, 1895, págs. 131-140.

2. *Transactions*, 1915 (I), Roma, 1916.

3. Alemand, *De la police intérieure des organisations industrielles en Belgique*, 2a. Part, 1923, pág. 86.

REPRESENTACIÓN EN MADRID DE UNA OBRA DE RUZZANTE

Ana Martínez-Peñuela Virseda
Universidad de Madrid

La obra de Angelo Beolco, Ruzzante, titulada la *Moscheta* se estrena en Madrid en el Pequeño Teatro Magallanes el 14 de febrero de 1974; llega de la mano de su director Ventura Pons que ya la había estrenado en julio de 1973 en Barcelona, en versión catalana. Los actores no son los mismos, dos se mantienen y dos cambian en la versión castellana.

Quizá fue como consecuencia del recuerdo que dejara en Madrid el Teatro de la Avogaria veneciano, fundado por Giovanni Poli, y la compañía de Cesco Baseggio, que poco antes habían dado a conocer otras obras de Ruzzante, por lo que Ventura Pons se decidió a presentar esta obra de autor (según las críticas) apenas conocido en España. Lo que es evidente es que al director catalán tenía por delante una tarea muy difícil de realizar.

La *Moscheta* es una comedia de enredo en una zona de acción limitada y que Ruzzante parece ensanchar hasta el infinito, mediante una serie de sucesos accesorios llenos de vida y animación teatrales [1]. Es, según Ludovico Zorzi [2], la obra maestra de la fantasía «ilaro-tragica» de Beolco, un modelo de análisis ambiental y psicológico, una «comedia de caracteres» que no encuentra parangón en el teatro del Cinquecento. Es, además, una comedia de monólogos, en la que cada personaje —situado en el ambiente falso de la ciudad— rehúye el «diálogo», el contacto definitivo con los demás.

Es, ante todo, una comedia de acción en cinco actos, en la que un motivo esencial, el amor, llevado enteramente en un plano cómico, se une a la astucia que, en un sabroso juego de reflejos, crea en la obra un clima alegre, festivo y de engaño. Los personajes —Ruzzante, su mujer Betía, el «compare» Menato y Tonín, soldado bergamasco en la obra italiana— son todos de orígen campesino, pero más o menos contaminados por haber vvido en un ambiente de ciudad. Todos, a su modo, engañan o pretenden engañar a los demás. Quien domina con endiablada astucia es Betía, que se entiende con el «compare» y el soldado, sin que el marido sospeche nada, ni siquiera cuando debiera estar seguro de ello. En el otro extremo está el marido, que se deja embaucar por todos sin darse cuenta y creyendo ser astuto.

El ambiente es el fondo para un juego de fantasía, que culmina en el último acto con la aventura nocturna de Ruzzante, llevada de manera tan absurdamente fabulosa que, destruido por el miedo, no sabe si sus peripecias son sueño o realidad.

Aparentemente la historia se basa en un principio «novellistico»: la traición de Betía, que por no ceder a las lisonjas del compadre (al que está ligada por una antigua servidumbre sexual) se dispone a aceptar las «ofertas» que le hace el marido para probar su honestidad, vestido de forastero, transfigurando el propio dialecto en «lengua fina», *moscheta* (de ahí el nombre de la obra), para entregarse después a un soldado bergamasco que vive junto a su casa y le hace la corte.

En función de este argumento el autor mueve adecuadamente el escenario y todo lo que lo integra. El espacio donde se desarrolla la acción, que es reducidísimo y en absoluto caracterizado, está formado por la casa (lugar donde se desarrolla hipotéticamente la intimidad de los personajes, pero para realizar el engaño, para burlarse del «compare», del marido, etc.), la puerta y las ventanas de la casa (que son el lugar de acceso hacia fuera o hacia dentro, y punto de observación de los distintos personajes), la calle (el lugar público a donde desemboca la intimidad de los personajes que los conecta con el exterior y donde, además se desarrolla la mayor parte de la acción, cara al espectador) y las calles adyacentes por donde los personajes se alejan o se imaginan que se alejan de su casa. Todo ello sin una concreción de detalles para, de este modo, conseguir una mayor universalidad, una más rápida relación con un amplio receptor. Por otro lado el resorte luz/oscuridad, esta última cómplice indicado para el engaño, ya que de noche los personajes no se reconocen y esto provoca el equívoco y la comicidad correspondiente: en un sentido análogo cabría considerar la colocación delante/detrás con las consiguientes connotaciones de valentía o cobardía, en la disposición de los personajes.

El mundo de intereses es muy reducido, todos los personajes se mueven en torno al engaño, atraídos por el dinero o por el deseo de la mujer, y en función a un enfrentamiento personal en relación con el honor, el linaje, la valentía y la hombría.

El número de personajes es también escaso, no existen amigos ni enemigos, ni otros parientes o vecinos que intervengan real o virtualmente en la obra, y entre ellos existe un enfrentamiento personal sin más repercusiones.

Ruzzante es el personaje opuesto a la astucia, al valor, a la honra, y burlado por todos; está en la línea tradicional de los personajes de la cuentística y del teatro (pensemos en el personaje de Calandrino en el *Decamerón*). Existen motivos de larga tradición cuentística y teatral, como pueden ser: el amigo burlado, el marido engañado, el soldado bravucón, el robo del dinero y de los vestidos, así como la mujer que engaña, que escandaliza con gritos y llantos y que aprovecha la oportunidad.

Angelo Beolco escribió la obra en dialecto paduano para preservar el espíritu popular y volver al fresco contacto con el alma y la lengua del pueblo, dentro del teatro regular en la línea de Plauto y Terencio, que tan importantemente va a proyectarse en la Comedia del Arte [3]. Estamos ante una obra de corte clásico: prólogo y cinco actos. Ruzzante no vacila en tomar la materia de intriga de una u otra obra de Plauto y no lo oculta: «Se il vino vecchio non è andato a male», dice el propio Ruzzante, «non è forse meglio restargli fedeli?. E poi, del resto, si può dire o fare qualcosa che non sia stato detto o fatto prima di noi?»[4].

El uso de un dialecto por parte de un autor culto como Beolco, significa búsqueda de libertad expresiva más allá de esquemas y convenciones literarias sentidas como demasiado rígidas y externas.

Tenía muy claro el porqué en dialecto: «Non vi meravigliate», dice, «se parlo la mia volgare lingua pavana, è solo per non uscire del naturale. Quando si esce del naturale, non si è più capaci di piacere ed io, se sono davanti a voi, è per piacere»[5]. Ruzzante escoge el dialecto por ser ésta la única expresión natural del mundo paduano, del «más hermoso país», y, en consecuencia, «el lenguaje más hermoso del mundo». Explicar este mundo con otra lengua es una falsificación, es imponer un mundo artificioso, «moscheto» en la lengua y en la vida, a un mundo vivo: «los muertos con los muertos y los vivos con los vivos»[6].

En los prólogos inéditos a la obra la *Moscheta*, que recoge Ludovico Zorzi, Ruzzante hace una defensa obsesiva de lo natural, en el empleo de la lengua, en el modo de hablar, de comer, de vestir, y llega a decir: «Se stesse a me, farei una bella legge e uno statuto nuovo: che quando uno fosse di un paese e volesse parlare al modo di un altro paese e volesse mutar foggia di parlare, gliene farei andar via la voglia»[7].

No duda en reinventar el propio dialecto para representar lo cómico y lo trágico de la situación de aislamiento y de regresión de la sociedad que le rodea. La elección del dialecto es una elección a nivel expresivo y, por tanto, estilístico, en el interior de la relación entonces vigente entre literatura dialectal y literatura «in lingua».

En estos mismos prólogos explica Ruzzante qué es lo que pretende al escribir su obra: mostrar lo que le sucedió «a un dabben uomo per parlare moschetto e mutarsi la lingua. E perciò questa commedia la chiamano la *Moschetta*, que es hablar en una lengua distinta de la lengua «natural» por considerarla más elegante. Para Ruzzante la lengua está tán unida al mundo que la habla que una diversidad lingüística es siempre el signo de una diferencia cultural, de método y de vida. En este sentido, Ruzzante está claramente separado de los usos abstractamente «teatrales» de autores como Calmo, más cercanos a la Comedia del Arte [8].

La traducción de la *Moscheta* se hizo primero en catalán por Jaume Fuster en 1973 y fue la que se representó en Barcelona [9].

Más tarde Biell Moll hizo la versión de la obra catalana al castellano [10].

De la primera sí que podemos afirmar que es una traducción casi literal y completa de la obra de Ruzzante, en cambio, la versión castellana, que he podido cotejar con el original sobre el libreto presentado para censura en el Ministerio, es absolutamente libre, sigue el esquema fundamental de la obra pero la lengua, las situaciones y la índole de los personajes los resuelve de manera bien diversa. Podríamos decir que el texto pretende adquirir, en la versión representada en el Pequeño Teatro Magallanes sabor carpetovetónico. El lenguaje dialectal e históricamente interesante de Ruzzante ha sido ajustado a cánones sainetescos.

La obra en castellano no tiene ninguna relación con Italia. La acción transcurre en un espacio limitado en el que hay una calle y unas casas, no matizadas espacialmente y, por tanto, con valor de universalidad.

El prólogo, que, en la versión original, exige la participación del público de manera hipotética e intencional, al que se le anticipa un final feliz, en la versión castellana se convierte en una breve presentación de la obra y el autor, y entre otras cosas dice: «La Moscheta» ... que representada en castellano al uso significa «Hablar castizo». Ya hemos visto cómo el nombre de la obra viene de *moschetto* para significar el paso de la lengua dialectal a una lengua más culta. Está claro que el valor de la lengua no se tiene para nada en cuenta en la versión castellana, en la que *moschetto* en lugar de tener el valor de cambiar el dialecto en un momento determinado por un «parlare in lingua» [11] en la obra italiana o un «parlar fi» [12] en catalán, lo traduce como «hablar castizo», manteniendo, sin embargo, el nombre de *Moscheta* en el título de la obra en castellano; y así, en la parte de la obra en la que el personaje Ruzzante debe disimular de alguna manera quién es para probar la honestidad de su mujer, en lugar de hacerlo con una lengua más «fina» de la que habitualmente emplea, que es la lengua popular, llena de «llanezas» coloquiales y grasos vocablos, de expresiones, actitudes y sonidos que todos hemos oido en cualquier comarca rural de nuestra geografía, la sustituye por «hablar castizo», que no significa el empleo de un código de lengua más culta sino todo lo contrario. Aunque, teniendo en cuenta que la acción se desarrolla entre campesinos que puedan vivir en Madrid, el aparentar ser de la capital, de Madrid, hablar castizo, puede tal vez significar haber alcanzado un escalón más elevado dentro de su esfera social.

Las directrices que, en italiano, no en dialecto, marca el autor al personaje en las acotaciones, de gran importancia en la versión original porque en ellas se refleja igualmente la ironía, vemos cómo la mayoría de las veces en castellano no existen y, en este caso concreto mientras en la obra italiana se precisa la actitud de Ruzzante: «(si avvicina alla porta di casa e chiama, sforzandosi di falsare la voce con accento forestiero)», en catalán lo resuelve «(intentant falsejar la voz)», y en castellano no da ninguna orientación, simplemente cambia de forma de hablar con expresiones castizas tales como: «estoy que bebo los vientos por usted capullito de alhelí», «rosa de pitiminí» e incluso, mientras el personaje disfrazado dice ser napolitano, la traducción es «yo soy de esta villa y corte».

Las referenias a personajes de la tradición literaria italiana como por ejemplo a Orlando, son varias en expresiones como: *...no cambierae la me vita con Rolando* («Non cambierei la mia vita con Orlando»), *n'arae paura de Rolando* («ormai non avrei paura di Orlando»), *gh'arciaperè Rolando da i stari* («fregherei Orlando delle storie»), *Crezi ch'a' l m'è montò la zamara, ch'a'no farae pase co Rolando* («Credi che mi è montata una tal furia, che non farei pace con Orlando»), estas no se traducen al castellano, y la única vez que lo hace es en «fregherei Orlando delle storie» que se convierte en «sería capaz de afeitar al mismísimo Gran Capitán». Mientras que la obra catalana se mantiene fiel a la comedia italiana incluso en referencias irónicamente cultas como «*Pacientiorum*» disse Capo («Cato»), en la versión castellana desaparecen o son sustituidas por otras como por ejemplo en *A' he fato costion pi' ca no fè mé Tulio* («Ho fatto più questioni io di quante ne fece mai Tullio Cicerone»): «Me he peleado más veces que un gitano» y *crezo che 'l no me cognoscirae Rago* («credo che non mi riconoscerebbe Argo») por «no me conocería ni mi madre».

La exclamación que aparece dos veces en la obra *al sangue de San Lazaro* que se mantiene en catalán, en castellano se resuelve con expresiones como «por la sangre de Cristo» y «por la gloria de mi madre» y cuando Ruzzante jura ir a desayunar con un fraile o con *la compagnia de Sant'Antonio* en la representación madrileña se soluciona con ir «a la romería de San Isidro».

Las canciones italianas también se omiten en castellano, y es curioso ver el respeto que el traductor debía de tener por los franceses al traducir, «que se vayan a tomar morcilla esos alemanes e italianos» mientras que en la obra lo que dice es *vengi ol cancher a i todeschi e a i franzós*; («venga il canchero ai tedeschi e ai francesi»). [13].

Si bien en la versión italiana Tonín era un soldado bergamasco, representante necesario del mundo exterior, *extranjero*, en la obra castellana habla con acento madrileño fetén y desciende a una mímica excesiva. Precisamente, según la crítica, fue el personaje de Tonín el que logró los mayores aplausos y las más fuertes carcajadas de la obra castellana, en la que existe un epílogo como colofón, requiriendo la participación del público:

«Aplaudid si es que os gustó
La comedia se acabó».

La crítica ha valorado positivamente la recuperación que Beolco hace en su teatro del personaje del campesino. En esta obra de que me ocupo estamos ante personajes que, desplazados desde su lugar de orígen (el campo) aspiran, con el cambio de lugar (al llegar a la ciudad) a formar parte de un estrato social más elevado y respetado: por ello se insiste en formas como «io sono un galantuomo»...

El autor parece querer demostrar que, pese al cambio de lugar, el comportamiento (desde el punto de vista de los campesinos) no cambia. De ser así, la obra está concebida para otra clase social que se divierte con la zafiedad de los campesinos.

En la *Moscheta* el campesino Ruzzante defiende su condición ante el soldado que le insulta como tal y le recuerda que tanto en Francia como en Italia están todos los campesinos preparados para defenderse.

Esta mención a Italia es la única nota que el traductor al castellano omite modificar para adaptar la obra y presentarla como un texto realmente español a cuyo fin ha dispuesto una serie de rasgos ya señalados (hablar castizo...). Este momento de la obra queda pues descolgado o con escaso sentido para el espectador.

Como ya ha estudiado Marisa Milani [14], algunas figuras literarias aparecen constantemente en el lenguaje ruzzantiano y son, por una parte, procedimientos expresivos como acumulaciones, metáforas (en este caso obscenas), hipérboles; por otra, procedimientos compositivos y rítmicos y, además, una búsqueda de colorido a través de parangones típicos, proverbios, sentencias, que se dan en esta obra, siempre en función de la comicidad.

Expresiones como *cancher¡* («canchero»¡), *sang d'ol cancher¡* («sangue del canchero¡»), *pota d'ol cancher¡* («potta del canchero¡»), *pota de chi ve fè¡* («potta di chi vi fece¡»), se repiten incesantemente a lo largo de la obra como expresión de la pobreza de recursos lingüísticos de los personajes como tales; mientras que en la versión castellana a veces se omiten y otras se sustituyen por frases, expresiones, dichos, fórmulas, diferentes cada vez, como: «¡la verdad!», «¡qué diablos!», «¡rediéz!», etc... con la consiguiente pérdida del valor estilístico que la expresión mantenida a lo largo de la obra italiana tiene.

En relación con esto es curioso cómo la censura española emitió dos informes sobre la edición de la obra en catalán en 1973, en los que uno no autorizaba su publicación por considerarla de mal gusto y de argumento escabroso e inmoral, «es un cuento verde para contar entre gentes de escasísima sensibilidad», se dice, y «sólo sería tolerable de tratarse de una obra clásica o de autor famoso» y, en cambio, el otro censor, sí autorizaba su publicación por justificar el vocabulario desenfadado de la obra dentro de la época en la que se escribió, acorde con las muestras de sus contemporáneos españoles.

Como es evidente, la obra se publicó y volvió a pasar por una nueva censura, esta vez, en versión castellana, como libreto de teatro, que es la representación de 1974, en la que se tachan o subrayan para ser omitidas exclamaciones y expresiones mal sonantes que vienen al hilo del contexto general de la obra. La vitalidad obscena y poderosa del teatro de Ruzzante desfoga en su lenguaje la alienada energía del mundo rural [15]. Y es curioso cómo las frases o palabras que la censura ha subrayado en la obra castellana, en la edición catalana existen como traducción de la obra italiana.

Estos rasgos lingüísticos característicos son naturalmente una base decisiva de la comicidad de la obra y, en esta finalidad básica, entronca con las aspiraciones de la Comedia del Arte, en cuya línea Ruzzante se ha considerado un precursor. Es un autor renacentista en la línea del Renacimiento más vivo, es decir, no el Renacimiento erudito de la comedia latina, ni del teatro elaborado.

El teatro de Ruzzante anticipa y prepara el acontecimiento de la Comedia del Arte. Algunos críticos le consideran como el precursor o iniciador de la Comedia del Arte, cuyos actores acudían a sus obras como a una inagotable fuente de inspiración [16].

Entre los aspectos que convalidan esta opinión dentro de la *Moscheta* podemos ver: el carácter dialectal de la obra; el que Ruzzante escribiera esta obra (como nos dice en su prólogo) pensando en unos actores determinados que representarían a sus personajes, figuras que aparecen destinadas a representar roles fijos: los personajes son tipos: el soldado, el campesino, la esposa infiel.

En la obra de Ruzzante el sujeto o argumento comprende intencionadamente una serie de principios mímicos que la habilidad del autor-actor y de sus colegas debía saber renovar y vivificar. Como ya ha visto Carlo Grabher [17] y gran parte de la crítica, Ruzzante, como gran actor que era, debió sentir de modo vivísimo el valor de la mímica pero, dado que era sobre todo poeta, lo sentía íntimamente unido al valor de la palabra, ya que en la palabra confió sustancialmente su arte y no en el gesto, en el que tanto confiaban los cómicos del Arte. Es la palabra por sí sola la que sugiere el gesto, para indicar el desarrollo de la acción.

En la época en la que esta obra se representó en Madrid, en los teatros españoles la Comedia del Arte y las obras de Goldini tienen indiscutiblemente un gran éxito de representación y, en esta línea, creo se pueda justificar la decisión de traducir y poner en escena una obra de las características que acabo de mencionar. No obstante, como sabemos por los datos que he podido recopilar, la obra representada en Madrid no tuvo demasiado éxito: según Adolfo Prego, crítico de ABC, el alejamiento buscado por Pons de toda reconstrucción histórica, más bien perjudica que beneficia a obras como esta, y, para Francisco Nieva, en la revista «Primer Acto» [16], «un Lope de Rueda traducido al italiano, culta y literalmente, hallaría las mismas dificultades que Ruzzante en español» y señala cómo una representación de la *Moscheta* en Italia va proyectada a lo más entrañable de un público que no ha de ser necesariamente culto, y cómo la reacción del público español ha de ser más aleatoria, ya que Ruzzante no impone el asentimiento «previo» de un clásico ya conocido y, según Nieva, «esa es su dificultad».

En la crítica de «Gaceta Ilustrada» se dice: «La *moschetta* no puede insertarse en nuestra realidad, ni aunque se le fuerce con un martillo pilón. No se nos «aproxima» porque el soldado y Betía sostengan un diálogo tipo revoltosa, ni porque el fanfarrón hable con achulado tono madrileño. Esto más bien, produce perplejidad e invita al rechazamiento. Y es la «aproximación» el designio que ha guiado buena parte de este montaje, sin que logre rozarse ese objetivo, porque es imposible; antes bien, lo conduce a una tierra de nadie donde la carne sabe a bacalao»

Como podemos ver la reacción de la crítica no fue muy estimulante para la buena marcha comercial del espectáculo debido a la no excesiva popularidad de su autor. Pensemos en muchas obras de teatro avaladas únicamente por el nombre de su autor, condicionando así nuestro juicio.

NOTAS

1. Adolfo Prego, Crítica teatral, *ABC*, 16-II-1974.
2. Ruzante, *Teatro. Prima edizione completa. Testo, traduzione a fronte e note a cura di Ludovico Zorzi*, Torino, Einaudi, 1967.
3. Ettore Paratore, *Nuove prospettive sull'influsso del teatro classico nel '500*, en *Atti del Convegno sul tema: Il teatro classico italiano nel '500*, Roma, Accademia Nazionale dei Lincei, 1971, p. 11.
4. Leon Chancerel, *Storia del teatro. Panorama dalle origini ai nostri giorni*, Roma, Bulzoni, 1967, p. 154.
5. *op. cit.*, p. 154.
6. Baratto, *Teatro y luchas sociales (Ruzzante, Aretino, Goldoni)*. Prefacio de Jaume Fuster. Traducción de J. Fuster y M.A. Oliver, Barcelona, Península, 1971, p. 48.
7. *Ed.* Zorzi *cit.*, p. 678.
8. Baratto, *op. cit.*, p. 68.
9. Ruzante, *La Mosqueta*, Els llibres de l'Escorpí. Teatre en versió de Jaume Fuster, Barcelona, edicions 62 s/a, 1973.
10. Libreto de la obra presentado para censura al entonces Ministerio de Información y Turismo en Madrid, 1974.
11. *Ed.* Zorzi *cit.*, ps. 612 y 616.
12. *Op. cit.*
13. *Ed.* Zorzi *cit.*, ps. 593-664.
14. Marisa Milani, *Snaturalità e deformazione nella lingua teatrale del Ruzzante*, en *Lingua e struttura del teatro italiano del Rinascimento*, Padova, Liviana ed., 1970, p. 133.
15. *Ed.* Zorzi *cit.*, p. LX.
16. *Op. cit.*, p. XXIII.
17. Carlo Grabher, *Ruzzante*, en *Letteratura italiana. I minori*, Milano, Marzorati, 1961, vol. II, p. 1170.
18. *Primer Acto*, n° 168, mayo, 1974.

UNA VIRGEN TARDO-RENACENTISTA EN LA CATEDRAL DE MURCIA

Virginia de Mergelina Cano-Manuel
Mª del Carmen Sánchez-Rojas Fenoll
Universidad de Murcia

Introducción

Nos ha parecido adecuado aportar a este Congreso de Italianistas, expertos del Renacimiento, el estudio de una escultura de la Virgen con el Niño que se encuentra en el Museo de la Catedral de Murcia. Dicha escultura nunca ha sido objeto de un profundo estudio y sólo aparece calificada como «Virgen del siglo XVI», en una escueta Guía de este Museo. (Fig. 1).

En el presente trabajo ensayamos una posible atribución de su ejecución a talleres italianos, así como un análisis estilístico, concluyendo con una serie de noticias documentales referentes a la posible fecha de su llegada y a su estancia en la Catedral de Murcia.

Nota: Queremos dar las gracias a cuantas personas nos han ayudado y en especial a Doña Matilde Escortell Ponsoda, Directora del Museo Arqueológico de Oviedo, a la Fundación Selgas y al Dr. D. Emilio Gómez Piñol, Catedrático de Arte Hispano-Americano en la Universidad de Sevilla.

Análisis estilístico

La Virgen de mármol del Museo de la Catedral de Murcia (Fig. 1) es una imagen que a pesar de conservarse por desgracia muy deteriorada [1] nos permite apreciar en ella esa dignidad artística que la acredita como una obra de gran calidad, sobre todo en su implantación general, los ropajes y pliegues, etc.

De una altura de 1,45 mts. la Virgen, de formas plenas, fuertes y vigorosas, auténtica matrona, presenta sobre el brazo derecho a su Hijo, al que sostiene también con ayuda de la mano izquierda, y a su vez el niño introduce su brazo izquierdo por detrás del cuello de la Madre, con lo que se produce así una conexión de formas plásticas compleja y difícil. La estructura interna de la imagen se concibe en un cierto «contrapposto» de estirpe clásica: la pierna izquierda doblada, ligeramente adelantada, descargándose todo el peso en la pierna derecha cuyo pie apoya sobre una cabecita de angelote que surge, centrando la composición, entre las nubes que sirven de peana a la imagen. El brazo izquierdo se eleva ligeramente al doblarse manteniendo al Niño, lo que junto con la disposición volumétrica del manto dibuja un esquema helicoidal de raigambre manierista (Figs. 1 y 2).

El rostro de la Virgen es de patente serenidad clásica. Los rasgos de indudable finura, mentón redondeado, boca bien marcada, ojos bien dibujados. El cabello se dispone a dos bandas, por raya enmedio, casi del todo cubierto por un velo corto que cae sobre los hombros y se sujeta a la cabeza con una no muy ostentosa corona real. La expresión es de una orgullosa nobleza no exenta de ternura. (Fig. 3).

La indumentaria de la Virgen es la tradicional, en la que podemos diferenciar la túnica y un gran manto que cubre el hombro derecho y deja descubierto el brazo izquierdo y parte del talle. El tratamiento de la túnica es muy diverso. Si en la manga las arrugas resultan un tanto rígidas, los pliegues de la falda, que asoman bajo el manto, van ganando en calidad artística cayendo sobre los pies con un extraordinario virtuosismo, virtuosismo que tambien apreciamos en el delicado cordoncillo que cierra el escote de la túnica y en la botonadura de las mangas. El manto se recoge hacia el lado derecho, bajo la figura del Niño, formando ampulosos pliegues, un poco duros bajo el brazo izquierdo y ensanchando ligeramente la silueta de la Virgen hacia la base del tercio superior de su altura, poco más o menos.

Contrariamente a lo que viene a constituir una regla general la Virgen lleva al Niño sobre el brazo derecho. Lo habitual es que lo lleve sobre el izquierdo, de acuerdo con la simple observación de escenas de vida familiar, aunque tambien abundan las Vírgenes con el Niño a la izquierda, que tal vez puedan obedecer a un simbolismo o concepto místico, que podría asociarse al del Salmo 40 «... asistió la reina a tu derecha con vestidura dorada ...». Según esta interpretación el Niño tiene que estar colocado sobre la izquierda de su madre y así dar a ésta su derecha. Esta situación del Niño es la más habitual, aunque a veces como en la imagen que comentamos se omite esta norma, que aquí parece estar justificada porque el Niño sobre la derecha indica una presentación triunfal y solemne del Hijo por la Madre, lo que rima perfectamente con el gesto algo altivo de la cabeza de la Virgen, gesto que se percibe en todo su sentido cuando se contempla la imagen desde un punto de vista bajo. (Fig. 3).

La peana sobre la que se apoya la imagen es de gran riqueza plástica. Está realizada con un especial cuidado y gran minuciosidad. Llama la atención la cabeza del querubín de alas abiertas que sirve de peana al pie derecho de la Virgen. (Fig. 4). Tiene un rostro blandamente modelado con gran finura que destaca más aún, por el tratamiento dado al cabello en rizos y bucles en los que el trépano ha sido utilizado ampliamente. Entre el cúmulo de nubes que forman el cuerpo de la peana, asoman a un lado y otro de la imagen, las puntas fracturadas de la media luna, uno de los tres símbolos apocalípticos que caracterizan a la Virgen en su Inmaculada Concepción. Pero este detalle iconográfico no es exclusivo de la Inmaculada, sino que cualquier tipo de representación de la Virgen, como éste que comentamos, puede llevar este símbolo, que por su más fácil representación, respecto a los otros símbolos apocalípticos, se ha mantenido casi constantemente.

Sin embargo, como muchas veces sucede, en nuestro ejemplar la media luna está colocada con las puntas hacia arriba. Logicamente, segun el texto bíblico debian estar hacia abajo. El Apocalípsis señala que debe «... alumbrar a la mujer que está arriba...». En efecto, si en pintura se suele presentar correctamente, en escultura tal vez debido a dificultades materiales la media luna hacia arriba presenta un mejor punto de apoyo para la imagen.

El problema de su atribución

Los caracteres estilísticos de esta escultura, hasta ahora comentados la relacionan claramente con las obras de los escultores italianos, seguidores, en cierto modo, de Miguel Angel. En especial por su porte clásico y la sensación de nobleza que emana de su figura, nos inclinamos a considerarla en la órbita de la tendencia estilística denominada romanismo.

No creemos poder relacionar esta obra con talleres españoles del Renacimiento porque aunque en España se conocía y cultivaba tal tendencia —recordemos al respecto a Juan de Anchieta— lo común era que nuestros escultores trabajaran con unos valores plásticos y expresivos, totalmente distintos a los de la idealización romanista, y que tenía un óptimo cauce de plasmación en la madera. Esta escultura está dentro de esa linea de dignidad clásica, y de porte sereno que inicia Miguel Angel en algunas de sus Vírgenes, recordemos en especial la Virgen de Brujas, y que sigue en Juan de Bolonia —Virgen de la Iglesia de los Servitas de Montorsoli; los Montelupo— Virgen con el Niño en la Iglesia de San Miguel en Lucca; Toggini —representación de la Justicia en el Palacio Riccardi de Florencia y Vicenzo Danti en la Virgen con el Niño de la Capilla Baroncelli en Santa Cruz de Florecia [2].

Dentro de estas amplias características formales, y teniendo en cuenta el frecuente comercio artístico que desde el mismo siglo XVI hacia llegar a España, piezas escultóricas italianas— recordemos al respecto las conexiones entre los puertos de Nápoles y Génova con los de Cádiz, Cartagena y Alicante [3]—, hemos creido conveniente realizar un estudio comparativo a nivel formal entre nuestra escultura y las obras italianas que se conservan en España de similares características. Fruto de este análisis ha sido el constatar las relaciones existentes entre la Virgen de la Catedral de Murcia y la que atribuida por Parronchi a Miguel Angel Naccherino, se conserva en el exterior de la Iglesia de Pito (Cudillero) en Asturias, perteneciente a la Fundación Selgas [4], (Fig. 5). Si bien cambia la disposición del Niño, que aquí es mantenido con el brazo izquierdo, la impresión global en cuanto a composición y tratamiento de paños es similar entre las dos esculturas. Pliegues de amplia e inclinada factura dominan la disposición y caída de los mantos de ambas. Y, así mismo, aparecen en las terminaciones de las vestiduras de las dos Vírgenes bucles y circulos trabajados con similar tratamiento y virtuosismo. (Figs. 1 y 5).

Pero para haber podido realizar nuestro estudio de una forma más completa nos falta en la escultura murciana el Niño, que nos hubiera sido indispensable para su comparación estilística con los que firmados por el escultor italiano se conservan en el Museo Arqueológico de Burgos, y en Sotillo de la Ribera (Burgos) [5], y con el mismo de la Virgen de Pito. Solamente podemos establecer dichas comparaciones «morellianas» entre los niños citados y el angelito de la peana murciana (Figs. 4 y 5), observando que existe similitud en el modo de tratar el cabello, con un amplio uso del trépano, y en el blando modelado del rostro.

Así pues, y a falta de toda documentación que así lo acredite, consideramos que contamos con unos imprescindibles pero no totalmente suficientes elementos artísticos de estudio, lo que nos dificulta, hoy, a decidirnos por una atribución definitiva de la escultura de la Virgen de la Catedral de Murcia a Naccherino, aunque sí apuntamos las similitudes estilísticas apreciadas y dejamos abierto el camino a posibles confirmaciones en un futuro próximo.

Parte Documental

Sobre el cuándo y el cómo llegó esta escultura de la Virgen a la Catedral de Murcia no poseemos referencias documentales fehacientes. Sin embargo, sí sabemos que en 1592 no estaba aún en ninguna de las capillas catedralicias, ya que no figura reseñada en el minucioso inventario que sobre los bienes de las distintas capillas dá el Obispo Sancho Dávila, tras la visita que en dicho año realiza a todas las dependencias de la Catedral.

Por otro lado, es posible identificarla con una escultura que estaba en el parteluz de la antigua portada renacentista de la puerta de los Perdones de la Catedral, que había sido diseñada por Jerónimo Quijano. Esta propuesta se apoya en el testimonio que aparece en un manuscrito anónimo del Ayuntamiento de Murcia del año 1735: «Se daba entrada al templo por tres puertas, mejor diré por cuatro, porque por la de enmedio que llaman de los Perdones constava de dos ojos los cuales dividían un pilar tan capaz que en su seno ahijaba un nicho donde se incorporaba una efigie de la Madre de Dios con su Hijo en brazos de estatura casi natural» [6]. Si admitimos esta posibilidad podemos pensar que al derribar esta portada renacentista, ya en el siglo XVIII, pasó al parteluz de la portada gótica de los Apóstoles de donde se vuelve a quitar en el año 1784, cuando en las obras de remodelación de dicha portada se acuerda suprimir las pilastras de separación de las dos puertas a fin de que quede un sóla ancha [7]. Tantos traslados debieron de dañar mucho el estado de la escultura porque en 1786 se pagan «50 r.v. a la viuda de Federico, escultor, por un brazo de mármol que se la mandó hacer e hizo para el Niño de Nuestra Señora de Mármol que se quitó de la Puerta de los Apóstoles [8]. Después de estas noticias se pierde su recuerdo hasta aparecer ambiguamente catalogada, como ya hemos comentado, en la Guía de entrada al Museo de la Catedral.

Finalmente, volviendo a centrarnos en los años en que pudo venir esta escultura a Murcia, es muy sugestiva la hipótesis de pensar que pudo traerla de Roma el Obispo de esta Diócesis Fray Antonio de Trejo, que viajó a allí en 1618, y donde permaneció hasta el año 1620, en el que regresa a Murcia. La misión que llevó al prelado a Roma fué de conseguir, comisionado por el Rey Felipe III de España, la proclamación del Dogma de la Inmaculada, del Papa Paulo V, misión en la que fracasa. Sin embargo le impresiona enormemente el arte italiano y en especial el romano. Buena prueba de ello es que a su vuelta a Murcia construye a sus expensas una capilla a la Inmaculada, de las primeras de España que se consagra a este dogma, en recuerdo de su fallida misión diplomática; manda hacer esta capilla, situada en el trascoro de la Catedral, a la manera italiana decorándola con los característicos mármoles de colores, en un estilo que es reminiscente del inicial barroco romano, destacando por su suntuosidad, abigarramiento y originalidad.

Teniendo en cuenta, pues, esta admiración del prelado por el arte italiano, admiración por otro lado muy común en aquella época y a cuyo amparo se exportaban a España muchas obras del arte italiano, como antes señalabamos, no es de extrañar que Fray Antonio de Trejo encargara esta escultura de la Virgen para traerla a la Catedral de Murcia, Catedral por otro lado muy ligada al Renacimiento italiano. Recordemos al respecto el trabajo en ella de Francisco y Jacobo Florentino [9] y la más reciente obra de Bartolomé de Lugano de cuyo cincel es la Virgen de la Capilla del Socorro, también de mármol blanco.

En apoyo de esta hipótesis contamos con la tradición mantenida hasta nuestros días por la bibliografía local sobre el hecho de que Fray Antonio se trajo una Virgen de Roma, imagen que erróneamente se ha identificado siempre en Murcia, con la Inmaculada que preside su Capilla del Trascoro [10].

Pero esta imagen es de factura netamente española en cuanto a formas y material, y está constatada su realización en una escuela madrileña alrededor del año 1627 [11], con lo que nunca pudo ser la que vino de Italia. Y sin embargo si creemos que esta tradición local pueda referirse a la escultura aquí estudiada en la que concurren todos los requisitos cronológicos y formales necesarios para considerarla sin duda como una bella obra italiana.

NOTAS

1. En efecto, la practica destrucción de la figura el Niño dificulta grandemente la apreciación global de la obra y por tanto los análisis comparativos. Y, asimismo, la fractura de la nariz de la Virgen afecta también a su expresión (Fig. 3).

2. Venturi, A, *Storia dell'Arte Italiana* V. 10 II «La Scultura del Cinquecento» II. Millwood, N.Y. 1983, págs. 148, 157, 275, 380, 444, 526, 527.

3. Madruga Real Angela, «Cósimo Fanzafo en las Agustinas de Salamanca», *Goya*, 125, 1975, págs. 291-297.

4. Parronchi, A, «Sculture e progetti di Michelangelo Naccherino». *Prospettiva*. Enero 1980, p. 35.

Barrio Moya, J.L, «Miguel Angel Neccherino. El Cristo a la Columna del Museo Lázaro» *Goya, 175-176, Madrid 1983, págs. 2-7.*

5. *Nieto Gallo, Gratiniano, «Miguel Angel Naccherino y sus obras en la provincia de Burgos» Boletín del Seminario de Estudios de Arte y Arqueología, V. XVI, 1950 págs. 119-128.*

6. Archivo Municipal de Murcia, Manuscrito anónimo año 1785.

7. Archivo Catedral de Murcia, Año 1784, Signatura B 69.

8. Archivo Catedral de Murcia, Sig. 94, Cuentas fábrica 1781-1790.

9. Gómez Piñol, E, *Jacobo Florentino y la obra de talla de la sacristía de la Catedral de Murcia*. Murcia, 1970.

10. Ballester, José, *Alma y cuerpo de una ciudad. Guía de Murcia*. 1944.

Fuentes y Ponte, J, *España Mariana*. Lérica, 1380.

Tormo, Elías, *Guía de Levante*, Madrid, 1923.

Martínez Tornell, J, *Guía de Murcia*, Murcia, 1906.

Díaz Cassou, P, *Serie de los Obispos de Cartagena, sus hechos y su tiempo*. Madrid, 1895.

11. Archivo Catedral de Murcia, Actas Capitulares, año 1627, n° 14, ff. 11 y 11v.

GRAMSCI E GLI INTELLETTUALI ITALIANI DEL RINASCIMENTO

Nicolò Messina
Universidad Complutense de Madrid

A Fifi Rubino, esempio d'impegno ed umiltà, intellettuale al servizio della sua/mia Sicilia.

Istruitevi, perché avremo bisogno di tutta la nostra intelligenza.

0.0. Non solo per i limiti di una comunicazione, ma anche a causa di vicissitudini professionali che un Machiavelli non esiterebbe ad imputare alla «fortuna», questo contributo, più che una trattazione articolata del tema scelto, sarà la presentazione del materiale e delle linee portanti di uno studio che mi riprometto di approfondire [1].

0.1. In via preliminare è opportuna un'altra precisazione, che è di contenuto o, se si vuole, di limiti del *corpus* studiato e, insieme e conseguentemente, di metodo.

Com'è noto, ed è stato più volte sottolineato, il centro della riflessione gramsciana è occupato dall'approfondimento del concetto di cultura e della funzione della cultura nel processo di trasformazione della società. La cultura non è il sapere enciclopedico, il «recipiente da empire e stivare di dati empirici, di fatti bruti e sconnessi», ma «è cosa ben diversa. È organizzazione, disciplina del proprio io interiore, è presa di coscienza della propria personalità, è conquista di coscienza superiore, per la quale si riesce a comprendere il proprio valore storico, la propria funzione nella vita, i propri diritti e i propri doveri» [2]. Di qui l'afflato altamente pedagogico dell'opera gramsciana —altro dato universalmente accettato— e la convinzione che fulcro di ogni educazione, di ogni cultura, di ogni formazione umana sia la storia, il metodo storico, la storicità, la storicizzazione [3]. D'altra parte, tutto il progetto del Gramsci politico, sin dai primi passi, si può riassumere nelle formule notissime della formazione di una volontà collettiva nazionale-popolare e della riforma intellettuale e morale.

Su questa base —come ben scrive Eugenio Garin in un saggio sul problema degli intellettuali in Gramsci— [4] nell'indagine gramsciana è presente un'«esigenza unitaria» e non esiste iato tra la produzione, e la stessa attività di politico militante, prima dell'arresto e la riflessione in carcere, cioè tra gli *Scritti giovanili* e *L'Ordine Nuovo*, da un lato, e le *Lettere dal carcere* e i *Quaderni del carcere*, dall'altro. Anzi, «È chiaro —afferma Garin— che alle soglie del carcere [G.] aveva fissato tutte le linee della sua posizione, aveva portato a conoscenza tutte le premesse sottintese, o non esplicitate a fondo, della sua opera: necessità della battaglia delle idee, della cultura, per la lotta politica; nessun fatalismo, nessun determinismo, nessuna necessitazione naturalistica nel processo della liberazione umana, ma influenza decisiva della presa di coscienza, della scelta consapevole, della deliberata rottura rivoluzionaria (degli 'intellettuali')» [5]. Il che peraltro non può apparire strano, perché il metodo di Gramsci era quello di pensare e ponzare, a tal punto che la sua opera può sembrare quella di «uno che rimugina, scrive e riscrive» [6].

Alla luce di queste asserzioni è evidente che, trattando del problema degli intellettuali in Gramsci, vanno studiati *tutti* i suoi scritti ed è quel che fa Garin nel suo prezioso saggio, anche se, per riempire un vuoto critico, maggiore attenzione è da lui riservata alla produzione precedente l'arresto [7]. Ma, se ciò è vero ed è vero altresí che la finalità prima di Gramsci fu di gettare le basi di uno studio storico-sistematico dei rapporti tra intellettuali e società, tra politica e cultura, e il problema della cultura fu da lui visto, sempre e strategicamente, come problema degli intellettuali, esso solo in carcere divenne —come ammette lo stesso Garin— «il nodo intorno a cui tutto venne a ruotare» [8] e, con maggior precisione, sono i *Quaderni* a potersi collocare «tutti nella prospettiva del problema degli intellettuali» [9].

Conseguentemente, ai fini di questa comunicazione, tali considerazioni, e il fatto che la riflessione gramsciana sul Rinascimento assume forma compiuta nei *Quaderni*, hanno indotto a limitare il *corpus* da sondare alle sole notte scritte in carcere.

Passando ora all'aspetto metodologico, la precisazione, se da un lato sconfina nell'ovvietà e nel risaputo, dall'altro non sembra del tutto innecessaria.

Il materiale che ci accingiamo a studiare —non solo il *corpus* delle note rinascimentali, ma tutte le note contenute nei *Quaderni* richiede un approccio che tenga conto di due circostanze: che la redazione risale agli anni Venti-Trenta (inizio della prigionia-morte di Gramsci), mentre la pubblicazione viene portata a compimento tra il 1948 e il 1951 per merito dell'editore Einaudi [10]. Bisognerà aspettare la metà degli anni Settanta per arrivare alla costituzione critica del testo gramsciano ad opera di Valentino Gerratana, sempre per i tipi di Einaudi [11].

Questa che a prima vista è soltanto l'enunciazione di dati «esterni» al testo —ma un filologo parlerebbe piuttosto di storia e tradizione del testo— ha delle implicazioni notevoli.

In effetti, se circoscriviamo la nostra attenzione alle sole pagine rinascimentali dei *Quaderni*, anzitutto è necessario, ricorrendo a un criterio filologico, pervenire alla tappa della loro stesura, riconducendole nel loro alveo storico, a quegli anni Venti-Trenta in cui furono scritte; in altre parole, occorre risalire ad uno stadio ben preciso del secolare dibattito sul Rinascimento, perché proprio lí —e a maggior ragione per la formazione solidamente storicistica di Gramsci— sono da individuare le fonti o, quanto meno, gli stimoli del contributo gramsciano. È l'eterna questione delle fonti o meglio, in formula canonica, della *Quellenforschung*.

In secondo luogo, però, una considerazione storica delle note gramsciane sul Rinascimento non deve solo indurre a collocarle nel loro tempo, a vedervi il frutto della particolare *Kulturbildung* gramsciana, ma deve anche —in una prospettiva storico-sociologica— tener conto del *fall-out* di quelle note una volta rese di pubblico dominio, nel momento cruciale in cui furono pubblicate e negli anni successivi.

0.2. Ferma restando questa premessa, è necessario allora da parte mia: (1) definire più dettagliatamente il *corpus* sondato, ricordando le condizioni di stesura e la configurazione peculiare dei *Quaderni*; (2) richiamare per sommi capi lo *status quaestionis* rinascimentale grosso modo nei primi decenni del secolo e, in particolare, negli anni della prigionia di Gramsci; (3) dar ragione dell'impatto provocato dai *Quaderni* all'atto della loro pubblicazione, non dimenticando che il punto di partenza di questo intervento è la questione degli intellettuali nel Rinascimento italiano. Assolto questo compito preliminare, potrò (4) soffermarmi sull'interpretazione gramsciana del Rinascimento e del ruolo giocatovi dagli intellettuali italiani.

1. Orbene, per estrapolare ed accorpare le note gramsciane sul Rinascimento, i sondaggi sono stati effettuati soprattutto in quelle pagine convenzionalmen-

te riunite nei volumi: *Gli intellettuali* e *Il Risorgimento*. In particolare, nel primo si è tenuto conto, non solo —ovviamente— del capitolo «La formazione degli intellettuali», ma anche delle annesse «Note sparse» più funzionali: quelle su *Umanesimo e Rinascimento, Rinascimento, Intellettuali italiani all'estero* [12]. Del secondo si sono studiate le pagine dedicate a «Riforma e Rinascimento» [13].

Un sondaggio ulteriore è stato operato in *Letteratura e vita nazionale*, non solo perché vi si pone la questione del carattere progressivo o regressivo dell'Umanesimo e del Rinascimento, ma anche per la nota su *Il Cinquecento*, che a prima vista si risolve in un apprezzamento della *Venexiana* [14].

Consapevolmente si sono trascurate le *Note sul Machiavelli*, non perché prive di significato, ma perché all'attenzione gramsciana per il segretario fiorentino è consacrata una recente monografia di Federico Sanguineti [15].

Se andiamo adesso alle condizioni di stesura e alla configurazione peculiare dei *Quaderni*, quindi anche delle note del nostro *corpus*, esse sono perfettamente conosciute. Basterà dire che Gramsci muore nel 1937, *terminus ante quem* dei *Quaderni*, e —ciò che più importa— dopo una lunga detenzione. Il carcere è il confine, non solo fisico materiale, condizionante tutta la sua opera [16]. Pertanto, per ammissione dello stesso Gramsci, «tutte queste note devono essere considerate come spunti e motivi per la memoria, che devono essere controllati e approfonditi» [17], quindi non hanno carattere di compiutezza, sono base di un lavoro futuro impedito dai fascisti con la morte provocata.

2. Nelle note gramsciane sul Rinascimento è evidente il riflesso —come vedremo— del dibattito sulla questione fino a quegli anni: ad esempio, nella nota di maggior respiro, quella contenuta ne *Il Risorgimento (Umanesimo e Rinascimento)* si discutono nel solito modo serrato le opinioni di Jacob Burckhardt, Francesco De Sanctis, Ernst Walser, Augusto Rostagni, Giuseppe Toffanin e, soprattutto, Vittorio Rossi [18]. In effetti, il contributo gramsciano s'inserisce nell'acceso dibattito seguito alla cosiddetta «rivolta dei medievisti» [19].

Dopo il *Die Kultur der Renaissance* dello svizzero Burckhardt, caposaldo di un filone che potrebbe definirsi «rotturista», inteso a considerare il Rinascimento come antitesi del Medioevo [20], altri studiosi si erano mossi in direzione opposta. Il tedesco Konrad Burdach, l'olandese Iohan Huizinga e lo svedese Nils Johan Nordström, quest'ultimo in forma più esplicita ed estremista, si fanno assertori di una presunta continuità tra Medioevo e Rinascimento [21]. Su questo sfondo dialettico tra «rotturisti» e «continuisti», nel panorama italiano si fanno sentire le voci critiche di Delio Cantimori e Federico Chabod, i cui interventi, tuttora assai interessanti come studi d'insieme sistematici, erano mossi dalla preoccupazione allora dominante di ridefinire e fare la storia del concetto stesso di Rinascimento [22]. Proprio in questo clima si deve inserire il contributo gramsciano, in particolare quello tradito da *Il Risorgimento*.

3. Se indugiamo ancora soltanto un po' ad entrare nel merito della questione è per soddisfare sommariamente l'ultima delle esigenze indicate e richieste da un approccio il più possibile corretto ai *Quaderni*. Che impatto provocarono negli anni Quaranta in generale e nell'ambito particolare degli studi rinascimentali?

Sul primo punto non mancano informazioni. Basterà soltanto ricordare che l'uscita dei *Quaderni* rappresentò per il dibattito culturale-politico del momento un ulteriore elemento di riflessione e di stimolo nel generale e diffuso entusiasmo della ricostruzione. Tante questioni venivano illuminate (tra le altre, quella meridionale), ma fu soprattutto il tema degli intellettuali a ravvivare la discussione in un momento in cui in Italia e in Europa si andava alla ricerca di una nuova definizione del loro ruolo. Nel 1945 Sartre e Vittorini, in singolare contemporaneità, propugnavano l'ideale di un intellettuale *engagé*-impegnato e di una cultura non più consolatoria [23]. Da parte loro, solo qualche anno dopo, i *Quaderni* forniscono il primo tentativo organico di storia degli intellettuali come gruppo sociale. D'altronde, la pubblicazione dei pensamenti gramsciani sul Rinascimento segue quella del primo dei tanti saggi monografici di Garin [24] e contribuirà ad una valutazione più a tutto tondo di questo particolare momento storico.

4. Passando, ora e finalmente, a considerare le pagine rinascimentali di Gramsci, vi si possono riscontrare due preoccupazioni di fondo: quella di definire il carattere e la tipologia ideologica di questo movimento culturale, e quella di non trascurare una tappa tanto importante e significativa della storia degli intellettuali italiani (*historia non facit saltus*), da arrivare ad individuarvi la maturazione e il consolidamento di un atteggiamento d'origine lontana, ancora vivo in un Croce, simbolo stesso di un moderno Rinascimento, «rappresentante di una cultura di élite che non sa e non vuole popolarizzarsi, cosmopolitismo che non può divenire fatto nazionale e popolare»[25]. Proprio su questa duplice preoccupazione riposano le due più grandi intuizioni di Gramsci sul fenomeno.

4.1. Quanto alla definizione del moto rinascimentale, in *Letteratura e vita nazionale* Gramsci si chiedeva: «l'Umanesimo e il Rinascimento sono stati progressivi o regressivi?»[26].

Ai fini di una risposta a questa domanda capitale, alcune delle note studiate non hanno un valore direttamente e immediatamente chiarificatore, ma documentario ed emblematico di certe tesi portanti dei *Quaderni* e del modo di lavorare di Gramsci.

Ad esempio, nel caso della nota *Umanesimo e Rinascimento*, si tratta di una sorta di scheda del libro di Giuseppe Toffanin, *Che cosa fu l'Umanesimo* (Firenze, 1929), rifatta su un articolo di Luigi Arezio, *Rinascimento, Umanesimo e spirito moderno (Nuova Antologia*, 1 luglio 1930) [27]. Il che non può stupire, date le condizioni di lavoro di Gramsci, ciò che peraltro accresce il valore di certe sue intuizioni ed affermazioni. Gramsci assente con alcune tesi del Toffanin, anche se non ne condivide il taglio metodologico: «Il Toffanin —osserva— si mantiene sempre nel campo culturale-letterario e non pone l'Umanesimo in connessione coi fatti economici e politici che si svolgevano in Italia contemporaneamente: passaggio ai principati e alle signorie, perdita dell'iniziativa borghese e trasformazione dei borghesi in proprietari terrieri» [28]. D'accordo col critico, Gramsci considera l'Umanesimo «fedele al Cristianesimo», per concludere radicalmente che: «la verità è che si trattò del primo fenomeno 'clericale' nel senso moderno, una Controriforma in anticipo (d'altronde era Controriforma in rapporto all'età comunale). Essi [gli umanisti] si opponevano alla rottura dell'universalismo medioevale e feudale che era implicita nel Comune e che fu soffocata in fasce» [29]. Per l'assenza di sfumature spicca questo giudizio: «L'Umanesimo fu un fatto reazionario nella cultura perché tutta la società italiana stava diventando reazionaria» [30]; giudizio che Gramsci ha modo di precisare in *Riforma e Rinascimento*, laddove affronta la questione della lingua [31].

Nel caso della nota *Il Cinquecento*, già citata, il trattare della *Venexiana* offre a Gramsci il destro per stigmatizzare «il carattere astratto dalla realtà nazionale-popolare dei nostri intellettuali» [32]. Se parole di encomio si spendono per Emilio Lovarini, editore della commedia, segno che nel panorama intellettuale «qualcosa ora sta cambiando lentamente», e se addirittura si rinvia a Croce per sottolineare che la commedia è «una bellissima opera d'arte», Gramsci nota che «il vecchio reagisce» [33]. Ed esempio di vecchio modo d'intendere critico gli sembra l'articolo di Ireneo Sanesi, per il quale l'autore della *Venexiana* sarebbe «un ritardatario, un codino, un conservatore, perché rappresenta la commedia nata dalla novellistica medioevale», mentre sarebbero rivoluzionari «gli scrittori del teatro erudito e classicheggiante, che riportavano sulla scena gli anticchissimi tipi e motivi cari a Plauto e Terenzio» [34]. «Per il Sanesi —conclude Gramsci— gli scrittori della nuova classe storica sono codini e sono rivoluzionari gli scrittori cortigiani: è stupefacente» [35].

La nota piú significativa ai fini della nostra indagine sembra comunque essere quella piú volte ricordata su *Umanesimo e Rinascimento*, alla quale fanno seguito nello stesso *Il Risorgimento* altre note di interesse disuguale [36].

L'*incipit* è di per sé illuminante e costituisce una sorta di risposta al dibattito sulla questione fino a quel momento. Vale la pena rileggerlo. «Che cosa significa

—si chiede Gramsci— che il Rinascimento abbia scoperto 'l'uomo', abbia fatto dell'uomo il centro dell'universo ecc. ecc.? Forse che prima del Rinascimento 'l'uomo' non era il centro dell'universo ecc.?» [37].

Agli interrogativi segue un ottimo esempio del rigore e dell'acribia del grande sardo: «Si potrà dire che il Rinascimento ha creato una nuova cultura o civiltà in opposizione a quelle precedenti (...), ma [ecco il punto] *occorre 'limitare' ossia 'precisare' in che questa cultura consista ecc.* Davvero che prima del rinascimento 'l'uomo' era nulla ed è diventato tutto? (...) Pare si debba dire che prima del Rinascimento il trascendente formasse la base della cultura medioevale, ma quelli che rappresentavano questa cultura erano forse 'nulla' oppure quella cultura non era il modo di essere 'tutto' per loro?» [38]. La conclusione sarà allora che: «Se il Rinascimento è una grande rivoluzione culturale, non è perché dal 'nulla' tutti gli uomini abbiano cominciato a pensare di essere 'tutto', ma perché questo modo di pensare si è diffuso, è diventato un fermento universale ecc. Non è stato 'scoperto' l'uomo, ma è stata iniziata una nuova forma di cultura, cioè di sforzo per creare un nuovo tipo di uomo nelle classi dominanti». [39].

Traspare come sostrato delle affermazioni gramsciane il dibattito a distanza Burckhardt-Burdach ed epigoni. E ciò si precisa nell'analisi della recensione di Arminio Janner del libro di Ernst Walser, *Gesammelte Studien zur Geistesgeschichte der Renaissance* (1932) [40], un libro non proprio sulla linea del Burkkhardt, se è vero che il Walser non condivide e considera inesatta la concezione buckhardtiana di un Rinascimento «paganeggiante, critico, anticuriale e irreligioso» [41], in ciò rivelandosi d'accordo col Toffanin. Gramsci nell'analisi chiama in causa proprio Burckhardt e poi De Sanctis e Toffanin, corifeo di certa critica cattolica. I primi due coinciderebbero, secondo lo Janner, «nei particolari dell'analisi del Rinascimento», sarebbero «d'accordo nel rilevare come elementi caratteristici il formarsi della nuova mentalità, il distacco da tutti i legami medioevali di fronte alla religione, all'autorità, alla patria, alla famiglia», ma subito Gramsci aggiunge che tali osservazioni «sono da rivedere» [42], anche se con lo Janner ammette che «il Burckhardt vede il Rinascimento come punto di partenza di una nuova epoca della civiltà europea, progressiva, culla dell'uomo moderno: il De Sanctis dal punto di vista della storia italiana, e per l'Italia il Rinascimento fu il punto di partenza di un regresso» [43].

Del Toffanin abbiamo già detto prima, qui si ricorda che per lui «l'Umanesimo col suo culto della latinità e della romanità, fu assai più ortodosso che non la letteratura dotta in volgare del Duecento e Trecento», un'affermazione che Gramsci accetta, ma solo con riserva: «se si distingue nel moto del Rinascimento il distacco avvenuto con l'Umanesimo dalla vita nazionale che andò formandosi dopo il Mille, se si considera l'Umanesimo come un processo progressivo per le classi colte 'cosmopolitiche', ma regressivo dal punto di vista della storia italiana» [44].

La posizione gramsciana si precisa tuttavia piú avanti nella critica serrata al saggio di Vittorio Rossi, *Il Rinascimento (Nuova Antologia*, 16 novembre 1929*)*, nella quale il filo delle valutazioni si dipana col sistema incrociato delle citazioni letterali di vari *excerpta* dell'articolo e delle glosse e postille critiche. L'accento è di sottili distinguo e a volte aspro, come quando si costellano i brani citati di punti esclamativi, ad indicare stupore; [45] o si definisce l'argomentare del Rossi un «romanzo storico», [46] o addirittura si accusa il critico di «falsificare la storia» [47].

Nel fondo Gramsci condivide la definizione concettuale, cronologica ed anche geografica del Rossi, una definizione non angusta né sciovinista, che fa spaziare il Rinascimento sullo scenario europeo, e non solo italiano, tra l'XI e il XVI secolo [48]. Ma per lui la concezione del Rossi, pur «realistica e storicistica», resta sempre, come quella del Toffanin, «la vecchia concezione retorica e letteraria» [49]. Gramsci pretende di più, vuol vedere più a fondo e arriva all'intuizione del doppio carattere dell'Umanesimo e del Rinascimento, in Italia e in Europa, perché tali movimenti sono «espressione dello sviluppo e, insieme, della crisi della borghesia comunale italiana, dei suoi limiti storici e sociali» [50], della sua anazionalità. Cosí, mentre in Italia il fenomeno «rientrava» e confluiva nella Controriforma, il pieno rigoglio «in forme politiche e filosofiche» si svolgeva fuori d'Italia [51].

Nel Rinascimento italiano «esistevano —scrive Gramsci— due correnti: una progressiva e una regressiva, e (...) quest'ultima trionfò in ultima analisi, dopo che il fenomeno generale raggiunse il suo massimo splendore nel Cinquecento (non come fatto nazionale e politico, però, come fatto culturale prevalentemente se non esclusivamente), come fenomeno di un'aristocrazia staccata dal popolonazione, mentre nel popolo si preparava la reazione a questo splendido parassitismo nella Riforma protestante, nel Savonarolismo (...), nel banditismo popolare» [52].

La responsabilità di tale parabola involutiva è indicata nell' incapacità di adeguamento delle classi dirigenti comunali ai nuovi tempi. La borghesia comunale «fu incapace di uscire dal terreno grettamente corporativo e di crearsi una propria civiltà statale integrale», cosí si sviluppò meno della borghesia di altri paesi (Francia) nonostante il possesso di una «completa autonomia economica» [53]. In altri termini, in Italia «i Comuni non seppero uscire dalla fase corporativa, l'anarchia feudale ebbe il sopravvento in forma appropriata alla nuova situazione e ci fu poi la dominazione straniera» [54].

Come si verificò la *katastrophé*? Il fatto è che il Rinascimento era macerato da un'intima tensione, di cui la spia è ravvisabile nella situazione linguistica del tempo ma non nei termini della dialettica rossiana latino-sogno e volgare-realtà storica [55]. «Il Rossi —si legge— non sa spiegare questo bilinguismo degli intellettuali, cioè non vuole ammettere che il volgare, per gli umanisti, era coime un dialetto, cioè non aveva carattere nazionale e che pertanto gli umanisti erano i continuatori dell'universalismo medioevale (...) e non un elemento nazionale; erano una 'casta cosmopolita', per i quali l'Italia rappresentava forse ciò che [è] la regione nella cornice nazionale moderna, ma nulla di piú e di meglio: essi erano apolitici e anazionali» [56].

Insomma, nel Rinascimento «erano in lotta due concezioni del mondo: una borghese-popolare, che si esprimeva nel volgare e una aristocratico-feudale che si esprimeva in latino e si richiamava all'antichità romana», ed è proprio questa lotta a caratterizzare il Rinascimento, «non già la serena creazione di una cultura trionfante» [57]. «Il Rossi —incalza e conclude amaramente Gramsci— non sa spiegarsi il fatto che il richiamo all'antico è un puro elemento strumentale-politico e non può creare una cultura di per sé e che perciò il Rinascimento doveva per forza risolversi nella Controriforma, cioè nella sconfitta della borghesia nata coi Comuni e nel trionfo della romanità, ma come potere del papa sulle coscienze e come tentativo di ritorno al Sacro Romano Impero: una farsa dopo la tragedia» [58]. Il che è come dire che il Rinascimento in Italia covava il suo imbozzolarsi ed esaurirsi in Accademia: «Politicamente domina una aristocrazia in gran parte di *parvenus*, raccolta nelle corti dei signori e protetta dalle compagnie di ventura: essa produce la cultura del Cinquecento e aiuta le arti, ma politicamente è limitata e finisce sotto il dominio straniero» [59].

Gramsci allora, postillando l'ultimo brano del Rossi, inneggiante nel classicismo umanistico alla «riabilitazione dello spirito umano, come creatore della vita e della storia», può concludere: «Giustissimo: questo è l'aspetto più interessante dell'Umanesimo. Ma esso è in contraddizione con ciò che ho detto prima sullo spirito anazionale e quindi regressivo —per l'Italia— dell'Umanesimo stesso? Non mi pare. L'Umanesimo infatti non sviluppò in Italia questo suo contenuto più originale e pieno d'avvenire. Esso ebbe il carattere di una restaurazione, ma, come ogni restaurazione, assimilò e svolse, meglio della classe rivoluzionaria che aveva soffocato politicamente, i principi ideologici della classe vinta, che non aveva saputo uscire dai limiti corporativi e crearsi tutte le superstrutture di una società integrale. Solo che questa elaborazione fu 'campata in aria', rimase patrimonio di una casta intellettuale, non ebbe contatti col popolo-nazione. E, quando in Italia il movimento reazionario, di cui l'Umanesimo era stato una premessa necessaria, si sviluppò nella Controriforma, la nuova ideologia fu soffocata anch'essa e gli umanisti (salvo poche eccezioni) dinanzi ai roghi abiurarono» [60].

4.2. Nell'organicità della visione storicistica di Gramsci non può stupire l'atto d'accusa contro la classe egemone dei secoli post-medievali e i suoi intellettuali. D'altronde, il punto nodale della riflessione gramsciana è che la questione dell'Umanesimo e del Rinascimento «non può essere risolta che in un quadro piú comprensivo della storia degli intellettuali italiani e della loro funzione in Europa» [61]. In particolare, il Rinascimento è «la fase culminante moderna della 'funzione internazionale degli intellettuali italiani'» [62], ma sempre presente dalla fase imperiale romana [64], da quando Roma «diventa il crogiolo delle classi colte di tutti i territori imperiali», alla «cosmopoli medioevale» del Sacro Romano Impero, [65], giú fino al XVI secolo ed oltre. Anzi, questo sembra essere il tratto distintivo della storia italiana: «Per l'Italia il fatto centrale è appunto la funzione internazionale o cosmopolita dei suoi intellettuali che è causa ed effetto dello stato di disgregazione in cui rimane la penisola dalla caduta dell'Impero Romano al 1870» [66].

In realtà, dopo un Trecento che aveva visto un «rapporto ampio, vivo, tra alta cultura e sensibilità collettiva» e in cui «l'impegno degli intellettuali nelle lotte politiche è forte e netto come non lo sarà piú nella storia della penisola» [67], dal Quattrocento in poi si ravvisano i sintomi del divorzio intellettuali-società. Si tratta ora di «professionisti della cultura» [68], i quali «s'iscrivono tutti o quasi nel quadro cittadino o alle sue dipendenze» [69] e sono chiamati a funzioni di notaio, scrivano, cancelliere, artista e ambasciatore, costituendo un'élite semiburocratica che risente ma sopravvive alle intemperie dei continui cambiamenti politici; ovvero si rinserrano in Accademie sempre piú disinteressate dalle insegne assai eloquenti: Oziosi, Confusi, Intronati, Balordi, Umorosi, ecc, perché «senza alcun dubbio anche le classi dirigenti avevano fatto macerare a loro volta la tempra degli intellettuali italiani», ormai ridotti a *cortegiani* [70].

Da parte sua, come abbiamo visto, Gramsci è consapevole che «il Rinascimento è un movimento di grande portata, che si inizia dopo il Mille, di cui l'Umanesimo e il Rinascimento (in senso stretto) sono due momenti conclusivi, che hanno avuto in Italia la sede principale, mentre il processo storico piú generale è europeo e non solo italiano» [71]. In altri termini, ripetiamo: «L'Umanesimo e il Rinascimento come espressione letteraria di questo movimento storico euroeo hanno avuto in Italia la sede principale, ma il movimento progressivo dopo il Mille, se ha avuto in Italia gran parte coi Comuni, proprio in Italia è decaduto e proprio coll'Umanesimo e il Rinascimento che in Italia sono stati regressivi, mentre nel resto d'Europa il movimento generale culminò negli Stati nazionali e poi nella espansione mondiale della Spagna, della Francia, dell'Inghilterra, del Portogallo». Invece, in Italia «agli Stati nazionali di questi paesi, ha corrisposto l'organizzazione del Papato come Stato assoluto —iniziato da Alessandro VI— organizzazione che ha disgregato il resto d'Italia ecc.» [72].

Conseguentemente -ecco la seconda grande intuizione gramsciana— nel Rinascimento si costituí «una classe intellettuale di portata europea, classe che si divise in due rami: uno esercitó in Italia una funzione cosmopolitica, collegata al papato e di carattere reazionario, l'altro si formò all'estero, coi fuorusciti politici e religiosi, ed esercitò una funzione cosmopolita progressiva nei diversi paesi in cui si stabilí, o partecipò all'organizzazione degli Stati moderni come elemento tecnico nella milizia, nella politica, nell'ingegneria ecc.» [73] Gli esempi sono tanti e fin troppo noti per essere qui ricordati (ad esempio, Colombo) [74].

Un caso di fuoruscitismo in patria, di drammatico incrocio di sradicamento nazionale (quindi di cosmopolitismo) e di progressismo, di ribellione contro i limiti politicamente angusti e improduttivi del Rinascimento *sub specie Italiae*, è quello di Nicolò Machiavelli. Proprio con due citazioni dai *Quaderni* sul caso Machiavelli ci piace concludere queste pagine. Per Gramsci «lo stesso pensiero politico del Machiavelli è una reazione al Rinascimento, è il richiamo alla necessità politica e nazionale di riavvicinarsi al popolo come hanno fatto le monarchie assolute di Francia e di Spagna» [75]. Il Machiavelli gli appare dunque come il «rappresentante in Italia della comprensione che il Rinascimento non può essere tale senza la fondazione di uno Stato nazionale, ma come uomo egli è il teorico di ciò che avviene fuori d'Italia, non di eventi italiani» [76]. In una parola, parafrasando ed adattando il titolo di una nota del *Quaderno* 13, sarebbe un «ingenuo» nella sua grandezza [77].

NOTE

1. È doveroso sin dall'inizio fare espressa menzione di A. Gramsci, *Marxismo e letteratura*, a cura di G. Manacorda, Roma, Editori Riuniti, 1975, anzitutto per la autorevolezza del curatore di questa utile e ponderosa antologia delle note letterarie gramsciane, poi per il fatto del tutto circostanziale della partecipazione di questo studioso al Congresso cui questi Atti si riferiscono.

2. A. Gramsci, *Socialismo e cultura*, in *Scritti giovanili (1914-1918)*, Torino, Einaudi, 1958, pp. 22-26 (*apud* E. Garin, *Intellettuali italiani del XX secolo*, Roma, Editori Riuniti, 1974, p. 296).

3. E. Garin, op. cit., p. 302.

4. E. Garin, «Gramsci e il problema degli intellettuali», in *Gramsci e la cultura contemporanea*, Atti del Convegno internazionale di studi gramsciani (Cagliari, 23-27 aprile 1967), a cura di P. Rossi, I, Roma, Editori Riuniti, 1969, pp. 37-74; ora in E. Garin, op. cit., pp. 289-342.

5. Ivi, p. 326.

6. Ivi, p. 327.

7. Per piú di due terzi il saggio ha come oggetto d'analisi gli scritti *ante vincula* (cfr. pp. 289-326).

8. E. Garin, op. cit., p. 327.

9. Ivi, p. 330.

10. A. Gramsci, *Quaderni del carcere*, Torino, Einaudi, 1948-1951.

11. ID., *Quaderni del carcere*, edizione critica dell'Istituto Gramsci, a cura di V. Gerratana, Torino, Einaudi, 1975. Per questo contributo, oltre alle due edizioni citate, si è fatto ricorso anche a: ID., *Quaderni del carcere*, Roma, Editori Riuniti, 1977; rist. 1979, che —considerati il carattere e i limiti dell'argomento da trattare— è quella che è sembrato più conveniente ed è risultato piú comodo maneggiare, sia per la sua divisione in volumi tematici, divenuta ormai tradizionale dall'*editio princeps* einaudiana in poi, sia perché rivista e integrata sulla base dell'edizione critica. Le citazioni dai *Quaderni* si devono quindi intendere tratte da questa edizione. Le abbreviazioni adoperate sono quelle usuali. Ad ogni modo, la Tavola delle concordanze, in appendice a queste pagine, fornisce l'informazione bibliografica completa sui brani costituenti il *corpus* preso in considerazione.

12. Nell'ordine, *I.*, pp. 3-23, 45-48, 48, 70-71.

13. *R.*, pp. 13-47.

14. Nell'ordine, *L.V.N.*, pp. 69 e 83-84.

15. F. Sanguineti, *Gramsci e Machiavelli*, Bari, Laterza, 1982.

16. Il *post quem*, segnato dallo stesso Gramsci nel «Primo Quaderno», è l'8 febbraio 1929, due anni e tre mesi dopo l'arresto (8 novembre 1926). Ma, come riferisce V. Gerratana, ed. critica cit., p. XXII, per la «stesura regolare delle note [G.] lascia passare ancora alcuni mesi». «Dalla seconda metà del 1929 il lavoro tuttavia appare avviato in modo regolare» (*ibid.*)

17. *I.*, p. 15.

18. *R.*, pp. 13-23.

19. Cfr. C. Vasoli, *Umanesimo e Rinascimento*, Palermo, Palumbo, 1976², pp. 222-244.

20. J. Burckhardt, *Die Kultur der Renaissance in Italien. Ein Versuch*, Stuttgart, 1860. Il libro fu conosciuto in Italia, e anche da Gramsci, nella traduzione di D. Valbusa: *La civiltà del secolo del Rinascimento in Italia*, Firenze, Sansoni, 1876; 1908-1909; 1913. Cfr. «Libri e opuscoli di autori conosciuti», in A. Gramsci, ed. critica cit., p. 3041.

21. Si allude, nell'ordine, ai seguenti studi: K. Burdach, *Vom Mittelalter zur Reformation. Forschungen zur Geschichte der deutschen Bildung,* Berlin, 1912-1939; I. Huizinga, *Herfsttij der Midde-*

leeuwen, Haarlem, 1919 (*Autunno del Medioevo*, n. ed. it., intr. di E. Garin, Firenze, Sansoni, 1967); N.J. Nordström, *Medeltid och Renässans*, Stockholm, 1920.

22. Si tratta di D. Cantimori, «Sulla storia del concetto di Rinascimento», *Annali della R. Scuola Normale Superiore di Pisa*, S. II, I 3 (1932), 229-268; ora in ID., *Storici e storia*, Torino, Einaudi, 1971, pp. 413-462 e F. Chabod, «Il Rinascimento nelle recenti interpretazioni», *Bulletin of the International Committee of Historical Science*, 19 (1933); ora in ID., *Scritti sul Rinascimento*, Torino, Einaudi, 1967, pp. 7-23. Cfr. inoltre C. Vasoli, op. cit., pp. 245-267.

23. Cfr. E. Vittorini, «Per una nuova cultura», *Il Politecnico*, 1 (1945), 1 e J.P. Sartre, «Una nuova cultura come 'cultura sintetica'», *Il Politecnico*, 16 (1946), 1 e 4, ma pubblicato prima in *Les Temps Modernes*, 1 (1945), 1-21.

24. E. Garin, *Il Rinascimento italiano*, Milano, 1941. Testimonianza dell'interesse tutto particolare di E. Garin per la cultura rinascimentale sono: *Umanesimo e Rinascimento*, Milano, 1948; *L'Umanesimo italiano. Filosofia e vita civile nel Rinascimento*, Bari, 1952; *Medioevo e Rinascimento*, ivi, 1954; *L'educazione in Europa (1400-1600)*, ivi, 1957; *La cultura filosofica del Rinascimento italiano*, Firenze, 1961; *Scienza e vita civile nel Rinascimento italiano*, Bari, 1965; *La cultura del Rinascimento*, ivi, 1967. L'elenco è solo esemplificativo e, comprendendo alcuni tra i titoli più noti, non ha ambizioni di completezza.

25. F. Sanguineti, op. cit., pp. 48 e 52.
26. *L.V.N.*, p. 69.
27. *I.*, pp. 45-48. Il libro fu comunque conosciuto da Gramsci, come attesta l'indice di «Libri e opuscoli di autori conosciuti», in A. Gramsci, ed. critica cit., p. 3077.
28. *I.*, p. 47.
29. *I.*, p. 48.
30. *I.*, p. 47.
31. *R.*, p. 32.
32. *L.V.N.*, p. 83.
33. *Ibid.*
34. *Ibid.*, ep. 84.
35. *Ibid.*
36. Si tratta di: *Il Rinascimento, La corrente popolare nel Rinascimento, Il Cinquecento, L'uomo del Quattrocento e del Cinquecento, La Riforma in Italia, Nicola Cusano, Lorenzo il Magnifico, Controriforma; Rinascimento, Risorgimento, Riscossa, ecc., Traducibilità delle diverse culture nazionali, Riforma e Rinascimento*, per cui v. nell'ordine *R.*, pp. 34-36, 36-37, 37-39, 39-40, 40-41, 41-42, 43, 43-44, 45-46, 46-47, 47.
37. *R.*, p. 13.
38. *Ibid.*
39. *Ibid.*
40. *R.*, pp. 16-20.
41. *R.*, p. 18.
42. *R.*, p. 17.
43. *Ibid.*
44. *R.*, p. 18.
45. *R.*, pp. 27 e 31.
46. *R.*, pp. 28 e 29.
47. *R.*, p. 30.
48. *R.*, p. 24: «Per Rinascimento (...) s'ha ad intendere (...) tutto il multiforme prorompere dell'attività umana nei secoli dall'XI al XVI»; e p. 21: «Il fatto centrale e fondamentale (...) fu la nascita e la maturazione d'un nuovo mondo spirituale che dall'energica e coerente virtù creativa sprigio-

natasi dopo il Mille in ogni campo dell'umana attività, fu portato allora sulla scena della storia *non pure italiana, ma europea*» (la sottolineatura è dello stesso Gramsci). Con le definizioni appena riportate del Rossi (non prive di un certo compiacimento verbale) cfr. quella piú sintetica ed incisiva di Gramsci in *R*., p. 15, cit. *inf*. 4.2. (testo).

49. *R*., p. 24.
50. C. Vasoli, op. cit., p. 255.
51. *R*., p. 33.
52. *R*. p. 28.
53. *R*., p. 26.
54. *R*., p. 21. L'allusione è naturalmente alle Signorie, nate «dall'impossibilità della borghesia di mantenere il regime corporativo, cioè di governare con la pura violenza il popolo minuto» (*R*., p. 27).
55. *R*., p. 32.
56. *Ibid*.
57. *R*., p. 25.
58. *Ibid*.
59. *R*., p. 30.
60. *R*., pp. 32-33.
61. *R*., p. 20.
62. *I*., p. 48.
63. *I*., p. 15.
64. *I*., p. 34 e *R*., pp. 3-4.
65. Nell'ordine, *I*., pp. 34 e 17.
66. *I*., p. 15.
67. Sull'argomento v. l'articolo chiaro e convincente di R. Romano, «L'intellettuale nella società italiana del XV e XVI secolo», *Studii-Revista de Istorie,* XX 3 (1967), 497-509; ora in ID., *Tra due crisi: l'Italia del Rinascimento*, Torino, Einaudi, 1971³, pp. 117-136. I brani citati, ivi, p. 121.
68. Ivi, p. 118.
69. Ivi, p. 120.
70. Ivi, p. 129. A questo proposito e per la caratterizzazione sociologica degli intellettuali resta fondamentale lo studio di C. Dionisotti, «Chierici e laici nella letteratura italiana del primo Cinquecento, in AA.VV., *Problemi di vita religiosa in Italia nel Cinquecento,* Padova, 1960, pp. 167-185, rifuso col titolo «Chierici e laici», in ID., *Geografia e storia della letteratura italiana*, Torino, Einaudi, 1977², pp. 55-88. Ora, v. anche il recente F. Gaeta, «Dal comune alla corte rinascimentale», in *Letteratura italiana*, dir. da A. Asor Rosa, I, *Il letterato e le istituzioni*, Torino, Einaudi, 1982, pp. 149-255.
71. *R*., p. 15.
72. *R*., pp. 15-16.
73. *R*., pp. 18-19.
74. Cfr. *I*., pp.40-41, 74-75 e 76-78.
75. *R*., pp. 28-29.
76. *R*., p. 16.
77. 13 (XXX) § 25.

TAVOLA DELLE CONCORDANZE*

	ER 1	ER 2	EIN 1	EIN 2
GLI INTELLETTUALI				
[*La formazione degli intellettuali*]				
Gli intellettuali sono un gruppo	13-32	3-23	3-19	12(XXIX), 1.1
[*Funzione cosmopolita degli intellettuali italiani*]				
La quistione della lingua	33-38	24-29	21-25	3(XX),76
Formazione delle classi intellettuali italiane nell'alto Medioevo	38-42	29-33	25-28	3(XX),87
Carattere cosmopolita della letteratura italiana	42-43	34-35	28-29	17(IV),32
Diritto romano o diritto bizantino	43	35	29	6(VIII), 63
La cultura nell'alto Medioevo	44-45	35-37	29-31	5(IX), 74
[*Origine dei centri di cultura medioevali*]	45-46	38-39	31-32	5(IX), 68
Monachesimo e regime feudale	46-47	39-40	32	5(IX), 78
Sulla tradizione nazionale italiana	47-48	40-41	32-33	5(IX), 31
Sviluppo dello spirito borghese in Italia	49-51	41-43	33-35	5(IX), 85
Umanesimo e Rinascimento	52-54	45-48	36-38	7(VII),68
Rinascimento	54	48	38	3(XX),144
La Controriforma e la scienza	54-55	48-49	39	6(VIII),152
[*Intellettuali italiani all'estero*]				
Storia nazionale e storia della cultura	76-77	70-71	55-56	3(XX),118
Tramonto della funzione cosmopolita degli intellettuali italiani	78-79	73-74	57	3(XX),115
[*La patria di Cristoforo Colombo*]	79	74-75	57-58	3(XX),80
Individui e nazioni	80	75-76	58	6(VIII), 77
[*Tecnici militari e arte militare italica*]	80-82	76-78	58-60	3(XX), 116
IL RISORGIMENTO				
[*Il Risorgimento e la storia precedente*]				
Una doppia serie di ricerche	13-14	3-4	3-4	19 (X), 1
Funzione cosmopolita degli intellettuali italiani. La borghesia medioevale e il suo rimanere nella fase economico-corporativa	15	5	4	6(VIII),7
[*Il Comune medioevale come fase economico-corporativa dello Stato moderno*]				

Federico II	16-17	6-7	5-6	6(VIII),61
Dante e Machiavelli	17-19	7-9	6-7	6(VIII),85
[*Le finanze del Comune fiorentino*]	19-21	9-11	8-9	6(VIII),13
[*La caduta del Comune*]	21	11	9	6(VIII),43
L'assedio di Firenze del 1529-30	21	11-12	9-10	6(VIII),51
Sul fatto che la borghesia comunale	22	12	10	5(IX),147
[*Riforma e Rinascimento*]				
Umanesimo e Rinascimento	23-24	13-14	11	17(IV),1
Il Walser, che visse a lungo in Italia	24-26	14-16	11-13	17(IV), 8
Secondo il Janner l'idea	26-28	16-19	13-15	17(IV), 3
Può esser vero che l'Umanesimo	28-30	19-20	16-17	17(IV), 33
Molto interessante e comprensivo	30-43	20-35	17-28	4(IX),123
Il Rinascimento. Origini della letteratura e della poesia volgare	43-45	34-35	28-29	6(VIII), 116
Si confondono due momenti	45	35-36	29-30	6(VIII),118
[*La corrente popolare nel Rinascimento*]	45-46	36-37	30	8(XXVIII), 68
[*Il Cinquecento*]	46-48	37-29	30-32	5(IX), 91
L'uomo del Quattrocento e del Cinquecento	48-49	39-40	32-33	5(IX), 95
[*La Riforma in Italia*]/	49-50	40-51	33-34	9(XIV),55
Nicola Cusano	50-51	41-42	34-35	5(IX), 53
[*Lorenzo il Magnifico*]	51-52	43	35	15(II), 70
Controriforma	52-53	43-44	35-36	2(XXIV),61
[*La reazione ecclesiastica*]	53	44	36	17(IV),15
Rinascimento, Risorgimento, Riscossa	53-55	45-46	36-37	26(XII),11
Traducibilità delle diverse culture nazionali		46-47		15(II),64

LETTERATURA E VITA NAZIONALE

[*Carattere non nazionale-popolare della letteratura italiana*]	81-84	67-69	57-60	21(XVII),1
Nesso di problemi	81-84	67-70	57-60	21(XVII),1
Il Cinquecento	96-97	83-84	70-71	5(IX),104.

*Si elencano le note a volte citate del *corpus* tenuto direttamente presente. Non si inseriscono con espressa menzione altre note prese ovviamente in considerazione per una valutazione piú comprensiva della concezione gramsciana della cultura e dell'intellettuale.

Come nell'analoga tavola dell'edizione critica, i titoli redazionali e non originali delle note sono indicati tra parentesi quadre. L'indicazione è rientrata rispetto al margine normale, quando si tratta non di un titolo, ma di un capoverso. Le sigle vanno cosí interpretate: ER 1 = *Quaderni*, Roma, Editori Riuniti, 1971-75; ER 2 = *Quaderni*, ivi, 1977 (rist. 1979); EIN 1 = *Quaderni*, Torino, Einaudi, 1948-51; EIN 2 = *Quaderni*, edizione critica, ivi, 1975.

APUNTES PARA UNA LECTURA ETICO-POLÍTICA DE DANTE ALIGHIERI

Mª de los Desamparados Mozas Agulló
Constantino Sánchez Toribio

Introducción

Sería pedante y rayaría con la ignorancia culpable afirmar ahora y aquí que los escritos de Dante tienen una intencionalidad política expresa. Siendo, pues, la intencionalidad política del autor en cuestión un dogma más que evidente entre los estudiosos y expertos, el propósito del presente escrito no sobrepasa los límites de advertir al lector del poeta florentino del siglo XIV las vivencias ambientales, bajo las cuales deben ser leidas ciertas tesis hilvanadas por Dante en sus escritos más claramente ético-políticos.

El tema nos parece de gran interés porque, de no tener en cuenta tales circunstancias ambientales, es presumiblemente cierto que pueden no ser captadas en su verdadero alcance cultural algunas afirmaciones dantianas sobre la «christiana civilitas»: La sociedad cívico-religiosa del siglo XIII y del siglo XIV, que se encontraba en una profunda crisis de crecimiento y la que era necesario reformar. No cabe la menor duda de que, si un lector actual se acercara a las palabras de Dante desde las vivencias actuales y no tuviera en cuenta el tono existencial bajo el que escribiera Dante, nunca se acertaría a dar el valor axiológico correcto a ciertas tesis del autor. Aun más, cierto y seguro es el hecho de que se desvalorizarían algunos contenidos sistemáticos del pensamiento dantiano, los cuales siguen siendo válidos para el hombre de hoy. Esa desvalorización de la actualidad de Dante vendría de una de estas dos posibles hermenéuticas incorrectas:

a.— Algún posible hermeneuta, apoyado en la religiosidad personal del autor de la Divina Comedia, cuya estructura literaria refleja incluso la misma sociedad estamental jerarquizada del Medievo europeo, pensaría que las tesis ético-políticas dantianas habría que encuadrarlas dentro de la hierocracia, que defendió el papa Bonifacio VIII en la «*Unam Sanctam*» en el preciso instante en que Felipe el Hermoso de Anjou se rebeló contra el poder político, que para sí reclamaba el papado. Según el citado documento de los primeros años del siglo XIV, que propugnaba el más fiel medievalismo iniciado en el »Decretum Gratiani» y practicado por Inocencio III, todo reino temporal es feudo, señorío y dominio del papado. Por consiguiente, será también instrumento al servicio exclusivo de la Iglesia y el papado ya que Iglesia y papado son los únicos depositarios legítimos de la autoridad social, que proviene de Dios y sin la cual no existe sociedad alguna.

Sin entrar en la cuestión a fondo, para hacer ver que tal óptica interpretativa del sistema dantiano es ilegítima, será suficiente con poner ante los ojos del lector la siguiente tesis, la cual se encuentra en la obra *Monarchia*, mientras Dante, apoyándose en la doctrina aristotélica de que los seres se diferencian en razón de los fines para los que fueron creados, mantiene la diferencia y la distancia ontológica entre la sociedad civil y la sociedad religiosa. La tesis en litigio reza así:

> «Ergo Ecclesia non est causa virtutis Imperii et per consequens nec auctoritatis, cum idem sit virtus et auctoritas.» MONARCHIA: III, 13

b.— Si leer a Dante desde una perspectiva decretalista es un error axiológico, no dejaría de ser otro error valorativo de las tesis dantianas el acercarse al pensamiento del amante de Beatriz de Portinari bajo la presión del cesaropapismo. Esta doctrina ético-política, que apareció en torno a los estudios jurídicos de la Universidad de Bolonia, defendía, por su parte, una estructura social del todo opuesta a la de los Decretales de Graciano: Es el papado el súbdito y el siervo del poder civil, a quien compete corregir y guiar los desvíos y desmanes del papado. Dentro de tal organigrama ético-político cabría encuadrar el parecer social de Dante si alguien, lejos de todo contexto histórico, leyera las palabras con las que Dante saluda los proyectos de invasión armada, mediante los cuales Enrique VII de Alemania intenta someter a la rebelde Lombardía norteña alrededor del 1310. El emperador teutón en cuestión es bautizado por Dante, en tal ocasión, con la siguiente fórmula: «Clementissimus Enricus, divus et Augustus et Caesar». Según Dante, con los proyectos del emperador Enrique se abren los inicios de una edad de oro para su Florencia natal, de la que por aquellos días el estaba desterrado. He aquí las palabras de Dante dirigidas a sus conciudadanos y a los príncipes florentinos de aquel entonces:

> «Nam dies nova splendescit ab ortu auroram demonstrans, que iam tenebras diuturne calamitatis attenuat; iamque aure orientales crebescunt; rutilat celum in labiis suis et auspitia gentium blanda serenitate confortat». EPISTOLE, V. [1].

Si a pesar de la rotundidad de las palabras el pensamiento de Dante nunca debe ser tachado de cesaropapismo, ¿cuál es el verdadero valor de las fórmulas dantianas anteriormente citadas?. Para descubrirlo con justeza y para evitar todo error hermenéutico, hay que recurrir a las circunstancias concretas, bajo las cuales fueron verbalizadas tales fórmulas, tales loas. Las circunstancias, desde las cuales es necesario interpretar las loas anteriores, son las siguientes:

1º.— Los críticos de Dante ponen la redacción de la carta quinta en torno al año 1310 y en esa fecha precisamente Dante se juzga ya un eterno desterrado de su Florencia natal, que entonces estaba gobernada por el papado desde Avignon. En los proyectos de invasión armada concebidos por el príncipe teutón, Dante tuvo que revivir la esperanza de una vuelta nunca conseguida.

2º.— Unos años antes de los proyectos de invasión armada de la Lombardía norteña, concebidos por Enrique VII de Alemania, el pasado había trasladado su sede al sur de Francia. Este hecho suponía que la Iglesia del siglo XIV y el papado eran súbditos y feudos de la Casa de Anjou francesa. Hecho este que, a su vez, revela que los príncipes teutones han perdido ya definitivamente todos los derechos históricos, que los Staufen alemanes habían ejercido sobre el sur de Italia y sobre Sicilia. Luego es lógico suponer que en los proyectos de invasión de Lombardía ideados por Enrique VII de Alemania toda la cristiandad y Dante también cifren las esperanzas del debilitamiento político de la Casa de Anjou a fin de que el papado vuelva a su lugar de origen: La Roma italiana.

Habida cuenta de estas dos circunstancias señaladas, es correcto pensar que las loas de Dante a Enrique VII de Alemania, lejos de ser la expresión de un cesaropapismo sociológico, son tan sólo los gritos de un desterrado, que desea volver otra vez a su Florencia, y los ayes incontenidos de un cristiano, que quiere ver el papdo en su sede histórica. Para comprender la fuerza vital, que para Dante tiene la vuelta a Florencia nunca conseguida, adviértase que en muchas ocasiones el autor que fuera Dante se llama a sí mismo con el apelativo de *exul immeritus*: el desterrado contra toda justicia.

Circunstancias Históricas, bajo las que escribió Dante

De la introducción anteriormente expuesta es fácil deducir el siguiente hecho metodológico: la valoración exacta del pensar ético-político de Dante exige una referencia precisa a los acontecimientos más significativos acaecidos durante la vida del autor florentino. ¿Cuáles fueron, pues, esos acontecimientos, que dan el tono cultural del momento, en el que vivió Dante?.

Para poder diseñar un breve esbozo de esos acontecimientos será necesario recurrir a los datos biográficos del autor de la Divina Comedia. Estos nos dicen que Dante vivió entre el 1265 y el 1321. Las fechas señaladas demuestran que el florentino Dante consumió su vida terrena entre la última mitad del siglo XIII y la primera mitad del siglo XIV.

Si se recurre a la comparación histórica, posible es conocer los acontecimientos más significativos que dan el tono vital a la sociedad y al tiempo, dentro de los cuales existió Dante. Esos acontecimientos significativos son los siguientes:

a.— El año del nacimiento de Dante es la fecha, en la que asume la responsabilidad del papado un cardenal francés, que toma el nombre de Clemente IV. Este papa entregó a Carlos de Anjou el sur de Italia para liberarse así del acoso que sobre estas tierras ejercían los Staufen alemanes. El hecho es más que significativo por cuanto implica la vigencia del viejo problema de las relaciones entre el papado eclesiástico y el imperio teutón. El encono del problema tuvo dos momentos difíciles. El primero de ellos aconteció durante el papado de Gregorio IX, quien además era sobrino del papa Inocencio III, personaje que había llevado a la Iglesia a las más altas cotas de autoridad política. El sobrino de Inocencio III, para desprestigiar al emperador reinante, lanzó una campaña publicitaria. El historiador Joseph Lortz la diseña así:

> «Por medio de libelos se intentó influir en la opinión pública. Por parte del papa se decía: el emperador no es un ortodoxo creyente; es la bestia del Apocalipsis, ha llamado a Moisés, Jesús y Mahoma los tres embaucadores del mundo, es el heraldo del Anticristo». Lortz, Joseph: Historia de la Iglesia. Pág. 441-42.

El segundo de esos momentos difíciles ocurrió tres años después de la primera luz del poeta: 1268. Gobernaba la Iglesia el papa Clemente IV y, por haber concedido el papa los territorios sureños de Italia a la Casa francesa de Anjou, el emperador Conradino quiso defender por las armas sus derechos familiares al sur de la península. Para ello acudió el emperador a Tagliacozzo, lugar de la Italia central. Los papalistas se deshicieron de Conradino acudiendo a acciones innobles, en las que el papado quizá no intervino, pero sí las consintió.

Estos dos hechos reseñados, que abren la vida del poeta, demuestran cuál era el ambiente europeo en los primeros años de Dante. Ambiente social que ha descrito así el profesor Truyol y Serra:

> «Crisis de autoridad, por un lado, y rebeldía por otro: tal era, por doquier, el espectáculo que ofrecía la cristiandad en el siglo XIV». Truyol y Serra, Antonio: Dante Alighieri y el «Imperio Mundi». Anales de la Universidad de Murcia. XI (1952-53). Pág. 12.

b.— La muerte del gran poeta renacentista italiano ocurre en el año de 1321, no muchos años después de que Felipe IV el Hermoso, que por entonces regía los destinos de Francia, hiciera prisionero a Bonifacio VIII y el mismo príncipe eligiera, como nueva sede del papado, la villa francesa de Avignon. Dos hechos de suprema connotación cultural para la primera parte del siglo XIV por cuanto que, si conllevan el final de las luchas entre el papado y los Anjou franceses, también implican el desprestigio político y religioso del papado en la conciencia de los hombres de aquellos días. El desprestigio político del papado procedía de la *Unam Sanctam*, documento pontificio con el que Bonifacio VIII intentó imponer, otra vez, sobre Europa un medievalismo social, en el cual ya nadie creía. El desprestigio religioso cundió, porque en la *Unam Sanctam* toda Europa vió de nuevo a un papado interesado, no en los asuntos de su competencia, sino en los problemas propios de un príncipe terrenal. Así, al menos, lo confiesa el propio Lortz:

> «Las gentes se habituaron, mucho más que hasta entonces, a ver en el papa un soberano político (en luchas por metas políticas) junto con otros soberanos y a combatirlo también con medios políticos». Lortz, Joseph: Historia de la Iglesia. Pág. 499.

c.— Existe aún una tercera cirunstancia vital, de la cual es necesario hacer referencia para la recta hermenéutica del quehacer ético-político de Dante. Se trata de su calidad de florentino. Era Florencia, durante el siglo XIII y el siglo XIV, una de esas ciudades italianas que, en ciertos márgenes, se mantenían libres de las dependencias papales y de las sumisiones al imperio. Como signos relevantes de esta relativa independencia con respecto al papado y con respecto al imperio, se pueden aducir los siguientes hechos:

1.— Los proyectos de sumisión armada concebidos por Enrique VII en el 1310 estuvieron motivados, en parte, porque la Florencia de aquel entonces era refugio socio-político de los prohombres antialemanes.

2.— Desde el siglo XII el norte de Italia fué el medio geopolítico, en el que nacieron movimientos en ciertos puntos democráticos, sobre los que tanto el papado como el imperio descargaron sus iras y los machacaron. Mención especial merecen la pataria Milanesa y el movimiento franciscano heterodoxo. El primero surgió entre los pequeños comerciantes de ropa usada en los barrios de Milán y llegó a alcanzar tal fuerza que hasta el papa Alejandro II los utilizó para someter a la alta aristocracia feudal de la ciudad. La organización patarana desapareció bajo la presión de la nobleza y del papado, pero su ideología fué la semilla, de la que surgió el franciscanismo de Segarelli y Dolcino, dos personajes históricos de mucho predicamento social en su tiempo; ambos personajes fueron perseguidos por la Inquisición italiana y el segundo de ellos incluso ajusticiado públicamente por orden del Papa Bonifacio VIII en el 1300. ¿Cuál fué la doctrina social mantenida por estos movimientos revoltosos? No es posible saberlo con certeza, porque como afirma un estudioso actual de estos grupos:

> «Los escritos de los herejes no nos han llegado más que a través de los juicios de la Inquisición y los relatos de sus enemigos». Domínguez, Javier: Movimientos Colectivistas y Proféticos en la Historia de la Iglesia. Pág. 161.

Sin embargo, sí es fácil suponer que, al ser perseguidos por la Inquisición y la nobleza, la doctrina de éstos tenía que contener duras críticas a las imposiciones autocráticas del papado, del imperio y de la alta nobleza italiana. Detro de esas críticas serias al orden medieval establecido, tuvo que surgir un liberalismo ético-político, del que se hace eco Dante en el siguiente texto:

> «Hoc viso, iterum manifestum esse potest quod hec libertas sive principium hoc totius libertatis nostre est maximum donum humane nature a Deo collatum: quia per ipsum hic felicitamur ut homines, per ipsum alibi felicitamur ut dii». Monarchia, I, 12.

Esbozo de una posible doctrina ético política diseñada por Dante en su Monarchia

Cosa cierta es que Dante se preocupó de los problemas, que maltrataron la sociedad de su tiempo, y el apoyo de esta suposición es la propia vida del poeta, del que no puede afirmarse que fuera un místico contemplativo y quietista. Así, al menos, reza en una contundente confesión, la cual figura en los primeros párrafos del libro primero con estas palabras:

> «Hoc igitur sepe mecum recogitans, ne de infossi talenti culpa quandoque redarguar, publique utilitati non modo turgescere, quin ymo fructificare desidero et intemptatas ab aliis ostendere veritates». Dante: Monarchia, I, 1.

Del texto citado se deduce que al autor florentino está sinceramente decidido a solucionar, en la medida de sus fuerzas, los enconos propios de la sociedad aquella. Uno de los enconos, que más pronto requerían una solución urgente, era el de la paz de la cristiandad tantas veces lesionada por tirios y troyanos. ¿Qué líneas de organigrama social defiende Dante para una sociedad nueva y futura, en la que jamás se frustre la paz? Este escrito breve entiende que el autor de la Divina Comedia caminó por estos derroteros:

a.— Frente a la sacralización de toda autoridad constituida, que propugnaba el medievalismo ambiental, Dante expresa que la autoridad de toda comunidad humana debe ser instrumento y servicio para el conjunto de sus iembros. He aquí sus mismas palabras:

> «Hinc enim patet quod, quamvis consul sive rex respectu vie sint domini aliorum, respectu tamen termini aliorum ministri sunt, et maxime Monarcha, qui minister omnium procul dubio habendus est. Hinc enim iam innotescere potest quod Monarchia necessitatur a fine sibi prefixo in legibus ponendis». Dante: Monarchia: I, 12.

b.— Si la autoridad social establecida en toda sociedad es un servicio y un ministerio, aquella deberá legislar en pro del progresivo desarrollo de los individuos, que componen la trama comunitaria, y nunca deberá oprimir los brotes de investigación humana, que espontáneamente surjan. Esta tesis, que se opone de plano a la mentalidad medieval, está claramente postulada en el pensamiento dantiano del modo siguiente:

> «Quod dico propter agibilia, que politica prudentia regulantur, et propter factibilia, que regulantur arte: que omnia speculationi ancillantur tanquam optimo ad quod humanum genus Prima Bonitas in esse produxit». Dante: Monarchia: I, 3 ad finem.

c.— Al pedir Dante para el nuevo hombre una tal libertad de investigación, protegida por la misma autoridad social, el autor en cuestión rompe el viejo esquema del hombre medieval, al que sólo se le permitía obedecer; por el contrario, postula una antropología dinámica y activa, en la que el individuo es protagonista de su propio acontecer. Tesis esta que parece ser dogma ético-político en Dante, si se quiere entender con profundidad la definición de hombre, que el autor nos da en la siguiente fórmula:

> «Non enim est lignum, quod secus decursus aquarum fructificat in tempore suo, sed potius vorago semper ingurgitans et nunquam ingurgitata refundens». Dante: Monarchia: I, 1.

d.— Dante sabe por propia experiencia y por la historia reciente de patarianos y dolcinianos que toda sociedad nueva necesita una fuerza organizada, que la avale. ¿Dónde encontrar esa fuerza? Recurre a la antigua Roma que por aquellos días, al decir de Burckhardt, está resurgiendo en Italia recubierta de sus más excelentes glorias. Estas son las palabras, con las que el autor alemán describe el resurgir de Roma en la Italia del siglo XIV:

> «La Antigüedad despierta en Italia de modo distinto que en el norte. Tan pronto como la barbarie cesa, surge aquí, en este pueblo, aun semiantiguo, el reconocimiento del propio pasado. Lo ensalza y desea retornar a él ....
> .... En Italia, no sólo los sabios, sino también el pueblo, toman partido por la Antigüedad de una manera objetiva, pues en ella hallan el recuerdo de su propia grandeza». Burckhardt, Jacob: La cultura del Renacimiento en Italia. Pág. 130-131.

Por consiguiente, Dante, presionado por los fracasos medievales del imperio cesaropapista y los no menos sonados desvíos del papado hierócrata, propone a la antigua Roma renacida como la fuerza organizada capaz de avalar la nueva estructura ético-política por él propugnada. He aquí sus propias palabras:

> «Quod autem Romanus populus bonum prefatum intenderit subiciendo sibi orbem terrarum, gesta sua declarant, in quibus, omni cupiditate submota, que rei publice semper adversa est, et universali pace cum libertate dilecta, populus ille sanctus, pius et gloriosus propria commoda neglexisse videtur, ut publica pro salute humani generis procuraret». Dante: Monarchia: II, 5.

No cabe la menor duda de que estas últimas palabras no son del agrado del moderno lector por lo que tienen de nacionalismo salvador, que no ha muchos años tantos sinsabores trajo para la Europa del siglo XX. Pero no es menos cierto que, aunque no gratas al gusto del tiempo, son palabras circunstanciadas del Dante histórico, de las que no es posible olvidarse a la hora de resumir, en un breve esbozo, las ideas ético-políticas del autor en cuestión.

NOTA

1. Creemos necesario advertir al lector de este trabajo que el latín de Dante es el renacentista y decadente, el cual está ya muy lejos de ser el latín clásico de Cicerón tanto en el aspecto ortográfico como en el morfo-sintáctico.

BIBLIOGRAFIA CONSULTADA PARA EL TEMA:

1. DANTE ALIGHIERI, Monarchia y Epistole. Según texto fijado en las «Opera Omnia» publicadas por La Sociétá Dantesca Italiana. Fireze, MCMLX.
2. ABBAGNANO, NICOLÁS, Historia de la Filosofía. (Traducción de Juan de Estelrich y J. Pérez Ballestar). Montaner y Simón, S.A. Barcelona, 1973. T. II: La Filosofía del Renacimiento. La Filosofía Moderna de los siglos XVII y XVIII.
3. BURCKHARDT, JACOB: La Cultura del Renacimiento en Italia. (Traducción de Jaime Ardal revisada por J. Bofill y Ferro). Editorial Iberia, S.A., Barcelona, 1970.
4. DENZINGER, ENRIQUE, El Magisterio de la Iglesia. Manual de los Símbolos, Definiciones y declaraciones de la Iglesia en Materia de Fe y Costumbres. (Traducción de Daniel Ruiz Bueno). Editorial Herder. Barcelona, 1975.
5. DOMÍNGUEZ, JAVIER: Movimientos Colectivistas y Proféticos en la Historia de la Iglesia. Editorial Mensajero. Bilbao, 1970.
6. GARÍN, EUGENIO: Medievo y Renacimiento. Estudios e Investigaciones. (Traducción de Ricardo Pochtar). Taurus Ediciones, S.A. Madrid, 1981.
7. LORTZ, JOSEPH: Historia de la Iglesia. En la Perspectiva de la Historia del Pensamiento. (Traducción de Agustín Andreu Rodrigo revisada José Mª. Bravo Navalpotro). Ediciones Cristiandad, S.L. Madrid, 1982. T. I.
8. ROMERO, JOSÉ LUIS: La Edad Media. Fondo de Cultura Económica. Nueva Reimpresión. México, 1975.
9. TRUYOL y SERRA, ANTONIO: Dante Alighieri y el «Imperio Mundi». Anales de la Universidad de Murcia. XI (1952-1953). Págs. 9-36.
10. VON MARTIN, ALFRED: Sociología de la Cultura Medieval. (Traducción de Antonio Truyol y Serra). Instituto de Estudios Políticos. Madrid, 1970.

LEOPARDI FRENTE AL RENACIMIENTO

Mª DE LAS NIEVES MUÑIZ MUÑIZ
Universidad de Extremadura

Definir la postura de Leopardi frente a los siglos del Humanismo y el Renacimiento [1], esa etapa de la historia literaria italiana a caballo —según la óptica del propio poeta— entre el «primitivo» *Trecento* y el «refinado» y «corrupto» *Seicento*, implica resolver un punto particularmente oscuro —y sin embargo central— de su «sistema»: la relación entre los conceptos de estado natural y de civilización media; pero también implica, en la medida en que el Renacimiento constituye un ejemplo paradigmático del resucitar de la áurea civilización grecorromana mediante el desenterramiento, según rezan los célebres versos de la Canción a Mai, de «la voce antica» e «i generosi e santi detti degli avi», la necesidad de aclarar el pensamiento de Leopardi acerca de los dos polos más alejados de la evolución humana: la edad antigua y la moderna, fundamentalmente enfrentadas como realidades antitéticas, y, a pesar de ellos, reunidas, en ocasiones, desde la perspectiva de una hipotético regreso histórico a los orígenes una vez completada la parábola de «snaturamento» [2].

Podría pensarse que, sobre la base del sistema de la naturaleza elaborado entre 1818 y 1821 por el poeta, según el cual la evolución histórica desemboca en la destrucción de la felicidad natural a causa de la razón civilizadora, la predilección por el siglo XIV, considerado como el estado originario y natural de las letras italianas (conocido es el silencio casi total que los escritos leopardinos guardan acerca del *Duecento*), y la desestimación del siglo XVI, fruto maduro del «sonno» erudito del *Quattrocento* y ya preludio del artificioso Barroco, habría de ser la consecuencia obvia de tal planteamiento. Pero las cosas no están exactamente así, sino que, por el contrario, los textos de Leopardi ofrecen juicios oscilantes o abiertamente contradictorios a este respecto.

1. Si nos remontamos a los primeros apuntes del *Zibaldone di pensieri* o al *Discorso intorno alla poesia romantica* de 1818, hallamos ya un ambiguo agrupa-

miento de autores pertenecientes a distintas épocas (Homero, Dante, Petrarca, Ariosto, Tasso, Virgilio, Ovidio, etc.) considerados indiscriminadamente «antiguos» y contrapuestos a los «modernos» que parecen arrancar del siglo XVII y proseguir en un *crescendo* de corrupción cuyo culmen se sitúa en la contemporánea época romántica [3].

Por otra parte, tal dicotomía contiene a su vez evidentes claroscuros: frente a Dante, Petrarca y Ariosto —categorialmente antiguos a la par que Homero— se colocan a veces Tasso y Virgilio en cuanto menos espontáneos, más melancólicos y «civilizados» que los primeros y por tanto más fácilmente proponibles como modelo para la modernidad:

> l'esperienza dei (tempi) passati e del presente dimostra purtroppo chiaro, che qualunque sarà poeta eccellente —leemos en el *Discorso intorno alla poesia romantica*— somiglierà Virgilio e il Tasso, non dico in ispecie ma in genere; un Omero un Anacreonte un Pindaro un Dante un Petrarca un Ariosto appena è credibile che rinasca (*Opere*, a cura di S. Solmi, Milano-Napoli, 1956, t. I, p. 809).

> Un Omero, un Ariosto —escribía el 8 de marzo de 1821 Leopardi en un apunte zibaldoniano— non sono per li nostri tempi, né, credo, per gli avvenire. Quindi molto e giudiziosamente e naturalmente le altre nazioni hanno rivolto il nervo e il forte e il principale della poesia dalla immaginazione all'affetto, cangiameto necessario e derivante per se stesso dal cangiamento dell'uomo. Così accadde proporzionatamente anche ai latini, eccetto Ovidio. E anche l'Italia ne' principii della sua poesia, cioè quando ebbe veri poeti, Dante, il Petrarca, il Tasso (eccetto l'Ariosto) sentì e seguì questo cangiamento, anzi ne diede l'esempio alle altre nazioni (*Zibaldone di pensieri*, a cura di F. Flora, Milano 1973, vol. I, p. 511).

De modo que el bloque de poetas antiguos se desintegra y, superando las barreras cronológicas, en el primer caso Virgilio y Tasso quedan emparejados frente a Dante, Petrarca o Ariosto (por citar sólo a los italianos), mientras que en el segundo únicamente Ariosto entre los italianos, y Ovidio entre los latinos, parecen merecer el calificativo de poetas homéricos y naturales en virtud de su fecunda imaginación exenta de tristeza [4]. Pero el aislamiento de la figura ariostesca se repite en otros momentos para contraponerla (también asimilada a la de Ovidio) no sólo a Dante, sino incluso al propio Homero sobre la base de una sutil distinción entre 'imaginación fuerte' e 'imaginación fecunda':

> Altro è la forza altro la fecondità dell'imaginazione e l'una può stare senza l'altra. Forte era l'immaginazione di Omero e di Dante, feconda quella d'Ovidio e dell'Ariosto. Cosa che bisogna ben distinguere quando si sente lodare un poeta o chicchessia per l'immaginazione. Quella facilmente rende l'uomo infelice per la profondità delle sensazioni, questa al contrario lo rallegra colla varietà e colla facilità di fermarsi sopra tutti gli oggetti e di abbandonarli e conseguentemente colla copia delle distrazioni (*Zib.*, I, p. 170, 5. VII. 1820).

Con la consiguiente ruptura de la ecuación primitivo = feliz y de su relación antitética con respecto al binomio moderno = sentimental [25].

Una ambigüedad semejante está presente en la definición del estilo poético antiguo y su contraposición con el moderno, independientemente de los autores clasificables dentro de uno u otro. Al lado de la frecuente asociación entre la belleza y la sencillez, por ejemplo, en cuanto fruto de la espontaneidad y «negligencia» primitivas («la semplicità è bella, perché spessissimo non è altro che naturalezza», *Zib.*, I, p. 943), se observa el paradójico emparejamiento entre lo natural y lo ingenuamente recargado (recuérdense esos «trecentisti manieratissimi e scioccamente carichi di ornamenti in molte cose, benché, *per indole naturale*, semplicissimi ec.», ivi, p. 963) que contrasta con la difícil sencillez de los modernos resultante del arte y el estudio, la cual en ocasiones es vista negativamente:

> adesso l'arte è venuta in un incredibile accrescimento, tutto è arte e poi arte, non c'è più quasi niente di spontaneo, la stessa spontaneità si cerca a tutto potere ma con uno studio infinito senza il quale a gran pezza l'aveano (spezialmente nella lingua) Dante il Petrarca l'Ariosto ec. e tutti i bravi trecentisti e cinquecentisti. Questo avviene perché ora si viene da un tempo corrotto (oltreché si sta pure tra' corrotti) e bisogna porre il più grande studio per evitare la corruzione... perché adesso conosciamo tutti i vizi delle arti e ce ne vogliamo guardare e non siamo più semplici come erano i greci e i latini e i trecentisti e cinquecentisti perché siamo passati pel tempo di corruzione e siamo divenuti astuti nell'arte, e schiviamo i vizi con questa astuzia e coll'arte non colla natura come faceano gli antichi i quali senza sapere più che tanto pure perché l'arte era in sul principio e non ancora corrotta non gli schivavano ma non ci cadevano. Erano come fanciulli che non conoscono i vizi, noi siamo come vecchi che li conosciamo ma pel senno e l'esperienza gli schiviamo. Vizi d'Omero concetti del Petrarca, grossezze di Dante, seicentisterie dell'Ariosto del Tasso del Caro (traduzione dell'*Eneide*) ec. E però adesso le nostre opere grandi... saranno tutte senza difetti, perfettissime, ma in somma non più originali, non avremo più Omero Dante l'Ariosto (*Zib.*, I, p. 7).

Y otras veces —algunos años más tarde— es preferida a la natural negligencia que ahora parece incompatible con la «semplicità e chiarezza», «pregi fondamentali d'ogni qualunque scrittura»:

> La forza, l'originalità, l'abbondanza, la sublimità ed anche la nobiltà dello stile possono, certo in gran parte, venire dalla natura... La chiarezza e (massime a' dì nostri) la semplicità... quei pregi fondamentali d'ogni qualunque scrittura, quelle qualità... senza cui gli altri pregi a nulla valgono..., sono tutta e per tutto opera dono ed effetto dell'arte... Ogni minima negligenza dello scrittore nel comporre, toglie al suo scrivere, in quanto ella si estende, la semplicità e la chiarezza (*Zib.*, II, pp. 238-9, 26.VII.1823).

Razonamiento sintetizado apodícticamente en la afirmación: «La semplicità e la chiarezza... non può certo star colla negligenza» (ivi, p. 240) y que culminará en la negación de la identidad *natura-semplicità*:

> L'infanzia dell'arte in Omero, è annunziata ancora per esempio dalla sterile soprabbondanza degli epiteti, usati fuor di luogo, senza causa o proposito, e spessissimo, com'è noto, a sproposito... Così la maniera di Omero ha una certa naturalezza, ma non semplicità... è sempre effetto dell'arte; sempre opera dell'autore e non del tempo. Chi scrive senz'arte non è semplice (*Zib.*, II, p. 1156, 26-31.VII. 1828).

Tan vistoso viraje estético, estaba sin embargo ya presente en las primeras páginas del *Zibaldone* allí donde se elogiaba «quella bellissima negligenza che accusa l'opera della natura e non della fatica», pero donde también se advertía: «l'ultima cosa a cui si arriva è la semplicità e naturalezza, e la prima cosa è l'artificio e l'affettazione» (*Zib.*, I, p. 29); en definitiva, la sencillez y el «barroquismo» resultan ser indistintamente el efecto de la naturaleza o del arte, un «vicio» o una virtud, de modo que la línea divisoria entre *arte* y *natura* pierde su nitidez hasta el punto de permitir la recíproca identificación de ambos conceptos: «La minor arte è minor natura» (*Zib.*, ivi).

2. En todo caso, aun dentro del bloque más o menos homogéneo que forman para Leopardi los siglos situados entre el pre-renacimiento y el Barroco (al menos desde un punto de vista literario), se advierte una tendencia a encuadrarlos en una trayectoria oscilante que a veces parece avanzar en línea recta (según el esquema «Dal niente in letteratura si passa al mezzo e al vero, quindi al raffinamento», *Zib.*, I, p. 4) hacia el *Cinquecento* donde se situaría el perfeccionamiento y la plena realización de un *Trecento* y un *Quattrocento* aún inmaduros:

> Il trecento fu il principio della nostra letteratura, non già il colmo, imperocché non ebbe se non tre scrittori grandi: il quattrocento non fu corruzione né raffinamento del trecento, ma un sonno della letteratura (che avea dato luogo all'erudizione) la quale restava ancora incorrotta e peccava ancora più tosto di poco. Poliziano, Pulci. Il cinquecento fu vera continuazione del trecento e il colmo della nostra letteratura. Di poi venne il raffinamento del seicento, che nel settecento s'è solamente mutato in corruzione d'altra specie, ma il buon gusto nel volgo dei letterati non è tornato più, né tornerà secondo me, perché dal niente si può passare al buono, ma dal troppo buono o sia dal corrotto stimo che non si possa (*Zib.*, I, p. 4).

Mientras que otras veces el siglo XVI parece representar un simple retorno a los orígenes, un 'volver a hacer' tras el paréntesis del XV:

> Il quattrocento restò dal fare, ma conservava l'idea del bello incorrotta; però benchè non facesse, pure apprezzava il fatto anzi lo cercava: quindi l'infinito studio de'Classici e l'erudizione dominante del secolo. Il cinquecento col capitale acquistato nel quattrocento e coll'istradamento del trecento tornò a fare (ivi, p. 7).

Y finalmente el itinerario termina por invertirse bruscamente cuando el *Cinquecento* resulta ser no ya el «colmo» o la restauración del buen hacer primitivo, sino por el contrario una pérdida irreparable de la antigua originalidad en la medida en la que, sin desmentir la hipótesis de un «risorgimento», su alcance queda limitado hasta el extremo de que la misma idea de re-nacimiento resulta anulada por el efecto cualitativamente opuesto que produce:

> Il cinquecento fu, si può dir, tutto monarchico in Italia e fuori, quanto al governo. E le lettere italiane risorsero dal sonno del quattrocento, sotto Cosimo e Lorenzo de' Medici, fondatori della monarchia toscana e distruttori di quella repubblica. E in questo risorgimento (come poi sotto Leone X) le lettere presero una forma regolare, una forma tutta diversa da quella del trecento, e (quel che è più) da quella che sogliono sempre prendere nel loro risorgimento e nascere. La letteratura italiana non è stata più propriamente originale e inventiva (*Zib.*, I, pp. 335-6, 8 XII.1820).

Ciertamente es esta última trayectoria (netamente descendente) la que mejor concuerda con un principio clave del pensamiento leopardino: es decir, la identificación de progreso y corrupción que sitúa necesariamente toda perfección en el origen («la perfezione di un essere non è altro che l'intiera conformità colla sua essenza primigenia», *Zib.*, I, p. 343), y la poética muy especialmente («la forza creatrice dell'animo appartenente all'immaginazione, è esclusivamente propria degli antichi», *Zib.*, I, p. 511). Lo cual implica la intrínseca imposibilidad de cualquier perfeccionamiento posterior de los logros iniciales; el carácter inmodificable y estático de la literatura:

> Le scienze, (come dicono) si perfezionano col tempo, e la letteratura si guasta. Un secolo distrugge la scienza del secolo passato: la letteratura resta immobile, o se si muta, si riconosce ben tosto per corrotta, e si torna indietro (*Zib.*, I, p. 1104, 15.IX.1821).

De esta idea que establece una proporción directa entre la antigüedad de la poesía y su valor estético [6], deriva asimismo la postura netamente contraria de Leopardi a toda imitación literaria, incapaz de reproducir el momento auroral de la inspiración que es sólo obra de la naturaleza; postura que aparece ya consolidada en el juvenil escrito de 1816 contra Madame de Staël:

> Ricordiamoci (e parmi dovessimo pensarci sempre) —advertía allí— che il più grande di tutti i poeti è il più antico, il quale non ha avuto modelli, che Dante sarà sempre imitato, agguagliato non mai, e che noi non abbiamo mai potuto pareggiare gli antichi... perché essi quando voleano descrivere il cielo, il mare, le campagne, si metteano ad osservarle, e noi pigliano in mano un poeta, e quando voleano ritrarre una passione s'immaginavano di sentirla, e noi ci facciamo a leggere una tragedia, e quando voleano parlare dell'universo vi pensavano sopra, e noi pensiamo sopra il modo in che essi ne hanno parlato; e questo perch'essi e imprimamente i Greci non aveano modelli, o non ne faceano uso, e noi pure

> ne abbiamo, e ce ne gioviamo, ma non sappiamo farne mai senza, onde quasi tutti gli scritti nostri sono copie di altre copie, ed ecco perché sì pochi sono gli scrittori originali, ed ecco perché c'inonda una piena d'idee e di frasi comuni, ed ecco perché il nostro terreno è fatto sterile e non produce più nulla di nuovo (*Lettera ai Sigg. compilatori della Biblioteca Italiana in risposta a quella di Mad. la Baronessa di Stäel Holstein ai medesimi*, en *Opere*, op. cit., vol. cit., pp. 768-9).

y que representa un dilema estético según el cual el imprescindible filtro literario de la naturaleza «ci giova», pero a la vez nos aleja irremediablemente de ella; dilema reiterado en el *Discorso di un italiano intorno alla poesia romantica*, donde ya aparece, más o menos implícita la condena de los imitadores del siglo XVI:

> L'osservanza cieca e servile delle regole e dei precetti, l'imitazione esangue e sofistica, in somma la schiavitù e l'ignavia del poeta, sono queste le cose che noi vogliamo? sono queste le cose che si vedono e s'ammirano in Dante nel Petrarca nell'Ariosto nel Tasso? dei quali e massimamente nei tre primi, è stato detto mille volte che sono e similissimi agli antichi, e diversissimi. Che secolo è questo?... chi loda più la *Sofonisba* del Trissino perch'è modellata secondo le regole d'Aristotile, e l'esempio dei tragici greci? chi legge l'*Avarchide* dell'Alamanni perch'è un'imagine fedelissima dell'*Iliade*? (ivi, pp. 810-11).

que en el *Zibaldone* cobra ya el carácter de un ataque durísimo contra:

> Quella miserabile lussuria di epiteti, sinonimi, riempiture, *Phevilles* ec. che forma il comunissimo orpello de' nostri classici cinquecentisti (e credo anche del Poliziano) però non paragonabili ai latini ma più ai greci quanto allo stile (e che) non si trova o più rara assai in Dante e nel Petrarca dove anzi trovi una misuratezza infinita di parole e castigatezza di ornati e significazione conveniente e opportunità di tutte le voci ec. (*Zib.*, I, p. 89).

Hasta el extremo de reducir los logros literarios del siglo a las cartas de Tasso, consideradas «il suo meglio», y a la *Apologia* de Lorenzino de' Medici, ejemplos aislados en un mar de 'miserable' mediocridad:

> gli altri miserabili cinquecentisti volendo seguire la stessa eloquenza e maestri ec. —escribe refiriéndose a la citada *Apologia*— come il Casa, facevano quelle miserie di composizione di stile di lingua affettatissima e più latina che italiana (ivi, p. 91).

Una vez abierto el fuego, de la crítica leopardina no se salvará tampoco «la cattiva ortografia» del siglo («per troppo voler somigliarsi all'uso della scrittura latina», *Zib.*, II, p. 590), y tanto menos la prosa «alla boccaccevole» con «quelle inversioni e trasposizioni di parole, e intralciamenti di periodi alla latina, sconvenientissimi alla lingua nostra», difundida por Bembo, ese Cesari del *Cinquecento*[7] (*Zib.*, I, p. 492), o la épica de Tasso, semejante a la de Virgilio en su frustrada emulación de la *Ilíada* homérica: un «ridicolo» anacronismo «originato dalla inclinazione dell'uomo a imitare, ed a sottomettere a regole e a forme il proprio genio» cuando en cambio «il caso è molto meglio riuscito nel formare e ordinare un corpo di poema epico, che l'arte de' successori» (*Zib.*, II, p. 1157).

3. Pero, como advertía al principio, las afirmaciones de Leopardi acerca de los dos siglos cruciales de las letras italianas (el XIV en cuanto «origen» de un arte primitivo y natural, el XVI en cuanto fruto maduro del tirocinio poético) son fundamentalmente oscilantes y contradictorias.

Así, en neto contraste con la interpretación «catastrófica» que acabamos de examinar, hay otros apuntes zibaldonianos en los que los papeles se invierten y el *Trecento* termina por ser puesto en tela de juicio mientras que el *Cinquecento* acapara todos los elogios:

> non basta che Dante Petrarca Boccaccio siano stati tre sommi scrittori. Né la letteratura né la lingua è perfetta e perfettamente formata in essi, né quando pur fosse ciò basterebbe a porre nel trecento il secol d'oro della lingua (*Zib.*, I, p. 918, 22.VII.1821).

Brusco cambio de rumbo que en una reflexión fechada el 27 de febrero de 1821 adquirirá la apariencia de una auténtica palinodia de la antigua postura:

> Il secolo del cinquecento è il vero e solo secolo aureo e della nostra lingua e della nostra letteratura.
> Quanto alla lingua moltissimi disconvengono da questo ch'io dico, volendo che il suo vero secol d'oro, fosse il trecento. Ma osservino. Quasi tutti gli scrittori del cinquecento, toscani o non toscani, hanno bene e convenientemente adoperata la nostra lingua, e tutti possono servire di norma al bello scrivere, e sarebbe ammirato e studiato uno scrittore d'oggidì che avesse tanti pregi di lingua quanto l'infimo de' mediocri scrittori di quel tempo (*Zib.*, I, p. 494).

Lo cual no impide a Leopardi mantener en pie su decisiva reserva acerca de la imitación tanto literaria como lingüística:

> Collo studio, e la giusta applicazione delle norme greche e latine, lo stile del cinquecento —leemos en el mismo apunte— generalmente aveva acquistato tal nobiltà e dignità, e tanta altra copia di pregi, che quasi era venuto alla perfezione, eccetto principalmente una certa oscurità ed intralciamento, derivante in parte dalla troppa lunghezza de' periodi, e dalla troppo copia delle figure di dizione, e dall'eccessivo ed eccessivamente continuato concatenamento delle sentenze; vizio tutto proprio di quel secolo..., vizio ignoto si può dire al trecento, e a tutti gli altri secoli ancorché viziosissimi: vizio provenuto anche dal soverchio studio dei latini, la cui imitazione è pericolosa per questa parte ancora, come per le trasposizioni (ivi, p. 496).

Aunque ciertamente ahora el juicio reductivo es puesto entre paréntesis al tiempo que se minimiza la antes decantada negligencia y naturalidad trescentistas precisamente en virtud de la misma natural facilidad que hace superfluo el esfuerzo artístico, sin el cual la obra del poeta parece carecer de todo mérito a los ojos de Leopardi:

> che maraviglia che scriva bene, chi in questo medesimo che egli scrive, porta inseparabilmente la ragione dello scriver bene? Giacché noi diciamo che i trecentisti scrivevano bene, perciò appunto ch'erano trecentisti... Quest'autorità l'hanno avuta tutti i padri di tutte le buone e belle lingue (come della latina ec.): e l'hanno avuta non già per capriccio o pregiudicata opinione de' successori, ma per la forza della natura che operava in quei padri effettivamente, e perché la natura è la massima fonte del bello. Ma non perciò le dette qualità derivavano in quei padri da meriti loro, né essi ponevano (eccetto pochissimi) veruno studio alla bellezza e all'ordine della lingua. Nel modo che certamente Omero non sudava per seguire e praticare le regole del poema epico, le quali non esistevano, anzi sono derivate del suo poema, e quella maniera ch'egli ha tenuto è poi divenuta regola (ivi, p. 495).

Hay, sin embargo, otra reserva, ya en la conclusión del largo apunte zibaldoniano a que me estoy refiriendo, que reviste una importancia mucho mayor: si la lengua y el estilo de los escritores del siglo XVI son superiores a los de los «ignorantissimi trecentisti», tal superioridad —precisa Leopardi— se limita a la prosa, la cual representa una evolución «artificiosa» de la poesía [8]:

> Del resto quello ch'io dico della perfezione di stile nei ciquecentisti si deve intendere dei prosatori, non dei poeti... I difetti dello stile poetico di quel secolo, anche negli ottimi, sono infiniti, massime la ridondanza, gli epiteti i sinonimi accumulati (al contrario delle prose) ec. lasciando i più essenziali difetti di arguzie, insipidezze ec. anche nell'Ariosto e nel Tasso. E non è dubbio che Dante e Petrarca (sebbene non senza difetti di stile) furono nello stile più vicini alla perfezione che i cinquecentisti, e così lo stile poetico del trecento (riguardo a questi due poeti) è superiore al cinquecento: (tanto è vero che la poesia migliore è la più antica, all'opposto della prosa, dove l'arte può aver più luogo...; l'Italia dal cinquecento in poi non solo non ha guadagnato in poesia, ma ha avuto solamente versi senza poesia. Anzi la vera poetica facoltà creatrice, sia quella del cuore o quella della immaginativa, si può dire che dal cinquecento in qua non si sia più veduta in Italia, e che un uomo degno del nome di poeta... non sia nato in Italia dopo il Tasso (ivi, pp. 498-9).

Reserva que termina por desempeñar el papel de una palinodia de la palinodia (lo cual, lejos de representar un caso aislado en los textos leopardianos constituye una constante de la que todo crítico debería partir) que aparece reiterada en otros lugares del *Zibaldone* donde se distingue netamente entre «vera poesia» y «stile» poético:

> Omero è il padre e il perpetuo principe di tutti i poeti del mondo. Tale è la natura della poesia ch'ella sia sempre somma nel cominciare. Dico somma e inarrivabile in quanto pu-

ramente poesia, ed in quanto vera poesia, non in quanto allo stile ec. ec. (*Zib.*, I, pp. 1531-2, 21.VII.1822).

En todo caso, la existencia de una continuidad más o menos subterránea de la tendencia «filo cinquecentesca» (al igual que la de la opuesta tendencia «filo trecentesca») [9] queda atestiguada en el *Zibaldone* por aquel temprano apunte donde leíamos: «Il trecento fu il principio della nostra letteratura, non già il colmo... Il cinquecento fu vera continuazione del trecento e il colmo della nostra letteratura», lo cual debería ponernos en guardia acerca de éstas y otras presuntas palinodias leopardianas y en particular de la consignada en el apunte del 27 de febrero de 1821, a menudo puesta en relación con la «decapitación» de los dos primeros siglos de la literatura italiana llevada a cabo por el poeta en sus crestomatías del 27 y el 28 [10], y considerada casi como el «manifiesto» de un nuevo programa estético por ciertos críticos [11].

Pero más allá de los problemas concernientes a la evolución del pensamiento leopardiano y a su cronología, lo que aquí me interesa destacar es, si acaso, la posibilidad lógica que encierran las premisas de ese pensamiento para hacer verosímil una (no importa si tardía o temprana, si definitiva o transitoria) valoración positiva del arte frente a la poesía «natural», y la consiguiente negación de la identidad bello = primitivo que según el principio «la perfezione di un essere non è altro che l'intiera conformità colla sua essenza primigenia», parecía constituir el eje de su inicial doctrina estética.

A este propósito hallo en el *Zibaldone* dos apuntes —ambos de carácter lingüístico— suficientemente esclarecedores:

> il secol d'oro di una lingua o di qualunque altra disciplina, non è quello che la prepara, ma quello che l'adopra, la compone de' materiali già pronti, e la forma (*Zib.*, I, p. 502, 1.III.1821).
> La combinazione della ragione colla natura accade quando (le lingue) sono applicate alla letteratura. Allora l'arte coregge la rozzezza della natura, e la natura la secchezza dell'arte (*Zib.*, I, p. 912, 20.VII.1821).

Se trata en los dos casos de un concepto fundamental dentro del pensamiento leopardiano: el de «natura regolata o formata», que no es sino la idea de civilización como «natura illuminata dalla regione» («La ragione è un lume; la natura vuol essere illuminata dalla ragione non incendiata», *Zib.*, I, p. 32), en la medida en la que el «incivilimento» no excesivo es precisamente un estado intermedio entre lo primitivo y lo degenerado, es decir, un «temperamento della natura colla ragione», según reza otro conocido apunte zibaldoniano (*Zib.*, I, p. 140).

No es, pues, de extrañar que Leopardi oscile entre una postura favorable a la civilización «media» (estado de equilibrio entre dos excesos: el «niente» de la «rozzezza» primitiva, y el «troppo» del corrupto refinamiento), y otra a la fase auroral de la historia, que comporta la negación de todo compromiso entre la naturaleza y la razón, entre la felicidad y la infelicidad, entre la perfección y el perfeccionamiento («fra la felicità e l'infelicità non v'è condizione di mezzo», *Zib.*, I, p. 1522; «(l'uomo) ha perduto la perfezione volendosi perfezionare, e quindi alterandosi e guastandosi», ivi, p. 364).

Pero tanto en un caso como en otro cualquiera de las dos «utopías» representan para Leopardi no ya una posible realidad experimentable en el presente, sino un estado de «esperanza» respecto a un «bellissimo futuro» que nunca ha de llegar:

> La somma felicità possibile dell'uomo il questo mondo —leemos en el *Zibaldone*—, è quando egli vive quietamente nel suo stato in una speranza riposata e certa di un avvenire molto migliore, che per esser certa, e lo stato in cui vive, buono, non lo inquieti e non lo turbi coll'impazienza di goder di questo immaginato bellissimo futuro (*Zib.*, I, p. 105).

puesto que «il presente non illude mai, bensì il lontano, e quando è più lontano» (*Zib.*, I, p. 1182), ya que el placer humano «si può dire che è sempre futuro, non è se non futuro»; en suma, «L'atto proprio del piacere non si dà» (ivi, p. 414), del mismo modo que «non si dà» la belleza absoluta ni existe por tanto una «edad de oro» exenta de miserias, sino más bien simulacros mentales proyectados por el hombre más acá o más allá del presente: en el futuro, como «esperanza» y en el pasado, como «rimembranza» [12] de un estado presuntamente feliz en la medida en que se alimentaba a su vez de vanas quimeras.

4. Sólo desde esta perspectiva que transforma los lugares de la belleza poética (o de la felicidad existencial) en fugaces instantes carentes de espacio real, el célebre panorama de las letras italianas ofrecido por la Canción *Ad Angelo Mai* revela su más profundo significado.

Lejos de representar, en efecto, un simple recorrido lineal (desde Dante hasta Alfieri) a través de los siglos, la evocación de las distintas figuras literarias abarca en realidad un arco de tiempo que no supera la época renacentista (de la cual Alfieri es sólo un epígono anacrónico) vista como una suspensión temporal (gracias a los numerosos imperfectos: «eravam», «rapia», «eran calde», «era allor», «nascevi», «preparava il cielo») amenazada por la inminente caída de la cual es anuncio ese inquietante indicio de la precariedad temporal constituido por el adverbio «ancora»:

> Oh tempi, oh tempi avvolti
> in sonno eterno! Allora *anco* immatura
> la ruina d'Italia, *anco* sdegnosi
> *eravam* d'ozio turpe, e l'aura a volo
> più faville *rapia* da questo suolo.
> (vv. 56-60)

Si la ruina de Italia y la infecundidad poética preexisten en estado latente, el proceso ascendente de la poesía italiana se tiñe, desde su mismo origen, de connotaciones fúnebres al ser captado como momento posterior a la muerte de Dante, único «trecentista» realmente homérico y dotado de «imaginación fuerte» («Eran calde le tue ceneri sante,/non domito nemico/della fortuna», vv. 61-63), y ya en las postrimerías de la trayectoria creativa de Petrarca («E le tue dolci corde/susurravano ancora/dal tocco di tua destra. O sfortunato/amante», vv. 66-69), verdadero símbolo del canto italiano que «dal dolor comincia e nasce» (v. 69).

En esta quebradiza atmósfera de armonía amenazada por el tiempo el recorrido ascendente de la evocación culmina en una fecha de carácter bifronte: la del descubrimiento de América que pronto presentará el mundo «figurato in breve carta», y la de la primera juventud de un Ariosto soñador y feliz (ese otro poeta homérico de «imaginación fecunda»): dos caras de una misma moneda cuyo paralelismo es puesto en evidencia por la correlación temporal *quando-intanto*:

> Ma tua vita era allor cogli astri e il mare,
> ligure ardita prole,
> *quand*'oltre alle colonne
> ....ritrovasti il raggio
> del *Sol caduto*
> (vv. 76-78 y 81-82)

> Nascevi ai dolci sogni *intanto*, e il *primo*
> *sole* splendeati in vista,
> cantor vago dell'arme e degli amori
> (vv. 106-108)

De este modo, la destrucción del sueño ariostesco por obra de la no menos soñadora «ardita prole ligure» gracias a cuyo viaje ultraoceánico el sol viviente de los mitos («il primo sole») se convierte en «último raggio del sol caduto», constituye, más que un cambio objetivo, la oscilación de un péndulo o el repentino darse la vuelta de la moneda en cuya cara oculta se escondía la pequeñez del mundo:

> Ahi ahi, ma conosciuto il mondo
> non cresce anzi si scema, e assai più vasto
> l'etra sonante e l'alma terra e il mare
> al fanciullin, che non al saggio, appare.
> Nostri sogni leggiadri ove son giti?
> ......
> Ecco svaniro a un punto,
> e figurato è il mondo in breve carta;
> ecco tutto è simile, e discoprendo,
> solo il nulla s'accresce. A noi ti vieta
> il vero appena è giunto, o caro immaginar
>
> (vv. 87-91 y 97-102)

Surge así la imagen del pleno Renacimiento (ese «colmo» elogiado o menospreciado en los contradictorios apuntes del *Zibaldone*) como un instante de encantamiento en que la inminente caída del astro se suspende y la oscuridad coexiste, en estado de latencia, con el máximo esplendor de la imaginación. 'Svanito a un punto' este privilegiado momento, cabrá sólo ya la melancolía de un Tasso, infeliz émulo de aquel canto petrarquesco que transformaba el dolor en consuelo poético y que ahora será sólo *pianto* inconsolable: «O Torquato, o Torquato, a noi l'eccelsa/tua mente allora, il pianto/a te, non altro, preparava il cielo./ Oh misero Torquato! il dolce canto/non valse a consolarti» (vv. 121-125).

El Renacimiento, pues, no es, a los ojos de Leopardi, sino un ocaso sospechosamente similar al descrito en el *Tramonto della luna*, donde tras el hermoso crepúsculo poblado de «mille vaghi aspetti», surge la repentina negrura de la «notte orba»:

> Quale in notte solinga
> sovra campagne inargentate ed acque,
> là 've zefiro aleggia,
> e mille vaghi aspetti
> e ingannevoli obbietti
> fingon l'ombre lontane
> infra l'onde tranquile
> e rami e siepi e collinette e ville;
> giunta al confin del cielo,
> dietro Apennino od Alpe, o del Tirreno
> nell'infinito seno
> scende la luna; e si scolora il mondo;
> spariscon l'ombre, ed una
> oscurità la valle e il monte imbruna;
> orba la notte resta
>
> (vv. 1-15)

¿Qué otra cosa es, en efecto, este Renacimiento-*Tramonto* sino un «colmo» entre dos vacíos: la *nada* de los albores literarios («Dal *niente* in letteratura si passa al mezzo e al vero») y la *nada* de la corrupción y el estéril refinamiento («il troppo o l'eccesso è padre del *nulla*», *Zib.*, I, p. 505)?

Resulta así que la teoría estética leopardiana no es sino un intento de transformar lo negativo en positivo, de codificar la precaria manifestación de esa nada como intervalo paradójico entre su inminente realización y su desvelamiento infausto. Las aparentes palinodias que en este terreno muestran los escritos aquí examinados, a pesar de su estructuración antinómica, no constituyen en realidad sino un levísimo desplazamiento dentro de la estrecha zona que media entre los conceptos casi sinónimos de *imperfecto* y de *corrupto* (o de sus respectivos equivalentes, lo naturalmente perfecto y lo artísticamente perfeccionado): «La natura —advierte Leopardi— non è perfetta assolutamente parlando, ma la sola natura è grande, e fonte di grandezza. Perciò tutto quello che è, o si accosta al perfetto, secondo la nostra maniera astratta di considerare, non è grande», *Zib.*, I, p. 381).

Porque si examinamos con atención la lista de cualidades que según Leopardi adornan a la poesía antigua, no podremos dejar de advertir la reiteración de parejas oximóricas como «grandeza» y «brevedad», «fuerza», y «negligencia»; «concisión» y «fecundidad», etc., que hallan su más exacta explicación en la operación estética del *Infinito*, donde a partir de un elemento mínimo de carácter negativo (la parcial obstrucción del horizonte por parte de la «siepe») la imaginación puede naufragar en espacios «interminati» que ella misma «finge». El propio poeta, por lo demás, nos ofrece la clave de tal operación:

> La rapidità e la concisione dello stile —leemos en un apunte del 3 de noviembre de 1821—, piace perché presenta all'anima una folla d'idee simultanee, e fanno ondeggiar l'anima in una tale abbondanza di pensieri, o d'immagini e sensazioni spirituali, ch'ella o non è capace di abbracciarle tutte, e pienamente ciascuna, o non ha tempo di restare in ozio, e priva di sensazioni. La forza dello stile poetico, che in gran parte è tutt'uno colla rapidità, non è piacevole per altro che per questi effetti, e non consiste in altro (*Zib.*, I, p. 1269).

Pero esta poética fundada en el más completo de los relativismos («Non solamente il bello ma forse la massima parte delle cose e delle verità che noi crediamo assolute e generali, sono relative e particolari», *Zib.*, I, p. 217) permite también invertir el orden de los factores (nada = infinito) y reducir lo infinito a la nada que lo engendra: «la brevità non piace per altro se non perché nulla piace», *Zib.*, I, p. 994), «La cosa più durevolmente e veramente piacevole è la varietà delle cose, non altro se non perché nessuna cosa è durevolmente e veramente piacevole» (*Zib.*, I, p. 691).

En suma, ¿qué podemos entender por la perfecta imperfección del *Trecento* y por la imperfecta perfección del *Cinquecento* sino un modo de eludir juicios estables y absolutos por parte de ese Leopardi pendularmente oscilante entre dos soluciones insatisfactorias, ante la fugacidad de dos instantes igualmente próximos a la nada?:

> In provo un piacere: come? ciascuno individuale istante dell'atto del piacere, è relativo agl'istanti successivi —leemos en un apunte escalofriante—; e non è piacevole se non relativamente agl'istanti che seguono, vale a dire al futuro... Giunto all'ultimo istante... va rumiando e compiacendosi di quello che ha sentito, e provando così un altro piacere, (perché come può esser passato quello che non è mai stato, e che è sempre futuro?) (*Zib.*, I, p. 415, 20.I. 1821).

¿Qué otra conclusión podría derivarse de esta subdivisión infinitesimal del tiempo, de esta interminable persecución de lo inexistente, sino la de que «Non si vive se non perendo» (*Zib.*, I, p. 467)? ¿De qué otro modo podríamos definir una estética fundada en el relativismo y la fugacidad sino atribuyéndole un valor exclusivamente privativo, arbitrario y «sin cualidad»?

Si la presunta perfección del siglo XIV (o de cualquier época considerada primitiva) se revela así como una nada de dudosa *aseità* [13] en la medida en la que su única justificación estética reside en su condición auroral, su también presunto perfeccionamiento renacentista, ese «togliere la ruggine alla spada già bella, o accrescergli solamente un poco di lustro» que para Leopardi constituye «lo scopo dell'incivilimento» (*Zib.*, I, p. 179) resulta a la postre ser algo no demasiado distinto del nefasto «conoscere» y «discoprire» (o «raffinarsi» y «corrompersi») mediante los cuales «solo il nulla s'accresce»:

> L'uomo nasce ricco di tutto, crescendo impoverisce, e giunto alla vecchiezza, si trova quasi senza nulla... Ma siccome nessuna cosa si possiede realmente, così nulla si può perdere (*Zib.*, I, p. 467, 10.II.1821).

El Renacimiento italiano, pues, no es sino el paradigma de esta paradójica condición humana: un «caro immaginar» transitorio y fugaz donde los dos rostros de la nada (único tesoro escondido en el sistema leopardiano) coexisten y se superponen al igual que en ciertos monumentos de los «tempi intermedi fra l'antico e il moderno» donde «si trovano —dice el poeta— evidenti segni e dell'antiche illusioni e del sopravvegnente disinganno» (*Zib.*, II, p. 450, 15.IX.1823).

NOTAS

1. Como es sabido, la periodización literaria que emerge de los escritos leopardianos se funda en una división en siglos («trecento», «quattrocento», «cinquecento», etc.) que deja poco margen a la especulación acerca de los límites exactos dentro de los cuales cabría circunscribir la época realmente identificable con el Renacimiento, término que, por lo demás, Leopardi sustituye con el de «Risorgimento» o con perífrasis equivalentes.

2. Aquí me limitaré a estudiar la vertiente literaria de este doble problema (deteniéndome sobre todo en el primer punto, si bien ambos están estrechamente relacionados). Un análisis más detenido del segundo problema (la relación entre la edad antigua y la época moderna y el concepto de evolución histórica en Leopardi) ha sido llevada a cabo por mí con ocasión del *VI Convegno di Studi leopardiani*, y aparecerá en las Actas del Congreso bajo el título *Sul concetto di decadenza storica in Leopardi*. Cabe sin embargo señalar que en ciertos momentos Leopardi parece compartir la interpretación iluminista del Renacimiento como origen del moderno progreso, teorizada por Voltaire en su *Essai sur les moeurs et l'esprit des nations* de 1756 (Cfr. W.K. Ferguson, *The Renaissance in Historical Tough*, Cambridge, 1948 y D. Cantimori, *Storici e Storia*, Torino, 1971, pp. 413-62); de tal interpretación que pone de relieve la continuidad entre el «quattrocento», siglo en el cual «rinacque l'antico» y la revolución francesa, considerada a su vez como un «risorgimento de' lumi» dejan constancia, además del *Discorso sopra i costumi degli italiani*, algunos apuntes zibaldonianos (*Zib.*, I, pp. 724-5, p. 739) y los discutidos versos de *La Ginestra* donde se invita a reemprender el curso del «risorto pensier» «per cui solo si cresce in civiltà».

3. Mario Marti habla a este propósito de una perspectiva «appiattita» que «comprende nella stessa valutazione greci, latini, trecentisti e cinquecentisti» para contraponerlos «alla corrotta decadenza degli ultimi secoli», cfr. su estudio sobre *Leopardi e il Due-Trecento*, en AA. VV., *Leopardi e la letteratura italiana dal Duecento al Seicento*, Firenze 1978, pp. 15-16.

4. En otros casos (los más numerosos) el juicio sobre Ovidio es, en cambio, claramente negativo. Por otra parte, como ha señalado Paolo Mario Sipala, en el *Zibaldone* emerge «una concezione agonistica della storia letteraria, tesa a sottolineare contrapposizioni e convergenze, antitesi o analogie al di fuori di una relazione dialettica e di una concezione storicistica», cfr. su estudio *Attraverso lo 'Zibaldone': schema di un discorso leopardiano sulla letteratura italiana sino all'Arcadia*, en AA.VV., *Leopardi e la letteratura italiana...*, cit., p. 788.

5. En el *Elogio degli uccelli* Leopardi volverá a hablar de la «immaginativa profonda, fervida e tempestosa, come ebbero Dante e il Tasso; la quale è funestissima dote e principio di sollecitudini e angosce gravissime e perpetue», contraponiéndola a la «immaginativa ricca, varia, leggera, instabile e fanciullesca» de otros poetas, «fonte larghissima di pensieri ameni», en *Opere* a cura di S. Solmi, vol. I, Milano-Napoli, 1956, p. 49).

6. En este sentido el *Zibaldone* es pródigo en afirmaciones contundentes tales como: «Tutto si è perfezionato da Omero in poi ma non la poesia» (*Zib.*, I, p. 87); «La Bibbia ed Omero sono i due gran fonti dello scrivere... (Così Dante nell'italiano ec.). Non per altro se non perch'essendo i più antichi libri, sono i più vicini alla natura, sola fonte del bello, del grande, della vita, della varietà» (ivi, p. 691); «Omero è il padre e il perpetuo principe di tutti i poeti del mondo. Tale è la natura della poesia ch'ella sia sempre somma nel cominciare... Esempio ripetuto in Dante, che in quanto poeta, non ebbe né avrà mai pari fra gli italiani» (ivi, pp. 1531-2).

7. «Il Bembo fu un Cesari del cinquecento, il Cesari è un Bembo dell' ottocento... Molta lettura e studio, nessun ingegno di natura, nessuna sembianza di esso, acquistata per arte. Mai niun barlume, niuna scintilla di genio, di felice vena ne' loro scritti. Aridità, sterilità, nudità e deserto universalmente», *Zib.*, II, p. 1081, 27.II.1827.

8. También sobre este punto, sin embargo, los escritos de Leopardi oscilan entre posturas contrapuestas: la prosa, que generalmente aparece como efecto de la evolución artística y posterior por tanto a la poesía, en ocasiones resulta ser la manifestación natural de la escritura originaria («La prosa è la parte più naturale, usuale, e quindi principale della lingua», *Zib.*, I, p. 928; «La prosa in verità, parlando assolutamente, precedette da per tutto il verso», *Zib.*, II, p. 1330).

9. No olvidemos que el juicio desfavorable acerca de la épica de Tasso está presente en los apuntes más tardíos del *Zibaldone* (cfr. por ej. el fechado el 29 de marzo de 1829, *Zib.*, II, pp. 1282-4), y lo mismo ocurre con la crítica de los «illustri italiani del cinquecento» que buscan la «perfezion dello stile» en las lenguas muertas (ivi, p. 1070), etc.

10. Véase por ejemplo la introducción de Giuseppe Savoca a la *Crestomazia* de la Poesía Italiana, Torino 1968.

11. Así Francesco Tateo: «via via che le sue letture si allargavano sul versante cinquecentesco, e che si facevano più acuti l'impegno critico, l'interesse linguistico e finalmente testuale sul piano ortografico, il sonno quattrocentesco assumeva el carattere di 'corruzione' e accanto alla letterarietà del Cinquecento, considerata prima con qualche diffidenza, apare ed è apprezzata la nuova bellezza della sua perfezione», en *Leopardi e il Quattrocento*, AA.VV., *Leopardi e la letteratura italiana...*, cit., p. 155, o Mario Martelli: «Tutto in verità ci saremmo aspettati fuorché tanto appasionata celebrazione del Cinquecento. Abituati ormai, dopo settecento pagine di *Zibaldone*, all'immagine di un Leopardi idolatra, più che ammiratore, della santa natura, ci saremmo attesi da lui, semmai, una franca e conseguente presa di posizione in favore di una lingua e di uno stile ben diversi da quelli cinquecenteschi e che avessero, in dosi massicce, del candido e del primitivo e del naturale, della lingua insomma e dello stile dei candidi e dei primitivi e dei naturali trecentisti» (ivi., p. 261). Ni el gradualismo defendido por Tateo, ni el brusco cambio de rumbo descrito por Martelli («Il luogo comune dell'aureo Trecento saltava per aria», llega a afirmar este último crítico a propósito del apunte del 27 de febrero de 1821) me parecen justificados por los textos leopardianos, como intento demostrar en estas páginas.

12. «Quello che desta una folla di rimembranze dove il pensiero si confonda, è sempre piacevole», *Zib.*, I, p. 1140; «tutti i piaceri dell'immaginazione e del sentimento consistono in rimembranza. Che è come dire che stanno nel passato anzi che nel presente», *Zib.*, II, p. 1228.

13. «Le cose —leemos en una reflexión fechada el 2 de septiembre de 1821— non sono quali sono, se non perch'elle son tali. Ragione preesistente, o dell'esistenza o del suo modo, ragione anteriore e indipendente dall'essere e dal modo di essere delle cose, questa ragione non v'è né si può immaginare», *Zib.*, I, p. 1053, de modo que la misma condición para que se dé belleza natural (su carácter originario, primitivo y por tanto arbitrario) se convierte en la causa de su negación.

EL «DICTIONARIUM LINGUE TOSCANE» DE NICHOLAO LANDUCHIO

Mª Teresa Navarro Salazar
UNED-Madrid

El ms. 8431 de la Biblioteca Nacional de Madrid corresponde a un diccionario de la lengua toscana cuyo autor resulta ser Nicolás Landucci. En el frontispicio se lee: «Dictionarium Lin/gue Toscane: Anno I.D. LXII/ A Nicholao Landuchio ciuita/tis Luce regionis Toscaniae sue/ Vernacule linguae peritissimo.

No obstante el título no se trata de un verdadero diccionario sino de un léxico trilingüe, es decir de una lista de *expositiones* sin ningún tipo de *derivationes*.

Para la descripción del ms. remitimos a la documentada obra de Annamra i Gallina [1] señalando aquí que no estamos exclusivamente ante el léxico español-italiano, comprendido entre los ff. 1-107, sino que la obra es más ambiciosa. En efecto, otro vocabulario español-francés abarca los ff. 114-220 y, además, una tercera parte, que ocupa los ff. 226-328, incluye un léxico español-vascuence, incompleto por lo que se refiere al vascuence, a partir del f. 316.

El ms. arrastra históricamente una tacha negativa, quizá porque uno de los primeros estudiosos que se acercó a consultarlo, el padre Larramendi [2], no supo o no quiso apreciar el contenido en su verdadero valor y los que, posteriormente, lo han citado se han dejado llevar por esa devaluada impresión [3]. Afortunadamente Michelena ha puesto las cosas en su lugar explicando las reticencias de Larramendi que rechazó el trabajo del luqués, relativo al vascuence, «por representar una variedad romanceada —bastardeada— de la lengua [que] atenta contra el prestigio de ésta» [4]. Es lamentable que esta connotación negativa haya salpicado, injustificadamente en mi opinión, al resto de la obra.

Las incógnitas planteadas por el *Dictionarium* son varias y de distinta naturaleza y, de momento, no podemos dar respuesta a todas ellas.

En primer lugar ¿Quién es el autor? ¿Por qué emprende la tarea de realizar un diccionario trilingüe cuando existen ya otros precedentes? ¿Cuál es la razón por la que introduce una lengua como el vascuence? ¿Por qué siendo de lengua materna italiana parte del castellano para realizar las tres divisiones de su diccionario y no de su propia lengua de la que hemos visto se declara «peritissimo»? ¿Es lexicógrafo de profesión?. Si es así, ¿está al corriente de la actividad lexicográfica que contemporáneamente se está desarrollando en Italia? ¿Qué finalidad persigue con su léxico?. Y, para terminar, ¿Qué criterios sigue en la compilación de su vocabulario?.

Voy a reducir a tres todas las cuestiones planteadas y estudiar aquí, en una primera aproximación, quién es Nicolás Landucci, qué objetivos persigue con su léxico trilingüe y cuáles son los criterios de los que se sirve para su redacción.

El estudio completo del diccionario ha sido dividido en dos etapas, la primera, en curso, comprende la parte española-italiana; la segunda, en proyecto, la parte española-francesa. Para su realización cuento con la inestimable ayuda de la Prof. María Teresa Herrera [5] autora de numerosas obras sobre léxico médico medieval español, que se ocupa de la parte castellana.

El autor

Volviendo a las cuestiones precedentes, ¿quién es el creador del vocabulario? Poco se sabe de Nicolás Landucci y así lo hace constar A. Gallina [6]. El mismo se manifiesta nacido en Lucca y, ciertamente, el apellido Landucci corresponde al de una familia noble de Lucca en la que el nombre Nicolás aparece de forma recurrente. Se tiene noticia de que en 1562, en pleno desarrollo del Concilio de Trento, una familia Landucci emigró a Ginebra a causa de las luchas religiosas generadas por la Reforma.

En una reciente visita a los Archivos de Estado de la ciudad de Ginebra he podido constatar que nada tiene que ver nuestro Landucci con la familia homónima emigrada a Suiza, de la que no hay ninguna huella. Suponemos que un personaje que emprende la redacción de un vocabulario en varias lenguas posee un grado de cultura suficiente como para integrarse en el grupo de emigrados de élite entre los que se incluyen profesores y comerciantes. Sin embargo, nada nos dice de él Pascal [7] en su estudio sobre los luqueses establecidos en Ginebra y tampoco Califfe [8] en la obra que dedica a los refugiados italianos residentes en aquella ciudad durante los siglos XVI y XVII. Me interesa hacer constar que tanto el trabajo de Pascal como el de Califfe son obras exhaustivas, basadas en la consulta de las numerosas fuentes manuscritas depositadas en la Biblioteca Pública y Universitaria, y en los Archivos del Estado de Ginebra: registros de habitantes, de bautismos, de bodas, extractos de Actas notariales, «Il libro di Memorie diverse della chiesa italiana», etc.

En el fol. 103 del «Livre des habitants de Génève» aparece registrado un tal «Nicolas de Luques, natif de Vitriane en Italie, habitants receux le xviij^e d'octobre 1557»[9], sin especificación de la profesión, que no creo deba de ser identificado con nuestro autor.

Admitiremos que en plena efervescencia contrarreformista, un proscrito que se dirige a Ginebra, en tanto que tierra prometida de los librepensadores, no va a cometer el «suicidio» de venir posteriormente a refugiarse en España, donde el Tribunal del Santo Oficio se muestra claramente activo. Y aun en el caso hipotético de haberlo deseado, le hubiera sido extraordinariamente difícil puesto que según Lazzareschi: «Si pose su ogni capo di profugo una taglia di trecento scudi d'oro, vietando loro di stringere cualsiasi relazione commerciale in Italia, in Spagna, in Francia, in Fiandra e in Brabante»[10]. Cabe, sin embargo, la posibilidad de que lo hiciera con nombre falso, aunque tampoco parece probable.

Creo que, a pesar de la pista que en un principio nos lleva hasta Ginebra, y del hecho de que una tercera parte del diccionario esté redactada en francés, Nicolás Landucci no pasó por Suiza, sino que por razones históricas se trasladó directamente a nuestro país.

A mediados del siglo XVI Lucca, como otros estados independientes de Italia, llevaba una vida política precaria, orientada —con vistas a la propia supervivencia— hacia la esfera de influencia de la nación que en 1559, con la paz de Cateau-Cambresis, confirmaría su predominio en Italia.

No es pues de extrañar que, a partir de los contactos entre españoles e italianos habidos con las guerras de la primera mitad del siglo, España sirviera de punto de atracción para algunos de éstos.

Desconocemos el momento justo en el que Landucci llegó a España pero el hecho de que para redactar su léxico haya partido siempre de la lengua castellana indica que la dominaba y que había permanecido en nuestro país un largo periodo de tiempo. De la misma manera que la conservación del manuscrito en la Nacional de Madrid apunta la posibilidad de que muriera también aquí.

OBJETIVOS

Otra de las cuestiones es la de limitar cuáles fueron los objetivos que persiguió Landucci con la creación de su *Dictionarium*.

La redacción de un léxico trilingüe en el año 1562, está lejos de suponer una novedad si tenemos en cuenta que la lexicografía anterior está sembrada de ejemplos en los que, partiendo en un principio de las dos lenguas clásicas, latín y griego, los diccionarios empiezan a abultarse con la inclusión de otras lenguas, hasta desembocar en mamotretos como las últimas ediciones del de Ambrogio da Calepio en el que las lenguas son ya 11 [11].

La proliferación de estos diccionarios plurilingües es consecuencia directa del paulatino retroceso del latín, que todavía predomina en la enseñanza y en otros campos del saber científico, y del auge de las lenguas nacionales europeas. En Italia, por ej., en la segunda mitad del cuatrocientos casi todo lo que se escribe o edita está en latín, en contraste con lo que sucede en el siglo siguiente cuando el uso del vulgar se extiende con rapidez. Este cambio en el panorama lingüístico conlleva la necesidad de nuevos instrumentos que se adapten a las situaciones lingüísticas concretas de cada estado y que sean acordes con las circunstancias histórico-políticas de la Europa del XVI.

Durante la primera mitad del siglo XVI los italianos sufren en su propia carne las luchas entre Francia y España por el dominio de su país y, en consecuencia, se dan amplios contactos lingüísticos entre ciudadanos de estas tres naciones mediterráneas. Con las campañas bélicas y la intensa actividad diplomática empieza a crecer la burocracia y se hace necesaria la incorporación a las cancillerías de personas que dominen más de una lengua. Tal es el uso que se hace del español y el francés en Italia dentro de los ambientes diplomáticos que el Senado veneciano, viendo que los embajadores españoles se expresaban en español delante de la asamblea, se dirige en consulta a Campanella para saber «se dovean lasciar parlare in lingua strana e non veneziana gli ambasciatori spagnuoli e francesi nel lor Senato» [12].

En tal situación histórica parece factible suponer que el *Dictionarium* de Landucci fue pensado con finalidades prácticas, no muy alejadas de las que habían cubierto los primeros léxicos latino-romances: enseñar, entonces, a traducir del o al latín. Ya en el siglo XI, el gran lexicógrafo Papías había intuído, al compilar su *Lexicum* [13] la existencia de nuevas categorías sociales que no precisaban conocer el latín para leer la Biblia sino para redactar documentos públicos y privados. Con parecido criterio empiezan a proliferar glosarios latino-romances [14] creadores de una tradición que desemboca en el siglo XV en formas como el *Vocabulista* (Venecia 1477), glosario veneciano-alemán «el qual è utilissimo per quelli che vadino apratichando per el mondo el sia tedescho o italiano» [15], o el reducido *Vocabolarietto milanese-fiorentino* limitado a 168 voces [16].

Es, sin ningún género de dudas, a este filón de tipo práctico al que hay que adscribir la obra de Landucci. De las conmociones políticas de la Europa del XVI deduce la necesidad de dotar a otras nuevas categorías sociales, nacidas de las circunstancias históricas, de un apoyo lingüístico adecuado, en el convencimiento de que quienes acuden a él lo hacen para poder comunicar en una lengua extranjera tanto sus necesidades profesionales como personales.

Que hallemos el vascuence en el léxico de Landucci junto a las tres lenguas románicas más difundidas, me parece otra prueba de su voluntad de crear un útil «vademecum» para comerciantes, soldados o viajeros, máxime si no perdemos de vista las características de este vascuence. «No parece aventurado, por todo ello, suponer que las traducciones de la lista castellana de Landuchio proceden de una población importante, con tradición eclesiástica, donde había personas que a mediados del siglo XVI conocían poco y mal el vascuence. Tenemos pruebas de que esto ocurría en Vitoria»[17]. Quiere esto decir que Landucci, no conocedor del vascuence, como queda demostrado por las numerosas lagunas de su léxico castellano-vascuence, no desaprovecha la ocasión de enriquecer su *Dictionarium* con una lengua de uso restringido, que, sin embargo puede ser de conveniencia para gentes que viven o se mueven en una zona de habla castellana, cercana a las fronteras lingüísticas del vascuence.

Al igual que los que le precedieron, —a lo largo del XVI otros lexicógrafos habían tratado de llevar a la práctica empresas parecidas— Landucci coopera con su trabajo a colmar, parcialmente, las exigencias sentidas en varios países europeos de disponer de un repertorio completo de las palabras que constituyen su lengua nacional. Exigencias que para algunas lenguas de Europa se realizan en el siglo XVII[18] y que para España e Italia se materializan con las obras de Covarrubias y la Crusca.

CRITERIOS

Entra dentro de lo normal que Landucci, afincado ya en España utilice el castellano como parte básica para su obra, incluya el italiano no sólo porque es su lengua materna sino por su condición de vehículo de una cultura ampliamente predominante e introduzca el francés, lengua de gran difusión europea, presente en otros vocabularios plurilingües. La inclusión del vascuence, que puede parecer fuera de contexto, está justificada por la finalidad utilitaria y, en no menor grado, por la gran curiosidad lexicográfica del autor, probable conocedor de los diccionarios dialectales publicados en su patria.

Dentro del ámbito de la lexicografía hispano-italiana, el primer glosario que parte de una lengua moderna, abandonando el latín, es el *Glosario italiano-árabe* de la Biblioteca Nacional de Florencia, de la segunda mitad del XV [19] y en 1506 se publica en Granada el *Vocabulista arábigo en lengua castellana* de Fray pedro de Alcalá.

Es evidente que, antes que Landucci, otros lexicógrafos habían pensado en incluir el castellano en sus diccionarios, así sucede con el *Vocabulario latino-siciliano-español* [20] de 228 ff. divididos en tres columnas que tiene como modelo la versión latina del Nebrija. En 1526 el *Vocabulista*, ya citado, de Venecia (1477) se enriquece con nuevas lenguas, entre ellas la española, pero la fuente principal sigue siendo el latín [21]. En 1543 se publica en Venecia *Le Ricchezze della lingua volgare* de Francesco del Bailo, o Alunno según el seudónimo. Se trata de un glosario de autores que acude a las voces autorizadas de Dante, Petrarca y Boccaccio traduciendo, después, ese léxico a otras lenguas, incluída la nuestra. Aunque estamos en presencia del primer léxico italiano-español, aproximadamente unas 1.400 voces, la parte española no tiene mayor relieve que las que la acompañan: latín, griego, provenzal, francés, inglés, alemán, etc.

Hay que esperar hasta 1553 para encontrar a alguien que, intencionadamente, parta del castellano para realizar su tarea lexicográfica. Es Alfonso de Ulloa el que redacta un glosario de 900 palabras españolas traducidas al italiano para facilitar la comprensión de la *Celestina* y en 1556 publica una *Exposición* de 400 palabras españolas, también traducidas al italiano, como apéndice a la traducción española del *Orlando Furioso* hecha por Jerónimo de Urrea.

De 1558 data la edición en cuatro lenguas del *Vocabulario* de Noël de Berlaimont que, junto al latín y al francés comprende el italiano y el español. Un año más tarde, en la edición de Lyon de 1559 el *Diccionario* de Ambrogio da Calepio recoge, al lado del latín y del griego, el español y el italiano.

En 1562 cuando Landucci redacta su *Dictionarium* adopta el castellano como punto de partida no sólo porque es la lengua que usa a diario sino porque ésta le proporciona un instrumento fundamental, la obra de Nebrija [22].

Para su trabajo procede de la siguiente manera: se apoya en las voces romances del Nebrija y añade, al lado, la traducción italiana, expurgando, aunque no siempre sistemáticamente:

1) Las variantes de una misma entrada, p.ej. de las cinco entradas que tiene *abito* no recoge más que la que traduce por *vestito*.

2) Las frases que matizan semánticamente una voz: prescinde de los sintagmas: *acabar de hazer, acabar de leer, acabar de escrivir, acabar de velar, acabar de bivir, acabar de bever*, para introducir exclusivamente, *acabar* que traduce *finire*.

3) Desecha la mayoría de los términos referentes a la flora y a la fauna y también a la alimentación, acaso por no ser ya usuales o por su versatilidad según las zonas geográficas.

4) Evita conscientemente los arabismos explicitados por Nebrija.

5) Incluye ciertas voces a las que, después, no presta ningún «interpretamentum», p. ej.: *alcohol, almotacen, cisco de hogar, çumaque, exe de carro, sentina de naue,* etc.

Frente a las casi 2.000 voces romances del Nebrija agrupadas en la letra A [23] Landucci conserva sólo 1.028, es decir casi un 50% menos. Bien es verdad que el diccionario del español al no estar todavía organizado por artículos, repite las voces con sus distintas acepciones.

GRAFÍA

El ms. de Landucci presenta una grafía altamente oscilante:

1) Conserva todavía la *h* etimológica en formas como *habile* 26 y *habiltà* 27, pero no en *abilmente*; escribe *desheredar el figliolo* pero *deseredado,* 258-259.

2) Mantiene grupos consonánticos como *obtinere* 347 y *absente* 976 y oscila en formas como *inpichar* frente a *impichato* 268-269.

3) La alveolar fricativa sorda inicial aparece representada por *s* o por *ç*: *çottiglieza* 242, *sottigleza* 247.

4) La grafía -*ch*- tiene valor palatal en *aconchar vestiti* 182, *chascun* 70, y *chascuna* 71, acaso por influencia del español, pero velar en: *chaulo* 1163, *inpichar* 268, *carchascio* 411, etc. Lo mismo sucede con la oclusiva velar sonora que unas veces aparece con grafía -*gh*-, *targha* 163, pero *intargato* 164.

5) La consonante lateral palatal presenta diversas grafías:
-li-: *consilio* 1844, *filio* 1218.
—gl—: *borbogle* 567, *esueglare* 2863, *trabaglo* 198.
—gli—: *agliata* 435, *gaglio* 294.

6) Una grafía que llama la atención es la de *alquimista* 454, *quore* 509, 2477 y *quoyo*, 2219, 3346 en una clara españolización de la oclusiva velar sorda.

A la imprecisa grafía del quinientos italiano que oscila entre seguir o no a los tratadistas [24] en su intento por fijar la ortografía de la lengua hay que sumar las imprecisiones del autor debidas a su larga permanencia en España.

Fonología

Por lo que respecta a este nivel el ms. proporciona ciertas características específicas:

1) Geminaciones no normativas: *carcioffolo* 350, *collasione* 443, *pullire* 145, *sabbato* 6435, *suggaro* 359 [25].

2) Cambio de -l- en -r- delante de consonante: *barbeticar* 2252 [26].

3) Palabras esdrújulas que modifican las desinencias *-lo* y *-la* en *-ro* y *-ra* respectivamente siempre que en el interior de la misma voz no exista otra -r-: *bamboro* 822, *bozoro* 1585, *collotoro* 1753 y su correspondiente femenino *collotora* 1784, *fignoro* 1930, *mignoro* 2490, etc. al lado de *coriandolo* 2203, *diecholo* 2208, *foroncolo* 4302, *manopola* 4907, etc. [27].

4) El grupo *ski* se resuelve en *sti*: amator di *stiaue* 490, dar *estiaffo* 1253, *stiararsi* il giorno 91, *estiauina* 3578, etc. pero *eschiuma* y *eschiumare* 3698, 3700 y otras formas en las que siempre está presente un derivado de *schiuma* [28].

5) Conservación de *-ar* átono. La prevalencia de formas que conservan *-ar-* protónico y postónico es evidente (37 veces *-ar-* por 16 *-er-*). La presencia de *-ar-* se extiende incluso a formas analógicas como *hostaria* 1254 y *hostiaria* 474 [29]. La oscilación es tan vital en la época que alcanza a los mismos tratadistas [30].

6) *Sufijos -aio, -oio, -aiuolo*. Hay un predominio de las formas florentinas *-aio* (16/6) y *-oio* (9/2); sin embargo en el sufijo *-aiuolo* prevalece la forma no florentina (7 *-arolo/* 1 *-ayollo*) [31].

Morfosintaxis

Se da la pérdida de la -*e* final en substantivos terminados en -*one*, *colasion* 444, *consideracion* 83, *generation* 37, *question* 330, etc. y en -*ino: fiorin* 3879, *latin* 4543, [32].

Lexico

Es naturalmente en el campo del léxico donde encontramos formas dialectales que nos sitúan en una zona geográfica determinada. Todavía en la actualidad «E' possibile parlare di un lessico occidentale (pisano-luchese) ricco di termini sconosciuti al resto di Toscana...»[33].

Doy a continuación algunos ejemplos:

Bamboro 822. 'bambino', 'bimbo', NIERI s.v. *bamboro, (arrullar el niño - ninnare il bamboro).*
caligine 4270: 'fuliggine' anche nel Pistoiese *caléggine*, NIERI, s.v. *caliggine*, hollín del fuego - caligine).
ciortone 4511, *ciortellore* 4512: 'lucertola' Pianura, NIERI, s.v. *ciortèllora, (lagarto - ciortone; lagartija - ciortellore).*
dilicho 2077: 'solletico, pizzicorino' NIERI s.v. *delíco* e *dilíco*, (coxquillas - dilicho).
inguistara 566: «Parola che ne' nostri vocabolari è data come antica e che dicevasi pure guastada, ma da noi è sempre vivissima specialmente per la boccetta con cui vanno a comprare l'olio». NIERI s.v. *inguistarina*, (ampolla para beuer - inguistara).
intiebitarsi 3482: 'intepidire' NIERI, s.v. *intiebbitire*, (entibiarsi - intiebitarsi).
quarra 445, 2277: 'misura di capacità'. «Quartarola. Quarta parte dello staio; tre staia poi facevano un sacco; e siccome da noi quando il grano fa delle dodici, ossia, ogni uno dodici, fa molto, ma molto da vero, cosí è venuta la frase: Ha fatto quarra sacco, che si usa quando un negozio qualsiasi è riuscito vantaggiosissimo. Lo staio lucchese poi si considera circa 25 litri». NIERI, s.v. *quarra*, (almud o celemín - quarra).
zanobita 421: 'spezie di terra di color roso', NIERI, s.v. *zenòbbita*, (almagre, varro - zanobita).
bode (corregido bote) 3607: 'botta' NIERI, s.v. *bota*, (escuerço o sapo -bote).

CONCLUSIONES

1.— Seguimos desconociendo la verdadera personalidad de Landucci pero creo que hay que descartar su supuesta estancia en Ginebra y pensar, más bien, en una venida directa a España.

2.— Su obra lexicográfica es de gran interés porque aporta dos novedades: 1) es la primera vez que se parte directamente del castellano en una obra de esta envergadura: 7.288 voces; 2) el volumen de léxico empleado supera con creces al de la edición de 1558 de Noël de Berlaimont (142 voces para la letra A-) y con sus 1.028 entradas se acerca notablemente a las 1.300 que, en 1592 se habían recogido para el diccionario de la Crusca.

3.— Conocía, sin duda, algunos de los vocabularios plurilingües anteriores, así como el Nebrija y es posible que no desconociera las obras de otros lexicógrafos italianos contemporáneos como *La Fabrica del mondo* [34], pero no podemos asegurar que los tuviera a mano cuando realizó su *Dictionarium*.

4.— Entre los fenómenos fonéticos que acabamos de citar hay algunos que son de ámbito regional toscano, sin embargo, la conservación de *-ar-* átono excluye la zona florentina y la modificación de las desinencias *-lo, -la* en *-ro, -ra* excluye otras zonas en las que la conservación de *-ar* está presente, para situarnos en una zona dialectal de tipo luqués [35]. No obstante, las oscilaciones en el tratamiento de los sufijos *-aio, -oio*, en los que domina la forma toscana, junto a la prevalencia de *-arolo*, llevan a pensar en una contaminación debida a la influencia política de Florencia o a la nivelación que va imponiendo la lengua literaria.

5.— Los ejemplos léxicos, aunque no muy numerosos, indican claramente su procedencia toscano occidental.

Podemos pues concluir que, la lengua utilizada por Landucci es un italiano dialectal de tipo luqués, no exento de influencias florentinas [36], sazonado con algunos latinismos y ciertos hispanismos, propios de alguien que vive en España y que ha abandonado su país hace ya largo tiempo.

No podemos, hasta el momento, saber si, como afirma Annamaria Gallina, el Ms. carece de importancia porque no fue conocido por lexicógrafos posteriores como Cristobal de las Casas.

Estas breves conclusiones son todavía provisionales puesto que están basadas únicamente en el estudio de una parte del «corpus». Se elevarán, o no, a definitivas cuando se realice la mecanización del léxico. Sólo entonces podremos concluir si el luqués de Landucci presenta una relativa tendencia a la normativización toscana o si ha supuesto un punto de partida para otros lexicógrafos posteriores. Sabremos, entonces, si Landucci como él mismo dice «vere peritissimus fuit».

NOTAS

1. Gallina, Annamaria, *Contributi alla storia della lessicografia italo-spagnola dei secoli XVI e XVII*, «Biblioteca dell'Archivum romanicum», Vol. 58, Firenze, Olschki, 1959, pp. 124-125.

2. Larramendi, Manuel, *Diccionario trilingüe del castellano, bascuence y latín*, San Sebastián, 1745.

3. Siguiendo a Larramendi, J. Francisco de Aizquibel, Humboldt, Julio de Urquijo y, parcialmente, Resurrección María de Azkue, consideraron el léxico castellano-vascuence de Landucci de poco valor. Cfr. *Dictionarium linguae cantabricae*, N. Landuchio, ed. de Manuel Agud y Luis Michelena, San Sebastián, 1958, pp. 10-14.

4. Ibid p. 8.

5. La Dra. María Teresa Herrera es Prof[a]. de Filología Románica de la Universidad de Salamanca y autora de numerosas obras sobre léxico médico medieval español, entre ellas: *Menor daño de la medicina de Alonso de Chirino*, ed. crítica y glosario, Universidad de Salamanca, 1973; *Compendio de la salud humana de Johannes de Ketham*, Madrid, Fundación Juan March, 1978; *Arabismos en el castellano de la medicina y farmacopea medievales. Apuntes para un nuevo diccionario*, (I) en «Cahiers de linguistique hispanique médiévale», n° 6, (mars, 1981) (II), idem. n° 7 (mars 1982).

6. Gallina, o.c. p. 123.

7. Pascal, Arturo, *Da Lucca a Ginevra* (Studi sulla emigrazione religiosa lucchese nel secolo XVI). Pinerolo, 1935, p. 30).

8. Califfe, J.B.G., *Le refuge italien de Génève aux XVIème et XVII siècles*, Génève, 1881. Cfr. especialmente las listas de refugiados italianos clasificados por regiones y ciudades.

9. Geisendorf, Paul, F., *Livre des habitants de Génève*, I, 1549-1560, Génève, E. Droz, 1957, p. 103.

10. Lazzareschi, *Relazioni fra S. Carlo Borromeo e la Repubblica di Lucca*, Monza, 1910. (Citado por Pascal).

11. Ambrogio da Calepio, ed. de Basilea 1627. Contiene: latín, griego, hebreo, italiano, francés, español, alemán, flamenco, inglés, polaco y húngaro.

12. Migliorini, B. *Storia della lingua italiana*, Firenze, Sansoni, 1983, p. 328.

13. Papias, *Lexicum o Elementarium doctrinae rudimentum*, Torino, 1966, (reedición de la ed. de Venecia de 1492).

14. Baldelli, I., *L'edizione dei glossari latino-volgari dal secolo XIII al XV* en «Atti dell'VIII Congresso di Studi Romanzi, vol. II, Firenze, 1960, pp. 757-763, y Castro, A., *Glosarios latino-españoles de la Edad Media*, en «Revista de Filología Española», Anejo XXII, Madrid, 1936.

15. Olivieri, O. *I primi vocabolari italiani fino alla prima edizione della Crusca*, en «Studi di Filologia italiana», Vol. VI, Firenze, Sansoni, 1942, p. 83.

16. Ibid. p. 84.

17. *Dictionarium linguae cantabricae*, p. 47.

18. Massariello Merzagora, G. *La lessicografia*, Bologna, Zanichelli, 1983, p. 10.

19. Gallina, o.c. p. 11.

20. *Vocabolarium ex latino sermone in Siciliensem et hispaniensem denuo traductum. Adiunctis insuper L. Christophori Scobaris viri eruditissimi reconditissimis additionibus.* Venetiis, 1520.

21. Annamaria Gallina, que cita a Palau, registra un ed. en cinco lenguas impresa en Venecia en 1513.

22. *Dictionarium ex hispaniensi in latinum sermonem*, Salamanca, 1495 (?), ahora en edición facsímil de la R.A.E., 1951.

23. Cito por la edición de MacDonald, G j., *Vocabulario de romance en latín* de Antonio de Nebrija, Madrid, Castalia, 1981, pp. 7-32.

24. A pesar de los intentos de Fortunio, Bembo, Liburnio, Trissino, Giambullari, etc. el problema de la unificación normativa del italiano no se había resuelto, debido a la dificultad de formular reglas gramaticales breves y concisas que terminaran con la enorme fluctuación en el uso de la lengua y en su representación gráfica.

25. Fenómeno propio del luqués «Molte sono le parole in cui il Lucchese rinforza o raddoppia come dicesi qualche consonante...», Nieri, I., *Vocabolario lucchese*, Bologna, Forni, 1981, p. XII, párrafo XVI.

26. «La pronuncia poi più caratteristica e quella che è più lontana dal buon volgare legittimo riconosciuto, quella pianigiana, mette *r* al posto della *elle* seguita da consonante...». Ibid p. XI. Es un fenómeno que se da hoy también en el florentino *rustico*. Giannelli, L., *I dialetti toscani*, Profilo dei dialetti italiani, 9, Pisa, Pacini, 1976, p. 18.

27. Nieri, o.c. p. XI, párrafo XI.

28. Es fenómeno propio también del florentino *rustico*, Giannelli, o. c.p. 18, donde «/k/ non può mai presentarsi nella sequenza /ski/».

29. Nieri, o.c. p. XII, párrafo XIII.

30. La oscilación era tan frecuente que Giovio todavía se atiene a las formas en *-arò, -arei* y Salviati prefiere la forma *Barberia, Barbaría*, Castiglione escribe *vecchiarella* y Ariosto emplea *pescarecci* y a la vez *Bulghería*. Cfr. Migliorini, p. 386.

31. Todavía en la actualidad en luqués central rústico son corrientes las formas *-aro, -oro*, aunque se tiende a introducir *-aio, -oio*. Giannelli, o.c. p. 63.

32. Tutte le parole terminate in [...] *-one* [...] purché non siano femminili plurali, [...], ino [...] troncano non soltanto quando sono seguite da un'altra parola [...] ma anche quando sono l'ultima parola della proposizione, e tanto le piane quanto le sdrucciole. Nieri, p. XIII, p. XIX. La situazione actual es «A livello rustico, però, il sostantivo può terminare anche in *n*», Giannelli, p. 61.

33. Giannelli, o.c. p. 55.

34. *La Fabrica del Mondo* di Francesco Alunno (VNC. 1548) iba en 1568 por la 5 edición. En el prólogo de ésta última se dice que era un libro que iba «per le mani d'ognuno, non solamente in Italia, per l'utilità, ma in tutte l'altre parti del mondo». Olivieri, o.c. p. 148.

35. En la actualidad el luqués conserva ciertas características que lo diferencias de los demás dialectos regionales limítrofes con los que está en contacto. Cfr. Pellegrini, G.B. *Carta dei dialeti d'Italia*, profilo dei dialetti italiani, Pisa, Pacini, 1980, p. 30. y la obra ya citada de Giannelli, pp. 56-64.

36. Todavía hoy Florencia sigue siendo «... un centro propulsore che fa sentire la sua forza di espansione in tutte le direzioni, specie in epoca moderna e contemporanea, con il prestigio di un dialetto che molto spesso coincide con la lingua». Giacomelli, G. *Aree lessicali toscane* en «La ricerca dialettale», Pisa, Pacini, 1975, p. 151.

ESTUDIO LÉXICO SOBRE «IL CANDELAIO» DE G. BRUNO: LAS EXPRESIONES

Amparo Padilla Martínez
Universidad de Valencia

INTRODUCCIÓN

En esta comunicación se analizará desde el punto de vista léxico la comedia «Il Candelaio» de Giordano Bruno, publicada por primera vez en 1582 en París. En nuestro análisis veremos cuál era el estado de la lengua en las postrimerías del siglo XVI, reflejado en la conciencia lingüística de este autor, que da lugar a su obra.

Para este análisis me he limitado al primer acto de la comedia, puesto que resultaba ya un corpus más que suficiente e ilustrativo.

La edición utilizada y a la que se refieren los ejemplos citados en la de Rizzoli (Serie Classici Italiani) Milán, 1976.

El texto como tal se halla en el centro de tres grandes áreas de influencia, que convergen en su nacimiento:

— los dialectos meridionales
— la lengua heredada de la tradición literaria
— la lengua latina.

Estos tres componentes reflejan con gran fidelidad la formación humana y cultural del autor: los dialectos meridionales (y en particular el napolitano), por su origen meridional; la lengua literaria, a través de la tradición toscana que continuaba viva; y el latín por su formación como religioso, así como por ser lengua del humanismo, y en general de la tradición cultural europea.

Y sin embargo la división en estos tres componentes no explica en absoluto la originalidad del lenguaje del Candelaio, aunque sí su riqueza. Su originalidad está en el uso que de estas corrientes se hace, en su combinación, lo que hace de esta comedia un conjunto lingüístico muy interesante debido a su carácter «experimental», con una mezcla de elementos lingüísticos muy diversos.

De este modo habremos llegado a una aproximación bastante exacta, a este texto, a una valoración lingüística, que se puede resumir en una actitud abierta en lo que concierne al problema de la lengua. No obstante el valor dado a los distintos componentes es bastante concreto, ya que se utilizan o para caracerizar a un personaje por su modo de hablar, o para criticarlo, en una función que la mayoría de los críticos reconocen, aunque no ejemplifican.

Esta será la tarea: demostrar que el texto es un experimento, o si se prefiere un «collage» lingüístico, que puede rayar a veces en lo sorprendente, situado en un marco temporal en el que la no fijación del idioma permite un uso francamente interesante y favorable al análisis.

LAS EXPRESIONES

Con la finalidad de no tender a la dispersión, es decir de dar coherencia a la exposición, he agrupado bajo el nombre genérico de *expresiones* todas las construcciones y frases hechas de tipo afectivo y peyorativo que tienen cabida en el texto.

De hecho éstas son de diversos tipos y tienen diversa procedencia; divergen igualmente en la función que cumplen dentro del texto. Es por ésto que enfocaremos su estudio desde tres puntos de vista:

1. desde el punto de vista *genético*, es decir de su origen; intentaremos descubrir la procedencia de sus elementos.
2. desde el punto de vista *formal*, para determinar si se trata de una metáfora, una comparación, un pleonasmo, una construcción lingüística, etc.
3. desde el punto de vista del *contenido*, es decir, su significado, su valor dentro del texto.

1. Origen de las Expresiones

En efecto las expresiones son de diversa procedencia, como tendremos ocasión de observar inmediatamente:

1.1. *Expresiones de origen meridional*

Este origen lo descubrimos de varias maneras:

— en aquéllos en los que interviene una referencia a lugares geográficos, situados generalmente en los alrededores de Nápoles:

>   Asino di terra d'Otranto (p. 156)
>   Menchione d'Avella (p. 156)
>   Pecora d'Arpaia (p. 156)
>   «... al viaggio di Piedigrotta (p. 172)

— en un cierto número de exclamaciones, en los que se escoge un término usado sobre todo en el Sur:

>   Alla mal'ora (p. 150)

— en el uso de ciertos «términos prohibidos»:

>   Menchione d'Avella (p. 156) [1]

— en la referencia a la vida del campo, siendo la Italia meridional eminentemente agrícola:

>   «... che di quel tossicoso mele abbi il stomaco ripieno (p. 152)
>   «... fa gran seminata per raccogliere gran frutto (p. 174)

— en el nombrar productos alimenticios que sólo existen en la Italia meridional:

>   «... tenetelo appeso come *mesesca* [2] di botracone in Puglia?» (p. 177)

— a éstas se debe unir la frase idiomática de tipo popular:

>   «che gli sii donato il pan co la balestra» [4]

1.2. *Expresiones de origen toscano*

Tras las meridionales, son las más frecuentes. Las reconocemos:

— en el referirse a la literatura del Trecento, más concretamente a Petrarca:

«In questo tempo s'inamoró il Petrarca...» (p. 154)

— en el uso de una fraseología emparentada con ciertas corrientes literarias, como la del stil novo:

«... com'il caldo al tempo de l'autunno» (p. 153)
«... questa mi scaldò, m'accese in fiamma» (p. 153)
«Il versaglio dell'amor» (p. 154)
«... fui sì profondamente saettato, e tanto arso da' suoi lumi, e talmente legato da sue catene...» (p. 154)

— en el uso de ciertas construcciones que reconocemos como pertenecientes a la tradición toscana:

«In fede mia / Per mia fé» (p. 163)
«Non sta cossì volentieri pesce in acqua» (p. 174)
«Non l'hai tu attaccata a costui...» (p. 173)
«L'uccello è dentro» (p. 174)

— en el uso de un término prohibido de origen toscano:

«luto della polvere... potte [3]...» (p. 172)

1.3. *Expresiones de origen septentrional*

Encontramos sólo una, que Bruno debe haber conocido en uno de sus viajes, ya que la referencia es de una precisión absoluta:

«In nome della benedetta coda ch'adorano a Castello i Geoesi» (p. 149)

1.4. *Expresiones de origen latino*

No encontramos más que:

— Una referencia al sistema causal latino:

«Nominativo: la signora Argenteria m'affligge» (p. 155)

— una deformación de palabras de origen latino:

«... questo diavolo di parlare per parlare per gramufo o latrinesco» (p. 158)

Y no debemos olvidar que existe un cierto número de expresiones escritas directas en latín, cosa que reseñamos, pero de las que no nos ocuparemos pues no son de expresión italiana, tema de nuestro trabajo.

1.5. *Expresiones de origen religioso*

Un pequeño número de expresiones se revela de origen religioso:

— en el uso de una determinada terminología, que nos recuerda el tono eclesiástico:

«Non siamo come le bestie ch'hanno il coito servile» (p. 152)

— en el uso de una referencia bíblica:

«Hai profetato meglio ch'un Caifasso» (p. 174)

— en la mención de un lugar de peregrinación:

«In nome... a Castello i Genoesi» (p. 149)
«... al viaggio di Piedigrotta» (p. 172)

También en este caso debemos señalar la existencia de expresiones en lengua latina.

1.6 *Expresiones de la vida cotidiana*

Constituyen un grupo de expresiones dispersas y un poco difíciles de clasificar, aunque quizás podríamos englobarlas como tomadas de la vida cotidiana:

«Vedo un di quei che rubbano la vacca... e poi donano le corna per l'amor di Dio» (p. 151)
«Rimagno fuori come catenaccio» (p. 160)
«... magra in mezzo al sevo» (p. 162)
«La notte sempre gli par lunga come a putti che hanno qualche abito nuovo da vestirsi» (p. 176)

2. FORMA DE LAS EXPRESIONES

El aspecto reforzativo y enfatizador de este texto se halla expresado del siguiente modo, si nos limitamos al punto de vista puramente formal:

2.1. *Las exclamaciones*

Podríamos subdividirlas en interjecciones y exclamaciones más complejas. Respecto a las interjecciones no hay mucho que decir, puesto que grosso modo su uso y forma son los mismos del italiano actual. No presentan ninguna característica especial.

No ocurre lo mismo con las exclamaciones, que se caracterizan por su complejidad. Se podría incluso hablar de expresiones bastante barrocas, en las que intervienen elementos muy diversos. Esto es lo que da originalidad a la categoría de las exclamaciones. Obsérvense sino los dos ejemplos siguientes:

«In nome della benedetta coda ch'adorano a Castello i Geoesi» (p. 149)
o   «Luto della polvere delle potte sudate al viaggio di Piedigrotta» (p. 172)

Un tipo especial de exclamación es el formado por las maldiciones, ya que éstas adquieren un tono netamente desiderativo:

«Il ma l'an che il Dio li dia» (p. 154)
«In nome del diavolo che gli rompa il collo» (p. 156)
«Che gli sii donato il pan co la balestra» (p. 156)

2.2. *Las expresiones de intensificación*

De hecho sólo se intensifica aquéllo que se afirma según dos procedimientos:

— en algunos casos, los menos, mediante una frase compleja e independiente:

«In fede mia» / «Per mia fé» (p. 163)

— en todos los demás casos, por medio de la introducción de la frase de una palabra que se convierte así en el signo de la insistencia, y en la que se concentra el refuerzo semántico:

«... avranno udito questo *diavol* de dialogo» (p. 155)
«... con questo *diavol* de parlare» (p. 158)
«Non so che *diavolo* voglia...» (p. 166)

Encontramos además una frase que nos podría indicar el punto de partida de este tipo de expresiones por su ambigüedad:

«Non v'intenderebbe il diavolo» (p. 165)

Esta ambigüedad consistiría en la utilización de la palabra *diavolo*, o como refuerzo, o como referencia al genio del mal, y por lo tanto por antonomasia a aquél que mejor puede comprender, y aún así no entiende.

2.3. *La metáfora* (y la comparación)

Constituyen un aspecto importante del lenguaje figurado de esta comedia. Aunque metáfora y comparación sean conceptos muy próximos, preferimos introducir la distinción entre comparación implícita (o metáfora) y explícita (o comparación propiamente dicha).

En la primera categoía ambos elementos son relacionados por medio de un tercero que se adivina fácilmente; es por lo que no alargamos la explicación.

«... di quel tossicoso mele abbi il stomaco riupieno» (p. 152)
«Fa gran seminata per raccogliere gran frutto» (p. 174)

Por el contrario, en otros casos la atmósfera es bastante oscura, y nos cuesta determinar el elemento puente:

«L'uccello è dentro» (p. 174) (= la persona è stata ingannata)
«... la minestra ti saprà di fumo» (p. 177)

En el primer caso aún podemos descubrir que el punto de intersección sería con toda seguridad el verbo «uccellare», engañar [4]. Pero la segunda metáfora, al menos para nosotros, lectores del s. XX, no tiene una motivación clara. El referente se ha perdido.

Ahora bien, el ejemplo más notable y complejo es por supuesto el que da título a la comida: *Candelaio*. Para esta metáfora podríamos encontrar varias explicaciones. Si consideramos que este vocablo parece estar utilizado con el significado de «homosexual», el referente podría ser de dos tipos:

1º) término intermedio: la locución «reggere la candela» [6], en el sentido de acompañante en la relación amorosa, pero sin intervenir en ella.

2º) término intermedio: la locución «da candelaio diventar orefice» [7], es decir pasar del amor homosexual al amor natural.

A esta explicación podríamos añadir otra de tipo más literario o filosófico, que nos proporciona Francesco de Sanctis [8].

Por otra parte, la metáfora se puede extender a todo un párrafo:

«Allora, essendo ito..., legato da sue catene, che, oimè, ...» (p. 154)

Por lo que concierne a las comparaciones, se hallan establecidas según diversas construcciones:

— con el adverbio *come*:

«Non siamo come le bestie...» (p. 152)
«Rimagno fuori come catenaccio» (p. 160)

— según otros términos intermedios

> «... e gli asini, *anch'essi* cominciano a rizzar la coda» (p. 154)
> «Hai profetato *meglio ch'*un Caifasso» (p. 174)
> «Non stà *cossì volentieri* pesce in acqua» (p. 175)

2.4. *Otros procedimientos*

Los reagrupamos pues su intervención en el texto es mínima.

Encontramos una frase hecha, un modismo:

> «*Non l'hai tu attaccata*[9] a costui, come l'attaccò il Cigio al Perrotino?»

Aunque no excesivamente representados, los juegos de palabras constituyen un elemento interesante de este texto.

Se juega con dos palabras muy similares desde el punto de vista formal:

> «Bruto / brutto» (p. 160)

O bien se lleva a cabo una deformación:

> «... con questo diavol di parlare, per grammuffo (de «grammatico») o catacumbaro (de catacumbo) o delegante (od elegante) o latrinesco (latinesco)» (p. 158)

o se recurre a una polisemia:

> «.. benché io sii atto di essere soggetto alla vostra *verga*, idest esservi discepolo...» (p. 160)

Además tenemos que reseñar un pleonasmo:

> «... con un simulato amorevole *sguardo d'occhio*»(p. 150)

y una metonimia:

> «... per fargli confessar ogni cosa *senza corda*» (p. 156)

En cualquier caso, estos procedimientos de menor importancia pueden ser considerados previsibles, frente a lo imprevisible de metáforas (y comparaciones) que caracterizan verdaderamente el texto.

3. Significado de las expresiones

En contraste con su diversidad, desde el punto de vista del contenido las expresiones responden a criterios uniformes por parte del escritor. Estas de hecho o transmiten una maldición o son utilizadas con una finalidad cómica o incluso desmitificadora de situaciones y personajes.

3.1. *Las expresiones de maldición*

Algunas expresiones desempeñan la función de transmitir una maldición a un personaje, y por tanto su significado se ajusta a un contenido claramente negativo. Intervienen entonces elementos de superstición o más bien mágicos, con referencias a maleficios y supersticiones:

«Alla mal'ora» (p. 150)

agravados con la aparición de lo religioso:

«Il mal'an [10] che il Dio li dia» (p. 156)

Debemos señalar la repetición insistente del adjetivo *mal*, que concentra en sí todo el contenido negativo.

También en función negativa se introduce en otros casos una referencia al símbolo del mal en la tradición cristiana: el diablo.

«Va' col *diavolo*» (p. 155)

Y es curioso constatar que sólo en dos casos se introduce una frase en la que no intervienen para nada estos elementos:

«Del *cancaro* [10] che mange Bartolomeo...» (p.155)
«che gli sii donato il pan co la balestra» [11] (p.156)

3.2. *La búsqueda de comicidad*

El otro gran grupo de expresiones está representado por aquéllas que alcanzan una *dimensión cómica,* aunque con diversos valores: paródico, irónico, o incluso transgresor o reclamando profundamente la atención del lector. En cualquier caso las tratamos al mismo tiempo, pues las más de las veces la misma frase participa de varias de las características expuestas. Además todas las expresiones coinciden en lo que hemos definido como la búsqueda de la comicidad.

En cualquier caso su contenido irónico o paródico nos viene comunicado de dos maneras:

a) *inherente al texto*
— por la proximidad de dos elementos construídos en contraste, y es precisamente de esta proximidad de la que surge la dimensión cómica. El efecto se obtiene con la combinación de un elemento sexual, con una connotación fuertemente negativa (potte), agravado con la referencia a otro término prohibido (sudate), con otro de tipo religioso (viaggio di Piedigrotta).
Se puede observar en otro caso el emparejamiento de un elemento cultural de gran prestigio (Petrarca), con una referencia al mundo animal con

un doble sentido de tipo sexual (e gli asini anch'essi cominciano a rizzar la coda). Además el valor cómico se ve aumentado por una rectificación posterior, en la que los elementos de doble sentido se sustituyen por los «neutros»:

> «e gli animi anch'essi, si drizzaro alla contemplazione».

Se relaciona igualmente un elemento animal (coda) con otro religioso (Castello, lugar de peregrinación).

— por la inclusión de una frase de por sí cómica:

> «Vedo un di quei che rubbano la vacca e poi donano le corna per l'amor di Dio».

Esta frase puede ser considerada como la más explícita del texto en la expresión de la comicidad.

— a través de un segundo elemento inesperado:

> «Non siamo come la bestie...; *noi altri in ogni tempo* e loco» (p. 152)

Señalaremos de paso la connotación sexual dada a una palabra anatómica normalmente neutra:

> «scalda la *schiena*» (p. 152)

b) extratextual (o cultural)

Son las más difíciles de decodificar, porque en este caso es necesario conocer su contexto para poderlas interpretar; y por lo tanto se recurre a la complicidad del lector, al que se suponen ciertos conocimientos culturales comunes a escritor y lectores.

Es evidente que en las expresiones del primer tipo interviene también el factor contextual o cultural— como el tabú del sexo—, pero sólo en un cierto porcentaje. Por el contrario en éstas que analizamos ahora la interpretación cómica es totalmente cultural. Escogemos algunos ejemplos significativos:

— «Questa mi scaldó m'accese in fiamma» (p. 153)

En este caso se debe estar familiarizado con el léxico de la tradición del dolce stil novo, cuyo estilo es parodiado.

— «Nominativo: la signora Argenteria...» (p. 155)

Esta vez es el sistema casual latino el que se parodia

— «Mi fa sovvenire dell'asino».

Es una referencia a los «Adagios» de Erasmo.

3.3 *El elemento enfatizador*

Por último se deben tomar en consideración los elementos puramente reforzativos o enfatizadores. Puede parecer una contradicción, puesto que la característica más importante es la de haber sido vaciados de contenido. Sin embargo podemos decir que tienen un carácter semántico negativo, o bien el contenido semántico en grado cero. La palabra que aparece utilizada más veces con tal valor, es *«diavolo»*. Escogemos un par de ejemplos:

> «con questo *diavol* di parlare» (p. 158)
> «questo *diavol* de raggioni» (p. 171)

la frase: «Non v'intenderebbe il *diavolo*» (p. 165) parece explicar la degradación semántica de la palabra en cuestión.

Aparte de esta palabra, aparece también un corto número de sintagmas nominales con el mismo valor:

> «Buffalo d'India» (p. 156)
> «Asino di Terra d'Otranto» (p. 156)
> «Menchione d'Avella» (p. 156)
> «Pecora d'Arpaia» (p. 156)

4. Consideraciones generales

Resumiendo, todas estas expresiones se dividen en dos grandes categorías:

— Aquellas que tienen un significado más o menos coherente, al menos como globalidad. Ej.: «Vedo un di quei...»

— Aquéllas en las que no descubrimos un significado concreto, si no es el de «divertir» o mejor provocar al lector al caracterizar y/o ridiculizar a un personaje o una situación. El ejemplo más claro sería naturalmente:

> «Luto della polvere delle potte sudate al viaggio di Piedigrotta»; conjunto de elementos semánticos incompatibles.

En suma, cuanta mayor intención pone el autor en degradar una situación, más incoherente es la frase a nivel de su significado, igualmente mayor es la intervención de elementos de doble sentido o de «términos prohibidos». Es precisamente este uso que parecía indiscriminado o arbitrario el que ha producido a menudo un rechazo del texto en su globalidad. Y sin embargo, creo que habremos tenido ocasión de comprobar las intenciones de G. Bruno: criticar por medio del lenguaje situaciones y personajes de un mundo con el que no está de acuerdo.

NOTAS

1. de minchia, «molto usato nell'Italia meridionale». Nora Galli de' Paratesi, *Semantica dell'eufemismo* (Torino, G. Giappichelli, 1964), p. 92.

2. dialettale, «carne affumicata», Salvatore Battaglia, *Grande Dizionario della lingua italiana* (Torino, Utet, 1981), vol. x, p. 201.

3. «potte» Carlo Battisti, Giovanni Alessio, *Dizionario etimologico italiano,* (Firenze, G. Barbèra, 1975).

4. Salvatore Battaglia, *Grande...*

5. Varios, *Dizionario Garzanti della lingua italiana,* (Milano, Garzanti, 1965), p. 1892.

6. Salvatore Battaglia, *Grande...*, vol. I, p. 623.

7. Salvatore Battaglia, *Grande...*, vol. I, p. 623.

8. ...«E' la candela destinata a illuminare le *ombre delle idee*. Perciò (Bruno) costruisce il suo mondo comico a quel modo che costruisce il suo universo, guardando nelle apparenze l'essenza e la generalità». Francesco de Sanctis, *Storia della letteratura italiana*, (Napoli, Feltrinelli, 1871) vol. II, p. 662).

9. «attaccarla a qualcu».: farsi beffa, prendere in giro. Salvatore Battaglia, *Grande...*, vol. I, p. 905.

10. Salvatore Battaglia, *Grande...*, vol. IX, p. 500.

11. «o (canchero): Ant. e popol., guaio, malanno, logorio». Salvatore Battaglia, *Grande...*, vol. II, p. 620.

12. «far l'elemosina, rendere un favore malvolentieri, con malavoglia». Salvatore Battaglia, *Grande...*, vol. I, p. 8.

CASTIGLIONE Y LA TEORÍA DE LA NARRACIÓN BREVE EN «IL CORTEGIANO»

Juan Paredes Núñez
Universidad de Granada

El «Libro Secondo» del *Cortegiano* [1] de Baltasar de Castiglione, que trata del arte de la conversación y de los términos y modos que debe usar el cortesano en el decir de las gracias y donaires y las burlas, constituye una auténtica teoría de la narración corta, importantísima no sólo por su extraordinaria influencia en Italia, sino por su repercusión en otras literaturas románicas.

De acuerdo con ese tipo ideal de humanidad, plasmado en la imagen del perfecto cortesano, en la que se reflejan las exigencias más elevadas de la cultura del siglo XVI, estos dialogos ficticios que se desarrollan en la corte de Urbino sobre el arte de la narración, sus leyes y reglas y sus géneros, se enmarcan así en el espíritu renacentista que anima toda la obra, una de las más altas tentativas de concebir el problema de la educación humana.

La narración breve se constituye así como un arte elevado, inserto en la vida refinada de la sociedad cortesana. El cultivo de la «facezie» desarrolla las dotes intelectuales y forma parte de la educación integral del cortesano [2].

Castiglione considera esta facultad de relatar «facezie» y «motti» «più presto dono e grazia di natura che d'arte», y piensa que los toscanos y españoles poseen especiales dotes para ello [3]. Distingue, en principio, dos géneros de «facezie»: Una consiste en el «ragionar lungo e continuato» (XLIII), «quella urbana e piacevole narrazione continuata che consiste nell'effetto di una cosa» (XLVIII); otra «brevissima: detti pronti ed acuti mordaci» (XLIII), «quelle che consistono in un detto solo, ed hanno quella pronta acutezza posta brevemente nella sentenzia o nella parola» (LVII) [4]. A estos dos grandes géneros añade un tercero, *burle*, «nelle quali intervengon le narrazioni lunghe, e i detti brevi, e ancor qualche operazione» (XLVIII). Y realiza, a renglón seguido, una afirmación contundente y clarificadora: «Quelle prime adunque, che consistono nel parlar continuato, son di maniera tale *quasi che l'omo racconti una novella*» [5].

Los dos géneros principales se subdividen, a su vez, en grupos:
Con respecto a las «facezie» largas se dice:

> «Induce ancor molto a ridere, che pur si contiene sotto la narrazione, il recitar con bona grazia alcuni difetti d'altri, mediocri però e non degni di maggior supplicio; come le sciocchezze talor semplici, talor accompagnate da un poco di pazzia pronta o mordace: medesimamente certe affettazioni estreme; talor una grande e ben composta bugia» [6].

De las que están en un «detto solo» se hace una amplia clasificación en la que destacan, según su capacidad para hacer reir, «aquellas que nacen de una palabra o razon que se puede echar a dos sentidos» (ambigüedad), «la que vulgarmente llamamos derivar, y consiste en mudar o quitar una letra o sílaba», «las comparaciones y apodaduras», «la que consiste en una cierta disimulación, cuando se dice una cosa y debajo de aquélla se entiende otra», «cuando un hombre tenido por avispado dice una cosa que parece necedad», «las que traen consigo una cierta escondida sospecha de burla», «cuando un hombre, habiendo hecho un error, para remediarlo dice adrede alguna cosa que parece locura», «declarar alguna cosa o interpretarla burlando», «cuando un hombre confiesa lo que le dicen, y aún más adelante, pero muestra entenderlo de otra manera», «muchas veces se dice también una palabra en la cual hay una secreta significación», «cuando el hombre responde a lo que no ha dicho el otro con quien el habla», «cuando de buen arte el hombre se excusa de algún yerro», «desear cosas que no pueden ser», «responder al revés de lo que quería aquel con quien se habla», etc. [7].

Por lo que respecta a «le burle» Castiglione considera que tienen casi las mismas maneras y fundamentos que las «facezie»:

> «Però, per non replicarli, dico solamente che di due sorti burle si trovano, ciascuna delle quali poi in più parti divider si poria. L'una è quando s'inganna ingeniosamente con bel modo e piacevolezza chi si sia; l'altra quando si tende quasi una rete, e mostra un poco d'esca, talché l'omo corre ad ingannarsi da sé stesso» [8].

Destaca Castiglione las excelencias de la narración oral, realizando indicaciones precisas sobre el uso de la «voce viva» y los «gesti» y la representación mímica de los protagonistas:

> «Ma la grazia perfetta e vera virtù di questo è il dimostrar tanto bene e senza fatica, così coi gesti come con la parole, quello che l'omo vuole esprimere, che a quelli che ódono paia vedersi innanzi agli occhi far le cose che si narrano. E tanta forza ha questo modo così es-

> presso, che talor adorna e fa piacer sommamente una cosa che in se stessa non sarà molto faceta né ingeniosa (...). Della medesima sorte pare che sia il far ridere contrafacendo o imitando» [9].

Aunque también reconoce la habilidad y destreza necesarias cuando se vierten estas narraciones por escrito: «E benché a queste narrazioni si ricerchino i gesti e quella efficacia che ha la voce viva, pur ancor in scritto qualche volta si conosce la lor virtù» (XLIX). Y cita el ejemplo de Boccaccio, modelo que sin duda tenía en mente cuando escribió estas palabras, rememorando el cuento de Varlungo (Jornada Octava, Narración II), que se esforzaba en cantar como un maestro el Kyrie y el Sanctus cuando sabía en la iglesia a su amada Buencolor.

Esta teoría de la narración corta no es original, en sus líneas fundamentales, de Castiglione, sino que está anclada en la tradición. Ya Menéndez Pelayo señalaba que todo el libro de Castiglione «está penetrado por el espíritu y por la letra de la antigüedad en todas sus páginas» [10]. Ernst Walser subraya cómo la teoría de la novela corta contenida en los libros III y IV de *De Sermone* del Pontano, que a su vez lo toma de Cicerón (*De oratore*), fue utilizada por Castiglione en el *Cortegiano* [11].

Ello queda ya evidenciado en la sola consideración de los títulos que encabezan los diversos apartados [12]. Y de modo particular en el capítulo XXII del Libro tercero, que trata de la división de los géneros:

> «Quae quo expressius a nobis ostendantur, ea partiemur in Jocos, in Dicta, in Ridicula, ac Fabellas. Totum autem ipsum genus est iocari. Joca uero et dictis constant, et ridiculis, et fabellis: ac dicta quidem alia lepida, alia salsa sunt, alia et salsa simul et lepida, alia obscena, dicacia, eaque non unius generis, alia breuia, atque ex uno tantum uerbo, alia e pluribus constituta (...) Fabellae iucundissimae ipsae sunt, atque ad omne facetiarum genus accommodatae, locisque omnibus congruunt, si non fortasse temporibus, quanquam et temporibus et item personis, si delectus accesserit» [13].

En todas estas citas resuena un eco de la teoría de los dos géneros de Cicerón, base de todas las doctrinas novelísticas sobre la narración breve:

> «duo genera (...) facetiarum, alterum aequabiliter in omni sermone fusum, alterum peracutum et breve, illa a veteribus superior cavillatio, haec altera dicacitas nominata est»
> «duo sunt genera facetiarum, quorum alterum re tractatur, alterum dicto» [14].

Walter Pabst analiza los datos ofrecidos por Cian y Valmaggi [15], según los cuales el *De oratore* ciceroniano es citado en el *Cortegiano* hasta sesenta y tres veces (cuarenta y ocho manifestaciones teóricas y quince ejemplos), mientras el Pontano tan solo lo es en diecisiete ocasiones (diez puntos teóricos y siete ejemplos), subrayando el papel de mediador de este último con respecto a las teorias ciceronianas: «Evidentemente, el Pontano era sólo el incitador, que dio pie a Castiglione para recurrir a las viejas tesis de Cicerón, y el principio doctrinal ciceroniano de los dos géneros de narración corta, redescubierto por Pontano-Castiglione, vióse enriquecido así en el siglo XVI por un tercer género y convertido en base de análisis retrospectivos y tendencias clasificatorias de las que todavía no se ha liberado del todo la posteridad, hasta nuestros días» [16].

La novelística italiana se vio, pues, constreñida por la proliferación de las retóricas y poéticas, las reglas ciceronianas, los preceptos de Castiglione y el Pontano, la hegemonía del «fiorentin volgare», etc., que consiguieron apagar un tanto el vigor y libertad medievales. Así los *Diporti* (1550) de Parabosco, con sus distinciones formales heredadas de Castiglione, más parece un tratado que obra literaria. Y Giraldi Cinthio en sus *Hecatommini* (1565), con sus ecos boccaccescos, utiliza sus relatos como excusa para exponer su doctrina.

En opinión de Pabst, Cinthio es otro representante de esa antinomia entre teoría y praxis literaria, base de su hipótesis de trabajo, «porque, con toda la especulación platonizante que se impone al lector, las novelas cortas de esta colección son, en su mayoría, pruebas famosas y excitantes de los impulsos primitivos del ser humano» [17]. Sólo algunos autores dotados de gran personalidad, como Matteo Bandello, consiguen, aunque fingiendo obediencia, escapar a sus dictados. La rebelión llega a tal extremo que podemos ver a este autor criticar al propio Boccaccio, irritado por la idolatría de que éste es objeto [18].

La doctrina ciceroniana retomada, a través del Pontano, por Castiglione tuvo una influencia decisiva en la Península Ibérica, donde la teoría de los dos géneros (*cuentos* e *historias*) se unió a la tradicional consideración de las dotes narrativas expontáneas, concretada en la tesis del arte literario practicado y transmitido oralmente, de origen exclusivo hispano-portugués.

En la obra de Gonçalo Fernandez Trancoso *Contos e históricas de proveito e exemplo* (1575), cuyo título alude todavía a la tradición ejemplar de la novelística española [19], se diferencia por primera vez entre *contos* (de origen popular) e *historias* (traducidas del italiano). En la edición de 1608 se presenta el libro mediante los siguientes versos:

> «Diversas Historias, et contos preciosos,
> Que Gonçalo Fernandez Trancoso ajuntou,
> De cousas que ouvio, aprendeo, et notou,
> Ditos e feytos, prudentes, graciosos:
> Os quaes com exemplos bos et virtuosos,
> Ficao en partes muy bem esmaltados:
> Prudente Lector, lidos, et notados,
> Creo achareis que sam proveitosos [20].

Fernandes Trancoso manifiesta, sin duda, su preferencia por los *contos*, a los que añade el calificativo de «preciosos», frente a las «diversas historias», que parecen quedar un tanto aisladas.

También Francisco Rodrigues Lobo, en los diálogos décimo y undécimo de su *Côrte na aldeia e noites de inverno* (1619), hace una neta diferenciación entre los *contos*, de tipo popular, y las *historias*, según el modelo de las «novelle» toscanas, donde cabe mejor «la buena descripción de las personas, relación de los acontecimientos, razón de los tiempos y lugares, y una plática por parte de algunas de las figuras que mueva más a compasión y piedad, que esto hace doblar después la alegría del buen suceso»:

> «Esta diferencia me parece que se debe hacer de los cuentos y de las historias, que aquéllas piden más palabras que éstos, y dan mayor lugar al ornato y concierto de las razones, llevándolas de manera que vayan aficionando el deseo de los oyentes, y los *cuentos* no quieren tanta retorica, porque lo principal en que consisten está en la gracia del que habla y en la que tiene de suyo la cosa que se cuenta» [21].

También en este caso hay una preferencia manifiesta por los *cuentos*, a los que se divide en diversos grupos, ilustrados con ejemplos.

Menéndez Pelayo resalta la dependencia directa con el *Cortegiano* de Castiglione:

> «Aunque Rodríguez Lobo imita en cierto modo el plan de *El Cortesano* de Castiglione, donde también hay preceptos y modelos de cuentos y chistes, sus advertencias recaen, como se ve, sobre el cuento popular e indígena de su país, y prueban el mucho lugar que en nuestras costumbres peninsulares tenía este ingenioso deporte, aunque rara vez pasase a los libros» [22].

Esta influencia de Castiglione, diluida en las palabras de Menéndez Pelayo por el carácter autóctono de nuestras costumbres peninsulares, es mucho más importante de lo que el citado erudito señala, como queda patente en la comparación de ambos escritores:

La definición que hace Rodrigues Lobo de las historias, que «piden más palabras que éstos, y dan mayor lugar al ornato y concierto de las razones», tiene su paralelo en la fórmula castiglionesca del «ragionar lungo e continuato», mientras que la idea de que «los *cuentos* no quieren tanta retórica, porque lo principal en que consisten está en la gracia del que habla y en la que tiene de suyo la cosa que se cuenta» se puede corresponder con la afirmación de Castiglione: «Dico adunque che nel primo modo, che è quella festiva narrazione, non è bisogno arte alcuna, perché la natura medesima crea e forma gli omini atti a narrare piacevolmente».

Su clasificación de los cuentos en «tres maneras»: «unos fundados en descuidos y desatinos, otros en mera ignorancia, otros en engaño y sutileza. Los primeros y segundos tienen más gracia y provocan más a risa y constan de menos razones, porque solamente se cuenta el caso, diciendo *el cortesano* con gracia propia los yerros ajenos» (el subrayado es nuestro), es prácticamente un eco de «Induce ancor molto a ridere, che pur si contiene sotto la narrazione, il recitar con bona grazia alcuni difetti d'altri (...) come le sciocchezze talor semplici, talor accompagnate certe affettazioni estreme; talor una grande e ben composta bugia». Dentro de los subgrupos en que a su vez se dividen las tres grandes categorías, hay algunas fórmulas que también se corresponden perfectamente: «Lo general es que el desatino o la ignorancia, donde menos se espera, tiene mayor gracia» dice Rodrigues Lobo, y Castiglione «la principal cosa es engañar la opinión y salir muy lejos de donde os esperaban los que escuchan». Las normas sobre la oportunidad y sazón con que han de ser empleados los dichos así como el «decoro para decirlos» que da Rodrigues Lobo cuando habla de que «Los cuentos y dichos galanes han de ser en la conversación como los pasamanos y guarniciones en los vestidos (...) porque hay algunos que quieren traer su cuento a fuerza de remos, cuando no le dan viento los oyentes (...) Tampoco soy de opinión que si un hombre supiese muchos cuentos o dichos de la materia en que se habla, que los saque todos a plaza, como jugador que sacó la runfla de algún metal, sino que deje lugar a los demás, y no quiera ganar el de todos ni hacer la coversación consigo solo», tienen su correspondencia en las de Castiglione «que procure de ser tal, que nunca le falte que hablar conforme a las personas que tratáre, y sepa con una buena dulzura hacer que huelguen con él los que le oyeren, y levantallos discretamente con motes y gracias y buenas burlas, y hacellos reir de manera que, sin jamás ser pesado, sea gustoso para los que lo hubiere de ser (...) Y asi, como en aquella primera suerte de hablar manso y extendido (...) debemos guardarnos con todas nuestras fuerzas, o contando ó remedando algo, de parecer truhanes o chocarreros, o hombres de los que hacen reir con sus necedades o locuras, así en estrota de hablar breve y presto conviene tambien que huya el Cortesano de ser tenido por malicioso y perjudicial (...) porque a la verdad cansa y enfada estar todo el dia y en todas las pláticas y sin propósito arrimado siempre a decir donaires» [23].

En este sentido, Rodrigues Lobo viene a coincidir con los planteamientos de Timoneda sobre la concepción del cuento en el sentido tradicional de relato oral y la oportunidad y manera de narrarlos, según el concepto castiglionesco de la «bona grazia».

En 1563 aparece *El sobremesa y alivio de caminantes de Joan Timoneda; en el qual se contienen affables y graciosos dichos, cuentos heroycos y de mucha sentencia y doctrina*, en cuya introducción («Epístola al lector») se dice:

> «Curioso lector. Como oir y ver y leer sean tres causas principales, ejercitándolas, por do el hombre viene a alcanzar toda sciencia, esas mesmas han tenido fuerza para comigo en que me dispusiese a componer el libro presente, dicho *Alivio de caminantes*, en el cual se contienen diversos y graciosos cuentos, afables dichos y muy sentenciosos. Así que, fácilmente lo que yo en diversos años he oido, visto y leido, podrás brevemente saber de coro, para poder decir algun cuento de los presentes. Pero lo que nos importa para tí y para mí, porque no nos tengan por friáticos, es que estando en conversación, y quieras decir algun cuentecillo, lo digas al propósito de lo que trataren; y si en algunos he encubierto los nombres a quien acontecieron, ha sido por celo de honestidad y evitar contiendas. Por tanto ansí por el uno, como por el otro, te pido perdon, el cual pienso no se me podrá negar» [24].

Y en la «Epístola al amantísimo lector» que encabeza *El Patrañuelo (Las Patrañas de Juan de Timoneda, en las cuales se tratan admirables cuentos, graciosas marañas y delicadas invenciones para saber contar el sabio y el discreto relatador)* se explica:

> «*porque Patrañuelo* se deriva de *patraña*, y patraña no es otra cosa sino una fingida traza tan lindamente amplificada y compuesta, que parece que trae alguna apariencia de verdad. Y así, semejantes marañas las intitula mi lengua natural valenciana *Rondalles*, y la toscana *Novelas*, que quiere decir: tú, trabajador, pues *no velas*, yo te desvelaré con algunos graciosos y asesados cuentos, con tal que lo sepas contar como aquí van relatados, para que no pierdan aquel asiento y lustre y gracia con que fueron compuestos» [25].

Interesa destacar en esta última cita el término «patraña», no sólo por lo que pueda significar de desplazamiento de lo ejemplar tradicional hacia lo ameno burlesco, sino por esa identificación con las «novelle», en la que parece haber un eco de la «grande e ben composta bugia» castiglionesca [26].

Rodrígues Lobo conocía, sin duda, también las observaciones que había realizado Cervantes sobre las dos especies de géneros narrativos, por boca de Cipión, en *El coloquio de los perros*:

> «Y quiérote advertir de una cosa, de la qual veras la experiencia quando te cuente los sucesos de mi vida, y es que los cuentos, unos encierran y tienen la gracia en ellos mismos, otros en el modo de contarlos; quiero dezir, que algunos ay que, aunque se cuenten sin preambulos y ornamentos de palabras, dan contento; otros ay que es menester vestirlos de palabras, y con demostraciones del rostro y de las manos, y con mudar la voz, se hazen algo de monada, y de floxos y desmayados, se buelven agudos y gustosos» [27].

No es necesario insistir mucho para darse cuenta de que expresiones como «demostraciones del rostro y de las manos» y «mudar la voz», con que el escritor caracteriza al segundo género, así como la observación final de que «de flojos y desmayados se vuelven agudos y gustosos», son un calco de las de Castiglione «così coi gesti come con la parole», «i gesti e quella efficacia che ha la voce viva», «accomodar le parole e i gesti», etc. [28].

Parece que Cervantes reservó la voz *cuento* para la narración oral y *novela* para la escrita [29]. Así, la historia de Crisóstomo y Marcela, inserta en los capítulos doce y trece de la primera parte del *Quijote*, es presentada como cuento, mientras *El curioso impertinente* recibe el título de novela, porque no es contada por ningún narrador, sino que se encuentra escrita: «Sacólos el huesped, y dándoselos a leer, vio hasta obra de ocho pliegos escritos de mano y al principio tenían un título que decía: *Novela del curioso impertienente*» [30].

Las referencias relativas al relato oral, enmarcadas en la formula castiglionesca del narrar «con bona grazia», ya señaladas en el parlamento de Cipión, menudean por todas partes:

En el ya aludido cap. XII de la Iª parte dice Don Quijote al cabrero que cuenta los desdichados amores de Crisóstomo y Marcela: «Así es la verdad, y proseguid adelante: que el cuento es muy bueno, y vos, buen Pedro, le contáis con muy buena gracia». Y al terminar el relato le da las gracias con las siguientes palabras: «En cuidado me lo tengo, y agradézcoos el gusto que me habéis dado con la narración de tan sabroso cuento». En el episodio de los batanes (P.I, cap. XX) encontramos nuevas referencias, relacionadas en este caso con el relato popular: «Díjole Don Quijote que contase algún cuento para entretenerle, como se lo había prometido; a lo que Sancho dijo que sí hiciera si le dejara el temor de lo que oía. Pero, con todo eso, yo me esforzaré a decir una historia que, si la acierto a contar y no me van a la mano, es la mejor de las historias; y estéme vuestra merced atento, que ya comienzo». Después de la manifestación de sus dudas sobre su capacidad para narrar la historia, Sancho comienza a relatar su cuento [31] a trompicones, mereciendo la recriminación de su señor: «Dígote de verdad que tú has contado una de las más nuevas consejas, cuento o historia, que nadie pudo pensar en el mundo, y que tal modo de contarla ni dejarla jamás se podrá ver ni habrá visto en toda la vida, aunque no esperaba yo otra cosa que tu buen discurso; mas no me maravillo, pues quizá estos golpes, que no cesan, te deben de tener turbado el entendimiento», «De la misma manera que yo lo cuento —respondió Sancho— se cuentan en mi tierra todas las consejas, y yo no sé contarlo de otra, ni es bien que vuestra merced me pida que haga usos nuevos».

Como señala Pabst, en este diálogo entre Don Quijote y Sancho, en esos titubeos de Sancho y la alusión a los «usos nuevos», que no son sino las exigencias teóricas, parece diluirse la teoría del relato oral, basado en las dotes tradicionales del pueblo. Cervantes no podía, sin duda, propugnar y defender una teoría que fuese en contra de su propia obra. Y es que realmente no se trata de su propio programa, sino de una convención literaria, mantenida por Timoneda, Fernandes Trancoso, Rodrigues Lobo, etc., según la fórmula establecida por el *Cortegiano* de Castiglione [32].

También Lope siguió la teoría del italiano sobre la tradición oral:

> «En tiempo menos discreto que el de agora, aunque de más hombres sabios, llamaban a las novelas «cuentos». Estos se sabían de memoria, y nunca, que yo me acuerde, los vi escritos» [33].

Esta creencia en el «ingenio» y la «invención» españoles le lleva a buscar los orígenes de la novelística en esos relatos tradicionales, que culminan en las *Novelas Ejemplares*. Lope, sin embargo, desacorde con la forma que Cervantes había dado al género, propone por su parte una novelística «científica» [34]:

> «Confieso que son libros de grande entretenimiento y que podrían ser ejemplares, como algunas de las *Historias trágicas* de Bandelo, pero habían de escribirlos hombres científicos o por lo menos *grandes cortesanos*, gente que halla en los desengaños notables sentencias y aforismos» [35].

Lope se sirve, pues, de las exigencias doctrinales de Castiglione para exponer su propia teoría.

Lo decisivo en todos estos cotejos es destacar la enorme influencia que ejercieron en la Península las teorías sobre la narración corta expuestas por Castiglione en su *Cortegiano*, libro muy pronto conocido en España gracias a la extraordinaria traducción de Boscán.

También la literatura francesa sufrió la influencia de la teoría ciceroniana de los dos géneros a través de Castiglione. Así, en el prólogo-marco del *Heptamerón* de Margarita de Navarra se hace una distinción entre las novelas de Boccaccio y la «nouvelle qui (...) soit véritable histoire». Y claramente se dice respecto a éstas: «dira chacun quelque histoire qu'il aura veue ou bien oy dire à quelque homme digne de foy», traslación, sin duda, de las palabras de Castiglione «cosa che sia loro intervenuta, o veduta o udita l'abbiamo».

Para preservar la «vérité de l'histoire» de la «beauté de la rhétorique», se nombran diez narradores, con la prohibición expresa «sauf ceul qui avoient estudié et estoient gens de lettres», eco también de la ausencia de arte («non é bisogno arte alcuna, perché la natura medesima crea e forma gli omini atti a narrare piacevolmente») propugnada por Castiglione [36].

La Fontaine, por su parte, expresó la fórmula Cicerón-Castiglione en la ficticia discusión de las dos formas métricas.

Así pues, la teoría de la narrativa breve expuesta en el libro segundo del *Cortegiano*, a través de la tríada Cicerón-Pontano-Castiglione, ejerció una influencia importante no sólo en Italia, sino en las literaturas de España, Portugal y Francia.

En la Península Ibérica la doctrina castiglionesca, rápidamente conocida por la traducción de Boscán, tiene su reflejo en la idea de las dos formas narrativas contrapuestas: el *cuento*, autóctono, de origen poular, y la *historia*, literaria, de importación italiana, unida a la leyenda de las dotes tradicionales espontáneas, a través de la fórmula de Castiglione de la «bona grazia» en el narrar. En Francia el eco de Castiglione es palpable en la teoría de Margarita de Navarra sobre la *nouvelle* «véritable histoire», frente al modelo boccacciano, y en la discusión de las especies métricas de La Fontaine.

NOTAS

1. Utilizamos la edición de V. Cian, Firenze, 1929, y la traducción española de Boscan, *Los cuatro libros del Cortesano compuestos en italiano por el conde Baltasar Castellon y agora nuevamente traduzidos en lengua castellana por Boscan*, ed. de A.M. Fabié, Madrid, 1873.

2. «Así que para lo que deseo en el Cortesano, bastará decir, demás de lo dicho, que procure de ser tal, que nunca le falte que hablar conforme a las personas que tratáre, y sepa con una buena dulzura hacer que huelguen con él los que le oyeren, y levantallos discretamente con motes y gracias y buenas burlas, y hacellos reir de manera que, sin jamás ser pesado, sea gustoso para lo que hubiere de ser» (ed. cit., pp. 205-6).

3. «las gracias y los motes son más don y gracia de la natura que del arte; y en esto se hallan unas naciones más prestas que otras, como los toscanos, que verdaderamente son muy vivos. También los españoles son harto sueltos y graciosos en las burlas» (ed. cit., p. 206).

4. «dellas se hallan dos suertes solamente, de las cuales, la una consiste en el hablar largo y no interrompido, como se ve en algunos que cuentan con tan buena gracia, y exprimen tan perfectamente algo que les haya acontecido o hayan visto o oido, que con los gestos y ademanes y palabras nos lo pintan y nos lo ponen delante de los ojos, y casi nos lo hacen tocar con las manos; ésta por ventura, por no alcanzar vocablo propio en nuestro romance, se podria llamar, aprovechándonos del latin, festividad o urbanidad. La otra suerte de donaires es breve, y está solamente en los dichos prestos y agudos, y que alguna vez pican, como suele pasar entre nosotros muchas veces; y aún parece que no tienen gracia si no muerden algo; éstos, entre los antiguos, solian también llamarse dichos, agora comunmente se llaman gracias o donaires, o en cierta coyuntura, motes si quisiéredes» (pp. 207-8).

5. XLVIII. El subrayado es nuestro.

6. LI. «Trae asimismo risa, lo cual también se contiene debajo de saber contar bien un cuento, el recitar con buena gracia ciertos defectos de algunos, con tal que no sean muy grandes ni merecedores de otra mayor pena que de ser castigados con burla que se haga dellos, como serían algunas groserías simples o dichas con una poca de locura presta y que picase. Hacen tambien reir las afectaciones o curiosidades cuando son extremas, asimismo algunas muy grandes mentiras y bien compuestas» (p. 220).

7. Las citas por la ed. de Boscan.

8. LXXXV. «Por eso, por no replicallos, digo solamente que dos suertes de recaudos falsos se hallan, cada una de las cuales podría partirse en muchas partes; la una es cuando se hace algun engaño sotilmente y con sabor, quien quiera que sea el engañado; la otra cuando muy disimuladamente se echa la mano o se finge alguna cosa para hacer picar, de tal manera que el hombre mismo corra a engañarse de suyo» (p. 262).

9. XLIX. «Mas la verdadera y perfecta fineza desto es mostrar tan propriamente y tan sin trabajo, con ademanes y con palabras, lo que el hombre quiere esprimir, que a los que lo oyan, les parezca ver hecho y formado delante sus ojos lo que se cuenta. Y tanta fuerza tiene esta manera de contar así distinta y propia, que muchas veces es causa que parezca bien una cosa y sea tenida por muy buena, aunque de suyo no lo sea (...) A esta misma habilidad parece que tira el contrahacer o remedar» (p.

10. *Antología de poetas líricos castellanos*, XIII.

11. *Die Theorie des Witzes und der Novelle nach dem de sermone des Jovianus Pontanus. Ein gesellsch. Ideal vom Ende des XV Jh,* Estrasburgo, 1908. Resumido por W. Kaegi: *Uber die Renaissanceforschung Ernst Walsers*, incluido en *Ges. Studien zur Geistesgeschichte der Renaissance*, Basilea, 1932. Citado por W. Pabst: *La novela corta en la teoría y en la creación literaria*, Gredos, Madrid, 1972, p. 122, n. 56.

12. «Unde ductae sint facetiae, ac facetudo» (III, I); «Facetudinem uirtutem esse» (III, 2); «De facetis» (III, 15); «De dictorum, Jocorumque, diuersitate» (III, 16); «De locis unde dicuntur dicta ac facetiae (III, 17); «Duo esse secundum Ciceronem facetiarum genera» (III, 19); «Divisio in Jocos, Dicta, Ridicula, Fabellas» (III, 22); «Vultum esse dictis ipsis accomodandum et gestum, et uocem» (IV, 7); «Mimica et thatralia parum facetis conuenire» (IV, 8).

13. *Joannis Joviani Pontali librorum omnium, quos soluta oratione composuit*, II, Basileae, s.a., p. 1663.

14. *De oratore*.

15. «Per le fonti del Cortegiano», en *Giornale Storico della letteratura italiana*, XIV, pp. 72-93.

16. Op. cit., p. 157.

17. Ibidem, p. 169.

18. «se il facondissimo Boccaccio avesse avuto questo soggetto, io mi fo a credere che ne averebbe composta una o due bellissime novelle ed ampliatele e polite con quella sua larga e profluente vena di dire. Ma io dirò semplicemente il caso come occorse, senza fuoco d'eloquenza e senza con ampliazioni e colori retorici polirlo» (*Novelle*, Bari, 1928, II, p. 414).

19. Vid. Pabst, op. cit., pp. 184 y ss.

20. Vid. M. Menéndez Pelayo: *Orígenes de la novela*, II, Madrid, 1907, p. LXXXIX.

21. Las citas según Menéndez Pelayo, op. cit., pp. XCVII y ss.

22. ibidem, p. XCVIII.

23. Las citas de la traducción de Boscán, ed. Fabié, pp. 230 y ss.

24. B.A.E., 3, Madrid, s.a., p. I.

25. Ed. de R. Ferreres, Castalia, Madrid, 1971, p. 41.

26. Vid Pabst, op. cit., p. 209.

27. *Novelas Exemplares*, ed. R. Schevill y A. Bonilla, III, Madrid, 1925, pp. 159-60.

28. XLIX.

29. Vid. M. Baquero Goyanes: *El cuento español en el siglo XIX*, Madrid, 1949, pp. 45 y ss.

30. Las citas de la ed. de Riquer, Barcelona, 1962.

31. Nos encontramos aquí con un curioso ejemplo de la relación entre las dos acepciones del término, en el sentido de contar numéricamente y relatar acontecimientos. Se trata de un típico cuento para dormir, ligado al tópico de contar ovejas para provocar el sueño. (Vid. Baquero Goyanes: *Qué es el cuento*, Buenos Aires, 1967, pp. 10-11).

32. Op. cit., pp. 202-3 y 225.

33. *Novelas a Marcia Leonarda*, ed. F. Rico, Madrid, 1968, p. 27.

34. Vid. Pabst, op. cit., pp. 251 y ss.

35. Ed. cit., p. 28.

36. Pabst señala cómo todo esto no era más que pura teoría, porque Margarita de Navarra no se ciñe siempre al principio de la «verité historique» ni se preservó de la «beaulté de la rhétorique»; siendo, además, protavoz de aquellos «qui avoient estudié et estoient gens de lettres», a los que había excluido en su prólogo del arte de novelar (op. cit., p. 368).

ELEONORA DI TOLEDO, DUCHESSA DI FIRENZE

RENZA PORCIANI
Universidad de Salamanca

Eleonora Alvarez di Toledo nacque nel 1522 da don Pietro, secondogenito del duca di Alba, e da donna Maria Osorio Pimentel, marchesa di Villafranca. Nel 1532 don Pedro venne nominato viceré di Napoli e si trasferí in Italia portando con sé tutta la famiglia. Sicuramente Eleonora conobbe Cosimo de'Medici nel 1535, quando il giovane andò a Napoli al seguito del duca di Firenze, Alessandro. Cosimo era figlio di Giovanni dalle Bande Nere, appartenente quindi al ramo secondario della famiglia. Nato nel 1519, rimase orfano di padre all'età di sette anni. La madre, Maria Salviati, lo tenne con sé fino all'invasione della Toscana da parte dell'esercito imperiale, poi, temendo per il futuro, lo mandò con il precettore Pier Francesco Ricci a Venezia, dove il padre aveva lasciato un ottimo ricordo e numerosi amici. Quando Carlo V ristabilí a Firenze il governo mediceo, Cosimo fece parte della corte e seguí il duca Alessandro nei suoi viaggi: a Bologna per l'incoronazione di Carlo V, poi a Pisa e a Napoli. Nel 1537 Alessandro fu assassinato e la scelta del successore apparve subito difficile. Il duca, sposato fin dall'anno prima con Margherita d'Austria, figlia naturale dell'imperatore, non lasciava eredi legittimi; e Giulio, che si diceva fosse figlio della monaca Angelica Malaspini, non aveva che quattro anni.

Il nome di Cosimo venne proposto dal Giucciardini, convinto senza dubbio di poter guidare le scelte politiche del giovane Medici, al quale pensava anche di dare in sposa sua figlia. Il Senato dei Quarantotto, che in caso di mancata successione dinastica doveva presentare una candidatura all'imperatore, si divise sull'elezione di Cosimo: alla fine il Guicciardini riuscí a spuntarla, con la condizione però che Cosimo non avesse il titolo di duca ma quello di «Capo e primario del governo della città di Firenze e suo dominio»[1].

Sul conto del suo giovane protetto il Guicciardini si era sbagliato di grosso: Cosimo dimostrò subito di non volere intorno né tutori né consiglieri, a cominciare proprio dal grande storico che, deluso, si ritirò nella sua villa di Arcetri. Quanto al matrimonio, Cosimo sapeva perfettamente che non si trattava di una faccenda sentimentale, ma di un mezzo per stringere rapporti piú saldi con l'im-

441

peratore. Per questo chiese in moglie Margherita, la giovane vedova del duca Alessandro. Probabilmente avrebbe realizzato il suo desiderio, se il papa Paolo III non avesse voluto Margherita per suo nipote Ottavio Farnese. Carlo V preferí accontentare il papa, e a Cosimo non rimase che mostrarsi obbediente ai voleri dell'imperatore e lasciare nelle sue mani la scelta di una sposa. Però, quasi in compenso del rifiuto ricevuto, chiese ed ottenne il titolo di duca. Nell'udienza concessa da Carlo V all'ambasciatore fiorentino il 21 novembre 1538, si parlò di nuovo del matrimonio di Cosimo. Scartate altre candidate come Cristina di Danimarca, duchessa vedova di Milano, o la sorella del duca di Alba, l'imperatore dette la sua approvazione definitiva all'unione di Cosimo con una figlia di don Pedro di Toledo. Il viceré avrebbe voluto che la prescelta fosse Isabella, la prima delle sue quattro figlie, e chiedeva una dote di 80.000 scudi, tanti quanti ne aveva pagati Alessandro per sposare Margherita. Cosimo invece fin dal primo momento aveva mostrato di preferire Eleonora, di cui ammirava la bellezza e l'intelligenza, e dichiarò che preferiva rinunciare a questo matrimonio se non avesse potuto averla [2]. Quanto alla dote, obiettando che la figlia di un viceré valeva meno della figlia di un imperatore, [3] dopo lunghe trattative e per mezzo di accordi in parte pubblici in parte segreti con don Pedro, riuscí a pagare una somma molto inferiore [4].

Le capitolazioni matrimoniali si firmarono a Napoli il 29 marzo 1539, e poco dopo la giovane sposa si imbarcava alla volta della Toscana accompagnata dal fratello don García, futuro viceré di Sicilia, e da un numeroso seguito. La mattina del 22 giugno le sette galere napoletane arrivarono a Livorno, dove l'arcivescovo di Pisa accolse Eleonora in nome del duca; lo stesso giorno la comitiva partí per Pisa e a metà strada avvenne l'incontro con Cosimo. La città tutta ornata di archi trionfali li accolse con grandi manifestazioni di entusiasmo. Vi sostarono fino al 24 poi, ripreso il viaggio, cinque giorni dopo arrivarono a Firenze.

L'entrata di personaggi illustri nella città costituiva per i príncipi del Rinascimento l'occasione di manifestare visibilmente il loro programma politico. Scegliendo un determinato percorso esaltavano o disprezzavano intenzionalmente le diverse zone della città. In occasione dell'entrata di Eleonora di Toledo si escluse dall'itinerario il Palazzo della Signoria, antica sede del governo repubblicano, sottolineando cosí la perdita del suo significato politico, e si privilegiò il quartiere di S. Marco, dove sorgeva il palazzo Medici, nuovo centro delle attività politiche e amministrative fiorentine. La sfilata del corteo nuziale fu la grande occasione per mostrare ai rappresentanti delle corti italiane ed europee l'immagine della città nel suo nuovo momento storico. Quelle feste erano la prima ostentazione della rinascita culturale ed artistica di Firenze, dopo la lunga depressione seguita alla tragedia del 1530. Furono anche il primo avviso della politica culturale che il duca avrebbe realizzato durante tutto il suo governo, utilizzando le arti, le lettere e le scienze per esaltare se stesso e la sua famiglia.

Alla decorazione delle strade e delle piazze di Firenze contribuirono artisti famosi, come il Tribolo e il Bronzino. Nel Palazzo Medici, adornato per l'occasione con fregi, festoni e simboli araldici degli sposi, si susseguirono per vari giorni i banchetti e le celebrazioni. Si rappresentò un'opera musicale in cui apparivano Apollo con le nove muse e le personificazioni di città e fiumi del ducato fiorentino, che esaltavano le virtú degli sposi e formulavano auguri di felicità. Si mise in scena anche una commedia, «Il commodo» di Antonio Landi, di poco pregio ma suggestiva per le scenografie del Sangallo [5]. Durante il suo soggiorno a Firenze don García venne alloggiato nel quartiere papale di S. Maria Novella, e per le funzioni religiose fu messa a disposizione degli Spagnoli la Sala Capitolare del convento domenicano, affrescata nel Trecento da Andrea di Bonaiuto, la quale appunto da quel momento prese il nome di Cappellone degli Spagnoli.

Eleonora di Toledo fin dal giorno della sua entrata a Firenze, quando era apparsa con un vestito di raso rosso tutto ricamato d'oro battuto, aveva suscitato l'ammirazione dei fiorentini per la sua bellezza, la nobiltà del suo portamento e il suo sfarzo. Nella casa dei Medici portava un lusso tipicamente spagnolo in contrasto con i costumi ancora semplici delle donne fiorentine, a cominciare dalla suocera Maria Salviati. Doppiamente legata alla famiglia Medici, essendo figlia di Lucrezia di Lorenzo il Magnifico, Maria era una donna estremamente energica e decisa. Si può dire che era stata l'artefice della posizione di Cosimo, ed esercitava grande influenza su di lui e sulla corte intera. Accolse Eleonora come una figlia, e così la chiamò sempre nelle sue lettere, firmandosi «come madre». Alcuni screzi furono inevitabili per la diversità del carattere e delle abitudini, ma in linea di massima i loro rapporti si mantennero buoni.

Già da tempo Cosimo pensava a un trasferimento dal palazzo Medici a quello della Signoria, non solo perché il primo, sorto come dimora di pacifici mercanti, non offriva possibilità di difesa in caso di necessità, ma soprattutto per sigillare con la sua presenza fisica la scomparsa irrimediabile delle libertà repubblicane che il Palazzo della Signoria simbolizzava. Riformato dal Vasari ed abbellito con affreschi del Bronzino, il palazzo accolse la famiglia ducale nel 1540, poco dopo la nascita della primogenita Maria. Per quanto adattato alle nuove esigenze, l'edificio manteneva le sue caratteristiche medioevali, con i corridoi angusti e le scale ripide, che tanta fatica costavano ad Eleonora, già minata dalla tubercolosi. Per lei il Vasari costruí le scale piane, o scale dolci, «...le quali sono tanto dolci ed agevoli, che è quasi il salirle come andare per piano» [6].

Per rendere un po' meno tetro il severo palazzo, la duchessa volle dei giardini pensili sui ballatoi, «che fecero l'ammirazione della città» come scrive il Galluzzi [7].

Il 25 marzo del 1541 nacque il tanto desiderato erede, che fu chiamato Francesco in onore del santo di Assisi al quale i duchi avevano chiesto la grazia di avere un figlio maschio. Dopo il solenne battesimo, fatto coincidere simbolicamente con l'anniversario della battaglia di Montemurlo in cui Cosimo si era sbarazzato dei suoi nemici, (1 agosto 1537), il duca dovette partire alla volta di Genova per raggiungere Carlo V che stava preparando la spedizione di Algeri, e lasciò la reggenza nelle mani della moglie. La cura degli affari di Stato, ai quali la duchessa si dedicava con efficacia, non attenuava però la tristezza per l'assenza di Cosimo. Finalmente alla fine di settembre il duca ritornò e l'allegria di Eleonora fu tanto maggiore perché arrivò accompagnato da don Pedro di Toledo, che dall'epoca del matrimonio la figlia non aveva piú visto. Il viceré si trattenne qualche giorno a Firenze, poi riprese il viaggio verso Napoli. Fino a Borgo San Sepolcro lo accompagnò anche Eleonora, che era solita realizzare con il marito frequentissime visite alle città e ai paesi di tutta la Toscana.

Alla fine dell'aprile 1543 i duchi andarono a Pisa per inaugurare l'Università da loro riaperta e riorganizzata. Personalmente Eleonora si occupò con attenzione delle condizioni di vita degli studenti pisani, procurando che disponessero di buoni alloggi e di vitto conveniente a prezzi contenuti.

Nell'estate di quell'anno Carlo V venne di nuovo in Italia. Cosimo dovette raggiungerlo a Genova e la duchessa ebbe di nuovo la direzione del governo, in cui la volta precedente aveva dato «non equivoche prove del suo talento e della sua prudenza»[8]. Passata da Firenze alla residenza estiva di Poggio a Caiano, attendeva agli affari di Stato mentre si logorava nell'attesa del ritorno di Cosimo. Carattere fortemente affettivo, Eleonora sopportava male le assenze del marito, da cui avrebbe voluto ricevere notizie ogni giorno, e si disperava, piangendo, se ciò non avveniva. Nelle sue lettere al duca piú volte il fedele segretario Lorenzo Pagni descrive le forti depressioni di Eleonora, raccomandando a Cosimo di non farle mancare sue notizie.

Fin dai primi tempi di matrimonio Eleonora si era dedicata all'amministrazione delle varie fattorie medicee, il cui numero andò via via incrementando con nuovi acquisti. Nel 1549 prese in affitto perpetuo, per 230 scudi d'oro all'anno, una vastissima zona paludosa a sud di Livorno, praticamente disabitata, e volle intraprendere un'opera di bonifica. Una volta risanati, quei terreni cominciarono a produrre un'immensa quantità di grano e quindi un enorme profitto. Innumerevoli documenti conservati nell'Archivio di Stato di Firenze dimostrano l'intensa attività della duchessa: contratti di compravendita di terreni, ordini di acquisto di animali o prodotti, lettere di assunzione o di licenziamento di uomini di fiducia, e soprattutto lettere che trattano delle vendite di grano, olio, vino, animali, formaggi, miele[9].

I guadagni di Eleonora erano immensi, ma le sue spese lo erano ancora di piú. Senza contare il gran numero di artisti che lavorava a corte e le continue richieste di denaro di Carlo V, personalmente Eleonora amava circondarsi di oggetti preziosi, e inoltre aveva la passione del giuoco e delle scommesse. Scommetteva addirittura sul sesso dei nascituri, come risulta da diversi documenti. Per esempio, in una carta del 6 febbraio 1552 si legge che scommise con Niccolò di Giovanni Puccini che il bambino che stava aspettando sarebbe stato un maschio: invece il 10 marzo nacque Anna, la penultima dei suoi undici figli, facendole perdere quasi settecento scudi d'oro [10].

Nel 1549 Eleonora aveva acquistato dagli eredi di Luca Pitti il palazzo incompiuto, che aveva in quel momento solo il corpo centrale con sette finestre. I Pitti avevano perduto il disegno originale del Brunelleschi, per cui la duchessa incaricò un nuovo disegno a Bartolommeo Ammannati, che completò il palazzo aggiungendo le due ali laterali e il cortile. Nei terreni retrostanti, ampliati con l'acquisto di un podere chiamato Boboli, Eleonora volle un giardino e ne affidò il disegno al Tribolo. In quel momento certo nessuno poteva immaginare che una volta raggiunta la configurazione definitiva, Boboli sarebbe diventato il modello di tanti giardini all'italiana sparsi per tutta l'Europa, un vero e proprio simbolo della raffinatezza rinascimentale.

Ho già accennato alla passione di Eleonora per gli oggetti preziosi ed i gioielli. Per lei lavorarono orafi italiani e stranieri. Racconta Cellini nella sua *Vita* che mentre si dedicava all'elaborazione del Perseo, doveva lavorare anche per la duchessa che gli chiedeva continuamente nuove cose: «La duchessa mi faceva favori inestimabili, e avrebbe voluto che io avessi atteso a lavorare per lei, e non mi fussi curato né di Perseo né di altro [11]... Sempre mi comandava qualche cosa, ma tanto amorevolmente, che io sempre mi sforzavo di servirla [12]». Cellini creò per Eleonora vari oggetti tra cui vasetti d'oro e d'argento, anelli, una cintura d'oro e pietre preziose. La duchessa condivise l'interesse di Cosimo per le antichità e aveva dato ordine che quando si trovasse negli scavi qualcosa di bello e di raro adatto a una donna glielo mandassero. Non va dimenticato che il Rinascimento fiorentino creò un vero e proprio mito dell'etrusco. Gli scavi sistematici iniziati in quegli anni per volere di Cosimo portarono alla luce reperti archeologici importanti, tra i quali la celebre Chimera d'Arezzo. La passione dei duchi per l'archeologia era ben conosciuta, tanto che quando andarono a Roma nel 1560 invitati dal papa Paolo IV questi, sapendo di fare cosa gradita, regalò loro una tal quantità di oggetti antichi che ne riempirono due navi. Nell'autunno del 1562 i duchi con i figli Giovanni, García e Ferdinando si recarono al Castello di Rosignano, dove erano soliti trascorrere brevi soggiorni dedicandosi alla caccia. Nella zona si erano già realizzati lavori di bonifica, ma la malaria imperversava ancora. Il primo ad ammalarsi fu Giovanni, per il quale il padre aveva ottenuto il cappello cardinalizio due anni prima. Subito dopo si ammalarono anche García, Ferdinando ed Eleonora, la cui tubercolosi si era andata aggravando negli ultimi tempi, costringendola spesso ad usare un bastone per appoggiarsi. Trasportati nella fortezza di Livorno, il 20 novembre morí Giovanni, assistito sempre dalla madre che gli ultimi tre giorni quasi non mangiò e non dormí, divorata anche lei dalla febbre. Passati a Pisa, García morí il 12 dicembre e cinque giorni dopo lo seguí la madre, stroncata dalla malattia e dal dolore.

I nemici di Cosimo misero immediatamente in giro una falsa versione dei fatti, secondo la quale García avrebbe ucciso Giovanni e il padre, in un accesso d'ira, avrebbe ucciso García.

Questa è appunto la versione, perfetta come materiale tragico ma storicamente inesatta, che l'Alfieri raccolse nella sua tragedia «Don Garzía».

NOTE

Abbreviazioni usate: A.S.F. Archivio di Stato di Firenze
Mediceo: fondo Mediceo del Principato dell'A.S.F.
A.G.S. Archivio Generale di Simancas

1. Cfr. Cantini, Lorenzo, *Legislazione toscana raccolta e illustrata da Lorenzo Cantini*, 30 voll., Albizzini, Firenze, 1800-1807, I, pp. 118-121.
2. Juan di Luna a Carlo V, 11 e 21 gennaio 1539, A.G.S., Estado, leg. 1439 f. 220 e f. 221.
3. Galluzzi, Riguccio, *Istoria del graducato di Toscana sotto il governo della casa Medici*, 5 voll., Cambiagi, Firenze, 1781, I, pg. 43.
4. Juan di Luna a Carlo V, A.G.S., Estado, leg. 1439 f. 216.
5. Giambullari, Pier Francesco, *Apparcto et feste nelle noze dello illustris. Signor Duca di Firenze e della Duchessa sua Consorte con le sue Stanze, Madriali, Comedia, Intermedii in quelle recitati*, Firenze, 1539.
6. Vasari, Giorgio, *Le opere*, a cura di Gaetano Milanesi, 9 voll., Sansoni, Firenze, 1906, IV, pg. 451.
7. Galluzzi, Riguccio, Op. cit. pg. 56.
8. Cantini, Lorenzo, *Vita di Cosimo de' Medici, primo granduca di Toscana*, Firenze, 1805, pg. 134.
9. Cfr. A.S.F., Mediceo, f. 5922B.
10. A.S.F., Mediceo, f. 5922B, c. 147.
11. Cellini, Benvenuto, *La vita*, a cura di G.G. Ferrero, U.T.E.T., Torino, 1968, pg. 459.
12. Cellini, Benvenuto, op. cit. pp. 477-78.

NOTICIA DE LIBROS ITALIANOS, RENACENTISTAS, REQUISADOS POR LA INQUISICIÓN EN MURCIA EN 1634

Helena Puigdomenech
Universidad de Barcelona

He creido que podría ser, si no muy interesante sí curioso, dar noticia de una lista de libros prohibidos que la Inquisición de Murcia, con fecha octubre de 1634, manda al Consejo de la Suprema que, por lo visto, por aquel entonces había mandado pedir este tipo de puesta al día a las distintas Inquisiciones locales (Otras Inquisiciones, la de Cuenca, Toledo, etc. mandan a la Suprema, por las mismasfechas parecidas lista).

En Madrid, 11 de Octubre de 1634

Inquisición de Murcia

El Consejo me mandó por carta de 30 de agosto pasado hiciese inventario de todos los libros que estubieren recogidos en esta Inquisición y que remita a V.S. raçon de todo y asi lo ambio con esta asi delos libros en quandernados como delos que se an hallado en papel y los que sacó el licenciado Adan dela Parra fiscal desta Ynquisición por carta del Consejo de 10 de nobiembre pasado para bolberlos quando salga della. Suplico a V.S. me mande abisar del recibo y muchas cosas en que pueda servirle guarde Nuesto Señor a V.S. muchos años y le de los aventajados puestos que mereçe.

Murcia y octubre 3 de 1634 años

El Doctor Don Martin dela Guerra Paniagua

Digo que puede ser curioso ya que dada la fecha, el lugar y la materia, esta lista parece hecha a propósito para que se hable de ella en esta ocasión.

449

El lugar, la ciudad en la que ahora nos reunimos, la fecha, principios del siglo XVII, la materia, libros en su gran mayoría relacionados con el período que ahora tratamos, es decir, el Renacimiento y un considerable número de ellos en italiano.

En la lista, cuidada desde el punto de vista formal [1], descuidada como casi todas estas listas (hechas por varias personas, unas dictan, otras escriben [2]), encontramos libros prohibidos ya en el Indice español del Inquisidor Valdés, de 1559, como son por ejemplo: *La Circe*, de Gelli o *El Decameron* (si no expurgado), o las *Antigüedades judaicas* de Flavio Josepho en cualquier lengua romance (en la lista en italiano) etc. Junto a otros que tan siquiera aparecen en el Indice del Inquisidor Zapata de 1632, como es el caso de las *Obras* de Quevedo u otras tan difícilmente identificables en índice alguno como el «Orlando italiano sin autor ni año», o los «versos italianos sin principio ni fin» o los «libros de versos italianos sin principio, autor ni año».

No hay que extrañarse de esta presencia de libros, digamos dudosos, en las listas de la Inquisición, ya que los oficiales de ésta que tenían fácil acceso a las bibliotecas particulares en el momento de la muerte del poseedor no se andaban con remilgos y cargaban con todo lo que les parecía dudoso.

Efectivamente, la Inquisición tenía el privilegio de investigar los fondos de toda biblioteca en el momento en que ésta pasaba a ser inventariada para su posterior venta o adjudicación según testamento. Gracias a lo que, y no hay que exagerar tampoco, podemos decir que muchos libros se salvaron de la quema en la que por exceso de celo perecieron tantos otros escapando al fuego del hogar al que les habría condenado más de una devota esposa o de un ignorante y superprudente heredero. Libros que a veces gracias a su misma cantidad y a la lentitud de los censores, pudieron también salvarse de las hogueras de la Inquisición, para al fin perecer estropeados por la humedad de los almacenes o por algún fuego fortuito, como fue el caso de la biblioteca almacén de El Escorial.

Pero volvamos a la «Memoria de los libros que se han hallado en el Secreto, del Santo Officio desta Inquisición de la ciudad de Murçia, quadernados y en papel». Entre los encuadernados hay inventariados 909 cuerpos de 235 libros distintos. La disparidad entre títulos y cuerpos es debida al abundante número de: *Epistolas y evangelios*, 42; a los 72 ejemplares del *Santoral de Santiago*, a los 28 ejemplares de una *Vida espiritual* o a los 34 *Antialcoran de la Secta de Mahoma* por citar algunos ejemplos, pero también a los 26 ejemplares de *Obras*, de Francisco de Quevedo, a las 17 *Declaraciones* de Erasmo o a los 15 ejemplares del *De Republica* de Bodino, porque aunque es evidente la abundancia de libros espirituales o de apologética, más o menos ortodoxos (por lo visto menos), también hay gran número de libros de ciencia, de historia, de política y de lo que hoy llamaríamos «evasión», como corresponde a una época como ésta, de fuerte inquietud intelectual.

De estos 235 títulos de libros encuadernados recogidos en la lista de la Inquisición murciana, 51 son: libros de autor italiano, escritos la mayoría en italiano, otros en latín, como por ejemplo:

— *Historia de Francisco Guachardino, en Italiano, sin principio ni fin.* Aunque lo que estaba prohibido era la versión latina, si no expurgada, tanto en el Indice de Sandoval y Rojas como en el de Zapata, pero por si acaso aquí recogieron ésta.

— *Elegancias de Laurencio Vala, lugduni aput sebastianum Grifium 1556.* También es un autor de 2ª clase, es decir, puede leerse tan sólo si expurgado.

— *Duelo de Andrea Alciato, latino e ytaliano* apreso Vicencio Vaugris, 1545.

Serán los *Emblemata* que tanta importancia tuvieron para la iconografía barroca. En todo caso no hemos sabido encontrarlo en los Indices.

— *Magie naturalis, de Joan Baptista Porta, Napoles por Matías Caucer, 1558.*

Porta y su Magia naturalis habían sido prohibidos ya por el Indice de Quiroga de 1583, «nisi repurgentur», es decir, ¡a menos que se las retocara!

— *el Orlando en ytaliano* al que ya nos hemos referido, sin autor ni año.

— *Petrarcha de Ludovico Dolcii, en Venecia por Gabriel Gilipo 1560.* Debe tratarse de la biografía y comentario del Cancionero petrarquescos, hechos por Ludovico Dolce, para el impresor Giolito, Venecia 1561. Prohibida en romance, en italiano también si no estaba corregida.

— *Arcadia de San Azaro en Veneçia por Joan Alberto 1608.*

En el Indice de Quiroga de 1583, se prohiben «Jacobi Sannazarii *epigramata*, nisi repurgentur», pero no se dice nada de la Arcadia, cuya primera traducción circulaba por España desde 1547. [Quizás Rogelio Reyes pueda darnos algún dato].

— *el de Cameron de Joan Bocaçio en Veneçia año 1583.*

Aquí no hay duda, hacía tiempo que estaba prohibido, ya en el Indice del Inquisidor Valdés, 1559: *Novelas de Joan Bocacio [que no fueren repurgadas].* Como siempre los Indices españoles eran más expurgatorios que prohibitorios, pero la prudencia de los Inquisidores locales era también proverbial. Tenían todos una actitud parecida a la del arzobispo de Beziers con los albigenses: «Dios escogerá a los suyos» ¡una vez quemados!

— *Ludovico Auriosto, en italiano, en Veneçia 1609.*

Desde el Indice de Quiroga, 1583, se prohibía la Satira IV y en los de Sandoval y Zapata es considerado autor de 2ª clase, es decir, ha de ser «repurgado».

— *Cartas de Santa Catalina de Sena, en ytaliano en Veneçia por Dominico Fari 1584.*

Como todo lo santo en romance, estaba prohibido.

— *Obras de Angelo Policiano, Lugduni 1526.*

Edición de Opera omnia, Lion 1536-39. No he sabido encontrarlo en ningún Indice.

— *Metamorphoseos de Obidio, en octavas, en ytaliano de Languilara, Veneçia por Marco Antonio Galtieri.*

Prohibido desde el Indice de Quiroga de 1583.

— *Historia Universal del imperio de turcos de Francisco Sansobino, en italiano Veneçia 1554.*

No sabemos si se trata de «Del governo dei Regni et delle Republiche, cosi antiche come moderna» (Venecia 1561), traducción hecha por Alfonso Ulloa.

— *Otros Metamorfoseos de Obidio comentados de Lambino (¿será Landino?)* sin imprenta.

— y otra, *Vida y metamorphoseos de Obideo, leon, en italiano, 1559.*

— *Categorías de Angelo Policiano*, sin principio.

— *Francesco de petrarcha de canciones, en ytaliano, por Joan y Antonio Nicolino 1541.*

— También entre los libros encuadernados encontramos obras italianas traducidas, como por ejemplo:

— *6 Dialogos de León Hebreo en Zaragoza por Lorenço y Diego de Robres, 1582.*

¿Es una edición nueva o hay error? La primera conocida es de 1584; la del Inca, 1590, fue la primera prohibida si no expurgada.

— *Discursos de Nicolao Machabelo, en Medina del Campo, por Guilielmo de Milis 1555.*

Es efectivamente un ejemplar de la 2ª edición de la traducción de Ottevanti. Maquiavelo a pesar de ser autor prohibido por el Indice romano de 1559, no lo fue en España hasta 1583, pero en el momento de redactar esta lista era «primae clasis».

— *Cruz de Cristo, en Medina del Campo, por Guillelmo de Milis, 1553.*

Creemos que se trata de una traducción hecha por Ottevanti de una obra de Savonarola.

— *Triunphos del petrarca sin principio, Logroño por Arnao Guillen 1512.* Suponemos es Arnao Guillen de Brocar. Creemos que se trata de la primera traducción y edición de los Triunfos por Antonio de Obregón, una de las más bellas de Brocar.

— *Discursos de Nicolas Macavelo 1552.*

Se trata de la primera edición de la traducción de Ottevanti. Medina del Campo, G. de Millis.

Entre los libros en papel hay también varios ejemplares italianos, 656 cuerpos, o en italiano; 16 en total:

3 *Polidoro Virgilio por Nicolas Vasco 1590.*
1 *Polidorii Virgilii Nicolai Musci 1560.*
2 *Decameron de Joan Bocaçio Veneçia por Juntam 1583.*
2 *La Zirçe de Joan Baptista Galii, en italiano, en Florencia 1550.*

Se trata de la Circe de Geli, ya prohibida en el Indice de Valdés de 1559.

2 *Legicon ytaliano y griego y latino de Herrico Stefano, apud Guglielmum le manieum 1594.*
1 *Diálogos de León Hebreo, en Venecia 1598.*
7 *Flavio Josepho de las Antiguedades de los judios y las guerras, en italiano.*

Y cosa curiosa, un libro que aparece como italiano pero es de autor español:

— *Consilio y consiliore del principe en ytaliano, por Alfonso de Ulloa, Venecia por Francesco Bindonio 1560.*

Se trata de la traducción que Ulloa hizo al libro de Federico Furió Ceriol: *Concilio et consiglieri del Principe.*

Y entre los 66 libros que retiró el Licenciado Adam de la Parra, parece que había:
1 *Guichardino, un cuerpo.*

Hay muchos más libros, pero tan sólo hemos citado algunos de los más interesantes para este período.

NOTAS

1. Imbentario de libros recogidos en la Inquisición de Murcia. Los cuerpos que ay de cada uno.
— Primero se ponen los libros enquadernados
— Segundo, los libros que se an hallado en papel
— Tercero, los libros que el licenciado Adan dela Parra fiscal desta inquisicion a sacado por inventario para bolberlos por carta de los Señores del Consejo de 10 de noviembre de 1634.

Para el Sr. Don Pedro Pacheco.

2. Hay toda clase de irregularidades: tan pronto escriben Barcelona con B como con V. Ovidio igual, Arnaldo de Villanueva, como Arnaldo de Villanova, por cierto el *Tesoro de Pobres* de Arnaldo de Villanueva figura editado en *P*alencia por Miquel Sorolla en 1620, no hemos podido comprobarlo pero nos parece, dado el autor, el año y el nombre del editor, el lugar de la edición debía ser Valencia y no Palencia.

LAS FUENTES DE LEÓN HEBREO.
UN EJEMPLO DE SÍNTESIS RENACENTISTA

José Mª Reyes Cano
Universidad de Barcelona

Tras las clásicas traducciones de los *Diálogos de Amor* realizadas por Carlos Montesa, el Inca Garcilaso y la más moderna de David Romano [1], las tres únicas versiones castellanas completas de un texto fundamental para el estudio de las relaciones entre dos ramas del saber, como son la filosofía y la literatura, realizadas en nuestro país, hemos abordado el proyecto de una nueva edición de la obra de Judas Abrabanel a partir de la traducción que está llevando a cabo Carlos Mazo, de la Escuela Oficial de Idiomas de Barcelona. En ella nos ocupamos de ofrecer no sólo un texto completo y cuidado, sino también una serie de índices analíticos exhaustivos que completan la línea iniciada por Caramella [2], una introducción que pone al día lo que representa León Hebreo y su obra, y un cuerpo de notas que intenta señalar, entre otras cosas, aquellas fuentes en las que nuestro autor bebió, todo lo cual viene a cubrir —esperamos— una laguna existente en el actual panorama bibliográfico hispano, ya que se podrá contar —lejos del texto del Inca, conocido y reeditado en varias ocasiones, y del de Romano, libro agotado hace muchos años— con una edición moderna, seria y asequible de una de las obras más importantes de la filosofía neoplatónica del Renacimiento.

Por lo que respecta a la bibliografía sobre este autor, toda ella, en términos generales, es de carácter parcial, por lo que no hallamos hasta hoy un estudio que realice una valoración global de la obra de Hebreo salvo, quizás, el trabajo de Fontanesi *Il problema dell'amore nell'opera di Leone Ebreo* [3], si bien éste, en el que se analiza la misma desde un punto de vista casi exclusivamente filosófico, presenta algunas carencias que consideramos fundamentales no sólo para conocer el proceso de elaboración de los *Diálogos*, sino incluso de ese *De coeli harmonia* perdido y del que es posible que estemos leyendo un fragmento en su obra mayor. Así, por ejemplo, en la exposición de los distintos mundos culturales en los que nuestro autor vivió, si bien se señalan fuentes más o menos generales, salvo excepciones importantes, no se detiene en precisar qué obras concretas de determinados autores escogió, no se tienen en cuenta algunos de los ambientes por los que el escritor pudo sentirse atraído, ni tiene presente una fuente capital para el segundo de los tres diálogos que componen su obra principal.

Sin embargo, la intención de esta comunicación no es la de hacer una crítica al trabajo de Fontanesi, sino puntualizar una serie de datos concretos, fruto en parte de la labor de anotación de los *Diálogos* y en parte de alguna reflexión, que complementen la visión del problema dada hace 50 años por dicha autora, de forma que podamos llegar a una conclusión final: la síntesis que supone la obra de Hebreo como autor preocupado por algo fundamental, que es el ansia de saber, analizar y profundizar en los temas, el deseo de llegar a la fusión y superación filosófica de teorías y opiniones diversas, contrapuestas a veces, complementarias otras, pero que conforman el pensamiento del momento. Como decía Garin, «a través del *saber científico* ([permítaseme subrayar el concepto]) había nacido la nueva filosofía»[4]. Veamos, pues, brevemente algunos de estos datos compaginando su trayectoria vital con su progresiva formación intelectual.

León Hebreo, nacido en el seno de una de las familias judías más importantes de Lisboa a mediados del siglo XV, se educó en un ambiente exquisito social y culturalmente hablando. Allí, como hijo del ministro y tesorero del rey Alfonso V, recibió, en primer lugar, las enseñanzas de su propio padre, muy conocido en el mundo cultural europeo por sus comentarios bíblicos y sus estudios teológicos, así como las del rabino Joseph Chajún, quienes le ponen en contacto desde su infancia con el mundo del *Talmud*, la *Misná*, la *Biblia*, la Cábala, y, en definitiva, la sagrada ley de Moisés. Ahí aprende, por tanto, la filosofía de sus antepasados [5], aunque toma contacto además —como ya señaló Fontanesi— con Platón, a quien pudo conocer a través de la propia filosofía judaica: recuérdese a este respecto la fusión que tiene lugar a partir de la Escuela de Alejandría entre los pensamientos griego y hebrero.

Pero también hubo de conocer bien a Aristóteles, el autor preferido por la escolástica medieval y, naturalmente por su padre. Es evidente que la lectura de su obra pudo hacerla a través del principal difusor de su filosofía, Maimónides, quien en su *Guía de perplejos*[6] se alinea con el pensamiento del Estagirita en toda una serie de conceptos que no vamos a señalar ahora, pero entre los que sobresalen aquéllos que hacen alusión a la creación *ex nihilo* del universo, las pruebas que avalan este hecho, los problemas de las dos inteligencias motrices, etc., y quien reivindica la validez de la ley de Moisés y a éste como profeta, temas todos que pasan a los *Diálogos*.

Se han mezclado, como puede verse, dos cuestiones: Aristóteles y la *Biblia*. Y se ha hecho de forma consciente porque, al margen de que tanto Platón como

Aristóteles (fundamentalmente el primero) sean considerados discípulos de Moisés por nuestro autor, el Antiguo Testamento es para Hebreo una inmensa fuente de conocimiento y el lugar donde se recogieron las explicaciones de cientos de cuestiones que se plantea y que van desde ese mismo problema de la creación del mundo a las fiestas y ornamentos del ritual judaico.

Y volviendo a Aristóteles como fuente, éste llega a nuestro autor a través de dos vías: de Maimónides, como he dicho antes (a quien no sólo sigue en oposición a Averroes, sino al que llega a traducir casi literalmente en diferentes ocasiones, según he tenido oportunidad de comprobar en la anotación de los *Diálogos*), y de sus textos directamente. Y en esta segunda vía hay que insistir, porque no hay más que abrir la obra para darnos cuenta de que el 99 por ciento de los contenidos del diálogo primero no son más que una inmensa glosa del pensamiento ético aristotélico: la *Etica Nicomaquea*, la *Etica Eudemiana*, la *Gran ética* y, en menor medida, la *Metafísica*, están en la base de sus opiniones sobre la virtud, la felicidad, lo útil, las virtudes intelectivas, la sabiduría o lo honesto, al igual que en los diálogos siguientes estarán la *Física*, la *Retórica*, el tratado *Del alma* y el *Del sentido y lo sensible*. Pero esta glosa se basa en las fuentes directas, en los textos originales, sobre los que insistirá una y otra vez a lo largo del libro, ya que un simple cotejo con la *Guía de perplejos* maimonidiana nos pone de manifiesto la inferioridad de contenidos de ésta con respecto a las demás obras citadas.

Pero aun gozando de una situación social privilegiada, Hebreo, como perteneciente a un pueblo con una historia que podríamos calificar como mínimo de singular debido a los continuos vaivenes que ha sufrido a lo largo de su dilatada existencia, se especializa también en una materia reservada práctica y tradicionalmente a ese pueblo casi como única salida posible, además de la económica: la medicina, ciencia que aprende con una rapidez y profundidad digna de un alumno aventajado de manos de Joâo Sezira, médico y amigo íntimo de su padre.

Su especialización en este saber presenta dos vertientes totalmente distintas, si bien de una influencia posterior que considero fundamental. Por un lado, la práctica diaria, que le convierte no sólo en médico famoso en Lisboa, sino también en la corte de Fernando el Católico, de quien llega a ser médico personal, y en la de Nápoles, a la vez que está muy solicitado por la sociedad de Génova durante su estancia allí e incluso —esto no se ha comprobado— se cree que fue llamado por el Vaticano. Pero por otro, y es el que interesa destacar, los estudios de medicina le obligaron, como era normal en la época, a estudiar latín, lo cual viene a ser la llave que le permitirá el acceso a un mundo cultural distinto y mucho más amplio con el que se encontrará más adelante, como podremos ver en breve.

Así pues, en resumen, Hebreo aprende, durante su estancia en Portugal, toda la cultura de sus antepasados: *Biblia, Talmud, Misná, Torá,* Cábala, etc., a la vez que toma contacto con la filosofía griega: Pitágoras (a través de Platón), el mismo Platón (a través de su propia tradición hebrea), Aristóteles (bien por medio de Maimónides, bien directamente), todo ello, si se quiere, desde una óptica orientalista, pero que le permite conocer los problemas de la armonía cósmica, las opiniones platónicas y aristotélicas sobre la creación del universo, el movimiento de las esferas o las relaciones astrales entre el zodíaco y los hombres. A todo ello hay que añadir la oportunidad o necesidad que tuvo de aprender latín.

En 1481, a raíz de la muerte del rey Alfonso V, por haber participado el cabeza de familia en un intento de derrocamiento del nuevo rey, los Abrabanel comienzan a sufrir las consecuencias de su acto, por lo que, para no ser castigados por el monarca Juan II, huyen a España.

Se abre aquí un paréntesis importante en la vida de nuestro autor. Si bien su familia se asentó en Toledo en 1484, ciudad con gran tradición judaica, Yehudá Abrabanel, que en estos momentos comienza a llamarse León Hebreo (recuérdese la identificación bíblica de la tribu de Judá con el león) no se sabe exactamente a dónde fue a parar: a Sevilla, según unos, a Toledo con su familia, según otros. No obstante, y al margen ahora de esta cuestión que nos alejaría del tema, durante su estancia en Castilla, que durará hasta 1492, la familia Abrabanel se situará de nuevo en la cúspide: el padre, Isaac, sin abandonar sus estudios bíblicos, se convierte en consejero económico de los Reyes Católicos y León, en médico personal del rey Fernando.

Pero hemos de fijarnos en algo en lo que hasta ahora tampoco nadie se ha detenido: los años en que estuvo aquí nuestro autor: 1484-1492. Y si hemos de hacerlo no es por un mero detalle cronológico, sino por lo que un espíritu abierto como el suyo pudo captar del ambiente cultural de esa época y la huella más o menos visible que ello pudo dejar en su obra o en la concepción de alguno de sus elementos.

En efecto, por mínima que quiera hacerse una reseña bibliográfica del momento, hay que anotar que entre 1481 y 1487 tienen lugar nada menos que las tres redacciones y un total (sin contar las que les siguen) de 9 ediciones de las *Introdutiones latinae* de Elio Antonio de Nebrija [7]. Innecesario me parece insistir en la entrada masiva en España del espíritu del renacimiento italiano a través de ese manualito latino en la línea de Lorenzo Valla, cuya trascendencia ha puesto de manifiesto Francisco Rico en diversas ocasiones [8].

En 1492 Nebrija publica también su *Diccionario latino-español* [9] y su *Gramática de la lengua castellana* [10], todo ello fruto de su propio espíritu abierto y de la reacción de los círculos universitarios —especialmente el salmantino—, los cuales logran, colocando las bases de la inmediata reforma de Cisneros, abrir definitivamente las fronteras a ese nuevo sentir, a ese nuevo espíritu que estaba impregnando ya desde mediados de XV a los artistas y estudiosos de este país: recuérdese, por ejemplo, las relaciones de nuestros poetas con los humanistas de la corte de Alfonso V el Magnánimo en Nápoles o la llegada a la de Isabel la Católica de Pedro Mártir de Anglería y Lucio Marineo Sículo, como profesores de latín, y este último, además, de Salamanca entre 1484 y 1496.

No creo que a nadie se le escape lo que esto puede significar. Por una parte, es imposible que un espíritu como el de Hebreo pasase por Castilla sin tomar contacto con los círculos culturales más importantes del momento; por otra, las *Introductiones* de Nebrija le ofrecen el establecimiento de relaciones con el nuevo espíritu renacentista, el aire fresco que la cultura del país estaba necesitando y que comienza a llegar en el XV procedente de Italia, al tiempo que una mayor profundización en sus conocimientos del latín como una herramienta de trabajo, útil no sólo en el campo de las ciencias, sino también en el de las letras; y finalmente, y junto con lo anterior, la reivindicación también de una lengua vulgar, la sistematización de un castellano que, a partir de estos momentos, despegará de forma definitiva como lengua culta capaz de transmitir creaciones y hechos literarios o elucubraciones filosóficas.

Así pues, no creo, en definitiva, que, como apunta Fontanesi, León Hebreo tuviese que esperar a llegar a Italia para tomar contacto el del Humanismo.

Pero 1492 es un año aciago para el pueblo hebreo. El 31 de Marzo, tras una labor corrosiva del inquisidor Torquemada ante el rey Fernando, y a pesar de los intentos de los rabinos más poderosos de impedirlo mediante el pago de 300.000 ducados, el monarca firma el decreto de expulsión de los judíos. Evidentemente, entre los afectados se encuentran los Abrabanel, que se trasladan a Nápoles ese mismo año, si bien nuestro autor sufrirá presiones destinadas a evitar su marcha: el precio es tan alto que rechaza la posibilidad, ya que hubiera sido a costa del bautismo de su hijo, al cual envía a Portugal para evitarlo.

Entre 1492 y 1494, fecha esta última en la que se encuentra ubicado en Nápoles, existe otra laguna en su biografía. Si bien no se sabe con exactitud dónde estuvo, un elemento decisivo apunta a Florencia, donde pudo conocer a Pico de la Mirandola (muerto en 1494) [11], el cual seguramente ejerció una influencia importante sobre su pensamiento, sobre todo en lo que afecta al tema cosmológico, ya que sabemos que había redactado una obra titulada *De coeli harmonia* a instancias del pensador italiano, cuyo texto pasó a poder de un nieto suyo. Desgraciadamente el libro se ha perdido, pero en el diálogo segundo de los de amor, encontramos un verdadero tratado de cosmología que demuestra un conocimiento exhaustivo del tema y que perfectamente puede ser un resumen o refundición de aquél o de alguna de sus partes.

Ahora bien, sobre el problema de si conoció o no a Pico, es decir, de si estuvo o no en Florencia entre 1492 y 1494, los propios *Diálogos* que ofrecen un detalle que creo que hasta ahora ha pasado desapercibido y que puede contribuir a precisar más la cuestión.

Al hablar en el diálogo segundo del nacimiento de Venus, dice textualmente por boca de su interlocutora Sofía: *La Venus que pintan desnuda en el mar, en el interior de una concha flotante, ¿es esta misma?*. Es muy posible —al menos así lo creo— que al redactar este texto tuviese presente mentalmente *El nacimiento de Venus* de Botticelli, quien terminó la obra en 1485, habiéndola realizado por encargo de Lorenzo de Pierfrancesco Medici, cuyo tutor era Marsilio Ficino, quien, según Gombrich [12], explicaba a Botticelli cómo había de representarse el nacimiento siguiendo los relatos clásicos. (¡Bello ejemplo de colaboración artística!). De ser así, es evidente que Hebreo estuvo en Florencia.

Parece innecesario insistir en estos momentos en lo que supone su contacto con los miembros de la Academia florentina y con los otros círculos culturales del país: Nápoles, Génova o Ferrara, ciudades en las que vivió distintos períodos de tiempo.

Hebreo toma contacto aquí con el grueso de la filosofía humanista, lo que le permite completar su formación: de Platón, a través de las *Enéadas* de Plotino, de sus textos originales (Cosme el viejo acaba de reunir toda la obra completa del filósofo griego y encarga a Ficino que la traduzca), y de los fundamentales comentarios de este último, utiliza aquellos diálogos que mejor se adaptan a sus necesidades: el *Banquete*, el *Fedón*, el *Timeo*, a los que añade sus conocimientos aristotélicos hasta conseguir una de las grandes metas renecentistas: la simbiosis de los dos grandes maestros de la antigüedad, la armonización de sus pensamientos, algo profundamente deseado por Ficino y que dio lugar, por ejemplo, al *De concordia Platonis et Aristotelis* de Pico. Sus conocimientos astrológicos se ven ampliados con los de Pico o con el *De rebus coelestibus* de Giovanni Pontano. A su saber sobre la Cábala suma el interés por lo hermético de Ficino, de fray Egidio di Viterbo, del propio Pico o de Giordano Bruno, todo ello a partir de la reciente traducción del *Hermes Trismegisto* por el primero [13]. A sus ideas sobre el amor, los ya citados comentarios de Ficino, especialmente el *Sopra lo amore o ver' «Convito»* —según reza el título en vulgar—, las obras de Equicola, *Natura de amore*; de Pico, *Libro di amore*; de Bembo, *Gli Asolani*; de Catani, *Peregrino dell'amore*, etc.. Y a su concepción místico-platónica del *eros*, que parte de las palabras de la sabia Diotima del *Banquete* y de la *Biblia*, añade *L'amore di Salomone* de Alemanno, extenso comentario místico del *Cantar de los cantares*.

Pero todas éstas son fuentes que estaban más o menos señaladas de una manera general, como dijimos al principio, y que en nuestra edición se rastrean, anotan y concretan en lo posible.

Sin embargo, creo que hay que detenerse ahora en dos cuestiones importantes: la lengua de los *Diálogos* y la fuente boccacciana.

En cuanto a la primera, no vamos a entrar en discusiones que hoy resultarían fuera de lugar e innecesarias: los diálogos fueron, casi con toda seguridad, escritos en italiano. En cualquier caso, lo que nos interesa es que se publicaron en dicha lengua, es decir, en vulgar, en vez de en latín. Evidentemente, en este hecho encontramos por primera vez no un libro sobre el amor en lengua románica, sino un puro tratado de filosofía amorosa que prescinde de cualquier mínimo detalle e intención literarios en este tipo de lengua. Creo que aquí no es posible ignorar los antecedentes españoles, la defensa, sistematización y reivindación de la lengua vulgar que supone el trabajo de Nebrija, ni las apologías de las lenguas cortesanas hechas por los diferentes autores italianos, desde Pico a Castiglione (cosa que no les impide, como buenos renacentistas que son, reconocer el magisterio del latín).

Y aquí entramos en la segunda cuestión. Si León Hebreo hubo de conocer en Portugal la lengua latina para realizar sus estudios de medicina, en Castilla hubo de profundizar en su conocimiento, lo que le permite, una vez en Italia, leer las traducciones de Platón realizadas por Ficino, sus comentarios o las *Genealogiae deorum gentilium libri* —la *Genealogía de los dioses paganos* según una reciente traducción al castellano [14]— de Giovanni Boccaccio, obra que debió circular en forma manuscrita por la corte de Nápoles.

En efecto, en el proceso de anotación de los *Diálogos*, se ha puesto de manifiesto que gran parte del segundo —que desarrolla, junto a una serie de problemas cosmológicos, como ya dijimos, un conjunto de elementos teosóficos de la mitología clásica— se basa en traducciones directas e inmediatas de la obra de Boccaccio, las cuales afectan no sólo a determinados personajes o pasajes míticos [15], sino incluso a las fuentes reseñadas por el novelista.

No creo que esto deba extrañar. Estamos en una época en la que los ojos se están volviendo hacia la poesía trovadoresca y hacia los autores del Trecento (Petrarca, Boccaccio,...) como modelos dignos de imitación en lengua vulgar, aunque sin menospreciar, como es patente, su producción latina.

En definitiva, y con esto acabo, opino que la obra de Hebreo nos muestra una serie de fuentes que permiten afirmar, por lo que suponen de síntesis, la universalidad del Renacimiento y, dentro de él, la de Yehudá Abrabanel: corrientes filosóficas orientales y occidentales, autores con opiniones distintas e incluso contrapuestas en ocasiones, defensa del vulgar y reconocimiento del latín, hermetismo y Cábala, *Biblia* y magia, mitología y astrología. Todo ello unido, armonizado, con una simetría estudiada, constituye la base de los *Diálogos de amor*, un tratado desprovisto de toda intención literaria que pretende mostrar el proceso de ascensión, arribo a la belleza suma, a la perfección total, el encuentro con ese ser o idea del que parten todos los elementos que hacen digno al hombre y que le permiten, cerrando esa línea también perfecta y bella que es la circunferencia, llegar de nuevo a él.

Pienso, en síntesis, que son perfectamente aplicables a Hebreo unas palabras que Garín dedica a Bruno y que nos delimitan con exactitud el talante del pensador renacentista: «Para él no es sabio quien indaga para encerrar la totalidad dentro de las muertas barreras de los conceptos, sino quien investiga por reencontrarse con la viviente infinidad del universo, para fundirse con su potencia creadora y para convertirse él mismo en creador» [16].

NOTAS

1. Zaragoza, 1584; Madrid, 1590 y Barcelona, 1953, respectivamente. La de más éxito, sin duda, ha sido la del Inca, reeditada en varias ocasiones y de la que se anuncia una nueva impresión.

2. Leone Ebreo, *Dialoghi d'amore*. A cura di Santino Caramella. Bari, Laterza, 1929.

3. Venezia, Libreria Emiliana Editrice, 1934. Hay que reseñar aquí la recientísima aparición del estudio de Andrés Soria Olmedo, *Los «Dialoghi d'amore» de León Hebreo: aspectos literarios y culturales*. Granada, Secretariado de Publicaciones de la Universidad, 1984, libro que poseemos gracias a la gentileza del autor y en el que aporta interesantes elementos que completan y amplían la visión que poseemos de la obra de Hebreo.

4. Eugenio Garin, *Medievo y renacimiento*. Madrid, Taurus, 1981, p. 82.

5. Vid. J.M. Millás Vallicrosa, *Literatura hebraicoespañola*. Barcelona, Labor, 1968^2, pp. 213-215.

6. Vid. la ed. de David Gonzalo Maeso. Madrid, Editora Nacional, 1983, y el capítulo dedicado a él en la citada obra de Vallicrosa pp. 129-140.

7. Vid. ed. facsimilar en Salamanca, Universidad, 1981.

8. Vid. Francisco Rico, *Nebrija frente a los bárbaros*. Salamanca, Universidad, 1978, y «Un prólogo al Renacimiento español. La dedicatoria de Nebrija en las *Introducciones latinas* (1488)», en *Seis lecciones sobre la España de los Siglos de Oro. Homenaje a Marcel Bataillon*. Sevilla, Universidades de Sevilla y Burdeos, 1981, pp. 59-94.

9. Vid. ed. facsimilar de G. Colón y A.J. Soberanas. Barcelona, Puvill editores, 1979.

10. Vid. ed. de A. Quilis. Madrid, Editora Nacional, 1980.

11. Se ha apuntado la hipótesis de que no se trata de Pico, sino de un sobrino suyo llamado Francesco Pico a quien pudo conocer en Génova, pero nada impide que se trate del primero, como veremos inmediatamente.

12. Vid. E.H. Gombrich, «Botticelli's Mythologies», en *Journal of the Warburg and Courtaul Institute*. Londres, 1945, pp. 6-60.

13. Vid. Frances A. Yates, *Giordano Bruno y la tradición hermética*. Barcelona, Ariel, 1983.

14. Vid. ed. de Mª Consuelo Álvarez y Rosa Mª Iglesias. Madrid. Editora Nacional, 1983.

15. Vid. Andrés Soria Olmedo, «Alegoría y mitología en el Renacimiento» en *Actas de la I reunión de Italianistas Españoles*. Sevilla, 1982, pp. 347-359, y «Posada antigua de la philosophia» (Los *Dialoghi d'amore* de León Hebreo como manual mitográfico)», en *El Crotalón. Anuario de Filología Española*. Madrid, 1984, pp. 819-829.

16. Garin, *op.cit.*, p. 124.

CENSURAS AL ORLANDO EL FURIOSO

Luis Rubio García
Universidad de Murcia

Aunque ya una página del *Orlando Furioso* figuraba como prohibida en el Indice [1], creo que no carecerá de interés el dar a conocer un curioso expediente de los fondos de la Inquisición, conservados en el Archivo Histórico Nacional, donde se pretende suprimir mas partes de la mencionada obra.

La denuncia la formula en 1609 al Santo Tribunal, el licenciado Luis de Torres Cano, natural de Marchena, y se basa en una edición italiana. En varios de sus cantos intuye dicho licenciado un ataque solapado o directo a la religión católica, al especificar estos cantos supuestamente heréticos, los acompaña con una serie de comentarios en apoyo de su protesta. Las principales objeciones afectan al canto 14, y de éste desde la estrofa 79 a la 82 ambas comprendidas, y de la 87 a la 89 también incluídas. Luego en el mismo documento y por debajo e la firma añadirá la estrofa 9 del canto 7; y del canto 34 las estancias de la 9 a la 12 inclusive, y de este canto denuncia igualmente la estancia 30, a continuación la 60 y siguen la 79 y 80.

De las anotaciones marginales deducimos que la Inquisición del lugar, tomó en consideración la mayoría de las críticas del licenciado Torres Cano y en consecuencia refrendó el expurgo de tales fragmentos del *Orlando Furioso*. También es cierto que no aceptó la supresión en su totalidad y que en algo matizó o aminoró la condena, ya que del canto 7, deja a salvo la estancia 9, pues al margen leemos «nihil». En cuanto al canto 34 mientras Torres Cano reprobaba las estrofas de la 9 a la 12, el inquisidor limita su censura a la 11 y 12; y en lo que afecta a la estrofa 79 demuestra poseer un buen conocimiento de Ariosto, al reparar en el error de lectura de Torres Cano en los versos, que aquí aducimos:

E   Vide serpi con faccia di donzella,
D   di monetieri e di ladroni l'opra:

Que el denunciante traduce y enjuicia:
«Tan bien dize, uido sierpes con cara de donzella y de monesterio y que las obras eran de ladrones».

El censor en nota marginal corrige:
«no dice Monesterio, sino Monederos».

Por este motivo dejará intacta la estrofa 79, aunque si reprobara la 80, que le sigue.

De todos modos, por lo que sabemos, el Tribunal Central fué mucho más indulgente respecto a los expurgos del *Orlando Furioso*.

Expediente para expurgar el *Orlando Furioso* de Ariosto.
A.H.N. Inquisición, Leg. 4467, nº 46.
I.H.S. 1609. Libros.
(Al margen. Marchena, el licenciado Luis de Torres Caro. que se expurge, exp. 758. De notar).

En el canto 14 de *Marco Lodouico Ariosto*, estan estas proposiciones escandalosas y malsonantes y contra la santa fe catholica.

Va diziendo como estando cercado en Paris el emperador Carlomano, de ciertos reyes moros de Africa y d'España: el dia antes que les ouiessen de dar el assalto, hizo dezir munchas missas y sacrificios y confessar y comulgar a todos, como si otro dia ouiessen de morir y como el hizo una oracion a Dios muy deuota, y como el angel de su guarda lleuo aquellos piadosos ruegos y los puso delante del Saluador, y como otros infinitos ruegos fueron de semejantes mensajeros lleuados a la presencia de Dios, y como la diuina bondad se apiado y llamo a San Miguel y le mando que un exercito christiano, que poco antes desembarco en Lombardia, lo lleuasse a Paris sin quel campo enemigo lo pudiesse entender, pero que primero buscasse el silencio y le dixesse de su parte, que se fuesse con el aquella empresa y que luego fuesse a la cassa de la discordia y le mandasse tomar su yesca y pedernal, para encender fuego de discordia entre los moros. He hecho este discurso, para que se pueda tomar bien el sentido y calificarse las proposiciones.

Sale San Miguel buscando el silencio y auiendose resuelto que lo auia de hallar en iglesias y monesterios, donde se excluye el parlar y esta escrito en toda parte y lugar del convento, dize luego que creyendo con gran seguridad que lo avia de hallar aqui, mouio con mucha priessa las doradas alas, pero que se hallo engañado de su opinion despues que entro en el claustro y que le fue dicho, no esta aqui el silencio que no abita aqui, mas que por escrito.

No ay aqui piedad, ni quietud, ni humildad, ni aqui amor, ni aqui mira la paz, bien fueron aqui antiguamente, mas ya las echaron de aqui gula, avaricia, ira, soberbia, inuidia, floxedad (o pereza que todo esto significa la palabra inertia qu'esta alli) floxedad, y crueldad. Dize luego que se admiro el angel de tanta nouedad, y que anduuo mirando con cuydado aquella bruta esquadra, y que echo de uer que aun estaua alli la discordia.

Aquella que le avia dicho el padre Eterno, que la deuia buscar despues del silencio avia pensado hazer viaje al infierno, por creer estaua entre los dañados y hallola en este nuevo infierno (quien lo creyera) entre los santos officios y las missas, parecio cossa estraña a S. Miguel (voy traduziendo el italiano y poesia de otauas) que alli estuuiesse aquella, por quien pensaua hazer largo camino.

Hallandola aqui, (que se entiende en la regelion-sic) S. Miguel a la discordia le da el recaudo y le pregunta por el silencio. Ella dize que no lo a visto, mas que la fraude, su compañera daria razon del y alço el dedo y la señalo, dize de la fraude, tenia agradable vista y abito onesto, un humilde bolber de ojos, un andar graue, un parlar tan benino y tan modesto, que parecia Grabiel, que dize que era bruta y disforme en todo el resto y que escondia sus pessimas y deprauadas obras, con luengo abito y largo y que debaxo del, tenia el cuchillo emponçoñado.

Dize luego, que pregunto a la fraude el angel que uia deuia tener para hallar el silencio, y que respondio, antiguamente este solia habitar entre uirtudes y no en otra parte, con Benedito y con los compañeros de Elias y de las abbadias, quando eran nueuas y que assi mesmo passo muncho tiempo de su vida, en el tiempo de Pitagoras y de Architas (otro philosopho).

(al margen: preguntar el angel a la fraude lo que deuia fazer, es mala introducion y proposicion deprauada y malsonante).

Dize luego, faltando estos filosophos y santos que lo solian tener por camino reto de las honestas costumbres, que tenia antes, hizo mudança y se passo a la maldad (y por acabar la ora de dia) prosigue, que començo a andar de noche con los amantes y luego con los ladrones y que con el engaño abita muncho y mora, y aun aora lo a visto con el homicidio.

(al margen: presupone que no ay aora santos en la tierra, donde este el silencio y que estuuo ya entre filosophos ydolatras y que no esta entre christianos, ambas proposiciones hereticas)

Comiença la estança desde donde comiença a deshordenarse este poeta —Vien scorrendo ou'egli habiti ou'egli sia— Esi accordaro in fin tuti i pensieri— por cuatro estanças inclusiue y en la estança —Hauea piaceuol viso habito honesto— un humil volger d'occhi un'andar graue— por tres estanças inclusiue, esto me parece y por que se sepa quien dio el papel, para si se perdiere lo firmare. Nuestro señor etc.

Licenciado Luis de
Torres Cano (rubricado)

Asimismo en el canto septimo de la estança 9 en el fin, tratando de Alcina y de su corte, reina de lo vicios dize, que salio a recebir a Rugiero en medio de su hermosa y onrrada corte y que le fueron hechas tantas reuerencias y tanto honor, que no podian hazer mas, si entre ellos oviera Dios descendido del supremo choro, presupuesto qu'es poeta christiano y que escriue en tiempo de la ley de graçia, es heretica o mal sonante.

(al margen: nihil)

En el canto 34 del sobre dicho Ariosto, poeta italiano comiença —O famelici inique e fiere harpie— en la estança 12 entrando en el infierno, Astolfo vido estar alli en tormento de humo a titulo de ingratos, algunas mugeres como Lidia, Anaxerete, Dafne por no auer querido complazer al carnal apetito de sus amantes y la historia de Lidia la dilata por munchas estanças, començando desde la nona.

(al margen: 11 y 12 se quiten).

En este dicho canto estança 30, contando Lidia su historia y hablando de su amante dize, que lo bolbio mas arepentido (quexandosele ella de un agrauio), que jamas se hallasse en el yermo algun santo.

(al margen: se quite)

En este dicho canto donde salido del infierno fue al paraiso terrenal, dize el poeta que fue acogido del Euangelista, y de Elias, y Enoch y que le dieron de los frutos del paraiso de tal sabor, que a su juizio no estan sin escussa los primeros padres, si por aquel, fueron tan poco obedientes, comiença —Con accoglienza grata il cauallero— fu dai santi allogiato in una stança.

En el mismo canto en la estança —Rouine de citadi e de castella— dize, uido un monte discurriendo en una carroça de cauallos de fuego con el Euangelista, vido un monte lleno de flores y de buen olor ya antiguamente, pero que aora hiede fuertemente y que este es el don, si es licito dezirse, que hizo Constantino al buen Siluestre que fue Roma, ciudades y villas y otras preheminencias de la sede apostolica, como es notorio.

(al margen y pie de página: se quite - di versate minestre)

Tan bien dize, uido sierpes con cara de donzella y de monesterio y que las obras eran de ladrones.

(al margen: no dice Monesterio, sino Monederos)

Item pinta la limosna que se haze despues de la muerte, una massa de moças de seruicio rebueltas, pero esto toca a la moral y tiene su pro y contra y no toca a la presente materia, saluo mejor juizio. Nuestro Señor etc.

(rubricado)

(al margen: presentolo ante mi el licenciado Torres Cano, vezino desta uilla de Marchena)

NOTAS

1. Recogemos del *Indice General de los Libros Prohibidos* Madrid, 1844. pág. 24:
«Ariosto (Ludovico). Su *Orlando Furioso*, traduc. en castellano por D. Gerónimo de Urrea, en Medina del Campo en 1572, corrijase como en el Expurgat. de 1737, pág. 813. El mismo en italiano, en Venecia 1543, ó de otra semej. impres., corrijase como en dicho Expurg. pág. 817. Su sátira quinta se prohibe».

LA FILOSOFÍA COMO PRETENDIDO INSTRUMENTO DE ELEVACIÓN DEL ARTE A CIENCIA

Enrique Ruspoli
Universidad de Madrid

En el Renacimiento italiano se asiste a un espectáculo singular protagonizado por los artistas que, queriendo dignificar y elevar la condición de su actividad y de su obra, comienzan a utilizar y a divulgar principios y expresiones filosóficas, invadiendo, no siempre con éxito, el campo de lo absoluto y necesario. Es bien sabido que el artista busca el reconocimiento social de su tarea, para lo cual logra, en un primer paso, superar la imagen medieval del artista como simple técnico del trabajo manual, considerado desde la Antigüedad algo innoble e inferior al trabajo intelectual, y la aceptación de las artes plásticas como artes liberales. Dentro de estas coordenadas hay que entender la afirmación albertiana de que «las artes se aprenden mediante la razón y el método»[1] o la de Leonardo de que «sempre la pratica debb'esser edifficata sopra la bona teorica, della quale la prespettiva è guida e porta, e sanza questa nulla si fa bene ne' casi di pittura»[2]. La conclusión deseada es que el artista necesita poseer un gran saber y utilizar principios científicos, de manera que el arte sin teoría no será arte.

Pero a un espíritu de la amplitud y grandeza de Leonardo no le bastaba con lograr para su arte el *status* de arte liberal, porque con ello no se desvinculaba de lo concreto y particular, permaneciendo, aunque dignificado, en su condición modesta de *tekne*. Era preciso dar un segundo paso de vuelo mucho más audaz: elevar el arte a ciencia. En esta aspiración ya le habían precedido otros artistas, pero Leonardo es el que nos ofrece la respuesta más profunda y original, puesto que introduce una nueva concepción de la ciencia, cuyo objetivo ha de ser, en su opinión, la perfecta representación de la naturaleza. Para ello recupera el papel decisivo de la experiencia como origen y término de la actividad científica, criticando la concepción purista, incontaminada, de la ciencia. «Dicono quella cognizione essere meccanica la quale è partorita dall'esperienzia, e quella essere scientifica che nasse e finisse nella mente, e quella essere semimeccanica che nasse dalla scienzia e finisse nella operazione manuale. Ma a me pare che quelle scienzie sieno vane e piene d'errori le queli non sonno nate dall'esperienzia, madre d'ogni certezza, e che non terminano in nota esperienzia, cioè che la loro origine, o mezzo, o fine, non passa per nessun de'cinque sensi»[3]. Además, de hecho, la ciencia y las artes liberales finalizan con operaciones manuales. «E se tu dirai tali scienzie vere e note essere de spezie di meccaniche, imperò che non si possono finire se non manualmente, io dirò il medesimo di tutte l'arti che passano per le mani delli scrittori, la quale è di spezie di dissegno, membro della pittura; e l'astrologia e l'altre passano per le manuali operazioni, ma prima sono mentali com'è la pittura, la quale è prima nella mente del suo speculatore e non po pervenire alla sua perfezzione senza la manuale operazione»[4]. Hecho este planteamiento, ¿qué arte o ciencia representa de modo más perfecto la naturaleza?. La pintura. «La pittura s'astende nelle superfizie, colori e figure di qualonque cosa creata dalla natura, e la filosofia penetra dentro alli medesimi corpi, considerando in quelli le lor proprie virtù, ma non rimane satisfatta con quella verità che fa il pittore, che abbraccia in sé la prima verità di tali corpi, perché l'occhio meno si inganna»[5]. La razón última de su posición está en la convicción de que el conocimiento se perfecciona, y con ello también la ciencia, en la operación manual, gracias a la cual la naturaleza se reproduce perfectamente. Y esto lo logra «la scienzia della pittura, che resta nellla mente de' suoi contemplanti, della quale nasce puoi l'operazione, assai più degna della predetta contemplazione o scienzia»[6]. Reparemos que aquí está expuesta, aplicadamente al arte, la teoría del pensamiento constructivo que dará origen al nacimiento de la ciencia moderna por obra de Galileo y de la filosofía de la historia por obra de Vico, y que constituirá el modo característico de pensar de la filosofía moderna.

«Lo visible en su mayor claridad —dice Karl Jaspers— se torna, para Leonardo, como soñado, porque muestra la auténtica verdad. Es que él no da un reflejo de lo impreciso sino la precisión de las cosas en su transparencia. No reconoce grados de realidad, como el escalonado cosmos medieval, sino la realidad única que todo lo abarca. Para él sólo existe una diferencia de visión: el ciego mirar, que todo lo ve como opaca realidad, y la visión auténtica que espiritualiza lo sensible, como si lo invisible fuese la realidad propiamente dicha»[7]. Sin embargo, el problema que no vió Leonardo, o que, viéndolo, despreció, fué que la obra creada, por muy perfectamente que representara la naturaleza, no alcanzaría el nivel científico de lo absoluto y necesario, pues siempre sería algo singular y contingente. A diferencia de Galileo, Leonardo no desarrolla el pensamiento constructivista al hilo de la construcción matemática, por lo que no llega a la formulación de leyes necesarias explicativas del comportamiento de la naturaleza. Pero la ciencia moderna nace del método galileano y no de la «transparencia» de la realidad a través del arte.

El resto de los artistas carecieron de la altura especulativa y originalidad de Leonardo, pero no por ello renunciaron a la aspiración de elevar el arte a ciencia. ¿Qué camino siguieron?. Por de pronto, no vemos en ellos la pretensión teórica de elaborar una nueva concepción de la ciencia que permita encuadrar al arte como actividad científica. Tampoco experimentan la necesidad de fundar una nueva estética justificadora de su arte. La que existe, la que conocen, les vale. El pasado filosófico era lo suficientemente rico como para obtener de él cumplida satisfacción para su empeño. Y además toda su virtualidad de aplicación práctica no había sido todavía actualizada. Se podría afirmar que es hora cuando cristalizan las ideas estéticas desarrolladas a lo largo de los siglos anteriores. No porque alcancen mayor hondura o elaboración teóricas, sino porque ahora se busca, quizá por primera vez, el procedimiento concreto para lograr la «encarnación» de esas ideas, es decir, encontrar las normas y reglas que permitan materializar en la realidad sensible la teoría filosófica.

Pero si pretendemos precisar en qué filosofía o en qué filósofos se basaron los artistas para fundamentar la belleza artística nos encontramos con un problema de no fácil respuesta, aunque drásticamente «resuelto» muchas veces con la facilidad del tópico. No se puede olvidar, en primer lugar, la presencia operante del pasado inmediato medieval. Y debemos tener cautela, en segundo lugar, ante la tantas veces repetida tesis del platonismo en el arte renacentista. Ciertamente que el platonismo, y sobre todo el neoplatonismo, ejercieron un enorme peso en la teoría del arte. Pero no hay que olvidar la tradición medieval aristotélica, y la original especulación del coetáneo Nicolás de Cusa.

Resulta, por ello, aventurado clasificar a los artistas y teóricos del arte en platónicos y aristotélicos, porque se advierte en ellos una ambigüedad e indecisión fruto indudable de su visión profana de la filosofía. El irenismo de Leonardo Bruni y de Juan Besarión es paradigmático. Determinar si Alberti o Leonardo, Filarete o Rafael, eran platónicos, o más bien aristotélicos, significa pretender que nosotros resolvamos su ambigüedad y su, no pocas veces, contradicción personales. No se debe perder de vista que su objetivo era utilizar la filosofía para mostrar la belleza en el arte, y que, por tanto, no era la fuente de la que manasen sus teorías artísticas, sino el respaldo que las justificaba.

La utilización de números de origen platónico, como los cuadrados y cubos del duplo y triplo de la unidad, o la recomendación del círculo y la esfera [8], no significan por sí solas una actitud platónica. El platonismo consistirá en defender que la idea es normativa de lo real, de tal modo que la belleza se hallará en ella y no en lo sensible. Dicho con otras palabras, platónico será el artista que crea en el valor absoluto de belleza de determinadas formas y proporciones que poseen valor absoluto en el mundo inteligible, y que deben ser materializadas en toda su absolutez en el mundo sensible.

Conviene, no obstante, tener presente que los artistas en general creían encontrar en el platonismo el instrumento idóneo para realizar su sueño dorado de elevar el arte a la condición de ciencia. Para ello el arte tenía que alcanzar un valor universal y necesario. Un camino subyugante, por su aparente simplicidad, era trasladar a la obra de arte sensible la universalidad y necesidad de la idea. El valor absoluto de la idea se ofrecía como paradigma al que debían identificarse las formas y proporciones del mundo sensible. Una vez logrado esto el arte habría alcanzado definitivamente el rango de ciencia.

Con todo ello el artista se convierte en un ser cultivado que maneja con cierta soltura conceptos filosóficos como apoyo para su arte, pero que no le interesa la especulación pura. Ningún artista, ni ningún teórico del arte, llegará a ser propiamente filósofo, a excepción quizá de Leonardo da Vinci, si aceptamos la opinión de Karl Jaspers [9]. Y lo que nos admira de los sonetos de Miguel Angel es la forma poética en la que da vuelo a ideas neoplatónicas, y no la elaboración teórica de dichas ideas.

Su familiaridad con la filosofía nos permite explicar un fenómeno desconcertante de la vida cultural renacentista, consistente en el amplísimo eco que alcanzan las ideas filosóficas en un momento en que la creación y hondura filosófica es pobre. La notable presencia de la filosofía en el Renacimiento es debida, más que a su altura propia y a sus filósofos, a la labor difusora de los artistas. La razón es sencilla. La obra de arte tiene un ámbito de alcance muy superior al del libro filosófico. Su receptividad sobrepasa el reducido círculo de doctos para alcanzar a capas culturales y sociales más variadas. Cuando los artistas empezaron a proclamar públicamente, en cenáculos culturales y en libros teóricos, los principios filosóficos que justificaban y daban valor de belleza a su arte, hicieron que las ideas filosóficas superaran también su minoritario arco de aceptación para entrar en el más amplio del arte. La obra de arte apareció acompañada por la idea filosófica o científica que garantizaba su belleza. Pero las ideas fueron aireadas y difundidas por los artistas y los teóricos del arte, no por filósofos. Es decir, por profanos. Y entre profanos circularon. Alcanzaron, por esto, una difusión social nueva en la historia de Occidente.

La intensa presencia filosófica del Renacimiento es un fenómeno cuantitativo y no cualitativo. No se filosofa más, ni mejor, sino que se cita más. La filosofía desciende del Olimpo de los doctos a la tierra de los artistas, de los aficionados cultos y del espectador iniciado en los secretos de la contemplación estética. La difusión social de la filosofía de la mano del arte tiene la consecuencia positiva de su mayor alcance cultural, pero, como contrapartida, cierto desvirtuamiento de su sentido y cierta impureza e incompresión conceptuales. En efecto, al no interesar la elaboración de la idea filosófica, ni su profundización, ni el descubrimiento de otras nuevas, sino tan sólo su función como fundamento del arte, resulta que la filosofía se utiliza, se usa. Se convierte en medio para dignificar el arte, y no en fin en sí misma.

¿Podía cumplir la filosofía la tarea de elevar el arte a ciencia?. ¿O se trataba de un ideal intrínsecamente contradictorio al que nada podía aportar el pensamiento filosófico?. No resultaba fácil resolver la objeción de la singularidad y contingencia de la obra de arte. La dificultad se comprende mejor en las artes plásticas que en la literatura. El tránsito de las ideas filosóficas a la poesía, y a la literatura en general, plantea el sencillo problema de determinar la fidelidad en su uso y comprensión. La naturaleza del término como signo del concepto hace que el poeta utilice el mismo material expresivo que el filósofo. El tránsito, en su caso, puede ser simple *mímesis*, paso del término filosófico inmodificado a su uso poético. El poeta hablará, por ejemplo, del amor y la belleza del alma, y podrá repetir, con expresión formal bella, las mismas ideas del filósofo platónico. Podrá, incluso, convertir el concepto en imagen literaria, en metáfora, utilizando términos distintos de los que propiamente significan dicha idea. Pero el material expresivo será siempre la palabra, es decir, el mismo material que necesita el filósofo para la comunicación de sus ideas.

En las artes plásticas, por el contrario, el tránsito de la idea a la obra creada es muy brusco. Existe una fisura entre el objetivo del artista, expresado en forma inteligible, y su logro, expresado en forma sensible. El material expresivo es, a diferencia de la poesía, radicalmente distinto. La palabra le servirá al artista para exponer sus principios, ideas y objetivos platónicos, pero no para producir su obra de arte. Para esto necesita un material expresivo heterogéneo: el dibujo, los colores, el mármol, la piedra, el ladrillo, etc. El platonismo puede expresarse en la poesía directamente con ideas platónicas. En las artes plásticas no es posible expresar ideas sino tan sólo de modo mediato, buscando su correlato sensible. Debe descubrirse en lo sensible, que es singular y contingente, y que carece de la intencionalidad del término, lo que pueda dotarle de la universalidad y necesidad de la idea. Esta fué la gran empresa a la que se entregaron los artistas que quisieron elevar el arte a la categoría de ciencia. ¿Supieron materializar en lo sensible lo absoluto inteligible?. ¿Encontraron el nexo entre la idea y la obra de arte?. ¿Comprendieron las exigencias del inteligible platónico?. Más aún, ¿cuántos artistas hubo convencidos del valor absoluto de la belleza inteligible?. Finalmente, ¿hubo realmente artistas platónicos?.

La apodicticidad de las matemáticas deslumbró a los artistas cayendo en la ingenua creencia de que por su mediación instrumental lo necesario y universal de la idea absoluta era transferible a lo sensible. Puesto que se trataba de llevar la belleza absoluta a lo sensible, la belleza de lo puramente espiritual no servía. El nexo debía proporcionarlo una ciencia apodíctica de la cantidad, es decir, la matemática. La aritmética les indicaba los números perfectos y las proporciones ideales. La geometría mostraba cuáles eran las formas perfectas.

¿Cuáles eran esos números?. Los que Platón describía en el *Timeo* [10]: la unidad, su duplo y triplo, con sus cuadrados y cubos (1, 2-4-8, 3-9-27). Las proporciones venían dadas por las pitagóricas medias aritmética (2:3:4), geométrica (1:2:4) y armónica (3:4:6) [11]. La forma perfecta era la que el demiurgo platónico dió al mundo: la esfera y el círculo [12], y determinadas figuras centradas, polígonos y poliedros regulares, consideradas derivadas de aquélla.

Son sobradamente conocidas tanto las teorizaciones como los usos y aplicaciones que de estas proporciones y formas hicieron los artistas, muy especialmente los arquitectos. Pero no es esta cuestión la que me interesa, sino esta otra: ¿crearon así obras de arte científicas?, o, lo que es lo mismo, ¿absolutas y necesarias?. Para responder a esta pregunta conviene analizar ante todo los resultados, para reflexionar posteriormente sobre la adecuación de su ideal con el pensamiento filosófico que le sirvió de soporte.

Cuando parecía que se había conquistado la belleza absoluta con el clasicismo de Leonardo, Rafael, Bramante o Miguel Angel, surgió rápidamente el agotamiento ante las formas y proporciones ideales y se intentó su profunda alteración. «Este estado de suprema perfección fué efímero», confirma Wölfflin [13]. Nació así el manierismo con la explícita tarea de deformar la visión de la naturaleza y violar las reglas absolutas [14]. Tampoco esta «edad de oro» pudo resistir la ley histórica del cambio, a pesar de que su pretensión de absoluto debía situarla, por su valor de eternidad e inmutabilidad, por encima de los avatares del tiempo histórico.

Pero además, incluso en el período álgido, en esta «edad de oro», las variaciones y alteraciones no buscadas a las que la idea se vió sometida en el proceso de su materialización sensible y las libertades y correcciones conscientes de la misma, hicieron que muy pocas obras, poquísimas —por no decir ninguna—, pudiesen considerarse auténticamente platónicas. Los problemas de taller y de construcción, o, lo que es lo mismo, la resistencia de la realidad en la aplicación de la idea, no llevó a los artistas a rectificar la teoría o a sustituirla por otra más acorde con los hechos. Se encontraban sin rumbo en el mundo de la idea y se limitaban a responder como el profano para el que la idea es más una referencia ajena que algo metafísicamente normativo de lo real. De manera que no les resultaba atentatorio a su platonismo que la idea, en su aplicación científica a lo sensible, en lo que, según ellos, consistía la creación artística, sufriera una modificación, aunque fuera leve. Sólo les hubiera sido lícito admitir «aproximaciones» científicas en la materialización de la idea a costa de negar al arte su condición de ciencia, viendo entonces la función del artista como la de un nuevo demiurgo que tomase de modelo la idea para fabricar una apariencia sensible, nunca idéntica a aquélla. Pero esto sería *tekne* y no ciencia.

Si nos remontamos a la fuente originaria, a Platón, observaremos que es esto precisamente lo que piensa, afirmando que es esencial a cualquier imitación que difiera en algún modo de su original, pues si fuese perfecta no sería una imagen (*eidolon*), sino otro ejemplar de la misma cosa [15]. La concepción peyorativa del arte se expresa claramente como imitación de imitaciones [16], por lo que su alejamiento de la idea es doble.

Se podrá argüir con razón que el modelo filosófico no era Platón sino Plotino, no era la *mímesis* de un objeto material sino la introducción de una forma ideal (*eidos*) en la materia [17]. Pero Plotino era consciente de que la belleza del objeto artístico sería siempre más limitada y menos pura que la de la idea en la mente del artista. «Ya que la belleza inherente al arte no penetra en la piedra, sino que permanece inalterada en sí misma, introduciéndose en la piedra sólo una belleza más limitada, derivada de ella; y tampoco ésta permanece pura y tal como la desearía el artista, sino que se manifiesta únicamente en la medida en que la piedra puede obedecer al arte» [18]. Por esto, en su magnífico libro, *Idea*, concluye Panofsky que «la concepción 'heurística', para la cual el arte asume la elevada tarea de 'introducir' un *eidos* en la materia reacia, niega la posibilidad del éxito, demostrando que su finalidad es inalcanzable» [19]. Su confirmación práctica es el fracaso renacentista de elevar el arte a ciencia.

Podría pensarse que fueron los neoplatónicos coetáneos los que dieron pie a su ideal utópico. La especulación acerca del amor y la belleza centra la filosofía de Marsilio Ficino, pero le interesa su aspecto teorético y no se ocupa del arte. Como buen neoplatónico afirma, sin embargo, que «la natura della Bellezza non può esser corpo» [20], sino que es algo espiritual [21], que «per il raggio divino prima si infonde negli Angeli, poi nelle Anime degli uomini, dopo questi nelle figure» [22]. El propio Ficino se pregunta: «Finalmente che cosa è la Bellezza del corpo?. Certamente è un certo atto, vivacità e grazia, che risplende nel corpo per lo influsso della sua Idea» [23]. La belleza corpórea es la irradiación de la divina, y por tanto limitada y graduada. Hubiera sido lógico pensar que la obra de arte tampoco podría alcanzar la absoluta belleza del ejemplar divino.

Sólo bastante más tarde, en 1590, durante el manierismo, Lomazzo obtendrá la lógica consecuencia afirmando que «da questa bellezza infusa ne' corpi et apparente più e meno in loro, secondo che si è detto, il diligente pittore ne ha di ritraere le proporzioni et accomodarle all'oppera sua, secondo le qualità over nature diverse sopra dette» [24]. Pocos años más tarde, en 1607, otro teórico del arte manierista, Zuccari, llegará a rechazar enérgicamente la base científica del arte, negando a la matemática su función de fundamento: «Dirò bene che queste regole matematiche si devono lasciare a quelle scienze e professioni speculative della geometrica, astrologia, aritmetica e simili, che con le prove loro acquietano l'intelletto: ma noi altri professori del disegno non abbiamo bisogno di altre regole che quelle che la natura stessa ne dà per quella imitare»[25]. Porque, según dice líneas más arriba, «coteste regole e termini matematici non sono e non ponno essere né utili né buoni, per modo di dovere con essi operare. Imperò che, in cambio di accrescere all'arte prattica spirito e vivezza, tutto gli torrebbe, poiché l'intelletto si avilirebbe, il giudizio si smorzarebbe e torrebe all'arte ogni grazia, ogni spirito e sapore»[26].

Lo más grave del caso no es que los teóricos del arte necesitaran más de cien años para caer en la cuenta de la utopía del ideal de elevación del arte a ciencia, sino que ya Nicolás de Cusa, el gran metafísico del siglo XV, mostró en 1440 la imposibilidad de que la forma mental del artista (por ej. la forma de cuchara) pudiera «hacerse sensible de modo perfecto», pues «en todas las cucharas resplandece aquella misma forma simplicísima, pero más en una y menos en otra, y en ninguna de modo preciso»[27]. Porque, según su sistema metafísico, el mundo de lo infinito es el mundo del más y del menos, y, por tanto, no hay nada en él que sea perfectamente semejante, o idéntico, a otra cosa[28]. Basado en la teoría de «que ninguna cosa puede concordar con otra exactamente en la figura ni en la magnitud»[29], deducía, primero, que «aunque las reglas son verdaderas en su concepto, sin embargo, describir una figura igual a otra es una igualdad imposibe en acto, pues todas las cosas son diferentes»[30]. Por esto «no es posible que haya una esfera o círculo que sea la más verdadera sin que se pueda dar otra más verdadera»[31]. La misma imposibilidad se da en las magnitudes o números —«dos cosas no pueden convenir en número»[32]—, y en las proporciones —«la exacta proporción, por consiguiente, se da sólo en su razón, pero no en las cosas sensibles mismas, en las que no podemos encontrar sin defecto la dulcísima armonía, pues no existe en ellas»[33]. Hemos de concluir, pues, que «no hay ninguna cosa que sea igual a otra, ni según los sentidos, ni la imaginación, ni el entendimiento, ni el obrar, ni tampoco según la escritura o la pintura o el arte»[34]. La obra de arte, para Nicolás de Cusa, no podría nunca reproducir exactamente la idea del artista, ni tampoco en el proceso de realización seguir con exactitud las magnitudes, proporciones y figuras concebidas mentalmente[35]. De hecho es esto precisamente lo que aconteció con los artistas.

No obstante, lejos de lamentarse del *dilettantismo* filosófico de los artistas es preciso, por el contrario, alegrarse de ello. Porque gracias a él no cayeron en la rigidez al aplicar la idea, ni en el estéril academicismo, ni en la inútil repetición mimética de modelos. Su limitación filosófica rindió buen fruto en el campo artístico. Precisamente su desinterés ante la especulación pura les permitió huir del anquilosamiento que les habría producido la convicción profunda de la imposibilidad de convertir el arte en ciencia, así como de materializar sensiblemente la belleza inteligible. Su espíritu quedó libre y suelto para acometer dicha tarea sin «prejuicios filosóficos», y su despreocupación tuvo como fruto la magnífica variedad y riqueza de obras de arte maestras.

Gracias a su acercamiento a la necesidad de la ciencia nos ofrece el arte renacentista ese aura de lo absoluto con su espléndida e irrepetible muestra de regularidad, precisión, acabamiento, limpieza, claridad y armonía.

Pero afortunadamente la conversión del arte en ciencia era un ideal imposible, y el arte siguió siendo arte y no ciencia. De manera que durante el Renacimiento no perdió su necesaria flexibilidad, variedad y originalidad, y la vida y personalidad del artista se expresaron libremente dando cuerpo a su ingenio y sentimiento, a la emoción y a la poesía. La tentación de hacer del arte una seca, árida, fría, inflexible, rígida y abstracta obra científica fue superada por el espíritu humano que se resistió a que la belleza fuera absorbida por la verdad. Ambas, la belleza y la verdad, como ideales transcendentales del espíritu, continuaron, distintas y, a la par, entrelazadas, su periplo hacia lo eterno.

NOTAS

1. Alberti, Leone Battista. *De Statua*, ed. Janitschek, pág. 189.
2. Leonardo da Vinci, *Trattato della pittura*, Codex Urbinas Latinus 1270, f. 39v; según C. Pedretti, *Leonardo da Vinci on Painting. A last Book (Libro A)*, Berkeley-Los Angeles, 1964, pág. 180.
3. O.c. f. 19; pag. 178.
4. Ibid.
5. O.c., f. 4; pág. 177.
6. O.c., f. 19; pág. 178.
7. Jaspers, Karl, *Leonardo como filósofo*, trad. esp. de Jorge Oscar Pickenhayn, Buenos Aires, Sur, 1956, pág. 24.
8. Ver notas 10 y 12.
9. Leonardo sería filósofo, a juicio del pensador germano, en la medida en que a través de la observación empírica y de la creación artística posterior, piensa que el hombre repite «la creación y la saca de sus orígenes para volcarla en su propia actividad creadora. Su saber es también una forma, una forma que sigue a lo creado y que se prodiga renovadamente. Por eso la obra de arte no es la reproducción natural de lo contingente, sino la forma en la cual consiste lo natural y, por lo tanto, en la cual se expresa su esencia». Jaspers, Karl. O.c., pág. 63.
10. «Comenzó la división de la manera siguiente. En primer lugar, separó de la mezcla total una parte. Inmediatamente tomó una segunda parte doble de aquélla; luego, una tercera parte igual a una vez y media la segunda y a tres veces la primera; una cuarta porción que fuera doble de la segunda; una quinta porción que fuera el triple de la tercera; una sexta porción igual a ocho veces la primera; y una séptima porción igual a veintisiete veces la primera». Platón, *Timeo*, 33 b y ss.
11. Para una explicación de las proporciones y su uso en el Renacimiento véase Wittkower, Rudolf, *Sistemas de proporciones*, en *Sobre la arquitectura en la Edad del Humanismo*, Barcelona, Gustavo Gili, 1979, pp. 525-539. —Del mismo autor véase también *La arquitectura en la Edad del Humanismo*, Buenos Aires, Nueva Visión, 1958.
12. «En cuanto a su figura, le ha dado la que mejor le conviene y la que tiene afinidad con él. En efecto, al viviente que debe envolver en sí mismo a todos los vivientes, la figura que le conviene es la figura que contiene en sí todas las figuras posibles. Esta es la razón de que Dios haya formado el mundo en forma esférica y circular, siendo las distancias por todas partes iguales, desde el centro hasta los extremos. Esa es la más perfecta de todas las figuras y la más completamente semejante a sí misma. Pues Dios pensó que lo semejante es mil veces más bello que lo desemejante». Platon, *Timeo*, ibid.
13. Wölfflin, Heinrich. *Renacimiento y barroco*, Madrid, Comunicación, 2ª ed., 1978, pág. 46.
14. Cf. Hauser, Arnold, *El manierismo*. Madrid, Guadarrama, 1965.
15. Platón, *Cratilo*, 432.
16. Platón, *República,* 598-601.
17. Plotino, *Enéada* V, 8, 1.
18. Plotino, *Enéada* I, 6, 1.
19. Panofsky, Erwin, *Idea*, trad. esp. por Mª Teresa Pumarega, Madrid, Cátedra, 1981, pág. 28.
20. Ficino, Marsilio, *L'essenza dell'amore*, orazione V, cap. III. En ed. e intr. de Gabrielle La Porta, Roma, Atanor, 1982, pág. 64.

21. «Essa Bellezza è più tosto una certa spirituale similitudine della cosa, che spezie corporale». Ibid., pág. 65-66.

22. O.c., orazione V, cap. VI; pág. 74.

23. Ibid.; pág. 72.

24. Lomazzo, Giovanni Paolo, *Idea del tempio della pittura*, cap. XXVI. En *Scritti d'arte del cinquecento*, a cura di Paola Barocchi, Milano-Napoli, Ricciardi, 1973, tomo II, pág. 1700.

25. Zuccari, Federico, *L'idea de' pittori, scultori et architetti*, libro II, cap. VI. En *Scritti d'arte del cinquecento*, a cura di Paola Barocchi, Milano-Napoli, Ricciardi, 1971, tomo I, pág. 1045.

26. Ibid.; pág. 1044.

27. Nicolas de Cusa, *Idiota*, De mente, cap. II. En *Scritti filosofici*, ed. G. Santinello, vol. I, Bologna, Zanichelli, 1965, pág. 114 (la traducción es mía).

28. Nicolas de Cusa, *De docta ignorantia*, libro I, cap. III.

29. O.c. libro II, cap. I.

30. Ibid.

31. O.c., libro II, cap. XI. Aplicado a su visión del cosmos afirma que «la figura de la Tierra, por tanto, es móvil y esférica, y su movimiento circular, pero puede ser más perfecto». O.c., libro II, cap. XII.

32. O.c., libro II, cap. I.

33. Ibid.

34. Ibid.

35. También limita el alcance del arte como imitación de la naturaleza: «También el arte imita a la naturaleza cuanto puede, pero nunca podrá llegar a la exactitud con respecto a ella». Ibid.

NOTAS SOBRE UN CUENTO DE BANDELLO Y LA COMEDIA *LA DIFUNTA PLEITEADA*

MERCEDES SÁNCHEZ MOLINI
Universidad Complutense de Madrid

Como es sabido, Lope, como otros autores de su época, era un buen conocedor de las colecciones de cuentos de la tradición italiana, que le sirvieron, frecuentemente, de estímulo al buscar asuntos para sus obras. Por ejemplo, de Bandello toma al menos 14 argumentos para otras tantas comedias que abarcan un período entre 1593 y 1635; prácticamente, toda su vida creadora.

Mi intención es ocuparme de una de estas comedias *La Difunda Pleiteada* en tanto tiene su orígen en la *novelística* italiana del Renacimiento. No interesa en estosmomentos entrar en la problemática de su pertenencia o no a Lope, ya que con este mismo título se imprime, en 1663, a nombre de Rojas Zorrilla en la gran colección de ... *comedias varias nunca impresas...* [1] y en 1735 Medél del Castillo la incluye, asimismo a nombre de Rojas, en su *Indice General* [2], aunque Lope la había citado como suya en la primera lista de *El Peregrino* (1603). La crítica dividida en este caso no ofrece ninguna razón realmente aclaratoria y decisiva sobre su paternidad. Mientras A. Schäeffer [3] la atribuye tanto por el lenguaje como por el ritmo de la acción a Rojas, John R. Chorley [4], La Barrera [5] o María Goyri [6] aportan pequeños indicios que les llevan a creerla salida de la pluma de Lope. Es quizás esta última, M. Goyri, la más explícita al señalar el personaje de Belardo como frecuente en el teatro de Lope, a quien gustaba introducirse bajo esa designación, y el elogio a la agricultura, pasaje muy propio de Lope. La solución puede encontrarse en que su texto no fue impreso y por tanto fijado hasta 70 años después de su creación y durante ese tiempo pudo haber sido alterado y aún refundido en parte por Rojas o por otro autor.

La idea originaria en que está basada esta comedia es el cuento de Bandello que ocupa el número XLI, de la segunda parte de *Le Novelle*, que a su vez tendría su inicio en el motivo tradicional de la muerta viviente [7] y cuyo elemento fundamental del desenlace: el pleito, para decidir quien puede ser realmente el marido legal, se encontraba ya en ciertos cuentos orientados como el *Tûtî-nameh* o en el *Vetâla-páncavimçati*[8], de donde al pasar al mundo occidental sufre grandes cambios. En la Edad Media el tema de la muerte viviente está ya, por ejemplo, en Boccaccio, en el *Filocolo* en la décimo tercera *Quistioni d'amore* y en el *Decameron* la novela 4ª de la X jornada. El conocimiento de las fuentes no sirve solamente para excluir una creación de la nada, más bien nos induce a ver el trabajo de invención como elaboración de otras precedentes invenciones.

Como ya se ha afirmado: «El planteamiento de las diferencias estructurales entre narración y drama pudiera dar lugar a la hipótesis de la dificultad de transformación: la dimensión narrativo-lineal tiene que convertirse en representativo-actual, lo contado tiene que pasar a ser actuado. Sin embargo, la distancia es menor de lo que pudiera pensarse ... El mayor cambio es quizás el formal a mero nivel de significante, por el uso del verso»[9]. Pero la prosa de Bandello descriptiva y dialogada, la gran extensión del cuento, muy pormenorizado, y ese cierto actuar de los protagonistas frente a un público, ya iniciado en la misma presentación del cuento donde se dirige a un auditorio de *amabilissime donne* y de *cortesi giovini*, se hace en la comedia fácilmente diálogo versificado, representación de lo que está sucediendo.

La Difunta Pleiteada se presenta dividida formalmente en tres actos, con predominio de la acción sobre la caracterización de los personajes y con gran respeto a las instituciones consagradas. Por otro lado Lope no se somete nunca a las normas del teatro clásico y espacia y traspasa con facilidad los límites temporales, se alarga en el espacio y en el tiempo, posibilitando así la adaptación escénica de la dimensión del cuento, que se presenta con modos narrativos, no sometido a previos esquemas escolásticos, Lope se acerca más al mundo de lo narrado que al de lo exclusivamente representado.

Si comparamos los elementos narrativos individualizables de ambas obras, en Bandello encontraremos:
— Enamoramiento de dos jóvenes de similares características sociales.
— matrimonio consumado que se mantiene oculto, sin motivos explícitos, con ayuda del ama de ambos.
— viaje del marido, que aleja durante meses a los esposos.
— compromiso concertado por el padre de ella para un nuevo matrimonio.
— desmayo-muerte de ella, ante el horror del nuevo matrimonio.
— al saber la noticia, el esposo a su regreso desea morir junto a ella, lo que lelle va a la tumba, en compañía de un amigo.
— logrando la reanimación del cuerpo y la ocultación de ésta.
— celebración de una nueva boda de los esposos, de una manera oficial.
— reconocimiento de la novia, por parte del prometido, en la iglesia.

— requerimiento judicial, pleito.
— fallo a favor del marido.

En el caso de *La Difunta Pleiteada* los puntos básicos de la trama podrían ser:
— Enamoramiento de dos jóvenes (Manfredo e Isabela) de características sociales diversas.
— matrimonio con Leandro impuesto por el padre, con el consentimiento de ella.
— boda realizada con Leandro.
— desmayo-muerte de Isabela tras la ceremonia.
— ida a la tumba de Manfredo, en compañía de su criado, con el deseo de morir junto a ella.
— reanimación del cuerpo de Isabela y marcha de Manfredo e Isabela a otra ciudad: Nápoles.
— llegada, al mismo tiempo de Leandro, marido supuestamente viudo, también a Nápoles.
— boda de Isabela con Manfredo, su primer enamorado y salvador.
— Leandro reconoce a Isabela en la iglesia, durante la celebración de la ceremonia.
— requerimiento judicial, pleito.
— fallo a favor de Leandro, primer marido.

En ambas obras encontramos una serie de elementos comunes: la falsa muerte, la reanimación del cuerpo, el viaje por mar que aleja o separa a los amantes y el reconocimiento o anagnórisis, que son constantes de la novela griega.

Al inicio del planteamiento de la acción es donde menos fielmente sigue Lope la narración italiana. Creo que podemos considerar como punto de partida coincidente la obligación con la que ambas protagonistas (Elena e Isabela) se enfrentan a la boda arreglada por sus padres pero que no desean, han llegado a este punto a través de diferentes caminos.

Para Elena este matrimonio es *tanto doloroso era quanto dirle: «Dimane la Signoria ti vuol far impiccare su la piazza di San Marco tra le due alte colonne»* [10], para ella supone un segundo matrimonio.

Para Isabela se plantea el casamiento con menor dramatismo:

«... tu hechura soy y nací
para servirte, y ansí
por no ofender mi remedio,
dejo la vergüenza en medio
y digo...
       Sí». [11]

Ante este sí de Isabela, como ante el silencio de Elena, es la propia naturaleza, produciendo el desmayo de las protagonistas, quien pondrá solución, ambas antes de aceptar como marido a quien no aman: ... *la quale (Elena), come vide che rimasa era sola... tutta in sé ristretta, ritenendo il fiato più che seppe e puoté, sí fattamente, oppressa anco dal dolore, isvenne che restò quasi morta. E non ci essendo persona che la porgesse aita, gli smarriti spiriti a lor posta vagando quasi del tutto l'abbandonarono.* (págs. 85-86).

En *La Difunta Pleiteada*, la muerte de Isabela se presenta:

> FULGENCIA «¡Socorred, señores míos,
> que está Isabela expirando! (p. 567)
>
> ....
>
> Pienso si se ha desmayado,
> y esto puede más en mí,
> por haber dado ese «sí»
> en casamiento forzado. (p. 568)
>
> ....
>
> DIODORO
> (médico)   Estar muy lleno
> de humores densos el cerebro todo,
> *o clusis atque respirandi sistulis*;
> quiere decir: cerrados los caminos
> de la respiración, y esta es la causa...» (p. 568-69)

Como vemos ambas quieren dejar de existir, dejan de respirar, con síntomas aparentes de muerte.

Cuando los amantes conocen la triste noticia, tanto Manfredo como Gerardo reaccionan de igual manera:

E quanto più tosto puoté, ... egli si deliberò a modo nessuno voler sovravivere a la sua amata Elena. (págs. 87-88).

> «adonde pueda llorar
> su trágica sepultura;
> y aun morir será razón,
> pues el dolor me consume». (p. 570)

El impulso que mueve a ambos no es otro que unirse para siempre a la que tanto amaron:

... prima voler andare ed aprire la sepoltura ove Elena giaceva cosí morta come era, e poi a canto a quella restar morto. Ma non sapendo come solo poter aprir l'avello, pensò al comito de la galera, che suo amicissimo era, ... (p. 88).

Asimismo Manfredo va al cementerio acompañado de su mejor amigo, su criado Belardo, a la tumba de su amada:

> «Dime: ¿que en bóveda está,
> que no en triste sepultura,» (p. 571)

De igual manera sienten ambos que Isabela y Elena aún están vivas; de idéntica forma son tomados por locos por sus amigos, y los dos no pudiendo separarse de su amada deciden llevársela emprendiendo, en ambos casos, un viaje por mar:

... Gerardo, amarissimamente piangendo, ... volle seco portarsene la moglie... chiusero l'avello e in barca ne portarono la giovane. ...e saziar non si poteva di abbracciarla e basciarla. Ma essendo agramente dal comito ripreso di questa follia, che volese portar quel corpo... né sapendosi Gerardo levare dabli abbracciamenti de la donna, gli parve di sentire in lei alcuno movimento, onde disse al comito: —Amico mio caro, io sento non so che in costei, che mi fa sperare che ella ancor non sia morta. (págs. 88-89).

MANFREDO	«Ayúdame aquí, Belardo, que aún tiene calor.
BELARDO	Sólo en velle me acobardo; no me lo mandes, señor.
MANFREDO	Llega, fanfarrón gallardo; llega, que no es muerta, no;
	....
	Viva está, y lo que hacer puedo es llevármela de aquí.
	....
BELARDO	¿Dónde la llevas?
MANFREDO	A una barca y luego al mar». (págs. 571-2)

En ambas narraciones, se consigue, que las protagonistas vuelvan a la vida y se organiza la boda con Manfredo y con Gerardo. En las dos obras se reconoce a la novia en la iglesia, por parte del primer marido en *La Difunta Pleiteada*, y del pretendiente elegido por el padre en Bandello. Ambos interrumpiendo la ceremonia religiosa reclaman a la novia y el problema llegará ante un tribunal de justicia cuya sentencia será diametralmente opuesta.

Hemos visto los puntos coincidentes de ambas obras, donde el cuento italiano constituye el esqueleto de la comedia de Lope, pero a nivel de planteamiento es totalmente divergente; Bandello, dentro de unos principios religiosos y jurídicos más estrictos, hace que los amantes, no sólo se hayan dado palabra de matrimonio, se hayan casado en secreto y consumado el matrimonio, sino que incluso la boda impuesta por el padre no llega a realizarse, pues antes sobreviene la muerte aparente de la protagonista. Con este planteamiento hace absolutamete firme el primer vínculo y anula el segundo, dando todos los apoyos legales y todo el derecho al escogido por ella y ninguno al elegido por el padre, con lo que el pleito no ofrece duda alguna.

Por otro lado Lope sienta a lo largo de toda la obra los elementos que justificarán el pleito final, cuyo desenlace el autor tiene decidido desde el principio. La dicotomía cuerpo/alma de Isabela pasa a formar parte de la trama, del enredo de la comedia dado que con la muerte y sepultura del cuerpo de la protagonista se pretende:
— la disolución del primer matrimonio
— la excusa para el segundo en tanto que como su salvador le ha devuelto el alma:

> MANFREDO «De Leandro fuiste esposa;
> pero es claro testimonio
> que se acabó el matrimonio
> con tu muerte rigurosa.
> Ya tu esposo dió a la tierra
> tu cuerpo y libre quedó,
> a quien después volví yo
> el alma que ahora encierra» (p. 575)

— y será justificación de la actuación de Isabela para el primer marido:

> LEANDRO «Y como se disuelve el matrimonio
> por muerte de uno de los que contraen,
> y el otro queda libre y libremente
> puede, si quiere, hacer segundas bodas,
> Isabela, engañada, las ha hecho.» (p. 578)

También podríamos señalar otros puntos que en el escueto esquema inicial no he tenido en cuenta.

Lope para hacer más elaborada la trama duplica o multiplica el número de actores y acciones:[12] añade personajes a la pareja inicial Isabela y Manfredo, primero al oponente Leandro, a éste se añade Horacia (a la que Leandro había dado previa palabra de matrimonio) y a ésta añade Tulio (criado de Leandro) al que casan los padres con Horacia para facilitar la boda prevista de Isabela y Leandro y resolver así el conflicto planteado. La figura de Horacia a pesar de su breve presencia podríamos considerarla, como un motivo dinámico, pues complica la disposición de los personajes en parejas, perturba (interrumpe el primer matrimonio entre Leandro e Isabela) y por tanto dilata el desenlace. Como carácter es la antítesis de la protagonista, la cual es toda sumisión y sometimiento, Horacia tiene un carácter decidido y agresivo.

El motivo del disfraz de Manfredo de moro (como recurso para entrar en casa de Isabela) es un nuevo equívoco que parece duplicar el número de actores y nos sitúa en un mundo nuevo, lejano y exótico, con sus particulares costumbres, ciudades, léxico, etc.

Los padres, son personajes igualmente esenciales, no sólo deciden el futuro de sus hijos, sino que también participan en el juicio final, ya que ambos son abogados y defienden el punto de vista de sus hijos respectivos, para ello aportan textos con solvencia en latín y autoridades en leyes, dado que se juzgan los textos estrictamente desde una perspectiva legal, la humana ocupa un segundo plano.

Igualmente el padre de Manfredo había tenido ya un papel destacado acogiendo con su autoridad, edad, condición familiar, la situación de Isabela a su llegada a Nápoles.

Además de todos ellos hay otra serie de personajes que cumplen diferentes funciones y que enredan y prolongan el desenlace.

Respecto a las acciones, emplea el conocido recurso de acudir a las parejas de criados que tejen a su vez tramas amorosas paralelas a las de sus señores (Fulgencia-Belardo, criados de Isabela y Manfredo, que asimismo huirán también a Nápoles acompañándoles) complicando y densificando los hilos del relato y cuya actuación favorece los movimientos sentimentales de Isabela y aconsejan y acompañan a Manfredo y Leandro.

Otro ejemplo de duplicación de acciones, sería el de las bodas, solamente dos en Bandello, se convierten en cuatro en este texto entre las que se realizan o intentan realizarse. De cualquier forma los esposos van a la iglesia en cuatro ocasiones.

Respecto al lugar donde se desarrolla la acción, Lope rechaza el ambiente veneciano adecuadamente definido en Bandello (el Gran Canal, al que dan las dos casas familiares, etc.) y crea un ambiente propio [13] para ubicar a sus protagonistas.

La casa de Isabela, con su jardín, que será el escenario adecuado para la belleza de Isabela, lugar para ser contemplada, y lugar para su tristeza:

> ISABELA «Entre estas rosas y flores
> me traen melancolías» (p. 548)

Para Leandro y Manfredo es referente de metáforas, los muros del jardían serán los de la propia Isabela (p. 550). Para la acción será lugar aislado al exterior por la gran altura de su muro, que da protección, pero al mismo tiempo es lugar de acceso por su parte más baja (p. 560) y sitio donde esconderse tanto Isabela ante Manfredo, como Leandro ante Isabela y sus padres (p. 549).

Otro lugar, al que se hace referencia es la iglesia, escenario mencionado de varias bodas, cortejos, entierro, etc.

Además respetando el carácter de aventura larga y accidentada que tiene la obra recurre al viaje por mar para distanciar y/o aproximar a los personajes y para situarnos ante un nuevo ambiente. De aquí que las primeras escenas tienen lugar en Sicilia y en la jornada tercera se viaja a Nápoles, lugar a donde huyen los enamorados y por otro lado a donde también va Leandro, es un expediente más que enriquece y diversifica la acción, que es ya propio de Lope. En esta ciudad está la casa del padre de Manfredo, la iglesia donde se celebra la segunda boda y el lugar de la cacería que sirve para introducir al príncipe y al gobernador que serán los que enjuicien el pleito.

Para concluir una última mención: el matrimonio final preceptivo en Lope, en esta obra, tras el fallo del pleito, se consigue igualmente al poner el autor en boca de los protagonistas (Manfredo que pierde a su amada e Isabela que se encuentra casada con Leandro) palabras que indican su acomodarse a la situación, su aceptar como feliz la final decisión:

> LEANDRO «Dame esa mano, Isabela,
> y olvídese lo pasado.
> ISABELA Con tu amor me has obligado.» (p. 581)
> PRÍNCIPE «a quien, (a Manfredo) de lástima, ofrezco
> de mi palacio una dama.
> MANFREDO Perdí mi Isabela amada
> pero ya el Rey me remedia». (p. 581)

NOTAS

1. *Parte veinte de comedias varias nunca impresas, compuestas por los mejores ingenios de España*, Madrid, Imprenta Real, 1663, p. 20.

2. Medél del Castillo, *Indice general alfabético de todos los títulos de comedias que se han escrito por varios autores, antiguos y modernos. Y de los Autos Sacramentales y Alegóricos, assi de Don Pedro Calderón de la Barca, como de otros autores clásicos*, Madrid, Imprenta de Alfonso de Mora, 1735, p. 175.

3. Adolf Schäeffer, *Geschichte des Spanischen Nationaldramas*, Leipzig, Brockhaus, 1890, t° II, p. 122.

4. Hugo A. Rennert-Américo Castro, *Vida de Lope de Vega*, Salamanca, Anaya, s.a. (1968), p. 458.

5. Cayetano Alberto de la Barrera, *Catálogo bibliográfico y biográfico del teatro antiguo español desde sus orígenes hasta mediados del s. XVIII*, Madrid, Rivadeneyra, 1860, págs. 342b, 429b, 452a, 542b y 694b.

6. María Goyri, *La difunda pleiteada, estudio de literatura comparativa*, Madrid, 1909, incluido en su libro *De Lope de Vega y del Romancero*, Zaragoza, Biblioteca del Hispanista, 1953, págs. 7-59.

7. M. Hauvette, *La morte vivante*, París, Boivin, 1933.

8. Pio Rajna, *L'episodio delle questioni d'amore nel Filocolo del Boccaccio*, en «Romania»; XXXI (1902), p. 57 y ss.

9. Ver Joaquín Arce, *Literaturas Italiana y Española frente a frente*, Madrid, Espasa-Calpe, 1982, cap. IV «Comedias de Lope basadas en Boccaccio». Las afirmaciones de Arce en la relación Boccaccio-Lope creo que pueden igualmente aplicarse a la relación Bandello-Lope.

10. Cito por la edición de Francesco Flora, Matteo Bandello, *Tutte le opere*, Milano, Mondadori, 3ª ed., 1952, t° II. p. 84.

11. Sigo la edición de la R.A.E., *Obras de Lope de Vega*, nueva edición, obras dramáticas, t° IV, Madrid, Tip. de la «Revista de Archivos, Bibliotecas y Museos», 1917, p. 549.

12. Cesare Segre, *Semiotica filológica*, Torino Einaudi, 1979, págs. 98-99.

13. Lope sitúa la acción en Italia, incorpora elementos de la cultura italiana, emplea palabras italianas españolizadas. Si bien hay que tener presente que en esos momentos las relaciones Italia-España son tan estrechas que estos elementos pudieran estar totalmente asimilados en la cultura española de la época:

TULIO   «y en el Petrarca te darán corona» (p. 553)

MANFREDO   «y donde yo, como otro Orlando, quedo
furioso y sin sentido». (p. 565)

MANFREDO   «¡Oh, falsa y nueva Angélica,
que dejas por un bárbaro
un nuevo Orlando, un Capitán católico», (p. 565)

CALIXTO   «¡Estéme yo en Sicilia a mi contento
comiendo macarrones con formacho,
y bebiendo del vino moscatelo,» (p. 551)

LA FUNCIÓN SIMBÓLICA DE LA «NOCHE» Y DEL «SUEÑO» EN LA POESÍA LÍRICA DEL SIGLO XVI

ROSARIO SCRIMIERI
Universidad de Madrid

La finalidad de este estudio es la de ofrecer, a partir de un pequeño «corpus» poético, el punto de partida de lo que podría ser un estudio de los procesos imaginativos que informan la poesía lírica del siglo XVI, habiéndose escogido, como tema de entrada para un posible análisis de este tipo, el de la noche. El «corpus» elegido está constituido por una serie de sonetos pertenecientes a los poetas más destacados de aquel momento [1]. Este «corpus» puede considerarse como manifestación de una sensibilidad y disposición imaginativas que superan a cada uno de los creadores individuales que lo componen, pudiendo concebirse, por tanto, como expresión de toda una generación literaria, como dirección interior de una ensoñación poética colectiva, intimamente relacionada con las tendencias ideológicas y sociales de aquel momento histórico.

Los presupuestos teóricos en los que se basa este análisis se corresponden con la teoría y método de Gilbert Durand, expuestos en su obra «Les structures anthropologiques de l'imaginaire» [2]. De la teoría y método de este autor, merece destacarse, para una buena comprensión de lo que se intentaría realizar en este trabajo, la importancia fundamental acordada al incesante intercambio o «génesis recíproca» que existe, a nivel imaginativo, entre las pulsiones subjetivas del individuo y las pulsiones objetivas, derivantes del medio cósmico y social, y por otra, lo que podría denominarse la ley de homologación o isomorfismo de lo imaginario, por la que un conjunto o constelación de imágenes, aunque aparentemente alejadas entre sí, posee un valor simbólico convergente debido a que proceden todas ellas de un mismo arquetipo originario.

Antes de proseguir adelante con esta exposición, es conveniente recordar la situación en que se encontraba la lírica italiana del siglo XVI, los rígidos preceptos de poética que la dominaban bajo las directrices de Bembo: Petrarca es el modelo a imitar, y Petrarca suministra los contenidos, la forma y hasta la lengua en que debe manifestarse. A pesar de la omnipresencia de Petrarca, es posible detectar, sin embargo, en la lírica del siglo XVI, y en concreto respecto al tema de la noche, contenidos que se corresponden con un cambio de régimen imaginativo, provocado por y dirigido hacia la adaptación y asimilación de una serie de cambios producidos en la situación histórica y social del momento; contenidos, por tanto, que no obedecen, unicamente, al mero mecanismo de la «imitatio».

La primera consideración que debemos tener en cuenta, respecto al tema de la noche, es la de la frecuencia y redundancia con que aparece en los poetas del siglo XVI, en relación con el uso que hace del mismo, el poeta por excelencia del humanismo florentino, Poliziano. En la producción en vulgar de este poeta, exceptuando el grupo de estancias del poema dedicado a Giuliano de Medici, en que por razones de temática narrativa, la acción se encuadra en la coordenada temporal de la noche, el tema de la noche sólo aparece en contadísimos contextos (en la estrofa 5ª de *Lamenti e Preghiere* y en el Soneto 1º de las *Rime incerte*). Por el contrario, en poetas como Miguel Angel o Della Casa, el tema aumenta en frecuencia de uso, y, por otra parte, se substantiviza, desligándose de la isotopía del amor-dolor, a la que tradicionalmente servía de figurativización.

Puede afirmarse, por tanto, que la lírica del Renacimiento, desde los comienzos del 400 hasta la producción poética que preludia el Barroco, describe una trayectoria donde el tratamiento de la imagen va pasando progresivamente del régimen diurno al régimen nocturno.

El tema que auténticamente angustia al ser humano es el de la fugacidad del tiempo y el de la caducidad de todas las cosas. Este tema está obsesivamente presente en las Rimas de Poliziano y queda figurativizado a través de la fugacidad de la belleza y de la juventud de la mujer. La mujer joven y hermosa es el símbolo de lo efímero, de aquello que por un instante es e inmediatamente es reabsorbido por el no-ser. Por un juego de transposiciones interiores, que responde, en su base, a un mecanismo innato de la psique humana, la angustia ante el tiempo se transforma en angustia ante la carencia de amor; de este modo quedan conjugados entre sí los tres grandes temas que han informado el contenido de la lírica occidental: el del tiempo, el del amor y el de la muerte.

Es curioso observar cómo a la hora de figurativizar esa angustia ante la carencia de amor, Poliziano no acuda a la imagen de la noche. La sensibilidad de este poeta se expresa, por un lado, en una amplia gama de registros tonales, disfóricos o eufóricos, según la situación lo exija, y por otro, se complace en el uso intenso de símbolos y metáforas provenientes del mundo de la naturaleza (la imagen floral, por excelencia, del Renacimiento, la rosa, representaría en convergencia simbólica con la imagen de la mujer, una figurativización más del devenir temporal), advirtiendo Poliziano a la mujer sobre la caducidad de su belleza, y exhortándole a que aproveche el *aquí* y el *ahora* fugaces. Muchas de las rimas de Poliziano se estructuran semánticamente en torno a estas antítesis: frente a un *aquí* y un *ahora* valorizados por la juventud, la belleza y el amor, la amenaza de un devenir donde esos atributos se transformarán en fealdad, vejez y muerte, y frente al dolor absoluto por la carencia de amor, la felicidad y goce absolutos ante su presencia. Se trata de una expresión poética fundada en un espíritu racionalista, que subraya los opuestos, marca las diferencias y divide radicalmente la realidad: frente al mundo de la luz —actualizado (el universo poético de Poliziano está inmerso en la luz)—, el mundo de las tinieblas —virtual—.

Si al cansancio psicológico que conlleva la visión platónica de la realidad, se une la quiebra del optimismo propio del primer Renacimiento, es facil comprender cómo entra en crisis la fe humanista en la posible construcción de una realidad como fiel reflejo de la idealidad arquetípica. Como es sabido, la muerte de Lorenzo de Medici —correlato político histórico del héroe diurno, de la figura paterna y solar— es un acontecimiento unánimemente sentido como fin de un periodo privilegiado y como principio de una época en la que el devenir caótico de los acontecimientos se apodera de la realidad y de la historia de Italia.

La imaginación poética, a partir de finales del 400, manifiesta los primeros síntomas de un cambio de actitud: el platonismo trascendente no puede sostenerse por más tiempo. A partir de un proceso de lógica interna que culmina en la antífrasis o inversión del valor de los símbolos, se pasa a combatir de otro modo la fuerza fatal del devenir. Se puede dominar a la muerte y al mal negando su misma negatividad, y otorgándoles un valor positivo. Se puede dominar el devenir entregándose a ese mismo devenir, y se puede perder el terror a las tinieblas —imagen del mal y de la muerte— amando y ensalzando a la noche, versión cosmológica de aquéllas, que el hombre tiene ante su percepción sensible. Se trata, en realidad, de un proceso psicológico que, invirtiendo el valor de las cosas y de los seres, conserva, al mismo tiempo, el sentido fatal de su destino. Esta actitud imaginativa, que se corresponde con el régimen nocturno de la imagen, y que Durand denomina régimen místico, tendría su representación lingüística en la figura de la antífrasis.

Se inicia, de este modo, en los poetas del siglo XVI, un cambio de actitud imaginativa, que aunque siga coexistiendo en muchos de ellos con la actitud diurna, poco a poco va mostrándonos una sensibilidad poética que busca refugio precisamente en aquello que antes más temía: la noche, el sueño inconsciente, que parece querer remontar y dominar al tiempo a través de un proceso interior de involución hacia la quietud prenatal o de la muerte. En todos los poetas considerados se verifica un despliegue de imágenes benéficas, todas ellas derivadas de la noche positivamente valorizada. La noche se opone al día porque es el ámbito del sueño y del ensueño, del descanso inconsciente y del refugio en la ensoñación. Es un tiempo de luz, frente al día que ciega con su dura luminosidad e impide percibir la realidad soñada.

Un primer acercamiento a la exposición de las cualificaciones y funciones de la noche, tal y como aparecen manifestadas en el «corpus» poético elegido, aportaría los siguientes resultados:

La noche, en oposición al día, es un tiempo de luz y de belleza, de intimidad afectiva y de alegría: «... la notte cinta il viso adorno / d'aurate stelle»[3] es «mansuete», «cara amica», «pietosa»[3]: «più cara e più beata che i più beati giorni ed i più chiari»[7]; es «fida ministra de le gioie»[7]; es «candida» y «serena più ch' 'l di»[8]; es «dolce tempo benché nero»[10]; es confidente amorosa de las penas del poeta:

> /.../ ch'ella sol le mie segrete
> acerbe pene ascolta, e mansuete
> mi porge orecchie, finché viene il giorno.
> Quanto ti debbo, cara notte e amica,
> che sì pietosa i miei martiri ascolti
> con l'interrotte voci in duro pianto?[3]

La noche cumple su acción benéfica a través de dos funciones: la del *sonno* y la del *sogno*. Tanta importancia tienen para nuestros poetas estas dos funciones que en numerosos poemas desaparece la noche como sujeto sintáctico y son el *sonno* y el *sogno* los que asumen tal función.

La *noche*-«*sogno*» hace al hombre feliz:

> /.../
> Beato se', ch'altrui beato fai[1]

y es fuente de gozo:

> Candida notte e più ch' 'l di serena,
> che 'l ben mi dài che già morte mi tolse
> /.../
> ritorna, prego, e quel piacer rimena,
> che dolcemente i miei spirti raccolse
> dispersi e vaghi;[8]

La *noche*-«*sogno*» es portadora de la presencia de la amada en «dolci e cari modi»[2]; «tú, tutti gli amari / de la mia vita hai fatto dolci e cari, / resomi in braccio lui che m'ha legata.»[7].

Debido a la presencia del amado, la *noche*-«*sogno*» es un estado, paradójicamente, lleno de luz:

> Quel che gli altri occhi appanna a'miei riluce,
> perché, chiudendo lor, s'apron le porte
> alla cagion ch'al mio sol mi conduce. [6]

La *noche-«sogno»*, finalmente, conduce al hombre a aquella región superior donde espera ir después de la muerte:

> e dall'infima parte alla più alta
> in sogno spesso porti, ov'ire spero [10].

La segunda acción benéfica de la noche se realiza a través del *sonno*:

> O sonno /.../ oblio dolce de' mali
> sì gravi ond'è la vita aspra e noiosa [5].

El *sonno* libera de una situación de cansancio corporal y espiritual:

> soccorri al core omai, che langue e posa
> non have, e queste membra stanche e frali
> solleva; [5]

El *sonno* restaura las fuerzas del cuerpo y del alma:

> Tu mozzi e tronchi ogni stanco pensiero;
> ché l'umid'ombra ogni quiet' appalta,
> /.../
> Tu rendi sana nostra carn'inferma,
> rasciughi i pianti e posi ogni fatica [10],

La noche pierde su connotación temible («orrida notte») si es capaz de librar al poeta de «l'ardente febbre» del insomnio:

> Quanto ti loderei, se le palpebre
> queto chiudessi, un de' tuoi corsi integro [9].

La búsqueda de la pasividad inerte del sueño queda intensamente plasmada en los cuatro famosos versos de Miguel Angel, puestos en boca de la estatua de la noche en el panteón de los Medici:

> Caro m'è 'l sonno, e più l'esser di sasso,
> mentre che 'l danno e la vergogna dura;
> non veder, non sentir m'è gran ventura;
> però non mi destar, deh, parla basso.

497

Como conclusión a esta invitación al análisis [3] de los procesos de creación simbólica y de figurativización que informan la lírica del siglo XVI, podría señalarse, como consideración general, la gran coherencia de su evolución hasta el Barroco, en relación con el régimen nocturno de la imagen. Si tenemos en cuenta que el régimen místico, junto con la tendencia a la fusión de los valores opuestos, responde también a una estructura psíquica de realismo sensorial, podremos

comprender mejor la orientación de la sensibilidad poética a partir del segundo Renacimiento. El cambio hacia el régimen nocturno de la imagen expresa un cambio respecto a la propia sensorialidad. Abandonarse a la noche y al sueño significa abandonarse a las fuerzas del inconsciente y a la pulsión de placer. Este abandono se manifiesta en Tasso, todavía, en forma conflictiva, aunque encontramos en este autor ciertos madrigales en los que el canto a la noche se resuelve en puro goce estético: la noche se presenta en su esplendor y belleza sensoriales, desligada prácticamente de la temática amorosa, y este abandono culmina, como es sabido por todos, en la poesía de Marino.

NOTAS

1. Están comprendidos en este estudio sonetos de Pietro Bembo, Bernardo Cappello, Mateo Bandello, Luigi Alamanni, Giovanni Della Casa, vittoria Colonna, Gaspara Stampa, Bernardino Rota, Luigi Tansillo y Michelangiolo Buonarroti. Estos sonetos aparecen recogidos y numerados al final del trabajo con el fin de facilitar la comprensión de las citas.
2. Gilbert Durand, *Les structures anthropologiques de l'imaginaire*, Paris, Bordas, 1969.
3. Para adecuarse al objetivo propuesto al comienzo de este trabajo, el desarrollo de nuestro análisis exigiría la ampliación del inventario y el correspondiente estudio de las estructuras figurativas más allá del símbolo de la noche, así como la verificación en la lírica del XVI de la coherencia de aquéllas con las estructuras y principios («reflejos dominantes», «esquemas verbales», arquetipos y símbolos) que señala Durand como propios del régimen nocturno místico de la imagen. Se procedería a la verificación del principio de realismo sensorial con la dominante perceptiva táctil, olfativa y gustativa; de los arquetipos epítetos (lo profundo, lo cálido, lo íntimo, lo escondido); habría que demostrar la tendencia al uso de verbos cuyo contenido sémico indique «descaso», «posesión» y «penetración», y se procedería a la verificación de los arquetipos substantivos que la informan (además del analizado de la noche, el del color, la madre, el recipiente, la morada, el centro, la flor, la mujer, etc.) y de los símbolos como el del vientre, las gemas, la copa, la isla, la caverna, la tumba, la cuna, la barca, etc.

1

Sogno, che dolcemente m'hai furato
a morte e del mio mal posto in oblio,
da qual porta del ciel cortese e pio
scendesti a rallegrar un dolorato?
Qual angel hai là su di me spiato,
che sì movesti al gran bisogno mio?
Scampo a lo stato faticoso e rio,
altro che 'n te non ho, lasso, trovato.
Beato se', ch'altrui beato fai:
se non ch'usi troppe ale al dipartire,
e 'n poca ora mi tôi quel che mi dài.
Almen ritorna, e già che 'l camin sai,
fammi talor di quel piacer sentire,
che senza te non spero sentir mai.

Pietro Bembo

2

Sogno gentil, che là verso l'aurora
l'altera donna, ch'io d'amar non oso,
mi rappresenti, in atto sì pietoso

ch'a forza il rimembrar poi m'innamora;
di me la forma prendi anco talora,
e spiega l'ale al suo dolce riposo
in guisa tal, che non le sia noioso
saper di che saetta Amor m'accora.
E se tu forse, a te sol tanto caro
quanto simile a lei, cangiar non vuoi
la sua, per rivestirti altra sembianza,
almen de' dolci e cari modi suoi,
in quel che per dormir spazio m'avanza,
non m'esser, prego, alcuna notte avaro.

Bernardo Cappello

3

Corre la notte cinta il viso adorno
d'aurate stelle, ed a ciascun quiete
apporta dolcemente, tal che quete
riposan le genti egre a me d'intorno
Silenti, ch'ella sol le mie segrete,
acerbe pene ascolta, e mansuete
mi porge orecchie, finché viene il giorno.
Quanto ti debbo, cara notte e amica,
che sì pietosa i miei martíri ascolti
con l'interrotte voci in duro pianto?
Sonniferi papauri all'ombra colti
ti spargo in premio della tua fatica,
e le tue lodi riverente i' canto.

Matteo Bandello

4

Sonno, che spesso con tue levi scorte
scioi da me l'alma peregrina e snella,
e la ne porti desiosa a quella
che la fa ne' suoi danni ardita e forte;
poi che sol nel tuo regno ho dolce sorte,
menane omai l'oscura tua sorella:
che, s'altretanto ben si trova in ella,
nullo stato gentil s'ugguaglia a morte.
Allor non temeria che 'l nuovo sole
sgombri i suoi beni, e turbi ogni mia pace,
o la ritorni in questo carcer cieco.
Lungamente vedria quanto le piace,
sempre udiria l'angeliche parole:
che più dolce saria che l'esser teco.

Luigi Alamanni

5

O sonno, o de la queta, umida, ombrosa
notte placido figlio; o de'mortali
egri conforto, oblio dolce de'mali
sì gravi ond'è la vita aspra e noiosa;
soccorri al core omai, che langue e posa
non have, e queste membra stanche e frali
solleva; a me ten vola, o sonno, e l'ali
tue brune sovra me distendi e posa.
Ov'è 'l silenzio che 'l dì fugge e 'l lume?
e i lievi sogni, che con non secure
vestigia di seguirti han per costume?
Lasso, che 'nvan te chiamo, e queste oscure
e gelide ombre invan lusingo. O piume
d'asprezza colme! o notti acerbe e dure!

Giovanni Della Casa

6

Quando 'l gran lume appar nell'oriente,
che 'l negro manto della notte sgombra,
e dalla terra il gelo e la fredd'ombra
dissolve e scaccia col suo raggio ardente:
de'primi affani, ch'avea dolcemente
il sonno mitigati, allor m'ingombra;
ond'ogni mio piacer dispiega in ombra,
quando da ciascun lato ha l'altre spente.
Così mi sforza la nimica sorte
le tenebre cercar, fuggir la luce,
odiar la vita e desiar la morte.
Quel che gli altri occhi appanna a'miei riluce,
perché, chiudendo lor, s'apron le porte
alla cagion ch'al mio sol mi conduce.

Vittoria Colonna

7

O notte, a me più cara e più beata
che i più beati giorni ed i più chiari,
notte degna da'primi e da più rari
ingegni esser, non pur da me, lodata;
tu de le gioie mie sola sei stata
fida ministra; tu tutti gli amari
de la mia vita hai fatto dolci e cari,
resomi in braccio lui che m'ha legata.

Sol mi mancò che non divenni allora
la fortunata Alemena, a cui stè tanto
più de l'usato a ritornar l'aurora.
Pur così bene io non potrò mai tanto
dir ti te, notte candida, ch'ancora
de la materia non sia vinto il canto.

Gaspara Stampa

8

Candida notte e più che 'l dì serena,
che 'l ben mi dài che già morte mi tolse,
ahi perché l'alma ancor teco non volse
girsen col sonno, e con sua dolce pena?
Ritorna, prego, e quel piacer rimena,
che dolcemente i miei spirti raccolse
dispersi e vani; e nel partir poi sciolse
in caldo vento, in lagrimosa vena.
Scender da Dio, ripreso il tuo bel velo,
parea madonna, e al suo cerchio menarme,
e tutto intento a riverirla il cielo.
Che potea più la notte e 'l sonno darme?
O caro inganno! Il meglio io taccio e celo:
resti pur la memoria a consolarme.

Bernardino Rota

9

Orrida notte, che rinchiusa il negro
crin sotto 'l vel de l'umide tenebre,
da sotterra esci, e di color funebre
ammanti il mondo, e spoglio d'allegro.
Io, che i tuoi freddi induggi, irato ed egro,
biasmo non men che la mia ardente febbre,
quanto ti loderei, se le palpebre
queto chiudessi, un de' tuoi corsi integro.
Direi ch'esci dal cielo, e ch'hai di stelle
mille corone onde fai il mondo adorno,
che ne chiami al riposo e ne rappelle
da le fatiche, e ch'al tuo sen' soggiorno
fanno i diletti, e tante cose belle,
che se n'andria tinto d'invidia il giorno.

Luigi Tansillo

10

O notte, o dolce tempo, benché nero,
con pace ogn'opra sempr'al fin assalta;
ben vede e ben intende chi t'esalta,

e chi t'onor'ha l'intelletto intero.
Tu mozzi e tronchi ogni stanco pensiero;
ché l'umid'ombra ogni quiet'appalta,
e dall'infima parte alla più alta
in sogno spesso porti, ov'ire spero.
O ombra del morir, per cui si ferma
ogni miseria a l'alma, al cor nemica,
ultimo delli afflitti e buon rimedio;
tu rendi sana nostra carn'inferma,
rasciughi i pianti e posi ogni fatica,
e furi a chi ben vive ogn'ira e tedio.

Michelangiolo Buonarroti

TRITTICO FEMMINILE NELLA LIRICA DEL CINQUECENTO: V. COLONNA, G. STAMPA, V. FRANCO

María Luisa Sinatra
Universidad de Zaragoza

L'oro che sta nelle miniere ascoso non manca d'
esser or, benché sepolto.
Modesta da Pozzo (1555-1595)

1. La donna nel Rinascimento

Lo storico svizzero Jacob Burckhardt nel capitolo della sua celebre opera del 1860 riguardante la condizione della donna nel Rinascimento considera che «Finalmente, per bene intendere la vita sociale dei circoli più elevati del Rinascimento, è da sapere che la donna in essi fu considerata pari all'uomo»[1]. La tesi del Burckhardt risulta esser vera solo in parte, poiché studi più recenti hanno dimostrato che nel Cinquecento solo alcune donne dell'aristocrazia e dell'alta borghesia partecipavano attivamente alla vita mondana e culturale del tempo. Trattandosi, dunque, di un privilegio riservato a pochissime donne, non si può ancora parlare di parità socio-politica con l'uomo[2]. Già nel XV secolo alcune donne delle classi sociali più elevate, furono letterate ed erudite, non tanto per una consapevole presa di coscienza della loro condizione quanto per precise esigenze sociali. Soprattutto nelle corti dell'Italia settentrionale e centrale, le più potenti e affermate, avveniva che gli uomini, i padri o mariti, fossero quasi sempre occupati con armi e giochi d'alleanze per difendere la corte con l'ausilio di mercenari. Le donne, allora, avevano il compito di mantenere vivo il consenso verso la propria casata con il mecenatismo e lo sfarzo, promuovendo incontri culturali e prendendo parte loro stesse alle discussioni che lì nascevano. Inoltre, se per questioni politiche o di morte, veniva a mancare il signore della corte, proprio loro dovevano assumere il governo dello stato. Questa situazione forse contribuì a creare un momento favorevole all'educazione delle figlie pari a quella dei fratelli e a creare il fenomeno delle «principesse umaniste» di cui parla M. Ludovica LENZI nel suo recente studio: *Donne e Madonne. L'educazione femminile nel primo Rinascimento italiano*. (Torino, Loesher 1982).

Il XVI secolo fu caratterizzato da un tipo di società aristocratico-terriera, dove accanto alla figura del cortigiano c'era quella della dama di corte che come sottolinea il Castiglione, nel *Cortegiano*, doveva essere colta e raffinata non solo per «intertenere» con grazia e disinvoltura gli ospiti, ma anche per potersi trovare a suo agio in una società dominata dall'amore per la poesia e le arti [3]. D'altra parte l'improvvisa e larga apertura linguistica permise ad una cerchia sempre più ampia di letterati di servirsi della lingua poetica proposta dal Bembo. In questo ambiente nacque un fenomeno caratteristico del Cinquecento: la lirica femminile. Il Cinquecento, infatti, per la prima volta rispetto ai secoli precedenti in cui la partecipazione femminile alla letteratura era soltanto sporadica, annoverò fra i cultori del genere lirico un gruppo di poetesse: alcune di nobile schiatta, altre borghesi, altre ancora «cortigiane oneste». Queste ultime, per il fatto di dover frequentare una casa illustre, si distinguevano non solo per la bellezza, ma anche per la cultura e l'eleganza [4]. Ma il fenomeno della poesia femminile è interessante non solo per la singolarità ma anche per la qualità. Infatti, queste poetesse pur avendo come modello il petrarchismo bembiano ebbero il merito di ravvivare quelle forme e quello stile con il tocco personale della loro voce e della loro esperienza.

L'attenzione per la produzione femminile di tutti i tempi era stata episodica, fino a quando, recentemente, salutato con entusiasmo da M. Corti, è uscito il libro di Natalia COSTA-ZALESSOW, *Scrittrici italiane dal XIII al XX secolo* (Ravenna, Longo, 1982), che può considerarsi la prima antologia organica di letteratura al femminile.

Seguendo le indicazioni di N. Costa, ho pensato di tentare, nella forma della rilettura, un aproccio a tre poetesse: V. Colonna, G. Stampa e V. Franco, scelte perché rappresentative di tre ceti sociali e tre vicissitudini diverse e, in secondo luogo, perché sulla materia poetica offerta dal petrarchismo seppero esercitare un particolare lavoro di lima e vi innestarono una personale disposizione d'animo rendendo vibrante di vita un modello ormai cristallizzato. Possiamo aggiungere che nella considerazione critica generale le tre poetesse sembrano le migliori, soprattutto G. Stampa e V. Franco sono considerate le più spontanee e singolari scrittrici del Rinascimento; ciononostante alcuni studiosi pur valorizzando i versi delle due poetesse non evitarono di dare giudizi moralistici sulla loro vita privata. A questo proposito cito il commento di A. SALZA nella nota aggiunta al volume *Gaspara Stampa e Veronica Franco*, «Rime», (Bari, Laterza, 1913), pág. 366 «E la poesia riabilita agli occhi nostri madonna Gasparina dai molti amori (...) Più trascurata e sciatta nella forma, Veronica Franco non è per questo meno significativa figura di scrittrice. Ella ci si mostra nelle sue poesie, quasi con ostentazione, la femmina da conio che fu nella vita».

Delle tre poetesse tratterò per comodità separatamente, facendo presente che l'enunciazione della tematica e delle caratteristiche letterarie dei loro versi non vuole essere un'analisi esaustiva, ma solo una sorta di rilettura, ripeto, che si sofferma su quelli che mi sono sembrati i tratti più rilevanti e caratterizzanti del loro modo di fare poesia.

2. VITTORIA COLONNA (1492-1547)

Di nobile origine e rimasta vedova giovanissima, V. Colonna dedicò la sua vita e parte dei suoi canti alla memoria del marito. Cercò conforto nel sentimento religioso, vissuto con particolare severità e inquietudine probabilmente anche per l'influsso che su di lei esercitò l'amicizia di alcuni riformisti. Nel suo canzoniere si possono distinguere tre momenti: nel primo celebra le imprese del marito, nel secondo manifesta l'amore per il marito prematuramente scomparso, nel terzo prevale il sentimento religioso come unico rifugio e unica speranza. Vittoria, pur rispettando rigorosamente i canoni espressivi del petrarchismo bembiano, modello accettato da tutta la critica cinquecentesca egemone, riesce a dare ai suoi canti uno stile e un ritmo armoniosi ed eleganti come si nota in questi versi dedicati al marito defunto:

> Se verde prato e se fior vari miro
> priva d'ogni speranza trema l'alma:
> ché rinverde il pensier del suo bel frutto
> che morte svelse.
>
> (A quale strazio la mia vita adduce)

Il dolore e la disperazione di Vittoria sono sempre tanto dignitosi e composti da apparire, talora, forzati e artificiosi. La sua forte personalità le impone di far prevalere la ragione sul sentimento:

> A che sempre chiamar la sorda morte,
> e far pietoso il ciel col pianger mio,
> se troncar l'ali io stessa al gran desio
> posso, e sgombrare il duol dal petto forte?
>
> (A che sempre chiamar la sorda morte)

La sua fermezza morale e sentimentale è davvero sorprendente quando, per difendersi dal «vento del desiderio», si attacca fervidamente alla fede in Dio:

> E se talor il vento del desio
> Ritenta nuova guerra, io corro al lido,
> E d'un laccio d'amor con fede attorto
> Lego il mio legno a quella, in cui mi fido,
> Viva pietra Gesù;
>
> (Quando il turbato mar s'alza)

versi questi nei quali le metafore appaiono scontate come prezzo pagato a secoli di poesia in cui la donna a stento e raramente faceva sentire la sua voce.

Forse l'aspirazione ad una perfezione spirituale irragiungibile, forse lo sforzo sincero di unire all'espressione dei sentimenti il rigore intellettuale danno ai versi di questa poetessa un aspetto di sobria eleganza ma attutiscono e filtrano la voce dei sentimenti, limitando così i momenti di vera sincerità nei suoi componimenti [5]. Ma, è possibile scorgere l'arte della sua poesia in questo suo sapiente armonizzare l'impeto dei sentimenti con la forza della ragione e in questa composta armonia, peraltro non priva di illustri precedenti, si può spesso vedere affiorare in un rapido guizzo, la luce interiore di un'anima, dove il canto si fa autobiografismo.

3. GASPARA STAMPA (1523-1554)

G. Stampa è stata considerata la poetessa più sincera e spontanea della lirica del Cinquecento. Pare che sia stata una donna di facili costumi tanto da essere considerata da taluni studiosi una cortigiana di alto rango [6]. Ma al di là di qualsiasi polemica aneddotica, quello che più conta è dare un giudizio sereno sulla sua poesia e la maggior parte degli studiosi concorda nel dire che i canti di questa poetessa rappresentano l'autentica testimonianza di una sensibilità umana intensa e profonda. Le sue poesie più sincere sembrano quelle dedicate all'amore per il nobile Collaltino di Collalto, conosciuto nel 1548, che costituiscono una sorta di diario intimo a carattere autobiografico dove il linguaggio privato s'innesta sulla base di una preesistente formazione letteraria creando una felice simbiosi. Il suo canzoniere è diviso in due parti: rime d'amore e rime varie. Il primo sonetto della raccolta riflette chiaramente l'imitazione diligente del modello petrarchesco:

> Voi, ch'ascoltate in queste meste rime,
> in questi mesti, in questi oscuri accenti
> il suon degli amorosi miei lamenti
> e de le pene mie tra l'altre prime.
> (I)

Imbevuta di petrarchismo, Gaspara ne assimila il lessico e l'introspezione psicologica proiettando, nei versi che compone, lo stato d'animo con cui vive le fasi della storia d'amore con il Collalto. La passione amorosa è vissuta dalla poetessa senza remore moralistiche, senza conflitti interiori, con infantile entusiasmo. In un momento di massima felicità giunge a paragonare la sua felicità terrena a quella degli angeli:

> Io non v'invidio punto, angeli santi,
> le vostre tante glorie e tanti beni
> (...)
> perché i diletti miei son tali e tanti
> che non possono capire in cor terreni,
> mentr'ho davanti i lumi almi e sereni,
> di cui conven che sempre scriva e canti
> (XVII)

Nel descrivere l'effetto che le fa la vista dell'amato, sembra anticipare il gusto secentista del gioco letterario.
Quando si trova dinanzi ai «begli occhi almi e lucenti», perde «lo stil, la lingua, l'ardire e l'ingegno» e diventa «quasi muta e stupida»:

> O mirabil d'Amore e raro effetto
> ch'una sol cosa, una bellezza sola
> mi dia la vita, e tolga l'intelletto!
> (XXVIII)

Gaspara, pur sapendo di sbagliare, contrariamente a V. Colonna non riesce a seguire la ragione:

> Odio chi m'ama, ed amo chi mi sprezza
> (...)
> Così nela tua scola, Amor si face
> sempre il contrario di quel ch'egli è degno:
> l'umil si sprezza, e l'empio si compiace.
> (XLIII)

Quando finisce questa storia d'amore, la poetessa cerca conforto in un nuovo amore a cui si dà con lo stesso giovanile entusiasmo ma con un certo distacco:

> Le mie delizie son tutte e 'l mio gioco
> viver ardendo e non sentire il male

> e non curar ch'ei che m'induce a tale
> abbia di me pietà molto né poco.
> (CCVIII)

Ma forse quando ha il presentimento della sua prossima fine, Gaspara invoca l'aiuto di Dio:

> Mesta e pentita de'miei gravi errori
> e del mio vaneggiar tanto e sì lieve,
> e d'aver speso questo tempo breve
> de la vita fugace in vani amori,
> a te, Signor, ...
> ricorro...
> (CCCXI)

In questo sonetto, più che nei precedenti, si può notare l'influsso del Petrarca, anche se nell'ultimo verso il carattere impulsivo e spontaneo della poetessa, prevale sulla ragionata meditazione e prorompe in una smarrita ed infantile implorazione:

> Dolce Signor, non mi lasciar perire!

Gaspara Stampa, pur seguendo lo stesso modello poetico di Vittoria Colonna, possiede una realtà psicologica ed una esperienza di vita diverse, per cui la sua impulsività sincera e talvolta puerile, si riflette nei suoi componimenti, motivando suggestivi slanci lirici.

3. VERONICA FRANCO (1546-1591)

Il nome di V. Franco è registrato nel «Catalogo de tutte le principali et più honorate cortigiane di Venetia»[7] ma il fatto che frequentasse le famiglie più illustri di Venezia fa pensare che non dovette essere certo una cortigiana come le altre ma si distinse non solo per la sua bellezza ma anche per la cultura e la raffinata eleganza. Tra i suoi scritti un particolare pregio hanno *Le terze rime*, dette anche *Capitoli*, a carattere epistolare, dove risaltano una delicata sensibilità e una buona padronanza della lingua.

I versi che descrivono la sofferenza causata dalla lontananza dell'amante hanno accenti di sobria eleganza pur rifatta su testi consacrati:

> Le fresche rose, i gigli e le viole
> arse ha 'l vento de' caldi miei sospiri
> e impallidir pietoso ho visto il sole;
> nel mover gli occhi in lacrimosi giri
> fermarsi i fiumi, e 'l mar depose l'ire
> per la dolce pietà de' miei martiri.
> (cap. III)

Il Capitolo XXV è l'ultimo e il più lungo delle terze rime. Dopo aver descritto la villa di Fumane del conte Marcantonio della Torre, con squisita sensibilità si sofferma a descrivere le varie vedute che si possono ammirare dal balcone del palazzo, abbozzando quadretti idilliaci di delicata fattezza:

> Le pecorelle, a pascer l'erba uscite,
> biancheggian per li poggi, a cansar lievi,
> per poco d'ombra timide e smarrite:
>
> di questi monti son queste le nevi;
> (...)
> Sparsi per l'ombre, siedono i pastori,
> e, le canne dispari a sonar posti,
> cantan de'loro boscarecci amori;
> (cap. XXV)

Nel cap. XXIV, rimproverando un uomo che aveva offeso una donna, Veronica scrive dei versi che costituiscono una fervente difesa dei diritti delle donne:

> Povero sesso, con fortuna ria
> sempre prodotto, perch'ognor soggetto
> e senza libertà sempre si stia!
> Né però di noi fu certo il diffetto,
> che, se ben come l'uom non sem forzute
> come l'uom mente avemo ed intelletto.
> (cap. XXIV)

Ma se nei versi appena citati, la bella poetessa ci appare come una femminista ante litteram, in questi altri la vediamo con una veste tradizionale di seducente femminilità:

> Data è dal ciel la femminil bellezza,
> perch'ella sia felicitate in terra
> di qualunque uom conosce gentilezza.
> (cap. XVI)

La sensibilità artistica posseduta dalla Franco assieme al suo buon dominio della lingua e della tradizione lirica precedente, le permette di raggiungere dei risultati artistici notevoli soprattutto nelle minuziose descrizioni della natura e —sia detto per inciso— come donna non posso non apprezzare la manifestazione di talune idee, per così dire, femministe riscontrabili in alcuni canti.

4. CONCLUSIONE

Gli esempi citati certamente sono pochi per dare un quadro significativo della lirica delle tre poetesse, ma forse sono sufficienti a soddisfare le due esigenze ispiratrici del mio contributo, in questo momento.

Da un lato, l'esigenza di far risaltare che queste donne, pur seguendo il petrarchismo allora di moda, non poterono evitare di riversare nei propri versi le gioie, le passioni e i conflitti del loro animo in modo meno controllato quindi più autentico. La veracità di questi sentimenti è forse il merito maggiore di tale produzione lirica, e ancora oggi, a distanza di quattro secoli, questi componimenti mantengono intatta la loro freschezza e spontaneità.

Dall'altro, l'esigenza di richiamare l'attenzione su tre poeti, non poetesse, che meritano nel panorama lirico del Rinascimento una maggiore, meglio orientata e non ideologizzata attenzione critica e senza dubbio uno studio approfondito, non separato da una nuova edizione secondo criteri filologici, delle loro opere.

Per concludere, propongo la lettura di un testo, pubblicato nel maggio del 1984, che affronta il tema del rapporto donne-letteratura, la cui autrice Elisabetta RASY sostiene che «le poetesse appartengono alla stessa storia della letteratura degli scrittori e dei poeti. Resta, però, da fare un lavoro di recupero di nomi e opere sommerse, censurate o confuse» e per fare ciò bisogna liberarsi di ogni pregiudizio e «vedere in che modo la posizione femminile, una posizione senza potere, senza riconoscimenti ufficiali, senza mestiere, ha trovato spazio nel mondo della letteratura.»[8].

NOTE

1. Jacob Burckhardt, *La civiltà del Rinascimento in Italia*, Firenze, Sansoni, ed. 1980, parte V, pág. 351.
2. Paul Larivaille, *La vita quotidiana delle cortigiane nell'Italia del Rinascimento*, Milano, Rizzoli, 1983, pág. 31 sgg.; e, inoltre, Elisabetta Rasy, *Le donne e la letteratura*, Roma, Editori Riuniti, 1984, pag. 47 sgg.
3. Baldesar Castiglione, *Il libro del Cortegiano*, a cura di Bruno Maier, Torino, U.T.E.T. ed. 1981, Libro III, pág. 355: «... voglio che questa donna abbia notizie di lettere, di musica, di pittura e sappia danzar e festegiare, ...»
4. P. Larivaille, op, cit. pág. 39 sg.
5. Luigi Baldacci, a cura di, *Lirici del Cinquecento*, Milano, Longanesi, 1975, pag. 448.
6. Ardelkader Salza, cfr. la Nota all'ediz.: *Gaspara Stampa e Veronica Franco*, «Rime», Bari, Laterza, 1913, pag. 366 sg. e, inoltre, Benedetto Croce, cfr. *Conversazioni critiche* Bari, Laterza, 1924, serie II, 2ª ediz. (1ª ediz. 1918) *Gaspara Stampa nella immaginazione, Gaspara Stampa nella realtà, Estetismo astratto a proposito di Gaspara Stampa* pág. 223 sgg.
7. P. Larivaille, op. cit. pág. 132.
8. E. Rasy, op. cit. pag. 11 e pág. 110.

NOTA BIBLIOGRÁFICA

L. BALDACCI, a cura di, *Lirici del Cinquecento*, Milano, Longanesi, 1975.
J. BURCKHARDT, *La civiltà del Rinascimento in Italia*, Firenze, Sansoni, ed. 1980.
A.A. V.V., *Letteratura italiana. I Minori*. II, Milano Marzorati, 1969.
B. CASTIGLIONE, *Il libro del Cortegiano*, a cura di Bruno Maier, Torino, U.T.E.T., ed. 1981.
B. CROCE, *Conversazioni critiche*, Bari, Laterza, 1924, serie II, 2ª ed. (1ª ed. 1918).
—. *Poesia popolare e poesia d'arte*, «La lirica Cinquecentesca», Bari, Laterza, 1933.
C. DIONISOTTI, *Geografia e storia della letteratura italiana*; Torino, Einaudi, III ed. 1980.
G.R. CERIELLO, a cura di, *Gaspara Stampa. Rime*. Milano, Rizzoli, 1954.
NATALIA COSTA-ZALESSOW, *Scrittrici italiane dal XIII al XX secolo.*, Ravenna, Longo, 1982.
P. LARIVAILLE, *La vita quotidiana delle cortigiane nell'Italia del Rinascimento*, Milano, Rizzoli, 1983.
MARIA LUDOVICA LENZI, *Donne e Madonne. L'educazione femminile nel primo Rinascimento italiano*, Torino, Loescher, 1982.
A. SALZA, *Gaspara Stampa e Veronica Franco*, «Rime», Bari, Laterza, 1913.
L. CARETTI-G. LUTI, *La letteratura italiana per saggi storicamente disposti. Il Cinquecento*, Milano, Mursia, 1975.
G. PROCACCI, *Storia degli italiani*, Bari, Laterza, ed. 1983.

NOTE SU LUIGI TANSILLO E IL PETRARCHISMO IN SPAGNA

GIANFRANCO DI STEFANO
Universidad de Valladolid

Attraverso un complesso processo di assimilazione e revisione del grande patrimonio neoplatonico e petrarchista italiano, la Spagna letteraria del XVI secolo perviene ad un graduale rinnovamento del linguaggio poetico fino ad allora in uso. Pur tra la ripulsa dei difensori del tradizionalismo [1], nuovo «artes de trovar» si impongono; il Marchese di Santillana, con i suoi sonetti «fechos al itálico modo», aveva aperto avanti tempo la strada; Boscán, Garcilaso, già quest'ultimo con capacità inventiva che sa evitare la soggezione pedestre ai moduli importati, indicano con più sicurezza il cammino da seguire. Inevitabili, però, e innumerevoli, oltre alla logica imitazione delle forme e dei modi, i riferimenti a immagini particolari del Petrarca o dell'Ariosto o le connessioni con l'*Aminta* o la *Gerusalemme* del Tasso o con l'*Arcadia* sannazariana. Ma, accanto ai nomi risonanti dei maestri, ve ne sono tanti altri —una vera schiera di autori italiani—, che nella maggior parte dei casi l'usura del tempo ha relegato in un secondo piano, se non addirittura dietro le quinte di questo massiccio flusso culturale. Eppure, all'epoca, godettero di grande notorietà ed ebbero, in Spagna, non pochi estimatori ed imitatori.

Luigi Tansillo (1510-1568), oggi «lirico minore del Cinquecento», apparve ben presto sulla scena poetica spagnola, quando ancora andava consolidando la sua fama di elegante cantore alla corte di Don Pedro de Toledo, viceré di Napoli. Garcilaso de la Vega, che proprio a Napoli lo conobbe, lo menziona nel suo sonetto dedicato a María de Cardona, mettendolo alla pari del Minturno e di Bernardo Tasso, allora celebratissimi:

> Ilustre honor del nombre de Cardona,
> décima moradora de Parnaso,
> a Tansilo, a Minturno, al culto Tasso
> sujeto noble de inmortal corona;
> (XXIV, vv. 1-4). [2]

515

L'elogio di Garcilaso non fu forse estraneo all'affermazione dell'opera di Tansillo in Spagna; un'affermazione non meteorica, che dette anzi un apporto per niente disprezzabile all'assunzione, in questo paese, di un nuovo e superiore discorso poetico, rispondente, all'interno di un più vasto concetto di responsabilità culturale, al ruolo storico di primo piano di cui si vedeva investita la nazione. Prova ne è il fatto che le sue rime furono prese ad esempio, imitate e rielaborate per tutto il secolo XVI e fin verso la metà del successivo. Jesús Graciliano González Miguel, autore d'un pregevole studio sulla fortuna di questo poeta italiano in Spagna [3], ne trova riferimenti concreti, oltre che in Garcilaso, in Diego Hurtado de Mendoza, Fray Luis de León, Gutierre de Cetina, Fernando de Herrera, Francisco de Figueroa, Luis de Góngora [4], Lope de Vega [5], Soto de Rojas, Bernardino de Rebolledo... [6] Un'auge particolare ebbero *Le lagrime di San Pietro* opera che originò una grande quantità di traduzioni, distinguendosi fra tutte la versione che Luis Gálvez de Montalvo ne pubblicò a Toledo el 1583 [7]. Tansillo esercitò dunque un'influenza evidente e durevole, e fu ammirato, imitato e tradotto [8] (anche Cervantes si cimentò con una sua ottava nel capitolo XXXIII della prima parte del *Chisciotte*) [9] ben più di tanti altri «minori» italiani. Il fenomeno merita che vi si dedichi qualche parola.

Secondo C. Samonà, «l'ideale neoplatonico, il modulo petrarchista, il concetto dell'armonia del mondo trovano... un riscontro immediato nel sentimento della 'nuova Spagna' perché riflettono, attraverso la metafora e la rappresentazione di mondi illusori, ciò che in esso è desiderio di pace durevole, ossia di stabilità» [10]. All'umanista spagnolo —che, ormai agganciato a delle direttive culturali centraliste, incominciava a prendere coscienza di sé e della sua funzione nella società dominante (e basti menzionare Garcilaso o Juan de Valdés)— Tansillo certamente offriva un esempio di linguaggio poetico elegante e maturo assieme al modello delle forme metriche petrarchesche compostamente organizzate; un modulo, in definitiva, che «si impone anche come forma adatta, per eccellenza, alla rappresentazione del potere del nuovo stato...» [11] Al senso di misura e alla perfezione nello stile bisogna naturalmente aggiungere la raffinatezza dei temi, derivata dal patrimonio petrarchesco. Ma oltre a ciò, v'è qualcosa in Tansillo —che altri non possedevano o non lasciavano captare altrettanto chiaramente—, che può servire a spiegare la prolungata fortuna della sua opera in Spagna. Vi si ritrovano, in effetti, come un'inquietudine e fermenti nuovi, che già sembrano annunciare un superamento dei logori codici vigenti. In realtà l'ideale rinascimentale era già in crisi: la fiducia dell'uomo di potere stabilire un equilibrio armonico fra morale e bellezza, fra il mondo e l'idea si incrinava di fronte all'evidenza dell'utopia. Lo stesso platonismo, del resto, conservava intatta questa struttura dualistica. L'aspirazione alla serenità si sarebbe vista soppiantata da un senso inarrestabile di malinconia: malinconia del sapere inafferrabile e del desiderio insoddisfatto [12]. Erano fermenti di una nuova spiritualità, che si ricollegavano intrinsecamente al senso di irrequietezza dell'epoca; attraverso una riconsiderazione delle forma classiche, e con il supporto di motivi fastosi e leggiadri, non avrebbero tardato a creare «maniere», moduli, da cui presto sarebbero germogliate le ristrutturazioni fantasiose del barocco. Come poi si sarebbe visto, v'era in Spagna una predisposizione quasi ineluttabile verso questa nuova sensibilità artistica: qui «... si può dire che il barocco rapresenti, più che in altri paesi, un'identità completa con l'anima del suo popolo» [13].

E Tansillo già indulge al gioco dei contrasti, al ricamo metaforico, a quegli artifici retorici, cioè, che il Secentismo spagnolo, con vigore creativo, avrebbe portato al punto massimo di fioritura, e di esasperazione, in Europa. Non è insolito vedere nei suoi versi l'intrecciarsi degli ideali tradizionali di convenienza e decoro con voci nuove nascenti dalle discordie dell'anima, ormai oppressa dal senso della propria debolezza. In convivenza con il nucleo petrarchesco amoredolore, ma anche al di là di esso, si fa così strada un insuperabile dualismo tra aspirazione alla serenità e malinconia, tra speranza e sentimento di impotenza e fragilità. La «tempesta dell'anima» può trovare la sua espressione lirica in un incrociarsi di parallelismi che si risolvono con una contrapposizione:

> Simile a l'ocean, quando più freme,
> è la mia vita. A lui contrari venti
> fan cruda guerra; io da sospiri ardenti
> son combattuto, e da contraria speme.
>   Crescono l'onde in lui, sì che l'estreme
> sponde risonan lungi: in me correnti
> fiumi di pianto al suon de'miei lamenti
> fanno un concento doloroso insieme.
> ....
>   A lui s'asconde il sole; a me il suo raggio.
> In questo, ahi lasso!, sol non lo somiglio,
> ch'ei si tranquilla, ed io non ho mai pace.
>   (son. CXLVIII, vv. 1-8 e 12-14) [14]

Oppure, con rimembranze del *cedite fatis*:

> Qual uom, che giace, e piange lungamente
> su 'l duro letto il pigro andar de l'ore,
> or pietra, or carme, or polve, ed or liquore
> spera, ch'uccida il grave mal, che sente.
> ...
>   Poiché fin qui fu vana ogni speranza,
> io cedo al mio destino, e mi contento
> languir tutta la vita che m'avanza.
>   (son. XIV, vv. 1-4 e 12-14)

Questa particolare animazione drammatica trova spesso la sua rappresentazione ideale in uno scenario orrido e cupo: «Precipitosi sassi, alti dirupi, / ossa insepolte, erbose mura e rotte, / d'uomini albergo, ed ora a tal condotte, / che temon' ir fra voi serpenti e lupi; / ...» (son. XLIII, vv. 5-8). Punto d'approdo di uno stato disperazione è anche la notte:

> Orrida notte, che rinchiusa il negro
> crin sotto 'l vel de l'umide tenebre,
> da sotterra esci, e di color funebre
> ammanti il mondo, e spoglilo d'allegro,
> io, che i tuoi freddi indugi, irato ed egro,
> biasmo non men, che la mia ardente febre,
> quanto ti loderei, se le palpebre
> queto chiudessi, un de'tuoi corsi integro.
> (son. XXXII, vv. 1-8)

La tematica delle tenebre non è nuova, ma differente ne è la descrizione e la funzione. La lettura parossitona cui obbliga la necessità di rima (*negro - allegro - egro - intègro; febre*, e in conseguenza: *tenèbre - funèbre...*) e le numerose inarcature sottolineano, con ritmo lento e meditativo, la presenza nella mente di un'idea o di un'immagine particolarmente insistente o inamovibile; il moto iniziale di forza istintiva e il successivo ripiegarsi dell'anima in sè stessa, rendono la misura di quanto la ragione sia impotente a dominare i sentimenti. Quando invece l'ispirazione rifugge l'*imitatio* e vola «fra cedri, aranci e mirti», verso mondi fantastici, in un desiderio d'evasione da una realtà che si rivela incontrollabile, le scenografie risentono di un preziosismo artificioso e di un certo illanguidimento dei sensi: «Il mar lascivo ad or ad or si sbalza, / e bacia or il bel ventre or la bell'anca; / e mentre al cader giù bolle d'amore, / la schiuma e 'l piè contendon del candore»[15]. Anche se le immagini sono espresse con grazia, la situazione spirituale del Petrarca o del petrarchismo appare ormai lontana (e basterebbe comparare, a tal proposito, le «chiare, fresche e dolci acque» al «mar lascivo» di questi versi o le «belle membra» alla «bell'anca» della ninfa tansilliana).

Al di fuori delle orme del Petrarca appare anche il tema della gelosia, ma la cosa più interessante è notare come sia spesso caratterizzato da una forte tensione aggettivale al fine di ampliarne la funzione emotiva: «O di buon genitore, e di rea madre / fera malnata, infame orribil figlia, / che volgi col terror delle tue ciglia/ dì chiari e lieti in notti tristi ed adre; /...» (son. LII, vv. 1-4). Il distacco dagli schemi usuali si nota anche nella sonorità della rima e nella facilità degli effetti musicali, che in alcune delle *Poesie di metro vario*[16] danno perfino l'impressione di anticipare ritmi metastasiani: «Nè pur gli occhi divini / de la maggior beltade,

/ che faccia il mondo adorno, / e quanti eran vicini, / ove il tuo corpo cade / pianser, Cintia, quel giorno: / ma le contrade intorno, / ...» (XXX).

Fra le cose meno convenzionali di Tansillo sono da annoverare anche le tre canzoni «pescatorie» (VII, VIII e IX), nelle quali Albano si dispera per l'abbandono della sua amata Galatea [17]. Ai toni mesti e nostalgici, tipici dell'elegia, fanno eco momenti di furia e di ribellione; ma sono momenti brevi, Albano ripiomba presto nello sconforto. La configurazione di questo stato d'animo contrastato, della lotta fra sentimenti opposti, ha accenti sinceri, anche originali, soprattutto quando allude, con sensibilità degna del miglior romanticismo, al compiacimento cosmico per le miserie umane: «Ma non voglio che voce, nè sospiro / de'miei fera quel cielo, / che lieto del mio mal credo che rote; / nè vadan triste note / fra' spiriti contenti, / nè turbin col mio pianto l'altrui gioja. / ...» (VII, 6ª, vv. 4-9); è comprensibile che il povero Albano abbia anche un'uscita misogina: «Ma tutte le promesse, / e tutti i giuramenti, / ch'innamorate donne ad uom mai fenno, / sull'arena e nel mar scriver si denno. / ...» (VIII, 3ª, vv. 6-9); sullo sfondo, a far da contrappunto, il mare in tempesta: «L'ire del mar, che tempestoso sona, / ...» (VII, 1ª, v. 1) [18].

Si accentua inoltre in Tansillo il ricorso alla metafora, notandosi in essa un colorito non facilmente riscontrabile nella retorica tradizionale: «Felice l'alma, che per voi respira, / porte di perle, e di rubini ardenti / ... Felice l'aura, che soave spira / per sì fiorita valle, e l'aria e i venti / veste d'odor...» (son. XXIX, vv. 1-2 e 5-7); e dopo aver così descritto le labbra dell'amata, più avanti, al v. 11, ne definisce «ricche gemme» i denti; pur se il sonetto incomincia ricalcando un verso petrarchesco («Felice l'alma che per voi sospira, / lumi del ciel...», *Rime*, LXXI, vv. 67-68), il successivo intreccio metaforico possiede freschezza e agilità proprie (e si noti l'immagine «veste d'odor», significativo scarto rispetto all'abituale norma del sistema logico). Le figure tansilliane denunciano anche una chiara tendenza all'iperbole, alla relazione sproporzionata fra i termini: «Come quercia talora alta ed annosa, / ... improvvisa poi vien che a terra mande / ira di Dio ch'è tra le nubi ascosa; / così dal petto mio ne svelse Amore / l'arbore che nudria de la speranza, / in un momento, frutto, fronde, e fiore. /...» (son. CL, vv. 1 e 7-11). Altrove l'accumulazione degli elementi metaforici lascia già presagir l'*agudeza* secentesca: «Volgi qua gli occhi, dove tutte molli / per l'acqua, che si versa / dalla pioggia dei miei, vedrai che stanno / le pietre...» (canz. VII, 2ª, vv. 10-13).

Il procedimento è ancora più evidente nel sonetto XXVII. Dámaso Alonso giustamente lo scelse, assieme a diversi altri componimenti di autori vari, per il suo studio sul carattere progressivo della correlazione nella lirica petrarchista. Nel suo brevissimo esame afferma che vi si ritrova «el tema de los daños de amor, en correlación bimembre, lo mismo que en Petrarca. Pero en el poeta del siglo

XIV el número de pluralidades solía ser muy pequeño... en Tansillo llega a diez. Evidentemente es Petrarca el modelo: estos poetas de principios del siglo XVI para superarle complican la difícil técnica» [19]. Ecco il sonetto:

> D'un sì bel foco, e d'un sì nobil laccio
> beltà m'incende, ed onestà m'annoda,
> che in fiamma, e 'n servitù convien ch'io goda,
> fugga la libertade, e tema il ghiaccio.
> L'incendio è tal, ch'io m'ardo, e non mi sfaccio;
> e 'l nodo è tal, che 'l mondo meco il loda:
> nè mi gela timor, nè duol mi snoda,
> ma tranquillo è l'ardor, dolce l'impaccio.
> Scorgo tanto alto il lume, che m'infiamma,
> e 'l laccio ordito di sì ricco stame,
> che nascendo il pensier, more 'l disio.
> Poichè mi splende al cor sì bella fiamma,
> e mi stringe il voler sì bel legame,
> sia serva l'ombra, ed arda il cener mio.
> sia serva l'ombra, ed arda il cener mio.

In effetti, operando sulla trama delle due figure iniziali, in sè e per sè già allora quasi lessicalizzate dal continuo uso, il poeta intesse un «ordito» di associazioni logiche, facilmente ricostruibile attraverso le indicazioni offerte da Dámaso Alonso:

AMORE ↔ ⎡→ FOCO → *m'incende-fiamma-ghiaccio-incendio-gela-ardor-lume-fiamma-arda.*
         ⎣→ LACCIO → *m'annoda-servitù-libertade-nodo-mi snoda-impaccio-laccio-legame-serva.*

Trattandosi d'una visione diacronica del fenomeno della correlazione, l'analisi dell'illustre critico non va più in là, fermandosi appunto a queste considerazioni più che altro statistiche. Ad ogni modo è sufficiente per fare una prima luce sulle relazioni associative esistenti e costituisce un ottimo punto di partenza per il chiarimento di tutti i centri tematici di interesse, che il sistema sembra offrire.

Osservate le «somiglianze», sarà opportuno rivolgere l'attenzione alle «differenze». Da ognuna delle due catene analitiche si possono isolare gruppi antonimici: *incende vs gela; fiamma vs ghiaccio; annoda vs snoda; servitù vs libertade.* Fra il «ricco stame» dell' «ordito» fanno poi capolino l'antitesi e un contrasto di idee che ha quasi le sembianze dell'ossimoro: *m'ardo vs non mi sfaccio* e *nascendo il pensier vs more 'l disio.* E infine la figura dell'esagerazione: *arda il cener (mio)* (che, sia detto per inciso, espressa proprio con questi due termini, avrebbe avuto molta fortuna nella poesia spagnola).

Fra gli antonimi, i binomi che si rifanno all'immagine del *laccio* non suggeriscono informazioni particolari che possano proiettarli verso un ulteriore piano significativo. Sono contrapposizioni apparenti, puramente formali, inquantoché intrinsecamente inerenti alla natura del nucleo, il sentimento d'amore, al quale alludono in maniera univoca attraverso una delle sue esteriorizzazioni più vistose: la «dedizione», al cui *impaccio è dolce* abbandonarsi, che niente può infirmare (*nè duol mi snoda*) e per la quale si «rifugge» senza riserve la «libertà». Desta invece più interesse la presenza del *ghiaccio* in mezzo a tanti bagliori di fuoco, in dipendenza, per di più, da un verbo che fa trasparire inquietudine o turbamento. Naturalmente il termine può essere correlato perfettamente al suo contrario, dato che le corrispondenze logiche si basano anche sul fattore che differenzia, non soltanto su quello che unisce. Tuttavia la sua eccentricità nel processo enunciativo, semanticamente molto compatto, è tale da renderlo ambiguo, potenzialmente ricco di significati virtuali, non ancorato, cioè, al puro codice denotativo o a un semplice gioco di parole testuale. Trovargli la cifra adatta non è difficile, grazie alle equivalenze che i dati noti permettono di stabilire: se *foco = amore*, il contrario di *foco* sarà uguale al contrario di *amore*, ossia *ghiaccio = disamore*. Si può cercare di precisare il valore del secondo componente di quest'ultimo binomio con la massima esattezza possibile, selezionando quanto fra i due termini vi può essere in comune; la ricostruzione della metafora non può essere che questa:

ghiaccio   *disamore*
(fenomeni naturali) ⟶ *freddezza* ⟵ (sentimenti umani)

Confermata così l'effettiva esistenza di un rapporto di similitudine, non appare azzardata l'ipotesi che il termine *in praesentia (ghiaccio)* sia in realtà un elemento primario della sfera immaginativa contestuale, in relazione antitetica, non analogica, con gli altri due:

foco - laccio (< AMORE) *vs ghiaccio* (< DISAMORE)

Lo schema strutturale ne risulta necessariamente modificato, ternario e non binario, tanto più che l'ultimo arrivato possiede capacità autonoma di stabilire una propria e più sottile trama logica:

ghiaccio → *(non mi) sfaccio* → *(nè mi) gela* → *more* → *cener (mio).*

La sequenza messa in luce può rendere più agevole la comprensione delle antitesi già segnalate, che, viste ora attraverso questa prospettiva, si rivelano portatrici di una funzione importantissima di animazione espressiva.

La prima è: *m'ardo / non mi sfaccio*; se il cuore non alberga la «*temuta freddezza di sentimenti*», si può «ardere senza sfarsi», poiché il fuoco non trova nulla che si possa sciogliere, all'infuori della passione più pura, ossia altro fuoco che alimenta l'incendio; l'antitesi ha qui una funzione più che mai specifica, giacché per mezzo della negazione si dà più forza all'affermazione e si sottolinea così il carattere esclusivo, assoluto, di questo amore. La nuova catena di associazioni permette inoltre di scorgere con chiarezza un curioso parallelismo a distanza, come un chiasmo su basi analogiche invece che contrastive; l'accostamento fra i due sintagmi favorisce la definizione del secondo, altrimenti ambiguo; in realtà le variazioni sul tema possono essere molteplici:

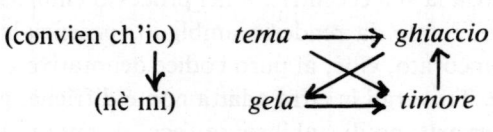

1. devo temere il ghiaccio;
2. devo temere anche il timore del ghiaccio;
3. del ghiaccio che gela;
4. ma non mi gela questo timore;
5. il timore del ghiaccio...

(e magari le combinazioni non finiscono qui).

Seguendo il filo verticale si giunge al contrasto di idee, cristallizzato in due realtà predicative diametralmente opposte, che la prima strutturazione correlativa lasciava senza soluzioni palpabili: *nascendo il pensier / more 'l disio*. Se il motivo ispiratore si configura come *foco*, per il quale esiste il «pericolo-timore» del *ghiaccio*, la logica del sistema antitetico impone che *pensier* sia correlato a *foco* e *disio* a *ghiaccio*: che è come opporre un amore puro, ispirato da un «alto lume», a un amore vano, e si potrebbe anche dire «terrenale»; il pensiero supremo, dominante, dell'uno farà svanire inevitabilmente l'altro, come pure qualunque altra cosa che non gli sia connaturale.

Il discorso poetico, gradatamente più intenso e più appassionato, tocca il suo culmine con l'iperbole del secondo emistichio del verso finale (sebbene l'altra immagine, *sia serva l'ombra*, non faccia che ribadire un concetto ovvio). Siamo oltre i limiti del possibile: *arda il cener mio*; ancora un contrasto, iperbolico stavolta, che però confluisce in maniera spontanea, non eccessiva, in questo fiume apologetico dell'amore «totale». Che poi è, come ben si intende, amor sacro e non profano.

Il sonetto si struttura dunque lungo tre assi, due dei quali simmetrici e un terzo in antitesi, con continue e complicate intersezioni di concetti:

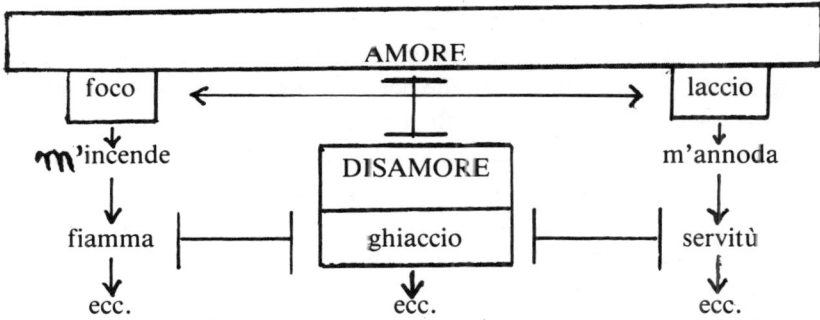

Ma le contraddizioni sono solo esterne. Il centro emotivo è l'amore. Il resto serve solo da supporto, da impalcatura, allo sviluppo immaginifico dell'idea.

Il sonetto XXVII arrivò in Spagna, assieme ad altri versi dello stesso Tansillo, nelle antologie di autori vari curate da L. Dolce (1552) e da Ruscelli (1558)[20]; vi giunse quindi un venti o trenta anni prima che scoppiasse la famosa «Controversia», l'accesa polemica letteraria fra tradizionalisti e innovatori, che avrebbe segnato una svolta nella produzione artistica spagnola. Comunque l'ambiente doveva essere già propizio e sicuramente non mancarono lettori attenti del messaggio poetico tansilliano; è logico pensare che la tecnica difficile e lo sfoggio di virtuosismo intellettualistico strappassero più di un commento favorevole o più di un applauso presso quegli ambienti letterari che, come il sivigliano, andavano maturando idee estetiche ispirate alla perfezione formale e ad una «fusión de cultura e inspiración»[21]. La produzione giovanile di quei poeti andalusi, e dello stesso Fernando de Herrera[22] che ne fu il caposcuola, è infatti caratterizzata dalla traduzione e imitazione dei petrarchisti italiani, con una preferenza spiccata per i contemporanei, fra i quali, naturalmente, Tansillo. Abbiamo notato, a tal proposito, un gran parallelismo di termini, con tutte le significazioni accessorie, tra un distico dell'*Elegia V* di Herrera («La fría nieve m'abrasó en tu fuego, / la llama que busqué me hizo ielo, / ...)[23] e la prima quartina del sonetto XXVII: foco / *fuego*; fiamma / *llama*; m'incende / *m'abrasó* ; ghiaccio / *(h)ielo- nieve*.

Certo, quelle metafore erano nell'aria ormai da tanto tempo e lo stesso Tansillo ne era debitore al petrarchismo, per non tornare indietro fino al «dolce stil novo». Tuttavia la varietà di immagini e la molteplicità di complicazioni analogiche o contrastive che egli ne deriva, rispondono ad un'altra «maniera» di intendere e di strutturare il discorso poetico. Non si tratta però di un superamento del petrarchismo e dell'avvento di poetiche nuove; gli schemi dettati dal poeta di Laura rimangono in vigore —e vi rimarranno anche durante il barocco—, solo che arricchiti dall'uso massiccio di artifici vari e portati, in tal modo, alle loro estreme conseguenze espressive. Dámaso Alonso parla appunto di un «petrarquismo manierista» e di un «petrarquismo barroco», per poi porsi la domanda: «¿De

523

dónde vienen a España los manierismos del siglo XVI que van a confluir en el Barroquismo?» [24] Se questa domanda non ammette che una sola risposta logica, è pure logico affermare che Tansillo fu uno dei primi esempi della nuova sensibilità artistica e che contribuì, come pochi, alla sua diffusione fuori dell'Italia.

Ma si può arrivare, forse, più in là e attribuire al sonetto «D'un sì bel foco...», preso qui a emblema della parte più «modernista» della sua opera, una proiezione ancora più profonda: nel suo ricercato intarsio di correlazioni, frutto di una pura tensione dell'intelletto, si può leggere, esemplificata ed anticipata di un secolo, la definizione che Gracián avrebbe dato dell' «artificio conceptuoso». Svanito il sogno di poter concepire la bellezza ideale al di là della labilità e delle incompiutezze, non restava al poeta altra soluzione che evadere dalla realtà sensibile, per ricrearne una propria attraverso «una primorosa concordancia... una armónica correlación entre dos o tres cognoscibles extremos, expresa por un acto del entendimiento». E così continua Gracián: «Esta correspondencia es genérica a todos los conceptos, y abraza todo el artificio del ingenio, que aunque éste sea tal vez por contraposición y disonancia, aquello mismo es artificiosa conexión de los objetos» [25].

Tansillo, *nemo propheta in patria*, pare dunque che fosse meglio compreso e apprezzato in Spagna che in Italia [26]. Ne lasciano testimonianza ben tre generazioni poetiche. Sia i primi italianisti sia i cultori della «bella maniera», come pure i virtuosi del «concepto» e della metafora «culterana», seppero cogliere motivi di ispirazione nella sua opera, ravvisando con perspicacia quanto di pregevole e di suggerente essa indubbiamente offriva. Solo una personalità artistica complessa, modulata sui più variati registri, poteva suscitare, per tutto il corso dei Secoli d'Oro della letteratura spagnola, una tale unanimità di consensi.

NOTE

1. Si ricordino, ad esempio, i ben noti e pungenti versi di Cristobal de Castillejo contro i *poetae novi* italianizzanti.

2. In *Garcilaso de la Vega y sus comentaristas —Obras Completas del poeta accmpañadas de los textos íntegros de los comentarios de el Brocense, Fernando de Herrera*, ecc., Madrid, Gredos, 1972, p. 119.

3. J.G. González Miguel, *Presencia napolitana en el Siglo de Oro español, Luigi Tansillo (1510-1568)*, Ediciones Universidad de Salamanca, 1979. Per il tema più generale del petrarchismo in Spagna: Joseph G. Fucilla, *Estudios sobre el petrarquismo en España*, Madrid, C.S.I.C., Anejo LXXII de la R.F.E., 1960.

4. Dámaso Alonso, nel suo studio sulla correlazione nella poesia di Góngora, vede una «lontana parentela» fra Tansillo e il poeta cordovese: «Mucho, muchísimo le viene a Góngora del mismo Petrarca... Pero también mucho le viene de la cadena (de bastantes eslabones oscuros) del petrarquismo italiano... del siglo XVI. En este sentido Góngora es hijo de Groto, nieto de Veniero, bisnieto de Tansillo...». Cfr. *Estudios y ensayos gongorinos*, Madrid, Gredos, 1970 (III ed.), pp. 243-244.

5. «En fin el verso largo, que trujeron / Boscán y Garcilaso / «Que á Tansilo, á Miturno, al culto Taso» / dicen que le debieron, / es en España ...». Lope de Vega, *Laurel de Apolo*, in *Obras no dramáticas de...*, Madrid, B.A.E., XXXVIII, 1950, p. 202.

6. Nei suoi *Ocios*, dopo aver fatto una lista dei maggiori poeti dell'antichità classica, passando ai moderni, fra gli italiani cita solo i seguenti: «Los qu'edades despues les sucedieron / Dante, Petrarca, Ariosto, Tansilo, / El Taso y los demas...». B. de Rebolledo, *Ocios del Conde de ...* (Tercetos II), Tomo primero de sus obras poéticas que da a luz Ysidro F. de Laviada, Amberes, 1660, p. 159.

7. Cfr. J.G. González M., op. cit., pp. 237-329. Come pure J.G. Fucilla, *Relaciones hispanoitalianas*, Madrid, C.S.I.C., Anejo LIX de la R.F.E., 1953, pp. 137-153.

8. Si veda anche: J. López de Toro, «Gregorio Hernández de Velasco, traductor de Tansillo», in *Estudios dedicados a Menéndez Pidal*, VII, Madrid, 1957, pp. 331-349.

9. Cfr. E. Mele, «Il Cervantes traduttore d'un madrigale del Bembo e d'una ottava del Tansillo», *Giornale storico della letteratura italiana*, 1898, p. 457 e sgg.

10. C. Samonà, «L'età di Carlo V», in Samonà/Mancini/Guazzelli/Martinengo, *La letteratura spagnola dei Secoli d'Oro*, Firenze, Sansoni, 1973, p. 53.

11. Samonà, ibidem.

12. Cfr. S. Battaglia, «L'evasione e la malinconia», in *La mitografia del personaggio*, Napoli, Liguori, 1966.

13. G. Bellini, *Storia della civiltà spagnola e americana*, Milano, la Goliardica (III ed.), p. 261.

14. Per i testi di Tansillo, a parte la *Clorida*, cfr. *Poesie liriche edite ed inedite di Luigi Tansillo* (con prefazione e note di F. Fiorentino), Napoli, Morano, 1882.

15. Tansillo, *Stanze al Viceré Toledo o Clorida*, da *Poemetti di L.T.*, «La Meridiana 67-68», Firenze, Sansoni.

16. Pagg. 151-194 dell'ed. curata da F. Fiorentino, op. cit.

17. F. Fiorentino, nelle sue «Annotazioni alle Canzoni», racconta l'occasione in seguito alla quale furono composte le tre «pescatorie»:

«Don Garzia desiderava sposare Donn'Anna Cardona... ne aveva avuto promessa... Le nozze di poi non ebbero effetto, perché la Cardona preferì di maritarsi con Don Antonio D'Aragona. Il Tansillo, interprete dell'animo del suo signore, e forse a sua richiesta, compose queste tre canzoni, molto probabilmente il 1540». (pag. 316, op.cit.).
Il promesso sposo abbandonato era figlio di Don Pedro, viceré di Napoli (alla cui corte Tansillo servì come «continuo»), e sarebbe a sua volta diventato viceré di Catalogna e di Sicilia. Non è da scartare l'idea che un'«occasione» così illustre possa aver contribuito alla diffusione delle canzoni, che per altro sono da apprezzare dal punto di vista artistico.

18. Queste tres canzoni furono tradotte integramente allo spagnolo da Jerónimo de Lomas Cantoral. La versione che egli ne fece, che sarà oggetto di uno studio a parte, è generalmente lodata dagli studiosi che se ne sono interessati.

19. Cfr. «Un aspecto del petrarquismo: la correlación poética» (pp. 77-107), in D. Alonso y C. Bousoño, *Seis calas en la expresión literaria española*, Madrid, Gredos, 1970 (IV ed.).

20. Cfr. *Presencia napolitana...*, op. cit., p. 95.

21. Cfr. O. Macrì, *Fernando de Herrera*, Madrid, Gredos, 1972, p. 91.

22. Nelle sue *Anotaciones sobre las Obras de Garcilaso de la Vega* (1580), Herrera cita Tansillo, definendolo «uno de los más hermosos y excelentes y ingeniosos poetas de Italia... por lo que he visto...» (e ben si sa quale accezione si desse al termine «ingenioso» in poesia); in *Garcilaso de la Vega y sus comentaristas...*, op. cit., p. 378.

23. In *Poesías de...*, Madrid, Ed. «La Lectura», 1914, p. 157.

24. Cfr. «Un aspecto del petrarquismo...», op. cit., p. 107.

25. Baltasar Gracián, *Arte y Agudeza de Ingenio, Discurso II,* in *Obras Completas*, Madrid, Aguilar, 1944, p. 64.

26. «Io stimo, che Luigi Tansillo... sia miglior poeta lirico, che non il Petrarca medesimo... Nulladimeno il Petrarca è famosissimo, e celebre, e quest'altro a pena s'ode nominare». Cfr. *Poesie... di L.T.* (prefaz. di F. Fiorentino), op. cit., pp. CX-CXI. Il giudizio è da attribuire a Torquato Tasso, «se vogliamo starcene alla testimonianza», come dice Fiorentino, di Tommaso Stigliani.

APUNTES SOBRE «LA VENEXIANA».
COMEDIA DEL QUINIENTOS VENECIANO

José Antonio Trigueros Cano
Universidad de Murcia

El *título de la obra* se nos presenta induciéndonos quizá a pensar en la «mujer veneciana», y ello no es así, no porque no aparezcan mujeres en su trama, que aparecen cuatro, sino porque su horizonte es más amplio y quiere significar «la comedia veneciana». Y Zorzi nos llama la atención de que desde el mismo título podemos colegir el puesto y el lugar que desempeña en la evolución y desarrollo del teatro veneciano renacentista [1]. Su autor parece querernos significar que ha creado una obra representativa de una sociedad y de sus costumbres.

En el ambiente de la época, y entre las dos corrientes, la vinculada a los cuentos medievales y la que empieza a abrirse paso en conexión con el teatro clásico latino, hace una síntesis muy bien lograda. Conociendo los modelos de la narrativa contemporánea, especialmente los cuentos, los utiliza para verter en ellos hechos quizá reales, pero al mismo tiempo los universaliza dándoles un carácter más generalizado.

En ella se refleja la pintura de la época, su lenguaje, sus costumbres, los tipos de hombres y mujeres, ... Valeri a hablado incluso de la «poesia ambientale della commedia»:

«Intorno ai due amanti ... sembra davvero formarsi visibilmente
l'immagine della città maravigliosa, quale fu nell'ora della sua
maturità e pienezza» [2]

El clima de misterio y de fastuosa sensualidad es el halo temático dentro del cual suceden las peripecias amorosas que ocurren en la comedia.

Valeri hace notar también que este ambiente de sensualidad se encuentra marcado por un acento de melancolía, como si el amor de las amantes amadas se sintiera «conscio della propria caducità» [2]

Esta obra, encontrada por Emilio Levarini, fue publicada por el mismo autor en 1928. Teniendo en cuenta los diversos motivos y las razones que la crítica textual utiliza para datar una obra, se puede afirmar que fue escrita en la primera parte del siglo XVI.

El texto que empleamos es el de la edición de Zorzi (Einaudi, 1982) que nos ofrece el texto dialectal veneciano y el texto italiano. Este autor hace notar que sigue la edición de Lovarini (Le Monnier, Firenze, 1947) y que las anotaciones se deben o a Lovarini o a él mismo.

La obra se nos presenta como anónima: «Ignoto veneto del Cinquecento».

Lovarini buscando una adecuada personalidad cultural, que debía ser un humanista y literato cualificado, lanzó la hipótesis de que su autor podría ser Girolamo Fracastoro [4].

El autor ciertamente debía tener una óptima preparación cultural, cual manifiestan la estructura de la obra al estilo clásico (5 actos), las anotaciones con abundante empleo de palabras latinas, la cadencia elocuente y raciocinativa del prólogo con terminología extraída de obras latinas filosóficas, las citas alusivas de algunos textos litúrgicos utilizados en forma de parodia, la libertad moral y espiritual de los protagonistas, ...

La espontaneidad con que se desarrolla el contenido de la comedia no debe inducir a error, suponiendo una cierta incultura en el autor. Antes al contrario, como ocurre con muchas otras obras, «la sua primordiale ingenuità è studiosamente cercata» [5].

Al final del manuscrito figura esta indicación: «*Fidelis servus vester Hieronimus Zarellus scripsi*». La interpretación de este colofón indujo a *Lovarini* a la predicha atribución, especialmente por encontrarse en el manuscrito al lado de dos composiciones poéticas del mismo autor y junto a composiciones de otros autores. Pero las razones en contra de la atribución lovariana son de más peso, sobre todo por la diferente personalidad del Fracastoro conocido y el supuesto autor de la comedia. El mismo Lovarini llegó a reconocer que lo había hecho, llevado más bien «dalle tentazioni di certo spiritello poco serio che è in me» [6].

Sanesi presenta la obra como fruto del teatro humanístico, pero fuera de tiempo. No participa, según este autor, de la restauración clasicista de la comedia post-ariostesca [7].

Dazzi, por su parte, señala las consonancias con la pluma licenciosa de Maffio Venier [8].

G. Padoan propone una lectura panfletística, en clave de escándalo mundano. Sería una traducción escénica de un picante acontecimiento aristocrático puesto al desnudo, con malicia antiveneciana, por un amigo y émulo de Ruzzante, Girolamo Zanetti. De acuerdo con el nombre del colofón, del que sólo habría que cambiar algunos rasgos de las consonantes finales del apellido (r → n, ll → tt) [9].

Zorzi, por su parte, lanza la hipótesis novedosa y a la vez interesante, ampliándola incluso a otras obras anónimas de la época, de que la comedia «la Vexiana» puede ser producto de un grupo privado, cual podría ser la «Compagnia della Calza», dentro del cual habría que encontrar al autor concreto [10].

Borlenghi ve en la requerida preparación cultural del autor lo más positivo de la atribución que había hecho Lovarini, porque «questa commedia, che al suo apparire era stata esaltata como frutto del tutto spontaneo e antiletterario, d'un immediato realismo, si rivela invece sostenuta da sottile dottrina e condotta con accorta arte teatrale e retorica» [11].

Estas variadas y diversas hipótesis han proporcionado algunas pistas de valoración sobre el posible autor, pero nada más. Por hoy tenemos que seguir *considerando esta obra como anónima*.

LOS PERSONAJES

Son solamente seis. Hablando de los personajes hay que decir que los rasgos sociológicos con que se nos describen, son suficientemente precisos para darnos a conocer la interioridad de los mismos.

La gran novedad, si queremos llamarla así, de la obra es que Julio, que intenta ser protagonista activo, se encuentra siéndolo pero de forma pasiva. Por eso habría que decir que el verdadero protagonista no es ninguna persona concreta, por su acción, a no ser las dos mujeres antagonistas entre ellas (Angela y Valeria), sino el amor humano sentido en su fuerza y significado a través del triángulo formado por Julio, Angela y Valeria.

Julio es el joven apuesto que llega a Venecia buscando aventuras amorosas. Se presenta como amante y resulta en la comedia «el discutido amado». Las referencias que hace a la fortuna son precisas en el contexto de la obra y en el ambiente de la época. Resaltan su juventud, su figura, su elegancia en el vestir. En el encuentro con Angela, se deja avasallar dulcemente por esta apasionada mujer. Resulta un personaje digno de los sentimientos y palabras de su amante. Con Valeria tiene dos encuentros; en el primero de ellos sale fracasado y hundido por el peso de los celos de esta mujer; en el segundo se muestra comprensivo con la insistencia cariñosa de Valeria, cuya aparente discreción domina el supuesto adulterio del final de la obra.

Bernardo. Es el gondolero veneciano, que ejerce de mozo y recadero según las necesidades del momento. Es el mediador, cuya actuación está en relación con Angela, formando pareja de colaboración con Nena para atraer a Julio a casa de la amante viuda. Teniendo en cuenta que esta obra, y en general las coetáneas del teatro de la época son anteriores a la «Commedia dell'Arte», el tipo representado por Bernardo viene a ser un antecedente del Zanni. Es un servidor fiel y práctico [12]. Es un personaje muy significativo del ambiente popular, conocedor de todas las astucias para arreglar planes con tal de conseguir alguna ganancia. Sin escrúpulos y con un lenguaje bajo y lleno de picardía. Usa refranes populares con frecuencia.

Angela es una mujer fogosa y apasionada. Viuda, que añora su pasada vida matrimonial, y busca ansiosamente la compañía de Julio, el joven que ha visto llegar a la ciudad de Venecia. Las escenas amorosas con ella se manifiestan en la obra con toda su crudeza.

Valeria es la joven esposa de un alto dignatario de la «Segnoria». Su amor a Julio, aun siendo fuerte, en la expresión de la comedia se manifiesta comedido y prudente. Se supone lo que ocurrirá con ella al final de la obra, pero no se expresa con crudeza, a diferencia de lo que acontece con Angela.

Oria y *Nena* son las dos criadas. Se manifiestan a veces torpes y su lenguaje refleja rudeza y astucia picaresca. Desempeñan sus oficios de servidoras en los palacios de las señoras, su papel de fieles sirvientas recuerdan personajes del mismo cometido en el teatro de todas las épocas. Nena es la criada de Angela; Oria es la criada de Valeria. Sirven a sus señoras para todo.

Como hemos dicho la obra consta de cinco actos, siguiendo en esto la norma del teatro clásico. El primer acto tiene cuatro escenas, con la presentación de Julio y las dos parejas de personajes femeninos (Oria y Valeria, Nena y Angela).

El segundo acto consta de siete escenas, entrando en juego Bernardo, que hará de intermediario para inclinar a Julio a la parte de Angela.

El tercer acto, de siete escenas, describe las situaciones de los dos palacios de las damas que esperan a Julio, pero que, dada la intervención de Bernardo, va a visitar a Angela, que es la señora viuda. Con ella se entretiene largamente.

El cuarto acto tiene seis escenas, con la intervención sólo de tres personajes: Julio, Oria y Valeria. Termina, descubriendo Valeria la cadena que Julio lleva al cuello y que ha sido el obsequio que le ha dado Angela y que como tal es reconocido por la misma Valeria.

El quinto acto consta de seis escenas. Valeria, reconociendo su situación y sintiendo la fuerza de la pasión amorosa, hace que Julio, mediante la intervención de la criada Oria, venga de nuevo a casa de Valeria. Julio se encuentra de nuevo en la encrucijada de sentir simultáneamente la invitación de sus dos amantes. Termina yendo a casa de Valeria y accediendo a sus deseos.

Los diálogos de la comedia son vivos y se desarrollan con gran naturalidad. Los monólogos no se hacen pesados, pues vienen a ser la expresión precisa de lo que cada personaje, ante la situación creada, reflexiona para decidirse en forma adecuada.

El prólogo

En las comedias de la época era corriente que la representación fuera precedida de una introducción generalmente llamada *prólogo*. Servía para orientar a los espectadores sobre lo que iban a presenciar y al mismo tiempo disponerlos también benévolamente hacia el autor y los actores. Era cosa tradicional desde antiguo.

Hay obras que tienen más de un prólogo: *uno* suele ser del autor de la obra, pero, a veces, para darles más importancia o suscitar la admiración, otro autor conocido o notable ha hecho un *segundo* prólogo de presentación del autor y de la obra. Así por ejemplo ocurre en «La Calandria» con un prólogo de Castiglione y otro del propio autor de la obra, Bernardo Dovizi da Bibbiena. A veces se establecía distinción y separación entre el *prólogo* e introducción en general y el *argumento* o contenido. Los dos se proponen seguidos pero independientes. La misma «Calandria» citada, después de los prólogos, presenta su argumento, como algo distinto.

En las *comedias de ambiente realista y regional* un prólogo suele presentarse en la lengua (literaria) y otro en el dialecto, aunque sean del mismo autor, e incluso hasta se intercala el argumento. Así, en «La Anconitana» de Angelo Beolco (Il Ruzzante). Hace esto mismo también en «La Pastorale» donde presenta un «Proemio alla villana», que está escrito en dialecto y en versos, y otro «Proemio in prosa in lingua tosca» [13].

Otras veces el autor de la obra ha compuesto un *diálogo entre el prólogo y el argumento*, como personajes que se disputan entre sí tanto la importancia y valor de cada uno, como la captación del oyente, estableciendo una especie de disputa dialéctica entre ellos. Esto último ocurre en «La Strega» de Antonfrancesco Grazzini (Il Lasca). Esta presentación dialogada, llena de ingeniosidad y vivacidad, participa ya de la fuerza y de la gracia del resto de la obra.

El «*Prologus*» de «*La Venexiana*», dentro de su brevedad y concisión se nos presenta con la indicación de todos los elementos importantes a reseñar para la señalización del argumento, de la forma y del estilo, que introduce en la obra sin pesadez y, al mismo tiempo, despierta el máximo interés en los lectores, por la novedad sugerida de las mujeres «no sólo amadas, sino *amantes*» llenas de pasión.

Hay una primera parte general en la que se establece una cierta reflexión filosófico-artística. Se empieza por la cita de la representación mitológica y pictórica del amor mediante el símbolo mitológico de «*Cupido*», hijo de Venus, y señalando las cualidades que lo acompañan: «Cieco, nudo, alato et pharetrato».

Su actuación reviste caracteres de universalidad: se ejerce sobre todos los seres humanos («penetrar le interiore de ciascun humano»). Se señalan también los efectos de la actuación de este dios del amor: ofusca la inteligencia, hace actuar como sin uso de razón, guiados solamente por los sentidos, y hace que los enamorados por su objeto se les presente éste alterado y como enajenado de sus circunstancias normales. En consecuencia, la facultad de razonar se manifiesta como sofocada y la concupiscencia lleva la parte espiritual sólo a complacer al propio cuerpo; sería obrar irracionalmente, es decir, sin hacer caso de la razón. Hay una nota humorística e irónica: lo dicho anteriormente se da en todos, pero prduce mayor estrago en las mujeres, porque su gran sensibilidad supedita facilmente su «pequeña» inteligencia.

> Pinxero ingenuamente gli antichi *Cupido* figliuol de Venere, un fanciul *cieco, nudo, alato* et *pharetrato*; animatvertendo la qualità ne l'incentivo amoroso, privo de ragion, girovago, spoliato de prudenzia, *penetrar le interiore de ciascun umano* et talmente offuscarli lo intelletto che, fatto de novo fanciullo, retorni a la pristina imbecillità: qual defacto veramente è portato de sensi che, *sopra modo de l'obiecto invaghiti, representano quello alterato et dal proprio essere alieno,* or excellente, or deterrimo.
> De qui nasce che, suffocata la iudicativa, *la voluttà sforza ogni spirito a complacer a suo corpo*. Qual cosa, benché universalmente travenghi, *maggior effecto però produce nel femineo sexo*, quanto lo senso grande suppedita la parvità del suo intelletto. [14]

Hay una parte especial y concreta dentro de este prólogo y que es la aplicación de lo dicho anteriormente a la presente obra. El amor desmesurado de una noble veneciana hacia un jovencillo forastero; su audacia y astucia para poseerlo; el juego y el placer consiguientemente que de esa forma obtiene. El amor igualmente grande de otra veneciana que ama al mismo joven. Este amor, exacervado por los celos hacia la primera mujer, inventa la forma de lograr superar a su oponente en la lucha por el amor del joven visitante de Venecia. Comprendiendo el amor de una y la pena de la otra, se verá como el Amor es poderoso en las mujeres y de qué manera, dice el autor, todos nosotros somos vencidos y dominados por su poderío.

> Oggi lo cognoscerete chiaro, *o spectatori*, quando lo amor smisurato di *una nobile conterranea vostra* odirete posto in un forestiero giovenetto; e la audacia et callidità sua cognoscerete in aver quello; doppoi lo gioco e il gaudio che di lui se piglia; parimenti lo amor de una altra, pur in quel medemo già posto, per sospecto di questa exacerbato. Di che, la letizia de una et il dolor de l'altra comprehendendo, *vederete quanto Amor in donna sii potente e qualmente siàn venti da soa forza* [15].

Se hace una advertencia muy importante: No escandalizarse del atrevimiento de la obra

> Tutti, ve prego, prestate orecchie et in alcuna parte non vi turbate, se quello, che da sé è da passar sotto silenzio, oggi di nostri mimi senza vergogna serà publicato [16].

Se refiere con toda seguridad a las escenas más crudas del erotismo que se manifiesta en determinados momentos de la obra y que tienen lugar entre Angela y Nena, entre Julio y Angela y entre Julio y Valeria.

Todo esto tiene una disculpa que viene dada por la finalidad genéricamente «moralizante» de la obra: aprender los efectos del loco amor.

> Imperocché, dobiando esser ben edocti de la propietà di Amore, è necessario che tutti soi effecti distintamente cognosciate [17].

Hay un consejo práctico de cara a la pregunta que se supone en este prólogo: ¿Cómo aprender a amar? Para amar bien, no hay que dejarse llevar sólo por los sentidos, sino que hay que guiarse también por la inteligencia. El verdadero amor no se debe dejar sólo a resultas de la apreciación sensible. No deberá exagerarse, por otra parte, la idea del autor, pensando que hay que excluir la participación de la sensualidad en la apreciación del amor. Se intenta, según la mente del autor, corregir el exceso que puede conducir a la ceguera del amor fogoso y precipitado.

> E guardàtive che, imparando Amore, lo pigliate co l'intellecto e non col senso, però che de scienzia deventarebbe doglia [18].

Y una observación final: Las mujeres también son amantes. Frente a las corrientes literarias de corte más idealizado, que generalmente nos presentan a la mujer como amada y el juego del amor empezando siempre por el hombre, aquí y en conexión con una corriente más realista, se nos presenta a las mujeres como *amantes ardorosas* y al hombre, quizá por eso joven, como el amado discutido. ¿Estará aquí un venero más realista de esta temática en conexión con la lírica popular justinianea en Venecia y de la Canción de Amigo de otras literaturas?

> Et non ve imaginate altrimenti donne, se non quanto le vederete vestite, che poi spoliate siano non amande, ma amanti insieme cun voi [19].

Exposición indicativa de la comedia

I

Como hemos dicho, el primer acto es el de la presentación de los personajes. Efectivamente, dejando de lado a Bernardo, que será introducido en el siguiente acto, se nos presenta primeramente a Julio, que en una calle [20] cerca de la casa de Valeria, invoca con frases tradicionales a Dios y a la Fortuna, agradeciéndoles el encontrarse en una ciudad como esta

> Iulio: *Lodato Iddio* che, giovene abbandonato a la fortuna cun puochi danari, me ha condotto in tal città com'è questa, nobile e dignissima, cognosciuto et reverito piú che non merita mia condicione et, piú, inamorato in una leggiadra giovene, nobile e accostumata. E felice me crederebbe, se a tanta altezza potesse aggiongere... o almeno di parlarli una fiata. Forsi che me' paroluzze produrriano algun effecto.
> *O Dio*, poi che sei stato motor del principio, dispositor dil meggio, secúndami a la fine; che ti giuro, se costei me amerà, de portarla meco a la patria, pigliarla per moglie, portando seco dote, e goder beltà, nobeltà e ricchezza insieme [21].

Hay un breve diálogo entre Julio y Oria, donde aquél se le presenta a ella y termina pidiéndole que le recomiende a su señora:

> Iulio: I' sun un zentilomo forestiero, venuto per veder la nobeltà de questa inclita terra e per cognoscer qual sii una Venezia. Ma oltra che sommamente me ha piaciuto la terra, senza comparazion piú queste bellissime gentildonne e fra tutte *vostra Madonna, la giovene; tanto che me ha cavato el core e facto schiavo perpetuo de soa beltà e gentilezza.*
> *Io vi chiedo, di grazia, dicèteli per parte mia che son suo, et a lei degnàtevi raccomandarmi* [22].

Se nos presenta igualmente en sus casas las dos parejas de mujeres formadas por cada una de las protagonistas con su criada respectiva: Valeria con Oria y Angela con Nena. Sus diálogos, independientes, tienen un fondo común: la presencia de Julio, del que se sienten enamoradas.

Valeria expresa su enamoramiento aparentemente con moderación. En su casa, hablando con su criada Oria, averigua furiosamente lo que Julio haya podido manifestar sobre ella.

VALERIA:	Chi xèlo costú? Chi te ha parlao?
ORIA	[*noncurante*] Un forestier vestío da sbisao, cun la spa', col penacio in la bereta, col vestío a la corta, de velúo.
VALERIA:	Xélo un zovene forestier co i cavèi negri?
ORIA:	Madona sí: negri, trezzolài.
VALERIA	[*interessata*] Che díselo?
ORIA:	No l'ho volesto scoltar, mi.
VALERIA	[*d'un fiato, sincera*] O che maladeta zente che xè sorda a i besogni!'
ORIA	[*diffidente*] Sí, che me dissè vilanie, o che me fessè dar de le bastonae a Missier.
VALERIA:	Ti ha ben paura! No sastu tàser queste cosse?
ORIA:	Non le ho voleste scoliar, per no tàserle.
VALERIA:	Estu tanto smemoria, che ti non t'arecorde una parola?
ORIA:	Se no una, per questa Crose! [*si segna*]: la dreana.
VALERIA:	Díla, cun te la scià
ORIA:	Disse: «Recomandème a Madona» [23].

La cortés respuesta que Valeria sugiere a Oria, si encuentra nuevamente a Julio, es muy significativa y a la vez llena de una astucia femenina:

VALERIA:	Non esser cussí descortese. Se ti 'l scontre, fai reverenzia e di': «*La Madona ve rengrazia*»: sastu?
ORIA:	No veio che Missier me çiga, po.
VALERIA:	No çercar de Missier. Ti fa çio che te dico mi, e tasi. Hastu inteso?
ORIA:	Madona sí [24].

El amor de Angela hacia Julio es más apasionado y ardoroso. Empieza su conversación con Nena que está acostada, expresándolo así:

ANGELA	[*Entra con un lume in mano, e chiama, a bassa voce*] Nena, dolçe mea Nena, dòrmistu, fia?
NENA	[*si rivolta sonnacchiosa nel letto*] Volea far un soneto, ché sun straca de voltarmi in questo benedeto leto.
ANGELA	[*sospirando*] Ti xè in leto, e mi nel fuogo che me consuma.
NENA	[*si risveglia del tutto e balza a sedere sul letto, allarmata*] Che disèu de fuogo?
ANGELA:	Le mie carne brúsciano. Moro de doia [25].

La criada piensa que su señora tiene fiebre y que al día siguiente llamará al médico para que la pueda curar. Ante las falsas interpretaciones de la enfermedad de Angela, ésta va dando detalles del médico que en realidad ella pide y necesita:

ANGELA:	Digo un sol, che xè un viso de anzolo, un musin d'oro, vegnuo qua dal Paradiso.

NENA	[*fa per voltarsi*] Madona, tuti xè uomini.
ANGELA:	Sí, ma questo xè el megio de quanti xè in Veniesa, in Levante, in Teraferma, in tut'el mondo.
NENA	[*sbadigliando*] Ve par cussì, perché vu ghe volè ben.
ANGELA	[*con foga*] Che ben! El xè el mio tesoro, le mie zoie, el mio Dio! [26].

La pena de Angela se ve aumentada también por los celos que siente hacia su vecina, la joven Valeria.

NENA:	Fèlo vegnir, se 'nd' avè tanta voia.
ANGELA	[*avvilita*] Non vul vardarme soto el paneselo: el me crede vecia. E po el xè inamorao in Valiera, qua presso casa [27].

Y en esta situación siguen los detalles de un crudo erotismo entre Angela y su criada Nena, a la que quiere mentalmente sustituir por la presencia del joven Julio.

II

El segundo acto empieza en el mismo escenario en que había comenzado el primero: Una calle cercana a la casa de Valeria. En conexión con el final del acto anterior, Nena va a buscar a Julio, que, se nos dice, se encuentra hospedado en la «Ostaría del Pavon». A Nena parece difícil encontrar la solución adecuada y en este momento entra en escena Bernardo,

Bernardo fachin, che xè pratico, secreto e fidato de casa [28].

Nena descubre a Bernardo la situación y el enamoramiento de su señora y le requiere para que le ayude a encontrar la solución a los deseos de Angela

NENA:	Caro Bernardo, la 'de xè cota, che mai: no la puol dormir, né manzar gnente, si no sòrber qualche vovo, o tuor un puoco de pignocà.
BERNARDO:	Poh! icsí fa la milizia d'Amor: cha, s'an scusa in princípi tribulazió, e' doventa plasí po.
NENA:	Sastu zò che la voràve?
BERNARDO:	Nol so fiss, ma ol pense bé.
NENA	[*insinuante*] Se ti bastasse l'animo de trovar costú e parlarghe...
BERNARDO	[*sprezzante*] A' m'bastaràf l'anim de parlà a ol Dus.
NENA:	Cussí digo mi. Mi vorae che te 'l menasse in casa, che 'l no savesse come el fusse vegnuo: no sciò a che partío, mi ...
BERNARDO	[*ammicca*] S'a'l vorà lassàs governà, ol condurèm com s' fa la roba sanza pagà ol dazi.
NENA:	No so mo, se esso serà contento.
BERNARDO:	A'l nol gh'è om, ch'a' nol gh'plasi *vita dulcedo* [29].

536

Entre los dos traman la forma más propicia para conseguir el objetivo de llevar a Julio a casa de Angela.

Hay algunas citas de frases litúrgicas de la «Salve», pero interpretadas en sentido de parodia. Esta reminiscencia de la poesía juglaresca medieval donde esto era habitual, refleja, por una parte, la conexión de la obra con el ambiente popular y por otra descubre matices culturales de la personalidad del autor de la obra.

A su vez, Oria habla con Julio. Este es quien lleva la iniciativa en el diálogo y Oria responde a sus preguntas e indicaciones. El deseo de Julio queda expresado de esta manera:

IULIO	Sorella cara, dicèteme: non potrei io aver tanta grazia da Sua Signoria, che li potesse parlar diece parole? Che poi me chiamerei contentissimo.
ORIA	[*si mostra turbata*] Co, Missier? Volíu che 'l marío la maze? Ché la xè noviza.
IULIO	Piú presto ammazzar me, che lei! Non volio che, per un quarto d'ora, farle saper che gli sur servo, e non altro.
ORIA	Puoh! per sí puoco mi credo che Madona serà contenta, perché la xè cortese [30].

Se podría pensar que la intervención directa de Oria debería hacer inclinar la balanza primeramente hacia Valeria, sin embargo, en la realidad esto no resulta así. Se puede sospechar que en la trama de la obra quizá se quiera poner de relieve la importancia de los intermediarios, es decir, en este caso de Bernardo.

Por otra parte, Nena, una vez en casa, comunica a Angela, siempre preocupada por la apariencia de su honestidad, lo que ha hablado con Bernardo. La viuda enamorada, con tal de conseguir su propósito, se siente generosa para agradecer sus trabajos tanto a Nena como a Bernardo.

En la conocida calle junto a la casa de Valeria, Bernardo espera a Julio, a quien ha buscado inutilmente por otros lugares de Venecia, como el «Pavone», «Rialto» o «San Marco». Se entabla la conversación, y ante la velada promesa de Bernardo, Julio se ofrece generoso a obedecer las indicaciones del intermediario.

IULIO	Ah, ah! che voce de angelo! Se non vòi altro, eccome al tuo comando, e quanto tengo: roba e famiglii, questa persona; e, piú, esserti schiavo [31].

Julio debe dejarse llevar por Bernardo, que lo trasladará al lugar conveniente en góndola.

IULIO	[*esitante*] Io ho mal pratica de strate. E poi, armato, non sciò quanto serei securo.

BERNARDO Af menerò in la gondola, senza perígol, e sí f' porterò sin a la camara. Volíf plú, mo? [32]

Juramentados sobre su lealtad de gibelinos, aunque Julio se supone súbdito del Duque de Milán, se citan para las cuatro horas (después de haberse puesto el sol), es decir, hacia las diez de la noche.

Mientras Bernardo se dirige a casa de Angela, Julio, solo, se admira de haber encontrado en ese día demasiadas gracias: la promesa de Oria por la mañana y la invitación de Bernardo ahora. Duda sobre qué plan deberá escoger. Al final, con un razonamiento pragmático se decide por la propuesta de Bernardo, que podría coincidir con la de Oria, y esperará al «facchino» preparado y armado.

> Or i' voglio aderèr al facchino, perché li fatti se debon preponer a le parole. Quello è dubio; questo a me par certo. Quella ho pregato; costui me prega.
> E forsi che la pratica è una: che lei, non fidata de la fantesca, ha interposto el facchino; ché, per forza de denari, tal nazion spargerebbe il sangue: fidatissima.
> Bene, io lo expectarò e starò parato, cun mie arme, in zuppon di broccato, con la scoffia, spada e targa; e provarò mia fortuna. Colei, se questa non è, non sapendo tal cosa, me averà excusato. E po excusa non mancarà dimane sera. Dio ce adiutì! [33]

Bernardo, en casa de Angela, se presenta alegre e incluso con la ironía de solicitar, además del dinero, un par de medias rojas [34]. Después expone lo convenido, pero resaltando la dificultad y al mismo tiempo el éxito de su mediación. Bernardo reitera la hora acordada y Angela recomienda la discreción que guarde oportunamente su aparente honorabilidad.

BERNARDO Certissem! A quater ori el menarò ol preson, mi. [*Ambiguo*] Voràf ch'a' gh'fessèf boni spesi.
ANGELA [*gli fa cenno di star zitto*] Ohimè! no parlar pí.
BERNARDO A'l'è lu tal com u angiol.
ANGELA El xè tropo belo per mi.
BERNARDO Mo via, dèm da bif. [*Angela pronta gli porge un boccale di vino, ch'egli vuota, e poi parla*] E spetèm a li quater ori. E parecià un po' de colazió.
ANGELA Zò che ti vul.
BERNARDO [*appressandosi alla porta*] Volíf oter, alò?
ANGELA [*preoccupata, posandogli una mano sulla spalla*] Bernardo, che ti aba secreto, frar. Pensa che non m'aría fidao del primo parente ch'aba in Veniesa [35].

III

El tercer acto viene a ser la culminación de lo preparado en el anterior. A la primera escena en el atrio de la planta baja de la casa de Valeria, que espera inutilmente la llegada de Julio, se contraponen las restantes escenas en casa de Angela con el encuentro amoroso y prolongado de Julio con ella.

Valeria y Oria, después de oir las campanadas que indican la hora convenida, buscan alguna razonable explicación a la no llegada de Julio. A Valeria le pasa por el pensamiento la sospecha de lo que en realidad sucede, lamentándose de la ocasión perdida y ponderando al mismo tiempo las cualidades de este joven extranjero.

ORIA	Che? Disè.
VALERIA	Qualche morosa che vul dormir co esso.
ORIA	[*ride incredula*] Sí, oxèle!
VALERIA	L'è mana che no se cata cussí per tuto, questi fii che par anzolì. E po el xè forestier, che se ne pul piàr piaser, e po va fuora, che no ti sta sempre in gli oci [36].

En las gradas del portón abierto de la casa de Angela que da sobre el canal se detiene una góndola. En ella vienen Bernardo y Julio. Este se maravilla de la belleza del palacio en el que ha entrado. Bernardo lo conduce primero a la cocina, donde encuentran a Nena, y después a una rica y adornada habitación del entresuelo, en la que hay una mesa bien preparada con alimentos y bebidas con mención especial del licor de Candia. Angela, que ha espiado la llegada de Julio, se prepara entretanto en una habitación contigua.

Empieza la escena tercera, que, interrumpida en la obra escrita por el diálogo entre Nena y Bernardo de la escena cuarta, forma en realidad un todo con la escena quinta y la segunda mitad de la sexta. Es la *parte más erótica de la obra*. Después del saludo de Angela y su presentación a Julio, se inicia el diálogo entre ambos, que ya desde el principio está marcado por el apasionamiento de la protagonista, si bien externa y aparentemente pide excusas por todo lo que pueda decir o hacer.

ANGELA	*Cor mio*, ti prego che te me voie aver excusàa, s'acussi grossamente e liçenziosamente te ho fato vegnir qua, e se prosumptuosamente parlasse, o fesse qualche cossa che non ti paresse conveniente; perché el fogo del to amor, che me bruscia, me ha infiamàa come dopièr [37].

A lo que contesta con idéntica generosidad y en igual medida Julio:

IULIO	Signora mia la beltà e nobeltà vostra è tanta, che ogni vostra cosa a me parerà cortese. Né non è necessario excusarvi, perocché *vi dono questa persona, questa anima*; e, da qua avanti, *sii vostro il tutto e non piú mio*.
ANGELA	*Lo açeto, anima mia. E cussí tu pía la mia, che xè tuta toa.*
IULIO	[*pigliandola per la vita*] *Et io la piglio, insieme cun questa persona, per mia Signora e Dio* [38].

La entrega verbal que mutuamente se han hecho de sus personas se va a ir realizando a través de detalladas manifestaciones amorosas y eróticas.

Dos momentos importantes son aquellos en los que, por una parte, Angela exige a Julio *un juramento sobre los Evangelios del amor que le tiene a ella sola*, y por otra, la amante entrega al joven *la cadenita de oro* con una piedra preciosa. A través de un breve diálogo se expresa lo primero:

> ANGELA Hastu morosa qua in Venesa?
> IULIO   Vi dirò: una zentildonna me ha festeggiato algune volte da la finestra; ma mai gli ho parlato.
> ANGELA O' stàla costíe?
> IULIO   Credo a San Bàrnaba. Non sciò però de certo.
> ANGELA Aldi zò che ti digo: se mi credesse che ti tocasse altra dona, morería qua d'angonsa in le to braze.
> IULIO   *Poi che Vostra Signoria se è degnata amarmi, voglio voi sola, et tutto mio amor et contento mettre in voi.*
> ANGELA Cussí voio che ti zura ancora.
> IULIO   Cussí giuro, e faccio voto [39].

El *segundo* momento tiene esta significativa y acalorada manifestación:

> ANGELA Fio caro, dolce, belo, d'oro, daspò che t'ho donào la persona e la vita, voio che per amor mio ti açeti anco questo puoco presente [*si toglie dal collo una catenella d'oro con una pietra preziosa*] questa caenela d'oro, che sempre xè stà compagna de la to tetina, e questo smeraldin: una, perché ti t'arecordi che ti xè ligao a mi per sempre; l'altro, perché ti sapa che l'amor mio xè che no ti tochi altra dona che viva. E, te prego, açètali cun quel cuor che te li dono. E, in rimunerazion de ogni cossa, non voio che un sol baseto da ti.
> IULIO   Se io refudasse cosa che Vostra Signoria me donasse, parería esser villano, perché non avere' animo de remunerarle. Ma io lo accepto, poi che cosí volete. [*Prende la catenella e se la mette al collo*] Lo amor mio in voi non accade piú arecordarlo, però che e morto e vivo, Iulio è vostro. E poi volete un baso? Sun contento; ma degnàtive de darmi lo contraccambio [40].

Las escenas amorosas entre Angela y Julio se nos presentan interrumpidas en el texto por la conversación, que, entre tanto, y en la habitación superior, tienen Bernardo y Nena. Es un comentario lleno de picardía y de malicia realista sobre lo que supuestamente sucede entre los amantes. Con malicia escuchan lo que pudiera oirse desde el dormitorio que se encuentra debajo de la cocina. Están atentos al paso del tiempo y vienen a ser en esto y en otros detalles el contrapunto picaresco del encuentro amoroso de Angela con Julio. Todo ello expresado en un lenguaje crudo y a través de metáforas populares que expresan esas manifestaciones eróticas.

BERNARDO	[*alzandosi in piedi*] Orbé! A' n'è plu tep da poltronezà. Costor no fornaràf ma' de menà la polenta. A' i vòi ciamar, mi.
NENA	Làssai ancora un grozeto.
	[*Suonano le tredici*].
BERNARDO	Ah, diavol! n'het sentut? Tres ori. A'l scomenza a fà dí. Avri un po' la finestra.
NENA	[*va ad aprirla: filtra nella stanza la luce dell'alba*] Iih! el xè pí tardi che no credea.
BERNARDO	Poh sí, a' camini a ciamà, s'ti vurí. Maidè, ol diavol! a' i no pensa sti noveli, lor. [*Scende la scala, davanti a Nena, e va verso la porta del mezzanino*].
NENA	[*sottovoce*] Bati pian pian a l'usso.
BERNARDO	[*va a bussare*] Lassa un puo' fà quest'om. [*Bussa*] Ta! ta! [42].

La despedida, en consonancia con todo lo anterior, está cargada de pimienta gruesa en labios de Bernardo. Angela consigna su amante al mozo, pero manifestando al mismo tiempo su pena por la separación obligada. Julio y Angela se expresan sus mutuos sentimientos de amor y sus promesas.

IULIO	Signora e madonna mia, lasso qui l'anima, e il corpo porto. Vol altro Vostra Signoria comandarmi?
ANGELA	Una sol cossa: recomandarti Anzola e recordarti zò che ti ha promesso.
IULIO	[*sollevando con due dita la catenella appesa al collo*] Questo porto meco per sempiterno recordo. [*S'avvia*].
ANGELA	Me recomando ancora.
IULIO	[*volgendosi*] Resti contenta e felice Vostra Signoria e mi abi per suo servo fidelissimo. [*Esce dal portore sulla gradinata*] [42].

Finalmente, Julio y Bernardo suben a la góndola, que esperaba en el canal, para dirigirse al punto de partida. Pero Julio (se dice expresamente) se va sin conocer el nombre de la apasionada amante con la que ha pasado la velada.

IV

El cuarto acto va a hacer entrar en acción a la otra pareja femenina (Valeria y Oria) que planearán el inclinar la voluntad del joven Julio hacia su lado.

Empieza la primera escena con la presencia de Oria en la calle y manifestando su dolorosa complejidad ante la ausencia de Julio en casa de su señora a la hora convenida.

ORIA	Cussí no l'ha ben. L'altro zorno Madona gera vergonzosa; mo xè fastidiosa. Perché el zovene no xè vegnuo, me manda a l'Osteria a veder zò che 'l sa dir.

>Ghe voio dir che 'l xè travegnuo uno pericolo grande, perché no 'l xè vegnuo; e pregarlo che questa sera voia vegnir.
>Forse che esso ha credesto che mi fusse bosàra. Ma adesso voio parlar ciaro, che l'intenda. [*Si allontana*] [43].

Se supone, en el contexto, que Oria se ha entrevistado con Julio y le ha urgido la invitación de parte de Valeria. Después, Julio aparece solo en la misma calle, expresando sus dudas ante la doble posibilidad amorosa que se abre a sus deseos. Hace una referencia a la Fortuna tan variable, que se manifiesta a veces avara, a veces pródiga. El se inclinaría por mantenerse fiel al amor que ya ha gustado, pero a la vez quiere ser cortés y educado con la petición que había hecho de hablar con Valeria y que por los signos reconoce aceptada.

IULIO O Venezia, benigna a' forestieri, cortese a' gioveni, come ha produtto donne de tanta bellezza e amor, che or tanto me han posto in travaglio, che non sciò qual parte me piglii per la megliore!
Quella matrona, venusta, ricca e infiammata me ha dato el core e l'anima; et non ha voluto palesarsi. E cun quanta arte me ha voluto goder, che non sappi, non cognosca né lei, né casa, né parentado o contrata!. E pur me ha pigliato per unico caro; dato sacramento tanto stretto de observarli fede. E forsi che cun ragion lo ha fatto, però che è nobilissima vidua o coniugata.
Cun respecto grandessimo costei mo, ch'è sin qua stata dura, me vol doppi quella.
Fortuna, sempre sei viziata, or avara or prodiga. Difficile satisfar a una, impossibile a due. Non sciò qual parte me piglii, ma certo a me pare che la prima promessa fede deba esser observata; a lei sola attendere maggiormente, che volontaria se ha offerto, me ha cercato, abbrazzato, donato, reverito, adorato.
In fine questa apena me convita al parlare. [*Pausa*]. Iulio, non fosti mai scortese. Va' lí, pàrlali et, fingendo de dargli tedio, cerca licenzia, taglia la pratica, làscela; non te impedir in lei.
E se fosse piú bella, come farae?
Che! Pensa che non serà tanto zentile e cortese. [*Risoluto*] Questo è deliberato: andargli e bellamente, offerendosi occasion, spezzar ogni suo disegno; et solo attender a la mia Diva. [*Tocca e guarda il dono che tiene sotto il bavero*] Ecco il smeraldo, lo suo amor; e la catena che ti ricorda che le sei servo. questo abi in memoria, e non romperai la promesa fede. [*Parte*] [44].

En la habitación superior de la casa de Valeria, ésta y Oria hablan sobre la esperada venida de Julio (con cierto temor, ya que no lo hizo la noche anterior) y se preparan para esperarlo adecuadamente a la misma hora convenida (a las tres horas después de la puesta del sol). Bajan a la planta baja de la casa

VALERIA Vegnerà Iulio, como ti ha dito? Dílo un'altra volta, mia dolce Oria.
ORIA No avèu inteso, che sí? A tre ore.

VALERIA	Ti disèvi confortarlo, che no 'l dubitasse de gnente.
ORIA	El disse che vegnirà, e senza falo; e n'ho sapuo che responder, mi.
VALERIA	Sta ben. Che ora xè adesso?
ORIA	Do sonae.
VALERIA	Voio che andamo da basso.
ORIA	Cussí presto?
VALERIA	No sastu zò che se dise? Chi ha tempo, non speta tempo.
ORIA	Mi no ghe volo star sempre. Quandu vu ghe serè stà un pezeto, tornarò indrío.
VALERIA	Che crèdistu, che 'l voia tegnir a zanzàr? Mi non voio altro da esso, ca saver se 'l me vul ben; e po ordenarò zò che l'averà da far.
ORIA	Volèu che porta candela?
VALERIA	Pòrtala, che ti la tegnarà de drio la porta, ascosa. [*Oria torna con una candena accesa*]. Andamo tosto [45].

Llega Julio a la casa de Valeria y, encontrando la puerta abierta, entra impetuosamente:

IULIO	[*tutto armato, come all'altro appuntamento*] Peggior andata è questa de l'altra; ché quella era secura, questa periculosa. Quella non sperata è stata optima, questa ordinata serà tristissima. Salvo se la grande gentilezza o qualche gratissima accoglienza non fusse causa de voltarmi l'animo. Lo experimentar è cosa bellissima, per aver avvantaggio in cognoscer. Vado, et ov'è apiacere... Forsi che no? [*Dopo breve esitazione si decide e si avvia*] Non piú. Ecco, questo è lo cantone, di che me ha instruito la fantesca. La porta [è] aperta. Voglio entrar galiardamente, azziò, se lí fosse aguàito, lo vegia subito. [*Entra con impeto*] [46].

El recibimiento de Valeria es áspero y desconfiado, casi lleno de reproches y con la supuesta pregunta sobre la ausencia de la noche anterior.

VALERIA	[*con asprezza, risentita*] Ben par in chi xè puoco amor e fede: quando abe sognao afidarlo e po 'ncora no s'ha fidao, ch'ha volesto venir armao.
IULIO	Signora, le arme son necessarie a un giovene, maxime forestier, per diversi rispecti.
VALERIA	Chi non ama, in un luogo non ha anche bisogno vardarse de inimisi.
IULIO	Se Vostra Signoria non m'è amica, è inimica Quella, cognosco. Piú non. [*Si muove per tornare indietro, ma Valeria gli fa cenno di fermarsi*].
VALERIA	Disè: perché non siu vogiuo vegnèr iersera?
IULIO	[*con fare indifferente*] Fó, per esser un puoco fastidicto, che non mi parse escir di casa.
VALERIA	[*acerba*] O che amor! quando un puoco de fastidio lo tien in casa.
IULIO	[*cortese, con affettazione*] Perzò non resta che non sii servo di Vostra Signoria e che Quella non ami più che me istesso [47].

Pero la conversación ya ha empezado y toma un camino más sereno:

VALERIA	[*fissandolo*] Disè, se Dio ve guarda: perché comenzassi cuscí a guardarme?
IULIO	La bellezza e zentilezza vostra, la prima fiata che io ve vidi, me ligorno per vostro perpetuo pregione.
VALERIA	In che luogo me vedessi?
IULIO	In chiesa, a quelle mòneghe, ove era festa.
VALERIA	Non savèvu che gera noviza?
IULIO	I non pensai se non a la grazia et beltà de Vostra Signoria. [*Si inchina, e la catenella esce un momento di sotto al bavero, sicché Valeria la scorge*] [48].

En este momento, casualmente, la cadenita que lleva al cuello Julio, regalo de Angela y signo de su comprometido amor, asoma colgando de su cuello. Ello, al descubrir Oria su parecido con la cadena de Angela, motiva la discusión. Y la sospecha de Oria se hace casi clara certeza para Valeria, de que es la misma.

VALERIA	Che cossa xè questa che avè cussí al colo, soto el bavaro? Lassèla vèder, de grazia.
IULIO	[*facendo il disinvolto*] E 'na catena d'oro.
VALERIA	Lassèla un poco vèder.
IULIO	Lévela Vostra Signoria, e sii la soa, se gli piace.
VALERIA	[*tirandola a sé ed examinandola insieme con Oria*] Questa catena xè cossa de Veniesa.
IULIO	Signora, qui l'ho comprata.
ORIA	[*d'improvviso*] Magnifica Madona, savè a che la someia? A quela che portava Madona Anzola, avanti che moresse so marío.
VALERIA	Sí, per la fede mia; digo che la xè quela, mi.
IULIO	[*pronto*] Pode esser, Signora, che l'ha facta vender.
VALERIA	[*alzando la voce*] Questa xè la magagna! Basta, intendo ben.
IULIO	[*facendo l'atto di togliersela dal collo*] Se Vostra Signoria se degna, le ne faccio un presente a Quella.
VALERIA	[*fermandolo*] Dio me ne guardi! La catena no xè compràa, ma donàa.
IULIO	[*impermalito*] Vostra Signoria ben me crede puoco, quando non mi prestate fede in questa piccol cosa.
VALERIA	Missier Iulio, se vu fossè stà cussí fidele come mi, no avessè questa catena. M'avèu inteso?
IULIO	Già Vostra Signoria ha preso triste opinion de quello che io non sciò [49].

Valeria sospecha lo ocurrido y relaciona la ausencia de Julio a la cita, con la cadenita de Angela. Valeria se siente menospreciada ante la posible preferencia de Angela. La conversación se encrespa y resulta humillante para Julio.

VALERIA	Lo fastidio de iersera xè una bela soia.
IULIO	[*confuso*] Perdòname Vostra signoria, ché non è soia alguna.
VALERIA	Anzola faràve meio a viver ben e non çercar quelo che la non diè.
IULIO	Già sète turbata; e non sapete la causa.

VALERIA	[*col pianto nella voce*] Basta! Anzola e vu m'avè assassinàa.
IULIO	Non, che io sappi.
VALERIA	La caèna, che xè al colo, lo prova.
IULIO	I' non sciò che piú replicare.
VALERIA	Missier, andè. E vardè da qua indrío no tratar cussí zentildone. E disè a Anzola che Valiera ghe renderà el cambio, col tempo.
IULIO	Me raccomando a Vostra Signoria. [*Si inchina ed esce*].
VALERIA	[*sarcastica*] Racomandève a Anzola, e no a mi [51].

Por la reacción de Valeria se advierte que conoce bien a Angela y que ésta es viuda por las palabras anteriores de Oria. Ante el inesperado y poco gratificante final de la cita en casa de Valeria, y, todo ello motivado por el significativo recuerdo que Julio lleva al cuello, éste piensa que la fuerza de su amor se puede inclinar hacia Angela, resolviendo así su indecisión electiva e incluso aprovechando en su causa el odio que Valeria en este caso le ha manifestado abiertamente.

	[*Fuori, in calle, tutto turbato*].
IULIO	Vedi lo diavolo como ha cognosciuto la catenella! E dice che Anzola è vidua. Ben se cognoscoro insieme. Son rimasto confuso.
	Se lei piú non me amarà, tanto piú serò grato a l'altra. E posa che costei è suspiziosa, saría suttil cosa che li manifestassi l'odio; et quella, accorgendosi, se me ama, se accenderà piú.
	La cosa, sí come desiderava, è resolta: de restar cum un pesc solo. Perché doi sono troppo; non a me, ma a un gigante, se fosse ben mazor de Atlas [52].

V

En la complexión de la comedia el acto V se encuentra intimamente enlazado con el IV por la personalidad, variable y psicológicamente afectada, de Valeria. Sus reacciones sólo pergueñadas, se nos revelan suficientemente dominadas por los celos, en relación a su antagonista, Angela, y por su amor a Julio. En la escena quinta del acto anterior, el diálogo entre Julio y Valeria tiene como fuerza desencadenante los celos, ahora va a irse desarrollando el otro sentimiento del amor a Julio, que superando los celos anteriormente sentidos, llegará a su culminación al final de este acto.

Hay un perfecto paralelismo entre las dos escenas iniciales de los actos IV y V.

ORIA	Cussí no l'ha be. L'altro zorno Madona gera vergonzosa; mo xè fastidiosa. Perché el zovene no xè vegnuo, me manda a l'Osteria a veder zò che 'l sa dir.

VALERIA	Basta! Non se diè inganar alcun, savè, Misser Iulio? No, no se diè cussí sbefizar una povera iovene zentildona. Mi non sun da manco de Anzola.
IULIO	Io non intendo.
VALERIA	Missier Iulio, questo non meritava. Pazienzia! Anzola xè stà pí venturàa che mi.
IULIO	Me dolio esser venuto qui per fastidio de Vostra Signoria.
VALERIA	[*fiera ribattendo*] E mi digo che avè fato ben a vegnèr; che Dio cussí ha volesto, per farme saver che no me volè giozo de ben: azó che no ve varda pí drio.
IULIO	Di questo non sciò che responder a Vostra Signoria.
VALERIA	Disè co volè; che vu avè gran torto contra de mi.
IULIO	Se cussí volete, lo confesso [50].

Valeria se siente deshecha, promete vengarse de Angela y hasta desprecia la reverencial despedida de Julio.

	[*Calle presso la casa di Valeria. A lato il canale*].
ORIA	O Dio, Dio! chi xè mai quel savio, se 'nde fosse ben predicador, che savesse compiàser a una zentildona! Iersera Madona gera scorazàa cun Missier Iulio e non l'ha volesto a parte nissuna; adesso essa xè rabiosa, e lo vul, o vivo o morto; e non vul pí parlar né de Madona Anzola né de Missier Anzol [53].

Oria debe llevar a Julio una carta de parte de su señora para hacer las paces.

> Me manda a portarghe questa letera, che cum gi oci bagnai sta note ha scrita, e vul che 'l prega a vegnir stasera, ché la vul far la pase. No la pensa se no in esso e no parla si no de esso.
> Tuta la note no m'ha lassao dormir. Sempre: «Oria, fia, sun morta, ché Iulio xè scorazao e no me vorà piú vèder». E mi diçea: «Perché l'avèu cazao?» Essa diçea: «Perché gera tropo zelosa». E cussí m'ha sempre tegnuo dessedàa. Pazienzia! «Sastu zò che ti h'a dir a Misser Iulio? Che 'l vegna e che non guarda a parole, che Madona xè pi desiderosa de esso che de manzar, e che, come el zonze, el vada in leto a far la pase». Sí dirò, per l'anima mia; e cossí serà fornío ogni fastidio [54].

Bernardo se encuentra con Julio y ambos recuerdan su encuentro anterior para ir a casa de Angela. El «facchino» le dice al joven que viene para hablarle de la misma canción. Al separarse Bernardo se encuentra con Oria, que se manifiesta despreciativa con él. Oria habla directamente con Julio, al que hace una insistente invitación para visitar a su señora esa misma tarde, diciéndole que ella está medio muerta. Según Oria, Julio puede consolarla y ella está dolida del comportamiento de la tarde anterior.

ORIA	[*raggiungendo Iulio, che pare voler evitarla*] Misser Iulio, alda do parole la Vostra Magnificenzia.

IULIO	[*fingiendo di non averla subito riconosciuta*] Madama...? Madama Oria? Perdonateme, sorella mia, che non sapevo qual fosti. Che bisogna da me?
ORIA	Caro Misser Iulio, daspò che iarsera vu partissi da Madona Valiera cussí da mala voglia, scorezà, mai essa ha podesto règiar. Sempre la xè stà in pianto. Digo che la xè meza morta. Il xè forza che vu vegnè questa sera a consolarla, si no che la morerà de doia. Caro Missier Iulio belo, vegnè là vu sarè causa de vostro gran ben e so.
IULIO	[*serio*] Me spiace assai che Madonna Valiera abi aúto alcun scontento, et tanto che Dio scià; perché io gli so' ben servitore, et me rencrescie che in me non sii modo de potergli levar tal male, ché lo farei volunteri.
ORIA	Che! che! no avè modo? A punto, tuto el modo da varirla sta in vu. Se vegnè subito, essa guarirà.
IULIO	Non vorrei poi, venendo, esser causa de maggior male suo. Lei è collerica et non mi crede. Come me veggia, se adirerà tanto, che gli nocerà poi.
ORIA	[*interrompendolo*] No disè questo. Ché la xé grama de quelo che la sea stà scorozà cu vu, e sempre s'ha dolesto de questo. Adesso no la vul pí çigar di gnente, si no tanto quanto volè vu, et ve vul per tuto el so onor et anima [55].

Julio responde poniendo la excusa de querer ir a Padua esa tarde a ver a sus parientes que vienen al «Estudio» [56]. Oria, notándolo, rechaza su excusa y le insta a visitar a su señora. Al final consigue su objetivo.

IULIO	Rengrazia Sua Signoria; ma io non sciò che me fare, perché vorrei andar a Padoa in questa notte, per attrovar mei parenti che mo vengono al Studio.
ORIA	Misser, no 'l bisogna scusa qua. Vedè: el xè forza che vegnè. E po, quando serè stà co essa, andarè po dove ve piaserà.
IULIO	E como è tanta forza?
ORIA	Ché bisogna parlar: ché la muor, se no la fa pase con vu.
IULIO	[*stendendole la destra*] Porgeteme la man, che mi faccio bona pace cun voi, per nome suo.
ORIA	[*tirando indietro la propria mano*] Digo che no 'l val gnente; ché la vul issa tocarve la man. [*Gli porge la lettera, ch'egli si mette subito a leggere, e intanto gli parla in un orecchio*] E po, se volè che ve 'l diga, per ogni triste parola che v'e' dito, la vul tante volte basarve.
IULIO	[*raggiante, riponendo la lettera*] Or volete che venga?
ORIA	[*tutta lieta*] Sí, dolçe, caro c'oro, Missier Iulio.
IULIO	A qual ora?
ORIA	Como l'altro zorno... maladeto.
IULIO	Dio voglii che non sii cusí questo.
ORIA	Tegnè çerto che 'l serà benedeto.
IULIO	Or so' contento. Expetàtime, e salutate Madonna per nome mio, et a lei, sino che vengo, raccomandatime.
ORIA	Romagnè in pase. [*Si allontana*] [57].

Después de haber cedido ante la insistencia de Oria, de nuevo se le presenta a Julio la difícil disyuntiva de tener que escoger uno de los dos planes, simultáneos y equivalentes, que se presentan a su elección. Al final se inclinará esta vez y «per mutar cibo» a seguir la invitación de Oria.

>IULIO De novo so' entrato ne la via de Croce. A doe a doe vanno le venture mie: per non esser senza fastidio, vedi? in un tempo lo facchino e la fantesca. [*Imbarazzato*] E como resolverò lo garbuglio, che non resti inciampato nello modo? Zuro per la Fede Sancta! ... [*S'interrompe, ma poi gli si illumina il volto a un tratto*] Salvo che, venendo lo facchino, non voglia io montar in gondola, se non me dice lo nome de colei. Lui certo lo recuserà, e io, como accorrozzato, gli darò repulsa, et andarò a Valiera, per mutar cibo [58].

Bernardo, que, silbando, llama a Julio para dirigirse a casa de Angela, encuentra a Julio recalcitrante y poniendo como condición que le diga el nombre y la dirección de la amiga. Esta pequeña, pero significativa condición será la causa externa determinante que inclinará a Julio a ir a la casa de Valeria.

>IULIO So' contento; ma, avanti che entri, voglio che me dichi como ha nome l'amico e de che casa è; perché non voglio viver piú frenetico in racordarmi cantoni.
>BERNARDO [*stupito*] Che gril ve beca adess gli oreci? No 'l so;e, se l'savèss, no 'l diríf.
>IULIO Se non vòi dirlo, né io voglio venire.
>BERNARDO A' crez ch'a' siè fo' dol cervel, mi. No savíf o' v'hoi menà?
>IULIO Lo sciò ma io voglio saperlo meglio.
>BERNARDO [*beffandolo*] Maidè, a 'l di' esser strac ol caval, che 'l ropèta icsí col cul.
>IULIO [*seccato*] O stracco o gagliardo: m'hai enteso.
>BERNARDO [*manovrando col remo per voltare la barca*] A' la va mal, quat ol puza li rusi.
>IULIO Non piú! Questo è deliberato.
>BERNARDO [*malizioso*] A' l'ho mi entisa, che a' volí slongarla a domà.
>IULIO Va', di' a Madonna che piú non voglio vegnir, se non sciò lo nome suo [59].

Julio se siente contento de que su nuevo plan haya conseguido su objetivo.

>IULIO Ecco, lo disegno como è riuscito. [*Risoluto, rimettendosi in cammino*] Ad Oria! Iulio, non piú tardar, ché lo tempo scorre. [*Riguardando dalla parte dov'era Bernardo*] Costui, se tornarà, non trovandomi, non avrà meggio molestarmi per questa sera. [*Esce*] [60].

Oria y Valeria esperan con la puerta abierta la llegada de Julio. Los pasos lejanos, que se oyen hacen, adivinar la ansiada cercanía del joven amante.

>ORIA [*in ascolto*] Madona Valiera, che pagassè mo, che questo che vien cussí pestezando fosse Missier Iulio?
>VALERIA Sastu zò che pagarave? Tanto co val questo anelo che porto in questo deo.
>ORIA [*sospesa*] Pian! ché çerto el xè quelo.
>VALERIA Se ti fossi indovina, ti vorave pí ben che non voio a la Laurina, mia suor.

ORIA	Che sí! Tasè mo, e scoltè un puoco. [*Iulio appare nel vano del portone. Oria volgendosi ridente a Valeria*] Xélo mo quelo? [*E si fa incontro a Iulio*] Bona note, Missier.
IULIO	[*che nella semioscurità non l'ha subito veduta*] Chi è qui? Bona notte [61].

Alrededor del verbo «guadagnare» todos se sienten concitados y todos han salido ganando.

ORIA	Missier Iulio, vu m'avè fato vadagnar tuto l'amor de Madona, a vegnir cussí adesso.
IULIO	Mi piace; et so che ho guadagnato.
VALERIA	[*facendosi innanzi*] Vu avè guadagnà un corpo e un'anima che gera persa, se no vegneve a vederla.
IULIO	Signora, non volio aver guadagnato più che la grazia de Vostra Signoria, ché Quella se degna avermi in servitore suo.
VALERIA	Digo in mio mazor. Vu savè ben che pena m'avè dà, perché ho volesto esserve mazora. Ma da qua avanti voio esserve menora in ogni canto.
IULIO	Non dica questo Vostra Signoria, ché io non merito tanto [62].

Es el momento de hacer las paces. A ello se aprestan gustosos tanto Valeria, presentando sus excusas, como Julio con la expresión de su rendida servidumbre amorosa y exclusiva hacia la nueva amante amada.

ORIA	Magnifica Madona, ormai xè tempo che Misser Iulio faza quela pase che volea far co mi, quando non volsi.
VALERIA	[*appassionata*] Misser Iulio, cor mio, perché sète tanto crudel verso de mi?
IULIO	Crudel verso Vostra Signoria? Dio, non lo consentir. Anzi umanissimo verso la mia Diva: è ben tuto che io spero.
VALERIA	Se xè cussí, voio che vu siè mio; e che vu me perdonè, se l'altro zorno ve ho fato scorozar.
IULIO	Vostra Signoria perdòname a me, se per mia causa ha pigliato fastidio alguno; ché mo qui so' tutto suo, per cangiar ogni affanno in piacere.
ORIA	[*incantata*] Che paroline d'oro! [63].

Valeria, para evitar indiscreciones, invita a Julio a pasar a la habitación y, entre tanto, envía con Oria recado a su marido de que no la molesten esta noche, porque le duele la cabeza. La criada cumplirá su cometido adecuadamente. En realidad es para vivir su encuentro con Julio.

VALERIA	[*con voce bassa*] Misser Iulio caro, el se suol dir che el xè matiera parlar cussí a la scoverta, perché i venti ha orece e oci. Vegnè dentro e me alegrarè un puoco a vederve a la luse.
IULIO	Non è necessario che Vostra Signoria me dichi ragion alguna. Comandàtime e dicète: «Voglio cussí», ché vostro so'io.
VALERIA	[*seguita da Iulio entra nella camera, mentre Oria va a chiudere la porta di strada*] Cossí voio far, Misser Iulio, fio belo, dolçe.

ORIA	[*tornata indietro, in tono di scherzo*] Madona, voliu far la pase cussí presto?
IULIO	La pace, Madama, sta nel viso vostro, che la prima fiata che lo vidi me ligò.
VALERIA	Oria, fia, sera la camera e va' su a Misser Grando, che no çiga. E se 'l dise gnente de mi, di' che ho mal e che, per questa sera, non voio che nissun me rompa la testa.
ORIA	Lassè far a Oria, che 'l tuto provederà a ben e presto. [*Si ritira e chiude l'uscio*] [64].

Los monólogos de la obra

De los monólogos que hay en toda la comedia, más de dos tercios están dedicados a Julio. En general, como siempre, sirven para darnos a conocer el mundo íntimo, aunque momentáneo, del protagonista al expresar ante sí mismo sus pensamientos, veleidades y decisiones que se originan en la intimidad de su propia conciencia.

I Acto. escena 1ª. Es el primer monólogo que indica la presencia de Julio en Venecia y la búsqueda de aventuras amorosas que se propone conseguir. Ya prevé la posibilidad de la primera, encontrándose cerca de la casa de Valeria, a quien ha visto y hacia la que ha sentido una fuerte atracción afectiva. Invoca a Dios y a la Fortuna para que le ayuden en su cometido.

II Acto. escena 1ª. Empieza este II acto con un monólogo de Nena, que, obedeciendo las indicaciones de su señora, sospechosa del amor de Julio a Valeria, necesita buscar al joven y manifestarle la invitación de Angela para que vaya a su casa.

II Acto, escena 6ª. Julio se presenta lamentándose de que sus planes amorosos se han hecho más numerosos de lo que él buscaba. Se encuentra indeciso ante la doble invitación recibida: una, de parte de Valeria, mediante su criada Oria, y otra, de parte de Angela, mediante Bernardo.

IV Acto, escena 1ª. Oria se presenta por la calle, expresando la veleidad de su señora y dirigiéndose a la «Ostería» para invitar de nuevo a Julio, rogándole que venga a casa de Valeria.

IV Acto, escena 2ª. Julio (supuesta la segunda invitación por parte de Valeria) se manifiesta indeciso ante la doble aventura amorosa que se le presenta de nuevo. Ya ha tenido una experiencia con Angela, con la que se ha comprometido; con Valeria todavía es incierto el suceso, pero no quiere ser descortés con ella.

IV Acto, escena 4ª. Julio llega ante la puerta de la casa de Valeria, que, según lo convenido, encuentra abierta. A pesar de su presentido pesimismo inicial, quiere acumular sus experiencias en los avatares amorosos de Venecia. Entra para la cita, a la que había sido requerido por Oria.

IV Acto, escena 6ª. Se lamenta Julio del fracaso de su encuentro con Valeria. Todo ello motivado por la cadenita, recuerdo de Angela. Ha llegado a conocer que Angela es viuda y que ellas dos (Valeria y Angela) se conocen bien. Esta experiencia hace de momento a Julio inclinarse hacia el amor de Angela.

V Acto, escena 1ª. De nuevo, como al empezar el acto IV, Oria manifiesta su difícil misión de saber acertar para agradar a su señora, especialmente en las tareas que ahora se le encomiendan en relación a Julio. Debe llevar a éste una carta de parte de Valeria, que está ansiosa de volver a verlo y para hacer las paces con él.

V Acto, escena 3ª. Ante la nueva invitación de Oria, Julio ha accedido a visitar a Valeria. De nuevo se presenta a Julio la repetida y difícil situación de encontrarse con dos planes simultáneos. «Per mutar cibo» se muestra propenso a desechar la invitación de Bernardo y seguir la propuesta de Oria.

V Acto, escena 5ª. Rechazada la invitación de Bernardo para la cita con Angela, por no querer revelarle su nombre y dirección, Julio se dirige inmediatamente a casa de Valeria.

El «Explicit» y los dos disticos latinos

Las *notas del «explicit»* dicen: «Non Fabula, non Comedia ma vera Historia. Fidelis servus vester Hieronymus Zarellus». Dejando la segunda nota, de la que ya hemos hablado al referirnos al autor de la obra, queremos fijarnos ahora en el significado concreto de la primera. Parece querernos indicar su carácter realista, es decir, de un hecho sucedido. En este caso quería decirnos que se trata de un hecho real, sobre el cual se ha escrito la obra; por ello no es una pura fábula, ni una comedia fantástica para distraer simplemente a los lectores. Su arranque sería la realidad de los hechos. Como otras veces, los hechos reales dan pie para construir sobre ellos obras literarias con más o menos ingredientes imaginativos sobreañadidos. Esto podría abonar incluso la hipótesis de la derivación de la comedia de un cuento bandelliano, pero admitiendo en uno o en otra la adaptación a ambientes diversos.

Otros detalles realistas son el nombre de la ciudad con sus cosas típicas (canales, góndolas, «calle», nombre de monedas, barrios como Rialto, San Marco, San Barnaba) el lenguaje, la indicación de los días y de las horas. Todos estos detalles pueden favorecer la hipótesis de un acercamiento a la realidad de los hechos, pero siempre dejando la posibilidad de que sobre un hecho concreto y real se monta la contextura de una obra con una dosis notable de imaginación.

Los *dos dísticos* rezan así:

> «Qua resculptus Amor, quorum mihi nomina tantum,
> qualis amant unum nupta, simul vidua,
> flectitur in juvenem mulier, turbatur et ardet,
> utraque, dic quaeso —*Tu lege, disce, sile.*» [64 bis].

Los dísticos son importantes para resaltar, por una parte, la indicación del «prologus» sobre *la enseñanza de amor*, que es la finalidad principal de la obra, es decir, la fuerza de amor y cómo sobre todo se ha manifestado a través de dos personajes femeninos que se han enamorado del mismo joven. Los tres verbos latinos empleados sugieren ese proceso «in crescendo»: *'flectitur* in juvenem' *'turbatur'* y *'ardet'*.

Pero queremos llamar la atención sobre las últimas palabras de los versos. Son también tres verbos en imperativo y que sugieren la indicada utilización de la obra: «lege», «disce», «sile».

Por la crudeza realista de algunas escenas los críticos han indicado que la obra es más apta para ser leida que representada [65]. Ello estaría plenamente de acuerdo con la primera palabra: «lege».

Si la perspectiva de la obra debe tener en cuenta el prólogo, donde se nos ha dicho que «imparando Amore, lo pigliate co l'intelletto e non col senso, però che de scienza deventarebbe doglia». Al fijarnos en el segundo imperativo, reafirmamos la misma indicación del prólogo: «disce». Luego se insiste en esta finalidad de aprender los desenlaces del amor, que es apasionado, y los descalabros a los que puede conducir.

El tercer imperativo puede indicar algo así como una actividad meditativa o reflexiva, ya que el silencio exterior suele ser preparación y signo de una reflexión interior. Quizá también que, más que buscar personas concretas a quien aplicar la moraleja, el autor quiera que cada cual se la aplique personalmente a su propia vida para obrar según convenga.

En una palabra, los dísticos refuerzan el sentido y la finalidad señalados por el «prologus»: la fuerza del amor, que ha convertido a unas damas no sólo en amadas sino en ardorosas amantes. Y éste, también para el autor de la obra, es *el loco amor*.

VALORACIÓN ÉTICA Y ASPECTO SOCIAL

De las dos amantes, una, Angela, es viuda y por ello ya ha conocido las experiencias de la vida matrimonial. De ahí la irregularidad de su conducta, que busca satisfacer sus deseos por caminos sugeridos por la astucia.

En el cuento de Bandello (del que hablaremos al relacionar nuestra obra con la tradición popular) se nos dice expresamente que la viuda no quería volver a casarse, temerosa de que no le resultara su segundo matrimonio tan bien como el primero. En la comedia se nos presenta simplemente la viuda que enamorada de Julio busca satisfacer sus deseos.

Valeria es una joven recien casada. Su pasión amorosa no se frena por el compromiso de fidelidad a su marido. Sufre un contratiempo al descubrir el recuerdo-obsequio de Angela en el cuello de Julio. Pero su amor hacia el joven es más fuerte y diríamos que en su interior se despierta el deseo de superar en la lucha (de amor) a su rival, Angela. El ardor de su pasión se va encendiendo como una hoguera.

La indecisión aparente de Julio, después de haber estado con Angela, termina cediendo a las suaves razones de Oria para visitar a Valeria, a fin de que en el contexto de la comedia el contrapeso de la presencia de las dos amantes quede igualmente valorado y motivado.

El final del encuentro amoroso con Valeria en su casa va claramente contra la moralidad oficial. No menos el contexto inmoral del comportamiento tanto de Angela como de otros personajes secundarios.

Podríamos decir que la obra viene a ser una sátira contra la aparente moralidad de la alta clase social, y que, sin embargo, en la realidad buscaba una vida en la que no todo procedía de acuerdo con una recta conciencia moral y con una ejemplar moralidad pública. En este sentido resulta una obra inmoral y escandalosa, y sobre todo, teniendo en cuenta la crudeza del erotismo que se manifiesta en las relaciones entre Angela y Nena y Angela y Julio.

En el «Cinquecento» y después de un humanismo, que ha despertado una valoración del hombre y un antropocentrismo muy significativo, la obra hay que verla desde la perspectiva de la descripción realista de personas y de costumbres. Por ello no se presenta muy ajustada a los cánones de una moralidad cristiana. Por lo mismo tampoco se propone como norma a imitar. Describe unos hechos sin enjuiciarlos; de ello resultará la clara consecuencia: se valora y se ensalza la fuerza del amor. En este caso concreto esta fuerza vivida por dos mujeres, una viuda y otra casada. La moralidad, de la que prescinde el texto de la comedia, se encuentra, como hemos indicado ya anteriormente, en alguna medida presente en el prólogo y en los dísticos finales.

Pero esa moralidad es relativa, es una moral pragmática, es decir, para no dejarse llevar con exceso de la fuerza de las pasiones ni experimentar sus fracasos.

La comedia viene a ser un ejemplo válido dentro de un modo de proceder ya conocido en otras obras literarias, por ejemplo el «Libro de Buen Amor» y el «Decamerón». Se trata de una sociedad, que, en épocas distintas, vive un realismo pragmático, aunque se aparte de las normas de la moralidad oficial.

Esa moralidad en el interior de los diálogos de la comedia a veces se encuentra como invertida, ya que ni los personajes manifiestan referencia alguna a norma moral ni el desenlace de tales comportamientos termina significando una lección contra los comportamientos menos correctos.

De los seis personajes, que intervienen en la obra, y de los ambientes, que a lo largo de su desarrollo se perciben, podemos distinguir claramente dos ambientes sociales.

El primero, que podemos llamar de una clase aburguesada y económicamente muy bien situada, se nos refleja totalmente en Angela y en Valeria. Son señoras que viven en ricos palacios o buenas casas, tienen personal fijo a su servicio, disponen de bastante dinero y pueden ofrecer valiosos regalos. Valeria está desposada con un gran personaje de la sociedad veneciana. Esta clase social detenta y quiere conservar una cierta honorabilidad, por lo menos en las apariencias. De ahí surgen los subterfugios por los que discurren detalles de la trama teatral.

A este mismo ambiente podemos adnumerar a Julio, como joven gentilhombre. Su lenguaje, su trato, su comportamiento y hasta su manera de vestir lo hacen sentirse en cierta consonancia con las casas de las amantes a las que visita.

En otro ambiente distinto debemos colocar a las dos sirvientas, Nena y Oria. Su oficio, su comportamiento y su lenguaje reflejan su situación social de fieles servidoras a las órdenes de sus señoras.

En un escalón más bajo dentro de este ambiente habría que colocar a Bernardo, que es un «facchino». Posiblemente, según las notas de los críticos, como era costumbre, había venido de la región de Bergamo a Venecia para trabajar. Se nos presenta como un personaje con su carácter bonachón y su astucia servil con tal de obtener algún beneficio o ganancia. Su lenguaje está lleno de refranes, generalmente y por las circunstancias de los momentos de sus intervenciones, cargados de picardía y de burlesco pragmatismo.

«LA VENEXIANA» Y LA TRADICIÓN POPULAR

Para poner de relieve el influjo de la tradición popular inmediata en la comedia, podemos fijarnos, siguiendo la indicación de Zorzi[66], tanto en la poesía popular veneciana, representada especialmente por la poesía justiniana, como en los cuentos populares coetáneos, significados suficientemente por Bandello. Ello significaría, a su vez, que todo esto ha podido ser una fuente literaria de «La Venexiana».

En primer lugar, el contenido de la comedia se encuentra enraizado en el clima psicológico de la poesía veneciana de gusto popular. Son significativos en este sentido, por ejemplo los poemas del patricio Leonardo Giustinian (1388-1446), que vive en época inmediatamente anterior. El parecido del personaje Marta del Segundo Contrasto de este autor y la Oria de «La Venexiana» es muy estrecho.

Otros aspectos en que se percibe la semejanza de Marta y Oria son la actitud respecto a su señora, el comportamiento para facilitarle lo que ella desea conseguir, las características que se dejan sentir de su psicología, los efectos conseguidos de su intervención, ...

El final de la comedia y el final del Contrasto justiniano dan pie para pensar en el influjo del segundo en la primera.

Los versos finales del Contrasto dicen así:

    «quando che è notte coura,
    ch'el vegna a le due ore;
    vegna senza rancura
    e non abbia timore.
    Mio marí per ventura
    allor serà al scrittore;
    ch'el parla e zanzi e dica pur assai»[67].

La parte final de la «Venexiana» es el encuentro de Julio con Valeria. Esta dice a su criada Oria estas palabras, que recuerdan las del Contrasto:

> «Oria, figlia, chiudi la camera e va'su da Messer Grande, che non gridi. E se dici niente, digli che ho male e che per questa sera non voglio che nessuno mi rompa la testa»

A lo que Oria responde, y son las palabras finales de la comedia:

> «Lasciate fare a Oria, che a tutto provvederà bene e presto».

Por todo ello y por otros muchos detalles que se podrían señalar, podemos afirmar la presencia de este gusto popular de la poesía amorosa veneciana en la comedia.

Otra fuente literaria popular, no menos importante, es la narrativa de la época y en concreto para nuestro caso el cuento XXV de la cuarta parte de las obras de Bandello y que lleva por título: «Ciò che facesse una ricca, nobile e forte bella gentildonna rimasa vedova. Né più si volendo rimaritare, ne possendo contenersi, con che astuzia provide a li suoi bisogni» [68].

Para apreciar mejor esto, nos ha parecido oportuno poner en sinopsis correlativa el contenido del cuento de Bandello y los rasgos correspondientes de la primera parte de nuestra comedia. Así se puede ver la profunda semejanza en los detalles que se expresan.

Para verlo con más claridad iremos poniendo correlativamente textos del cuento de Bandello y textos de la «Venexiana».

CUENTO DE BANDELLO		«LA VENEXIANA»	
CIUDAD			
Milano		Venecia	
Passando io per *Milano*, signori miei, intesi[69]		Diversas indicaciones topográficas.	
PALACIO			
Dimorava ella in uno soperbo palazzo, tanto bene fornito di bellissimi razzi e alessandrini tapeti e di richi e vaghi fornimenti di letti, quanto altro che in Milano ci fosse [70].		IULIO	[*smonta lesto ed entra, guardandosi intorno, seguito poi da Bernardo*] Questo è un bellissimo palazzo. De chi è?
		BERNARDO	A' no çerchè se la gonela a' l'è de chi 'l te'.

HABITACIÓN

Io menò in una camera terrena ricchissimamente apparata, con uno letto tanto attillatamente adornato e di ricchissime cortine attorniato, con dui bellissimi origlieri, di seta porporina e di fila d'oro trapunti con sì dotta e maestra mano che ogni grandissimo re se ne sarebbe tenuto onoratamente appagato. La camera poi, d'ogni intorno profumata, oliva soavissimi odori. Ardeva in la camera il fuoco, e sovra uno tavolino vi era uno candeliero di argento con uno torchietto acceso di cera candidissima.

Ma che dirò de l'apparato attorno a le mura de la camera? In luoco di razzi eranvi fornimenti di panni di oro rizzi sovra rizzi, ne li quali in ciascuno di loro erano le insegne del parentato del morto marito e di essa vedova [71].

ANGELA No spetar pí. Aparecia el mezao cun le so spaliere; meti el sopraçelo a la letiera; trova li acanini da brusar, sastu? fia dolçe.

NENA Sun contenta. Vado in freza. ...

IULIO [entrando nel mezzanino] L'abitazion de Dio è questa! O che casa ricca e ornata! che bellissimo loco!

BERNARDO Nof disíf mi che l'ira ol Paravís?

IULIO Le zentil persone meritan tal cose e meglio.

SERVIDORES

e ben che non tenese tanta famiglia e servitori quanti ci erano vivendo il marito, nondimeno aveva molti che la servivano, e tra gli altri uno canzeliere assai vechio che stato era col suocero suo e col marito, uno fattore fora a le possessioni e uno maestro di casa attempato, con dui saffieri e alcuni paggi. Avea anco alcune donne con il balio e la balia [72].

NENA Tuto zò che Madona pensa de note, bisogna che mi lo cata de zorno per contentarla. Adesso vuol un fio che se noma Iulio forestier, co la dise, *moroso de Madona Valiera, che xè alozao a l'Ostaria del Pavon. Ma no sciò che deba xè difiçile: condur el fio, farlo secreto... E po una dona no puol.* [Scorge di lontano Bernardo che viene alla sua volta] Voio parlar col Bernardo fachin, che xè pratico, secreto e *fidato de casa. E me conseiarò co esso, e farò che esso trovarà el zovene.* Orsú, lassa, che meio non me poèa imbater.

HONORABILIDAD PÚBLICA

E così quietamente con grande onestà se ne viveva, né troppo pratticava con parenti, e meno con altri, facendo vita solitaria, con fermo proposito di più non si legare a nodo maritale. Ella era nobile, avea buona dote e sovradote, era stata maritata molto altamente,

NENA Cussí digo mi. Mi vorae che te 'l menasse in casa, che 'l no savesse come el fusse vegnuo: no sciò a che partio, mi ...

BERNARDO [*ammicca*] S'a'l vorà lassàs governà, ol condurèm com s'fa la roba sanza pagà ol dazi.

NENA No so mo, se esso serà contento.

Onde non le pareva di tentar la fortuna, dubitando di non incappare in qualche marito fastidioso, geloso e sospettoso, di quelli che sono il giuoco de la contrada e la tribulazione de la casa, che le facesse poi mala compagnia [73].

ENAMORAMIENTO

Ardendo dunque e languendo di questa maniera, e desiando fore di misura essere da lui amata, e non osando con lettere né ambasciate manifestargli il suo ferventissimo amore, e meno con guardi e atti farlo di quello accorto, perseverò alcuni giorni amando, ardendo e tacendo, non si sapendo risolvere come si devesse governare. A la fine, da Amore aiutata, pensò uno nuovo modo di godere il suo giovane, senza essere da lui conosciuta né vista; cosa che forse mai più non fu fatta. Ma udite, signori miei, l'astuzia e accortezza di costei. Prima ella al suo balio e a la balia si discoperse, e mostrò loro con persuasibili ragioni che deliberata era di non volersi a patto veruno più maritarsi, ma che trovandosi giovane e delicatamente nodrita, era dagli stimoli de la carne fieramente combattuta, a li quali lungo tempo avea fatto resistenza, e che a la fine, vinta, non voleva più vivere di quello modo, ma provedere a li casi suoi. Onde intendeva con quella maggior segretezza che fosse possibile, acciò che l'onestà sua intiera si conservasse, trovarsi uno amante giovane e costumato, che la notte le tenesse compagnia.

BERNARDO A'l nol gh'è om, ch'a' nol gh'plasi *vita dulcedo* ...
NENA [*entra e va tutta lieta verso Angela*] Ho trovato Bernardo, vostro sàntolo, e l'ho tanto pregato, che l'ha tolesto la impresa de parlar a l'amigo.
ANGELA [*trepidante*] Per l'amor de Dio, che 'l sapa tàser?
ANGELA [*sospirando*] Ti xè in leto, e mi nel fuogo che me consuma.
NENA [*si risveglia del tutto e balza a sedere sul letto, allarmata*] Che disèu de fuogo?
ANGELA Le mie carne brúsciano. Moro de doia.
NENA [*respira di sollievo*] Avèu frebe? Lassème un puoco tocar. [*Fa per toccarle la fronte*].
ANGELA La febre xè qua entro, nel cuor.
NENA [*si ridistende*] De la bon'ora, ciamaremo misser Antonio, el nostro medico.
ANGELA [*assorta*] No xè, in tuta Veniesa, si no un medico che savesse medigar Anzola.
NENA No, si no quei che no xè castroni.
ANGELA Ti no intende. Digo un sol omo.
NENA [*ammicca, alzando le braccia*] Cussí volío dir: un om grande, belo, possente?

INTERVENCIÓN CRIADOS

Onde il balio se gli accostò e li disse: —Signore — Signore mio, io vi voglio, piacendovi, parlare.
—Il giovane gli rispose che volentieri l'ascolterebbe, pregandolo che li dicesse chi era. —Chi io sia, signore mio, non vi posso io dire; ma ascoltate quanto vi dirò. In questa città è una bellissima e nobilissima donna, di beni de la fortuna molto ricca, la quale si trova sì ardentemente accesa del vostro amore [75].

Nena, criada de Angela. Bernardo, «facchino».
Nena busca a Bernardo al que propone los deseos de Angela y le promete una fuerte suma de dinero. Le deja su anillo como prenda. Bernardo va a casa de Angela y concierta con ella los detalles.

OCASIÓN Y PROPUESTA

Erano i licenziosi giorni del carnevale, ne li quali, come sapete, è lecito a ciascuno mascherarsi. Era stata la vedova cerca uno anno, dopo che il giovane ne l'ospitale tanto le piacque, sempre su questo suo amore pensando e ripensando, e non si sapeva risolvere. A la fine uno dì, dopo l'avere ammaestrato il balio, volle che quello si mascherasse e andasse a parlare con il giovane; il che il diligente balio fece [76].

IULIO — Lo melior beneficio sarebbe che me insegnassi qualche bon loco, ove potessi adoperar mia gioventú e pigliar piacere: ché a questo sum venuto.

BERNARDO — A'parli de quel propi che çirca fino gi osei.

IULIO — [*lo scruta in faccia*] Viene un poco da parte. [*Si appartano*]. Che cosa vòi dir tu?

BERNARDO — Vedí, se m'volì dà la fed da om da be' e fà com dico mi, af menarò sta not in *gloria in eselcis*.

IULIO — Ah! ah! che voce de angelo! Se non vòi altro, eccome al tuo comando, e quanto tengo: roba e famiglii, questa persona; e, più, esserti schiavo.

IULIO — Come vòi che io faccia?

BERNARDO — Ch'af lassè governà a quest'om.

IULIO — Dimmi, de grazia: ove vòi che venga?

BERNARDO — Int'ol Paravís, a revesetà Domnedè ch'è inamorat int'ol fag voss.

REACCIÓN JOVEN AMADO

— Detto questo, il balio si parti e andò per vie disusate a casa. Rimase il giovane con mille pensieri ne la mente, tutto confuso, e non sapeva imaginarsi ciò che fare si devesse in cotale caso, dicendo tra sé: —Che so io che alcuno mio nemico non sia, che sotto questa esca non abbia posto il veleno e mi voglia farmi condurre come uno semplice castrone al macello? Chi udì mai più una tale novella, che una donna fosse ardentemente innamorata di uno e non volesse essere da lui veduta? Che so io, se pensando abbracciar una delicata e morbida giovane, non

mi ritrovi in braccio di alcuna poltrona e male netta meretrice.

Deliberatosi a la fine di mettersi a la prova di questa impresa, a le tre ore, armatosi, se ne andò a l'assignato luoco. Né guari quivi stette, che il balio, secondo l'ordine posto, vi arrivò, e salutatolo il pose il cappuccio in capo. Poi li disse: — Signore, appigliatevi a la mia veste di dietro con una mano, e seguitatemi.— Andò poi per di-

Per mia fede, che i' non sun senza fantasia e grande; imperocché, se non vado a la zentildonna, mi è vergogna grandenissima; se lasso questa ventura del facchino, scontento perpetuo.

Or i' voglio aderèr al facchino, perché li fatti se debon preponer a le parole. Quello è dubio; questo a me par certo. Quella ho pregato; costui me prega.

E forsi che la pratica è una: che lei, non fidata de la fantesca, ha interposto el facchino; ché, per forza de denari, tal nazion spargerebbe il sangue: fidatissima.

Bene, io lo expectarò e starò parato, cun mie arme, in zuppon di broccato, con la scoffia, spada e targa; e provarò mia fortuna. Colei, se questa non è, non sapendo tal cosa, me averà excusato. E po excusa non mancarà dimane sera. Dio ce adiuti!

verse strade in qua e in là, tornando talora indietro e spesso a posta errando il camino, di modo che il balio medesimo non averia una altra volta saputo rifare quello viaggio [77].

LLEGADA A CASA DE LA VIUDA

Al fine lo condusse in casa de la vedovella e... Come egli fu dentro, il balio li cavò il cappuccio di testa e li disse: —Signore mio, voi devete avere freddo: scaldatevi quanto volete. —Li presentò poi la colleziòne. Ma il giovane, ringraziatolo

e non volendo né mangiare né bere, attese a scaldarsi e contemplare quello ricchissimo adornamento. Restava egli, pieno di infinita meraviglia, quasi fora di sé, considerando molto minutamente sì nobile e regio apparato; e giudicò la padrona del luogo essere una de le prime gentildonne di Milano [77 bis].

BERNARDO	[*dalla gondola*] A' sem arivà. Saltè ilò, ché vegnèm da mi.
IULIO	[*smonta lesto ed entra, guardandosi intorno, seguito poi da Berdo*] Questo è un bellissimo palazzo.
NENA	Bona sera a questo *zentilomo* e al nostro Bernardo zentile e da ben.
BERNARDO	Bona not. A'va mo per qui fo'?
NENA	[*indicando a Bernardo*] Entra in quel mezao, là.
IULIO	[*entrando nel mezzanino*] L'abitazion de Dio è questa! O che casa ricca e ornata! che bellissimo loco!
BERNARDO	Nof disíf mi che l'ira ol Paravís?
IULIO	Le zentil persone meritano tal cose e meglio.
BERNARDO	[*facendo lui gli onori di casa, e mangiando da ingordo la roba apparecchiata sulla tavola*] Mangiè un po' de confet e beví de st'aquaruol de Candia.
IULIO	Per ma' fe', non tengo né fame né sete; ma, per compagnia tua, sun contento. [*Prende qualcosa*].

SE PRESENTA LA VIUDA

Non era a pena coricato, che la vedova intrò dentro con una maschera al volto. Ella era in una giubba di damasco morello, fregiata in gran parte con cordoni piccioli di fino oro e seta cremesina, e sotto aveva una sottana di tela d'oro, tutta recamata con bellissimi lavori.

Era con lei la sua balia, mascherata ancora ella, la quale aiutò a spogliare la padrona; di modo che l'aventuroso giovane contemplava con intento e ingordo occhio la persona de la donna, snella e ben formata,

Ella allora in braccio al suo amante si abbandonò; onde tutta la notte, con infinito piacere di amendue le parti, insieme amorosamente si tastullarono. E se il giovane piacque a la don-

NENA	[*entrando*] Madona, el xè vegnuo el zentilomo, el pì galante del mondo, armao come San Zorzi.
ANGELA	[*rivolgendosi a mostrarle il volto velato*] Tasi, che l'ho veduo. Che ti par? voio andar cussí in scufio-

to negro, azò che no 'l me cognosca.
Angela se ha acicalado y perfumado para presentarse a Julio atractiva y avasalladora. Se presenta y expresa a Julio su amor. Se entrega a él.
La descripción de los detalles eróticos y sensuales es minuciosa y extremadamente realista.

na, non meno a lui la donna sodisfece, di modo che dire non si potrebbe chi di loro più si contestasse [77 ter].

Pasan la noche juntos hasta el amanecer.

En el relato de Bandello figuran como datos distintivos y especiales la referencia a la venganza de Amor, que consiguientemente lleva a cabo el enamoramiento de la viuda respecto al joven [78]. Y de igual manera interviene la malvada Fortuna, a la que se atribuye el final del relato con la muerte del joven, del que estaba enamorada, y con el que mantuvo a lo largo de varios años sus relaciones amorosas [79].

De todo este reiterado paralelismo se puede, sin lugar a dudas, afirmar por lo menos la coincidencia de muchos detalles entre el cuento bandelliano y nuestra comedia. A la vista de todo ello y sabiendo que los cuentos de Bandello eran cosa conocida y divulgada en la Venecia renacentista, no resulta demasiado desorbitado afirmar que el cuento haya servido de base para la primera historia amorosa de la comedia. Ello no quita mérito al autor de «La Venexiana», que ha sabido añadir detalles típicos de su ambiente local y ha sabido convertir en diálogo vivo las descripciones más largas del cuento.

Los críticos han notado las semejanzas indicadas, pero han hecho ver que la dedicatoria de Bandello debe ser de 1537, mientras que la composición de «La Venexiana» debe ponerse entre 1509 y 1518. Esto haría imposible la hipótesis de que la comedia hubiera tomado parte de su contenido de la obra bandelliana.

Pero por las mismas indicaciones de Bandello, que preceden al cuento XV de la primera parte, se presupone que sus cuentos circulaban sueltos por Venecia. Incluso el mismo Aldo Manuzio, que murió en 1515, había leido y aprobado algunos de ellos. Lo cual supone, como es lógico, que debían haber sido escritos y divulgados con anterioridad a la fecha de su muerte. Luego también pudieron de esa forma ser conocidos, y en su caso, utilizados, por el autor de «La Venexiana».

Cabría otra hipótesis diversa y es que tanto Bandello como nuestro autor hubieran recogido su materia narrativa y dramática de una tercera fuente común a ambos. Es lo que señala tímidamente Zorzi, al referirse a este punto [80].

«La Venexiana» y «La Celestina»

Ambas obras tratan del amor humano, de sus caminos y de sus efectos. En esto hay una coincidencia de materia. La obra de Rojas es una tragicomedia, especialmente por su final. La obra anónima veneciana es simplemente una comedia.

«La Celestina», significando un avance hacia el teatro humanístico-renacentista, se siente anclada, por lo general, en unos presupuestos medievales especialmente relativos al hombre, a la religión y a la vida. Como obra, críticos importantes la clasifican a mitad de camino entre el teatro y la novela [81]. «La Venexiana» está más vinculada al mundo humanístico, con un ambiente de más libertad pasional sin prejuicios religiosos ni sociales.

De las varias posibles ediciones castellanas e italianas de «La Celestina» en la primera mitad del siglo XVI, muchas de ellas se han impreso en Venecia y la primera posiblemente en 1505. Ello hace que se pueda suponer como más que probable que el autor de «La Venexiana» tuviera conocimiento de la obra de Rojas, antes de escribir la suya.

De los autores que han relacionado la tragicomedia española y la comedia italiana, *Borsellino* simplemente apunta un dudoso conocimiento de la obra de Rojas por parte del autor de la comedia véneta [82]. *Allegra* casi manifiesta su preferencia, como obra literaria por la «Venexiana», e igualmente indica la posibilidad de que el autor italiano hubiera podido tener conocimiento de la obra de Rojas [83].

Nos ha parecido oportuno hacer como un cuadro comparativo en el que reflejamos los datos tanto de la obra veneciana como de la tragicomedia española, para ver sus semejanzas y sus diferencias.

LA VENEXIANA	LA CELESTINA
NOMBRE	
Denominativo por el lugar de la ciudad. Ambiente y costumbres.	Protagonistas o, mejor, personaje más conseguido, aunque teóricamente secundario.
PERSONAJES	
6	14
JULIO	CALIXTO
ANGELA Y VALERIA	MELIBEA
	CELESTINA
Bernardo	Pármeno y Sempronio
Nena y Oria	Lucrecia y otros
PROTAGONISTAS	
J U L I O	C A L I X T O
galán apuesto, que llega a Venecia buscando aventuras amorosas; termina siendo el amante disputado por las dos ardorosas mujeres amantes; encuentros apasionados	joven acomodado que vive con sus criados; conoce a Melibea y se enamora de ella; quiere servirse de *Celestina* para conseguir hablar y estar con ella; así, lo consigue y se en-

con ellas. La intervención de *Bernardo* es buscada y promovida por la primera amante, Angela.
ANGELA, viuda; fogosamente apasionada; honorabilidad aparente.
VALERIA, casada; a pesar de ello, busca sus planes amorosos.

cuentra en el huerto con Melibea. El encuentro entre los dos amantes es descrito con moderación.
MELIBEA, soltera; respetuosa con sus padres. Siente la lucha entre la pasión y su conciecia.

TONICA DOMINANTE

Ideología humanístico-renacentista.

Ideología iuntamente medieval y renacentista.

CONTENIDO

AMOR
pasión amorosa más desenfrenada

AMOR
pasión amorosa más comedida (entre los protagonistas y en escena)

EXPRESIÓN

diálogo más vivo y dinámico

largas descripciones
grandes monólogos
acción más lenta en general

MORALIDAD

casi ninguna en el texto (perspectiva distinta con el prólogo y los dísticos finales); descripción pormenorizada de los encuentros amorosos en la primera parte; uso irónico de lo religioso.

ambiente más moderado entre los protagonistas; desvergüenza entre los criados y rameras; descripción somera y relativamente comedida de los detalles amorosos; uso respetuoso de lo religioso (entre los protagonistas y externamente).

FINAL

agradable y apasionado con la segunda amante, Valeria.

final desgraciado con la muerte de los dos amantes.

GENERO

Comedia
«in fieri»

Tragicomedia
núcleo que se prestó a desarrollos posteriores.

A la vista de lo que hemos expuesto, no hay datos suficientes para afirmar el influjo de «la Celestina» en «La Venexiana». Más bien se trata de una temática común en el ambiente humanístico-renacentista, pero considerada con matizaciones distintas y condimentada con las peculiaridades más o menos locales e ideológicas de sus respectivos autores.

Conclusión

«La Venexiana» es una obra de teatro popular con algún rasgo del teatro clásico, pero reflejo de la vida renacentista concretamente veneciana. Tiene en cuenta detalles procedentes tanto de la poesía como de los cuentos que forman ese acervo común de la temática y de su correlativa forma de tratarla. Hay descripciones de ambiente y de vicisitudes típicas del mundo renacentista y coincidentes con las características socio-culturales de la ciudad de Venecia en ese momento, que por otra parte, vendrán a ser notas casi constantes en la historia literaria y cultural que se va formando alrededor de ella. El rasgo clásico más notable está significado por el número de sus actos (cinco). Pero su acción se desarrolla durante cuatro días sucesivos. Esto indica la contaminación de las dos líneas teatrales (tradicional o medieval y renovadora o clásica) en la convergencia de la contextura y desarrollo de la obra.

Se refleja la vida renacentista y veneciana. Basta fijar nuestra atención en algunos detalles como pueden ser: las damas, con su boato en el vestir, su estilo de vida, la hipocresía de su comportamiento social, los móviles de sus acciones y de sus intrigas; los palacios, con su riqueza y detalles, su situación junto a los canales (prueba evidente de su localización veneciana)...; el ambiente de Venecia, con el detalle de la intervención del gondolero Bernardo, además del constante y significativo dato del uso del dialecto veneciano con sus características lingüísticas.

«La Venexiana» realiza y consigue adecuadamente una síntesis entre vitalidad popular y elementos clásicos, entre temática tradicional y detalles de realismo local.

Croce define nuestra comedia como «un breve dramma, stupendo, per sobrio e incisivo disegno di tutti i caratteri... dove non è un tratto fuori luogo, una parola superflua» [84]. Por el contrario, para Apollonio es una «avventura mediocre, per se stessa, e tanto verosimile quanto sciocca» [85]. Quizá son dos opiniones que exageran o debilitan en exceso el valor de la obra.

Momigliano, insistiendo en la cultura de su autor, dice que es «l'unica, insieme con la Mandragola, che esuli dagli schemi convenzionali» [86]. Para Borsellino se trataría de «un assoluto capolavoro della drammaturgia in dialetto che è illustrata nella sua versione 'cittadina' ... singolarisimo prodotto della scena cinquecentesca» [87]. Para Borlenghi, el protagonista de la obra es «il tema d'amore, nelle due diverse e del pari energiche donne ... la poesia di questa commedia è nella felicità e coerenza della sua struttura, e a questa concorrono anche i personaggi minori, le serve e il facchino» [88]. Para D'Amico la comedia viene a ser un «documento prezioso, d'una verità e libertà riconquistate, ma non programmaticamente, anzi senza sforzo e come per istinto. ... e il suo stesso franco, ostentato erotismo appare come temprato da una sorta d'umana tenerezza»[89].

Refiriéndose a las comedias más significativas del Quinientos italiano, M.L. Doglio afirmaba que «esse sono l'espressione di una cultura in crisi..., nella quale si incrina e si spezza la tradizionale armonia e viene meno la serena, ottimistica visione dell'uomo e della natura... Affiora a tratti, pur fra le pieghe del riso più sboccato, un senso di inquieto smarrimento, una nozione del mondo e dell'uomo sconvolta e complessa»[90].

Desde esa misma perspectiva de la armonía del hombre, ante la lectura de «La Venexiana», se perciben los mismos sentimientos y con acentos, si cabe afirmarlo así, más profundos.

Pero, aunque se dejen entrever esos detalles, quizá ni el autor ni los lectores querían plantearse reflexiones más significativas, sólo se divertían narrando o leyendo hechos reales o imaginativos de la alegre vida veneciana.

«La Venexiana» es realmente una comedia veneciana, no representable, que, precediendo a la «Commedia dell'Arte» y a toda la floración posterior de obras literarias en las que Venecia ha sido considerada como especialmente significativa, señalaría un hito de la vida veneciana, testigo fiel de su renacimiento humanista.

Por todo ello podemos terminar con las palabras de Zorzi: «E' innegabile la rilevata e particolare posizione che questa figlia di ignoti ha finito per occupare nel repertorio del nostro teatro del Rinascimento»[91].

NOTAS

(1) Como bigliografía sobre «La Venexiana», indicamos la siguiente:

Ediciones del texto:

— *Ignoto veneto del cinquecento*, La Venexiana.
  Testo e traduzione a cura di *Ludovico Zorzi*. Torino, Einaudi, 1982.

— La Venexiana, commedia di *Ignoto cinquecentista*
  A cura di E. *Lovarini*. Bologna, Zanichelli, 1928.

— La Venexiana, commedia di *Ignoto cinquecentista*.
  A cura di E. *Lovarini*. Firenze, Le Monnier, 1947.

— Teatro Italiano, a cura di *Silvio D'Amico*. Milano, 1955, vol. I, pp. 503-552.

— Commedie del Cinquecento, a cura di *Aldo Borlenghi*. Milano, Rizzoli, 1959, vol. II, pp. 493-553.

Estudios sobre la obra

— E. *Lovarini*, Una commedia in cerca d'autore,
  en «Nuova Antologia» LXXXI (1946), pp. 92-96.

— *Ireneo Sanesi*, La Venexiana
  en «Nuova Antologia», LXIV (ottobre, 1929), pp. 273-281.
  (Después, también en «Saggi di critica e storia letteraria». Milano, Bocca, 1941, pp. 223-236).

— *Ireneo Sanesi*, Chiosa intorno alla «Venexiana»
  en «Rendiconti del R. Istituto lombardo di Scienze e Lettere»
  S. II, LXV (1932), pp. 694-696.

— A. *Mortier*, Une comedie venitienne de la Renaissance,
  en «Etudes Italiennes», N.S., II (1932), pp. 265-275.

— D. *Valeri*, Caratteri e valori del teatro comico
  en «La civiltà veneziana del Rinascimento». Firenze, Sansoni, 1958, pp. 1-25.

— B. *Croce*, Intorno alla commedia italiana del Rinascimento,
  en «La critica», 1930. (Después, Poesía popolare e poesia d'arte, Bari, 1957 [4]).

— M. *Apollonio*, Storia del teatro italiano, Firenze, 1954 [2].
  Vol. II, pp. 175 y ss.

— A. *Momo*, «La Venexiana»: la commedia di Venezia,
  en «Angelus novus», núms. 5-6, (1965), pp. 125-148.

— G. *Padoan*, La Venexiana: «Non fabula non comedia, ma vera historia»,
  en «Lettere Italiane», XIX (1967), pp. 1-54.

— R. *Alonge*, Crisi delle strutture e strutture della crisi nella «Venexiana», en «Da Dante al Novecento. Studi critici offerti cagli scolari a Giovanni Getto nel suo ventesimo anno di insegnamento universitario», Milano, 1970, pp. 209-244.

Como seguimos la edición de Zorzi, cuando citamos el texto de la comedia, lo hacemos con un número *romano*, que indica el acto, un número *ordinal femenino*, que indica la escena, y un número que indica la página. En esta misma edición de Zorzi hay una «Scheda per la Venexiana» y unas «Note», que nos han sido muy útiles y que generalmente seguimos en nuestro comentario y apreciaciones. En las citas, empleamos el *texto dialecal veneciano*.

2. *D. Valeri*, Caraterri e valori del teatro comico, citado, pág. 15.

3. Id. Id. págs. 22-23.

4. *E. Lovarini*, Letteratura del Cinquecento. Una commedia in cerca d'autore, citado, pág. 92-96.

5. *L. Zorzi*, Scheda per La Venexiana, ob. cit. pág. 110.

6. *E. Lovarini*, Una poesia musicata del Ruzzante, en «Miscellanea di studi critici e ricerche erudite in onore di V. Crescini, Cividale del Friuli, Stagni, 1927, pág. 266.

7. *I. Sanesi*, «La Venexiana», en «Nuova Antologia», o.c.

8. *M. Dazzi*, Il fiore della lirica veneziana, I, Venezia, 1956.

9. *G. Padoan*, La Venexiana: «non fabula nor. comedia, ma vera historia», o.c.

10. *L. Zorzi, Scheda... o.c., pág. 109.*

11. *Aldo Borlenghi*, Commedie del Cinquecento. Milano, Rizzoli, 1959, II, pág. 385.

12. Id. id., pág. 509-510. Nota 6 a la presentación y primera intervención de Bernardo.

13. Id. id. pág. 555-675. y concretamente sobre los prólogos págs. 573-583.

14. La Venexiana, prologus, edición citada, pág. 9.

15. Id. id. id.

16. Id. id., pág. 9-11.

17. Id. id., pág. 11.

18. Id. id. id.

19. Id. id. id.

20. En italiano se dice «via» o «strada», pero en Venecia, en la ciudad vieja, se conserva este nombre y se designan así las callecitas, generalmente estrechas que separan las diversas casas entre sí o respecto a otras construcciones. Es un dato típico para darnos también a conocer que la acción de la comedia se desarrolla en Venecia.

21. I, 1ª, pág. 13.

22. I, 2ª, pág. 15.

23. I, 3ª, pág. 17.

24. I, 3ª, pág. 19.

25. I, 4ª, pág. 19.

26. I, 4ª, pág. 21.

27. I, 4ª, pág. 21. Según la reconstrucción latina, el nombre es *Valeria*, como aparece generalmente en italiano, pero en el texto, según la pronunciación de los actores, la forma veneciana es *Valiera*, que el copista, quizá por distracción, usó frecuentemente incluso en las anotaciones de escena y hasta en las introducciones del personaje. Otro tanto ocurre para las formas Angela y Anzola, que alternan con el mismo criterio. Valiera puede ser nombre personal y apellido, utilizado en este caso según el uso veneciano y llevado por las mujeres que pertenecían a la ilustre progenie patricia de los Valier. En la onomástica femenina de Venecia no faltan ejemplos parecidos, como Morosina, Veniera, Foscarina.

28. II, 1ª, pág. 25.

29. II, 2ª, pág. 27.

30. II, 3ª, pág. 31.
31. II, 5ª, pág. 37. Las tres horas de la noche querrían decir a las tres horas de haberse puesto el sol (forma típica de designar las horas de la noche entonces). Equivaldrían a las nueve, más o menos, de nuestro cómputo horario actual.
32. II, 5ª, pág. 37.
33, II, 6ª, pág. 41.
34. Pide un par de calcetas rojas además de la paga convenida. Era frecuente, en el uso veneciano, que los gondoleros que acompañaban a la esposa, antes del rito matrimonial, a una visita a los conventos de la ciudad donde se encontraba alguna hermana suya o parienta, llevasen las calcetas de seda roja. Bernardo, con su gusto por las bromas, colabora así a una pesante ironía alusiva, que Angela, impasible, muestra no darse cuenta de ella. En el contexto de la comedia, Bernardo será el que lleva al amante al convento, o sea, al palacio donde se encuentra la viuda que está encerrada esperándole.
35. II, 7ª, pág. 43.
36. III, 1ª, pág. 45.
37. III, 3ª, págs. 51-53.
38. III, 3ª, pág. 53. En la espontánea inocencia de este *ritual erótico* (nosotros diríamos malicia) «corre la linfa de la lírica amatoria de los humanistas, que en aquellos años parecieron querer dar una nueva edad aurea a la literatura latina» (Lovarini). Toda esta voluptuosidad se funde en perfecta armonía como un eco del *«lusus» de Giovanni Pontano*, que nos habla del juego «della nutrice col bimbo» (*Naenia tertie blanditoria et iocosa*, en los *Carmina*, Bari, Laterza 1948, pág. 165). Así, *Zorzi* en la nota 10 de su edición, pág. 118.
39. III, 5ª, pág. 59. San Barnaba era un barrio cercano al Canal Grande. Es una alusión topográfica precisa de la comedia.
40. III, 6ª, pág. 63-65.
41. III, 6ª, págs. 61-63. «*Tres ori*» son las trece horas de la noche, o sea, según el cómputo que hemos indicado anteriormente, equivaldrían a las siete de la mañana. En el contexto de la comedia empieza a hacerse de día. Como nota Zorzi, parece indicarnos el autor que estamos en pleno invierno. Sería un dato realista que quiere hacer coincidir el tiempo imaginario de la comedia con el tiempo real de la estación en que se recita, probablemente el periodo de *carnaval*, cuando eran frecuentes estas fiestas y espectáculos.
42. III, 7ª, págs. 67-69.
43. IV, 1ª, pág. 71.
44. IV, 2ª, págs. 71-73.
45. IV, 3ª, págs. 73-75.
46. IV, 4ª, págs. 75-77.
47. IV, 5ª, pág. 77.
48. IV, 5ª, págs. 77-79.
49. IV, 5ª, pág. 79. Se hace referencia a la orfebrería de Venecia que era la más rica de las industrias manufactureras venecianas. Era ya célebre a principios del quinientos por sus sistemas y técnicas de trabajo. Los comercios de orfebrería estaban sobre todo en Rialto y precisamente en las calles que todavían llevan los nombres antiguos (Ruga, Sottoportego degli Orefici). La cadena de Angela es probablemente uno de estos trabajos que se llamaron posteriormente «manini goldoniani».
50. IV, 5ª, págs. 79-81.
51. IV, 5ª, págs. 81-83.
52. IV, 6ª, pág. 83.
53. IV, 1ª, pág. 71, y V, 1ª, pág. 85.
54. V, 1ª, pág. 85.

55. V, 2ª, págs. 87-89.

56. El «Estudio» es la célebre Universidad de Padua, famosa desde sus principios como centro de estudios humanísticos y uno de los focos más florecientes del Aristotelismo renacentista. En el contexto de la comedia es una excusa que pone Julio con intención de evitar la entrevista.

57. V, 2ª, págs. 89-91.

58. V, 3ª, pág. 91.

59. V, 4ª, pág. 93.

60. V, 5ª, pág. 95.

61. V, 6ª, pág. 95.

62. V, 6ª, págs. 95-97.

63. V, 6ª, pág. 97.

64. V, 6ª, pág. 97-99. El título del marido de Valeria nos hace ver que se trata de un personaje notable en la vida política de Venecia. En realidad era el título oficial del presidente del Consejo de los Diez.

64 (bis) *L. Zorzi*, o.c., págs. 118-119, nota 19. Aquí cita también la obra básica de referencia: *E. Lovarini*, «I due distici latini della Venexiana», appendice I all'edizione Le Monnier, Firenze, 1947, págs. 157-158.

65. *N. Borsellino*, Il teatro (del Cinquecento), en «La letteratura italiana. Storia e testi. Roma-Bari, Laterza, 1973, vol. 4, II, pág. 65.

66. *L. Zorzi*, o.c., págs. 103-105.

67. *M. Dazzi*, Leonardo Giustinian poeta popolare d'amore. Bari, Laterza, 1934, pág. 155-161.

68. *M. Bandello*, Novelle, a cura di Guido Ferrero, Torino, UTET, 1974, pág. 914.

69. En «La Venexiana» hay muchas referencias a Venecia a lo largo de la obra; entre ellas y de forma explícita se puede citar IV, 2ª, pág. 71. Bandello, o.c. pág. 914.

70. *Bandello*, o.c., pág. 914. La Venexiana, III, 2ª, pág. 47.

71. *Bandello*, o.c. pág. 920. La Venexiana, II, 4ª, pág. 35 y III, 2ª, pág. 49.

72. *Bandello*, o.c. pág. 914. La Venexiana, II, 1ª, pág. 25.

73. *Bandello*, o.c. págs. 914-915. La Venexiana, II, 2ª, pág. 27 y II, 4ª, p. 33.

74. *Bandello*, o.c., pág. 917. La Venexiana, I, 4ª, pág. 19.

75. *Bandello*, o.c., pág. 918-919. La Venexiana, II, 2ª, págs. 27-29 y II, 7ª, pág. 41-43.

76. En Bandello se dice claramente que eran las fiestas del carnaval. En «La Venexiana», por el cómputo horario de los encuentros y despedidas, debía ser invierno (en el tiempo supuesto de la comedia) y en esta época las fiestas más propicias eran también las de carnaval. Bandello, o.c., págs. 918-919. La Venexiana, II, 2ª, págs. 25-29, y II, 5ª, págs. 35-39.

77. *Bandello*, o.c., pág. 919. La Venexiana, II, 6ª, págs. 39-41.

77 (bis) *Bandello*, o.c., págs. 919-920. La Venexiana, III, 2ª, págs. 47-49.

77 (ter) *Bendello*, o.c., págs. 921-922. La Venexiana, III, 2ª, 3ª, 5ª, 6ª y 7ª, págs. 49-69.

78. La venganza de *Amor* consiste en que, frente a la castidad de la viuda, la fuerza pasional del amor luchará y la superará.

«Ma sdegnato Amore de la rigideza di questa donna, deliberò per ogni modo farle rompere il suo casto proponimento e di quella trionfare. Avenne adunque che, facendosi quello anno la festa de la Annunziazione de la Reina del cielo, che, per quanto mi fu detto, con indulgenzia plenaria ordinariamente si suole fare uno anno a l'ospitale.

Era la donna ita al perdono per pigliar l'indulgenzia plenaria, e si trovò da ferventissimo amore presa, in sì forte punto di stella aprì gli occhi a rimirare quello gentiluomo, il quale in effetto era molto bello, forte vertuoso e ricco e di ottimi costumi dotato. Parve a la donna non aver veduto in vita sua il più gentile e il più aggraziato giovane di quello già mai, e non sapeva né poteva di addosso a lui rivoltare la vista altrove».

(Bandello, o.c. pág. 915).

En el «Prologus» de «La Venexiana» se habla también de esa fuerza de Amor representada por Cupido.

79. Esta intervención de la *Fortuna* malvada da al cuento un final triste, que hace pensar en la caducidad del amor mundano. En «La Venexiana» sólo se ha visto el lado alegre y divertido de ese mismo amor.

«Ma la malvagia fortuna, che non può soffrire che gli amanti lungo tempo felicemente vivano, separò con la morte del giovane così ben governato amore, perché una ardentissima di maligna sorte gran febre assalì il detto gentiluomo, non le trovando mai li medici con lor arte compenso o rimedio alcuno; di modo che in sette giorni se ne morì, con inestimabile e gravissimo dolore de la sua donna, che ancora con amarissime lagrime non fa che dì e notte piangerlo».

(Bandello, o.c., pág. 922).

80. *L. Zorzi*, Scheda ... o.c., pág. 105.
81. Véase *Stephen Gilmann*, La Celestina: Arte y estructura. Madrid, Taurus, 1974, págs. 303-321. Este autor afirma que La Celestina «en cuanto obra literaria, es una creación única y hasta monstruosa. ...por la fuerza misma de su originalidad ... carece de género. Es un monstruo agenérico» (págs. 303-304).
82. *N. Borsellino*, o.c., pág. 65. Después de resaltar las características de «*La Venexiana*», indica esto: «Contrariamente a quanto avviene nel primo capolavoro del teatro moderno spagnolo (forse conosciuto dall'ignoto venexiano), *La Celestina*, la commedia non si risolve in tragedia: i personaggi non sono interlocutori di un dibattito morale che impone per la loro azione la punizione o il riscatto (come appunto in tragedia) o anche, laddove le responsabilità appaiano meno gravi, la conciliazione finale per beffa o per accordo (come in commedia). *Opera decisamente atipica*, ... è tuttavia rappresentazione, ...».
83. Prof. *Allegra*, Appunti sulla Celestina. Perugia, Università, 1980. págs. 33-34. Este autor nota lo siguiente: «Anche nella *Celestina*, come nella commedia umanistica, è poco importante l'azione, mentre prevale l'interesse evocativo e lo stagliarsi conoscibilissimo dei personaggi... E'perciò giusto riconoscere che quando la commedia umanistica era già considerata come un genere superato in Italia, dove era nata, e dove ora si rivolgeva all'imitazione dei classici, solo in Ispagna si sarebbe data come fatto maturo e completo».
84. *B. Croce*, Poesia popolare e poesia d'arte, Bari, Laterza, 1957, pág. 301-302.
85. Pero el mismo Apollonio la reconoce como «un'autentica opera d'arte». Véase *M. Apollonio*, o.c., págs. 175 y ss.
86. Así citado en *L. Zorzi*, Scheda... o.c., pág. 110.
87. *N. Borsellino*, o.c. pág. 56. Este autor, dando un juicio complexivo sobre la obra dice: «Parole e gesti, riscattati da ogni pudore, sembrano in questa commedia valere per sé, come rappresentazione autosufficiente dell'entusiasmo erotico elevato soprattutto dai personaggi femminili a culto sensualistico esclusivo... nessun altro testo del Cinquecento ha in realtà la capacità di suscitare un contagio psicologico e ambientale altrettanto immediato, quasi senza gioco drammatico e richiami spettacolari».

88. *A. Borlenghi*, o.c., pág. 496.
89. *Silvio D'Amico*, Storia del teatro italiano drammatico (Ediz. Ridotta da Sandro D'Amico). Milano, Garzanti, 1970, pág. 170.
90. Commedie del Cinquecento, a cura di *M.L. Doglio*. Roma-Bari, Laterza, 1979, vol. I, pág. VII.
91. *L. Zorzi*, Scheda... o.c. págs. 113-114. Con razón, en acertada frase de Valeri, «La Venexiana», es «vigore di vita, vigore d'arte; non so in quale altra opera del tempo si po veder meglio attuata questa rara equazione». Y *Ortolani* subraya la fuerza de su lenguaje hablado. *E. Contini* fija la atención sobre los personajes y dice: «personaggi che parlano e vivono sinceramente, come persone di sangue e di carne con una palpitante immediatezza ed una intensa veritá» (autores citados por el mismo Zorzi en la nota 2 de la pág. 105 de su Scheda citada).

ÍNDICE

INTRODUCCIÓN 7

Una visión pictórica renacentista de una novela medieval.
    Angeles Arce 9

Notas al margen de un apólogo ariostesco.
    Cristina Barbolani 17

Estudio semiológico de algunas fábulas y leyendas de Leonardo da Vinci.
    Mª del Carmen Barrado 25

Una biografía inédita de Girolamo Savonarola en España.
    Julia Benavent 45

Il condatino, personaggio del «Parlamento» del Ruzante.
    Milena Bini 51

Un catálogo de los impresos italianos de la biblioteca colombina.
    Manuel Carrera Díaz 59

«Un uomo non volgare» A D. Alonso Zamora Vicente.
    José Luis Couceiro, Isabel González 67

El monstruo de Ravenna: Fuentes literarias.
    Baltasar Cuart Moner, Gregorio Hinojo Andrés 77

Versatilidad del Renacimiento (Una lectura del «Epistolario» del Aretino).
    Angel Chiclana 89

Análisis estructural de un soneto de L. Ariosto.
    Fausto Díaz Padilla 99

Petrarquismo en la lírica cervantina.
    Francisco Javier Díez de Revenga 113

El sentimiento de las ruinas en el Renacimiento italiano.
    Félix Fernández Murga 123

La recepción de los modelos artísticos renacentistas italianos
en Hispanoamérica: La arquitectura y el urbanismo.
    Carlos García Peña 137

Educación de la mujer en el Renacimiento.
Teresa Gil García 149

Análisis de la «Cortigiana» de Pietro Aretino.
Anna Giordano Gramegna 161

El Hermetismo en la España de los siglos XV-XVIII.
Antonino González Blanco, Simonetta Scandelari 175

El sistema grafemático del italiano del siglo XV.
Vicente González Martín 213

El Epicureismo como factor de equilibrio en el Humanismo renacentista.
J. Graciliano González Miguel 231

Da «La vita delle puttane» al «Colóquio de las damas».
Gloria Guidotti 247

El «(G)IO(CO)» de la enunciación en «La Mandragola».
Pura Gul Povedano 259

Notas para el soneto 34 del Canzoniere: la fusión mítica de Petrarca.
María Hernández Esteban 269

El Renacimiento italiano en los escritores murcianos del siglo XIX (1).
Joaquín Hernández Serna 279

Reflexiones en torno a un testimonio de cultura monástica en el Renacimiento italiano: El beato Paolo Giustiniani.
Antonio Linage Conde 303

A propósito de las poetisas del Renacimiento italiano: Algunos aspectos subjetivos de la crítica.
Carlos López Cortezo 315

La retórica erótica del Orlando Furioso: Historia de Fiordispina.
Elisa Martínez Garrido 333

Representación en Madrid de una obra de Ruzzante.
Ana Martínez-Peñuela Virseda 343

Una virgen tardo-renacentista en la catedral de Murcia.
Virginia de Mergelina Cano-Manuel,
Mª del Carmen Sánchez Rojas Fenoll 353

Gramsci e gli intellettuali italiani del Rinascimento.
Nicolò Messina 361

Apuntes para una lectura ético-política de Dante Alighieri.
Mª de los Desamparados Mozas Agulló,
Constantino Sánchez Toribio 377

Leopardi frente al Renacimiento.
    Mª de las Nieves Muñiz Muñiz 387

El «Dictionarium lingue toscane» de Nicholao Landuchio.
    Mª Teresa Navarro Salazar 403

Estudio léxico sobre «Il Candelaio» de G. Bruno: Las expresiones.
    Amparo Padilla Martínez................................. 417

Castiglione y la teoría de la narración breve en «Il Cortegiano».
    Juan Paredes Núñez 429

Eleonora di Toledo, Duchessa di Firenze.
    Renza Porciani 441

Noticia de libros italianos, renacentistas, requisados por la Inquisición en Murcia en 1634.
    Helena Puigdomenech 449

Las fuentes de León Hebreo. Un ejemplo de síntesis renacentista.
    José Mª Reyes Cano 455

Censuras al Orlando el Furioso.
    Luis Rubio García 465

La filosofía como pretendido instrumento de elevación del arte a ciencia.
    Enrique Ruspoli 471

Notas sobre un cuento de Bandello y la comedia «La difunda pleiteada».
    Mercedes Sánchez Molini 483

La función simbólica de la «Noche» y del «Sueño» en la poesía lírica del siglo XVI.
    Rosario Scrimieri 493

Trittico femminile nella lirica del Cinquecento.
    V. Colonna, G. Stampa, V. Franco, Mª Luisa Sinatra 505

Note su Luigi Tansillo e il petrarquismo in Spagna.
    Gianfranco di Stefano 515

Apuntes sobre «La Venexiana». Comedia del quinientos veneciano.
    José Antonio Trigueros Cano 527